屠莉娅

◎ 著

中国课程政策话语及其伦理的

百年变迁

华东师范大学出版社
·上海·

图书在版编目(CIP)数据

中国课程政策话语及其伦理的百年变迁/屠莉娅著.
上海:华东师范大学出版社,2024. —ISBN 978 - 7
- 5760 - 5331 - 9

Ⅰ.G639.2

中国国家版本馆 CIP 数据核字第 2024CU6213 号

中国课程政策话语及其伦理的百年变迁

著　　者　屠莉娅
策划编辑　彭呈军
责任编辑　朱小钗
责任校对　廖钰娴　时东明
装帧设计　卢晓红

出版发行　华东师范大学出版社
社　　址　上海市中山北路 3663 号　邮编 200062
网　　址　www.ecnupress.com.cn
电　　话　021 - 60821666　行政传真 021 - 62572105
客服电话　021 - 62865537　门市(邮购)电话 021 - 62869887
地　　址　上海市中山北路 3663 号华东师范大学校内先锋路口
网　　店　http://hdsdcbs.tmall.com

印 刷 者　浙江临安曙光印务有限公司
开　　本　787 毫米×1092 毫米　1/16
印　　张　28
字　　数　498 千字
版　　次　2024 年 9 月第 1 版
印　　次　2024 年 9 月第 1 次
书　　号　ISBN 978 - 7 - 5760 - 5331 - 9
定　　价　98.00 元

出版人　王　焰

(如发现本版图书有印订质量问题,请寄回本社客服中心调换或电话 021 - 62865537 联系)

本书系国家社会科学基金"十三五"规划课题"民国以来基础教育课程政策话语变迁及其伦理研究"(BHA160081)的研究成果。

目 录

引论:课程政策的话语变迁及其伦理关照 　　　　　　　　　　　　　　 1
  第一节　课程政策的伦理关照:从边缘走向中心 　　　　　　　　　 3
    一、课程政策的伦理关照:伦理作为政策的核心属性 　　　　　　 3
    二、从政府事务到全球治理:课程政策的伦理新挑战 　　　　　　 7
    三、面向课程政策的实践:课程政策伦理的务实要求 　　　　　　 10
  第二节　关键概念:伦理、话语与课程政策 　　　　　　　　　　　　 13
    一、伦理与课程政策伦理 　　　　　　　　　　　　　　　　　　 13
    二、话语与课程政策话语 　　　　　　　　　　　　　　　　　　 18
  第三节　整体思路、方法与意义 　　　　　　　　　　　　　　　　　 23
    一、整体思路 　　　　　　　　　　　　　　　　　　　　　　　 23
    二、研究方法 　　　　　　　　　　　　　　　　　　　　　　　 25
    三、本书的探究意义 　　　　　　　　　　　　　　　　　　　　 29

第一章　课程政策话语变迁及其伦理的研究进路 　　　　　　　　　　　 31
  第一节　课程政策的话语变迁:从文本分析走向话语分析 　　　　　 32
    一、始于文本分析:聚焦课程政策文本及政策产品 　　　　　　　 32
    二、关注政策过程:走向对于课程政策过程的追踪 　　　　　　　 35
    三、转向话语分析:批判性的课程政策的话语分析 　　　　　　　 39
  第二节　从公共政策到课程政策:研究视域中的伦理聚焦 　　　　　 42
    一、公共政策的伦理审视:从有意规避到学科细化 　　　　　　　 42
    二、教育政策的伦理探究:基于理论和经验的两条路径 　　　　　 45

　　　　三、课程政策的伦理解析:从价值分析到实践伦理探究　　52
　第三节　从公共政策到课程政策:伦理属性作为政策的本质属性　　57
　　　　一、公共政策的伦理属性:学科本质的要求　　57
　　　　二、教育政策的伦理特性:对象与过程的特殊性　　58
　　　　三、课程政策的伦理本质:多重逻辑与复杂系统　　59

第二章　课程政策的伦理分析框架:一种理性的探索　　65
　第一节　政策伦理分析的一般向度:四个维度　　66
　　　　一、政策的实质伦理维度:公共性与以人为本　　66
　　　　二、政策的过程伦理维度:程序公正、民主化与科学理性　　71
　　　　三、政策的主体伦理维度:客观责任与主观责任　　76
　　　　四、政策的伦理环境维度:多层次性与动态性　　81
　第二节　课程政策伦理分析的特殊向度:基于要素的思考　　83
　　　　一、作为目标的课程政策伦理　　84
　　　　二、作为内容的课程政策伦理　　85
　　　　三、作为实践的课程政策伦理　　88
　　　　四、作为制度的课程政策伦理　　90
　　　　五、作为结果的课程政策伦理　　92
　第三节　课程政策伦理分析框架的建构:一种可能性的探索　　94
　　　　一、从外在框架到"问题化"的思路:整合的视角　　94
　　　　二、课程政策伦理分析的立体框架:具体的维度　　96

第三章　民国时期课程政策话语建构及其伦理表征(1912—1948)　　103
　第一节　民国时期课程政策的话语建构及其变迁　　104
　　　　一、民国建元及北洋政府时期的课程政策话语(1912—1927)　　104
　　　　二、南京国民政府前十年的课程政策话语(1927—1937)　　134
　　　　三、抗战至1949年之前的课程政策话语(1938—1948)　　158
　第二节　民国时期课程政策话语的伦理取向与表征　　192
　　　　一、走向民主与公平:面向平民的课程伦理追求　　193
　　　　二、走向科学与理性:追求课程理论及其实践的现代化　　196

		三、实用主义的面向:回应社会的现实需要	198
	第三节	民国时期课程政策话语的伦理冲突与困境	203
		一、传统文化思想的流弊与现代学校教育观念的冲突	203
		二、外来文化仰视主义与本土问题适应性的冲突	208

第四章 改革开放前课程政策话语建构及其伦理表征(1949—1977)   211

 第一节 改革开放前课程政策话语的建构及其特征 212
  一、社会主义改造时期的课程政策话语(1949—1952) 212
  二、全面学习苏联经验时期的课程政策话语(1953—1957) 226
  三、探索社会主义课程体系建设时期的课程政策话语(1958—1963) 245
 第二节 改革开放前课程政策话语的伦理取向与表征 258
  一、面向社会改造和社会生产:课程政策的国家本位趋向 259
  二、课程作为阶级斗争工具:课程政策的政治化趋向 263
 第三节 改革开放前课程政策话语的伦理困境与冲突 266
  一、谁能夺取学校教育:领导权背后的价值冲突 266
  二、选取什么样的道路:外来先进经验、资产阶级经验还是自主创生 269
  三、课程政策话语的泛政治化:取消课程话语的多元逻辑 271

第五章 改革开放以后课程政策话语建构及其伦理表征(1978—1996)   274

 第一节 改革开放以后课程政策话语的建构及其特征 275
  一、全面恢复教育秩序时期的课程政策话语(1978—1984) 275
  二、课程教学现代化改造时期的课程政策话语(1985—1996) 291
 第二节 改革开放以后课程政策话语的伦理取向与表征 305
  一、双基主义:课程政策话语中统一课程基础的思路 305
  二、从普及走向对效率与质量的关注:课程政策的国家需要驱动 307
  三、"素质"的提出对学习者主体的关注:课程政策话语逐渐走向平衡 311

第三节　改革开放以后课程政策话语的伦理困境与冲突　316
　　一、效率与公平的制衡:课程政策话语中的伦理交织　317
　　二、面向学科知识的应试教育和面向"人"的素质的教育的冲突　320

第六章　世纪之交以来课程政策话语建构及其伦理表征(1997年至今)　323
第一节　世纪之交以来课程政策话语的建构及其特征　324
　　一、全面推进素质教育时期的课程政策话语(1997—2010)　324
　　二、聚焦核心素养育人时期的课程政策话语(2010年至今)　337
第二节　世纪之交以来课程政策话语的伦理取向与表征　351
　　一、面向学习者和面向未来:课程政策话语中的平衡与适应　351
　　二、走向科学理性的课程政策话语:国家统筹、专业参与共享共治　354
　　三、从宏大叙事向问题解决:走向本土建构的课程政策话语　357
第三节　世纪之交以来课程政策话语的伦理困境与冲突　362
　　一、知识观、理论基础与实践方向的争论:课程政策的理论之争　362
　　二、课程改革一定需要核心素养吗:同质化还是在地化　369
　　三、评价改革是课程改革的救命稻草吗:制度之变与观念之变　372

第七章　面向未来:动态的课程政策话语及其伦理实践　376
第一节　课程政策伦理实践的动态规范:建构可能性　377
　　一、课程政策的实质伦理:走向平衡与适应　377
　　二、课程政策的过程伦理:走向赋权与参与　383
　　三、课程政策的主体伦理:走向伙伴关系与问题解决　388
　　四、课程政策的伦理环境:一致性与连贯性　393
第二节　课程政策伦理实践的方法与策略:约定伦理习惯　397
　　一、课程政策的伦理决策与思考:形成一种习惯　397
　　二、课程政策工具的革新:促成伦理性政策实践　402
第三节　课程政策话语的未来建构:伦理反思与变革行动　405
　　一、关于课程政策话语的未来想象:同时代的挑战同响　405
　　二、课程政策话语伦理建构的可能性:思维再造与变革性行动　411

三、课程政策话语伦理建构的务实思考:直面现实的伦理危机　416

参考文献　422
后记　433

引论:课程政策的话语变迁及其伦理关照

20世纪中叶以后,世界范围内开展了几次轰轰烈烈的课程改革,驱动着不同国家从自身历史、社会和文化的现实出发,对各国的课程体系与课程实践提出新要求,这一改革的传统一直延续至今。尤其是进入21世纪,素养导向的课程变革开始成为世界范围内"新课程"变革的标识,各国政府和国际组织都努力构建一套大不同于以往的聚焦核心素养或关键能力的课程体系,来支持21世纪的学习者"更好地参与经济生活,做更好的社会公民,以及更好地休闲"[1]。伴随着系统性、大规模的课程改革的全球推进,课程政策作为"推动课程改革的主要工具"[2]和能够集中回应一定时期课程问题的重要的社会杠杆,成为政治领域和学术领域共同关注的话题,并作为一个专门的研究领域逐步发展起来。

早期的课程政策研究,受到一般公共政策和教育政策研究的影响,具有较明显的技术理性主义的取向,强调政策制定的科学性而搁置政策伦理与价值的讨论。因此,如何从技术上开发出科学规范的政策文本成为关键,忽略政策实施的复杂程度,将实施看作是一个将制定出来的政策方案付诸实践的简单过程。这种观念在早期的政策研究中颇为流行,直到20世纪60年代一大批设计精良的教育(课程)政策在实践中遭受失败,才让人们意识到"好"的政策设计不仅仅是一项技术工作,更是一个关于伦理价值选择与判断的活动;政策的实施也不仅仅是简单地理解政策制定者的意图并加以

---

[1] Anaiadou, K. & Claro, M. (2009). 21st Century Skills and Competencies for New Millennium Learners in OECD Countries, EDU Working paper no.41. OECD Publishing. P8 [EB/OL]. http://www.oecd-ilibrary.org/education/21st-century-skills-and-competences-for-new-millennium-learners-in-oecd-countries_218525261154.

[2] Taylor, S., Rizvi, F., Lingard, B., & Henry, M. Educational Policy and the Politics of Change [J]. London, New York: Routledge, 1997:5.

实践的过程,还会遭遇来自各个方面的价值冲突与现实阻力。"政策背后的价值困境很少能够被完全地解决,它往往会转化成新的形式,并且不断召唤政府做出新的响应"①。在这个意义上,我们需要意识到作为一种价值负载的行动,课程政策总是会"不断地接受伦理价值的挑战","以及随之而来的不断起伏的冲突"②。正是因为课程政策蕴含着多种互相交织的伦理、文化、经济、社会和公民问题,从其政策的内在本质而言具有高度的价值卷入的属性,加之课程政策在构建特定年龄段的学习者的共同经历和身份认同等方面,具有重大的社会化功能,迫切需要对课程政策的伦理判断与价值选择进行追问和规范。

从历史的视角来看,自结束半殖民地半封建社会到探索现代国家制度、教育系统和课程制度以来,我国的课程探索已经经历了百余年的历程。在不同的历史时期,中国课程政策的话语体现出不同的范式特征和伦理取向,既反映了特定历史时期中国社会的现实情境与国家诉求;也反映了作为后发的现代化国家,面对纷繁的外来课程思想的冲击时,在批量移植和自主身份建构之间的张力。回到课程政策运作的当下情境,全球化的迅猛推进和互联网发展造就的世界网络和教育的全球治理,不仅模糊了政策制定的边界,也驱动着越来越多反映共同使命的课程政策议题的讨论。今天的课程政策不仅仅产出于各个国家政府的教育权威机构,更日益受到超越国家的实体或组织的影响,诸如联合国教科文组织(UNESCO)、经合组织(OECD)和世界银行(World Bank)等。正如萨尔伯格(Sahlberg, P.)所指出的,"PISA考试已经开始在很多国家的政策制定和教育改革中发挥重要的作用","很多人已然把这些国际标准化测验当作全球的课程标准"③。课程政策的国际影响已经不只是各国政府政策制定的背景,而逐步成为全球化背景下政策制定的一种重要力量,国家以外的力量越来越成为一种"独立的政策主体",其所带来的不仅仅是"政策借鉴或政策适用",还是拥有特定的政策权威和价值偏好的能够"塑造各国政策制定的参数的

---

① Thacher, D. & Rein, M. Managing Value Conflict in Public Policy [J]. *Governance: An International Journal of Policy, Administration, and Institutions*, 2004,17(4):457-486.
② Jones, T. *Understanding Education Policy: The 'Four Education Orientations' Framework* [M]. New York, London: Springer,2013: 6.
③ Sahlberg, P. (December 14, 2012). PISA+TIMSS+PIRLS=GERM? Retrieved April 20, 2014, from http://pasisahlberg.com/pisa-timss-pirls-germ/[A]//Padro De Bruyckere, Paul A. Kirschner. & Casper D. Hulshof. *Urban Myths about Learning and Education* [M]. Amsterdam: Elsevier, 2015: 167.

重要的全球政策话语"①。如今,世界范围内对超越学科知识的素养与能力的关注、对深度学习和迁移学习的热议、对技术支持下的教育与学习变革的倡导正生动地反映在各国教育(课程)的决策中,显示出"建构国家层面教育政策的意识形态话语已经被全球化了"②。教育的国际话语正日益成为各国教育决策中不可小觑的话语基础。如何审视并约定课程政策在全球话语背景下的伦理准则和规范,如何平衡不同层面政策主体的伦理需要和价值偏好,如何协商并做出合宜的政策价值选择——谁的和什么样的价值观,如何在普遍化的趋势和国家的历史与文化特异性间寻求平衡,是对课程政策研究与实践提出的新的伦理挑战。

因此,当我们在开启新时期基于核心素养的课程改革的新征程的时候,如何厘清并标明课程政策发展的历史经验、当下立场和未来取向,在历史的视野中回应课程政策运作所面临的普遍的和特殊的伦理问题,是推动课程政策理论建构以及课程政策实践优化的必然选择。本书旨在探明两个基本问题:一是理解中国课程政策话语变迁的历时线索与现实经验,依据一定的理论框架对课程政策的现象经验进行解析与提炼;二是明晰我国课程政策在国际教育变革和本土教育发展的文化脉络中的伦理表征、价值偏好与伦理规范。探明这些问题,既能为中国课程政策变革提供根本的逻辑起点,也借由对课程政策话语变迁线索的梳理,建构课程政策话语的基本伦理框架与规范,以此肩负课程政策理论与实践深化的学术责任。

第一节 课程政策的伦理关照:从边缘走向中心

一、课程政策的伦理关照:伦理作为政策的核心属性

从课程研究的学科发展历史来看,领域中对课程研究的技术性分析和政治性分析的关照远远超过对于课程活动的伦理关照。这种学科发展的议题偏好同样反映在课程政策的研究中。著名课程专家威廉·派纳(Pinar, W.F., 2011)在《课程研究的品格》(*The Character of Curriculum Studies*)一书中对课程研究的属性进行分析时就曾

---

① Taylor, S., & Henry, M. Globalization and Educational Policymaking: A Case Study. Educational Theory, fall 2000, 50(4): 487-503 in Bob Lingard, B. & Ozga, J. (2007). *The Routledge Falmer Reader in Education Policy and Politics* [M]. London and New York: Routledge: 111-112.

② Taylor, S., Rizvi, F., Lingard, B., & Henry, M. *Education Policy and the Politics of Change* [M]. London and New York: Routledge, 1997: 61.

指出,"课程研究作为一个跨学科的领域","其本应作为中心的伦理主题却常常由于课程的政治化而被边缘化",以往我们认为课程建构或决策只是对学校课程的技术改良或是基于权力互动的政治性活动,但从本质上而言,课程建构活动是"同个体、社会、历史和文化的复杂对话",这种"复杂的对话包含了多个对话者、多种参照、具体的时刻,以及几乎无限的可能性","要求我们从伦理角度重新构建复杂对话的特征"①。

从历史上来看,早期课程研究的"开发范式"以"学校课程的持续改进为取向"②,强调不断优化课程内容的选择、课程结构及其组织方式。因此,无论是博比特(Bobbitt, F.)的《课程》(*Curriculum*,1918)和《如何编制课程》(*How to Make a Curriculum*,1924)中提出的著名的"活动分析法"(Activity Analysis),还是查特斯(Charters, W. W.)《课程编制》(*Curriculum Construction*,1923)中的工作分析法(Job Analysis),乃至泰勒原理(Tyler Rationale)对课程编制的基本原则的讨论,都偏好排除课程的价值因素,而聚焦其作为专业开发活动的技术过程与科学化水平。受这种学科主义取向的影响,早期的课程政策研究更多地关注作为课程政策内容与产品的开发与设计,既不关注政策发展过程中所涉及的不同政策主体之间权力、利益和价值的选择与分配问题,也无视课程政策的伦理判断与决策,只是将政策运作看作是纯粹的行政和管理工作,同专业的课程开发与设计相割裂。可以说,早期课程研究传统对课程伦理的无视,是一种研究路径选择的人为忽略,从而带来课程研究在伦理关照上的缺失。

然而,无论我们是否主动或被动地回避伦理问题,任何课程的设计与实施必然涉及价值选择活动。课程政策作为"在一定社会秩序和教育范围内,调控课程运行的目标和方式而制定的行动纲领和准则"③,不仅要规定一个国家"对课程制定权力之分配情况的详细说明"④,更要对学校课程的目标、内容、实施与管理做出系统的要求,这天然地是一种伦理实践。因此,自20世纪50年代开始,当系统的课程变革成为推动大规模教育领域变革的重要政策工具以后,其社会调节的价值逐步彰显并被政府认可。人们将课程政策看作是一种理性系统,认为它可以更有效地"推动教育公共投入的使

---

① Pinar, W. F. *The Character of Curriculum Studies: Bidung, Currere, and Recurring Questions of the Subject* [M]. New York: Palgrave Macmillan, 2011: Preface XIII.
② Pinar, W. F. *The Character of Curriculum Studies: Bidung, Currere, and Recurring Questions of the Subject* [M]. New York: Palgrave Macmillan, 2011: Preface XI.
③ 胡东芳. 论课程政策的定义、本质与载体[J]. 教育理论与实践,2001(11):49—53.
④ S. H. 埃杰顿. 课程政治和政策[M]//T. 胡森,T. N. 波斯尔斯韦特. 教育大百科全书(第17卷):课程. 重庆:西南师范大学出版社,2006:55.

用以及通过公共教育系统的变革行动达成更广泛的社会价值认同"①。正是在这样的背景下,政府对课程政策的政治性意义及其价值选择的讨论才开始被提上研究日程。

尤其是20世纪60年代后期开始,对传统的课程理论的批判,包括整个学术领域对自然科学实证主义和技术理性的批判,以及课程改革在世界范围内的受创,开启了课程研究的转折期。先是施瓦布(Schwab, G.)"宣告了课程领域的垂死状态,并把课程领域外表上的死亡归因于它的'脱离实践'"②,后有沃克(Walker, D. F.)质疑早期课程研究的理论基础不完善而呼吁更多关注课程实践情境的论述,以及克利巴德(Kliebard, H. M.)的《从历史观看持久存在的课程问题》(*Persistent Curriculum Issues in Historical Perspective*)一文③,从历史的视角质疑生产模式和功利主义的课程理论框架对课程研究的束缚,强调对课程实践情境的关注。从那时开始,关于课程及其政策问题的讨论中,开始关注不同课程参与主体的价值与信念对课程政策发展的重要作用,并强调课程决策的情境性和实践性,初步地涉及谁来选择、如何选择、选择什么、选择标准等价值相涉问题。这一转折期的理论探讨与准备直接推动了20世纪70年代开始对课程领域的概念重建运动,提出需要重建课程概念体系,获得新的关注点和新的研究方向。1973年以后,由于派纳(Pinar, W. F.)等人的推广,概念重建开始成为一个时代的标志性话语,"将个体视为文化创造者和继承者,在社会目的以及达成目的之计划方面关注差异性,追求多元性"④。由此推动了以派纳、格林、休伯纳、格鲁梅特、威利斯、范梅南等为代表,深受解释学、现象学和存在主义影响以及以阿普尔、麦克唐纳、吉鲁、维克勒斯、弗莱雷等为代表,借用批判理论、新教育社会学为理论基础,反思课程的社会意识形态与社会公正意义的概念重构主义的两大研究流派⑤。用跨学科的方法,从政治、文化、女性、种族、美学、神学、生态、自传等不同视角探讨课程的不

---

① Elmore, R., & Sykes, G. Curriculum Policy. Jackson, P. W. *Handbook of Research on Curriculum: A Project of the American Educational Association* [M]. New York: Macmillan; Toronto: Collier Macmillan Canada; New York: Maxwell Macmillan International, 1992: 195.
② Hlebowitsh, P. S. *Radical Curriculum Theory Reconsidered: A Historical Approach* [M]. New York: Teachers College Press, 1993: 13.
③ Kliebard, H. M., "Persistent Curriculum Issues in Historical Perspective," pp. 31 - 41. in Edmund C. Short, ed. (1970). A Search for Valid Context for Curriculum Courses: Educational Comment. Toledo, OH: University of Toledo, College of Education. Reprinted pp. 39 - 50 in William F. Pinar, ed. (1975). Curriculum Theorizing. Berkeley, CA: McCutchan.
④ Pinar, W. F. *Contemporary Curriculum Discourses* [M]. New York: Peter Lang Publishing, Inc, 1999: 501.
⑤ 汪霞. 课程研究:现代与后现代[M]. 上海:上海科技教育出版社,2003:57.

同理解与意义,课程研究的焦点从机械的、显性的课程开发转移到多元的课程理解的范式之中,把一个本质上是技术性以及完全实践导向的,非理论、非历史的领域转变为一个理论化、概念自主和历史的领域。概念重构主义的兴起关注对课程的理解和概念重组并在特定的社会情境中进行考察,重在诠释课程问题背后的文化、政治与社会本质。20世纪80年代中期以后,后现代主义理论的影响扩大,一些学者进一步转向后现代主义,包括建构主义的后现代主义、后结构主义、批判或激进的后现代主义、后现代女性主义、整体生态主义、多元文化主义、世界主义等,推进了课程研究的新进程。这一趋势强调从课程的本体层面反思课程所体现的价值、信念和利益问题,从课程政策的社会、政治和经济的特征来透析课程问题的实质,试图从多学科的角度建构课程的立场及其理论框架,解读课程问题及其政策过程中隐含的意义和价值,课程研究开始显现出鲜明的价值选择与伦理规范的色彩。

可以说,正是伴随着课程研究这一历史发展的整体背景,"课程研究的程序主义和结构功能的分析受到课程的政治与意识形态分析的强烈冲击",并引导课程研究向"政治的、经济的、意识形态的或伦理的层面"的发展①,为课程研究开辟了新的研究空间。既然课程问题不是一项价值中立的学问,也不完全只是专注于课程的开发与设计,从根本上涉及不同主体的利益、权力、价值与意识形态的协商,那么谁、为什么、依据何种价值原则和程序来促成特定课程问题的政策化,以及特定的课程政策如何最终影响个体与群体的主体建构和社会生活的重塑就成为重要的议题。在这个意义上,课程政策研究中关于谁的知识、谁来选择和控制、谁制定成功的标准、为什么要以现有方式组织课程和教学、课程究竟会如何对个体与社会产生影响等一系列具有价值和伦理判断的问题,就成为理解课程问题及其政策本质的关键,也表明了课程政策研究的伦理特性。

可见,当我们回归课程研究学科发展的境脉来审视课程政策问题时,其内在的伦理功能与价值日渐显现。如何思考课程政策运作中复杂对话中的伦理内涵,需要我们将对于政策话语的伦理关照从边缘性的地位转移到核心的位置。课程政策最终关联的是身处特殊处境中的个体鲜活的主体经验,同社会历史情境的对话与协调,并在这个过程中不断重塑自我与社会。因此,摆正课程政策伦理研究在课程政策研究中的定位,需要我们真正理解课程政策研究伦理属性的核心性,并以此作为探究的起点。

---

① 靳玉乐,黄清.课程研究方法论[M].重庆:西南师范大学出版社,2000:202—203.

二、从政府事务到全球治理:课程政策的伦理新挑战

从 20 世纪 50 年代开始,受到大规模和系统的课程改革的驱动,政府对于课程决策的政治属性及其社会功能的关注,开启了广泛的政府课程参与的时代。国家政府以及各级各类政府机构开始成为课程政策决策的权威性主体,推动了课程的国家治理。尤其是 20 世纪 80 年代以来,诸多教育分权的国家开始走向建立国家课程,朝着确立统一课程标准的趋势努力。从 20 世纪 80 年代以来,关于课程标准化的国家努力就从未停止,并在 20 世纪 90 年代得到了进一步发展,通过制定国家层面的课程标准运动来规范学生与校际之间的教育差别、确保国家教育水平的均衡与公平、建立共同课程学习经验与文化的认同感、规范教育资源的分配,以及明确学习期望,来提高学生学业水平和监测教育质量。比如 1988 年英国的《教育改革法》规定实施全国统一课程,加强中央对教育的控制。同样是分权制的美国,早在 1983 年《国家在危险之中:教育改革势在必行》中提出"争取高质量的教育改革"时,就开始筹划美国国家新基础课程(全国性课程)的设置,之后几经辗转[①]在 2010 年奥巴马政府期间发布了美国共同核心国家标准行动(CCSSI),出台了联邦的课程标准。20 世纪 90 年代以后,伴随着标准化测验和国际组织教育测评的广泛流行,通过学生之间的比较和校际之间的比较,推动标准化教育成为一种国际兴趣,旨在通过学力或人力素养的比较来促使政府采取相应的行动,以在国际学力竞争乃至综合的国力竞争中作好准备。经过几十年的发展,课程领域已经逐步确立了"课程实际上是政府事务"[②]的共识。各国政府在课程议题中的深度参与以及政府作为课程共同利益和公共利益的代表,极大地推动了课程政策的理论与实践的发展,使得课程政策研究开始抽离聚焦课程开发与设计的相对抽象和技术取向的路径,或是纯粹行政主义的路径,转而强调课程政策的政治社会属性、文化特征、价值关怀与情境关联。

---

① 布什政府期间在全美成立专为指导开发新课程标准和测评标准的全国教育标准与检测委员会(NCEST),要求制定全国课程标准和课程改革整体策略;之后克林顿政府《2000 年目标:美国教育法》课程改革期间的国家目标专门小组(NEGP)和国家教育标准和改进理事会(NESIC),强调"建立一个自愿采用的、挑战性的全国和各州的教育标准体系",组织指导和制定新的国家课程标准;这些努力推动了奥巴马政府期间发布的共同核心国家标准行动,颁布了英语、数学和科学等学科的课程标准,鼓励各州参照联邦标准制定各州的课程标准。
② Priestley, M. &Biesta, G. A Curriculum for the Twenty First Century in Priestley, M. &Biesta, G. (Eds.) *Reinventing the Curriculum: New Trends in Curriculum Policy and Practice* [M]. London: Bloomsbury Academic, 2013:230.

不仅如此,伴随着经济、文化、政治全球化的进程,不仅"各国在政治、经济贸易领域的相互依存和全球联系日益紧密",全球范围内人类生活的发展和全球意识也日益崛起①。一方面,各国在教育与课程领域面临的许多共同议题与挑战,如失业问题、教育不平等、考选主义和竞争主义等,越来越多地需要共同的努力和共同的责任分担来解决。因此,从全球教育发展的角度来看,基于"全球共同利益"②的人文主义教育观深刻地影响着各国的教育决策与发展,"为全球化和本土化的均衡发展制定本国的教育目标,调整教育政策"③开始成为当今时代不可回避的政策背景。另一方面,"国家政府不再是稳定的地理政治实体"④,教育的全球治理开始超越国家,通过协商、谈判和合作解决各种冲突,来确立共同规则或行动规范。在这样的背景下,课程政策作为传统的政府权威价值观分配的领域正逐步被打破,"权力中心逐步从国家转移到全球层面,不仅得到政府间组织的推动,而且有越来越多的民间组织、公司、基金会和智库也参与进来"⑤。因此,鲍勃·迪肯(Deacon, B.)在谈论社会政策的全球化问题时曾反思,作为"政治科学的一种新范式,在这种范式中,各级政府实际上让位给相互补充和相互竞争的地方、国家、超国家和全球的政治平台,社会政策越来越多地被超国家机构和非政府组织的政治所塑造,这些机构和组织越来越多地成为未来意识形态和政治斗争的中心,为更好的全球和国家社会政策而进行的斗争开始成为主要的国际组织内发生的价值观和观念的斗争"⑥。这就意味着,要考虑的问题,不仅仅是课程政策权威的转移,即谁拥有权力的问题;还关系到分配什么样的和谁的价值观和观念的问题,即主流的话语及其伦理规则的确立。

因此,当我们重新聚焦到世界范围内的课程政策及其实践,会发现整个课程领域

---

① 范国睿,托马斯·S. 波普科维茨. 变化世界中的教育政策与教育改革[J]. 现代教育论丛,2021(03):3—13.
② 联合国教科文组织在 2015 年发布了名为《反思教育:向"全球共同利益"转化》的小册子,提出了将教育和知识作为全球共同利益,强调参与过程,考虑到环境、福祉概念和知识生态系统的多样性以及可持续发展等人文主义的教育观念。
③ 范国睿,托马斯·S. 波普科维茨. 变化世界中的教育政策与教育改革[J]. 现代教育论丛,2021(03):6.
④ Taylor, S. & Henry, M. Globalization and Educational Policymaking: A Case Study. in Lingard, B. & Ozga, J. (2007) (Eds.) *The Routledge Falmer Reader in Education Policy and Politics* [M]. London and New York: Routledge: 109.
⑤ 联合国教科文组织. 反思教育:向"全球共同利益"的理念转变?[M].联合国教科文组织总部中文科,译. 北京:教育科学出版社,2017:59.
⑥ Deacon, B., Hulse, M. & Stubbs, P. *Global Social Policy: International Organizations and the Future of Welfare* [M]. London: Sage Publications, 1997:6,10.

的发展开始显现出一些共性,如聚焦儿童以及学习者的学习、关注教师及其自主性,以及倡导更通用的素养和可行能力的培养。过去,如果我们还将全球化和全球治理作为一个外部的情境来理解,即虽然各国的课程决策会受到全球化力量的影响,但是它们会受到来自"经济资源、政策制定过程和国家价值这些体现国家特质的棱镜的过滤"①,是各国自主选择和筛选的结果;今天,随着国际教育比较所带来的竞争压力以及一些共同使命的驱动,超越国家边界的政策主体正在通过"强化国际视角"和"政策制定的知识基础"来充当"国际知识中介"②。不同于作为一种政策情境或背景,作为国际课程政策的知识中介,不仅通过设定规范水平与标准和促成全球比较的政治,更通过超越国家政府的形式设定的普遍化的政策议题与革新方向,主导国际教育(课程)政策的发展。正是在这样的背景下,政府以外的治理力量正逐步演化为独立的政策主体。正如大卫·赫希(Hirsch, D.)所说的:"过去对国际经验的借鉴只是偶发性的,而未来也许我们不得不将此作为一种常规。"③

从政府事务到全球治理的转化,显然为课程政策的决策及其实践提出了更为复杂的伦理性挑战。首先,课程政策本身所蕴含的相互交织的伦理、文化、经济、社会等系列问题,在全球治理的压力下,会在各国"国家利益"的基础上衍生出一些"共同利益"的主题,如何理解并回应这种复杂性,并在国家利益和共同利益之间寻找平衡成为关键;其次,国家政府仍然是课程政策制定的最主要的阵地,但全球的政策共同体的出现或多或少地会影响政策实施的文化场域,如何不让具体国家课程政策的文化与历史经验消失在同一化的国际课程话语之中,回应全球课程治理对于文化特异性的潜在挑战也日益重要;最后,来自政府组织、非政府组织、跨国公司、私人企业、利益集团以及社会运动的各种各样的政策主体的参与,不仅构成了新的课程政策运作的共同体,也改变着传统政策运作和调节的形式,如何协调来自国家内部和外部的资源、话语和意识形态,在更为复杂的政策关系网络中进行价值选择与配置,都需要更强有力的伦理框架和文化思考。

---

① Taylor, S. & Henry. Globalization and Educational Policymaking: A Case Study. in Lingard, B. & Ozga, J. (Eds.) *The Routledge Falmer Reader in Education Policy and Politics* [M]. London and New York: Routledge, 2007:110.
② Ibid., 111.
③ Ibid.

三、面向课程政策的实践:课程政策伦理的务实要求

应该说,从 20 世纪初开始,中国学校就开始探索我国基础教育课程现代化以及课程发展的路径,并形成了其丰富的历史。无论是从我国教育史上正式颁布但未实行的第一个学制《钦定学堂章程》(壬寅学制,1902)到以日本学制为蓝本拟定的《奏定学堂章程》(癸卯学制,1904),还是辛亥革命以后颁布的《学校系统改革案》(壬戌学制、新学制,1922)以及相应的新学制课程纲要,都是 20 世纪早期中国课程现代化的重要探索。自中华人民共和国成立至今,我国基础教育领域经历了八次不同规模与范围的课程改革,2016 年以来,基于核心素养的课程改革也在理论和实践层面不断生长,继 2017 年高中学科核心素养为纲的课程标准颁布之后,2022 年发布了义务教育阶段聚焦核心素养的课程方案与标准,推动着新时期课程政策的发展。在百余年的课程政策话语发展的历史长河中,我们所处的课程政策生态与社会文化场景已经发生了翻天覆地的变化。我们是如何创造着自己的历史,如何在"历史感"和"当代性"的代际对话中,去理解历史的话语如何建构了今天这个时代的课程话语、可能性以及面对的挑战,并运用历史意识和现实关照来回应当下的课程政策实践,反思课程政策的本质要求,本身就是一种伦理性的思考。

反观当下的课程政策及其实践,尤其是在推进政策民主化、科学化和信息化发展的当下,课程政策有许多具体而现实的挑战亟待解决。一方面,就是课程政策分权化及民主参与所带来的政策主体的参与质量和互动伦理的问题。受到"新公共管理"等理论思潮的影响,国家层面的教育管理逐步"以分权、多元参与的教育治理取代政府权威和集权基础上的教育管理"[①]。课程政策的分权化和民主赋权,也已经成为课程政策实践中的常态。在我国,从 20 世纪 80 年代就开始推动课程管理的分权化,不仅通过三级课程管理体制增强国家、地方和学校的自主权推动纵向的课程权力再分配;还通过政府、社会组织、媒介、学术机构以及一般公众等政策主体的横向辐射,整合更多元的主体参与政策制定和实施的过程。在这个意义上,(课程)政策实际上是民众个人与国家政府建立的一种合作性的主体性价值关系。[②] 民主参与固然对于实现课程政策的公共利益具有关键性的作用,但是,不同主体在课程政策实践层面的参与水平和质量将直接影响课程政策运作的实际成效。政策的分权化或民主参与并不等于国家

---

① 范国睿,托马斯·S.波普科维茨.变化世界中的教育政策与教育改革[J].现代教育论丛,2021(03):3—13.
② 王宁.教育政策:主体性价值分析理论与应用[M].北京:中国社会科学出版社,2015:171—172.

对于课程治理的弱化或缺乏,也不等于政策参与主体的随意干预,而是"在强调课程多元权力、多元主体治理立场过程中,须客观、全面评价分权模式课程治理体制,规避将课程治理指向'纯专业'行为的误导问题"①,更要通过政策参与主体参与质量的提升和互动伦理的规范,来保障课程政策分权化和民主赋权的内在规范。比如,通过规范的权力分配来保证公平参与和弱化知识鸿沟的差距所带来的社会结构与关系的分化。又如,强化政策主体在政策参与过程中的理性、民主与合作的原则,发展其针对政策议题的理性的思考、理智的批判、合理的表达、合法的行动、主动的参与和责任意识,来真正促成课程政策的发展与优化。这些都是非常重要的政策伦理议题。

课程政策科学化建构的理性逻辑与课程政策实践高度不确定性之间的冲突所带来的课程政策及其实践的剥离问题,也需要深层次的伦理考量。推动课程政策运作的规范化和科学化,是一直以来试图打破经验主义和行政主义主导的课程政策运作范式的课程政策变革的重要方向。然而,无论是从前期调研、理论论证、过程监督、公开讨论的程序和规范,还是从政策本身的科学严谨的制定与实施的工作机制或制度上保障,"课程政策及其实践之中的张力和矛盾始终存在"②。课程政策在从文本的政策走向教师理解和实践的政策的过程中,总会出现各种变形、抵制、误解与阻滞的问题。这既体现了政策所依托的过度理性模型与教学长期以来形成的基于经验与直觉的基本模式的不相吻合,导致政策逻辑与教学逻辑的相互冲突和长期的教学损害;也反映了政策的系统设计与实际的教学工作中的高度不确定性和教学现场的自由裁量权之间的冲突——教师必须在高强度的工作负担和学校行政结构的压力之下,调整政策以使其更大限度地适应有限的教学时间和精力,进而导致课程政策在现实中的影响力的有限。③ 课程政策及其实践的关系的分化并非一个新问题,在课程建构的历史中广泛地存在。因此,更需要我们在这一问题产生与发展的漫长过程中去探索矛盾的根源,或"从课程政策与教师实践的关系的角度,更系统地解析教师课程实践工作的实质性属性同外部影响之间的关系"④,或更好地理解"政策变化(Variation)不是政策运作中需

---

① 郝德永.论课程治理的国家体制[J].教育研究,2023(01):58—68.
② Priestley, M. &Biesta, G. A Curriculum for the Twenty-First Century in Priestley, M. &Biesta, G. (Eds.) *Reinventing the Curriculum: New Trends in Curriculum Policy and Practice* [M]. London: Bloomsbury Academic, 2013:230.
③ Elmore, F. R. & Sykes, G. Curriculum policy, in Jackson P. W. ed. *Handbook of Research on Curriculum: A Project of the American Educational Association* [M]. New York: Macmillan, 1992: 192-194.
④ Ibid., 195.

要规避的问题,而是政策运作复杂系统中的基本部分","强化并推进政策参与主体推进政策实践的能力"①。

信息化、网络化、数字化的技术变革给课程政策实践中的主体关系、工作方式及实践效果带来潜在的伦理危机与挑战。技术的变革不仅改变了人类的工作模式与交往模式,也极大地提升了课程政策传播与执行效率,鼓励更广泛的民意表达与参与。但是,在网络传播中的非理性意见表达和虚假信息的大量涌现、民众对政策意见表达的客观性和科学性不足等问题层出不穷,也造成了沟通洪流的危机。不仅如此,媒介泛滥带来的碎片化政策信息传播所导致的政策失真、伪民意干扰和民意走向混乱等现实问题,也在要求我们营造真正健康、负责和互动的课程政策话语空间,在政策实践过程中针对"认知缺陷、利益冲突、伦理失范、沟通不畅"②等现实问题,重组政策认知、权力与利益关系,优化政策实践的结构与过程。

然而,要解决现实中课程政策实践的问题并不只是找到特定的技术路线或创新方法,问题解决的关键,是要真正唤醒导向课程政策实践优化的伦理思考,找对课程政策实践的思想方法与方向路径,才能真正解决历史遗留或是当下凸显的政策实践问题。一方面,借由**历史的立场**发展破解当下问题解决的智慧,是为关键。正如艾沃·古德森(Goodson, I.)所提醒我们的,回到课程政策及其实践的历史长河之中,"形成一种历史感可以纠正我们对课程的看法。取代对根本变革的奢望,我们希望在一股反动的回归之后,找到新的选择,因为在某地尝试过但失败了的变革,可能会出现在其他地方。通过历史,我们形成一种更长时期的视角,以一种全然不同时间跨度的期望,或许还可能形成一系列的方法"③。要解决当前所面临的课程实践的冲突与问题,就无法逃脱历史社会的庞大的遗留物。

另一方面,则是回归课程政策实践的本质立场——**伦理的立场**。什么是课程政策实践的本质?也许我们会回到政治性的思考,即课程政策在本质上具有权力博弈和价值控制的属性,是"社会上各种利益和要求输入政治系统并转化为政策输出的过程"④,是不同政策主体的利益博弈与权力关系重构。用政治性的话语模式来探讨课

---

① Hong, M. I. *New Directions in Education Policy Implementation: Confronting Complexity* [M]. NewYork: State University of New York Press, 2006: 219.
② 王宁.教育政策:主体性价值分析理论与应用[M].北京:中国社会科学出版社,2015:171—172.
③ 艾沃·古德森.课程与学校教育的政治学——历史的视角[M].黄力,杨灿军,等,译.北京:教育科学出版社,2013:45—46.
④ 汪凯.转型中国:媒体、民意与公共政策[M].上海:复旦大学出版社,2005:9.

程政策实践固然深刻且具批判性,但是,与其纠结于权力关系与利益冲突的纠葛,不如更进一步反思课程政策实践真正的价值指向与问题症结。课程政策实践从根本上而言并不仅仅是优化权力关系,也不是调整一般意义上的社会关系与利益冲突,本质上它是决定着学习者学习经验的建构方式、知识的选择与传递方式、学习与发展机会的差异,重塑学习者的经验建构的方式并引领其可行能力发展的实践,这才是课程政策实践根本性的追求和本质归属。对人的培养及其发展路径的选择与判断具有天然的伦理属性,因此,要从对权力和利益关系重构的关注走向对于课程政策实践最终归属于人的培养与发展的伦理聚焦点上。在这个意义上,面向课程政策实践的现实挑战,我们需要作出富有价值和负责任的探索,以期政策的实践能真正符合我们所要追求的课程育人的价值选择和伦理规范。

第二节　关键概念:伦理、话语与课程政策

一、伦理与课程政策伦理

(一) 道德与伦理

"伦理学以道德为研究对象。"[①]在现代的语境中,"道德"与"伦理"两个概念常常互用,也有将两者连起来做"伦理道德"使用,因为都是"关乎人们行为品质的善恶正邪,乃至生活方式、生命意义和终极关怀"[②],是"一定社会调整人们之间以及个人和社会之间的关系的行为规范的总和"[③]。但是,随着两个概念的发展与分化,两者也发展出细节上的差别。

中国古人对于道德的讨论有两个方面,即"天道"——事物存在与变化的规律或原则,"人道"——做人的根本原则与方法(即成人之道)。人道又有两个层面:一是作为集合体的人的做人原则与道理,即社会交往关系方面的根本原则与道理,是关于社会伦理关系与伦理秩序的;二是作为单个人的做人的根本原则与道理,是指个人的做人美德。"德"更强调个人内心具有善之品性,如《乐记·乐象》中指出的"德者性之端也",但它也不仅仅是内化于心性的品德,也指由内而外的道德的行为,如郭店楚简《五行》中指出的"仁行于内谓之德之行",强调的是内在德性和道德行为的合一与发展转

[①] 高兆明. 伦理学理论与方法(修订版)[M]. 北京:人民出版社,2013:11.
[②] 何怀宏. 伦理学是什么[M]. 北京:北京大学出版社,2015:11.
[③] 刘世清. 教育政策伦理[M]. 上海:上海教育出版社,2010:40.

化。"伦"最初同"和"相通,即和谐,指的是秩序、位次之意。后来,人们逐渐将"伦"专门用于人与人之交往关系,成了"人伦"。"理"的原意是治玉,有分析精微与治理之意。"伦理"二字合在一起使用,是指人们在处理相互关系时所应遵循的行为准则。① 因此,中国古代思想之中,道德与伦理意义大致相同,都涉及做人的根本规范与原则。但是,一般的"伦理"适用范围比道德规范要小,"指的是人与人、人与社会相互关系的准则,即公德",而不涉及"处于道德底线的人与人之间关于情、爱、尊卑、长幼以及普遍自然法则的行为规范"等与私德相近的道德规范。② 一般的"伦理"不仅仅关注个人行为的准则,考察的不是个体的行为是否具有道德性、是否依据一定的道德规范,而是更关注基于特定道德准则在处理人际关系或社会利益关系时所产生的结果。

同样地,西方世界的道德(Moral)与伦理(Ethics)的讨论,也一直被用作同义词。道德一词来源于拉丁文的 Mores,意为风俗、习惯、行为准则等,后由 Mores 一词引申出形容词 Moralis,以表示国家生活的道德风俗与人们的道德品性。伦理源于希腊文的 Ethos,最初表示人共同居住的地方,后来意义扩大为本质、人格,也有风俗、习惯的意思,指的是人们在风俗习惯中所形成的品质。③ 可见,早期的道德和伦理的意义相通,都强调"在人们共同生活中形成的关于人的存在方式的自觉共识,是对于人性的类的把握"④。但是黑格尔对两者进行了区分,他认为道德是指个体道德、品性,是主观修养与操守,而伦理则是指客观伦理关系;前者更含主观、主体、个人、个体意味,而后者则更具客观、客体社会、团体的意味。⑤

随着社会生活方式的转变,道德与伦理的概念也产生了相应的分离:"道德更多转向生活世界中的私人领域,主要指向个体的德行或品行,即个人道德;而伦理则更多地指向社会的公共生活领域。"⑥本书中所论及的"伦理"概念,也是从社会伦理而非个人道德的角度来探讨,关注的是个人在处理自己与他人以及社会关系时所使用的规范,而非关注个人自身行为所依据的规范。虽然两个概念在使用范畴或偏好上有所差别,但其在本质上并无差异,也不宜做过度严格的区分。

---

① 高兆明.伦理学理论与方法(修订版)[M].北京:人民出版社,2013:12—18.
② 孙绵涛.试析教育政策伦理的局限性:一种后设伦理学分析的视角[J].教育研究,2012(07):4—8.
③ 陈能浩,李晓东.教育政策研究的伦理道德规范体系探讨[J].当代教育论坛,2004(01):91—93.
④ 高兆明.伦理学理论与方法(修订版)[M].北京:人民出版社,2013:20.
⑤ 何怀宏.伦理学是什么[M].北京:北京大学出版社,2015:12.
⑥ 刘世清.教育政策伦理[M].上海:上海教育出版社,2010:40.

(二) 价值与伦理

价值与伦理也具有紧密的关联性。一方面,按照马克思主义哲学和伦理学的观点,价值论和伦理学之间,是研究层次上的一般与特殊的关系。价值论是一般的价值理论,伦理学则是关于特殊价值——道德的价值理论。[①]"价值是指事物的用途和积极作用,是表示人和各种对象之间需要和满足需要的关系,它的含义是多方面的,可以分为天然价值、经济价值、社会政治价值、美学价值、科学价值、道德价值等等。"[②]因此,伦理价值可视为各种价值中的一种特殊维度,但是伦理价值又是其他价值的基础。特别对于政策而言,在协调公共利益与关系的过程中,一定的伦理价值是保证政策价值选择的观念先导,也就是首先具备伦理上的正当性,才能再综合考虑政策的其他的多元价值。比如,一项政策实践具有很大的经济价值,那么我们是不是应当去做呢?应当与否的前提是需要对产生这种经济价值的实践是否符合处理社会关系的基本的道德原则进行认定。正如丹尼尔·贝尔(Bell, D.)所说:"一切社会制度若要得到广大民众的最大支持,必须拥有为全社会所接受的、行使社会权威的道德的正当性。"[③]在探索课程政策的道德实践过程中,尤其要谨防工具价值对伦理价值的僭越,充分关注课程政策伦理价值的意义。

另一方面,马克思主义认为价值来自于客体属性满足主体需要的现实实践活动,是主客体之间的一种关系。[④]"价值从其外在表现形式来说是一种效用",即客体具有满足人的需要的属性,具有客观性;"而价值取向是指主体观上追求一种什么样的效用"[⑤]。在这个意义上,价值是要满足主体的需求与期望的实践活动,"价值不是存在和关于存在的知识本身,而是它们对人的意义"[⑥]。因此,主体需要与客体属性建立关系,以及主体主观上的追求与选择特定的价值,就变得至关重要。换句话说,价值来源于外部世界的客观条件,但是最终产生于人们实践的过程,体现了主体的需要和主动选择。在这个意义上,伦理作为一种长期以来积累形成的社会关于人与人之间的道德规范与准则,更多的是外在和客观的追求;而价值则体现了主观性与客观性的统一,强

---

① 李德顺. 价值学大辞典[Z]. 北京:中国人民大学出版社,1995:436.
② 陈洪连. 公共政策的伦理维度——以价值为中心的分析[D]. 上海:华东师范大学,2007:22.
③ 丹尼尔·贝尔. 资本主义文化矛盾[M]. 赵一凡,蒲隆,任晓晋,译. 北京:生活·读书·新知三联书店,1989:124—125.
④ 刘复兴. 教育政策的价值分析[M]. 北京:教育科学出版社,2003:92.
⑤ 孙绵涛. 试析教育政策伦理的局限性——一种后设伦理学分析的视角[J]. 教育研究,2012(07):4—8.
⑥ 陈洪连. 公共政策的伦理维度——以价值为中心的分析[D]. 上海:华东师范大学,2007:23.

调的是主体对于现实的愿望与需求的选择。从政策的角度而言,政策的价值选择是政策主体在自身价值判断的基础上做出的集体选择(社会选择),不同的价值取向会产生不同的政策效用,也反映了不同的价值基础,而政策的价值选择不仅要"符合某些普遍性规则如法律、社会价值观、意识形态、传统典范等"——即合法性的要求,也需要回应伦理的价值规范与道德原则——即做出"有道德"的价值选择①。只有坚持公平、公正、公共利益等伦理原则,才能在政策价值选择与实践过程中保证政策内在的道德性。这不仅仅是针对伦理价值而言,更是对于广泛的价值范畴而言,无论是政策的经济价值还是社会价值,都要从根本上依据"特定的伦理标准来进行价值选择"②。如果我们对价值的理解是以物的"使用价值"或其他效用、效益标准为基础时,无疑把价值定位于满足人们需要的手段上,而人们的需要未必总是合理的。因此,"人的价值规定是一切价值决断和取向的最高标准,也是人类价值活动和文化价值的最终目的。我们应该在功利和效用的基础上,进一步发掘价值及其决定人类整个价值系统的最高本质"③,在这个意义上,价值又最终回归到伦理和道德的规范层面。

总而言之,价值与伦理的关系,既是一种一般与特殊的关系,也是主观选择和本质前提的关系。伦理判断"并非关于偏好或口味的陈述",从根本上说,"它们是一种义务陈述",是"我们应当做什么以及不应当做什么,告诉我们责任之所在"④,而不只是纯粹的主观价值偏好。

(三) 课程政策伦理

从公共政策伦理和教育政策伦理的一般定义来看,对政策伦理的内涵解析一般从两个维度展开。一个是伦理规范体系的角度,认为政策伦理"就是公共政策的道德价值体系,它包括政策道德价值追求、政策道德价值目标、政策道德价值导向、政策道德价值实现以及政策道德价值评估等众多的政策道德价值系统"⑤。如王伟、鄢爱红指出"公共政策的伦理是指制定公共政策的主体在制定政策和执行政策时应当合乎伦理的理念与标准"⑥;石火学也指出"把教育政策伦理看作是教育政策主体制定教育政策

---

① 刘复兴.教育政策的价值分析[M].北京:教育科学出版社,2003:80—81.
② 王伟,鄢爱红.行政伦理学[M].北京:人民出版社,2005:281.
③ 陈振明.公共政策分析[M].北京:中国人民大学出版社,2003:499.
④ 肯尼斯·A.斯特赖克,乔纳斯·F.索尔蒂斯.教学伦理[M].黄向阳,等,译.上海:华东师范大学出版社,2018:8.
⑤ 张文芳.浅谈政策伦理[J].广东行政学院学报,2002(01):33—36.
⑥ 王伟,鄢爱红.行政伦理学[M].北京:人民出版社,2005:376—377.

所遵循的道德准则体系"是对教育政策伦理最狭义的理解。[①] 另一个是伦理的价值效用及其运用的角度,认为政策伦理是"作为公共政策伦理主体的社会公众对伦理价值的诉求被作为公共政策伦理课题的政府在其公共政策实践活动中满足的过程及其程度"[②],或指出"公共政策伦理主要研究公共政策中的价值规范及其运用,即把人类普遍遵循的价值标准运用于公共政策之中"[③]。当然,对于政策伦理内涵的阐释也日益综合这两个视角,兼顾政策伦理的理论规范与实践应用。如石火学指出"教育政策伦理理解为教育政策主体制定教育政策所遵循的道德准则体系以及道德准则体系所体现、蕴含的伦理道德准则和价值取向"[④];刘世清在阐述教育政策伦理的内涵时也指出"教育政策伦理是贯穿整个教育政策活动过程之中的伦理规范与道德原则的系统总和",也是"人们对于教育政策的伦理价值的判断和道德追问",更是"一般伦理理论在教育政策活动过程中的具体实践,即运用抽象的伦理原理解决现实教育政策制定或执行过程中的道德难题或困境"[⑤]。这意味着,理解政策伦理不仅仅要关注相对抽象的政策伦理价值的范畴与原则,也要关注政策伦理的实践规范,即为达到预定伦理目标而采取的行动和手段,以及在伦理规范指导下的政策伦理行动与实践的过程。

课程政策伦理就是国家教育行政主管部门在一定社会秩序和教育范围内,调控课程运行的目标和方式、协调人们在课程领域行动的过程中所遵循的伦理价值原则,以及运用这些价值原则所体现的具体的伦理规范开展课程实践、解决课程行动中的伦理困境的过程。一方面,课程政策伦理一定是贯穿课程政策活动过程始终的伦理规范与道德原则的系统。也就是说,课程政策伦理首先是指向课程政策内容、过程及其结果是非善恶的价值原则与伦理规范的一般性规定。这种规定既体现了社会主流价值的一般要求,又要体现课程政策活动指向人的学习经验建构与发展的特殊伦理要求。另一方面,具体的课程政策处在一个不断变化的由多重因素共同作用的政策环境与教育生态之中,要理解课程政策伦理就需要关注并追问在不同的社会历史发展时期及其境遇下的课程政策伦理的价值取向与准则,判断其是否选择合理的价值取向并引导课程政策实践朝着正向的社会伦理规范的方向发展。再一方面,课程政策伦理并非仅仅从理论

[①] 石火学.教育政策伦理的构成、要求与特点[J].中国行政管理,2010(08):80—82.
[②] 黄德良,王兴盛.公共政策伦理向度的问题[J].理论建设,2011(05):52—58.
[③] 罗正业.浅析公共政策中的伦理价值[J].科教导刊(中旬刊),2011(20):176+228.
[④] 石火学.教育政策伦理的构成、要求与特点[J].中国行政管理,2010(08):80—82.
[⑤] 刘世清.论教育政策伦理的内涵、结构与意义[J].天津市教科院学报,2006(05):11—13.

上为课程政策活动提供伦理价值与道德规范的"合法性"的规约,更重要的是要在政策实践中的应用,要从"死"的原则与伦理框架走向"活"的伦理问题的解决与困境的反思。这也是我们探讨课程政策伦理的根本目的,即不仅仅要有理论的兴趣,更要有"实践的焦虑"①,不仅仅从宏观上探讨课程政策活动的普遍伦理规范与道德诉求,更要从中观和微观的具体伦理关系的实践中,关注不同政策主体内在伦理行动的机制与策略。

二、话语与课程政策话语

(一) 话语

话语一词从词源上说,根源于拉丁文的"Discursus"(to run to and fro),也就是"来回跑"的意思。② 当然,这一概念的意义已经发生了翻天覆地的变化,以至于当代批判话语分析的著名学者诺曼·费尔克拉夫(Fairclough, N.)曾指出,"话语是一个棘手的概念,这在很大程度上是因为存在着如此之多的相互冲突和重叠的定义"③。

话语的概念最早在语言学的研究范畴之内,语言学中的话语是"指言说或书写的、以语言形式表达的言语产品,并且与语言和言语密不可分"④。按照索绪尔的说法,言语是我们在日常生活中的说话行为,语言是以特定的词汇为原料,按照一定的语法规则可能被建构出来的所有的句子或文本,一套语言系统可以产生出来的话语是无限多样的。⑤ 传统的语言学中的话语分析更多的是探寻语言构成的规则和形式及其在实际生活中的使用与表现。随着话语及其研究在语言学和文学领域兴起和发展,人们渐渐关注话语与社会现象之间的关系。费尔克拉夫就指出,"语言不能够被简单地划分为事先存在规则系统和个体对这些规则的使用两个方面",他认为语言的使用是散漫无章的,"其变化并不仅仅取决于个体使用者,而是由社会的变量所决定的,比如人际互动所形成的社会身份、他们的社会角色和社会情境等"⑥。文学理论大家巴赫金

---

① 何怀宏.伦理学是什么[M].北京:北京大学出版社,2015:5.
② Rogers, R., Malancharuvil-Berkes, E., Mosley, M., Hui, D. & O'Garro Joseph, G. Critical Discourse Analysis in Education: A Review of the Literature [J]. *Review of Educational Research Fall*, 2005(3):365-416.
③ 诺曼·费尔克拉夫.话语与社会变迁[M].殷晓蓉,译.北京:华夏出版社,2003:2.
④ 张灵芝.话语分析与中国高等教育变迁[M].北京:清华大学出版社,2015:19—20.
⑤ 谢中立.走向多元话语分析:后现代思潮的社会学意蕴[M].北京:中国人民大学出版社,2009:277.
⑥ Fairclough, N. Language and Power. London: Longman. [A]//in Jones, T. *Understanding Education Policy: The 'Four Education Orientations' Framework*. Dordrecht, Heidelberg, New York, London: Springer, 2013:10.

(Bakhtin, M.)也指出,"话语是一种社会事件,它不满足于充当某个抽象的语言学的因素,也不可能是孤立地从说话者的主观意识中引出的心理因素",话语"是说者(作者)、听众(读者)和被议论者或事件(主角)这三者社会的相互作用的表现和产物"[1]。可见,话语逐步脱离了简单的语言分析而成为一种社会建构物。

随着话语研究同社会科学研究结合起来,进入到历史学、传播学和教育学等各个领域,对于话语概念的理解也更加多元和丰富。尤其是福柯(Foucault, M.)对"话语"及其话语分析方法的使用,使得"话语"成为社会科学领域广泛使用的一种模式。他对结构主义的二分的思维方式进行的批判,开启了后结构主义的知识运动。他认为,"话语一方面既不是简单的、个别的字词的结合;另一方面,也不是仅仅被限定在规则中的意义"[2]。在他的知识考古学和权力谱系学的探索中对话语进行了更为深入的阐释。福柯试图理解那些被认为是自然或理所当然地存在的观念或构造(Construct)如常态、正义、智慧等,实际上是由历史和进化建构而来的,并试图探索这些构造同权力和知识之间的关系。话语秩序是福柯对社会实践理解的关键构造,是指一个社会或制度中的话语实践及其关系。[3] 从早期更多研究话语本身的构成规则,以及话语如何在历史过程当中由多种社会实践建构起来;到后期关注话语的"来源"以及现代社会中的权力运作如何促成话语形成及知识谱系的分析,他逐步明确了从权力的战略和战术的角度出发探索话语及其形成机制的研究路径。在福柯那里,"所有社会现象都是依照一定的符码和规则建立起来的构建物",人们言谈时的言语、观点和立场往往反映了其背后的制度性基础和预先设定的权力关系,"知识在社会中要受到各种权力关系的控制,什么被允许,什么被禁止,源于社会中的权威、规则、等级和学科系统,一种文化必然产生出一种人们认识事物的方式,并导致相应的话语被生产出来"[4]。权力通过话语的方式表现出来,话语是对知识的控制,体现出权力关系的特征,是权力的一种具体的表现形式。因此,福柯意义上的话语是其探讨权力与知识关系并发挥作用的重要媒介,"权力建立了理性话语的规范,系统地排除了那些被看作是非理性的、反常的、或疯狂的话

---

[1] 巴赫金.生活话语与艺术话语[M]//巴赫金.巴赫金全集(第2卷).石家庄:河北教育出版社,1998:92.
[2] 但昭彬.话语与权力——中国近现代教育宗旨的话语分析[M].济南:山东教育出版社,2008:21.
[3] Rogers, R., Malancharuvil-Berkes, E., Mosley, M., Hui, D. & O'Garro Joseph, G. Critical Discourse Analysis in Education: A Review of the Literature [J]. *Review of Educational Research Fall*, 2005,75(3):365-416.
[4] 杨春芳.福柯话语理论的文化解读[J].安康师专学报,2005(04):47—49.

语",并干预社会中"不同形态知识的建构、发声、传播和消费"①。话语包含了含义、社会关系、主观意义、权力关系,并建构着思维活动的某些潜在价值。也就是说,"话语使言语发挥作用,赋予它们意义、构建感知,并形成理解和持续的互动过程。话语将言语从简单的言说状态中提取出来,并将其有效地体现出来"②。这个意义上的"话语分析"就是要对那些已经实际说出来的东西到底是以什么样的方式以及按照什么样的规则被说出和被传播的过程加以分析——"已经被说出来的话如何被说出来、为什么以这种方式说出来、为什么是在此时此地以这种方式被说出来"③。

  费尔克劳夫在福柯的基础上创造了对于话语的另一种理解,区分了福柯的话语分析和他自己的方法,并称之为文本导向的话语分析方法(TODA),将福柯的哲学的话语和语言学的话语结合起来,将社会批判与文本分析相整合。他认为话语是一种"社会实践",而作为一种社会实践,话语就不仅仅是意义系统的逻辑建构,而是在关系中不断生产、解释并建构意义的活动。费尔克劳夫指出,任何一种话语(话语事件)的发生都有三个层面:一是文本是可以被解读的(Read)——包括所有口头或书面的语言,视觉的形象比如照片、图表和其他蕴含在行动中的非语言沟通;二是文本的生产与解释的过程——这是一个散漫的过程(Discursive Process),是在更广泛的社会情境与互动中出现、形成并发生转变的;三是话语作为社会实践或者福柯所说的惯习(Regulated Practice),是在特定的社会历史情境之中发生的。④ 因此,任何环境下的组织和机构都会塑造话语,反之亦然。也就是说,话语同其所处的社会情境是相互建构的关系。这也回应了福柯晚期著作中所强调的"权力(尤其是现代社会中的权力)不仅仅是一种压制性的力量,而且也可以是(并更多的是)一种生产性、建构性的力量,权力和知识/话语之间是相互建构的"⑤。费尔克劳夫和沃达克(Wordak, R.)在批判性视域下概括了话语的共同原则:

- 话语是一种意识形态工作;

---

① Dumas, M. J. & Anyon, J. *Toward a Critical Approach to Education Policy Implementation: Implication for the (Battle) Field*. In Hong M. I. *New Direction in Education Policy Implementation: Confronting Complexity* [M]. New York: State University of New York Press, 2006: 154.
② Ibid.
③ 谢立中.走向多元话语分析:后现代思潮的社会学意涵[M].北京:中国人民大学出版社,2009:277—278.
④ Jones, T. *Understanding Education Policy: The 'Four Education Orientations' Framework* [M]. Dordrecht, Heidelberg, New York, London: Springer, 2013: 13.
⑤ 谢立中.走向多元话语分析:后现代思潮的社会学意涵[M].北京:中国人民大学出版社,2009:254.

- 话语构成了社会及其文化;
- 话语是情境性的和历史性的;
- 权力关系是部分散漫的;
- 权力关系的中介需要一种社会认知方法;
- 批判话语分析是一种致力于解决社会问题的科学范式;
- 话语分析是解释性的、描述性的和阐释性的,并使用"系统方法论";
- 分析者的角色是研究文本和社会实践之间的关系。[①]

在这个意义上,话语不仅仅是言说了什么,更是通过特殊的方法体现和建构社会及其权力关系的一种工具或中介,且在具体的社会情境、历史文化和社会习俗中通过多元解读和人际互动不断地被生产、传播、转化并发挥作用,这个过程既反映了特定的话语机制背后的规范与权力关系,又同时通过新的社会实践来构建新的话语类型和社会实在。

(二)课程政策话语

课程政策是由政府部门颁布并负责实施的、一定时期内关于一定教育阶段的课程目标、目的、设置、管理等方面的文件,是协调人们在课程领域中的行动准则[②]。任何课程政策都会表现为一种公开的文本陈述和行动准则,这些文本或者准则会"被推行者所阐释并执行",亦会被不同参与主体加以解读,从而探讨政策所显示的意义、价值、感受或信念,并研究这些意义通过怎样的过程传递到不同的听众,供他们解读[③]。当话语的概念进入到政策研究中,政策就从具有阐释取向的文本走向了社会的一种话语形成与话语实践[④]。课程政策话语强调的不是课程政策最终作为一种文本或政策产品的生产、呈现和释义,而是将课程政策视作一种社会建构的现实,考察的是一系列政策陈述如何得以整合而成为一种有效的乃至具有权威性的陈述的总和(Totality of All Effective Statement),在具体的社会实践中形成并体现一套特定的意义及价值;关注的是政策主体"如何确立并延续一种对于现实的构想的支配地位"和"反对的团体如何

---

① Fairclough, N., & Wodak, R. Critical Discourse Analysis. In T. A. van Dijk (Ed.), *Discourse as Social Interaction* [M]. London: Sage, 1997: 258 - 284.
② 何杰. 我国基础教育课程政策的演进与特征分析[J]. 淮阴师范学院学报(哲学社会科学版), 2006(03): 291—296.
③ Yanow, D. *Conducting Interpretive Policy Analysis* [M]. Thousand Oak: Sage Publication, 2000: 17.
④ 曾荣光. 教育政策研究:议论批判的视域[J]. 北京大学教育评论, 2007(04): 2—30+184.

寻求争辩的策略以挑战那些具有支配地位的社会建构"所形成的社会互动及其关系①；以及特定的政策陈述、构想或立场如何描述并反映了社会关系与历史现实，并在动态的权力、利益与价值的互动中促成其对于社会现实的重新塑造。

在这个意义上，课程政策话语包括三个方面的意涵。首先，课程政策话语是蕴含在课程政策文本背后的一套特定的意义和价值系统，即具体的课程政策陈述所体现的明示的和潜在的意义与价值。课程政策的话语首先就是政策文本中所谓的意义，以及这些意义如何通过文本的概念化，成为一种固定化的话语留传下来。正如鲍尔(Ball, S. J.)所说的，文本与话语"并非非此即彼的取态，而是一种互相蕴含(Implicit in Each Other)的取态"②。因此，要探究课程政策话语无法脱离对于课程政策文本或陈述的深层次的解析，解析课程政策所指称的意义与价值，及其所蕴含的重要的社会、政治及权力的含义。

其次，课程政策话语并非只是文本背后的意义阐释，更是要理解政策在具体的社会实践场景与社会互动中的"再脉络化"过程及其所体现的动态的力量关系变迁。课程政策的话语并非研究者基于理论模型在政策文本或学校中的发现，而是在课程研究和学术会议、教师解读、媒介报道或家长的讨论等具体场域中随着情境变化而不断消长的权力关系和不断重塑的政策意蕴。正如吉尔伯特(Gilbert, G.)所特别指出的，"话语作为一种社会实践是在具体社会关系中的人参与意义生产与解释的过程"③，人际互动和阐释的过程对于话语构型至关重要。从行政办公室到专业的研究领域、从公共的媒介到课堂中的讨论，"并不是只有一种主导话语和被主导的话语的划分"，而是"可以存在不同的甚至是完全相互矛盾的话语"，以及"可能是正在运作中的、休眠的、被挑战的或被强烈否定的"话语④，各种强弱力量并存、共生且相互转化。

最后，课程政策的话语更是指课程政策赖以存在的广泛的社会制度境脉和历史情境，将对课程政策话语的理解落实到特定历史、社会、政治以及权力的脉络的实践之中，去挖掘身处其中的政策实践可能带来的社会建构的意义与价值。因为话语不仅仅

---

① 曾荣光.教育政策研究：议论批判的视域[J].北京大学教育评论，2007(04)：2—30+184.
② Ball, S. J. *Education Reform: A Critical and Post-structural Approach* [M]. Buckingham: Open University Press, 1994: 11.
③ Gilbert, R. Text and Context in Qualitative Educational Research: Discourse Analysis and the Problem of Conceptual Explanation [J]. *Linguistics and Education*, 1992, 4(1): 37-57.
④ Jones, T. *Understanding Education Policy: The 'Four Education Orientations' Framework* [M]. Dordrecht, Heidelberg, New York, London: Springer, 2013: 13.

只是对当下社会的权力关系或制度规约的被动反映,更重要的是激发话语潜在的建构性意义。课程政策话语并非是一套既定不变的符号规则或惯习,更是能够在实践中建构新的意义与关系的活动。在这个意义上,我们要超越政策文本释义或话语关系与力量互动的解析,从文化和历史情境的视角更发展性地看待课程政策话语及其实践建构的关系。

这也是本书关于课程政策话语探讨所持有的一种基本的立场,即课程政策话语既体现了政策文本经由概念化而固定下来的一套稳定的意义与价值系统,也反映了课程政策在具体的情境与场域变迁或力量互动中的意义转化和关系重构;课程政策话语并非一种受制于现有社会、政治、文化与关系的制约性存在,更应阐发课程政策话语在其动态的社会实践过程中生成的建设性或建构性的效果。

第三节 整体思路、方法与意义

一、整体思路

本书旨在通过追踪中国基础教育课程政策话语及其伦理的历史变迁线索,构建课程政策的伦理内核与规范体系,以此推动课程政策话语的发展及其伦理实践。主要目标包括:

(1)通过对政策伦理和课程伦理相关文献的梳理厘清课程政策的伦理内核及其关键属性;

(2)从政策研究、话语分析和课程研究的多重维度出发建构课程政策话语的伦理分析框架;

(3)运用话语分析方法解析百余年来我国基础教育课程政策话语的变迁及其伦理立场的发展演化历程,探讨我国课程政策实践所面临的主要伦理问题、困境及其生产机制;

(4)强化课程政策的伦理意识以优化课程政策实践,探讨课程政策伦理的动态规范,为课程改革的政策实践提供规范性建议。

本书遵循着"理论之维""历史之维""实践之维"三条线索展开课程政策话语变迁及其伦理的解析(如图引论-1所示)。

理论之维是从理论上建构课程政策话语及课程政策伦理分析的框架与关键维度。理论维度要解析的具体问题有两个方面:一是从公共政策伦理、教育政策伦理到课程

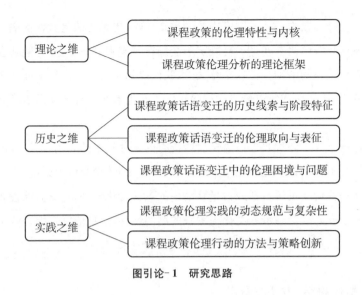

图引论-1 研究思路

政策伦理的理论发展路径及其领域属性的视角探讨课程政策伦理的内核与伦理属性的特殊性;二是依托一般政策伦理分析的内容之维、过程之维与主体之维的伦理维度,结合课程政策伦理的关键属性与伦理内核,探讨指向课程政策伦理分析的理论框架,并具体考虑相应维度的伦理标准与价值尺度。

历史之维的研究则是依托话语分析的框架和课程政策伦理分析的框架对百余年来不同历史时期课程政策话语的变迁历史加以追溯,对不同时期课程政策的伦理表征、伦理取向、伦理问题或困境进行分析。历史之维指向三个方面的核心议题:一是通过课程政策实践的不同历史阶段追溯百年来我国基础教育课程政策发展变迁的线索,并通过话语分析框架对不同阶段的课程政策话语进行结构性的解读,阐释政策文本特征、产生机制及其所依托的社会情境;二是通过课程政策伦理分析的框架对课程政策话语变迁展现出来的伦理属性及其特定历史时期的伦理取向及其变迁进行阐述,探讨特定伦理取向产生的特定的历史文化背景与政策伦理的表征方式;三是针对不同历史时期的课程政策实践中遭遇的伦理冲突、问题或困境,以具体的政策实践中的伦理困境为典型案例,探讨不同历史时期课程政策发展所凸显的政策伦理问题及其生成机制,以此对我国课程政策运作中的伦理问题与矛盾进行系统反思。

实践之维的研究,则旨在探讨课程政策伦理实践的现实复杂性,着重解析不同政策主体在政策伦理实践中根据具体情境做出动态伦理决策,发展灵活的课程政策伦理规范系统及其实践模式的问题,为未来深化核心素养视域下的课程政策变革提供优化路径。这一维度的研究也有两个向度的具体问题：一是探讨课程政策伦理行动的现实复杂性，发展课程政策伦理的动态规范及伦理决策原则；二是通过推动具有伦理价值的政策工具与策略的有效运用，倡导课程政策伦理行动的工具、方法与策略的创新。

二、研究方法

本书采用历史研究法、话语分析法、案例研究法等综合研究方法。

（一）历史研究法

历史研究法主要是通过收集同课程政策话语变迁相关的一手或二手的教育史实材料，系统地梳理1912年现代国家制度建立以来中国课程政策的发展及其变迁的内在机制，通过描述、分析和解释具体的史料素材，从中寻找政策话语变迁及其伦理表征的因果线索，对未来课程政策发展与变迁进行推断性分析。一方面，研究要广泛地收集同课程政策话语变迁及其伦理分析相关的文献资料与书面记录。主要是对不同时期国家教育行政机关公布的课程政策的相关文件——包括课程（教学）计划、教学大纲、课程方案等；基础教育领域驱动课程政策发展相关的教育元政策；分析我国课程政策话语的历史变迁及其伦理表征的相关学术研究文献；以及公共领域对于特定时期课程政策开展讨论的资料，包括书籍、报纸杂志、媒体、网络等不同渠道的资源。通过对这些资源的系统分析，寻找事实，并利用相关信息描述、分析和解释课程政策话语的变迁历程及其伦理表征。另一方面，则是从历史的记录中寻找能够代表并体现特定历史阶段课程政策话语伦理问题与冲突的关键事件与案例，通过对这些案例与事件的关注，揭示课程政策话语演进过程中值得关注的伦理问题，探讨其发生的内在机制和优化的可能。

（二）话语分析法

研究依托批判性话语分析（Critical Discourse Analysis, CDA）的路径对不同时期我国教育领域的课程话语进行分析。批判性话语分析是在20世纪70年代发展起来的，批判话语分析是从批判的视角研究话语和社会结构之间关系的话语方法的总称，有很多不同的分析方法，如福勒（Fowler, R.）等人的批评语言学、费尔克拉夫的社会文化分析法以及沃达克的话语历史分析方法。[①] 无论采取何种具体的方法，都试图通过对某一既定社会政治或文化有影响力的口头及书面的文本进行细致的分析，并将这

---

① 黑玉琴.跨学科视角的话语分析研究[M].北京：北京大学出版社，2013:9.

种分析同其所处的更大的语境联系起来。批判性话语分析与其他文本或话语分析的差别主要体现在,"批判性话语分析坚信真实文本的产生和阅读并非孤立,而与真实世界形成各种复杂的联系";"它极为关注重要的社会问题";"采取一定的伦理态势,注意权力的失衡、社会不平等、非民主的实践以及其他偏见,并尝试对他们进行纠正","采取社会建构的话语观,以福柯以及巴赫金等后结构主义哲学理论为基础,认为人们对现实的看法主要是借助语言或其他符号体系通过与他人的互动的意义建构,因此,现实并非一成不变,而是可以改变的,并且会向着更好的方向改变"[①]。这些特征同我们对于课程政策变迁及其伦理的关注具有深刻的契合性。课程政策作为一种政治系统的产出,要对其内在结构及深层结构进行解析,并不能就政策本身谈政策,需要将其放置在更广泛的社会文化和历史脉络中加以分析,也需要用一种伦理审视的视角探讨课程政策话语发展过程中的问题与矛盾。

具体而言,本书采用的是费尔克拉夫所提出的文本(Text)、话语实践(Discourse Practice)和社会实践(Social Practice)三个维度的批判话语分析框架,[②]从课程政策文本所彰显的政策话语形式与结构所建构的话语风格出发,到对于课程政策话语意义生产、传播与发展的过程与机制的深入探讨,并挖掘历时的课程政策话语发展及其息息相关的社会、政治与文化的关系,在政策话语的具体场域与情境文化中探讨课程政策话语的深层结构。

第一维度是课程政策的文本分析,文本分析主要是围绕同课程政策具有紧密关联性的教育元政策、课程政策相关文本(主要是选取教学计划、课程计划、课程方案、教学大纲、课程标准)等书面资料展开分析,考察不同时期课程政策文本的呈现形式、内在结构、主题特征与叙事风格。从两个方面进行分析:一是对课程政策文本进行文本定量分析,通过对文本主题词、关键词的词频统计,描述政策文本话语表达的规律性与特点;二是进一步对政策文本的论说模式,包括表现主题的文体特征、结构体例、语用特征与叙事风格。

第二维度是课程政策的话语实践分析,话语实践分析重在阐发课程政策的话语意义的生成与建构的过程,探讨课程政策文本所蕴含的话语意义如何生产、传播与发展,并形成一定的社会认知。主要是通过对政策话语在具体情境中的生成与建构的过程

---

① 黑玉琴.跨学科视角的话语分析研究[M].北京:北京大学出版社,2013:68—69.
② Fairclough, N. Critical Discourse Analysis: The Critical Study of Language [M]. New York: Longman Publishing, 1995: 98.

与机制的定性分析,解释政策话语在特定历史时期所形成的意义与内涵。课程政策的话语实践分析是超越了微观的对于课程政策文本的内在形式与结构的分析,在具体的社会文化与社会结构背景中展开的中观层次的分析,重在关注课程政策如何从静态的文本陈述转化为动态的社会认知,以及在这一转化的过程中不同的政策话语——如综合性(大众与媒介)、专业性与行政性的话语之间的互动与关系重建,是从课程政策话语在具体社会情境中的生成与发展的动态视角阐发政策话语的内涵及其话语关系。

第三维度是课程政策的社会文化实践分析,将对课程政策的理解同所处的历史脉络的宏大叙事相结合,放置在更广泛的社会、文化、历史和政治情境中加以分析,以此发掘课程政策话语的社会建构机制及其"深层结构"。一方面,着重探讨不同时期的课程政策话语同当时的政策生态、社会格局和权力关系的具体映射关系,即充分阐释课程政策话语所依托的具象的政策情境、制度与文化脉络;另一方面,则从叙事的视角聚焦并串联特定时期课程政策实践中的具体政策事件及其行动,通过建立一系列鲜活的课程政策事件与政策行动的内在逻辑关系及其阐释图式,将课程政策的行动与实践看作是"一系列带有情节的政治话语活动过程来进行讲述和分析"[①],实现对于课程政策话语的文化认知与阐释,探讨特定课程政策话语对于社会生态、文化及其关系的建构意义。

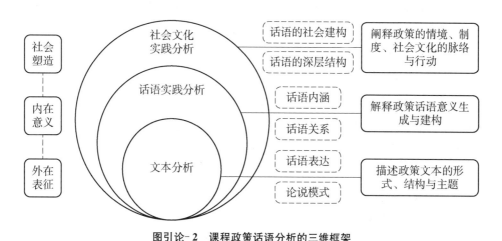

图引论-2 课程政策话语分析的三维框架

---

① 李钢.话语 文本:国家教育政策分析[M].北京:社会科学文献出版社,2009:99—100.

(三) 案例研究法

案例研究法主要是通过专注于具体的事例或个案来研究某一现象,通过对个案的深入研究,对所指向的具体的研究问题及其现象进行解释性、结构化与反思性的分析,从而加深对事物的深刻见解和思索有助于提高和改进课程政策实践的能力。[①] 本研究中对案例研究法的使用,主要是在探索课程政策话语变迁的过程中,聚焦那些能够反映并代表课程政策实践中关键性的伦理冲突、矛盾与问题的案例,通过具体的个案现象及其实际冲突的分析,寻找课程政策运作过程中具体的伦理问题或冲突现象背后所反映出来的复杂的社会关系与冲突的本质结构。

一方面,是运用案例研究法寻找课程政策实践中面临的显著的伦理冲突主题。课程政策运作中所遭遇的伦理问题、困境与冲突,聚集性地反映出具体的社会历史时空中课程政策实践所面临的权力、利益与观念等不同层面的冲突,凸显了我国课程政策实践在调和不同政策主体伦理社会关系中的矛盾聚焦点。基于案例的分析可以帮助我们寻找并聚焦政策伦理冲突的关键主题,对于锚定课程政策运作中的关键伦理议题具有重要价值。

另一方面,则是运用案例研究法具体化和深化课程政策话语的伦理分析。通过深描不同时期课程政策话语实践中的政策伦理问题与冲突,不仅能将抽象的原则性讨论附着在具体的政策事件或事实之中,建立课程政策伦理分析的事实性基础;更是有助于通过建立现象之间的内在关系,并超越现象发现其背后的内在结构,进一步探索课程政策话语伦理冲突背后的社会文化机制及其冲突本质,深化我们对于课程政策伦理现实的解析与理解,在具体的案例情境中深化对于课程政策伦理问题及其实践的讨论。

总而言之,通过案例研究来描述、解释或评价特定历史时期的课程政策话语实践中的伦理问题、冲突或困境,不仅能够丰富我们对于特定历史时期课程话语发展变迁的生动历程,丰满理论阐释的内涵;更能够让我们通过案例去具体解析政策真实情境中课程政策伦理问题产生的内在机制、所隐含的固有意义与其本质,这些对于反思当下和未来的课程政策实践及其伦理优化,规避课程政策实践中潜在的伦理问题与冲突,都具有现实性的意义。

---

① 乔伊斯·P. 高尔,沃尔特·R. 博格. 教育研究方法实用指南[M]. 屈书杰,等,译. 北京:北京大学出版社, 2007:292—309.

三、本书的探究意义

本书立足于考察现代国家制度建立百余年来我国课程政策的话语变迁以及政策在具体社会情境中的伦理表征与价值取向,旨在探讨课程政策作为一种课程资源分配的权威性规定与过程,所应具备的伦理规范和价值依据,反思本土课程政策在百年实践历程中所遭遇的伦理问题、困境及其成因,探讨在具体情境下课程政策伦理的动态价值规范及其实践机制。

其理论意义有三。一是推动课程政策的规范研究,关注课程政策的价值立场。课程政策因其领域的特殊性,不仅是单纯的政策方案规划和决策的过程,更是一个课程开发和设计的专业性活动,规定不同学科的功能意义、选择知识的内容与实现方式乃至个体发展的机会和潜能。本书对课程政策的考察不仅关注政策变迁本身,更关注政策话语的伦理规定性,即不仅仅关注课程政策实际发生发展的本来面目——"是什么"的问题,也聚焦课程政策价值选择的偏好性——"喜欢什么"的问题,以及作为课程政策伦理的一般性原则的伦理价值——"应该是什么"的问题。[①] 课程政策话语的伦理向度的研究对于丰富当前课程政策研究中的规范性与价值性研究的基础,拓展课程政策研究的理论范畴具有意义。二是基于跨学科的视角建构课程政策话语及其伦理分析的理论框架。本书力求综合政策研究、话语分析和伦理研究的多重理论,从多学科视角整合的路径建构课程政策分析的理论框架。一方面,借鉴批判话语分析框架从文本分析、话语分析和社会实践分析三个层面和话语表达、论说模式、话语内涵、话语关系、话语深层结构和话语社会建构六个次级维度形成课程政策话语分析的内在框架;另一方面,结合公共政策伦理、教育政策伦理以及教育与课程伦理的分析视角,从实质伦理、过程伦理、主体伦理等不同维度发展课程政策伦理分析的框架与规范系统。三是倡导研究方法路径的综合性,兼顾理论的视角、历史的线索与问题解决

---

① 帕顿和沙维奇在《政策分析和规划的初步方法》中提到伦理学可以分为描述性理论,试图形成一种针对伦理问题的人性理论;规范性理论,强调什么东西作为一般性原则是好的或正确的,并能导致一种规范性的论断;批判性理论,强调逻辑的、认识论的或语义学的问题,讨论伦理和价值判断的建立和正当化。本书主要立足描述性伦理和规范性伦理两个方面的论述,探讨课程政策伦理的一般规范性框架以及课程政策伦理在具体的课程政策决策与行动中的价值偏好与选择。政策作为一种制度的产物,一方面受到制度框架本身的价值目标和倾向的影响,形成一定的基本原则与伦理价值规范;另一方面,在具体的政策实践过程中,人们又是以各自形成的价值体系去认识这个世界的,因此具体的课程政策实践又反映了政策主体的价值偏好与选择。因此,探讨在一定伦理规范体系下课程政策伦理价值的取向及其选择的变迁,对于我们深化理解社会结构、制度文化以及社会关系同政策运作的内在关系具有重要的意义。参考陈振明.公共政策分析[M].北京:中国人民大学出版社,2003:494—498.

的思路。本书的整体设计将理论研讨、历史阐释与现实问题反思结合起来,将历史的态度与方法作为政策理论与实践探究的根本基础,对百余年来中国课程政策话语的历时与共时经验与价值,开展系统的探讨,更通过回应现实的政策伦理问题与困境来加深对于课程政策运作本质和规律的认识,为现实的政策实践优化提供多元的思考路径。

其实践意义有三。一是唤起课程政策变革及其实践的伦理意识。纯粹的政策分析无法解决价值冲突问题,课程政策所面临的现实的城乡公正、科学世界与生活世界的割裂、工具理性对价值理性的挤压、升学竞争与生命成长、短视主义和可持续发展等深层次的伦理问题,需要唤起课程政策实践场域的关注。既要通过构建公正合理的课程政策伦理尺度与价值依据,唤起课程政策的伦理关照,也要在课程政策实践运作中将伦理考察作为行动的起点,这是本书探讨课程政策话语及其伦理变迁的实践意蕴所在。二是建构动态灵活的课程政策伦理规范与实践策略。打破以一种静态标准的立场看待课程政策伦理的观念,引导课程政策运作朝着科学、规范、合理和公开的良性路径发展,为建构更加动态平衡的政策伦理关系与规范系统做出有益的探索。三是强调课程政策伦理实践嵌入具体文化与情境之中的关联性与复杂性。以中国课程政策实践发生发展所依托的文化脉络和情境特征为基点,阐发课程政策伦理实践的动态性、过程性和情境性的特征,发展具有文化适应性和可行性的伦理工具与策略,以期推动在地化的课程政策的伦理实践与行动优化。

第一章　课程政策话语变迁及其伦理的研究进路

诚如科根(Kogan, M.)指出的,"政策明显是一件对价值观进行权威性配置的事情"[①],作为决策的主体主动选择活动,无论是公共政策、教育政策还是课程政策,都不可避免地涉及伦理问题以及影响政策运作的相关伦理因素,政策的决策及其实践在本质上是整合理性选择与价值判断的综合过程,是通过合理地配置相关利益,"对价值观的可操作性表述"[②]。特别是进入到教育(课程)政策领域,对于一般公共资源的调配与使用开始聚焦在如何公平且有效地分配教育教学资源和课程资源,以保障人们能享有平等且高质量的教育,同时促进学习者全面而个性的发展,政策作为对于学校教育、课程和教学理想的构想和可行程序的安排,使得教育(课程)政策的伦理属性成为一种内在要求。教育尤其是课程政策的伦理立场,不仅仅会影响学校整体的教育目标与定位,更会通过具体的课程设计与组织反映出来,且直接或间接地影响课堂中教与学的具体路径与方式方法。也正是在这个意义上,课程政策的伦理关注成为一种必然,这不仅仅是完善课程政策方法体系的内在要求,更是推进课程政策实践有效实施、获取更广泛的价值认同与社会接受度的现实考虑。本章将对课程政策话语变迁的研究线索进行简要的回顾,探讨当前聚焦课程政策话语及其伦理发展的重要意义;并以公共政策、教育政策和课程政策等不同政策领域中伦理研究的历史演进为线索,解析伦理作为政策研究的一种内在属性,在政策理论分析和实践探索中不可或缺的重要性;进一步探讨从一般公共政策到教育政策和课程政策所展现出的不同的伦理特性。

---

① 斯蒂芬·鲍尔.政治与教育政策制定——政策社会学探索[M].王玉秋,孙益,译.上海:华东师范大学出版社,2011:1.
② 同上.

第一节 课程政策的话语变迁:从文本分析走向话语分析

课程政策在各国的政策实践中早就存在,但是课程政策的概念在20世纪50年代以前很少被使用,其作为一个专门的研究领域逐步为大家所关注更是在20世纪70年代和80年代以后,直到艾尔摩和塞克斯(Elmore, R. & Sykes, G.)在课程研究手册中专门撰写了"课程政策"的章节并将课程政策研究的文献归为两类:"一类是从政策研究的视角探讨作为特例的课程政策;另一类是从课程研究的学科视角出发提出重要的政策问题"[①],基本上建构了课程政策研究的概念框架,并影响至今。一方面,从政策本身的演化历程来看,随着时代的变化和课程问题的动态发展,各个时期课程政策的核心话语及其价值取向不断调整,体现出历时性的演进脉络,既有其内在的关联与稳定性,也体现出一定的发展性与变革性;另一方面,从研究的角度而言,作为一个具体的研究对象或领域,对于课程政策及其话语变迁的研究也经历了不同研究视域的转化,呈现出从聚焦于课程政策文本及政策产品的关注,到课程政策运作过程,以及对于课程政策话语实践的情境化与批判性分析的转化。

一、始于文本分析:聚焦课程政策文本及政策产品

无论在专业的文献还是日常的讨论中,当我们谈及政策时,往往会直接指向政策作为政府决策、目标、规则、计划或者项目的文本化或物化产品的表现。对于课程政策最一般意义上的理解,"是教育行政当局针对目前社会需求、学生愿望以及未来发展的趋势,依据国家教育宗旨与法令规章确定课程计划、规划教学内容、调整课程结构、经由法定程序公布实施,成为行政部门或教育机构执行的准则"[②]。作为一种官方意志的文本呈现、公开陈述或行为预期,研究政策的文本以及一系列的政策产品是必不可少的。在我国,尤其是在课程政策研究兴起的早期,有相当多的研究聚焦课程政策产品本身及其内容的分析,如课程政策文本、政策载体以及政策所依托的制度环境与组织结构,主要是对课程政策相关联的理念、内容、特征、发展变迁的历程以及各类课程

---

① Elmore, R., Sykes, G. Curriculum Policy. In Jackson, P. W. *Handbook of Research on Curriculum: A Project of the American Educational Association* [M]. New York: Macmillan; Toronto: Collier Macmillan Canada; New York: Maxwell Macmillan International, 1992: 185.
② 何杰. 我国基础教育课程政策的演进与特征分析[J]. 淮阴师范学院学报(哲学社会科学版), 2006(03): 291—296.

政策载体,如课程标准、教科书等资源的描述性或解释性的分析与比较。

这类研究中大多是经验性分析和思辨性研究,从具体的分析视角来看,主要可以分成两种类型。第一类是对国际课程政策的国别研究和各国政策发展的比较研究。尤其是在世纪之交,为了推动第八次基础教育新课程改革政策的出台,涌现出一系列有关各国课程政策及其发展趋势的研究。如钟启泉、张华等的《世界课程改革趋势研究:课程改革国别研究》(北京师范大学出版社,2001)、汪霞的《课程改革与发展的比较研究》(江苏教育出版社,2000)、杨燕燕的《国外课程改革政策及其价值取向》(浙江大学出版社,2010)等著作,对世界主要代表性国家20世纪以来的课程政策话语发展进行了分析。代表性的期刊论文中有对国别的课程政策发展历程及其特征进行分析的,如汪霞[①]、徐继存[②]、申超[③]的研究;以及对整体课程改革政策趋势与特征的分析,如汪霞、吕林海就从政策设计的基本观点、政策制定发布与实施的机制、政策文本的类型以及政策设计及推进的持续性等方面,对国际社会基础教育课程政策发展的整体特征与趋势进行了分析。[④]

第二类是对1949年以来中国课程政策话语发展变迁的历时性分析。这类研究尤以1949年以后、改革开放以后和世纪之交作为关键的研究节点,对课程政策话语变迁的关键阶段进行阐述。有的依照课程政策推进的不同历史时期及其工作重心的变化,尤其是以历次课程计划(教学计划)及教材颁布的阶段为依托,将我国课程改革政策划分为社会主义改造时期(1949—1957)、全面社会主义建设时期(1958—1963)、"文革"时期(1964—1976)、全面恢复教育秩序(1977—1985)和探索中国特色课程教学体系时期(1986—1996)以及构建基础教育新课程体系(1997年至今)等六个阶段,如胡东芳、陈永明、吕达等人的研究[⑤];或是从课程政策演进中课程管理权力分化的角度,将1949年以后的课程政策演进分为国家对课程管理的高度集权阶段(1949—1986)以及国家对课程管理的适当分权阶段(1986年至今)或"国家"模式阶段(1975—1988)、"国家+地方"模式阶段(1985—1999)以及"国家+地方+学校"模式阶段(2000年至今)三个

---

① 汪霞.美国的课程改革与发展政策[J].课程教材教学研究(中教研究),2002(07):60—63.
② 徐继存.英国的课程政策与教学文化[J].外国教育研究,1999(05):1—5.
③ 申超.中美基础教育课程改革的政策比较——以《基础教育课程改革纲要(试行)》和《不让一个学生掉队法》的比较为切入点[J].教育学报,2008(04):34—38.
④ 汪霞,吕林海.国际基础教育课程改革的政策设计[J].课程·教材·教法,2010(02):93—99.
⑤ 胡东芳.新中国课程政策的历史回顾与理论思考[J].清华大学教育研究,2002(04):64—70.

阶段①；也有的研究从课程政策发展的中国治理视角探讨新阶段划分的属性与特征，分为改革继承与盲目借鉴时期（1945—1957）、自主探索与跃进变革时期（1958—1977）、中国特色与科学借鉴时期（1977—2000）以及中国治理与中国表达时期（2000年至今）②；还有的从课程政策的伦理取向视角对新中国以来和改革开放以来课程政策的变迁阶段进行划分，如1949年的"为工农服务、为生产服务"阶段、1966至1976年期间的"平均主义、政治至上"的阶段、20世纪80年代至90年代中后期的"效率优先、兼顾公平"阶段以及20世纪90年代末至今的"缩小差距、均衡发展"阶段③。除了对课程政策演进进行阶段性的划分与解析外，也有的研究则聚焦政策主题，如关于个性培养的关注、综合课程、自主合作探究等学习方式、教师角色重塑以及多元课程评价等议题在课程政策中的动态发展④；或从课程的具体维度出发，如课程目标、内容、实施及评价来看不同时期课程政策的内在关联及其发展⑤。近年来，也有一些研究开始运用政策分析的理论框架或计量方法对课程政策文本的变迁进行解读，对于课程政策文本及政策产品分析的方法理论，开展了有益的探索。如金罗成"从高频词看中国义务教育课程政策的变迁"⑥、陈睿腾采用计量分析的文本分析方法对课程政策演进中的高频词转化中考察课程政策重心与关注点的走向⑦；如彭彩霞运用斯蒂芬·鲍尔（Ball, S.）等人提出的政策群的概念考虑课程政策同其他教育元政策和相关政策的关联及演化⑧。不仅如此，对于课程政策研究的元研究也开始出现，代表性的如杨道宇探讨了我国课程政策研究从孕育、兴起到勃兴的三个阶段⑨，高岩、陈晓端对1978到2017年间课程政策研究的基础、论点和热点问题进行分析⑩；以及彭彩霞对西方课程政策研究自20世纪50年代以来的简要发展的论述⑪。

---

① 黄忠敬.我国基础教育课程政策：历史、特点与趋势[J].课程·教材·教法，2003(01)：21—26.
② 殷世东.新中国基础教育课程政策变革70年回顾与反思[J].现代教育管理，2020(04)：74—81.
③ 杨道宇.中国课程政策研究的回顾与反思[J].河北师范大学学报（教育科学版），2011(06)：27—33.
④ 彭彩霞.改革开放以来我国基础教育课程政策话语的迁嬗[J].科教导刊.2016(09)：10—12.
⑤ 彭彩霞.改革开放以来基础教育课程政策之变革与稳定[J].现代教育管理，2010(08)：70—74.
⑥ 金罗成.从高频词看中国义务教育课程政策的变迁（1978—2010）[D].宁波：宁波大学，2013.
⑦ 陈瑞腾.近30年来政策话语对"课程"的关注及演变——基于1987—2017年《教育部工作要点》的文本分析[J].教育评论，2017(12)：36—39.
⑧ 彭彩霞."政策群"视阈中的基础教育课程政策变革[J].天津师范大学学报（基础教育版），2010(02)：9—12.
⑨ 杨道宇.中国课程政策研究的回顾与反思[J].河北师范大学学报（教育科学版），2011(06)：27—33.
⑩ 高岩,陈晓端.改革开放40年我国课程政策研究的回顾与走向[J].课程·教材·教法，2018(08)：34—42.
⑪ 彭彩霞.当代西方课程政策研究之回眸与审视[J].清华大学教育研究，2009(04)：102—107.

总的来说,关于课程政策变迁的研究不断丰富并深化,但仍然存在一些具体的问题。比如探讨1949年以前的课程政策历史印记的研究相对较少,大部分有关民国时期的课程变革与发展的政策研究都融合在整个民国教育发展的大图景中,未有专门探讨。在《中国教育思想通史》(1994)①、《中国教育制度通史》(2002)②、《中国教育通史·中华民国卷》(2013)③和《中国民国专题史·第十卷》(2015)④等有关民国教育的综合研究中略有涉及。此外,关于课程政策变迁的研究虽然逐渐丰富,但整体上仍然是描述性的分析居多,采用科学规范的方法或成型的理论框架开展深度分析的研究不多,"将文本与其所处的历史脉络和社会实践进行对话,以揭示政策文本的丰富内涵与内在逻辑"⑤的探讨尚不够深入。在这个意义上,如何超越对于课程政策本文或政策产品的一般性解读,挖掘政策文本作为复杂的社会文化产物的内在意涵及其在社会运作过程中的变动与发展,需要我们依托理论与方法的精进,对课程政策的话语变迁进行更深刻的挖掘。

二、关注政策过程:走向对于课程政策过程的追踪

20世纪70年代以来,大规模课程改革的失败让课程专家和政策推动者开始关注课程实施的重要性,推动了课程实施研究的兴起,人们开始关注并探讨"地方的政策主体和实施中的动态如何影响政策的结果"⑥,将对于课程政策的关注从政策产品与文本转移到对课程政策过程的探讨上,"产生了关于政策过程的新概念,并且揭示了促进或妨碍教育革新的条件"⑦。在这个意义上,探讨课程政策不仅仅是政策产物在历史变迁线索中的转化,更是在具体的情境中"从创始、开发、实施和评估的具有法定效力的权威性结构的连续性过程"⑧,进一步地聚焦课程政策在整个政策运作周期中不断地被重塑和反复修正的过程,以及这一过程同更广泛的社会关系、政治制度、文化传统

---

① 王炳照,等. 中国教育思想通史(全八卷)[M]. 长沙:湖南教育出版社,1994.
② 李国钧,王炳照. 中国教育制度通史(全八卷)[M]. 济南:山东教育出版社,2000.
③ 王炳照,李国钧,阎国华. 中国教育通史·中华民国卷(上中下)[M]. 北京:北京师范大学出版社,2013.
④ 朱庆葆,等. 中华民国专题史·第十卷:教育的变革与发展[M]. 南京:南京大学出版社,2015.
⑤ 涂端午. 教育政策文本分析及其应用[J]. 复旦教育论坛,2009(05):22—27.
⑥ Jones, T. *Understanding Education Policy: The 'Four Education Orientations' Framework* [M]. Dordrecht Heidelberg New York London: Springer, 2013:8.
⑦ 钟启泉. 教育政治学的新方向:教育政策分析[A]//袁振国. 中国教育政策评论[M]. 北京:教育科学出版社,2001:257.
⑧ Berkhout, S. J., Wielemans, W. Toward Understanding Education Policy: An Integrative Approach [J]. *Educational Policy*, 1999(3):402-420.

与行为惯习的内在关系。国内外关于课程政策过程话语的研究较为丰富,涉及课程政策运作周期的不同阶段,对课程政策的制定、实施、评估以及影响因素都有系统的探讨。

从整体的研究发展来看,对于课程政策过程的关注有两个比较明显的转化。一方面,是从对政策过程一般性的阶段及其流程的分析走向将政策过程视为复杂活动的更为细致和微观的研究,特别是运用理论框架与模型聚焦政策运作的具体情境进行深度解析。早期的对于课程政策过程的研究往往借用一般公共政策或教育政策研究中的过程框架或流程结构展开分析,对课程政策过程的阶段性框架和系统流程进行描述性的分析。如何杰介绍了理性模式、渐进模式、规范最佳模式、团体协调模式、精英模式、系统模式等一般政策制定过程模式,希望将其引入课程政策制定过程来对课程政策决策进行分析[1];胡东芳则从不同课程行政体制对课程政策制定过程的影响的比较,探讨了包括行政性模式(Administration Model)、草根模式(Grass Model)和示范模式(Demonstration Model)等不同类型的政策制定与推广模式。[2] 此外,周勇军在其学位论文中也介绍了一些主要的公共政策实施分析模型,并运用史密斯的公共政策执行的过程模型和麦克劳夫林等人的公共政策执行的互动理论对课程政策实施过程进行分析[3];还有张家军、靳玉乐也对科学化的课程政策评价模式进行了分析,包括整体分析模式、过程模式、CIPP模式和回应模式等。[4] 可以看到,早期涉及课程政策过程的研究还是停留于对课程政策过程及其具体阶段的一种描述性介绍或概念化的建构,并不涉及对课程政策过程各种重要因素和变量的关系建构与现实解析。随着研究的深入,对于课程政策过程的研究越来越走向微观和强调动态性,开始关注政策运作过程中的内部冲突和内在关系,关注其作为一个动态过程的变化趋向,并试图挖掘其潜在的社会价值和意义。如白雪松基于社会互动理论分析课程政策执行中经历的敌对、冲突、适应和同化的转化过程[5];吴刚平、陈华则从课程政策运作中的现实情境与冲突出发,探讨课程政策滞后在决策模式、专业研究和利益博弈等方面的冲突[6];邓璐则围绕《钦定

---

[1] 何杰.课程政策的决策模式评析[J].当代教育科学,2007(03):32—35.
[2] 胡东芳.从国际比较的观点看课程政策的变化趋势——兼论我国课程改革的政策取向[J].教育发展研究,2002(05):56—60.
[3] 周勇军.课程政策实施研究[D].成都:四川师范大学,2004:90.
[4] 张家军,靳玉乐.论课程政策评价模式[J].教育理论与实践,2004(04):49—52.
[5] 白雪松.课程政策执行的社会学分析[J].科教文汇,2008(23):65—68.
[6] 吴刚平,陈华.课程改革政策滞后现象探析[J].湖南师范大学教育科学学报,2014(03):46—50,57.

学堂章程》出台过程中的议论、建议、实践活动、课程方案的制定等过程,从宏观和微观不同层面厘清《钦定学堂章程》的决策过程及其中的势力博弈与文化选择[①];和学新、丘辉则从关心政策的地方取向与微观取向的视角,探讨政府间的政策执行以及组织内的政策执行对于政策实施的效应。[②] 此外,如吕立杰、屠莉娅等人也开始深入我国课程政策决策及其运作的内在过程,试图揭示课程政策过程中的黑箱,探讨其中的文化、政治与社会的意义。[③][④] 总体而言,对于课程政策过程的分析,开始越来越多地从具体政策情境、社会关系及其内在运作机制的视角出发,还原课程政策在现实中的复杂性与丰富性,从社会、组织或政策实践主体的不同视角探索贯穿政策过程多种力量之间的互动及其意义。

另一方面,则是从对影响课程政策运作的各类因素的分解与归类分析走向强调影响政策运作因素的相互作用及其动态机制的探讨。早期对于课程政策运作过程影响因素的分析聚焦于整体的影响因素的梳理或探讨政策运作不同阶段具体的影响因素,这类研究往往是脱离政策情境对于影响因素的一般性分析。比如课程政策的制定与决策往往会受到"特定时期社会思潮和理论""政治利益集团、民族历史文化传统、社会科学技术水平、区域经济基础"等社会因素,以及政策制定过程中多方的政策主体等多方面因素的影响[⑤],或是可以从"主体因素、资源因素或环境因素"等不同角度考虑课程政策制定的复杂性[⑥]。富兰的研究指出课程政策实施的影响因素大致涵盖政策方案自身的特征(需求、清晰性、复杂性、质量和实用性等)、组织的特性(如学区、社区、校长和教师形成的组织文化、氛围、制度条件以及人员因素等)、实施的策略(在职培训、资源支持、反馈机制、参与)以及外部因素(宏观的社会政治特征、政府和其他政策主体、政治的复杂性与外部协调)四个方面的主要因素。[⑦] 这些对于政策运作影响因素

---

① 邓璐. 清末基础教育课程政策决策研究——以《钦定学堂章程》为例[D]. 上海:华东师范大学,2018.
② 和学新,岳辉. 地方课程政策供给与学校课程改革——基于京、沪、浙三地近年来基础教育课程政策分析的思考[J]. 当代教育与文化,2019(01):49—54,71.
③ 吕立杰. 国家课程设计过程研究:以我国基础教育"新课程"设计为个案[M]. 北京:教育科学出版社,2008.
④ 屠莉娅. 从概念化到审议:课程政策过程研究[M]. 济南:山东教育出版社,2015.
⑤ 高岩,陈晓端. 改革开放40年我国课程政策研究的回顾与走向[J]. 课程·教材·教法,2018(08):38—42.
⑥ 赵垣可. 课程政策制定的原则、理念及影响因素分析[J]. 教学与管理,2017(07):17—19.
⑦ Fullan, M. *The New Meaning of Educational Change (4th Ed.)* [M]. New York: Teachers College Press, 2007:86 - 105.

的一般性分析,被广泛地应用在解读我国课程政策运作过程的研究之中。比如黄清提到的影响课程政策发展的宏观的社会因素[1];李孔珍所分析的课程政策问题的易处理性、新课程政策基层执行者的复杂性和新课程政策工具的适切性等因素[2];王中华提到的课程政策自身因素、实施者因素和实施环境因素[3];张增田等人提到的政策制定中的利益博弈、决策主体以及执行过程等因素;或多或少都受到一般性影响因素分析的影响[4]。但是,随着对于课程政策过程分析的日益深入,可以看到,对课程政策运作中各种影响要素的解析越来越细致,更加强调在具体情境下多种因素之间的相互作用及其复杂关系的解析,强调依托具体的政策生态开展解析而非抽离具体的政策情境。比如王明就从特定制度环境与教师个体互动的角度探讨课程政策执行中教师阻抗的制度要素与教师个体要素之间的关系[5];柯政则从新制度主义的视角探讨教师的认知与思维模式对于课程政策实施的影响[6];又比如廖辉等人的研究则是从教师主体的视角关注新课程政策执行中的低效、无效与失真[7]。可以说,研究对课程政策运作过程中各种要素之间的关系的解析及其实际产生的效应的分析更为具象化,不再是去寻求某种一般性的结论,而是旨在探究具体要素发挥作用的内在机制及其动态原理,从而丰富关于课程政策过程的复杂性和生成性的理解。

总体而言,对课程政策过程的分析正逐步走向纵深。一是越来越注重探讨课程政策过程话语中的情境关联,强调"行为是一种社会情境的结果"[8],不再像过去以追求普遍真理为研究目标而是"揭露特定政策、政策主体和政策情境之间如何互动产出相应的结果"[9],强调政策所处的制度、组织、环境和历史的文化对于课程政策实践的关联性,关注点从政府部门走向更广泛的区域、学校和教室的具体政策生态;二是越来越关注政策运作中的主体特征,从认知、行为、情感、信念系统等不同视角关注不同主体

---

[1] 黄清.影响课程政策发展的社会因素分析[J].教育探索,2004(04):26—28.
[2] 李孔珍.新课程政策执行的关键因素[J].课程•教材•教法,2008(06):3—7.
[3] 王中华.我国新课程政策实施的问题、影响因素及其对策[J].教学与管理(中学版),2011(12):7—10.
[4] 张增田,雷冬玉,石鸥.课程改革预期目标偏离的政策因素探析[J].课程•教材•教法,2012(04):3—6.
[5] 王明.理解课程改革中的"教师阻抗"——公共政策执行的视角.[J].教育理论与实践,2017(25):55—60.
[6] 柯政.教师的文化一认知是如何影响课程政策实施的:以"研究性学习"政策为例[J].全球教育展望,2011(03):39—48.
[7] 廖辉.课程政策执行过程中的障碍性因素分析与消解[J].课程•教材•教法,2010(01):14—19.
[8] Fullan, M. *The Moral Imperative of School Leadership* [M]. Thousand Oaks, CA: Corwin, 2007: 2.
[9] Hong, M.I. *New Direction in Education Policy Implementation: Confronting Complexity* [M]. New York: State University of New York Press, 2006: 20.

及其关系对于政策过程的影响①,并将政策制定者、实施者、研究者、校长、教师、学生等不同主体都视为"塑造政策制定及其实施的不可或缺的组成"②。

从聚焦课程政策文本与政策产物(Product)转化到对于课程政策过程(Process)的关注,将我们对于课程政策话语的探讨从一种静态的聚焦领向对于课程政策过程的动态系统的追问,试图更细致地"了解课程政策从构思、设计到实施、评价的全过程"③。这种转化的过程,不仅是对研究内容与范畴的拓展,更促成了课程政策研究从表层研究逐步走向深入。正如有研究者指出,对于课程政策过程的关注,是"一种介于传统和批判方法之间的中间地带",这类研究尝试广泛运用"社会学、文学批评、文化人类学、认知或社会心理学的解释方法"④,对于课程政策运作中更广泛的议题进行探讨,分析课程政策过程运作中重要的理论基础、影响机制和文化内涵。

三、转向话语分析:批判性的课程政策的话语分析

随着政策研究的发展,受解释性和批判性政策研究范式的影响,20世纪80年代以后国际教育政策研究开始转向多元主义和跨学科研究的阶段,运用多学科的理论框架阐释政策发生发展的内涵,同时从价值中立的政策分析转向将政策视为一个规范体

---

① 对于政策运作中的主体(people agent)的关注日益深化。不仅关注的政策主体的范畴更为广泛,如从传统的政策制定者和政策实施者扩展到包括政策研究者、家长、社会工作者和学校政策设计者等学校教育系统以内或以外的利益相关者;而且,研究也开始打破对于政策主体基于正式的专业归且(professional affiliation)的分类,比如教师、教育行政工作者或其他,而是探究这些传统分类下的政策主体的子群体之间的差别,比如根据其功能将政策主体划分为激励者、故事讲述者、网络联结者、合作者等;此外,对于政策主体的研究视角也开始分化,包括从政策主体的先有知识(pre-knowledge)、认知与信念系统(cognition and belief system)、社会互动和信任关系(social interaction and trust relationship)以及情绪情感(emotion)等角度,探讨主体参与并影响政策运作的机制,并进一步探索政策主体同其政策活动发生发展所依托的具体的在地性(place-based)的社会文化和制度环境的互动,极大地丰富了关于课程政策话语分析的广度与深度。参考 Hong, M.I. *New Direction in Education Policy Implementation: Confronting Complexity* [M]. New York: State University of New York Press, 2006: 1-23; Spillane, J.P., Reiser, B.J. & Reimer, T. Policy implementation and Cognition: Reframing and Refocusing Implementation Research [J]. *Review of Educational Research*, 2002, 72(3):387-431。

② Hong, M.I. *New Direction in Education Policy Implementation: Confronting Complexity* [M]. New York: State University of New York Press, 2006: 16.

③ 艾伦·C.奥恩斯坦,费朗西斯·P.汉金斯.课程:基础、原理和问题(第三版)[M].柯森,主译.南京:江苏教育出版社,2002:209.

④ Levinson, B.A.U., Sutton, M., & Winstead, T. Education Policy as a Practice of Power: Theoretical Tools, Ethnographic Methods. Democratic Options. Educational Policy, 2009, 23(6):767-795 [A]// Jones, T. *Understanding Education Policy: The 'Four Education Orientations' Framework* [M]. Dordrecht, Heidelberg, New York, London: Springer, 2013:8.

系或一种文化价值系统,是"特定时空内人类社会对重要社会问题或政策现象所作的意义阐释及价值判断"①,关注政策产生发展的政策情境的分析,并将批判话语分析、批判政策社会学理论、女性主义理论等解释性、批判性、激进人文主义的理论框架引入政策分析,探讨政策表征背后的深层次内涵与潜在价值。随着这一转向的发生,对于课程政策研究的关注开始从外在的文本与过程走向话语的社会意义建构,"政策被视为在不同文本或过程中调动特定'话语'的过程"②,聚焦"政策如何将相关政策集合起来,作为话语,通过行使权力产出'真理'和'知识'"③,并且探讨话语如何在不同的情境中穿梭并发生变化。在这样的背景下,将政策理解为话语,并对政策话语作为"由与社会制度有关的一系列习俗所决定的一种社会实践"④,展开了充分的批判与反思。在这个意义上,话语并非所表达出来的话语,或是"简单的逻辑结构的意义系统",而是"人们在产生和解释意义的过程中彼此建立关系",由此形成的一种反映并建构社会现实的社会实践⑤。

在我国,先是在教育政策研究领域出现基于结构主义、后结构主义、话语分析、政策社会学等强调基于理论基础的政策分析研究,以区别于过去过度注重实践实用取向的政策研究。如邵泽斌、张乐天强调从政策结构和动态生成的角度对教育政策的结构生成和结构变迁进行理解和把握⑥;闫引堂对20世纪80年代后期兴起的教育政策社会学进行了述评,探讨通过解释理论、对话理论和批判理论研究教育政策过程中的权力与控制,探讨教育政策对不同群体的影响,具有批判解放的研究色彩⑦;王海平则进一步分析了教育政策社会学视域下嵌入性分析方式所包含的教育政策网络研究、过程

---

① 王海平. 教育政策的嵌入性——教育政策社会学基本理论分析方式的历史考察[J]. 教育学报,2017(04):63—70.
② Jones, T. *Understanding Education Policy: The 'Four Education Orientations' Framework* [M]. Dordrecht Heidelberg New York London: Springer,2013:10.
③ Ball, S. J. *Education Policy and Social Class: The Selected Works of Stephen. J. Ball* [M]. London. New York: Routledge,2006:48.
④ Fairclough, N. Language and Power. London: Longman, 1989: 17. [A]//Jones, T. *Understanding Education Policy: The 'Four Education Orientations' Framework*. Dordrecht, Heidelberg, New York, London: Springer,2013:10.
⑤ Gilbert, R. Text and Context in Qualitative Educational Research: Discourse Analysis and the Problem of Conceptual Explanation. Linguistics and Education, 1992,4(1):37-57. [A]//Jones, T. *Understanding Education Policy: The 'Four Education Orientations' Framework*. Dordrecht, Heidelberg, New York, London: Springer,2013:11.
⑥ 邵泽斌,张乐天. 教育政策:一个结构主义的分析视角[J]. 教育理论与实践,2007(06):14—18.
⑦ 闫引堂. 教育政策社会学:一种新范式?[J]. 比较教育研究,2006(01):39—43+49.

研究、批判研究三个方面①；此外,曾荣光系统分析了从对于政策文本、文本质感与文本互联性的诠释学取向的政策话语分析走向话语考古与系谱分析的话语批判的政策研究的发展路径②；涂端午也探讨了教育政策文本分析从文本自身的内容分析走向话语分析的趋势,并倡导要对文本开展微观分析,推动文本与其所处的宏观历史脉络、制度和政策实践进行有效对话,促成文本的理论化③。

在这样的教育政策分析方法论转型的话语驱动下,出现了一系列运用"阐释—政治"或"话语—批判"方法对于教育政策进行分析的研究。代表性的有李钢④、但昭彬⑤、文雯⑥、张灵芝⑦以及余源晶⑧等,这些学者的研究将批判性话语分析的方法与理论框架用于解读特定时期或特定领域的教育政策及其变迁,丰富了我国关于批判话语分析视域下的教育政策分析,深入挖掘了政策文本域话语背后蕴含的重要的社会、政治与权力的意蕴。

受此影响,课程政策研究领域也开始出现批判性、解释性的分析研究,许多研究以批判话语分析理论为主要的分析视角。如伍雪辉从语言学、社会学和哲学话语的视角对"文革"期间、"文革"后至 90 年代末、新课改时期等三个鲜明时代的课程话语特征进行了分析⑨；叶波从作为文本的课程话语以及作为社会性话语的课程社会脉络两条思路出发,对 1923 年以来的课程改革的话语特征及其规则、话语形成过程以及话语影响进行了系谱学的分析⑩；刘茂军、孟凡杰则是以意识形态视角开展的批判话语分析,探讨了课程改革的制度性话语中的意识形态特性以及清末教育宗旨的意识形态话语特征⑪。此外,彭彩霞则强调从文本与语境关联的视角探讨课程政策,从社会宏观语境、历史语境、政策文本的互联性、政策生产语境以及国际语境等角度对改革开放以来的

---

① 王海平.教育政策的嵌入性——教育政策社会学基本理论分析方式的历史考察[J].教育学报,2017(04)：63—70.
② 曾荣光.教育政策研究：议论批判的视域[J].北京大学教育评论,2007(04)：2—30+184.
③ 涂端午.教育政策文本分析及其应用[J].复旦教育论坛.2009(05)：22—27.
④ 李钢.话语　文本：国家教育政策分析[M].北京：社会科学文献出版社,2009.
⑤ 但昭彬.话语与权力——中国近现代教育宗旨的话语分析[M].济南：山东教育出版社,2008.
⑥ 文雯.中国教育政策的形成与变迁：1978—2007 年教育政策话语分析[M].武汉：湖北教育出版社,2013.
⑦ 张灵芝.话语分析与中国高等教育变迁[M].北京：清华大学出版社,2015.
⑧ 余源晶.话语分析视域下的政策构建——高等教育入学机会公平的政策研究[M].北京：中国社会科学出版社,2015.
⑨ 伍雪辉.课程话语透析——历史演变的角度[D].武汉：华中师范大学,2006.
⑩ 叶波.课程改革作为话语实践——基于 1923 年课程改革的系谱学考察[D].重庆：西南大学,2014.
⑪ 刘茂军,孟凡杰.课程改革的意识形态话语分析[J].国家教育行政学院学报,2015(02)：48—53.

课程政策演进及其语境进行分析①。可以看到,随着政策分析日益同政策情境以及政策所处的社会结构与权力关系互动结合起来,越来越多的研究开始从阐释或批判的视域探讨特定时期中国课程政策话语变迁与话语建构的议题,这些研究为我们更为系统并完整地运用话语分析理论对课程政策发展变迁的历史及其社会生态进行综合分析,奠定了重要的基础,也生发出了新的研究路径。

第二节 从公共政策到课程政策:研究视域中的伦理聚焦

一、公共政策的伦理审视:从有意规避到学科细化

20 世纪 50 年代,以罗德·D·拉斯韦尔(Lasswell, H. D.)和丹尼尔·拉纳(Lerner, D.)的《政策科学:范围与方法的新近发展》一书为标志,宣告了"政策科学从传统政治学中脱离出来,成长为一门新的学科"②。之后戴维·伊斯顿(Easton, D.)、查尔斯·E·林德布洛姆(Lindblom, C. E.)、查尔斯·O·琼斯(Jones, C.)、托马斯·R·戴伊(Dye, T. D.)、叶海卡·德洛尔(Dror, Y.)、西奥多·罗威(Lowi, T. J.)等代表人物的一系列著作,极大地丰富和完善了公共政策研究,促进了当时公共政策分析与科学决策的快速发展。其实在公共政策科学创立之初,创始者们都强调公共政策研究要坚持"事实分析与价值分析、科学研究与规范研究相结合"③。如拉斯韦尔在《政策科学:范围和方法的新近发展》(1951)就指出,"政策科学是一门跨学科解决问题的规范性学科,在公共政策分析的过程中要引入价值取向、价值标准、价值判断等问题"④。然而,一方面,受实证主义研究方法在社会科学研究领域盛行的以及政策分析范式的影响,"价值中立成为公共政策分析追求科学性的必备手段"⑤,广泛运用数学、统计学、心理学、政策模拟等方法进行政策决策分析也成为当时的潮流;另一方面,作为一门刚刚独立的新兴学科,学者们迫切期望突破传统政治学的理论框架,尤其要摆脱以规范研究作为基本研究方法的限制,强调用科学方法取代价值研究,注重有效可靠的计量方法、社会实验以及社会指标体系的调查方法。这些都使得公共政策研究的

---

① 彭彩霞.中国基础教育课程政策三十年(1978—2008):基于政策语境视角[M].北京:中国社会科学出版社,2015.
② 钱再见.公共政策学新编[M].上海:华东师范大学出版社,2006:1.
③ 周明侠,谢峻峰.当代中国公共政策伦理研究述评[J].道德与文明,2007(05):106—110.
④ 许淑萍.公共政策伦理[M].北京:社会科学文献出版社,2018:2.
⑤ 李金珊,叶托.公共政策分析:概念、视角与途径[M].北京:科学出版社,2010:98.

发展越来越脱离于伦理思考,而日益依赖于"科学技术"的路径,强调公共政策制定与运行的技术理性,以此来建立一门纯粹的科学。

20世纪60年代末开始,新公共行政研究的兴起开始超越技术的束缚,反思传统公共行政研究中政治与行政二分、效率至上等理念,逐步将社会公平等伦理概念注入公共行政学的研究之中。1968年9月,沃尔多(Waldo, D.)在雪城大学明诺布鲁克会议中心组织了一场学术会议,主要讨论了三个问题:(1)如何将道德价值观念注入行政过程;(2)如何才能有效地执行政策;(3)政府组织机构及其服务对象的恰当关系是什么。会议论文随后编成《迈向新公共行政:明诺布鲁克的观点》一书出版,标志着新公共行政学的诞生[1]。由此开始,研究者们对公共行政的价值问题进行了全面深入的探讨,尤其是20世纪70年代初"水门事件"以及之后的尼克松弹劾案,直接推动了公共行政伦理研究的大发展,学者们从政体价值、政府组织的伦理责任以及行政人员的职业伦理等不同角度[2],丰富了关于行政伦理的规范及其原则的讨论。如约翰·罗尔(Rohr, J.)发表的《官僚伦理学:一篇有关法律和价值的论文》(1978),阐释了政体价值作为行政伦理的价值基石的意义[3];理查德·J·斯蒂尔曼(Stillman, R. J.)在《公共行政学》(1980)中强调了政府道德对公共政策伦理的重要性[4];韦克菲尔德(Wakefield, S.)的《伦理与公共服务:个体责任的案例》(1976)[5]和梅尔丁斯(Mertins, H. J.)的《职业标准与伦理:公共管理者的工作手册》(1979)[6],以及弗莱西曼、利布曼和穆尔(Fleishman, J. L. Liebman, L. & Moore, M. M.)等人编撰的《公共职责:政府官员的道德责任》(1981)[7]等论著则从政府行政人员的职业伦理以及伦理责任等不同角度,深化了关于行政伦理规范和伦理行为的研究。

也正是在公共行政伦理研究的引导之下,从20世纪80年代初开始,公共政策领域的价值研究和伦理研究日渐突出,"公共政策的研究方法实现了从'事实与价值相分

---

[1] 李金珊,叶托. 公共政策分析:概念、视角与途径[M]. 北京:科学出版社,2010:98—99.
[2] 文勇. 公共政策伦理研究[D]. 成都:西南交通大学,2005:2—4.
[3] Rohr, J. A. *Ethics for Dwreaucrats: An Essay on Law and Values* [M]. New York, NY: Marcel Dekker,1978.
[4] R. J. 斯蒂尔曼. 公共行政学[M]. 李方,潘世强,等,译. 北京:中国社会科学出版社,1989.
[5] Wakefield, S. Ethics and the Phblic Service: A Case for Individual Responsibility [J]. *Public Administration Review*, 1976,36(6):661—666.
[6] Mertins, H J. *Professional Standards and Ethics: A Workbook for Public Administrators* [M]. Washington: American Society for Public Administation, DC,1979.
[7] Heishman, J.L., Liebman, L. & Moore, M. M. *Public Duties: The Moral Obigation of Government Officials* [M]. New York: Harvard University Press,1981.

离'向'事实与价值相结合'的转变"①。正如克朗(Krone,R. M.)在《系统分析和政策科学》中指出,系统分析的方法论有三个相互关联的基本范畴,即行为研究、价值研究和规范研究。行为研究解决的是"是什么"的问题;价值研究回答"喜好什么";而规范研究要解答"应该是什么"②。也就是说,在政策研究中,目标和手段、价值和技术、实然与应然皆不可分离。总体而言,20 世纪 80 年代以来公共政策伦理的相关研究有三个较为明显的研究路径:一是从政治哲学和政治伦理的立场探讨公共政策的实质伦理或内在伦理的规范与原则。无论是约翰·罗尔斯(Rawls,J.)为了否定功利主义的"为最大多数人谋求最大利益"的效用原则,而提出的正义的两个原则——平等自由原则以及差别原则与机会的公正平等原则;还是罗伯特·诺齐克(Nozick,R.)的正义持有原则;罗纳德·德沃金(Dworkin,R.)的资源平等原则;又或是阿马蒂亚·森(Sen,A.)的以追求人的自由发展为核心的社会公平的理论,即相比于通过分配来实现公平,要建立每个人的基本能力平等以及能力是否得到扩展作为社会公平的准则,能力发展的过程就是扩展人类自由的过程;这些公共政策伦理研究中的典范,明确地将伦理价值议题引导到公共政策问题讨论之中,为公共政策的伦理讨论奠定了基石。二是从公共政策运作过程与实践的角度探讨政策规范与伦理的问题。这其中既包括对政策分析与政策决策过程中的一般伦理问题的分析和规范的探讨,如特里·L.库珀(Cooper,T. L.)在《行政伦理学:实现行政责任的途径》(1982)提出的伦理决策框架、威廉·N.邓恩(Dunn,W. N.)的《政策分析中的价值观、伦理观与标准》(1983)、格伦(Glenn,J. R.)的《决策中的伦理》(1986)和通格(Tong,R.)的《伦理学和政策分析:责任问题》(1987)等代表性论著,也包括基于政策实践中伦理冲突与现实伦理问题开展的政策伦理议题的分析,"如从国家安全、社会福利、堕胎、死刑等一类案例中引申出政策伦理问题"③展开的深入研讨。三是从制度伦理的角度来研究公共政策问题,也就是将政策研究中对政策生产的关注转移到对更广阔的政策情境或制度环境的关注上,即"如何建立一个合乎公正、正义的制度,给制度以道德的约束"④。不仅关心政策运作所依托的广义的政治、经济、社会和文化过程,也包括风俗习惯、历史文化、传统观念等隐形的非正式的制度因素,推动了更为广泛的公共政策道德和伦理性质的考察。研究的范式也从过去功

---

① 孙云峰.公共政策伦理研究的反思与展望[J].唯实,2008(04):35—38.
② 谢金林.公共政策的伦理基础[M].长沙:湖南大学出版社,2008:18.
③ 刘世清.教育政策伦理[M].上海:上海教育出版社,2010:16.
④ 张烨.教育政策分析的制度伦理视角[J].清华大学教育研究,2005(01):34—39.

能实证主义取向走向解释性、批判性、激进人文主义的多学科综合的范式,在研究上更加关注"政策作为一个体系或者一种文化的价值,将研究中心从特定政策问题或文本转向对政策过程的规范和价值及其对政策讨论的结构和内容的影响的关注"①。

随着研究日益丰富与多元,公共政策伦理这一领域也逐步发展为公共政策学中的一门分支学科,主要涉及公共政策与伦理关系、公共政策伦理规范及其运用、公共政策主体的道德、公共政策伦理文化以及公共政策伦理研究史等不同的研究范畴,"用以引导和规范公共政策过程中相关主体的道德指南和行为准则,涉及的研究范围是公共政策制定、执行、评估等全过程中的规范体系"②。

二、教育政策的伦理探究:基于理论和经验的两条路径

从20世纪70年代开始,国际上对于教育政策领域的伦理研究日益兴盛起来。在我国,教育政策研究兴起于20世纪80年代,早期具有很强的政府决策导向性和行政规划性。真正科学和系统意义上的教育政策伦理研究是在20世纪90年代我国教育政策学科系统建构以及改革开放和经济体制改革带来的社会结构变革的背景下逐步发展起来的。综观国内外教育政策相关的伦理研究,有一些较为明显的研究视角与线索,有助于我们发展关于教育政策伦理的多元理解。

(一)教育政策伦理的理智探索:理论与思辨的视角

第一条路径,是立足理论和思辨的视角,取道规范性(Normative)或分析性(Analytical)的研究方式,探索教育政策的伦理基础、伦理原则与伦理议题,这类研究试图从多学科的角度分析并建构教育政策的伦理基础,以期从学理和理智层面建构教育政策决策与运作的伦理规范或伦理准则。

一是从政治哲学或道德哲学的分析视角探讨教育政策伦理的一般原则。从探讨教育政策伦理的基本内涵与价值基础,发展到更广泛的分析与批判教育政策活动中的伦理挑战与正当性基础。这一取向的研究"运用相关的道德哲学或政治哲学的理论阐释它们在教育领域中的具体内涵和呈现方式",或是从教育政策问题及其政策特性角度来"确证或修正道德哲学或政治哲学的一般理论或原理"③,将公正、民主、自由、平

---

① Bowe, R., Ball, S. J., & Gold, A. *Reforming Education and Changing Schools: Case Studies in Policy Sociology* [M]. London; New York, NY: Routledge,1992:1.
② 李金珊,叶托.公共政策分析:概念、视角与途径[M].北京:科学出版社,2010:100.
③ 程亮.教育的道德基础——教育伦理学引论[M].福州:福建教育出版社,2016:29.

等、法治、秩序和效率等基本价值的讨论和教育政策涉及的公共利益与私人利益、功利性与道义性、政治权力与社会责任、政策公平与效率等具有争议的伦理议题进行讨论。这些基本的伦理范畴也构成了教育政策伦理研究中的一般向度。在国际上,二战后西方学者就通过大规模的实证研究对教育政策领域中的公平问题进行调查和讨论,如美国的《科尔曼报告》、英国的《普洛登报告》等。此外,英国学者洛奇(Lodge,P.)的《教育政策与教育不公平》(*Educational Policy and Educational Inequality*,1982)[①]、惠迪(Whitty,G.)等人主编的《教育中的放权与择校》(*Devolution and Choice in Education:The School,the State and the Market*,1998)[②]以及托兹(Terzi,L.)的《教育中的公平与平等:能力视野中的障碍与特殊教育需求》(*Justice and Equality in Education:A Capability Perspective on Disability and Special Education Needs*,2013)[③]、海登(Haydon,G.)等人主编的《教育平等》(*Educational Equality*,2010)[④]、布尔(Bull,B.L.)的《教育中的社会正义》(*Social Justice in Education*,2012)[⑤]等一系列的著作,对于社会变革背景下教育政策领域的伦理理论或原理进行了基础性的论证,使得公正、公平、平等这些主题成为热点。在国内,如王本余的《教育与权利》[⑥]、周兴国的《教育与强制》[⑦]、金生鈜的《教育与正义》[⑧]、樊改霞的《教育与公共性:公共教育的现代性转型》等"当代教育哲学新进展丛书"(2012)[⑨]、马凤歧的《教育政治学》(2014)[⑩]中关于教育政策的价值取向的论述以及王举的《教育政策的价值基础:基于政治哲学的追求》(2016)[⑪]等著作,也是从一般的道德哲学或政治哲学等视角来探讨教育政策的伦理基础与伦理议题。在学位论文和期刊论文中,20世纪90年代以后涌现出现一批探讨教育政策伦理基础与伦理内涵的研究,如黄建军、郑秋娟、孙艳霞、刘

---

① Lodge, P. *Educational Policy and Educational Inequality* [M]. New Jersey: Blackwell Publishers, 1982.
② Whitty, G. *Devolution and Choice in Education: The School, the State and the Market* [M]. Bristol, PA, USA: Open University Press, 1998.
③ Terzi, L. *Justice and Equality in Education: A Capability Perspective on Disability and Special Educational Needs* [M]. London: Continuum, 2013.
④ Haydon, G. *Educational Equality* [M]. London: Continuum, 2010.
⑤ Bull, B.L. *Social Justice in Education* [M]. New York: Palgrave MacMillan, 2012.
⑥ 王本余.教育与权利:儿童的教育权利及其优先性[M].福州:福建教育出版社,2012.
⑦ 周兴国.教育与强制:教育自由的界限[M].福州:福建教育出版社,2012.
⑧ 金生鈜.教育与正义:教育正义的哲学想象[M].福州:福建教育出版社,2012.
⑨ 樊改霞.教育公共性:公共教育的现代性转型[M].福州:福建教育出版社,2012.
⑩ 马凤岐.教育政治学[M].北京:人民教育出版社,2002.
⑪ 王举.教育政策的价值基础:基于政治哲学的追求[M].北京:科学出版社,2016.

世清等都对教育政策伦理的基本内涵进行了阐释;①②③④⑤⑥劳凯声、刘复兴等学者的研究则对教育政策所涉及的"正义""理性""公平""公正""善""以人为本"以及"效率"等基本的伦理原则进行了广泛的讨论与追问。这些研究是基础性的研究,也对教育政策伦理议题的内在属性进行了具体演绎。⑦⑧⑨⑩

二是从教育伦理的角度出发探讨教育政策伦理。虽然关于教育伦理的讨论在中西方的哲学论述中早有涉及,但是从学科建构视角系统探讨教育伦理问题的研究当归属于彼得斯的《伦理学与教育》,研究从分析哲学的路径,对教育本身所蕴含的价值维度或道德维度进行澄清。⑪ 之后,布雷岑卡则从规范教育哲学出发对教育的基础进行了系统架构,提出教育科学、教育哲学和实践教育学的三种教育知识的分类,其中的教育哲学就是以"价值—规范"的辩护为核心,指向教育目标规范和教育手段规范,探讨了教育相关的道德价值与规范系统。这之后,教育伦理学的研究不断发展起来并日益分化,诸如教学伦理、教师专业伦理、教育政策伦理、学校管理伦理、教育研究伦理等分支领域不断发展。如斯特赖克(Strike, K. A.)和索尔蒂斯(Soltis, J. F.)的《教学伦理》用结果论和非结果论两种伦理学典型思维方式对教学中的惩罚与正当、心智自由、机会均等与民主社会、多样性民主、专业主义和正直从教等问题进行伦理分析与对话⑫;伊丽莎白·坎普贝尔(Campell, E.)的《伦理型教师》则对教师在教育实践中承担的道德角色、遭遇的伦理困境和采取的伦理反思进行了讨论⑬;斯特赖克、哈勒(Haller, E. J.)和索尔蒂斯主编的《学校管理伦理》则对时代变迁背景下学校管理中的

---

① 黄建军.伦理视角下的教育政策研究[D].南京:南京师范大学,2007.
② 郑秋娟.关于我国教育政策伦理的研究[D].福州:福州大学,2011.
③ 孙艳霞.教育政策的道德性研究[D].长春:东北师范大学,2006.
④ 刘世清.教育政策伦理问题研究[D].上海:华东师范大学,2007.
⑤ 朱金花.教育公平:政策的视角[D].长春:吉林大学,2005.
⑥ 赵爽.教育政策合法性研究[D].长春:东北师范大学,2005.
⑦ 劳凯声,刘复兴.论教育政策的价值基础[J].北京师范大学学报(社会科学版),2000(06):5—17.
⑧ 刘复兴.教育政策的四重视角[J].清华大学教育研究,2002(04):13—19.
⑨ 刘世清.教育政策伦理:一个新的研究领域[J].湖南师范大学教育科学学报,2009(06):13—16.
⑩ 石火学.教育政策伦理的内涵、本质与意义[J].电子科技大学学报(社科版),2010(06):88—91+112.
⑪ 《伦理学与教育》探讨了教育的规范特性,包括正当性、平等、利益、有价值、自由、尊重、博爱与等在内教育的伦理基础,以及教育与社会控制中有关权威、惩罚与纪律、民主等伦理议题。参考[英]彼得斯.伦理学与教育[M].朱镜人,译.北京:商务印书馆,2019.
⑫ 肯尼斯·A.斯特赖克,乔纳斯·F.索尔蒂斯.教学伦理[M].黄向阳,等,译.上海:华东师范大学出版社,2018.
⑬ 伊丽莎白·坎普贝尔.伦理型教师[M].王凯,等,译.上海:华东师范大学出版社,2011.

具体伦理问题进行了伦理分析[1]。这些研究极大地丰富了教育伦理学研究的视域,也为教育政策领域广泛的伦理问题的思考奠定了教育伦理分析的基础。国内也有很多从教育伦理学线索开展的研究,从民国时期丘景尼的《教育伦理学》[2]着重探讨道德教育的问题;到改革开放以后不断发展起来,关注教师职业道德的伦理讨论,如王正平、施修华、李春秋等人主编的《教育伦理学》(1988)[3]和《教育伦理学概论》(1993)[4];到不断完善的教育伦理体系和分化的教育伦理问题的讨论,如黄兆龙编著的《现代教育管理伦理学》(1996)[5]、孙彩萍《教育的伦理精神》(2004)[6]、郏庭瑾的《教育管理伦理研究》(2008)[7]、钱焕琦《教育伦理学》(2009)[8]、胡斌武的《教学伦理探究》(2005)[9]以及程亮的《教育的道德基础——教育伦理学引论》(2016)[10]等,这些研究开始涉及教育管理、教学与更广泛的教育活动中所涉及的一般性和时代性的伦理原则与伦理问题,具有教育领域的独特性和适用性,对于研究教育政策的伦理范畴及其问题具有很大的可迁移性。

教育伦理学的发展将既有的伦理理论与教育(教学)的特性结合起来,符合学校教育目的和学生发展的特征,丰富了教育政策伦理研究的理论基础。如斯特赖克和伊根(Egan, K.)就从伦理层面审视各种教育政策和制度的正当性,如自由、学生权利、自制自主、平等与多元主义、技术与工作等[11]。温奇(Winch, C.)和金杰尔(Gingell, J.)对传统的和当代的教育政策问题所涉及的伦理议题展开反思,包括课程、教学、教学方法的处方性、评价、道德、个人和公民教育、自主性和多元文化、教育和工作以及私有化和市场等[12]。

三是探讨教育政策程序与形式的正义与伦理。除了关注教育政策的实质(内容)

---

[1] 肯尼斯·A.斯特赖克,埃米尔·J.哈勒,乔纳斯·F.索尔蒂斯.学校管理伦理(第3版)[M].程亮,等,译.上海:华东师范大学出版社,2022.
[2] 丘景尼.教育伦理学[M].上海:世界书局,1932.
[3] 王正平.教育伦理学[M].上海:上海人民出版社,1988.
[4] 李春秋.教育伦理学概论[M].北京:北京师范大学出版社,1993.
[5] 黄兆龙.现代教育管理伦理学[M].北京:中国经济出版社,1996.
[6] 孙彩平.教育的伦理精神[M].太原:山西教育出版社,2004.
[7] 郏庭瑾.教育管理伦理研究[M].北京:商务印书馆,2008.
[8] 钱焕琦.教育伦理学[M].南京:南京师范大学出版社,2009.
[9] 胡斌武.教学伦理探究[M].成都:四川教育出版社,2005.
[10] 程亮.教育的道德基础——教育伦理学引论[M].福州:福建教育出版社,2016.
[11] 肯尼思·A.斯特赖克,基兰·伊根.伦理学与教育政策[M].刘世清,李云星,等,译.北京:北京大学出版社,2013.
[12] Winch, C. & Gingell. Philosophy and Educational Policy: A Critical Introduction [M]. London: Routledge, 2004.

伦理,有相当一部分研究关注教育政策的程序(形式)伦理,程序伦理关注的核心问题是"教育政策活动如何进行——由谁决策、如何决策、如何实施"①。罗尔斯在对程序正义进行讨论时,就指出程序正义的两个标准"决定结果正义的正当标准"和"保证达到这一结果的程序"②,可见实质正义与程序正义之间相互依存的关系。只有最佳地实现公共利益目标的程序,才是最合乎正义要求的程序。因此,教育政策的程序伦理本质上是为做出政策决定提供的一种制度安排,它既要保障"所产生的结果与实质正义一致",又要关注"公民参与性的广度、深度以及这种程序所允许的政治权力使用的正当性"与合理性③。教育政策的程序正义不仅具有"确保政策的选择不偏离公共性方向的工具性价值",也有"不依赖于程序结果的正当性而内在于程序自身之中"的内在价值④,即体现了决策过程中对公众权利的尊重和社会秩序的自觉合理建构。2001年"教育政策分析"高级研讨会召开,加强了对教育政策过程的研究,包括"从确定课题——调查研究——政策的确定到文本的规范化——政策的执行——政策的评估——政策的延续或废止"⑤,开启了对于教育政策规范化及其伦理空间的探讨,系列研究的出现体现出对教育政策过程的机制与规范探讨的逐步深化。也有的研究直接指向教育政策的程序正义,如刘复兴提出了实质价值和程序价值两个分析系统,讨论了教育政策活动程序的民主化和科学化两个重要的价值标准⑥;刘世清则从教育政策的实质伦理、程序伦理和主体伦理三个层面架构政策伦理分析的体系,强调了程序伦理中"多方参与、平等对待、公开透明、价值中立、程序自治和科学合理"的基本原则⑦。此外,石火学⑧、谢春风⑨等则针对教育政策运作过程中特定阶段或过程的伦理与价值选择问题,展开针对性的研究。

四是聚焦微观层面教育政策主体的伦理责任与道德规范。政策主体是那些"直接

---

① 刘复兴.教育政策的价值分析[M].北京:教育科学出版社,2003:132.
② 谢金林.公共政策的伦理基础[M].长沙:湖南大学出版社,2008:202.
③ Ibid., 204-205.
④ 石火学.教育政策程序正义的必要性与价值[J].国家教育行政学院学报,2011(10):44—48.
⑤ 胡东芳.拓展教育研究,走向教育政策分析:全国首届"教育政策分析"高级研讨会综述[J].教育发展研究,1999(09):39—44.
⑥ 刘复兴.教育政策的价值分析[M].北京:教育科学出版社,2003.
⑦ 刘世清.教育政策伦理[M].上海:上海教育出版社,2010.
⑧ 石火学.教育政策程序正义的必要性与价值[J].国家教育行政学院学报,2011(10):44—48.
⑨ 谢春风.我国教育行政决策的伦理困境与出路:基于流动儿童教育政策的伦理分析[D].北京:北京师范大学,2011.

或间接地参与政策制定与运作过程的个人、团体或组织"[1],对于教育政策主体的伦理关照一般从两个层面展开。一方面,是从政策运作的本质层面来看,政策过程实际上是不同主体对于权力、权威和价值进行重新分配的结果。既然涉及利益与权力的博弈,政策主体的价值选择就不仅仅决定了政策的形成、发展甚至消亡,更会直接影响政策实质性的结果。如教育政策执行主体,可能会由于对政策理解不够准确或者产生误解,从而"直接导致了执行中的观念误导和行为偏差"的问题[2];又如,教育政策的决策活动就是"决策者依据一定的标准对备选方案的价值选择"[3],这种选择过程不应该仅仅体现决策者的个人价值观和伦理观,更要受其所在职位的公共责任与伦理要求的规约。因此"规范教育政策价值主体在控制教育资源和获得自身利益过程中的活动顺序、范围和方式"[4]并确定相应的主体伦理规范,明确责任意识和唤起伦理自觉,才能"有效实现强化责任意识的外部控制与内部控制的两种途径的统一"[5],引领教育政策主体的有机协调个体利益与公共利益之间的关系。另一方面,从职业伦理规范的角度而言,任何一种职业,"都要有自己的伦理道德体系,来约束和调节本组织或职业的科学工作者的行为"[6]。无论是教育政策制定者、执行者、研究者还是其他多元参与的主体,都要从自己所从事的工作的专业伦理和职业道德的角度建立自己的伦理规范。在我国,政策主体对自身角色定位的不确定所带来的责任归属的不清晰,产生的责任伦理不彰的问题尤其显著,特别是"随着政府治理工具的创新,私人部门和社会中介组织参与政策制定和执行过程的情况逐渐增多"[7],更容易带来责任转嫁或责任伦理混淆的问题。因此,探讨教育政策主体伦理的研究不断增多。如罗伯特森在《方案执行与方案设计:谁应为政策失败负责》中指出"政策设计者不能回避五项实质性的任务",规定了政策设计的基本责任范围[8]。此外,常为[9]、于天贞[10]等都从不同的政策主体角度

---

[1] 王宁.教育政策:主体性价值分析理论与应用[M].北京:中国社会科学出版社,2015:27.
[2] 周彬.教育政策过程中的个体选择[A]//袁振国.中国教育政策评论,2001:344.
[3] 许淑萍.公共政策伦理[M].北京:社会科学文献出版社,2018:228.
[4] 刘复兴.教育政策价值分析的三维模式[J].教育研究.2002(04):15—19+73.
[5] 黄德良,王兴盛.公共政策伦理向度的问题[J].理论建设,2011(05):52—58.
[6] 陈能浩,李晓东.教育政策研究的伦理道德规范体系探讨[J].当代教育论坛,2004(01):91—93.
[7] 张超.论政策责任[J]理论探讨,2004(04):96—97.
[8] 柯政.课程政策的执行与设计[J].教育发展研究,2005(19):7—9.
[9] 常为,杜朝晖,刘仁辉.论教育政策制定者个人因素对政策制定的影响[J].教育探索,2002(01):53.
[10] 于天贞.教育政策执行伦理:问题、成因与改进——基于教师立场的微观审视[J].教育与教学研究,2014(09):6—9.

探讨政策过程中的主体伦理责任与规范,王宁则从教育政策主体价值确认、价值实现与价值冲突等不同视角分析了政策主体在政策过程问题阶段、决策阶段、执行阶段和评价阶段中不同的价值表现,探讨教育政策主体的价值意义[①]。

(二)教育政策伦理的经验分析:现实与实践的关照

在理论探讨的基础上,取道经验性(Empirical)和个案(Case-based)的研究路径,结合教育政策话语发展的历史或教育政策伦理实践及其现实冲突,开展的政策伦理的价值分析或伦理问题解析研究,是教育政策伦理分析中的第二条路径。这类研究更具有现实和实践的关照,注重教育政策伦理的实践转化或通过教育政策优化来解决社会普遍存在的伦理问题。

一是从特定政策或者历史时期出发,解析教育政策伦理的演变及其走向的研究。重在分析特定教育政策的伦理内涵及其伦理演化,主要表现为对1949年以来我国教育政策的历时性、跨学科的伦理审视。如刘世清将1949年以来教育政策伦理取向的演化分为"为工农服务、为生产服务""平均主义、政治之上""效率优先兼顾公平"以及"缩小差距、均衡发展"四个阶段的不同伦理取向[②];石火学对和谐社会建设特定历史时期教育政策伦理选择的研究[③];还有一些聚焦教师教育政策、高等教育政策、流动儿童政策等具体教育政策的伦理特征及其演进分析[④][⑤][⑥]。

二是从现实问题与伦理冲突出发,关注具体社会文化情境下的政策伦理困境、伦理选择及其实践优化等议题。这类研究从问题与现实出发,聚焦教育政策实践中的伦理问题。在西方,体现为大量的实证性、个案性和实然性的教育政策现实伦理问题的分析,并将社会的主流价值与社会伦理问题同教育改革政策目标整合。在中国,主要可归类为对于我国教育政策伦理现状、伦理困境、影响因素以及伦理实践优化等相关的研究,为教育政策决策与实施提供优化建议。这类研究相对丰富且体量较大,皆从问题的理论解析以及问题解决与优化的路径,探讨推进教育政策伦理实践的理想与现实。

---

① 王宁.教育政策:主体性价值分析理论与应用[M].北京:中国社会科学出版社,2015.
② 刘世清.论新中国成立以来我国教育政策的伦理取向及其演变机制[J].中国教育政策评论,2008(01):110—124.
③ 石火学.和谐社会建设中的教育政策伦理选择[J].高等工程教育研究,2007(01):44—46.
④ 谢春风.我国流动儿童教育政策演进的伦理分析[J].教育科学研究,2012(05):14—19.
⑤ 陈栋.我国教育政策伦理的演变与走向——以县域教师轮岗交流政策为例[J].湖南师范大学教育科学学报,2015(06):12—17.
⑥ 罗红艳.和谐社会视野下教师教育政策的伦理诉求[J].现代教育管理,2011(01):54—57.

三、课程政策的伦理解析:从价值分析到实践伦理探究

课程政策的伦理探讨并不是一个范畴明晰的研究领域,在课程政策的分析或课程研究的伦理讨论之中,都能找到相关的身影。整体而言,有关课程政策伦理的解析主要有三条线索:一是关于课程政策的价值分析,涉及到应然的对于课程政策的理想价值规范与准则的探讨,以及实然的对于课程政策价值取向、价值变迁和价值选择的现实分析;二是从课程伦理的视角探讨同课程政策相关的课程活动,如课程编制、课程实施过程、课程改革运动在开展过程中,政策主体所表现出的伦理取向与倾向,考察的是伦理原则在课程领域的实践应用;三是从课程政策决策的制度伦理和课程政策运作的过程伦理的视角开展的研究,强调对现有课程政策实践的实然状态进行反思,关注课程政策运作作为一种伦理实践的优化可能。

(一)课程政策的价值分析:应然与实然的双重视角

关于课程政策的价值分析的研究非常广泛。一类是对什么是"好"的或"理想的"课程政策的价值基础及其价值标准的研究,也就是从应然的角度探讨的课程政策本体的伦理价值与规范准则。如胡东芳"从价值研究与课程政策内在关系出发","探讨了好的或理想的课程政策应具有的基本价值观念",分析不同课程权力类型下的课程政策价值观,并提出了"理想课程政策的基本价值标准应当保证学科、社会与学生发展需要的统一,也能够保证国家利益、地方利益及个人利益要求的协调,并力求达致最大化"[1];何杰指出课程政策的基本价值特征包括选择性、合法性、公正性、民主性和有效性[2];王玲讨论了理想课程政策的价值标准,强调"学生主体性发展为价值取向、体现教育公平理念、合理协调各利益主体的利益要求、高绩效性"应该成为基本的准则[3];黄忠敬在《课程政策》一书中关于课程政策的价值之维的讨论中提出了课程政策应确立的基本价值观念,包括平等、民主、效益三个方面[4]。此外,还有一些研究则从价值应然分析的特定角度入手探讨课程政策的价值原则或基础,如郭晓明特别强调公正性作为基础教育课程政策的必备品格[5],龙安邦则强调效率和公平这两大基础的课程改

---

[1] 胡东芳.课程政策研究——对课程"共有"的理论探索[D].上海:华东师范大学,2001:34—46.
[2] 何杰.论基础教育课程政策的价值特征和时代诉求[J].教育理论与实践.2006(10):42—44.
[3] 王玲.博弈视野下的课程政策研究[D].济南:山东师范大学,2008:106—120.
[4] 黄忠敬.课程政策[M].上海:上海教育出版社,2010:91—96.
[5] 郭晓明.论基础教育课程政策的公正问题[J].教育理论与实践,2020(04):27—30.

革的价值原则在实践中的演化①,廖婧茜则从公共伦理精神的视角强调了符合公共价值判断和好的课程改革应具备的价值理念,包括"共同利益优先原则""特殊权利合道德原则"以及"民主商谈原则"三个方面②;这些研究都强调从学理的视角探讨课程政策所应持有的一般价值基础或原则。

另一类则是从实然的视角讨论课程政策的价值取向、价值变迁及价值缺失等问题。其中有相当一部分探讨不同文化情境、不同历史时期以及意识形态背景下课程政策的价值取向的研究,如黄忠敬提到的西方社会主流的保守主义、自由主义和激进主义的课程政策价值取向以及知识本位的价值取向、社会本位的价值取向和学生本位的价值取向等③;胡东芳指出的在课程政策制定中的四大价值取向,包括民主参与取向、公正关怀取向、可选择性多样性取向以及面向未来的取向④;张红指出的课程政策价值取向的基本标准,包括课程公正、学习自由与合法性三个方面⑤;王玲等指出的课程政策决策中个体价值与社会价值之争,以及工具理性与价值理性之辩⑥。也有研究专门讨论我国课程政策价值取向的研究,如提出以学生的发展为本、多元主义的价值观、终身学习的价值观、以人为本的核心价值取向以及和谐社会视域下的和谐伦理的取向等。⑦ 这些研究强调了在课程政策发展的过程中"从价值、从好坏的角度","最终决定做什么或怎么做"的路径选择⑧。与此同时,也有研究者从历史的视角探讨课程政策以及具体的学科课程政策(如数学、物理、德育课程等)的价值取向演化及其发展趋势,如张红在其博士论文中就对基础教育课程政策的历史嬗变进行了分析,着重探讨了社会工具价值取向主导下价值取向偏执的问题及其转型时期的课程政策价值取向的应然探寻⑨;杨博谛等讨论了中学数学课程政策价值取向在社会发展、学科发展和学生发展等不同取向之间的演化和平衡⑩;张正严等则从课程政策价值的知识本位、社会

---

① 龙安邦. 基础教育课程改革中的效率与公平[D]. 重庆:西南大学,2013.
② 廖婧茜. 课程改革公共伦理的意蕴诠释[J]. 内蒙古社会科学(汉文版),2021(05):205—212.
③ 黄忠敬. 课程政策[M]. 上海:上海教育出版社,2010:99—113.
④ 胡东芳. 论课程政策制定的价值原则与价值取向[J]. 教育理论与实践,2004(08):28—31.
⑤ 张红. 新中国基础教育课程政策的价值取向研究[D]. 长春:东北师范大学,2008:85—92.
⑥ 王玲. 课程政策的价值取向分析[J]. 当代教育科学,2010(01):28—30.
⑦ 陈玉玲. 以人为本:当代课程政策的核心价值取向[J]. 太原大学教育学院学报,2009(03):1—3.
⑧ 胡东芳. 论课程政策制定的价值原则与价值取向[J]. 教育理论与实践,2004(08):28—31.
⑨ 张红. 新中国基础教育课程政策的价值取向研究.[D]. 长春:东北师范大学,2008.
⑩ 杨博谛,赵天绪,刘懿. 论中学数学课程政策的价值取向演变及发展趋势——基于对教学目的(课程目标)的分析[J]. 数学教育学报,2018(03):81—84.

本位和学生本位的三种不同取向分析了我国中学物理历次课程标准演进中的政策价值取向，即从单一价值走向多元价值融合①。更有相当一部分研究，聚焦探讨课程政策或课程改革政策中的伦理价值的问题与缺失。如有的研究反思了我国基础教育课程政策中城市化倾向、学术化倾向以及精英化倾向等问题②，课程改革政策中的文化传统薄弱、文化缺失以及文化适应不足问题③④⑤，以及课程改革中出现的教育不公、教育行政责任不彰、制度缺位与错位以及道德下滑阻碍课改实践等问题，进行了多元的反思⑥⑦。

（二）课程伦理：伦理应用视野下的课程政策伦理考察

一方面，作为一般伦理学或教育伦理学的特殊领域，课程伦理是运用伦理学的一般概念、命题、理论与方法来解读课程领域伦理问题的学问；另一方面，考虑到课程在实践层面的独特性，课程伦理是"课程实践所蕴含的伦理精神、应当遵循的伦理原则和规范"⑧，是通过课程实践来体现的，正因为课程实践的丰富性、多样性与复杂性，课程伦理也具有普适性与多样性统一的本质特征。

一般而言，宏观的课程伦理研究主要关注"课程编制主体与课程改革主体在编制和改革课程时自觉坚持或不自觉表露的道德伦理倾向，它具体体现课程编制者和课程改革家的道德立场"⑨，主要指向"课程政策，具体包括教育内容的选择与组织及其过程中所涉及的意识形态等问题，还有课程政策的结果如课程标准、课程结构、教科书等"⑩。微观的课程伦理研究则关注在"学校范畴内发生的，参与课程的主体所应遵守的或体现的道德秩序或道德规范"⑪，涉及具体的课堂行为或课堂活动所承载的道德规范。可以看到，无论是宏观还是微观的视角，课程伦理都关注不同层面课程决定和课程实践过程中所应遵循的道德规范与伦理原则，涉及课程政策运作从决策到实施及

---

① 张正严.我国中学物理课程改革演变的价值分析[J].中学物理教学参考,2016(09):2—5.
② 吴华.论基础教育课程文本的价值倾向与课程权力配置[J].滁州学院学报,2011(04):82—84.
③ 唐文东.基础教育课程政策的文化检视[J].现代教育科学,2009(01):59—60+50.
④ 王平.新课程改革基础理论的内在文化价值探析——兼谈课程改革中的文化适应问题[J].2010(02):29—32.
⑤ 张良,刘茜.论新课程改革中文化传统的迷失与归位.[J].教育科学论坛,2010(05):16—18.
⑥ 张晓东.我国基础教育课程改革的困境与超越[J].教学与管理,2007(02):3—5.
⑦ 薛妙琴.我国基础教育课程改革的伦理诉求[J].中州学刊,2008(11):138—140.
⑧ 周小勇.课程伦理初探[J].甘肃社会科学,2010(03):241—244.
⑨ 王永红.课程改革的伦理取向探讨[J].课程·教材·教法,2001(03):6—10.
⑩ 王小鹤.课程伦理建设初探[J].现代中小学教育,2013(07):18—22.
⑪ 严仲连,马云鹏.课程伦理及其现实困境[J].教育理论与实践,2012(04):52—56.

其结果的方方面面。

具有代表性的课程伦理分析的研究有对传统三种课程伦理取向的解析与批判,如王永红[1]、郭斌玉[2]等对相对主义的课程伦理、绝对主义的课程伦理以及权威主义的课程伦理取向给中西方的课程实践带来的不良影响进行了批判,并提出要建立科学精神与民主精神统一、个人发展与社会进步结合、进步文化和思想开放统一的课程伦理要求。伴随着关怀伦理学这一当代伦理学新兴力量的出现,也有研究者从课程伦理的关怀取向出发,探讨"学会关心"作为课程伦理的重要意义,强调正义与关怀并重、育德与育智协同、理性与感性并存、价值与实施共生的课程伦理秩序[3]。此外,也有一些研究从课程伦理规范的应然范畴或具体伦理原则的视角进行探讨。如王小鹤在教育伦理一般原则即公正原则、发展原则和人性原则的基础上,提出了课程内容选择的公平公正原则、课程决策民主科学原则和文化共享和育人成才作为课程实施基本伦理取向[4];还有周小勇对于课程开发伦理、课程目标伦理、课程内容伦理、课程改革伦理等具体范畴的应然讨论,并特别强调了课程伦理的特殊属性,不同范畴的课程实践有着不同价值取向,有着相异的伦理诉求,遵循不同的伦理规范[5]。

虽然目前从课程伦理视角探讨课程政策伦理的研究还并不丰富和系统,但是已有的零星研究在一定程度上打破了传统伦理学或政策科学对于课程政策伦理一般原则的审视,而深入到具体的课程实践的范畴领域,如探讨具体的课程开发与决策、课程目标定位、课程内容选择、课程实施与改革、课程评价与成效等领域的伦理规范,这对于从课程研究的自身特性与本质需求出发,针对性地聚焦课程政策实践的现实伦理困境,重新思考并建构课程政策的伦理系统及其框架具有启示性的意义。

(三)课程政策的制度与过程伦理:政策运作的实践伦理

课程政策伦理研究中对于课程政策的制度伦理及其过程伦理的关注也非常典型。这类研究将课程政策视为动态的课程决策与权力配置过程,关注政策运作过程中公共利益分配机制的内在规范性、科学性和公平性,以及与其相适应的政策伦理实践。

---

[1] 王永红.课程改革的伦理取向探讨[J].课程·教材·教法,2001(03):6—10.
[2] 郭斌玉.课程作为一种伦理实践——课程伦理基础批判及其重构困境[J].教育现代化,2015(11):36—40.
[3] 廖婧茜.关怀取向课程伦理的研究肇始[J].内蒙古社会科学,2020(05):200—206.
[4] 王小鹤.课程伦理建设初探[J].现代中小学教育,2013(07):18—22.
[5] 周小勇.课程伦理初探[J].甘肃社会科学,2010(03):241—244.

其中一类研究是聚焦课程政策作为一种课程决策体制,考察的是作为一国制定和实施课程政策的行政与制度的规范或程序,关注的是如何制定出好的政策的制度安排,主要探讨的是这种决策体制的合理性与合法性问题,并强调通过优化课程决策体制来提升政策过程的程序正义与实质正义。既然课程政策是"对课程制定权力之分配情况的详细说明"[①],也就是对制订课程时必须要遵循的各项程序作出规定,并确定介入政策过程人员的职权范围的制度安排,规定了谁来参与、规定以及如何组织课程政策过程的问题,那么对于制度本身的伦理评价与约束,考虑"制度本身是否符合公正、正义的伦理原则"[②],就成为重要的研究视角。如石筠弢指出好的政策的产生需要科学、民主和规范的决策过程和制度作保证,提出了"确立适当的教育理念,决策过程要科学化、民主化和程序化,有效控制课程政策活动的不确定性和减少课程政策代价"等原则[③];胡东芳则对课程政策制定的基本价值原则与价值取向进行了论证,强调制定出来的课程政策要真正体现出公正与进步的特征[④]。此外,如沈兰[⑤]、胡东芳[⑥]及王桂林[⑦]等人的研究,则讨论了课程政策决策的中央集权型、地方分权型和学校自主型等不同类型的决策体制及其实践规范,并努力寻找具有中国特色的课程权力共享的课程政策体制。

另一类研究则是从政策过程视角出发,关注课程政策从制定、实施到评价的运作过程中的程序规范、政策效率、影响及其产出,通过优化政策过程的合理模式来缓解政策运作中的价值冲突,确立课程政策过程的相应规范与标准。有的研究从探讨课程政策决策活动的规范化与科学化的角度开展研究,何杰在评析多元的课程政策决策模式的基础上,对推进我国课程决策的分权化和民主化提出了倡议[⑧];吕立杰则从课程政策制定的本质特征的层面,揭示了课程政策制定的权威性与民主性结合、理性与非理性结合的一些基本特征[⑨]。屠莉娅从我国基础教育新课程改革课程政策审议的现实经验出发,呼吁政策审议从形式规范走向实质规范,从根本上优化课程政策的本土实

---

① T.胡森,T.N.波斯尔斯韦特.教育大百科全书(第7卷):课程[M].重庆:西南师范大学出版社,2006:55.
② 张烨.教育政策分析的制度伦理视角[J].清华大学教育研究,2005(01):34—39.
③ 石筠弢.好的课程政策及其制定[J].课程·教材·教法,2003(01):16—20.
④ 胡东芳.论课程政策制定的价值原则与价值取向[J].教育理论与实践,2004(08):28—31.
⑤ 沈兰.课程权力再分配:校本课程政策解读[J].教育发展研究,1999(09):35—38.
⑥ 胡东芳.论"课程共有"——对中国特色课程政策模式的探索[J].教育研究,2002(08):78—83.
⑦ 王桂林.基础教育课程政策取向研究[D].重庆:西南师范大学,2004.
⑧ 何杰.课程政策的决策模式评析[J].当代教育科学,2007(03):32—35.
⑨ 吕立杰.课程政策制定过程的特征与本质[J].课程·教材·教法,2007(08):3—7.

践水平①。此外,还有的研究从课程政策有效执行的视域出发,探讨优化课程政策运作的科学性和规范性的问题,如崔允漷针对政策执行中的现存问题给出了程序性的规范建议②;柯政则从课程政策设计的责任伦理和政策假定的因果理论的合理性两个方面探讨了课程政策有效执行同政策设计的关联③;都是从政策实施中的现实问题,如无序化、无根化和虚假化等出发,探讨了课程政策有效执行的保障机制与运行机制④。也有的研究立足课程政策实施中的地方和学校层面,探讨地方教育行政和学校的课程政策执行力优化的议题,如黄东民等人就聚焦学校层面的政策执行力,提出政策实施要走向成熟⑤;赵正新则是聚焦地方教育行政部门如何执行政策,从研究与开发、组织与落实、协调与支持、评估与督导几个环节聚焦地方教育行政部门在执行政策过程中通常应该采取哪些必要的行为,以及如何科学、合理地把握这些行为,以保证课程改革政策得到有效落实⑥。这些研究虽然相对零散,但对于理解课程政策体制及其实践过程中的伦理规范具有重要意义,对于从制度层面和过程伦理的层面思考课程政策伦理框架的建构,提供了重要的思路与研究基础。

第三节 从公共政策到课程政策:伦理属性作为政策的本质属性

一、公共政策的伦理属性:学科本质的要求

从公共政策伦理研究的历史演进来看,公共政策研究从诞生开始就具有伦理审视的特性。首先,从公共政策的本质属性上来看,公共政策涉及需要进行价值判断的政府选择性行为和实践行动,具有天然的价值判断和伦理选择的属性。无论是戴维·伊斯顿所指称的公共政策是政府对一个社会的价值做权威性的分配,还是哈罗德·D·拉斯韦尔和亚伯拉罕·卡普兰(Kaplan,A.)提出公共政策是一种经过设计和论证的、具有明确目标和价值选择的行动计划,抑或是托马斯·R.戴伊提出公共政策就是政

---

① 屠莉娅.从形式规范走向实质规范:我国课程政策审议的经验及其反思[J].教育发展研究,2010(18):56—64.
② 崔允漷.课程改革政策执行:一种分析的框架[J].教育发展研究,2005(10):1—6.
③ 柯政.课程政策的执行与设计[J].教育发展研究,2005(10):7—9.
④ 廖辉.课程政策有效执行的运行机制研究[J].课程·教材·教法,2019(05):57—63.
⑤ 黄东民,李运昌.从表层执行走向深度变革:学校课程政策实施的实践构想[J].教育理论与实践,2013(26):38—40.
⑥ 赵正新.关于我国课程改革政策执行力的研究[D].上海:华东师范大学,2005.

府选择要做的或者不要做的事情,从不同学者对于公共政策本质属性的理解来看,政策决策的本质就是一种伦理选择与伦理行动,"需要澄清政策中的价值目标"①。

其次,从公共政策运作的过程来看,公共政策作为一种公共意识的表达、社会价值的选择和分配以及具有一定强制性与目的性的公共行动过程,所涉及的伦理问题是动态且贯穿始终的。公共政策在运作过程中的每一个环节,都需要"更为系统地思考嵌入在行为选择中的价值观和原则"②,依照"什么是正确的、公平的、正义的或善的以及我们应该做的是什么"③的原则,明确地将理性的价值原则或公理与具体的行动联系在一起。在这个意义上,公共政策的过程伦理也是一种实践要求。

最后,从公共政策参与主体及其关系的角度来看,"政策在不同层面上反映和体现着社会的伦理价值,或者说是以社会伦理价值作为基础的"④。这意味着,公共政策在实际运作中不仅需要政策参与主体在行使公共权力的过程中超越私人的利益与原则作出负责任的判断与选择,更需要人们去调节社群之间的利益与权力关系,并在遇到伦理冲突时依据公共的法则或原理来调节,这也赋予了公共政策运作中主体及其关系的伦理内涵。

因此,虽然在公共政策研究早期,或由于学科发展需求以及历史情境的暗示,公共政策分析采取事实与价值二分的研究路径,但是历史的发展和学科本质属性已经向我们证实,回归公共政策的伦理审视与反思,既是于学科内在本质的审慎关照,也是推进公共政策实践规范的必由之路。公共政策的推进不仅仅要依托什么是可接受的和有用的效用原则,更要依托我们应该做什么的伦理原则。

二、教育政策的伦理特性:对象与过程的特殊性

教育政策研究的发展一直深受公共政策研究发展的影响,因此,追求"科学主义"和"技术主义"的发展路径也成为早期教育政策研究关注政策功能性和行动效能的必然选择。然而,从本质上而言,教育政策作为政府部门分配教育资源的重要工具,"其制定和实施的过程必然涉及'应当如何分配'的基本问题"⑤,而这种"应当"的问题,就

---

① 陈振明.公共政策分析[M].北京:中国人民大学出版社,2003:492.
② 特里·L·库珀.行政伦理学:实现行政责任的途径(第五版)[M].张秀琴,译.北京:中国人民大学出版社,2010:4.
③ 同上,p.2.
④ 许淑萍.公共政策伦理[M].北京:社会科学文献出版社,2018:10.
⑤ 刘世清.教育政策伦理[M].上海:上海教育出版社,2010:43.

要求我们回归对于政策的伦理规范性与应当性的思考。不仅如此,教育政策作为一种特殊的公共政策,由于关系到人的培养的事业,其自身的特殊性也决定了教育政策决策与实施具有更高的伦理敏感性与复杂性,甚至是"彻头彻尾的价值问题"①。

首先,教育政策的对象特殊,是关乎人的教育与发展的特殊的社会活动,规定了其指向人的发展和完善的根本的伦理尺度。"教育政策活动是以'人'为参与和实施主体,以教育者和受教育之间'人'与'人'的直接对话作为行动路径,最终又会落实到'人'的发展过程。"②教育政策不仅要回应人的发展的根本的伦理要求,更受到其所在社会的历史传统、社会关系、文化习俗与主流观念对于教育价值偏好和伦理规范的影响,这使得教育政策"自身就蕴含着道德性"③。

其次,教育政策的社会基础广泛、关注度高,需要接受来自广泛社会群体的伦理审判与价值质询。相比于一般公共政策,教育政策往往是在教育资源有限的情况下,直接对学习者的教育权力、机会、资源与资格进行的权威性配置。由于其涉及面广,且会具体影响每一个潜在受教育群体的发展机会和生活品质,因此,也接受来自广泛社会群体的审视与监督,需要在满足公共利益和私人利益之间做出审慎的平衡。

最后,教育政策运作的多层次性决定了卷入教育政策过程主体的多元性和权力的分散性程度高,带来了教育政策领域价值博弈的复杂性以及结果的含混性。一方面,纵向的从国际社会到国家政府再到地方情境乃至微观学校场域,教育政策的参与主体分布在教育政策领域的不同层面,代表了多元且异质的政策价值诉求;另一方面,教育政策公共权力在政府、社会(公共组织、市场、媒介)与私人领域间的横向分配,也赋予教育政策运作更为复杂的权力分配与价值选择的制衡关系。教育政策需要协调多元主体和不同层次组织间的政策利益与价值需要,也因此面对更直接的伦理冲突和价值争议,增加了实践中处理教育政策与伦理价值关系之间的复杂性。

三、课程政策的伦理本质:多重逻辑与复杂系统

课程政策这一研究对象的自身属性决定了课程政策研究的伦理关联性,相较于一般教育政策而言,课程政策需要处理的政策关系更为复杂和需要调和的伦理冲突也更加突出。

---

① 哈耶克.自由秩序原理下卷[M].邓正来,译.北京:生活·读书·新知三联书店,1997:164.
② 王举.教育政策的价值基础:基于政治哲学的追寻[M].北京:科学出版社,2016:17.
③ 范国睿,等.教育政策研究[M].福州:福建教育出版社,2020:35.

首先,课程政策话语兼具政治性、专业性和实践性的多重逻辑。简单地说,即课程政策不仅仅是政治决策也是专业的开发与设计活动,更是会直接影响具体的课程实践与课程行动。一方面,课程政策对有关学校课程的安排是具有鲜明的政治目的、社会要求和官方意志的,也就是说课程政策要规定一国课程的发展方向与基本要求,即符合政治的话语,要传达国家对于课程规定性的要求。另一方面,课程政策并不只是对课程行动规范的一般原则的规定,还牵涉到具体的课程文本及其周边资源系统而专业的设计与开发,这是课程政策开发不同于一般公共政策或教育政策开发的重要方面。因为一项课程政策的开发与实施,不仅需要纲领性的课程政策的指引,更需要具体的课程的支撑,也就是能够具体地在学校中使用的课程及其配套的资源。所以,课程政策的规划与设计不仅包括课程总体方案的规划——宏观的课程政策或课程改革的纲领性文件,即"规定和指引国家课程发展方向的价值与规范,规划国家安排的课程的目标旨趣、人才规格以及培养这些规格的人才所选择的价值倾向与制度要求",还包括具体的课程标准及其实施文本的开发与设计,具体牵涉到"课程方案、课程计划、课程标准、课程大纲、教材以及相关的保障性或解释性文件"[①]。在这个意义上,课程政策不仅仅是一个政策领域的活动,更是一个课程领域的专业活动,体现着专业的课程设计与开发的规范——在一定程度上"课程决策是一个专业化、封闭性和职业化较强的过程"[②],体现了课程政策话语运作中的专业或学术取向。再一方面,课程政策决策不能停留在政治文本或专业开发的层面,更要能为广大的教师和大众所接纳,反映在现实的课程实践之中。一项课程政策要产生现实的影响,就要从文本的政策走向行动的政策,课程政策"不仅仅是一系列的指令或意图",而是具有活力和互动性的实践过程,"反映了从创始、开发、实施和评估的具有法定效力的权威性结构的连续性过程"[③]。因此,课程政策更需要在实践与行动的层面转化为政策对象能够理解和运用的话语。课程政策在本质上的多重逻辑,现实地决定了课程政策的运作需要协调不同层面和不同主体的话语需求、价值期盼与利益协商的关系,体现了鲜明的价值判断引导和伦理规范规约的需要。

其次,课程政策发生在多层次的复杂系统之中,兼具公共性与私人性的综合特征。

[①] 吕立杰. 国家课程设计过程研究:以我国基础教育"新课程"设计为个案[M]. 北京:教育科学出版社,2008:16.

[②] B. 霍尔姆斯,M. 麦克莱恩. 比较课程论[M]. 张文军,译. 北京:教育科学出版社,2006:83.

[③] Berkhout, S. J., Wielemans, W.. Toward Understanding Education Policy: An Integrative Approach [J]. *Educational Policy*, 1999,13(3):402-420.

课程政策并不是发生在某个单一空间或某种单一条件中的简单活动,而是在复杂、多样、关联和动态的政策情境中不断变迁与生成的。课程政策的运作不仅发生在体制政策的层面,还发生在区域的学校组织中,更鲜活地体现在具体的课堂教学以及师生互动之中。在这个过程中,来自环境、体制、文化、传统、组织、机构、个体、心理、情感、信仰、能力等各个方面的要素相互交织,形成了一个复杂的决策系统。无论是贝尔库特和威莱曼斯(Berkhout, S. J. & Wielemans, W.)提出的政策运作所处的六个层次的情境,按照微观情境到宏观情境包括教与学的情境与关系、特定社区与学校组织的情境、区域或国家的政策环境、其他社会子系统对教育系统的交互影响的情境(如经济、政治、文化等)、跨国的国际组织的影响以及现代主义、工业主义和技术优选主义等社会主流的意识形态对政策产生影响的情境[1];还是古德莱德提出的从理想的课程、正式的课程、理解的课程到实施的课程和学生真实体验的课程等五种不同的课程形态[2];都说明了课程决策是浸润在一个复杂的、分化的、相互关联的、动态的、相互作用的社会领域之中,在一个层次多元的、复杂的环境中处理各种不同类型的关系的过程。不同主体在不同层面相互作用,不断澄清和调整,引导课程决策走向特定的价值路径,并最终影响学习者。课程政策在这个复杂系统中,既反映了时代的目标与广泛的人类追求,也直接回应国家或教育系统层面的具体使命和要求,具有明显的公共性——要尊重全社会成员的平等的教育权益和保障基本的教育质量与水准;又要经由学校和组织的层面,直接对课堂中的学生个体产生影响,具有很强的私人性——因为课程政策分配的是个体发展权力、发展机会、发展条件和发展水平、资格的认定[3],课程政策决策所涉及的知识选择、知识组织以及知识评价的合法化结果能够对发展中的个体产生直接和不可恢复的影响。正因为如此,课程政策要在不同的价值立场的张力中寻求平衡,既要"利益相关者用积极的态度去看待不属于他自己的利益,又要在遇到相互冲突的要求时,愿意接受超越私人特殊性法则的调整"[4],这就给课程政策附加了伦理与道德意义,因为"一个社会怎样选择、分类、分配传递和评价它认为是公众的教育知识,既

---

[1] Berkhout, S. J., Wielemans, W. Toward Understanding Education Policy: An Integrative Approach [J]. *Educational Policy*, 1999, 13(3): 402-420.
[2] Akker, J. V. D. A European Perspective on Curriculum Development and Innovation in Law, E. H. F. & Li, C(Eds.), *Curriculum Innovations in Changing Societies* [M]. Sense Publishers, 2013: 540.
[3] 刘复兴. 教育政策的价值分析[M]. 北京: 教育科学出版社, 2003: 44.
[4] 李金珊, 叶托. 公共政策分析: 概念、视角与途径[M]. 北京: 科学出版社, 2010: 98.

反映着这个社会的权力分配情况,也反映着这个社会权利控制的一些原则"①,需要不断地对课程政策的合法性与权威性的价值选择进行合理性质疑。在这个意义上,对课程政策的伦理探问成为课程政策理论和实践建构不可回避的方法论选择。

最后,课程政策决策要做出决定的议题,都涉及价值判断,具有内在的伦理要求。课程领域的"什么知识最有价值""谁的知识最有价值"以及"怎样获得的知识最有价值"等经典问题对"知识内容、知识主体和知识合法性"②的追问成为课程政策设计与实施的基础。正如钟启泉先生所说的,"一部人类理智的发展史在某种意义上就是不断探究世界本质和知识本质的历史"③,正是出于不同取向的对于知识本质及其价值选择的判断,引导着我们走向完全差异化的课程路径。无论是观念的知识、学科的知识、经验的知识、形式的知识、社会问题主导的知识还是建构生成的知识,都有着认识与理解、解释和创造世界的独特的内在价值,而贯穿在这些知识价值讨论中的核心的矛盾,则始终萦绕着现代学校课程知识选择及其运作的过程——知识究竟是客观的还是主观的、是抽象的还是具体的、是公共的还是私人的、是既定的还是不确定的、是分化的还是整合的④——知识的相对价值的矛盾伴随着课程的知识选择与实践,成为学校课程决策中一直存在的关键判断。

20 世纪 50 年代以后,随着课程社会学、教育知识社会学以及批判理论的发展,课程领域的核心议题从"什么知识最有价值"开始转向"谁的知识最有价值"的讨论与批判。受到社会学理论的影响,学者们开始关注课程、知识与权力的内在关系,不再将课程决策的问题仅看作"是一个需要运用理性化的模式进行解决的技术问题"⑤,而是"将课程看作是一种权力控制,是服务于主流利益群体的生产不平等的社会秩序的机制"⑥。人们围绕"特定的知识是如何作为法定知识被合法化为学校课程的"以及"学

---

① 黄忠敬.课程政策[M].上海:上海教育出版社,2010:90.
② 岳刚德.我国基础教育课程发展问题研究——一个伦理学视角[D].上海:华东师范大学,2006:75.
③ 钟启泉.课程的逻辑[M].上海:华东师范大学出版社,2019:58.
④ Elmore, F. R. & Sykes, G. Curriculum policy, In Jackson P. W. ed. *Handbook of Research on Curriculum: A Project of the American Educational Association* [M]. New York: Macmillan, 1992: 197-198.
⑤ 迈克尔·阿普尔.官方知识——保守时代的民主教育[M].曲囡囡,刘明章,译.上海:华东师范大学出版社,2004:146.
⑥ Elmore, F. R. & Sykes, G. Curriculum policy, In Jackson P. W. ed. *Handbook of Research on Curriculum: A Project of the American Educational Association* [M]. New York: Macmillan, 1992: 205.

校课程如何传递并再生产了现有社会秩序并实现社会分化"的两个核心问题,来质疑课程知识中立性、客观性的既定假设,通过解析学校教育与课程的知识分化对于社会分层的合理化、文化资本的再生产、学校课程中的身份斗争、官方知识的霸权以及符号暴力等视角,探索学校课程作为权力、意识形态、阶层、性别、种族和文化斗争场域的内在机制,执意要打破学校教育及其课程的能力竞争与理想主义家园的伪装,来激发广大社会主体的意识觉醒和社会重建的决心,寻求社会结构的重建和更大的社会公正。可以说,"谁的知识最有价值"的问题,是对20世纪20年代课程现代化发展以来聚焦科学主义和技术主义的课程关照的一次大的精神批判。这个追问的过程,其本质上是对课程知识的客观性的质疑,试图打破将"课程知识视为毋庸置疑的、理所当然的客观存在"[1]的神话,从一个更广阔的社会资源分配、权力互动与知识运作的立场以及价值判断主体的视角去看待知识价值的权力归属问题。即在判断"是什么"之前,要冲破从知识本身谈知识价值的局限,进一步厘清课程合法化的是谁的知识、谁来选择和控制、谁制定成功的标准、谁来决定课程与教学的组织方式,以及为谁做决定和谁能受益等一系列具有价值和规范判断的问题。

除了确定学生需要学什么、谁来选择并决定学校课程知识,对于如何组织知识并以何种方式来教,也成为课程决策中不可或缺的议题。事实上,课程政策正在通过不同渠道改变教学和学习实践,以期带来更好的学习结果。尤其是20世纪60和70年代以后,随着教学理论、学习理论和认知理论的逐步发展,对于教学法即如何组织知识以及开展实践的教学活动的关注日益繁盛。从行为主义取向以结果与产出为基础的强调知识点掌握的讲授记忆、练习与模仿以及程序学习的教学法,到认知主义取向强调学科结构和探究过程的教学法,以及人本主义的强调学习者个体体验、主体参与和情感共鸣的教学法,以及建构主义的关注问题解决、合作互动的教学法,乃至新时期为了致力于达成更广泛的素养目标所强调的导向学习者的深度学习、多重体验、实践创造和技术嵌入的教学法变革,如层出不穷的混合学习、游戏化学习、计算思维学习、具身学习、体验学习、多元文化和基于讨论的学习等新的教学法的革新。对于教学法的关注与选择,不是简单的方法或策略的选择,从根本上涉及对于教与学的根本的理念、态度和价值的判断,教学法的革新不仅要重构师生在新的伙伴关系中的角色,更是课程政策决策主体对于如何有效、更有意义地达成课程目标、推进学习过程与实现学习

---

[1] 常亚慧,王苏平,罗晓红.符码中的教育公平——伯恩斯坦符码理论在中国的回顾与评述[J].济南大学学报(社会科学版),2019(01):140—146.

结果的路径的合法化判断。

  从知道什么最有价值到谁的知识最有价值,以及以什么样的方式获取知识更有效,课程政策决策中所涉及的关键问题的抉择,都蕴含着政策参与主体特定的价值偏好。因此,深刻地认识到课程政策决策本身的伦理特性,并以此为出发点探讨更合宜的伦理规范规约并优化课程政策决策及其实践活动,是课程政策的本质要求。

第二章　课程政策的伦理分析框架:一种理性的探索

"任何一项政策的出台,都必须包含了政府依据特定的伦理标准来进行的价值选择。"[①]在人类伦理探索的历史上,不同的伦理学家建构过多种伦理道德系统,用不同的原则作为人们判断善恶的伦理标准或尺度,代表性的如以个人的品质或品格为中心的德性伦理学、以行为结果是否给利益相关者带来最大化幸福为依据的功利主义伦理学、以考察行为本身在道德上的可接受性而非后果出发的道义论(义务论),以及支持道德生活的条件和关系的建立而非简单地灌输个体美德为基础的关怀伦理学等,都从不同的伦理原则出发探讨并发展了相应的伦理规范的系统。同样地,在公共政策伦理探索的过程中,也发展了不同取向的公共政策伦理标准,如最大多数人幸福原则的功利主义的效用观、罗尔斯的最少数群体的最大利益的正义原则、基于权利理念基础的正义持有的原则、资源平等原则以及阿马蒂亚·森的在自由发展理念基础上的基本能力平等原则等,形成了自成风格的公共政策资源与权力配置的伦理规范。

然而,课程政策伦理作为一种特殊的协调课程资源配置与课程运作复杂关系的价值原则与规范,显然"不是单一的伦理原则或精神",而是"一个系统",是贯穿"政策活动过程的伦理规范的系统总和"[②]。因此,在对具体的课程政策进行伦理分析时,"不应该直接地、完全地援用那些系统的伦理学学说,而应该将某些长期共存的健全伦理学体系间的重要的共同点作为在各个应用领域讨论那些紧迫的伦理学疑难问题的起点"[③],在建构指向课程政策话语的伦理分析框架时,既反映公共政策伦理与教育政策伦理关照的一般维度,也要对课程政策活动过程中所涉及的特殊关系与利益配置进行

[①] 王伟,鄯爱红.行政伦理学[M].北京:人民出版社,2005:381.
[②] 刘世清.教育政策伦理[M].上海:上海教育出版社,2010:51.
[③] 贾新奇.教育伦理学新编[M].太原:山西教育出版社,2008:21.

有机的建构,以此来勾勒课程政策伦理实践的基本面向。

第一节 政策伦理分析的一般向度:四个维度

明晰政策伦理分析的一般结构是帮助我们认识和理解政策伦理具体内容及其范畴的重要基础。一般而言,政策伦理是在一定政策环境或制度条件背景下发生的不同政策主体在解决特定的政策问题过程中处理公共关系所应遵循的伦理道德原则与规范。在这个意义上,政策伦理不仅涉及政策问题所指向的政策内容的实质伦理,也关系到政策运作过程中的程序伦理,还包括不同政策主体的责任伦理以及影响政策运作的所有外部环境中的伦理环境。因此,在一般的政策伦理分析中,大致可以从政策的实质伦理、过程伦理、主体伦理和伦理环境四个不同维度开展讨论。

一、政策的实质伦理维度:公共性与以人为本

政策作为一种有目的的活动,是权威性或官方的对于某一问题或有关事务而采取的处理办法。在这个意义上,任何政策都会涉及对特定问题解决作出价值选择的具体内容。因此,政策"所蕴含的、所追求的和力图实现的那些价值的内容"[①],就是这里所讨论的政策的实质伦理,也就是政策实质内容所蕴含的伦理道德原则或规范,即罗尔斯所说的"实质性正义"[②],是一个社会合理分配权利和价值的基本原则[③]。现代公共政策以及教育政策在政策内容的实质性伦理方面所关注的维度主要包括公共性、以人为本等具体的伦理向度,但不仅限于此。

(一) 公共性

公共性(Publicity)是一般政策伦理研究的逻辑起点,也被看作是公共政策的元属性。公共性要求将政策伦理研究的核心范畴与基本伦理规范建立在社会公平与正义的基础之上,以实现公共利益作为公共政策的根本目标,强调政策主体的公共责任与公共精神[④]。一般公共政策的问题是引起政府或公共权力主体广泛关注的、引起社会价值冲突、需要迫切解决且经过良好定义的社会公共问题,需要经过"政府或公共权力

---

① 刘复兴.教育政策的价值分析[M].北京:教育科学出版社,2003:108.
② 约翰·罗尔斯.政治自由主义[M].万俊人,译.南京:译林出版社,2002:448.
③ 王举.教育政策的价值基础:基于政治哲学的追寻[M].北京:科学出版社,2016:88.
④ 周明侠,谢峻峰.当代中国公共政策伦理研究述评[J].道德与文明,2007(05):106—110.

机构认定,认为是应该并可以通过特定政府行为加以解决的问题"①。在这个意义上,政策问题是特定的能引起广泛关注且需要公共权力介入加以解决的公共问题,它不仅是"对公共生活需要的回应",也是"公共意志的表达与结晶"②,更是公共权力主体通过运用公共权力以及公共资源进行社会治理,从而维护和增进全体社会成员或者最大多数社会成员公共利益的活动。公共性的最终目标是"提供服务和增进公共利益","并且这种公共利益是普遍而又连续不断的为人们共同分享的利益"③。公共利益不仅是代表与反映大多数人的利益要求,也是少数人的利益,特别是弱势群体的利益得到保护与尊重,是一种共享的利益。

具体而言,公共性主要表现为公正性、公平性和公开性三个基本维度,是"公共政策问题分析、制定分析、执行分析、评估分析的价值基础和精神内核"④,"公正性指公共政策的合理性、合法性;公平性指公共政策所体现的平等观;公开性指公共政策在公共领域中的开放性和透明度"⑤。其中,公平与公正又是人们讨论政策伦理时最核心的伦理原则。广义上,公平、公正、正义的基本意义是一致的,但是在严格的狭义概念上有所区别。公平(Fairness)强调衡量标准的同一尺度,现实的成分更多一些,强调的是"按统一原则或标准对待处于相同情况的人和事",即所谓的一视同仁;公正(正义)(Justice)则更强调社会的基本价值取向,应然成分多一些,"指所得的与所付出的相称或相适应,即得所当得、各得其所"⑥,强调的是"确保所有的个人都能得到保护,以免受有权势的个人或集团的强制"⑦。在现实中,公平与公正相互统一的,公正的基本价值取向决定着公平的正向意义,以谨防平均主义;反过来,公正也包含着公平,只有在用公平规约下的公正——公正无偏的原则、公民受益的原则、劣势群体利益最大化原则和分配普遍原则⑧,即最少受惠的弱势社会群体的利益得到补偿时,才能达到公共性

---

① 宋锦洲.公共政策:概念、模型与应用[M].上海:东华大学出版社,2005:90.
② 谢金林.公共利益:公共政策伦理精神的核心[J].云南财贸学院学报(社会科学版),2007(06):46—51.
③ 詹姆斯·安德森.公共政策[M].唐亮,译.北京:北京华夏出版社,1990:222.
④ 陈晓虹.公共政策的伦理价值取向[J].唯实,2008(07):38—41.
⑤ 周明侠,谢峻峰.当代中国公共政策伦理研究述评[J].道德与文明,2007(05):106—110.
⑥ 黄德良,王兴盛.公共政策伦理向度的问题[J].理论建设,2011(05):52—58.
⑦ 谢金林.公共利益:公共政策伦理精神的核心[J].云南财贸学院学报(社会科学版),2007(06):46—51.
⑧ 公正无偏原则,是公平地对待任何一个当事人、利害关系人和社会公众,如因公共需要而对某些人利益进行限制,必须是正当而审慎的;公民受益原则指的是公共政策最终受益者始终是公民,政府与国家不应当与民争利;劣势群体利益最大化原则,就是政策的考虑与安排要使得社会劣势群体利益得到最大保障;分配普遍原则是政策利益的安排要使社会上绝大多数人的利益得到合理的重视,不仅仅是照顾少数人的利益,即利益的共享。参考谢金林.公共利益:公共政策伦理精神的核心[J].云南财贸学院学报(社会科学版),2007(06):46—51.

的目的,实现实质性公正,避免公正成为强势利益团体的辩护。

在教育政策伦理的讨论中,对于教育公平与公正(正义)的讨论也非常丰富,并将其视为教育政策的基本价值原则。教育公平是"社会公平价值在教育领域的延伸和体现"[①],其实质是"对教育利益的合理性分配"[②],"以维护教育权利为根本,以制约监督教育权力为保障,以合理分配教育资源为途径"[③],进而达到教育利益配置的合理化。具体包括受教育权利和教育机会的公平、公共教育资源配置的公平、教育质量公平、群体间的教育公平等,遵循教育资源配置的平等原则、教育资源配置的差异原则和教育资源配置的补偿原则[④]。公正或正义在教育政策的语境中,则从根本上体现了"教育道德性"的重要方面,"既包括教育制度、法律所包含的宏观层面的教育公正,也包括教育过程中教师公正地对待每一个学生的微观层面的含义"[⑤]。因此,金生鈜在对教育正义进行论述时,特别区分了政治哲学中的社会正义和教育语境中的教育正义的差别,前者更多地强调分配正义,后者"不仅指教育制度的内容和实践方式的正当,也指教育中的集体和个人行为的正当"[⑥]。从根本上而言,教育公正(正义)是对教育道德和教育善的一种向往和追求,是探讨"教育政策是否平等地对待每一个人,是否尊重每一个人的人性需要"[⑦]等基本的教育道德精神的原则,但教育公正(正义)又不仅仅停留在抽象的道德原则的层面,而要强调如何将其运用在具体的教育政策实践过程中,追求教育政策伦理的实在的实现。

(二)以人为本

马克思将人的存在和人的发展作为社会历史进程的出发点与归宿,他指出"历史并不是把人当作达到自己目的的工具来利用的某种特殊人格","历史不过是追求着自

---

① 杨东平. 对我国教育公平问题的认识与思考[J]. 教育发展研究,2000(08):5—8.
② 王举. 教育政策的价值基础:基于政治哲学的追寻[M]. 北京:科学出版社,2016:68.
③ 师东海. 教育公平的政治学思考[D]. 长春:吉林大学,2011:2.
④ 教育资源配置的平等原则指的是教育利益的公平分配,包括教育权力平等,指公民不论家庭出身、性别、种族、民族、经济收入、政治地位和宗教信仰等,一律享有平等地接受教育的权力;以及教育机会均等,具体指每一个公民有同等的获得教育利益的机会;教育资源配置的差异原则,指的是不同情况不同对待,根据受教育者个人的具体情况,实现教育资源配置的差异性;教育资源配置的补偿原则,是为了实现教育公平,关注受教育者的社会经济地位的差距,并对社会经济地位处境不利的受教育者在教育资源配置上予以补偿。参考王举. 教育政策的价值基础:基于政治哲学的追寻[M]. 北京:科学出版社,2016:68—69.
⑤ 孙彩平. 教育的伦理精神[M]. 太原:山西教育出版社,2004:180.
⑥ 金生鈜. 教育正义:教育制度建构的奠基性价值[J]. 陕西师范大学学报(哲学社会科学版),2011(02):157—164.
⑦ 孙艳霞. 教育政策道德性研究——义务教育城乡差距的归因与路径探析[D]. 长春:东北师范大学,2006:56.

己目的的人的活动而已"①。"以人为本"作为政策基本的伦理价值原则,是伴随了人类现代化进程而不断彰显的伦理价值原则,意味着"把增进社会和每个人的利益总量作为评价和衡量我们一切政策制度安排的终极价值标准"②。这一准则从本质上来看,有两个方面的内容:一是在公共政策中要体现人在社会发展中的主体性与能动性,强调人的主体地位;二是人作为公共政策的出发点与归宿,社会发展最终要回到人的自由全面发展的终极价值上,实现人本身作为最高的价值或尊严③。

在教育政策的实践中,"以人为本"更是教育政策伦理考察的重要维度。教育政策虽然面向的是社会公共利益,但是"社会利益和需要并不是一种超越所有不同利益和需要的抽象物"④,而是社会中"一个不确定之多数成员所涉及的利益"⑤,也就是社会公共利益总是要满足社会成员中这部分人或那部分人的利益与需求,并在公共的平台中,通过平等理性的协商来达成共识。因此,教育政策活动中如果无视个人作为独立的实体自身的利益和需要,也无法真正达成公共利益的实现。换言之,公共利益并非是超越个体利益的抽象存在,而是依托具体的个体利益的集合与协商。"我们必须思考教育政策对每一个教育利益相关者自身的道德边界,或者说必须从每一个教育主体'应得'的角度来思考教育政策的道德性。"⑥以人为本就成为教育政策伦理规范的重要关注。1972年联合国教科文组织具有里程碑意义的出版物——《学会生存:教育世界的今天和明天》(富尔报告)所提出的推进终身教育和学习型社会的理念,就是对冷战时期将教育看作是人力资本投资或国际政治经济竞争的手段的工具理性的挑战与反思,开始着力倡导和呼唤教育回归个体完整发展的本体价值。同样地,1996年《学习:内在的财富》(德洛尔报告)则进一步宣告了教育作为一种基本人类权力的内在价值,并提出了学会认知、学会做事、学会生存和学会共处的21世纪学习的根本支柱。2015年《反思教育:向"全球共同利益"的理念转变》更是强调以人文主义的教育观念重新关照教育作为根本共同利益的深层价值,提出教育"必须教导人们学会如何在承受压力的地球上生活";"教育必须重视文化素养,立足于尊重和尊严平等,有助

---

① 马克思,恩格斯.马克思恩格斯全集第2卷[M].北京:人民出版社,1975:118.
② 文勇.公共政策伦理研究[D].成都:西南交通大学,2005:21.
③ 黄德良,王兴盛.公共政策伦理向度的问题[J].理论建设,2011(05):52—58.
④ 刘复兴.教育政策的价值分析[M].北京:教育科学出版社,2003:114.
⑤ 张蕾.公共利益:公共政策的价值与过程[J].贵州工程应用技术学院学报,2011(12):95—97.
⑥ 孙艳霞.教育政策道德性研究——义务教育城乡差距的归因与路径探析[D].长春:东北师范大学,2006:66.

于将可持续发展的社会、经济和环境结为一体"的新教育观的发展①。可以看到,以人为本的伦理原则在世界范围内的教育政策变革的历史发展进程中,日益得到彰显。

教育政策是否能够保证"以人为本"的伦理内涵,有三个方面值得关注。一是"教育是每一个人都应拥有的基本权利,应有助于每一个人探索和开拓新的生活"②。因此,保障每一个个体平等的受教育权利,解放学生在教育教学活动和社会生活之中的客体性位置,并试图通过发展学生对理性的主动运用,推动学生作为独立主体的完善与发展,是教育政策践诺以人为本的基础。二是"真正的以人为本的教育理念,主张的是挖掘人类无限潜能的方法,而不是人为地去制造一个人"③。因此,承认人的未完成性,这是人获得主体性的前提,"人的认知总是处于一种演化过程中,因为人总是处于形成状态中的;人不可能尽善尽美,但是可以更加完善自己;人是未完成、未成形、未完善之人,处在一个瞬息变化的世界里"④。不仅如此,让学习者意识到自身是学习活动的主动在场,并意识到认识过程本身是主体性参与的过程,而非被"告知"的过程,这对于保障人的以人为本的基本原则至关重要。三是教育是人性不断自我完善的过程,它使人不断地脱离旧我,成为新我,从而不断塑造更美好的自我形象,因此教育应保护受教育者的主动性、积极性、求索精神和创新精神⑤。这就意味着,真正的以人为本更要促成学习者自我重塑的创造性活动,促进个性丰富而全面的发展,从完整育人、全面育人的视角去落实以人为本的伦理准则。教育必须激发培养人去改造现实世界,去创造新世界的能力,不能反省世界的主体不是真正的主体,而无法改造世界的主体也不是真正的主体,而要"彻底实现人类的使命",就必须"为了人的解放不断地改变现实"⑥。在这个意义上,以人为本作为政策伦理的基本维度既是代表着关照人的发展的基本权利;也代表着对人类潜能的充分认可与支持,尊重主体多样性的在场;更意味着发挥人作为创造性主体的角色,开展推动认识、交往和创造与改造的实践,最终促成个性发展与解放。

---

① 联合国教科文组织.反思教育:向"全球共同利益"的理念转变[M].联合国教科文组织总部中文科,译.北京:教育科学出版社,2017:序言 1.
② 劳凯声,刘复兴.论教育政策的价值基础[J].北京师范大学学报(人文社会科学版),2000(06):5—17.
③ 周军,黄秋霞.教育公平的伦理价值及对我国教育体制改革的启示[J].西藏大学学报(社会科学版),2013(03):184—188.
④ 张琨.论弗莱雷对话教育中的哲学思想与民主实践思想[J].外国教育研究,2005(07):6—9+33.
⑤ 劳凯声,刘复兴.论教育政策的价值基础[J].北京师范大学学报(社会科学版),2000(06):5—17.
⑥ 保罗·弗莱雷.被压迫者教育学(30 周年纪念版)[M].上海:华东师范大学出版社,2001:92.

二、政策的过程伦理维度:程序公正、民主化与科学理性

任何政策活动都可以理解为"实现其所选择的价值内容和价值目标的过程"[①],这一过程依赖于一定的形式价值标准。政策过程的伦理考察涉及政策运作过程从最初的政策问题识别、目标设定,到政策决策、合法化、执行与评估的全过程,并非政策运作过程中的某个阶段或特定环节。程序,主要就是指对某个活动过程的顺序、步骤等规则的安排与描述[②]。如果我们把程序理解为做事的方法,那么程序正义就可以定义为最佳实现正义结果的方法选择[③]。所谓程序正义,按照罗尔斯的定义,指的是规则在制定和使用中的程序具有正当性,因为正义不仅体现为结果的正义,还表现为过程或程序的正义,即体现在程序的运作过程中,具有普遍性、公开性、法治性和科学性的特征。一方面,"一种正当的程序具有确保政策的选择不偏离公共性的方向的工具价值的功能"[④],也就是说,通过政策在运作过程中遵循正确的或公平的程序,确保规则在制定和使用中的程序具有正当性,保障政策过程的合法化与合理化水平从而最佳地实现政策的实质正义;另一方面,因为程序建立在公开的民主参与的基础之上,保障了公民平等参与公共决策的权利,也体现了国家公共权力在决策过程中对其所管理的公民权利的尊重和社会秩序的自觉合理建构,这是政策过程或程序超越政策所指向的公共利益以外的重要内在价值——它不仅推动政策运作过程本身的科学化和民主化水平,更是推动整个社会协调参与和交涉过程的制度化,逐步实现有管理的社会自治[⑤]。正是因为程序正义如此重要,在政策运作过程中,探讨并实践政策过程所要遵循的伦理规范,成为重要的议题。在这一部分,我们主要讨论程序公正、民主化和科学理性等主要过程伦理维度。

(一) 程序公正

"正义不仅要实现,而且要以看得见的方式实现。"[⑥]程序公正关注的就是"一个机构——一个人或者一种制度——向若干其他人分配利益(或负担)的规则或途径"[⑦]的公正合理。由于理性的有限性以及个体私人利益导向的现实性,需要设计一种程序,

---

① 刘复兴.教育政策的价值分析[M].北京:教育科学出版社,2003:132.
② 同上.
③ 谢金林.公共政策的伦理基础[M].长沙:湖南大学出版社,2008:201.
④ 同上,第212页.
⑤ 谢金林,肖子华.论公共政策程序正义的伦理价值[J].求索,2006(10):137—139.
⑥ 同上.
⑦ 戴维·米勒.社会正义原则[M].应奇,译.南京:江苏人民出版社,2001:102.

"以限制公共权力的运行,以确保公共政策不偏离公共性的目标取向"①,并能够确保无论由谁来行使,都可以保证权力行使的公正,并达成公共利益的目标。在这个意义上,程序公正的最基本的原则,就是要"考察这一程序的选择是否可以实现公共政策的实质正义的要求"②,"在制定与实施教育政策的过程中,按照合理的顺序、方式与步骤,以有效实现公共教育利益的行动秩序总和"③。为了确保程序的公正,有三个方面的基本原则需要考虑。

第一,程序公正需要程序自身的结构和运行模式是相对稳定的。换句话说,就是一旦政策制定与执行过程的程序获得公众认可,就要尽量维护这一程序,遵循关于程序实施的一系列相关的运行步骤等规定,而不能朝令夕改。一种更稳定的政策程序更有益于体现共同的心理倾向和价值选择,保证社会政策的有效运行,而不能因为个人或团体的利益而随意更改,"从某种意义上说是一种社会契约的制衡"④。第二,程序公正需要保障程序贯彻的连续性,也就是在政策运作的各个环节的确定性和紧密联系性。不仅程序在履行其职能的过程中必须有明确的步骤、方式、模式、体系,相关的价值目标是经过明确规定的,具有相应的法律效力;更要确保程序在执行的过程中保持其步骤的连贯性,实现各个环节的有效权衡。第三,程序公正要服从合法化的权威,具体是指程序的产生与运行必须在一定的制度与法律环境中实现,通过合法化的途径为程序的制定与执行提供规制性的依据。合法化的权威也意味着通过特定程序而产生的政策结果,"不能恣意修改、歪曲或否定其结果","某一程序一旦被确认,即具有一种权威性","经过程序的决定只有运用程序才可以取消",这是政策主体通过理性协商的共同决策,具有形式上的强制性和不可逆性⑤。罗尔斯在讨论程序正义时,曾指出"在对一种至少会使一部分人的权益受到有利或者不利影响的活动或决定作出评价时,不能仅仅关注其结果的正当性,而且要看这种结果的形成过程或者结果据以形成的程序本身是否符合一些客观的正当性、合理性标准"⑥。虽然一般教育政策尤其是课程政策在运作中受到诸多程序之外的各种因素的影响,并不是罗尔斯所定义的纯粹的程序公正和完善的程序公正的情况,而是不完善的程序公正,即程序并不一定导致正确、公

---

① 谢金林.公共政策的伦理基础[M].长沙:湖南大学出版社,2008:204.
② 同上.
③ 宫丽艳.论教育政策程序公正[J].道德与文明,2010(05):113—116.
④ 周定财.公共政策评估视野下的程序公正[J].学术探索,2017(09):91—95.
⑤ 刘世清.教育政策伦理[M].上海:上海教育出版社,2010:105.
⑥ 陈瑞华.程序正义论——从刑事审判角度的分析[J].中外法学,1997(02):69—77.

正的结果,但是通过程序公正的正当性作用,比如加强公开听证、监督制度、意见疏通、加强理性论证等程序公正的制度,可以弥补不完善的程序公正本身的漏洞,而保证执行结果最大程度的公正性。反之,如果没有一个公正的程序,其结果公正将很难得到保障。

总而言之,程序公正需要政策参与主体通过一定形式的正当过程,遵循既定的工作步骤与程序,以达成政策所指向的实质的公共利益的达成。程序的公正最终是为了更好地实现政策所想达成的公共利益的目标与标准,这是程序公正最核心的标准。也就是说,"在任何可行的正义的程序中,只有更好地实现实质正义,即最佳地实现公共利益目标的程序才是最合乎正义要求的程序"[①]。

(二) 民主化

公共政策的价值取向既然是导向公共性的公共利益,就意味着必须使得政策决策能够"最充分地表达和满足最广大利益主体即公众的需要和利益,从而使利益主体乃至整个社会自愿地、非强制性地认可和遵守相应的政策规范"[②]。公共利益要从一种抽象的概念转化为具体的共识,就需要政策利益主体直接或间接地参与政策决策与实施的过程,表达自己的需求和利益,通过监督和问责的机制,"最终达成各方利益主体一致认可的政策认知和政策选择"[③]。因此,在程序公正的基础上,程序的民主成为政策过程伦理的核心内容。约瑟夫·熊彼得(Schumpeter, J. A.)在早期探讨民主的实质的过程中,指出"民主的方法是为做出政治决定的一种制度安排"[④],即"通过一种民主的活动程序或顺序,以保证政策价值选择获得充分的合法性,保证政策价值选择和政策结果符合最广泛公众的需要和利益"[⑤]。

一般而言,如果我们将民主化作为政策过程伦理的重要价值基础,有几个方面值得关注。首先,民主意味着信息的公开与透明。约瑟夫·斯蒂格利茨(Stiglitz, J.)指出,"在民主社会里,知情权是一项基本权利,公众应当知晓政府在做什么,为什么要这样做。更为直白地说,我认为这里隐含着一个假定,那就是政府行为必须透明公开"[⑥]。民主参与的前提是公众能够公开地获得政府行动与决策的信息,知道政府的

---

① 谢金林. 公共政策的伦理基础[M]. 长沙:湖南大学出版社,2008:204.
② 刘复兴. 教育政策的价值分析[M]. 北京:教育科学出版社,2003:134.
③ 同上.
④ 同上,第136页.
⑤ 刘复兴. 教育政策的价值分析[M]. 北京:教育科学出版社,2003:137.
⑥ 汪家焰,赵晖. 政策议程设置民主化的价值维度考量[J]. 内蒙古社会科学(汉文版),2019(11):11—18.

公共政策是如何制定出来的,自身的利益诉求又是如何被反映和代表的。其次,民主意味着公众或利益主体的广泛参与、管理和监督政策运作的过程,而不应被排除在决策、管理和监督过程之外。公民对政府公共政策的参与是公民参与政府治理的重要组成部分。再次,就是政策利益主体的意见的自由表达和积极回应。罗伯特·A.达尔(Dahl, R. A.)指出,"民主的一个关键特征就是政府对公民偏好的持续回应性"[①]。这里有两个重要方面:一是公众具有自由表达自身需要和利益的权利、机会和渠道;二是政府主动地与社会公众互动,通过设置政策议程,及时地从社会公众的利益表达中发现公众所需并予以回应,提升意见表达与民意汇聚的质量,以专业化的治理能力和决策能力回应社会公众的各种需求。最后,还需要考虑公众民主参与中的合法性和有效性的兼顾,民主要通过制度化的确认和保证才是真正的民主,更需要通过有效的民主决策制度设计引导社会公众参与决策。简单地说,一方面,民主要通过一种制度性的安排加以确认,成为一种合法性的活动而并非一种随机行为,确保政策的民主参与成为真正制约权力,规避政府的利益动机和权力膨胀,为公众的政策民主参与提供制度支撑;另一方面,要真正实现"问策于民"的价值理念,让社会公众成为民主决策过程的共同主角,就需要对于民主过程的策略与机制进行有效性的设计,与公众进行有效互动,保证公共政策能最大程度覆盖广泛而真实的民意。

(三)科学理性

仅仅依靠政策过程本身的程序公正和过程的民主化参与,还不足以保障政策有效达成社会公共利益的目标,泛滥的意见表达如果没有科学理性的价值标准进行规约,也会将政策导向不合乎理性的境地。在这个意义上,政策过程能否调用人类理性思考和活动,经由科学化的方法、活动程序和思维方式,获得高质量的政策结果,促成政策合乎公共理性的要求,就变得至关重要。因此,科学理性成为政策过程伦理关照中不可或缺的伦理维度。

伯纳德·巴伯(Barber, B.)认为,科学的本质就是理性,科学与普遍的人类理性具有密切的联系,科学就是人试图运用理性的思考和活动来支配人们的生活世界[②]。科学在政策运作中的意义在于"在政策过程中广泛应用先进的科学思想、理论和技术,尊重事物的客观规律"。"简言之,科学作为公共政策价值取向的内涵,一方面是政策

[①] 汪家焰,赵晖.政策议程设置民主化的价值维度考量[J].内蒙古社会科学(汉文版),2019(11):11—18.
[②] 伯纳德·巴伯.科学与社会秩序[M].顾昕,等,译.北京:生活·读书·新知三联书店,1991:7.

的方法和程序符合科学的要求;另一方面是政策的结果符合客观规律。"①从当前的政策理论和实践发展的趋势来看,各国教育(课程)政策运作过程中越来越多地依托科学研究、科学调查以及由此获得的事实判断作为政策运作的合理化支持。这就意味着,政策活动要获得合乎理性(合理性)的水平,合理限制不同政策利益群体对于政策运作中政治权力的使用,"就必须使自身的活动符合科学的基本理念和要求,实现政策程序的科学化"②,并充分尊重教育(课程)变革的内在规律。

理性不仅止于科学,且不仅仅是关于事实之间因果关系的认识和判断。如果我们仅仅看待工具理性,理性的特征是理性思维和行为方式合乎事实之间的因果关系,合乎客观规律,合乎逻辑规则③。合理性的思维和行为方式就是遵循事物之间的因果关系、遵循客观规律和逻辑规则的一种实现既定目标的行为方式。然而,理性是以人的主体性为表现的"人之为人、人高于其他动物的内在规定性"④,是人之为人的重要特征,是一个能够独立思考、判断并由此决定自己的生活和社会生活的人所特有的德性,也是人进行现实事物批判和实践的价值支援与标准。一般而言,我们会将理性看作一种认识能力乃至为某一目的服务的手段,从而忽视其作为一种和谐的生活方式的可能,而丢掉理性之于人的自觉意识、独立能力和责任伦理的精神内核。理性的真正意义在于帮助个体养成具备独立使用自己的内心和精神的,敢于思考、敢于发现、敢于批判和认知的独立的人格力量。这就意味着,政策活动要获得合乎理性的运作,不仅仅是指政策活动过程符合科学化的流程与理念要求,以事实和证据作为政策决策与实施的依据,即通过科学的方法与流程来保证政策活动及其结果具有严密性并符合客观规律。我们更要强调价值论意义上的理性对于政策过程的意义,合乎理性的政策决策与实施应是对政策活动过程持续的批判与重塑,从而不断获得新的意义建构的过程。正如康德所说的,"唯一能使这个世界获得意义的,并不是人的认识能力,而是人的实践能力……知识只是理性的基本目的,道德才是理性的最高目的"⑤。简单地说,我们不仅仅在思维和行为方式上遵循理性的原则,更是要在意识化的最高层次上实现理性的批判与反思,到达这一阶段,人们可以对问题有深刻的理解、自信心、接受能力以及反对逃避责任,并能"感

---

① 陈洪连.公共政策的伦理维度——以价值为中心的分析[D].上海:华东师范大学,2007:94.
② 刘复兴.教育政策的价值分析[M].北京:教育科学出版社,2003:139.
③ 同上,第138页.
④ 张志伟,欧阳谦.西方哲学智慧[M].北京:中国人民大学出版社,2000:89.
⑤ 韩秋红,庞立生.理性批判与人的启蒙——重读康德哲学的当代意义[J].辽宁大学学报(哲学社会科学版),2004(11):72—76.

到他们能够改变周围的环境,并且把周围的环境与社会上更大的权力背景联系起来"①。从推进政策过程伦理的角度而言,就意味着政策利益主体通过理性自觉超越政策过程本身的科学合理的形式要求,进一步反思政策过程更广泛的社会伦理意义与文化责任。

三、政策的主体伦理维度:客观责任与主观责任

"政策主体可以一般地界定为直接或间接地参与政策制定、执行、评估和监控的个人、团体或组织。"②政策主体是政策运作中的关键要素,政策反映了不同政策主体间的价值偏好和利益博弈;政策主体也是具有主观能动性的政策参与者,政策主体的价值取向也会影响政策运作的质量。政策主体的来源是多元的,既有来自于政治体制内行使公共权力的参与者,包括国家机构、执政党、政治家和官员;也有政治体制外不直接行使公共权力的政策过程的参与者,包括利益集团、公众、大众传媒以及智库组织等。除了一般意义上的公共政策的主体,在具体的政策领域,尤其是在教育和更为微观的课程领域,参与课程政策过程的除了各级各类教育行政机关及其官员、教研组织及其成员、专业研究机构及其人员,还会涉及分布在广泛多元的学校组织情境中的学科与非学科的教师及其员工、各级各类学校的学生和家长等同政策利益直接相关的政策主体。一方面,政策活动主体会基于自身的诉求对政策提出不同的要求;另一方面,政策主体会基于不同的价值标准或道德倾向参与政策活动,反映个体或群体的主观倾向性③。显而易见,政策主体的责任意识、职业操守和道德水平,不仅会直接影响不同政策主体参与政策过程的活动及其结果,还决定着政策实践实际的伦理水平。因此,从政策的主体伦理来考察政策伦理,自然而然地成为一个重要维度。

当我们讨论政策的主体伦理时,需要明确的是,这里的主体伦理仍然是从处理个人与他人及社会关系的公德的角度来讨论政策主体的伦理,而非从私人的行为规范和道德品质的层面讨论政策主体的伦理。虽然,个人的道德水准和品质会或多或少地影响他在履行特定的政策主体责任与行使政策主体权力过程中的伦理表现,它也是政策主体在参与政策活动过程中的伦理底色,但是,由于个人道德品质与价值偏好的隐秘性和私人性,我们很难将其作为确立政策伦理一般维度的考察向度。因此,这里关于

---

① 黄志成,赵珩,杨丽华,王海燕.保罗·弗莱雷的解放教育理论——弗莱雷教育理论与实践研究之三[J].全球教育展望,1997(05):43—50.
② 陈振明.政策科学[M].北京:中国人民大学出版社,1998:107.
③ 王宁.教育政策:主体性价值分析理论与应用[M].北京:中国社会科学出版社,2015:101—102.

政策主体伦理的讨论,将其定义在角色伦理或职业伦理的角度展开讨论,目的是强调"具有较强专业精神的集体意识",而非"涉及私人选择或个人满足的简单问题"①。

角色是人在认识和参与社会发展中的身份象征与责任定位。现代社会公民角色及其关联形成的有机整体构成了社会角色伦理。② 职业伦理是把从业者视为按照职业来加以区分的特定的社会角色,并在此基础上对其权利和义务做出规定,职业伦理其实就是角色伦理。③ 对于政策主体而言,不同的政策主体在政策运作过程中都扮演不同的社会角色,承担相应的岗位职责,如推动政策开发、制定与实施的教育行政人员;参与政策决策、开发、实施与评价的政策研究者,如政策分析者、教育专家及各级教研人员;实际推动政策落地的政策实施者,如教师和学生;以及其他间接影响政策过程的政策参与者,如媒体从业者、家长或一般公众等。在政策运作过程中,有些政策主体还会承担多重角色,比如既是政策职能部门的政策制定者也是家长、既是参与政策制定的专业研究人员也是政策的实施者教师。由于承担相应的社会角色或职业角色,就有固定的任务,也因此承担同其社会角色或职业相称的角色伦理或职业伦理规范。比如,我国《中华人民共和国公务员法》对公职人员提出了"信念坚定、为民服务、勤政务实、敢于担当、清正廉洁"的伦理规范的要求④;而针对教师的职业伦理也有非常丰富的讨论,一些核心的伦理原则如"诚实、勇气、关怀和公平等实践智慧"⑤是教师职业伦理中共识性或核心性的原则。在具体的政策运作中,不同来源的政策主体如何既回应自己所在的社会角色或职业的伦理要求,又在公共政策参与的过程中服务于公共利益最大限度的实现而遵循特定的伦理原则,这就是考察政策主体伦理需要思考的关键问题。在这个意义上,我们并不是去建立一套面向多元政策主体的统一的规则来简单地决定政策主体的伦理标准,而是思考作为政策参与主体的不同个人或组织在政策实践过程中所应关注的责任伦理精神,从客观责任和主观责任两个方面展开论述。

(一)客观责任

《现代汉语词典》中"责任"的基本内涵有两个方面:分内应做的事和没有做好分内

---

① 伊丽莎白·坎普贝尔.伦理型教师[M].王凯,杜芳芳,译.上海:华东师范大学出版社,2011:17.
② 赵英臣.角色伦理视角下公民社会责任意识培育研究[J].思想教育研究.2020(09):122—127.
③ 刘子成,娄淑华.职业伦理的三重哲学根基——以"分工"概念为分析视角[J].社会科学战线,2021(05):247—251.
④ 周鸿雁.新时代公务员行政伦理的意涵、构成向度及建设路径[J].湖北大学学报(哲学社会科学版),2021(02):67—74.
⑤ 祝刚.西方教师伦理研究:回溯与评论[J].外国教育研究,2019(02):69—88.

应做的事,因而应当承担过失。①《剑桥哲学词典》中对"责任"(Responsibility)的定义是,"责任是一个将行为人与某种行为,以及该行为所导致的相应后果之间关联的条件"②。从国内外对于责任的定义来看,责任既包含了做事或任务,也包含了在做事的过程中负有积极的助长义务以及没能履行义务所应承担的后果与惩罚。"伦理之产生根源于责任自觉,伦理之发展受动于责任规律,责任贯穿于伦理演进并成为各种伦理形态的本质要素。"③马克斯·韦伯(Webber, M.)提出"责任伦理",是指"当事人对自己行动(可预见)的后果负有责任"④。根据特里·L.库珀(Cooper, T.L.)指出的客观责任的概念,客观责任在具体形式上主要包括职责和应尽的义务两个方面,即所有的客观责任都包括对某人或某集体负责,也包括对某一任务、人员管理和实现某一目标负责,前者是职责,后者则是义务。⑤ 换言之,客观责任就是包括对他人的职责以及特定标准或特定执行范围所要求的相应义务。客观责任是一种基于角色的责任,是一种客观的基于具体职位或角色产生的职责与义务,职责和义务是外在于个体自身而存在于客观世界的。从职责上而言,在一般的政策运作中,不同的政策主体都要向自己的上级同时也要为自己下属的行为负责,还要对政策制定者以及公众负责。从义务上而言,义务主要是对事的责任而非对人的责任,无论其身处什么职位,共同对于政策开发或实践落地的具体任务负有责任,要从公共政策服务的角度为公众的公共利益与福利负责,意识到自己的职责是同广泛的政策服务于公共利益的实现的义务紧密结合的,是超越其具体职位所指向的实际工作的利益的。在这个意义上,一方面,我们可以从实际工作的角度来解释主体的行为,比如工作的数量、收益、效果等具体指标的角度来解释行为的正当性;另一方面,也可以从伦理角度来解释相应的行为,如实际的工作是如何依据公正、尊重、共享、理性等伦理价值或原则来行事的。实际工作的角度必须能够在伦理基础上得到合理的解释,才构成责任的完整意义,责任的完整意义既包含在实际工作责任之中,更包含在伦理责任之中。

这就意味着,当我们考虑政策主体的责任伦理时,一方面,固然要关注其作为政策主体的身份所承担的角色的职责,也就是作为政策主体特定的角色和地位所承担的责

---

① 现代汉语词典[M].北京:商务印书馆,1989:1444.
② 沈顺福.论责任伦理的基础[J].齐鲁学刊,2019(05):18—26.
③ 赵英臣.角色伦理视角下公民社会责任意识培育研究[J].思想教育研究,2020(09):122—127.
④ 马克斯·韦伯.学术与政治[M].钱永祥,等,译.上海:上海三联书店,2019:273.
⑤ 特里·L.库珀.行政伦理学:实现行政责任的途径(第五版)[M].张秀琴,译.北京:中国人民大学出版社,2010:74.

任,这是由社会结构和组织结构所决定的。比如,一名教育专业研究人员或资深教师以参与政策审议的方式承担起其在具体的政策运作中的政策主体职责,其实际的工作就是需要完成政策文本审读、提供建议与意见,这是其作为政策主体参与政策过程的外部客观的责任,也可以称之为角色责任。另一方面,则是要关注政策主体在承担这一职责,履行相关义务过程中的伦理责任,也就是作为政策主体既要履行其作为一名普通社会成员所应承担的社会伦理义务,更要在开展政策活动时,遵循公正、诚实、理性、正直、守信等职业伦理或道德品质。同样是参与政策审议,这里要考察的就不仅仅是实际的政策审议任务完成的数量和质量的问题,而是要看政策主体在参与政策审议过程中的伦理责任,是否基于清晰的见解、公平的立场、理性的思考、理智的批判、合理的表达、合法的行动、主动的参与等规范或原则来参与政策审议。总而言之,从政策主体具体的职责与任务而言,角色责任是一种强制性的外部责任,政策主体"不能越权而为,也不能有权不为"[1];从政策主体的伦理责任而言,伦理责任则是约束政策主体基于特定职位开展实际工作的伦理规范,要"自觉、主动、尽心服务于人民"[2],"这一态度是建立在理性和仁慈的基础之上的",是能够"避免从个人利益出发的短期行为并应对当前所面临的种种压力"的一种思维模式[3]。

(二) 主观责任

政策主体作为具备主观能动性的个体,其行为受到多种因素的影响,包括政策制定环境、社会文化氛围、政策制定结构、程序等外在因素,同时又包括自身的价值观念和责任意识等内在伦理因素,而内在因素发挥导向作用。"责任是行动主体对在特定社会关系中社会任务的自由确认和自觉服务"[4],这就意味着,从政策主体的伦理维度而言,政策主体的主观责任或自主性是至关重要的伦理建构。因为推动我们行动的不仅仅是外部的要求,也需要内部力量带来的自由裁量和处理现实冲突时的智慧。

库珀就强调主观责任是"基于一种信仰、价值和癖好组成的内在驱动来指导我们如何去做"[5]的内在的意识,即政策主体有意识地培养自己的内部控制资源,如价值

---

[1] 刘世清.教育政策伦理[M].上海:上海教育出版社,2010:141.
[2] 同上.
[3] 特里·L·库珀.行政伦理学:实现行政责任的途径(第五版)[M].张秀琴,译.北京:中国人民大学出版社,2010:84.
[4] 程东峰.责任论[M].北京:中国林业出版社,1994:14.
[5] 陈振明.政策科学——公共政策分析导论(第2版)[M].北京:中国人民大学出版社,2003:591.

观、信仰等,逐步形成的"对某人负责和为某事负责的情感和信仰"①,这种伦理的自主性是能够在外部资源无法解决冲突性、矛盾性和竞争性的责任时,凸显其重要性的伦理机制。主观的责任可以来源于并反映我们特定职业的道德准则,但又不仅仅只是外在的职业道德要求,"而是信仰、价值观和被理解成禀性的个性特征等这样的一些内部力量"②,随着时间和经验的积累而不断转化为内心的信念系统。

  对于政策主体而言,主观责任也有两个很重要的方面,不可或缺。一是主观责任或者伦理的自主性是主体在自身的实践经验和所在职业角色的社会化基础上所形成的信念系统,形成了我们对人对事,以及如何做事的信念,也赋予了主体的责任意识与道德原则,是我们内心的禀性。比如,一位资深学科教师参与政策审议,讨论课程政策中各科课程的学分配置与课程结构的安排问题,是站在维护学科发展的团体利益的立场上去形成政策建议与行动,还是站在更广泛的学习者学科基础建构的合理性和更有价值的学习平衡的立场上做出政策决定,都取决于政策主体的主观责任。因此,在面对政策过程中具体的棘手问题时,政策主体就有了发挥其伦理自主性的自由裁量权。这时候仅靠外部的客观责任及其要求很难完全驱动伦理性的行动,那些真正内化于政策主体的道德规范与价值信念才至关重要。也因此,政策主体要不断反观自己的主体责任和既有的价值信念,真正开展负责任的政策行动。二是光有基于政策主体内在价值所形成的信念系统还不行,主观责任要发挥自主性的功能,还需要主体的伦理准则与其履行责任之间达成一致,主观责任的履行就是内部因素与外部要求联系起来而又不丧失各自完整性的过程③。比如,当来自不同背景的政策制定主体在政策制定过程中由于相左的观点无法达成一致与合作时,作为协调政策制定过程的政府工作人员,从主观责任的内在信念上,你感觉有责任在不同政策主体之间建立团队精神和效率意识,但光有信念还不足够,要开展负有责任的行动,就需要将这种信念同推进合作与工作效率的客观的工作机制与策略联系起来,也就是将主体的主观责任同外部义务建立一致性。这也是斯里瓦斯特瓦和库珀里德所说的正直性,将行为与信仰建立一致的关系,"正直所包含的完整性","不仅仅是一种性格特征","而是'对这个世界深奥复杂的

---

① 特里·L·库珀.行政伦理学:实现行政责任的途径(第五版)[M].张秀琴,译.北京:中国人民大学出版社,2010:85.
② 同上.
③ 同上,第89—90页.

体验过程,它和理性分析能力一样包括道德判断、创造性和直觉能力'"①,是一种比外部的客观责任所带来的信任感更重要的力量。也正是在这个意义上,主观责任是"保持行政过程连续性,并把可能的不道德的行为转变为连续的伦理行为"的重要手段②。

四、政策的伦理环境维度:多层次性与动态性

任何政策都是"在一定的社会环境中产生和运行的,是政策环境的产物"③。环境不仅仅是"各种自然因素的总和","还包括各种观念、制度、关系等社会性的非物质因素"。伦理环境,就是"围绕某一特定的中心物存在的,并对该中心物存在产生影响的伦理观念、伦理制度、伦理关系等因素的总和"④。如果说一个社会的制度是可以用来解释人类社会出现的各种相对稳定的行为模式和组织结构的框架,其中由国家政府规定的正式约束和实施机制,如按一定程序办事的规程或行动准则以及具体的政策、法规或组织规则,都属于正式的制度,能够为政策的运作提供合法性基础和强制性的规则,是显性的伦理环境。那么也有非正式的制度所形成的隐性的伦理环境,就是在人们长期交往中形成的行为准则,是自发形成的,受一定价值信念、风俗习惯、伦理规范、意识形态等因素的引导与规范,风俗、关系、伦理与信念等构成了非正式制度的核心。"正式约束只有在与非正式约束相容的前提下,才能发挥作用"⑤。这就意味着,一个政策的良好运行,一定程度上取决于其是否能够同社会中主流的伦理观念、意识与关系相吻合。这也是我们通俗意义上所说的"公序良俗","公序"强调的是公共的秩序与行事的规则,是正式的约束;而"良俗"则是社会共识的价值信念、伦理规范、道德观念、风俗习性、意识形态等因素,是社会中的人们对特定中心物所形成的善恶美丑、公平正义的一种评价,两者相互配合,缺一不可。它们共同构成了政策运作中重要的伦理基础。举例来说,在中国"减负之路"可谓道阻且长,早在 1955 年,我国教育部就发布过《关于减轻中小学生过重负担的指示》的减负政策,经过 60 多年的探索,2021 年 7 月中共中央办公厅、国务院办公厅印发了《关于进一步减轻义务教育阶段学生作业负担和校外培训负担的意见》,即我们所熟知的"双减"政策(减轻义务教育阶段学生作业负

---

① 特里·L·库珀.行政伦理学:实现行政责任的途径(第五版)[M].张秀琴,译.北京:中国人民大学出版社,2010:89.
② 同上,第 90 页。
③ 许淑萍.公共政策伦理[M].北京:社会科学文献出版社,2018:109.
④ 向俊杰.论公共政策伦理环境的本质与特征[J].哈尔滨市委党校学报,2015(02):70—74.
⑤ 同上.

担、减轻校外培训负担),教育部党组将其作为"一号工程"。从约束性制度的角度而言,减负的政策旨在解决以学生学业负担过重为表现的整个社会过度竞争和唯分数论的社会惯习与思维所带来的社会问题,这固然是非常重要的;但是"双减"政策是否能获得大众的认可和支持并有效地推进,很大程度上还受到整个社会主流的伦理观念与意识所形成的政策环境与文化影响,即公众是否从根本上认可并支持教育要实现良性竞争、回归儿童发展的真实需要的文化认知,为政策的良好运行建构合宜的伦理环境。不仅有显性和隐性的政策伦理环境,政策的伦理环境也是多层次的,"主要体现在影响范围的层次性和伦理的层次性",影响范围的层次性包括"社会伦理环境、政府伦理环境、组织伦理环境和个体伦理环境,影响范围越大的伦理环境越宏观";从伦理层次性来看,"在公共政策的伦理环境系统中,处于最高层次的是公共政策的伦理理想,中间是伦理制度,其下是伦理规则,最下层的是操作性的伦理要求","层次越高的伦理环境越抽象,层次越低的公共政策伦理环境越具体"[①]。

不仅如此,伦理环境都具有历史的动态性,"伦理道德随着一定的社会经济关系变化而变化,具有历史的变动性"[②]。因此,在考察政策伦理的环境维度时,既要考察政策伦理中相对稳定的成分,也需要建立一定的动态意识。一方面,由于伦理环境"构成了公共政策运行潜在的约束性规则"[③],伦理环境不仅仅提供了政策运作的一种外部环境,它也构成了一种前提条件。特定政策的运作需要考察同其所处的多元的不同层次的政策伦理环境的相容性,政策同其伦理环境的相互匹配会很大程度上支持政策的合法性与有效性,并构成制约政策运作的外部条件。另一方面,伦理环境并非是一种被动的存在,需要意识到伦理环境是能够不断建构与发展的一种动态变更的系统,政策运作的过程不仅是被动适应或回应现有伦理环境中的伦理规范与原则的过程,还是基于时代发展的需要,不断创造新的政策伦理环境,真正冲破惯性思维和行为方式,促成整个社会伦理观念与规范的更新与发展。

如图2-1所示,我们从四个维度对政策伦理的一般向度进行了分析。正如艾德勒(Adler, L.)所说的,"自由、平等与正义是指导人们行动的'大观念'","在现代社会,这些观念与作为共同生活形式的民主,已经成为人们珍视和追逐的重要理想或核

---

① 许淑萍.公共政策伦理[M].北京:社会科学文献出版社,2018:116—117.
② 同上,第114页。
③ 向俊杰.论公共政策伦理环境的本质与特征[J].哈尔滨市委党校学报,2015(02):70—74.

心价值"①。因此,本节从政策的实质伦理、过程伦理、主体伦理和伦理环境等不同维度提出的一些关键伦理要点或特征,是在一般政策运作过程中指引我们行动的根本的伦理观念。在具体政策运作的历史情境和社会情境中,相应的伦理原则与范畴是不断发展变化的,"一些反映人类发展规律的新的伦理标准会逐渐被人们认同、接受,同时也会摒弃一些违背社会发展规律和人性需求的伦理标准"②。现有的框架为我们探讨政策伦理的一般维度提供了重要的理论基础,也是进一步深化课程政策伦理框架的前提。

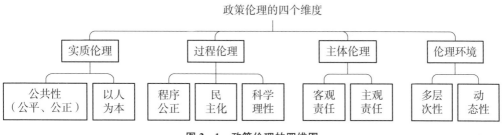

图 2-1 政策伦理的四维图

第二节 课程政策伦理分析的特殊向度:基于要素的思考

　　课程政策从根本上要决定的是学校为什么而教、应该教什么、怎么教,以及最终要达成什么样的学习结果等一系列问题。这些问题虽然可以通过结构化的基于目标和结果所呈现的课程方案、指南和标准等官方文件的形式表征出来,但是所涉及的判断及其实践过程都是需要作出大量的伦理抉择的活动。然而,笼统地说课程政策所决定的一系列问题都具有伦理深意,并不能构成我们对于课程政策伦理维度的具体理解。那么课程政策究竟在什么意义上或以什么样的方式与伦理关联,我们可以从课程政策所涉及的不同课程要素的角度来加以说明。借用米亚拉雷(Mialaret, G.)对教育的多元定义,他说实际使用中的教育有四种含义,"一是作为制度的教育,如学校教育;二是作为行动的教育,如教育即'社会化';三是作为内容的教育,如人文教育、艺术教育等;四是作为结果的教育,如'受过教育的人'"③。同样地,借用到对课程政策的理解上,

---

① 程亮.教育的道德基础——教育伦理学引论[M].福州:福建教育出版社,2016:165.
② 许淑萍.公共政策伦理评价的意蕴、标准及其维度[J].学习与探索,2017(04):57—63,174—175.
③ 米亚拉雷."教育"一词的多种含义[M]//瞿葆奎.教育学文集·教育与教育学.北京:人民教育出版社,1993:66—70.

同时结合课程建构的四大要素——目标、内容、实施与评价,可以将实际使用中的课程政策理解为:作为目标的课程政策、作为内容的课程政策、作为实践的课程政策、作为制度的课程政策以及作为结果的课程政策。具体来看,课程政策所关联的课程的不同维度也都展现出内在的伦理意蕴。

一、作为目标的课程政策伦理

从作为目标的课程政策来看,相比于具体的学段、学年、单元和课时课程目标,课程政策层面的目标是一种相对宏观的课程宗旨及其共同标准的阐述,决定的是把"受教育者培养成什么样的社会角色和具有什么样的素质的根本问题"[1],规定的是"一定教育阶段的学校课程力图最终达到的标准"[2]。不同的教育价值观对课程目标的定位截然不同。从教育哲学的教育目的观来看,四种公认的教育哲学——永恒主义、要素主义、进步主义和改造主义所指向的课程价值取向都各不相同:永恒主义的教育观强调学习永恒真理的重要性,依赖过去、重视传统,以学习经典的智慧成果和以人的理性获得为根本;要素主义则以学习人类知识的基本要素,以"文化的共同要素"作为课程核心,强调个人智力的发展;进步主义则主张把社会和儿童相关的问题放在教育的中心,关注学习者的生活经验、问题解决和现实的适应力;改造主义则以改良和重构社会为主旨,主张辨认和改善社会问题所需要的技能和课程[3]。不同的学者也提出课程实践的不同价值取向,如米勒(Miler, J. P.)把课程价值取向分为行为取向、学科取向、社会取向、发展取向、认知过程取向、人本主义取向和超个人取向;普瑞特(Print, M.)则分为学术理性主义取向、认知过程取向、人本主义取向、社会重建主义取向和技术学取向等五种课程价值取向;靳玉乐提出伦理政治的课程价值取向、适应社会生活、强调个人发展和全人发展等五种课程价值取向[4]。由于分类的视角不同,关于课程对个体和社会发展的意义,以及课程对个体和社会的一定需要满足的立场不同,关于课程目标的定位及其效用的理解就各不相同。

但无论我们采用什么样的视角来定位课程的目标,无外乎在学生个体的身心发展、社会生活的现实需要、人类知识和文化的传承与创造这三个维度之间进行有机的

---

[1] 顾明远.教育大辞典[M].上海:上海教育出版社,1998:765.
[2] 廖哲勋.课程学[M].武汉:华中师范大学出版社,1991:84.
[3] 艾伦·C.奥恩斯坦,弗朗西斯·P.亨金斯.课程:基础、原理和问题[M].王爱松,译.南京:江苏教育出版社,2013:33—50.
[4] 李森,陈晓端.课程与教学论[M].北京:北京师范大学出版社,2015:65—66.

整合与平衡。这也是课程目标在价值选择上的三个基本维度:学生、学科(知识)和社会。课程目标在这三个取向上的不同偏好与平衡,决定了具体的课程政策在目标指向上的差异。基于此,课程理论与实践的领域也发展了学习者中心模式、知识中心模式和社会中心模式三种典型的课程实践范式①,具有各自的价值倾向性。然而,现实的情况是,随着课程实践的发展,我们也很难看到遵循某种单一模式而发展的理想化或纯粹的课程,更多的课程实践是对三个维度的有机整合和平衡。但无论课程目标取道什么样的路径,国家层面的课程政策的目标选择都要具有基本的正当性的原则。也就是说,抛开三个维度的课程目标的来源不谈,课程政策的目标选择也要具备基本的伦理标准,即无论是知识中心、学习者中心还是社会中心,有两个关键的课程目标判断的伦理准则:一是是否能够回应并达成国家与社会的整体利益,即与国家和社会的整体利益与政策目标的一致和协调;二是"有没有限制学生的基本权利和自由,有没有妨碍学生的多样化发展"②,即是否能够包容并面向所有学习者及其发展的整体性要求。在这个意义上,面向国家的整体利益和指向学习者的发展需求,是课程的存在、作用及其变化的根本要求,在不同的社会历史时期,课程对个体和社会的需要及其发展的适应会产生具体的转化,但无论课程目标具体化到哪个层面,这两个标准都是基本的伦理准则。

二、作为内容的课程政策伦理

从作为内容的课程政策而言,课程政策总会回答课程内容选择与组织的问题。从19世纪中叶英国的教育学家赫伯特·斯宾塞提出"什么知识最有价值"的问题,并给出了"其一致性的答案就是科学知识"的答案之后③,这个问题成为伴随教育哲学和课程发展的根本思考,不同的流派选择他们认为更具有价值的知识进入学校课程,成为课程知识选择的核心问题。从现存人类最古老的哲学之一的唯心论或理念论(Idealism)开始,其对于知识价值的理解就已经分化。理念论者认为,"没有任何一种配称为知识的东西是从感官得来的,唯一真实的知识必须是关于观念的","观念(Idea)是唯一真实的存在"④。正因为如此,理念论者偏爱种种观念和概念相互关联的

---

① 亚瑟·K. 埃利斯. 课程理论及其实践范例[M]. 张文军,译. 北京:教育科学出版社,2005:3.
② 程亮. 教育的道德基础——教育伦理学引论[M]. 福州:福建教育出版社,2016:145.
③ 赫伯特·斯宾塞. 教育论:智育、德育和体育[M]. 王占魁,译. 北京:中国轻工业出版社,2016:57.
④ Howard A. Ozmon, Samuel M. Craver. 教育的哲学基础(第7版)[M]. 石中英,邓敏娜,等,译. 北京:中国轻工业出版社,2006:13.

课程知识。经验主义或实在论者(Realism)则认为真理是在现实世界中发现的,人类可以通过自己的感觉和理性来了解世界。虽然实在论认为感官接触到的世界是认识的起源,但是实在论也推崇理性认识,认为理性认识比感性认识要高贵得多,是"为什么的一般概念的"知识,感性认识是一个"卑贱的仆从的"知识①。19世纪末20世纪初,实用主义(Pragmatism)的哲学观反对任何形式的形而上学,认为理念论和实在论的根本错误就是把主体与认知对象分割开来。实用主义以经验为中心的哲学观逐步形成了一种新的知识观,这种经验主义的认识论反映在学校课程上,就体现为杜威所说的,"已经归了类的各门科目,是许多年代的科学的产物,而不是儿童经验的产物"②,主张课程要与儿童的经验结合起来,在"做中学"。二战后流行起来的存在主义(Existentialism)则坚持认为,世界上并不存在适用于所有人的原则或真理。唯一的客观现实是,所有人类到这个世界都面临着一个关键的任务——怀着一种伴随着死亡而最终结束的理解力去感知超越我们自身生活的意义。存在主义认为个人选择的自由至高无上,是我们自己的选择,造就了我们的自我本质和自我认同。因此,存在主义者倡导学生应当自由地选择如何学和学什么,为学生提供实现他们个人存在意义的机会,谨防把他人的观点强加于学生个体的课程计划。在这个意义上,"最重要的知识是有关人类处境的知识,教育应当培养选择意识及其意义",而不是"强加集体规则、权威和既定秩序"③。之后,后现代主义思潮(Postmodernism)反对一切单一文化传统或思维方式可以作为元叙事,不认为存在能够统领一切的哲学观点的信条,对整个人文社会科学和自然科学产生了强劲的影响。在后现代的课程知识观中,我们面对的不是已经固定在那儿等待发现的实在的知识,"而是互动的、对话的知识"④,是在基于开放、对话、体验和自组织的过程中生成与创造的知识。正因为知识开始打破其确定性、普遍性、中立性和唯一性的神话,学校课程更多地强调目标的非预设性、内容的开放性、意义的生成与对话性和人际关系的互动性、文化与情境的关联性。新世纪以来,课程知识的价值选择也开始突破知识本身的分类及其界限的思考,而从"从知识本身的特

---

① 施良方. 课程理论——课程的基础、原理与问题[M]. 北京:教育科学出版社,1996:61.
② 约翰·杜威. 学校与社会·明日之学校[M]. 赵祥麟,等,译. 北京:人民教育出版社,1994:116—117.
③ 艾伦·C. 奥恩斯坦,弗朗西斯·P. 亨金斯. 课程:基础、原理和问题(第5版)[M]. 王爱松,译. 南京:江苏教育出版社,2013:31—32.
④ 小威廉·E. 多尔. 后现代课程观[M]. 王红宇,译. 北京:教育科学出版社,2015:132.

性以及知识可以达成什么目的"①的角度来展开。以麦克·杨为代表的教育社会学者重新思考知识与社会公正的关系,指出"知识并非是等值的,知识之间存在一定的区分度"②,课程知识要为学习者提供"强有力的知识"(Powerful Knowledge),即那些能"把所有的年轻人带到人们所能了解的关于世界如何运作的更好的知识中去"③,那些能够促使学生有能力获取突破阶层壁垒的教育机会和社会发展机会选择的知识。在其看来,"课程应被视为我们平等地拥有最好的知识的保证,或者至少是一种获得平等知识的阶段性的方法"④。

前文在探讨课程政策的伦理本质时也提到,课程内容的知识选择,除了要回答"什么知识最有价值",还要回答"谁的知识最有价值"的质问。无论是早期功能主义强调课程作为维护社会结构、保持社会平衡的手段;还是冲突论学派一反功能主义的维稳属性,"以社会冲突为基本线索来考察教育现象"⑤,提出学校教育发展的动力主要来自不同身份集团之间的冲突,以通过不同社会群体的权力斗争来寻求对社会的控制;以及之后发展起来的"社会再生产理论""文化再生产理论"和"抵制理论"等经典论述,批判性地揭示了学校教育及其课程是如何再生产社会结构、阶层关系及其文化资本的过程,将学校及其课程看作是不同阶级文化之间争夺的场所;包括20世纪70年代以后解释论学派的新教育社会学家强调从微观的视角对学校教育过程中"教育内容的选择、确定与组织的过程"中所体现出的教育知识的成层以及不同阶层社会语言代码分化的讨论,强调课程知识的选择是教育知识传递过程中被创构出来的、生成的社会现象,体现了知识与课程的社会决定性,以及权力在课程知识筛选中的作用及其控制。这一路径的反思赋予了课程知识的生产、传播、建构与评价的过程更为复杂的属性,既要关照知识本体的意义,也要关注社会关系、权力互动与政治伦理,希望唤起人们对课程知识的批判性理解,从而激发改造的政治性行动,强调课程知识的社会建构本质。

基于以上的分析可以发现,作为内容的课程政策所关联的知识的价值选择并非是

---

① Robert, M. Powerful Knowledge and Geographical Education [J]. *Curriculum Journal*, 2014, 25(02): 187-209.
② 张维忠,任燕巧,褚小婧. 麦克·杨"强有力的知识"及其对我国综合实践活动课程改革的启示[J]. 浙江师范大学学报(社会科学版), 2018(03): 95—99.
③ 杨加玲. 麦克·杨"强有力的知识"及其对课程改革的启示[J]. 教育理论与实践, 2018(32): 46—47.
④ Playfair., E. (2015). What is powerful Knowledge? [DB/OL]. https://eddieplayfair.com/2015/08/19/what-is-powerful-knowledge/.
⑤ 吴康宁. 教育科学分支学科丛书·教育社会学[M]. 北京:人民教育出版社, 2014: 40.

随意的。一方面,课程知识的价值选择具有历时性,根植于课程发展历史中有关这个问题思考的不同思想的流变,受到特定国家、民族或文化的历史传统的影响;另一方面,课程知识的价值选择很大程度上受到时代社会主流价值观念和关键议题的影响,不同社会的阶段和时代的发展阶段,会有不同的主流知识选择的观念来支配。因此,阿普尔从知识伦理学和政治学的视角提出"一项知识无论对社会发展有何价值,无论在现存知识总体中处于何种地位,无论是否符合受教育者身心发展的需求,都要经过社会主导价值观的过滤,最终成为学校课程中的一部分"①。在这个意义上,课程知识选择具有不可回避的工具性价值,即要回应社会政治、经济与文化发展的需要,要体现针对特定外部条件需要所进行的适应性的判断。没有了课程知识选择的工具性价值,课程知识选择就失去了其合法化与合理性的社会基础。此外,作为内容的课程政策伦理抉择中还有一个非常重要的视角,就是要从课程的内在价值出发考虑知识的选择,即"课程中的知识、经验或活动本身的价值"——"内在的善或内在的利益",而不是获得外部的功利或利益。② 简单地说,就是从知识(学科)本身具有的内在善,其独特的育人价值和通用价值的角度来思考课程知识的选择。比如语言文字的学习不仅是习得语言文字运用的规范性知识与技能,也是学习者发展思辨能力、提升思维品质的重要途径,更是学习者获得文化理解、民族精神、国家认同与人类文明共同体意识与觉悟的重要依托,具有不可或缺的服务于学习者内在完善的功能与价值。换句话说,内在的善就是知识特有的、其他知识不可替代的独特价值,及其对于人的认知、情感、道德等方面发展的教育性意义。基于以上的讨论,究竟要怎样选择有助于达到教育目标的学习经验,需要两个重要的伦理基础:一是所选择的课程知识是否能够满足并适应社会主导的需求,即工具性价值;二是所选择的课程知识是否对于个体发展具有不可替代的内在价值,即课程知识、经验或活动所能带来的之于学习者的可持续发展的效应,是否能够帮助学习者扩展其追求有价值生活的可行能力,成为课程知识选择与建构中根本的伦理基础。

三、作为实践的课程政策伦理

无论是课程目标的实现,还是课程内容的选择,都离不开具体的课程实践与行动。在这个意义上,课程政策不可能停留于政策文本或政府的公开陈述,政策终将要通过

---

① 胡东芳.论课程政策的价值基础[J].现代教育论丛,2020(10):5—9.
② 程亮.教育的道德基础——教育伦理学引论[M].福州:福建教育出版社,2016:149.

实践来实现，政策也会伴随着政策实践的演进与发展，表现出不同的样态。具体的课程政策实践可以有不同的表现或取向。比如辛德等人就将课程实施划分为忠实取向、相互调试取向和创生取向三种，分别认为课程实施过程是忠实地执行课程方案、课程实施是课程计划与课堂实际情境或学生特点进行相互调适、改变与适应的过程，以及课程实施是师生在具体的教学情境中缔造新的教育经验的过程[1]。可见，不同的立场或取向会带来迥然相异的课程实践。不仅如此，课程政策的实践也有很多的层面，从国家政策的宏观层面到区域的政策演进，以及学校乃至具体课堂教学中的微观政策实践，构成了一个复杂多元的实践场域。里德(Reid, W. A.)曾将实践问题进行分类，并指出"课程或教学不是技术性或操作性的活动，而是一种道德的(Moral)或智慧的(Prudent)活动"[2]。在具体的课程教学中，教师持有不同的课程教学的价值观念，也会带来截然不同的实践。是强调知识授受的教学范式还是知识建构的教学范式；是偏好被动接受还是能动参与；是强调个体学习还是协同与互动的学习；是聚焦知识与技能的表层学习还是导向理解与应用的深度学习和迁移学习？很大程度上取决于课堂教学中实际开展教学实践的教师的专业判断及其经验惯习。在这个意义上，实际的课程政策实践会由于政策实践主体在价值选择上的偏好而具有很大的变动性。

抛开这些主观的价值判断与选择不谈，作为实践的课程政策，究竟应该遵循什么样的本质前提，或者说，课程政策实践的道德的正当性应立足于何种原则之上？按照麦金太尔(MacIntyre, A.)对实践进行的解析，他说实践是"任何融贯的、复杂的、通过社会建立起来的协作性的人类活动形式"，"其结果是，人们获取优秀的能力以及人们对其中所设计的目的与善的认识都得到了系统的扩展"[3]。课程教学的实践正是这样的一种实践，它是一种复杂的、需要协作和融通的活动，通过课程教学活动不仅使参与者的能力获得扩展，也使得活动本身的内在目的与善得到体现，即课程教学活动不仅是完成课程内容学习本身的价值，还承载了更广泛的育人目标和社会目标的达成。正如福柯在他的教育伦理学中所提出的，真正有价值的"教育应该关注我们是如何关心我们自己的，以便了解和改造我们自己(Transform Ourselves)"，也就是说"我们了解自己和关心自己(Care of Oneself)，是为了对话和自我改造(Self-transformation)"[4]。

---

[1] 钟启泉，汪霞，王文静. 课程与教学论[M]. 上海：华东师范大学出版社，2008：168—170.
[2] Ried, W. A. Practical Reasoning and Curriculum Theory: In Search of a New Paradigm [J]. *Curriculum Inquiry*，1979，9(3)：187-207.
[3] 阿拉斯戴尔·麦金太尔. 追寻美德：道德理论研究[M]. 宋继杰，译. 南京：译林出版社，2003：238.
[4] Moghtader, B. *Foucault and Educational Ethics* [M]. London: Palgrave Macmillan, 2016: Forward iX.

福柯"对自我的关心"不是一种自我中心或孤芳自赏,而是"有利于他人的一种伦理义务",关心"唤起人们对存在和可能存在的事物的关注;增强了现实感,但人们在它面前永远不会静止;随时准备就绪发现我们周围的一切的与众不同;摆脱熟悉的思维方式,以不同的方式看待相同的事物的决心;一种抓住正在发生和正在消失的事情的热情",①是一种随时随地的参与反省与改造的好奇心与质疑精神。"这种自我改造不是基于自我膨胀,而是为了公共服务,为了正义和智慧"②。这同迈克尔•尤金斯(Uljens, M.)所讨论的教学的悖论(Pedagogical Paradox)有其内在的契合,尤金斯说"学习必然不仅仅只是一个需要激发起反思的'某个人'的存在,还必须有一个将要成为的'某个人'的存在,也就是说,必须要有这样的一种观念,即通过教育一个人能在某种意义上成为那个他将要成为的人(Comes into Being)"③。也正如派纳所反复强调的,"课程是一种复杂的对话,通过沟通来努力达成学生与教师、个体与公共生活的相互理解","教育的经验是能够促成主体和社会重建"④。在这个意义上,作为实践的课程政策也被赋予了根本的伦理原则——课程教学的实践旨在帮助学习者审视当前的自己,并进而促成协同的对话以及持续的自我与社会的改造。简单地说,就是作为实践的课程政策要以推动学习者持续的主体重构和社会重构作为其根本的伦理皈依,回归到课程政策实践是否能促进并实现个体和社会的生命成长和发展这一根本的"教育尺度"。

四、作为制度的课程政策伦理

从作为制度的课程政策来看,讨论更多的是作为正式制度的课程政策,而不是作为社会观念、规制与期望的非正式制度。在这个意义上,课程政策本身是一种制度安排,同样的,支持课程政策运作也需要一系列的辅助性的制度。因为制度本身就是"一系列的规则、组织和规范"⑤,提供了人类相互影响的框架和基本的尺度。所以,一定时期的课程相关制度的框架、设计与安排"会对人的行为方式产生极大的制约与影

---

① Moghtader, B. *Foucault and Educational Ethics* [M]. London: Palgrave Macmillan, 2016: 99.
② Moghtader, B. *Foucault and Educational Ethics* [M]. London: Palgrave Macmillan, 2016: Forward X.
③ Uljens, M. The Idea of a Universal Theory of Education-An Impossible but Necessary Project? [J]. *Journal of the Philosophy of Education*, 2002, 36(3): 353 – 375.
④ Pinar, W. F. *The Character of Curriculum Studies: Bidung, Currere, and Recurring Questions of the Subject* [M]. London: Palgrave Macmillan, 2011: 1 – 2.
⑤ 张烨. 教育政策分析的制度伦理视角[J]. 清华大学教育研究, 2005(01): 34—39.

响"①,本身蕴含其伦理的要求,即一种制度必须具有"道义上的合理性"②,是"具有向善目的性的设计活动"③,才能对其所涉及的人的社会权利与义务进行合理的安排,并监督其在要求的活动形式或结构内开展行动。

制度伦理,"就是制度的合道德性",指的"是一定的制度赖以建立和存在的伦理基础以及制度中所蕴含的伦理追求、道德原则和价值判断"④。一方面,作为课程政策内在的制度安排可以包括课程开发制度、教材管理制度、教学管理制度和课程管理制度;另一方面,课程政策的落实还同其他相关的教育制度安排,如学制制度、资源分配制度、师资培养制度、考试制度等制度的配套与支持,密不可分。一定时期的课程政策的决策及其实践,必须依赖或受制于已有的课程制度及其相关的教育制度的基础。那么,作为制度安排的课程政策所要遵循的伦理原则是什么呢?首先,从一般制度伦理的取向来看,公正、平等、效率、民主等伦理原则都是制度伦理重要的价值追求。对课程制度而言,现代学校教育和课程制度是为了全体社会成员的发展服务的,首要的原则是制度的公正性,即通过制度"对不同主体的利益关系进行合理规范和有效调节"⑤,以公共利益为本位的伦理建构必然成为政府部门在制定与实施教育政策的过程中所要遵循的价值基础⑥。正如罗尔斯所说,"正义是社会制度的首要价值,正像真理是思想体系的首要价值一样"⑦。在这个意义上,坚持公正是社会制度的首要价值是作为制度的课程政策伦理的第一要义。其次,要意识到,作为制度的课程政策无论设计得多么合理、公正与有效,它都是具有发展性和开放性的。"一个理论,无论多么精致和简洁,只要它不真实,就必须予以拒斥或修正;同样地,各种法律和制度,无论多么有效率和条理,只要它们不正义,就必须予以改革或废除。"⑧作为制度的课程政策既是我们课程行动的基础,但伴随着时代的发展,既有的制度也可能成为制约课程变革的一种异质力量。在这个意义上,强化制度的发展性的伦理属性,即为了维护公平和保障个体与社会的实质性成长,要保持一种对于制度的开放与发展的态度,制度是

---

① 邢伟荣,唐长河. 基础教育课程改革的制度伦理探析[J]. 教育理论与实践,2009(02):16—17.
② 邢伟荣,任顺元. 新课程改革中制度伦理存在的问题与对策[J]. 教育探索,2008(10):77—78.
③ 李思然. 社会转型时期制度伦理的建设[J]. 行政论坛,2020(06):93—100.
④ 邢伟荣,任顺元. 新课程改革中制度伦理存在的问题与对策[J]. 教育探索,2008(10):77—78.
⑤ 汪杰锋,叶凤青. 教育制度伦理化:缺失与建构[J]. 天津师范大学学报(基础教育版),2018(02):19—23.
⑥ 高树仁. 论教育制度的伦理意蕴及实现逻辑[J]. 当代教育科学,2017(11):8—11.
⑦ 同上.
⑧ 同上.

可以在实践中不断优化的。课程政策是依托在现有制度的公正基础之上的,但也需要促成新的制度框架的创造或挑战固有的制度基础。举例而言,要推进核心素养视域下学习者问题解决的综合能力的提升,不仅需要课程政策本身的变化,还需要考试评价制度的校准与优化。要从传统的以考察具体知识点的掌握水平、对标特定内容的考试评价走向考察学习者活用能力和素养表现的考试评价,聚焦学习者真实性的学业成就,考查学生的价值观、必备品格、关键能力以及问题解决的综合素养。这就意味着,我们不仅要打破传统的考试评价制度的体系、结构与方法,还要革新考试评价的观念与方法;更重要的还有对教育领域和全社会弥漫的以应试为中心的功利主义、短期主义的社会认知与文化制度的颠覆。可见,除了保障公正性这一伦理原则以外,从制度实践的视角来看,强调制度的发展性是另一个不可或缺的价值向度,即制度能够"以人的发展为核心,使治理行为更加科学与合理,并实现国家治理的向善与行善追求的制度设计与制度实施的总和"①,要引导社会中的个体和社会发展是向善的合道德性的发展。这两个方面应该成为作为制度的课程政策伦理的关键价值向度。

五、作为结果的课程政策伦理

最后,从作为一种结果的课程政策来看,课程政策的运作最后会表征为一系列的结果。结果既是一系列行动与实践所产生的不断修正的过程;也是一种现实的成效,即经由课程与教学活动所达到的教育的实然目标与水平。所有的结果都要回到与课程目标的内在一致性的考察中去,因为"课程评价的重点在于发现所设计、开发和实施的课程是否正在产生或能够产生预期的结果"②,但是,对结果的关注并非仅仅是聚焦课程政策的目标是否达成,即对政策结果的有效性的考察,还要从伦理的视角来加以丰富。

一方面,考虑到课程政策的结果是由具体的课程行动与实践所产生的,就要接纳和理解课程政策目标及其结果表现之间的差异。实践不可避免地要对既定的政策目标进行创造性改造和因地制宜的调整,因此,其所带来的结果也可能是预期的和非预期目标的综合,"包容实现了的、部分实现的和没有实现的目标,期待的和不期待的影响,积极和消极的结果"③。在这个意义上,政策结果并不是一个明确的、非此即彼的判断,对结果的考察要兼具包容性和发展性。所谓的包容性指的是要对课程政策结果

---

① 李思然. 国家治理视域的制度伦理建设[J]. 理论探讨,2019(04):177—180.
② 王伟廉. 课程研究领域的探索[M]. 成都:四川教育出版社,1988:173.
③ 伯顿·克拉克. 高等教育新论——多学科的研究[M]. 王承绪,等,译. 浙江:浙江教育出版社,1988:266.

的可接受范围有一种弹性的理解,即课程政策的结果不可能是遵循忠实原则的一一对应,政策结果是对政策目标的弹性调适乃至创生,一种伦理的考察课程政策结果的思路就是打破教条主义的对标,在弹性范畴内关注政策的目标整体宗旨与利益的达成,以及在多大的弹性空间与范畴内是可接受的结果水平。所谓的发展性则是要考虑课程政策结果的可变更性,从而用更长远的眼光来看待结果。"大多数政策从其丰富的实践中发现问题开始到政策实施再到合理的政策影响评价这么一个循环圈所需的最短期限需要 10 年或更长的时间","要正确地理解关于多样化的社会经济条件的影响,以及有关某一问题的科学知识的积累,可能需要 20 至 40 年的时间"[①],如何从发展的角度看政策结果的未来可能性及其在结果效应上的时间延续性,也是一种重要的伦理立场。

另一方面,则是从结果本身的伦理属性来看,课程政策的结果最终要指向学习者的综合成长与可持续的发展,即要面向人的发展的"整体性"与"可持续性"的伦理原则,"从着重'知道什么'到着重'如何实现问题解决'转移",聚焦"人格的健全发展与学力的持续发展"[②]。具体地说,就是不要满足于得出当下的结果,而是立足于学习者发展的多元面向和长远发展的现实需求,即课程政策所达致的结果并不是仅仅为了知识内容及其结果本身,而要设计发展学习者终身学习的基础;不仅要谋求课堂中教学关系的重建,更要支持学习者走向家庭、社区和工作场所中成功的人际关系;不仅要完成眼前的课程目标与学习任务,即完成国家课程系统希望传达的规范性的价值,更要发展"可持续的参与社会乃至全球事务的个人价值和美德"[③]。

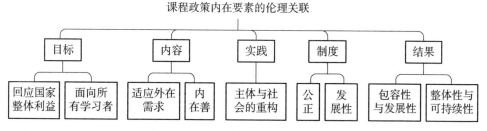

图 2-2 课程政策内在要素的伦理关联

---

① 保罗. A. 萨巴蒂尔. 政策过程理论[M]. 彭宗超,等,译. 北京:生活·读书·新知三联书店,2004:3—4.
② 钟启泉. 解码教育[M]. 上海:华东师范大学出版社,2020:15—16.
③ 查尔斯·菲德尔,玛雅·比亚利克,伯尼·特里林. 四个维度的教育:学习者迈向成功的必备素养[M]. 罗德红,译. 上海:华东师范大学出版社,2017:115.

可见,无论是从政策伦理的一般向度(四个维度)去考察课程政策的内在伦理属性,还是从课程政策作为一种实践活动的内在要素(五个视角)为基础进行结构性的伦理解析(如图 2-2 所示),课程政策的伦理导向都显而易见。政策伦理的一般向度所关注的伦理维度更具有普遍适用性和基础性,而从课程政策伦理的特殊趋向和内在要素的角度进行分析,则更具有针对性,体现了课程政策内部的伦理追求,两者之间并非彼此替代的关系,而是相互支持与补充的关系。因此,在课程政策伦理框架建构的过程中,有机地整合一般向度与特殊向度的分析,对于我们全面且深入地理解课程政策的伦理内涵,具有重要的意义。

第三节 课程政策伦理分析框架的建构:一种可能性的探索

无论从什么角度来看,课程政策的伦理属性是嵌入课程政策的历时发展过程和内在运作机制之中的,那么,我们能否建构有关课程政策的伦理分析框架,以在课程政策生产与实践的过程中来规约政策的发生发展,就成为一种现实的考虑。然而,正如我们在解析过程中所看到的,建构课程政策的伦理框架所存在的潜在问题是:一方面,不同的框架结构及其视角可能会带来不一样的伦理解释力和偏重点,如何在框架的包容性和现实的针对性之间寻找平衡,决定了我们建立分析框架的出发点;另一方面,不同社会历史时期社会约定的公共政策生活乃至更具体的课程政策的伦理原则既具有内在的一致性和连贯性,但也表现出具体的变迁性,不仅主流的社会观念会随着社会主要矛盾的变迁不断变更,主要的伦理原则在其具体含义上也不断丰富和拓展,比如关于正义、公平的伦理意蕴的理解在不同的时代与不同理论流派中都有其发展性和不确定性。在这个意义上,课程政策伦理框架能够约定的维度及其原则,更多的是一种当下的可能性与趋向性,而不是一种确定性的规范。这些思考应该成为我们在探索课程政策伦理分析的框架时,所要共同约定的起点。因此,对于伦理框架的建构,我们还需持一种更审慎的态度,即框架不是为了从理论上塑造一种理想价值体系——伦理的框架一定会带有一种理想性和趋势性,但又不能遥不可及,其更重要的价值乃是它对于社会课程政策实践及其课程关系的重构与改进,成为一种现实产生行动变革的动因。

一、从外在框架到"问题化"的思路:整合的视角

在这个方面,福柯对于教育伦理的反思值得我们借鉴。他说,"与其说伦理的取向

是要给人提供关于人们应该如何生活的答案","不如说是一种好奇心和质疑精神的倡导"①。在这个意义上,伦理并不只是人们要遵守的准则和义务的集合,"不是用以治理人口的可简化的政治、技术、经济的话语和实践"②,而是鼓励"我们对于所采取的改造(重塑)我们自身的经验和行动的反复质询"③。所以,在福柯那里,他批判的是"我们通过外在的原则、目标或标准而让我们自身陷入被统治的境地",并试图通过促成"人类作为道德主体而重建现代伦理学",作为道德的主体意味着"对于自身所实践的互动关系进行伦理的自我检视"④,即"要求人们自己对自己作为道德主体的方式进行评估",通过"从他者的约束中解放出来"而实现自我治理⑤。福柯所倡导的一种伦理方式是"问题化"的姿态,不是给出答案,而是提出伦理性的问题,"我们如何根据我们所知道的关于自己的真相来构建自己",问题化是"定义人类对自己是什么、做什么以及他们所生活的世界的处境并对其进行质问的活动"⑥,问题化的概念框架与福柯在其后期研究中经常提到的"存在的艺术"(Art of Existence)不可分割。这一短语的意思是"有意和自愿的行为,通过这些行为,男人(和女人)不仅制定自己的行为规则,而且寻求改变自己,改变自己独特的存在……"⑦,就是人们在不断问题化人类生活处境的过程中进行的自我重塑。在希腊罗马时代的哲学和精神实践中,问题化有助于自由主体根据道德规范进行自我管理。问题化的伦理目的是关注个人如何在道德规范中发挥积极作用。⑧

正是在这个意义上,结合福柯对于教育伦理的相关论述,本书在对课程政策伦理框架的建构上,探索基于两种建构思路的整合:一是常规的路径,即梳理并提炼关键的伦理维度及其相应的准则作为课程政策运作所要遵守的义务,设定关于课程政策伦理的外在伦理标准;二是取道一种"问题化"的思考方式,通过"问题化"课程政策运作中的伦理现实,从而激发课程政策主体承担主体性的角色来重塑政策伦理关系,即超越

---

① Moghtader, B. *Foucault and Educational Ethics* [M]. London: Palgrave Macmillan, 2016:96.
② Ibid., 76.
③ Moghtader, B. *Foucault and Educational Ethics* [M]. London: Palgrave Macmillan, 2016:102.
④ Ibid., 74.
⑤ Ibid., 75.
⑥ Foucault, M. *The History of Sexuality, Vol. 2: The Use of Pleasure*. Hurley, R. (Trans.)[M]. New York, NY: Pantheon Books, 1985:10. In Moghtader, B. *Foucault and Educational Ethics* London: Palgrave Macmillan, 2016:72.
⑦ Ibid.
⑧ Moghtader, B. *Foucault and Educational Ethics* [M]. London: Palgrave Macmillan, 2016:72.

外在的伦理准则而强调从政策主体自觉与反思的视角来驱动一种重塑行动的可能。也就是，在课程政策伦理框架的建构中，我们尝试探索伦理框架的可能维度及其内涵，但是更强调框架的开放性和运用框架的主体在寻求伦理实践的过程中的一种"问题化"的思路，而不是单纯被动地遵循伦理规范或准则本身，于关注推动课程政策伦理实践的过程中寻求改造与转化的可能。

二、课程政策伦理分析的立体框架：具体的维度

在整体架构上，课程政策的伦理框架主要从课程政策的实质伦理、课程政策的过程伦理、课程政策的主体伦理三个维度以及课程政策的伦理环境作为基础条件构成课程政策伦理分析的立体分析框架，以凸显课程政策伦理在实质内容的复杂性、过程的动态性和主体分布的多元性方面的特征，由此形成追踪我国课程政策话语百年变迁及其伦理表征的系统框架。与此同时，在课程政策的实质伦理这个维度，涉及课程政策的实质内容，也是课程政策最核心所要追求的和力图实现的那些价值内容，这个维度的伦理考察需要进行更细致的分解。这个维度的分析不是按照课程建构的内容性的四大要素（课程目标、内容、组织实施、评价）来进行功能性的分解——这很可能陷入对课程政策要素本身的过度迷信与关注；也不是笼而统之地将其视为一个整体——这种思路难以帮助我们细致地阐释课程政策实质伦理应该从哪些维度去质询和反思；而是从思考课程及其政策问题所必须涉及的思维路径的角度，即探讨课程及其政策问题的本质性追问的线索，借鉴派纳的"课程研究的品格"（Character of Curriculum Studies）的视角，去解构课程政策的实质伦理的维度，将其按照历史关照、当下情境、知识与经验、主体建构四个维度来加以具体划分，在这四个维度上我们并不试图给出具体的伦理原则，而是依照福柯的"问题化"的原则，对每一个本质的问题领域进行现有状况的追问，并探讨改造的可能。

（一）历史关照

研究课程问题所涉及的第一个本质问题，也是构成课程政策实质伦理的第一个维度，就是发出"历史视角"（Historical Perspective）的课程关照与提问。正如派纳曾经所强调的，"我始终对未来心怀担忧的是，不仅仅在课程领域，整个教育领域更倾向于关心'现在发生了什么'的问题，比如政府的教育决策，或是教师和学生当前所面临的问题等诸如此类的当下性的问题，我对于'当下的'（Now）问题非常感兴趣，但是我的建议是，要想对当下问题做出谨慎和有效用的回应，我们需要知道彼时、过去（Then）发生了什么。不然,我们很可能是在当下不断地重复历史,原地踏步"①。要理解一个领域,"就需要认识你所要假定参与的领域业已存在的对话"②。对于历史关照的意义,"不仅在于我们身处于构建特定情境的历史时刻之中,也意味着我们也成为一种历史的建构,比如,协调自己在历史的当下的利害关系"③。这意味着我们不仅要理解任何主体都是历史性的存在,我们所面对的问题或挑战也是从历史延续而来的,并构成了我们当下的立场。因此,历史的关照是课程政策伦理检视中首要的问题,我们要超越所沉浸的当下的状态,回归历史的复杂性。

认识到历史的重要性是认可"当下是以过去为条件的",但更重要的事不是将历史作为一种静态的事实或抽象的存在去理解,而是强调经由历史的成为(Becoming)的过程及其带来的可能性(Possibility)④。也就是说,当我们探究课程政策话语及其伦理表征的历史时,不是追求对历史的线性阐述或是对于历史事件的结论性认识,从而呈现一种确定性的解释,而是在课程政策话语历史发展的过程中持续地关注其与各种外部情境的互动过程,以及由此而塑造的观念及其表征。正如派纳提醒我们的,没有一种历史的对话是"一个集体的历史"(One Collective History)。课程政策及其实践的历史可能存在多元的话语进行对话,历史也不是"在一个隔音的屋子"中发生的,"文化变迁、政治事件甚至是制度的重组,都影响着我们对话的基础及其过程"⑤。因此,从历史关照的维度对课程政策的伦理追问就在于:一方面,考察课程政策伦理观念及其表征如何在历史的情境中形成并固定下来,且同更广泛的政治、文化与制度的变迁情境建立起关联,具有真切的历史关联性;另一方面,则是探究这些历史情境中不断建构并发展起来的伦理原则与伦理偏好是否强有力地推动了彼时彼地的政策演进及其实践,是否揭示了政策实践未来的可能性以及我们想要到达的方向,是否具有历史的预见性与发展性。

---

① 屠莉娅.课程研究的学科化与国际化:一个领域的智力突破及其可能的未来——威廉·派纳教授访谈录[J].全球教育展望,2008(12):3—13+24.
② Pinar, W. F. *Intellectual Advancement through Disciplinarity: Verticality and Horizontality in Curriculum Studies* [M]. Rotterdam: Sense Publishers, 2007: Introduction, xi.
③ Jones, T. *Becoming Historical: Cultural Reformation and Public Memory in Early Nineteenth-century Berlin*. New York: Cambridge University Press [M] In Pinar W F. The Character of Curriculum Studies: Bidung, Currere, and Recurring Questions of the Subject, Palgrave Macmillan, 2011: Preface xiv.
④ Patrick, S. *Curriculum Development in the Postmodern Era* [M]. New York: Routledge, Taylor&Francis Group, 2006:282.
⑤ Pinar, W. F. *Intellectual Advancement through Disciplinarity: Verticality and Horizontality in Curriculum Studies* [M]. Rotterdam: Sense Publisher, 2007: Introduction. xiv.

(二) 当下情境

研究课程问题所涉及的第二个本质问题,也是构成课程政策实质伦理的第二个维度,就是对"当下情境"(Present Circumstances)的现实洞察力与阐释。课程政策的当下情境关注就是对课程政策发生发展的整体的社会、政治、文化境况以及更为具体的学校以及课堂情境中的政策生态的一种描绘与理解,即当下的情境——包括课程系统内部以及外部更广泛的情境的现实及其构造——对现实的形塑。我们的现状是如何的?我们面临的挑战是什么?我们所无法解决的现实矛盾是什么?这种描绘并不意味着我们能够对课程政策的现实进行一种完全的把握,或者是形成一种具有解释力的框架或结构来合理化我们的政策伦理选择或者课程现实。这种对"当下情境"的分析不仅是为了合理化或阐释现实本身,更重要的是在分析"当下情境"的过程中形成一种洞察力,一种对现有的情况的反思与质疑的能力,以及对于非批判地接受现实的理性质询。正如麦克唐纳(Macdonald, J.)所说的,"促使我们进行选择和变化的动力并非那些外在强加的力量,而是一个帮助人们发现可能性以及帮助人们解放自身的力量——超越我们深陷其中的存在的当下状态"[①]。从这个角度而言,对于当下情境的理解既是对当下的一种解释,也是对当下的一种跳脱与反叛。

因此,从当下情境的维度对于课程政策的伦理追问就在于:一是反思当下的课程内外的情境如何成为造就现实的课程政策话语及其伦理选择的结构;二是批判并追问当下的政策话语及其伦理表征何以成立(Why)及其所真正传递的信息(What),这也是两个基本的课程问题,即为什么我们需要(Why We Want to Know),以及我们真正想要沟通或对话的实质是什么(What We Wish to Communicate)[②],从而反思当下的政策话语及其实践的意义建构的本质。举例而言,随着核心素养驱动的课程变革成为一种浪潮,各国课程政策都将信息技术能力或数字化素养的提升作为一种重要的课程主张,从政策伦理的角度来看,一方面,信息技术在教育领域的普及与推广是现实的政治、经济与文化情境变革所带来的课程新结构,它对于扩大教育资源共享、缓解数字鸿沟带来的新的社会不公以及转化传统教与学的权威性关系方面具有现实的伦理意义;

---

① Macdonald, J. B. Theory, Practice and the Hermeneutic Circle. P. 163. In Pinar, W. F. (ed.), *Contemporary Curriculum Discourses*, 101–113. Scottsdale, AZ: Gorsuch, Scarisbrick. In Patrick, S. (2006). *Curriculum Development in the Postmodern Era* [M]. New York: Routledge, Taylor&Francis Group, 1988: 293.

② Pinar, W. F. *Intellectual Advancement through Disciplinarity: Verticality and Horizontality in Curriculum Studies* [M]. Rotterdam: Sense Publishers, 2007: 9.

但另一方面,需要我们进一步反思的是——信息技术与课程整合的可能与不可能的边界在哪里,强化信息技术的本质目的究竟是经济性、政治性、文化性还是伦理性的,它是否能够支持课程重塑主体自觉和社会变革的内在追求。也就是说,从当下情境维度出发的课程政策伦理的反思:一方面是合理化政策的现实;另一方面则是打破合理化的框架追问课程政策变革的本质需求——是否是我们真正需要的,以及政策的社会建构是否在塑造一种观念陷阱或制造一种需求焦虑。

(三) 知识与经验

研究课程问题所涉及的第三个本质问题,也是构成课程政策实质伦理的第三个维度,就是从"知识与经验"(Knowledge and Experience)的角度探究课程知识的建构本质。前文我们已经多次地讨论过,课程政策实质伦理中对于知识与经验的选择是核心性的伦理判断。因此,要发展用于分析课程政策的伦理框架,对于"知识与经验"这一维度的伦理考察必不可少。使用"知识与经验"这一概念也是希望用一种广义的范畴来涵盖课程政策内容选择的丰富性,要决定的不仅仅是学科的知识,更包含广义的个体与社会的经验,关键是学习主体的参与和卷入,及其与社会的互动。

谈到知识与经验,就不得不提到杜威的经验伦理(Experiential Ethic),他对传统学习观念的挑战就在于努力将参与主体的经验融合到教育过程中去而非脱离[①],强调"教育作为个体和社会成长的过程,不能被简化为规范性的活动"[②]。举例来说,核心素养驱动下我国课程政策变革理念中尤其强调生活逻辑和学科逻辑的整合,其本质上正是希望打破传统学科知识的边界,将"由专业的学科共同体发展出来的概念系统"[③]与"儿童在成长过程中基于个人经验获得的同具体情境关联的概念与知识"[④]相互整合,在知识建构的过程中强化主体经验参与的意义。对于杜威来说,教育是"经验的不断重组或重建"的过程,这个过程并不是一个个人化的活动,而是建立在社会性以及与他人互动的基础之上的[⑤]。在杜威那里,经验并不是一个"关在自己私人的情感与感

---

① Moghtader, B. *Foucault and Educational Ethics* [M]. London: Palgrave Macmillan, 2016: 25.
② Ibid. 26.
③ Roberts, M. Powerful Knowledge and Geographical Education [J]. *Curriculum Journal*, 2014, 25(2): 187-209.
④ Vygotsky, L. *Thought and Language* [M]. Cambridge: Massachusetts Institute of Technology Press, 1962: 84.
⑤ Dewey, J. *Democracy and Education: An Introduction to Philosophy of Education* [M]. New York, NY: Dover Publications, 2004: 73. In Moghtader, B. *Foucault and Educational Ethics* [M]. London: Palgrave Macmillan, 2016: 27.

觉中的活动,而是同世界积极的和敏锐的互动"①。由此,杜威提出了经验是建立在连续性和互动性的标准之上的。所谓的连续性就是"每一个经验都从之前的经验中获取一些东西,并以某种方式修改之后所形成的经验的质量",这种经验是身体的、智力的和道德的多维度的增长;经验的第二个标准是互动性,互动强调的是将个人置于与社会世界的交互之中,从而提供经验的反思性概念。经验的连续性和互动性,以及将人的经验置于其所身处的社会情境的讨论推动了私人领域与公共领域的边界交融②。

正如派纳所说的,课程研究的本质特征就在于它同时是社会的,也是主体性的③。在这个意义上,课程政策所指向的个体发展与社会发展的理想就实现了内在的统一,也标志着没有离开公共生活的个体发展。因此,从"知识与经验"这一维度来审视课程政策的伦理选择,既需要关照主体的参与性实践,也需要聚焦主体同复杂的社会情境互动所建构的意义。一方面,课程"知识与经验"的建构,"是个体在教育情境中的自传式的、审美的、直觉的和预期的经验的发展";另一方面,课程"知识与经验"的建构,也是"个体在同知识、其他学习者、同世界以及自我建立关联过程中生成的社会文化和社会政治关系的发展"④。因此,从知识与经验的维度对于课程政策的伦理追问要聚焦两个关键问题:一是课程政策对知识与经验的建构是否能够反映个体和社会共同发展的需要,促成个体主动参与和充分的社会互动;二是课程政策对知识与经验的建构能否"不断变换视角并持续地反映关于学习与生活的新的和变革性的愿景"⑤,即强调知识与经验的建构是不断更新与发展的,探索并追求新的发展性的价值观念。

(四) 主体性重构

最后,研究课程问题所涉及的第四个本质问题,也是构成课程政策实质伦理的最后一个维度,就是从"主体性重构"(Subjectivity Reconstruction)的角度思考课程的本质追求。任何课程政策及其变革最终都要回到对主体的建构与重塑上,就是要回归人与社会的发展和再造这一根本的教育追求。课程与教学的最根本的目的在于"追求未

---

① Dewey, J. *Art as Experience* [M]. New York, NY: Perigee Books, 1980: 18. In Moghtader, B. *Foucault and Educational Ethics* [M]. London: Palgrave Macmillan, 2016: 27.
② Dewey, J. *Experience and Education* [M]. New York, NY: Collier Books, 1965: 35 - 36. In Moghtader, B. *Foucault and Educational Ethics* [M]. London: Palgrave Macmillan, 2016: 27.
③ Pinar W F. *The Character of Curriculum Studies: Bidung, Currere, and Recurring Questions of the Subject* [M]. London: Palgrave Macmillan, 2011: Preface xiv.
④ Patrick, S. *Curriculum Development in the Postmodern Era* [M]. New York: Routledge, Taylor&Francis Group, 2006: 292.
⑤ Ibid.

开发的可能性","我们的经验并不仅限于此,当我们进行自我重构的能力在社会世界显现的时候,社会世界本身,无论是多么缓慢地发生变化,总是在不断地实现重塑"①。教育的经验就通过游走在自我与社会的缝隙之间,激活我们的能力去理解我们如何深深扎根于所处的现实,而又同时试图从中解脱,又或者是矢志维护所处的现实②。无论是派纳所说的,"重构的不仅仅是我们所学的东西,更是通过社会的和主体性的方式重构我们是谁以及我们可以成为谁的思考"③——现有的情境会形成我们的假设、塑造我们的思维、推动我们的想象,我们通过分析与批判形成新的概念和实践,质疑文化、社会、政治与经济的现实,由此循环往复,不断在同世界关联的过程中实现主体性的重构;还是福柯所说的,"我们对于自身的实践的可能性同现有的价值系统、规则和禁忌联系起来","对自我的关怀就是认识自己并参与到不断变化的自己的必备条件"④;他们都强调社会和主体的重构是相互关联的。在这个意义上,课程政策最终又回到作为面向学习者个体及其社会再造的一种伦理性实践,课程政策在实践中究竟是促成了个体与社会未被发现的可能性和潜能,还是遮蔽并限制了这个不断重构并发展的过程,应该是我们在考察课程政策实质伦理中最本质的伦理思考。

如图2-3所示,我们尝试探索并建构了关于课程政策伦理分析的立体框架,从课程政策的实质伦理(历史关照、当下情境、知识与经验和主体性重构)、过程伦理、主体伦理和伦理环境几个维度提出了课程政策的伦理反思。课程政策的伦理既体现了一般公共政策的伦理向度与规范原则,也体现了发生在课程领域的政策实践的独特性。即课程政策的实践不止是政策目标或任务的完成,而是耶茨和格鲁梅特所提醒我们的,是课程主体"对于世界的参与","课程中所生成的世界总是不断地同学校教育以外的世界进行对话"⑤,从而实现个体与世界的同步重构。课程政策的实践也不是一个

---

① Greene, M. *Variations on a Blue Guitar: The Lincoln Center Institute Lectures on Aesthetic Education* [M]. New York: Teachers College Press, 2001: 50. In Pinar, W. F. *The Character of Curriculum Studies: Bidung, Currere, and Recurring Questions of the Subject* [M]. London: Palgrave Macmillan, 2011: 102.
② 威廉·派纳. 意识与课程能力:虚拟的还是具身的经验[J]. 教育发展研究, 2015(08):21—27.
③ Pinar, W. F. *The Character of Curriculum Studies: Bidung, Currere, and Recurring Questions of the Subject* [M]. London: Palgrave Macmillan, 2011: 124.
④ Moghtader, B. *Foucault and Educational Ethics* [M]. London: Palgrave Macmillan, 2016: 73.
⑤ Yates, Lyn and Grumet., M. R. eds. *Curriculum in Today's World: Configuring Knowledge, Identities, Work and Politics* [M]. London: Routledge, 2011: 239. In Pinar, W. F. *The Character of Curriculum Studies: Bidung, Currere, and Recurring Questions of the Subject* [M]. London: Palgrave Macmillan, 2011: 141.

线性的、统一的或确定性的过程，主体的经验建构的具身过程不可避免地具有未知性。也正因为如此，课程政策的实践是充满创新性和不可预期性的，是一个充满冒险和挑战的领域，我们要在其中不断地揭示和理解、反思并再造。

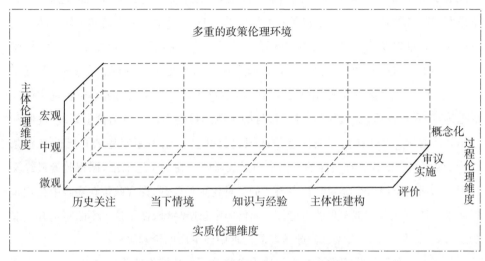

图 2-3 课程政策伦理分析的立体框架

正如派纳反复论及的，"课程是鲜活有生命的，是人们同自我、社会、历史和文化的复杂的对话"①，这种对话的过程不断地浸润于历史与当下的文化、社会与政治的情境所塑造的观念、思维与行动之中，又尝试揭示和探索新的可能的观念与想象，不断建构新的意义并重塑新的现实。如果课程政策的实践就是这样一场复杂的对话性实践，当我们不把课程政策实践仅仅理解为实践政策本身的时候，课程政策的伦理内涵就被打开了。正是在这个意义上，对于课程政策的伦理分析框架，不是将课程政策的当下和未来实践放在一个固定的框架中进行伦理审视——提出我们应该怎样的具体要求；而是从关键性的维度提出对于课程政策实践的可能性的伦理追问和期待，又或者说，希望通过这样一个开放性的框架，开启对于中国百年课程政策话语变迁的伦理性对话——让我们更多地关注在这场复杂对话中合宜并向善的伦理可能。

---

① Pinar, W. F. *The Character of Curriculum Studies: Bidung, Currere, and Recurring Questions of the Subject* [M]. London: Palgrave Macmillan, 2011: Preface xv.

第三章　民国时期课程政策话语建构及其伦理表征（1912—1948）

20世纪初,是中国试图摆脱半殖民地半封建社会而救亡图存的重要阶段,既有中华民族独立复兴的巨大挑战,也有卷入世界大潮之中的文化冲击。在这样的背景下,教育以"中学为体、西学为用"为指导思想,对学校体制进行系统改革,废除科举制度,同时学习西方近代资产阶级国家的学制。先是于1902年,由时任管学大臣的晚清重臣张百熙主持制订中国近代第一个学制——"壬寅学制",该学制成为我国教育史上正式颁布但未实行的第一个学制。《钦定学堂章程》分《京师大学堂章程》《考选入学章程》《高等学堂章程》《中等学堂章程》《小学堂章程》及《蒙养堂章程》,这是中国近代教育史上第一次法定学校系统。学制具体规定了各级各类学堂的性质、培养目标、入学条件、入学年限、课程设置和相互关系。随后,1903年清政府任命张百熙、荣庆、张之洞以日本学制为蓝本,重新拟订学堂章程,于1904年1月公布,即《奏定学堂章程》,也称为癸卯学制。虽然这两个学制仍然具有很强的封建色彩,但是它们毕竟是中国废除科举制度后正式颁布施行的新式学制,对旧中国学校教育制度在组织形式上的变革产生了重要影响。癸卯学制自1904年开始逐步实行,至1911年辛亥革命以后废止。1911年中国爆发了辛亥革命,这场资产阶级民主革命推翻了清朝统治,结束了君主专制,赢得了民族独立,建立了中华民国,为挽救民族危亡、争取国家独立和民族富强奠定了基础。

自辛亥革命以后,课程政策的话语变迁也经历了诸多曲折,袁世凯的帝制复辟运动掀起了一股尊孔复古逆流,转而至1915年起,以陈独秀、李大钊、鲁迅、胡适等为代表的一些留学美国、日本的民主主义者发动了反封建的新文化运动,大张旗鼓地宣传资产阶级民主思想,同封建尊孔复古思想展开了激烈的斗争,提倡民主与科学("德先生"与"赛先生"),高举民主、科学、人权、自由等大旗,相信必须用现代西方文化替代中国传统文化,希望以改良过的欧美新文化替代旧文化。在这样的背景下,一大批西方思想被引入中国,在教育上也掀起了新式教育的浪潮,希望用西方的现代教育思想与体制来重整传统学校体系与课程。这之后,南京国民政府成立之后的党化教育政策以及中国共产党领导下的苏区教育构成了中华民族历史上教育和课程政策发展的两条线索,一直延续到抗日战争时期,乃至抗战胜利以及中华人民共和国成立之前。这一部分就以民国建元至北洋政府时期(1912—1927)、南京国民政府成立初十年(1927—1937)、抗战开始至中华人民共和国成立之前(1937—1948)三个阶段为线索,追踪民国时期我国课程政策话语的变迁、伦理表征及其所面临的伦理冲突与困境。

第一节 民国时期课程政策的话语建构及其变迁

一、民国建元及北洋政府时期的课程政策话语(1912—1927)

(一)高举变革的旗帜:"五育并举"的教育宗旨与壬子癸丑学制

1912年1月1日,中华民国临时政府成立。孙中山以"教育为立国之本,振兴之道,不可稍缓"①的思想主张进行教育改革,同时任命蔡元培为第一任教育总长。蔡元培立即着手建立教育部,发布和实行了一系列革除封建遗俗旧规,体现民族工商业发展要求的教育改革法令和振兴教育的措施。

1. 南京临时政府时期课程政策话语的内容及其表征

新政府成立伊始,教育百废待兴,为了使教育迅速适应资本主义政治、经济和社会发展需要,既要对封建教育宗旨进行改造,更要确立新的教育宗旨,这成为当时南京临时政府对教育以及课程领域的改革和制度建设的中心。如表3-1所示,1911年1月19日,教育部颁发了《普通教育暂行办法》14条和《普通教育暂行课程标准》11条。这是中国资产阶级首次以中央政府名义发布的教育文件,是以正式的管理文件或规章的形式颁布和实施的,而《普通教育暂行课程标准》也是中国课程史上第一个正式使用"课程标准"名称的文本形态。② 这两个暂行条令,对普通学校和师范学校的名称、教育内容、课程设置、教学要求等都作了明确规定。同时公布了初等小学、高等小学、

---

① 李华兴,等.民国教育史[M].上海:上海教育出版社,1997:7.
② 刘爽.民国时期我国小学课程标准的历史演变[D].大连:辽宁师范大学,2014:14.

中学和师范学校的课程表,使普通学校的教育教学工作有了统一的标准,为学校教育教学工作的正常开展创造了条件。1912年4月,教育总长蔡元培发表《对于教育方针之意见》,并于1912年7月,在北京召开的临时教育会议(1912年第一次中央教育会议)上作了《对于教育宗旨案之说明》的演说,系统地阐述了他的教育思想,这也成为南京临时政府教育改革的主要理论依据。临时教育会议讨论通过了这一新的教育宗旨,并于9月2日由教育部颁布"教育宗旨令"加以实施。教育宗旨在我国近代教育历史上意义深远,基本标明了特定时期教育根本的价值取向。之后,在近一年时间内,教育部陆续颁布了《学校系统令》《小学校令》与《小学校教则与课程表》《中学校令》与《中学校课程标准令》《实业学校令》《师范学校令》《专门学校令》等各级各类学校教育的规程,对各级各类学校的办学宗旨与任务、课程设置、入学条件、教职员任用等事宜都做出了明确的规定。因此,要对这一时期的基础教育领域的课程政策话语进行分析,就要形成整体视角,系统关注同课程政策相关的教育元政策以及具体的课程政策的主张及其表征,以形成关于特定时期课程政策话语表达与意义建构的完整图景。

表3-1 南京临时政府时期教育元政策与课程政策相关文件

	具体内容		具体内容
教育元政策	1911年1月教育部颁布《普通教育暂行办法》14条 1912年4月蔡元培关于教育方针之意见 1912年7月教育总长蔡元培临时教育会议开会词 1912年9月教育部《教育宗旨令》	课程政策	1911年1月《普通教育暂行课程标准》11条 1912年9月《学校系统令》壬子学制 1912年9月《小学校令》《中学校令》 1912年《小学校教则及课程表》 1913年3月《中学校课程标准令》 1913年8月《实业学校令》与《实业学校章程令》 后综合起来形成壬子癸丑学制(统一学制系统)

根据ROSTCM6.0软件分别对教育元政策和课程政策文本选择词频、高频词、语义网络、社会网络和共现矩阵等维度进行分析,在对整合文本分词分析后分别得出167个和201个高频词,结合政策文本的特征和语义网络等结果进行综合,提取教育元政策和课程政策的主题与结构的关键词(见表3-2),可见南京临时政府时期的教育元政策和课程政策话语主要聚焦于一破一立两个方面。

表 3-2 南京临时政府时期教育元政策与课程政策文本高频词统计

	教育元政策文本	课程政策文本
主题与结构	教育、道德、实利、美育、军国民教育、观念、政治、自由、德育、幸福、世界观教育、公民、责任、政府、平等、社会、时代、义务、国家、权利、宗旨、儿童、世界、现象、实体	学校、学年、科目、教授、实业、国文、体操、地理、唱歌、手工、地方、书法、读法、图画、修身、历史、农业、算数、游戏、文字、外国语、道德、商业、缝纫、法制、实习、经济、生活、卫生、农工商业、课程、家事
论说模式	政府视角、时代视角、方针立场、观念方法、废止、统一、改革	长官与行政主导、规程、务须(务求、务使)、兼顾地方教育情形与时宜

"一破"在于本着"尽扫专制之流毒,确定共和,普利民生,以达革命之宗旨"①之精神,废止君主时代不从受教育者本体上着想的忠君、尊孔、尚公、尚武、尚实的封建主义教育宗旨与主张。因此,从《普通教育暂行办法》开始,就做出明确的规定:(1)凡各种教科书,务合乎共和民国宗旨。清学部颁行之教科书,一律禁用。凡民间通行之教科书,其中如有尊崇清朝廷及旧时官制、军制等课程,应由各书局,自行修改,呈送样本于本部,及本省民政司、教育总会存查。如学校教员遇与教科书中不合共和宗旨者,可随时删改,亦可指出呈请民政司或教育部,通知该书局改正;(2)小学读经科一律废止;(3)小学手工科应加注意;(4)高等小学以上,体操科应注重兵式;(5)初等小学算术科,自第三学年起应兼课珠算;(6)中学为普通教育,文实不必分科。②《普通教育暂行课程标准》11条规定了小学、中学、师范学校开设的课程,并制订了统一的课程表,它反映了《暂行办法》的有关原则,并成为之后"壬子癸丑学制"关于小学课程设置的蓝本。与清末相比,民初小学课程主要有如下一些变动:(1)废止读经科;(2)初小体操一科由兵式体操改为游戏体操;(3)高小手工科由随意科改为必修科,格致科分为博物、理化两科;(4)乐歌改名为唱歌,女生所习女红更名为裁缝;(5)教学时间略有减少,将清末初小每日上课4—5小时改为4小时左右,将清末高小每日上课6小时改为5小时左右;(6)除女生要学习裁缝外,初小男女生的课程完全一样,接受同等程度的教育。中学阶段的课程设置与清末课程相比,也有如下一些变动:文实不分科;取消读经科;每个学年都开设手工、乐歌科;每周授课总时数减少等。③

---

① 申晓云.动荡转型中的民国教育[M].郑州:河南人民出版社,1994:34.
② 中国第二历史档案馆.中华民国史档案资料汇编第二辑南京临时政府.教育部关于普通教育暂行办法及课程标准致副总统及各省都督咨[M].南京:江苏古籍出版社,1994:462—464.
③ 中国第二历史档案馆.中华民国史档案资料汇编第二辑南京临时政府.普通教育暂行课程标准[M].南京:江苏古籍出版社,1994:464—468.

"一立"在于围绕军国民教育、实利主义教育、公民道德教育、世界观教育、美感教育"五育"并举的教育宗旨确立资产阶级的教育变革主张,以奠定民国教育发展的基础。蔡元培关于新教育的主张吸收了当时德国的军国民思想、美国的实利主义思想、法国的自由平等博爱思想、康德与赫尔巴特等人的哲学和美学思想以及中国古代的儒家思想,并加上了他自己的思考和创造。"五育"并举的教育宗旨,体现了资产阶级教育关于人的德、智、体、美和谐发展的思想,以及资产阶级对人才培养的要求。它否定了君权的绝对权威和儒家思想独尊地位,是资产阶级反对封建主义的一个重大胜利,也是中国教育一次有转折意义的进步。在具体的学校制度和课程政策的主张上,在对壬子年公布的《学校系统令》进行修改调整的基础上,整合随后发布的各类学校令与规程,形成了一个统一的学制系统,称为壬子癸丑学制,此学制实行到1922年新的学制诞生,为时近10年。壬子癸丑学制从总体上缩短了学生在学年限,普通教育阶段约18年,共分为3段4级,其中初等教育段分初等小学校(4年)、高等小学校(3年)两级,共7年;中等教育段,只有中学校一级(4年)。该学制既批判和改造了清末癸卯学制(1903年学制)的不合理之处,也继承和发展了其合理内容,在普通学校的课程设置上体现出一些鲜明的特征。《小学校令》分为总纲、设置、教科及编制、经费及就学等章,明确了小学校以"留意儿童身心之发育,培养国民道德之基础,并授以生活所必需之知识技能"为宗旨,初等小学之教科凡七门(见表3-3),为修身、国文、算数、手工、图画、唱歌、体操;此外女子加课缝纫。高等小学之教科凡十门(见表3-4),为修身、国文、算数、本国历史、地理、理科、手工、图画、唱歌、体操;此外,男子加课农业,女子加课缝纫。但高等小学视地方情形,得改农业为商业,或加设英语。小学校里面得添设补习课等,并明确规定"儿童以满周岁的次日至满十四岁止,凡八年为学龄期,凡达到了学龄期的儿童应送入初等小学校受教育",规定了义务教育的性质。《中学校令》则以"完足普通教育造成健全国民为宗旨",中学校以省立为原则,县立为例外,中学校的科目,为修身、国文、外国语、历史、地理、数学、博物、物理、化学、法制、经济、图画、手工、乐歌及体操15门(见表3-5)。女子中学,加课家事、园艺、缝纫,但园艺可以从缺。[①] 由此可见,课程结构及其内容的重构,直接回应了五育并举的教育宗旨中所主张的不同方面,既要进行资产阶级的道德品格教育,培养自由、平等、博爱的思想;也要注重民生问题的教育,发展为资本主义生产而进行的知识技能教育,把算学、物理、化学、博物学等

[①] 陈青之.中国教育史[M].北京:中国社会科学出版社,2009:617—618.

自然科学,乃至烹饪、缝纫、金、木、土工等都列为实利主义的教育内容,将其视为富国强兵、发展国民经济,与帝国主义竞争的重要手段;更要注重军事体育教育,训练全国青年和广大人民具有健康的身体和武装自卫的能力,能够外抗帝国主义的侵略,内防军阀专制;同时关注超轶于政治的教育,即美育和世界观教育,通过音乐、图画、手工等艺术教育,来涵养完全人格、养成共和精神,使受教育者牢固树立正确的道德观念,树立远大的人生理想,把实体世界作为自己的信仰,在日常生活和社会实践中用道德规范约束自己。

表3-3 初等小学课程安排

学科目/学年	每周时数	第一学年	每周时数	第二学年	每周时数	第三学年	每周时数	第四学年
修身	2	道德之要旨	2	道德之要旨	2	道德之要旨	2	道德之要旨
国文	10	(发音)简单文字之读法、书法及日用文章之读法、书法、作法、语法	12	简单文字之读法、书法及日用文章之读法、书法、作法、语法	14	简单文字及日用文章之读法、书法、作法、语法	14	简单文字及日用文章之读法、书法、作法、语法
算术	5	二十数以内之数法书法以及加减乘除	6	百数以内之数法书法及加减乘除	6	通常之加减乘除	5	通常之加减乘除、小数之读法、书法及其简易之加减乘除等(珠算加减)
手工	1	简易细工	1	简易细工	1	简易细工	1	简易细工
图画			1	单形简单形体	1	单形简单形体	男2女1	简单形体
唱歌	4	平易之单音唱歌	4	平易之单音唱歌	1	平易之单音唱歌	1	平易之单音唱歌
体操		游戏		游戏普通体操	3	游戏普通体操	3	游戏普通体操
缝纫					1	运针法通常衣服之缝法	2	通常衣服之缝法、补缀法
总计	22		26		男28女29		男28女29	

表 3-4　高等小学课程安排

学科目/学年	每周时数	第一学年	每周时数	第二学年	每周时数	第三学年
修身	2	道德之要旨	2	道德之要旨 民国法制大意	2	道德之要旨 民国法制大意
国文	10	日用文字及普通文之读法、书法、作法	8	日用文字及普通文之读法、书法、作法	8	日用文字及普通文之读法、书法、作法
算术	4	整数、小数诸等数（珠算加减）	4	分数、百分算（珠算加减乘除）	4	分数、百分数、比例（珠算加减乘除）
本国历史	3	本国历史之要略	3	本国历史之要略	3	本国历史之补习
地理		本国地理之要略		本国地理之要略		外国地理之要略
理科	2	植物、动物、矿物及自然现象	2	植物、动物、矿物及自然现象	2	通常物理化学之上现象、元素与化合物 简易器械之构造、作用 人身生理卫生之大要
手工	男2 女1	简易手工	男2 女1	简易手工	男2 女1	简易手工
图画	男2 女1	简单形体	男2 女1	简单形体	男2 女1	诸种形体
唱歌	2	单音唱歌	2	单音唱歌	2	单音唱歌
体操	3	普通体操、游戏 男　兵式体操	3	普通体操、游戏 男　兵式体操	3	普通体操、游戏 男　兵式体操
农业			2	农事　农事之大要 水产　水产之大要	2	农事　农事之大要 水产　水产之大要
缝纫	2	通常衣服之缝法、补缀法	4	通常衣服之缝法、补缀法	4	通常衣服之缝法、补缀法
英语					(3)	读法、书法、作法、语法
总计	30		男30 女32		男30 女32	

农业改为商业时，课授以商事之大要。英语视地方情形，亦得自第二学年始。( )系随意科符号。
资料来源：教育部公布小学校教则及课程表，1912年11月。

表 3-5 中学校课程安排

学科目/学年	每周时数	第一学年	每周时数	第二学年	每周时数	第三学年	每周时数	第四学年
修身	1	持躬身处事待人之道	1	对国家之责务 对社会之责务	1	对家族及自己之责务 对人类及万有之责务	1	伦理学大要 本国道德之特色
国文	7	讲读 作文 楷书 习字 行书	男7 女6	讲读 作文 文字源流 习字 同前学年	5	讲读 作文 文法要略 习字 同前学年	5	讲读 作文 文法要略 中国文学史 习字 行书 草书
外国语	男7 女6	发音、拼字 读法、译解 默写、会话 文法、习字	男8 女6	读法、译解 默写、造句 会话、文法	男8 女6	读法、译解 会话、作文 文法	男8 女6	读法、译解 作文、文法 文学要略
历史	2	本国史 上古 中古 近古	2	本国史 近世 现代	2	东亚各国史 西洋史	2	西洋史
地理	2	地理概要 本国地理	2	本国地理 外国地理	2	外国地理	2	自然地理概论 人文地理概论
数学	男5 女4	算数 代数	男5 女4	代数 平面几何	男5 女3	代数 平面几何	男4 女3	平面几何、立体几何、平面三角大要
博物	3	植物 普通植物之形态 分类解剖生理 生态分布应用等之大要 动物 普通动物之形态分类解剖生理习性分布应用等之大要	3	动物 同前学年 生理及卫生 人身之构造 个人卫生 公众卫生	2	矿石 普通矿物及岩石之概要 地质学之大要		

续 表

学科目/学年	每周时数	第一学年	每周时数	第二学年	每周时数	第三学年	每周时数	第四学年
物理化学					4	物理 力学、物性、热学、音学、光学、磁学、电学	4	化学 无机化学 有机化学大要
法制经济							2	法制大要 经济大要
图画	1	自在画 临画 写生画	1	同前学年	1	自在画 临画 写生画、用器画、几何画	男2 女1	自在画 意匠画 用器画 几何画
手工	1	竹工、木工	1	木工、粘土细工	1	粘土、石膏、细工、金工	1	同前学年 工业大意
家事园艺			女2	家事整理 家事卫生 饮食物之调理 实习（洗濯烹饪等） 蔬果花木之培养法 庭院构造法 实习	女2	侍病、育儿、经理家产、家记簿记、实习（洗濯烹饪急疗法等） 同前学年 实习	女2	同前学年 实习（烹饪救急疗法等） 同前学年 实习
缝纫	女2	初步技术之练习 普通衣服之缝法、裁法、补缀法	女2	同前学年	女2	同前学年	女2	同前学年
乐歌	1	基本练习 歌曲	1	同前学年 乐典	1	同前学年	1	基本练习 歌曲 乐器
体操	男3 女2	兵式体操 普通体操	男3 女2	同前学年	男3 女2	同前学年	男3 女2	同前学年
合计	男33 女32		男34 女33		男35 女34		男35 女34	

资料来源：教育部公布中学校课程标准令，1913年3月19日。

可以说，南京临时政府时期教育元政策的话语同课程政策的话语主题相互呼应与映衬，在保障基本教育主张与立场一致的基础上，逐步走向具化的课程设置与安排，实现了从一般方针立场和观念方法的阐述走向具体的课程实现,体现了教育变革主张与课程思想内在逻辑的一致性与相互承接的关系。

　　从南京临时政府时期教育元政策和课程政策的话语论说模式来看,彼时的政策话语表达既明晰了课程政策话语的方向性与原则性,也突出了政策话语的强制性、一致性和行政主导的特性,又同时兼有保障一定程度的灵活性和适应性的话语特征。首先,从教育元政策文本的论说模式来看,教育元政策话语更多地从宏观的时代、政府的视角批判旧主义和旧制度的不合理性,明确基于时势之需、政体需要、教育主体需要的视角确立新主张的必要性、重要性和革新性意义,注重从方针立场、观念方法上进行整体引领。不仅明确地提出废除旧宗旨确立新宗旨的重要性,还特别强调注重道德教育,以实利教育、军国民教育辅之,更以美感教育完成其道德,这"五者,皆今日之教育所不可偏废者也"[①],并从内在机理上阐述了其理论基础和思想依托,确立了彼时课程变革的根本方向。政策话语在论说方式上的确凿性对于实现课程政策实践中的统一思想和明确方向起到了重要的作用。其次,从具体政策实践的层面来看,这一时期政策话语在政策行动的暗示上体现出很强的统一性、强制性以及长官推动的行政色彩。如在政策文本的呈现上,会反复出现"一律……""禁止……""务须(务求、务实使)……""呈由省(县)行政长官定之……""呈报教育总长……""呈请省(县)行政长官予以惩戒处分"等规程要求,体现出要从实践上落实具体教育宗旨与主张的迫切性,强化教育长官与行政力量的统一安排与奖励惩戒的权力。这种话语倾向回应了当时在短时期内要急于破旧立新、落实学校教育和课程系统变革的紧迫性和政策实践的统一性要求,体现了非常鲜明的时局要求。最后,则是伴随着统一性要求背后的强调政策执行一定的灵活性与适应性的政策话语方式。如在政策文本的呈现上,尤其在关于课程设置的政策安排上,频繁提及"可随宜增减……""均得视地方情形斟酌增减""由各省教育行政官视地方情形以指定之""视学校情形可""酌定变通方法",强调了在统一要求的基础上关注课程政策实践中的情境性和可调适性。可以说,这种话语表征方式体现了南京临时政府时期在教育宗旨与基本立场上回应共和精神之自由、平等的精神追求,体现了教育对于国家、社会和个体的权利的兼顾与尊重;但是从确立民国时期全国教育基础的角度而言,这种灵活性和适应性也一定程度上削弱了政策从话语到实践上的坚定性,体现出资产阶级在确立新的教育制度与课程制度过程中的柔弱性,为课

---

① 中国第二历史档案馆.中华民国史档案资料汇编第二辑南京临时政府.蔡元培对于新教育之意见[M].南京:江苏古籍出版社,1994:472.

程政策的实践埋下了潜在的风险。

2. 南京临时政府时期课程政策话语的意义建构

南京临时政府时期课程政策话语的转折性变革与推动,突破了封建教育的框架,"实现了传统教育向现代教育的本质转化"①,较为鲜明地代表了课程发展的时代趋向和革新力量。

一是具有明显的反封建性。1912年开始,在课程上的改革最突出的特点是用资产阶级的"共和精神"来代替灌输"忠君""尊孔读经"的封建课程。中小学取消了读经讲经课,并且明令禁止使用清学部颁行之教科书,提出有教科书中不合共和宗旨者,可随时删改。虽然有些民初课程与清末课程的学科名称仍然相同,但其侧重点和目标要求已大不相同,甚至完全相反。比如同为修身课,清末中学主要摘讲陈宏谋五种遗规,传授"治人"之道的个人品德修养;而民初中学课程则注重自己及对家族、国家、社会、人类的责任。又比如同为历史课,清末中学"先讲中国史,当专举历代帝王之大事,陈述本朝列圣之善政德泽……次则讲古今忠良贤哲之事迹……",而民初中学的要旨"在使知历史上重要事迹,明于民族之进化、社会之变迁、邦国之盛衰,尤宜注意于政体之沿革与民国建立之本"②。

二是明确新时代的育人主张,尤其强调德智体美诸方面的和谐发展以及实利主义的教育主张,旨在为资本主义经济与社会发展培养有用人才。一方面,积极倡导德智体美和谐发展的教育思想。在课程安排上,除重视道德教育和智育外,对美育和体育也比较重视。如小学把过去的随意科图画列为正式课程,中小学都添设了唱歌课,也增加了体操的课时,较为鲜明地指向儿童发展的身心特点,强调促进青年一代的综合与全面发展。这一思想在促成共和国的新国民的培养上,具有重大的转折意义,不再只是为阶级统治服务,不再只是偏重人伦道德教育,而是培养共和国健全的国民,养成完全之人格的追求。另一方面,是倡导实利主义教育,打破传统教育脱离社会生活生产实际的弊端,加强生产技能教育和自然科学教育,强调学校教育及其课程的现实功用。在清末癸卯学制(1903年学制)的课程设置中读经讲经课占去大量时间,如读经讲经课时数,初小占每周课时40%,高小占33%,中学占25%,而作为自然科学基础课程的算术,初小只占每周总课时的13.3%,高小占8.3%。经过课程改革废止读经讲

---

① 王荷香.民国时期(1912—1949)的课程改革与教育现代化[D].武汉:湖北大学,2001:7.
② 王博.清末民初教育期刊对教学变革的影响之研究(1901—1922)[D].长沙:湖南师范大学,2013:146.

经课后,每周算术课的时间比例大大增加,初小增至23%,高小增至13.3%①。自然科学课时的增加,反映了资产阶级对发展资本主义生产所需要的自然科学基础知识的重视。此外,把手工、家政、工农商业等实用科目列入课程或作为地方性的加设课程,说明了临时政府对生产知识和技能的重视和加强,强调以人民生计为普通教育之中坚,授以生活所必需之知识技能。这些政策主张都体现了学校教育与课程要与现代社会及其生产相适应,体现了资产阶级新教育的内在追求。"培养国民基础,训练国家有用人才,树立共和政治的真精神"②,成为当时推进教育振兴和学校变革的重要旨趣,也期望借由教育之振兴来谋求社会之进步以及个人之完善,是当时社会发展和民众教育的大势所趋。

三是强调教育制度的革新与共和政体的一致性,依顺一国政治制度改革,推进教育之革新。从民初南京临时政府有关教育与课程的一系列法令及其规程的颁布可以看到,资产阶级的新政府非常强调有关教育章程、制度、法令与制度的完善,如重视女子教育,强调男女平等之思想,推进教育公平与平等的思想。具体而言,《普通教育暂行办法》中规定初等小学校,可以男女同校,开男女同校之先风;除大学外,普通中学、师范学校、高等师范学校都设女学,体现了男女平等的思想,基本上废除了教育权利上的两性差别。再如规范教科书的制度,《普通教育暂行办法》中明确指出凡各种教科书,务合乎共和民国宗旨。对学制也进行统一改革,强调旧时奖励出身一律废止,停办贵胄学堂,明确全国统一的学制规范与要求。这些章程与制度具体地贯彻了共和政体的内在要求——注重自由、平等之精神,守法合群之德义,以养成共和国民之人格,以期顺应国体政体的变革要求推进教育和课程的政策、方针、内容的实质性变革。

可以看到,革命胜利以后的民国早期的课程政策话语发生了显著的变化,既受到西学教育思想中教育现代化的影响,也试图割裂与封建教育旧制度的关系,希冀从育人主旨、课程理念和制度建设等各个方面实现系统变革。然而,课程政策话语的变迁并非易事,不光受到时代环境与变革背景的影响,更受到文化观念、意识传统和经验惯习的深刻影响,绝不仅仅是发布一些主义、提出一些主张或颁布一些政策便可简单实现。领导辛亥革命的民族资产阶级,是一个在经济上和政治上都十分软弱的阶级,

---

① 王越,周德昌.中国近代教育史[M].长沙:湖南教育出版社,1986:183.
② 陈青之.中国教育史[M].北京:中国社会科学出版社,2009:599.

其中许多人仍然与封建主义存在着千丝万缕的联系,对帝国主义也存在着幻想,同时对以"尊孔读经"为中心的封建主义思想意识的批判也还没有形成一个广泛的群众运动,其在课程政策的实践中尚缺乏强有力的落实机制和足够的社会思想基础。"辛亥革命所导致的制度变革并没有从根本上改变人们的旧有心理,如何消除新旧价值的紧张状态,更新文化观念,重建社会的价值理想"①,成为推进新的课程政策话语继续发生发展所要解决的重要问题。可以说,民国建元初期的课程政策话语既体现了对于树立民国教育新基础的努力,反映了资产阶级新政府革新的愿望与宗旨;但也同过去的教育历史与经验有着千丝万缕的联系,同时受到外国思潮与文化的现实影响,在不同力量的更迭与拉锯中如同襁褓中风雨飘摇的婴儿,使得之后课程政策不断受到复古回潮逆流的干扰与破坏。

(二)封建力量的复辟:重颁教育宗旨与《特定教育纲要》

1913年4月,袁世凯接替了孙中山的临时大总统职务,并组成北京临时政府,同年10月,袁世凯正式就任大总统职位,开始了其恢复封建帝制的谋划。为达成其帝制自为的目的,他在思想、文化和教育领域掀起了一股以"尊孔复古"为宗旨的教育逆流,并着手推翻民国元年教育宗旨,以大总统名义,重新颁定教育宗旨和《特定教育纲要》,试图通过在学校教育和课程中的封建复辟,来禁锢民国早期共和精神之发展,将学校教育及其课程作为其封建复辟的工具。

1. 北京政府时期课程政策话语的内容及其表征

这一时期,无论是在社会的思想文化领域、教育的元政策领域,还是具体的课程政策话语之中,都在着力营造尊孔读经、恢复传统封建道德及其课程规范,重立国民教育尊孔的修身大本的语境。自袁世凯上台以后,在整个社会舆论与政治话语中,就以复辟为旗帜制造舆论基础。早在1913年6月《注重德育整饬学风令》中就批判新教育自由平等之说破坏了学校秩序和基本的道德规范,提出"倘再事因循,不加整饬,恐学风日坏,污俗随之,关系于世道人心者志大",要明确"学生在校最重服从,讵可任其嚣张破坏规则"②,并选择以法孔孟、崇经学之道,来维护传统道德准绳、惩治少年意气,支配国民之心理。1913年6月22日,袁世凯发布"尊孔祀孔令"宣扬"天生孔子为万世师

---

① 黄书光.价值重估与民国初年中小学德育课程教学的深层变革[J].教育学报,2008(04):73—79.
② 舒新城.中国近代教育史资料(下册).袁世凯:注重德育整饬学风令[M].北京:人民教育出版社,1981:1057.

表",应"查照民国体制,根据古义,将祀孔典礼,折衷至当,详细规定,以表尊崇,而垂久远"①。教育部据此于9月17日电告各省都督、民政长官定孔子生日为"圣节",通令各学校恢复祀孔典礼。在其授意下的《天坛宪法草案》规定:"国民教育,以孔子之道,为修身大本。"1914年5月,教育总长汤化龙在"上大总统言教育书"中献策,"请宣明宗旨于中、小学校修身及国文课程中采取经训,以孔子之言为旨归"②。同年6月,教育部发出《饬京内外各学校中小学修身及国文教科书采取经训务以孔子之言为旨归文》,把壬子癸丑学制中已取消的尊孔读经内容全部重新列入教学科目中。1915年重新颁布教育宗旨和《特定教育纲要》,全面细致地对封建主义教育的政策纲领进行了规定,随后又颁布了《国民学校令》《高等小学校令》《预备学校令》以及相关法令的施行细则令,进一步细化了在教育目标、修业年限、课程设置、入学资格、师资条件以及科目要求的具体规范,对民国早期学校教育和课程建设的发展造成了巨大的阻碍(见表3-6)。

表3-6 北京政府时期教育元政策与课程政策相关文件

	具体内容		具体内容
教育元政策	1914年5月汤化龙:上大总统言教育书 1914年9月教育总长汤化龙关于中学教育之谈片 1914年12月《教育部整理教育方案》 1915年1月《颁定教育宗旨令》 1915年2月《特定教育纲要》	课程政策	1914年4月教育部关于义务教育施行程序呈暨大总统批令 1914年6月教育部饬京内外各学校中小学修身及国文教科书采取经训务以孔子之言为旨归文 1915年7月《国民学校令》 1915年7月《高等小学校令》 1915年11月《预备学校令》 1916年1月《高等小学校令施行细则令》 1916年1月《国民学校令实施细则令》 1916年10月教育部公布《废止预备学校令》,与教育纲要一并取消,并修订了《国民学校令》和《高等小学令》及其细则 1916年10月《修正五年一月八日公布高等小学校实施细则令》

根据ROSTCM6.0软件分别对教育元政策和课程政策文本进行词频、高频词、语义网络、社会网络和共现矩阵等维度的分析,对整合文本进行分词后分析各得出201个高频词,结合政策文本的特征词和语义网络进行综合,得出表3-7的关键词。从整体上而言,北京政府时期教育元政策和课程政策话语具有鲜明的内在特征,在主题与

---

① 熊明安.中华民国教育史[M].重庆:重庆出版社,1997:36.
② 舒新城.中国近代教育史资料(下册).汤化龙:上大总统言教育书[M].北京:人民教育出版社,1981:1059.

结构上显现出封建复古、等级教育和尊孔读经的话语线索。

表3-7 北京政府时期教育元政策与课程政策文本高频词统计

	教育元政策文本	课程政策文本
主题与结构	学校教育、社会教育、国家、地方、国民、养成、精神、实业、实用、修身、道德、爱国、卫国、尚武、秩序、自治、责任心、吾国、孔子、孟子、要旨、根本、教授、讲习、造就、训练、习惯、教员、大总统、教育部、官吏、兴学、义务教育、国文、经学、改良、规程、整理、方针	学校、国民、儿童、小学校、教授、教育、细则、体操、唱歌、预备、国文、书法、修身、读经、道德、义务教育、图画、惩戒、缝纫、家事、历史、地理、养成、游戏、理科、商业、模范、精神、讲授、保育、知识、身心、修正、珠算、爱国、农事、自然、训育、教授
论说模式	政府视角、强制立场、统治者意志、批判、改良、秩序、规定、必须、不得不	行政与长官推动、地方负责、程序、规定、细则、施行、遵照、惩戒、处分

其一是重申尊孔复古的政策取向,整理教育和课程秩序。袁世凯在接任大总统职位前后,竭尽全力地在当时的教育和课程领域营造一种话语氛围,即1914年《教育部整理教育方案草案》中所提及,"居今日而言教育,非施以根本治疗不可","所谓兴学者亦若莫名其所以然,上作而下不应,一也;有其名而无其实,二也;举一而漏百;见小而遗大,三也;民国仍之,弊亦相等"①,反复强调民国教育弊端重重、混乱不堪,已经到了必须根本整治的时候了。而究其原因,则是"泥古之弊"尤其是"醉新之弊",即批判民国教育虽然注重了学科之排列、教材之增减,但缺少了精神所寄,限于形式的教育而缺少了注重精神的教育。而其所谓的精神的教育则是"未可以牵强附会剽取形似致失国性之真",而是"皆导源于国民精神上之所固有",而其所说的能够"赅我国民性之全,表示于世界各国而为我国教育上之模范者,莫大于孔子"②。因此,以儒家经典、孔子之道禁锢青少年思想,恢复人民服从专制之心理,明确精神之统治,成为当时整治教育的内在逻辑和线索。在具体的主张上,明确义务教育、重新颁定教育宗旨和特定教育纲要,成为当时教育和课程政策中的核心内容。一方面,1914年《教育部整理教育方案草案》中就明确要求确定义务教育年限为初等小学四年,且需明白宣示,使地方知建学为对于国家之责任;至1915年4月拟定了《义务教育施行程序呈暨大总统批令》,拟定义务教育施行分两期施行,至学龄儿童人人有就学之地;并在后续的教育宗旨和特定

---

① 舒新城.中国近代教育史资料(上册)教育部整理教育方案草案[M].北京:人民教育出版社,1981:229.
② 舒新城.中国近代教育史资料(下册)教育部饬京内外各学校中小学修身及国文教科书采取经训以孔子之言为旨归文[M].北京:人民教育出版社,1981:1060.

教育纲要中加以确实。另一方面,就是推翻民国教育宗旨,以大总统名义重新颁定教育宗旨概括为"爱国、尚武、崇实、法孔孟、重自治、戒贪争、戒躁进"七项①。后来又推出了更为具体的《特定教育纲要》,内容分"总纲""教育要言""教科书""建设""学位奖励"等,主要内容是崇古、尊孔、尚孟,规定研习性理、陆王之学、儒家经典等复活封建教育的措施,教育完全成了袁世凯政治上复辟封建制度的工具。在这个纲要的基础上,将小学教育改单轨制为双轨制,国民学校为一般儿童只获得求生的普通知识技能而设,预备学校为预备有力升学的儿童而设,将面向平民的国民教育和面向贵族的预备学校进行区分。当时的教育总长汤化龙,遵照袁世凯的旨意,颁布了《国民学校令》《高等小学令》和《预备学校令》,其中预备学校共计两期,前期修业四年,后期修业三年,同国民学校及高等小学校合计教育年限等同。前两者由于其较民国元年规定的制度更为完备,后来成为全国小学的标准,并以此命名。其中中学教育也以阶段教育和面向高等专门教育的预备教育为两种旨趣,恢复了清末文实分科的双轨制,进一步具体化了双轨制的教育制度。其中,《预备学校令》因为于1915年11月发布,还不及施行,就因袁世凯复辟失败而取消了。无论是袁世凯重新颁布的教育宗旨还是之后的《特定教育纲要》及其想要推行的分轨制的学校制度来看,袁世凯的国民教育思想具有非常浓厚的尊孔复古的色彩,对于其所倡导的理想国民的描绘,以大仁大智大勇作为基本的模型,以"忠孝节义"四字作为人格的基础,这同满清时代钦定教育宗旨所倡导的忠君、尊孔、尚武、尚公的原则不谋而合。"吾国民诵习孔孟之言,苟于其所谓居仁由义而求得共和法,治国为人之真谛;将见朝野一心,共图上理,由是扬国粹而跻富强,其道又奚待外求哉"②,这种理想国民的形象同专制时代教育隶属于政治者的理想国民形象具有内在的契合,同南京临时政府早期蔡元培所提出的理念已有本质上的区别。

其二是从上位宗旨具化到学校课程中的读经训育,强化恢复封建教育的人伦道德传统。袁世凯在对学校教育和课程政策进行重构的过程中,从批判整个当时教育领域"敷衍荒嬉、侮慢师长、藐弃学规"③的道德滑落开始。因此,强化道德教育、强调国民教育要以道德为本根,成为彼时弥漫教育和课程政策话语的一条主旨。但此时所谈论的"道德教育",已经不是南京临时政府时期将资产阶级的自由、平等、博爱思想同中国

---

① 陈桂生.教育文史辨析[M].上海:华东师范大学出版社,2012:222.
② 中国第二历史档案馆.中华民国史档案资料汇编第三辑教育.袁世凯颁定教育宗旨令[M].南京:江苏古籍出版社,1994:31.
③ 舒新城.中国近代教育史资料(下册).袁世凯:注重德育整饬学风令[M].北京:人民教育出版社,1981:1057.

先秦儒家的仁、义、恕等道德观念相互融合所指称的"公民道德教育"和指向远大人生理想的世界观教育,而是不可贻讥忘祖,要遵从经学义旨,"以孔子之言为旨归","以严肃之训育,端趋向而正人心"的封建人伦道德传统①。在《特定教育纲要》中②,明确指出"各学校均应崇奉古圣贤以为师法,宜遵孔以端其基,尚孟以致其用",甚至中小学教员也要"研究性理,崇习陆、王之学,导生徒以实践",教科书"宜采辑学案,以明尊孔尚孟之渊源"。在具体课程设置上,中小学校均加读经一科,按照经书及学校程度分别讲读,由教育部编入课程。其中小学校初等小学读《孟子》,高等小学读《论语》,中学校读《礼记》节读,如《曲礼》《少仪》《大学》《中庸》《儒行》《礼运》《檀弓》等篇,必须选读,余由教育部选定,《左氏春秋》节读。除了读经科以外,中小学校国文教科书除编定者外,应读《国语》《国策》,并选读《尚书》,以期养成政治知识,且各学校要置国文于科学的基础之上;其他科目的教科书如历史等科,亦宜将宋明学案选择,编为课目,以明道统之源流,讲求心性之学。此外,中学小学修身科和国文科,还要将诚心、爱国、尽责任、重阅历、勿破坏、勿躁进、勿贪争等教育宗旨定为德目,并编入修身过问教科书中,注重教授和训练结合,俾在受学时期养成其意志与惯性,以资涉世处事时之应用。在随后的《高等小学令》《国民学校令》及其施行细则以及《预备学校令》中,也对相关课程及其教授时数有了明确的安排(见表3-8、表3-9)。在教育纲要中尤其提出了要从教育宗旨中旗帜鲜明的"法孔孟"的宣扬到学校课程、教科书和教法的具体转化,以"为道德教育计,为保存民族立国精神计"的名义,将尊孔读经忠诚服从之封建教育精神积于无形,旨在长此以往,甄陶熏育,达成其专治之目的。这一系列的倒行逆施伴随着袁世凯复辟帝制的失败和激进的民主主义者的反抗发生了扭转。袁世凯复辟帝制失败后,在教育界先进分子的强烈要求和坚决呼吁下,教育总长范源濂表示将"切实实行民国元年所发表的教育方针"③。北洋政府不得不通令撤销袁世凯颁布的教育宗旨、《特定教育纲要》及《预备学校令》。1916年10月9日,教育部又在颁布的《国民学校令》《国民学校令施行细则》《高等小学令》《高等小学令施行细则》中,删去了"读经"的规定及有关内容。1917年,宪法审议会将"国民教育以孔子教育为修身大本"的条文撤销,从而基本上恢复了1912年制定的教育制度和教育政策。

---

① 舒新城.中国近代教育史资料(上册).教育部整理教育方案草案[M].北京:人民教育出版社,1981:233.
② 中国第二历史档案馆.中华民国史档案资料汇编第三辑教育.袁世凯特定教育纲要[M].南京:江苏古籍出版社,1994:35—45.
③ 申晓云.动荡转型中的民国教育[M].郑州:河南人民出版社,1994:77.

表 3-8 国民学校课程安排

教科目/学年	每周教授时数	第一学年	每周教授时数	第二学年	每周教授时数	第三学年	每周教授时数	第四学年
修身	2	道德之要旨	2	道德之要旨	2	道德之要旨	2	道德之要旨
读经					3	讲授孟子	3	讲授孟子
国文	10	（发音）简单文字之读法、书法及日用文章之读法、书法、作法、语法	12	简单文字之读法、书法及日用文章之读法、书法、作法、语法	14	简单文字之读法、书法及日用文章之读法、书法、作法、语法	14	简单文字之读法、书法及日用文章之读法、书法、作法、语法
算术	5	百数以内之数法、书法、计数以内之加减乘除	6	千数以内之数法、书法、百数以内之加减乘除	6	通常之加减乘除(珠算加减)	5	通常之加减乘除及简易之小数诸等数加减乘除(珠算加减乘除)
手工	1	简易制作	1	简易制作	1	简易制作	1	简易制作
图画			1	单形 简单形体	1	单形 简单形体	男2 女1	简单形体
唱歌	4	平易之单音唱歌	4	平易之单音唱歌	1	平易之单音唱歌	1	平易之单音唱歌
体操		游戏		游戏 普通体操	3	游戏 普通体操	3	游戏 普通体操
缝纫					1	运针法 通常衣服之缝法	2	通常衣服之缝法 补缀法
总计	22		26		男32 女32		男33 女32	

资料来源：国民学校令施行细则，1916年1月8日。

表 3-9 高等小学课程安排

教科目/学年	每周教授时数	第一学年	每周教授时数	第二学年	每周教授时数	第三学年
修身	2	道德之要旨	2	道德之要旨 中国法制大意	2	道德之要旨 中国法制大意
读经	3	讲授论语	3	讲授论语	3	讲授论语

续表

教科目/学年	每周教授时数	第一学年	每周教授时数	第二学年	每周教授时数	第三学年
国文	10	日用文字及普通文之读法、书法、作法	8	日用文字及普通文之读法、书法、作法	8	日用文字及普通文之读法、书法、作法
算术	4	整数、小数、诸等数（珠算加减）	4	分数、百算数（珠算加减乘除）	4	分数、百算数比例（珠算加减乘除）
本国历史	1	本国历史之要略	2	本国历史之要略	2	本国历史之补习
地理	1	本国地理之要略	2	本国地理之要略	2	外国地理之要略
理科	2	植物、动物、矿物及自然现象	2	植物、动物、矿物及自然现象	2	通常物理化学上之现象、元素与化合物简易器械之构造、作用人身生理卫生之大要
手工	男2 女1	简易手工	男2 女1	简易手工	男2 女1	简易手工
图画	男2 女1	简单形体	男2 女1	简单形体	男2 女1	诸种形体
唱歌	2	单音唱歌	2	单因唱歌	2	单因唱歌
体操	3	普通体操、游戏 男 兵式体操	3	普通体操、游戏 男 兵式体操	3	普通体操、游戏 男 兵式体操
农业			2	农事 农事之大要 森林 森林之大要 水产 水产之大要	2	农事 农事之大要 森林 森林之大要 水产 水产之大要
家事	2	缝纫	4	缝纫 家事大要	4	缝纫 家事大要
外国语			(2)	读法、书法、作法、语法	(2)	读法、书法、作法、语法
总计	32		34		34	

资料来源：高等小学校令施行细则，1916年1月8日。

此外，从北京政府时期教育元政策和课程政策话语的表达方式与论说模式来看，也有几个显著的特征。其一，就是这一时期政策话语的表达风格更为繁复。尤其在教育元政策文本的阐述上，如袁世凯颁定教育宗旨令就有6900余字，《特定教育纲要》一个政策文本也有7 200余字,这两个文件中都有大段关于政策合理化论证的文字,说理的成分较重。比如《特定教育纲要》在谈到要注重道德教育时,先从道德教育是吾国数千年来信仰的重要性谈起,到强调"道德上之模范人物者,实为孔子",再讲到要以此振奋学风,类似的论述在当时的教育与课程政策文本中多地多次的反复出现。又比如,在谈到学校要培养学生自动力暨共同习惯时,也是从今国人自动力和共同习惯的匮乏讲起,"自动力为人间才智之本原,共同习惯为社会生活之要素;国家必有自立之民,而后元气充实,精神盛强,亦必有共济之民而后团结坚固,足以御外侮而伸国威"[①],再对学校教育如何有意为之的养成之法进行论述。总之,就是强化政策文本的论说和说服的取向,不断合理化和论证其政策的主张。其二,就是这一时期政策话语在表达上的批判性和强制性色彩突出。所谓批判性,指的是政策话语的建构中强调对当时教育领域各种流弊的批判,以此作为政策主张与方针的理论依据。所谓强制性,指的是政策话语的表达中使用强制性的表征方式,强化不得不做的迫切性和服从性。比如在教育元政策文本的表达中"不可"或"非……不可"有47处,"不得"有18处,"必"或"必须"有100处;课程政策文本中"不得"有22处,"得令"或"应令"有9处,"须……"有49处,一定程度上表现了北京政府时期恢复封建教育力量以塑教育与课程的内在空虚性,试图通过政策话语的强势表达来坚定其已然不合时势的政策主张。

2. 北京政府时期课程政策话语的意义建构

北京政府时期课程政策话语的主流固然是体现了封建回潮和复辟倒退的力量,但需要深究的不仅仅是现象,而是反思现象背后政策话语生长与发展的环境,究竟是什么条件使得封建力量能对已经处于变革中的学校课程进行巨大破坏,使得原本已经风雨飘摇的学校教育和课程体系陷入更大的危机之中。

首先,就是这一时期课程政策话语的轰轰烈烈与课程实践上的无以为继。从民国建元到北京政府时期,有关教育与课程的政策主张与论述层出不穷,却无法掩盖教育实践混乱、教育建构力量不足之现实。范源廉在《说新教育之弊》一文中对新教育推进中"宗旨不正、学科太繁、费用过多、成绩不良"等突出问题做过讨论[②],一定程度上反映了当时学校建设和课程发展的现实困境。以推进义务教育和国民教育为例,由于初等小学、高等小学乃至中学课程科目繁博,"幼年为学博骛不专,将必茫无所得,且即至中学毕业,仍无一艺之成",因此新式的学校教育甚至不如私塾教育受到欢迎,"故往往

---

① 舒新城.中国近代教育史资料(上册).教育部整理教育方案草案[M].北京:人民教育出版社,1981:233.
② 范源廉:说新教育之弊[M]//舒新城.中国近代教育史资料(下册).北京:人民教育出版社,1981:1047.

有宁令子弟就学家塾,专习国文或兼及英文、算学,而自信其课程为简要得宜者矣"①。"至1919年前后,义务教育普及率全国平均仅达11.22%。"②中等教育更是混乱不堪,面临着目标混乱、科目安排盲目、内容交叉重叠、教师各自为教、教科书五花八门、教学设备不足、合格教师不足等问题,以至于人们批判当时的中等教育"办学者既无适从之点,求学者复失趋向之途"③。加之袁世凯复辟失败以及其所带来的军阀混战,财政艰难、民生凋敝,使得各省区教育废坠堪虞,无论是政府还是家庭,都难以支持应付,实际的学校教育和课程实践残败不堪。正如庄俞在教育杂志上发表《本社十年之回顾》一文中所提及,"自民国三年以至五年,政治之变端迭甚,财政上发生极大困难,教育根本因之动摇","掌教育权者,无可发展,且于大进步时代之学制,时作无谓之改革","各省教育事业,上者得维持原状,下者且任意停缀,迄今犹未恢复"④。现实教育建构能力之虚弱使得政策话语流于纸面,成为虚有其表的装点之物。当然,教育现实建构能力的虚弱也源于当时国家政治和社会局势的动荡,袁世凯帝制复辟的失败以及之后的军阀混战与"教育行政的统御作用"低下⑤等现实,都没能为教育发展提供稳定的环境和强有力的政府支持。

其次,就是政策话语中新议题与旧道路的内在冲突,即政策目标与政策手段之间的断裂。举例而言,如1914年底《教育部整理教育方案草案》中提到三大教育变通的方向,即变通从前官治的教育,注重自治的教育;力避从前形式的教育,注重精神的教育;摈弃从前枝节的教育,企图全部的教育。其中关于注重自治的教育,唤起地方、人民乃至学习者的自觉力和责任心,以促成教育事业之发达的议题在这一时期的政策话语中有反复多次的讨论。但是如果进一步分析政府要如何达成自治的教育,会发现所谓自治主要指向兴学建学责任、财务责任和管理责任从国家转移到地方和私人,如"各县暂就原有区画,分为若干学区,于一定期限内必须设置学校","地方兴学,实既负法律上不可逭之责任矣";"各地方固有学务存款,及关于学务特别捐,均作为学务基本金,不得挪用","各县小学,均令就地筹款开办,以养成人民之自觉力","对于该地方全

---

① 范源廉.说新教育之弊[M]//舒新城.中国近代教育史资料(下册).北京:人民教育出版社,1981:1048.
② 李华兴,等.民国教育史[M].上海:上海教育出版社,1997:122.
③ 同上,第115页。
④ 申晓云.动荡转型中的民国教育[M].郑州:河南人民出版社,1994:78.
⑤ 张宪文,等.中华民国专题史.第十卷.教育的变革与发展[M].南京:南京大学出版社,2015:43.

县或本区公用之学校,及其他教育事业,均负设立及维持之义务"①。但实际的情况是,只有政策的要求,但是缺少政策落实的合宜手段或措施,只是凭空转嫁了口头的责任而已。以至于现实的情况是,教育经费常被认为是不急之需,置诸可省之列也,各地的情况也大为参差,中小学校也多因经费告竭而停办,社会教育责任被进一步转嫁和下沉到家庭和私人。又比如,这一时期课程政策话语中强调道德教育和国民精神养成,尤其强调基于国民特性来发展道德教育,"凡一国之成立,能维持永久而无失者,必其国民有特殊之风俗历史",而"未可以牵强附会剽取形似致失国性之真,而贻无穷之患"②。这一议题本是民国初期在效仿西方教育和教育自主自治所需面临的伦理选择的重要问题。但是,从北京政府时期的政策举措来看,所谓的"国民特性"不过是一种幌子,如何尊崇国民特性(国民性),答案就是法孔孟,以数千年所奉为人伦师表者为道德之准绳,而不考虑整个国家和社会民主主义革命之取向。这既体现出封建势力的困兽犹斗,也凸显了新问题和旧道路的内在冲突,用法古的道路来解决未来的问题,使得真正的国民特性无法在学校课程及教学中得到真正的讨论与有效地落实,暴露出这一时期课程政策话语背后政策思维的局限与封建思想的禁锢。

最后,就是传统教育流弊和经验惯习固至深厚而不易转移,亦成为北京政府时期封建教育力量复辟的温床。虽然科举制度退出历史舞台,奖励出身等陈规旧习也逐一废除,但是封建教育和科举制度中重考选、学而优则仕以及"专蹈虚空不求实用"的流弊,仍具有广泛的社会基础和深厚的观念根植。"鄙视职业教育,瞧不起国民教育,升学第一的人才观,几乎无处不在","与现今处应于社会之学问格不相入",教学上又"一味注入,不事开发,致生徒大都所学非所用"③。主管行政之人往往以科举之眼光办学校,而一般社会之对于学校教育也,亦莫不以科举之眼光观察之,此种流行病,二十年来未尝消除,"是之谓知有人才教育,不知有国民教育,斯实昧教育之原则也"④。可以说,这一时期课程政策话语的倒退也说明了当时学校教育及其课程体系的变革仍然缺乏广泛的社会基础,以及全社会有关教育及其价值的根本认识转型。

---

① 舒新城.中国近代教育史资料(上册)教育部整理教育方案草案[M].北京:人民教育出版社,1981:230—232.
② 舒新城.中国近代教育史资料(下册)教育部饬令内外各学校中小学修身及国文教科书采取经训以孔子之言为指归文[M].北京:人民教育出版社,1981:1060.
③ 李华兴.民国教育史[M].上海:上海教育出版社,1997:117.
④ 舒新城.中国近代教育史资料(上册)教育部整理教育方案草案[M].北京:人民教育出版社,1981:234.

(三) 向西方学习之路:解放运动与1922年新学制改革

以1915年9月《新青年》杂志创刊为标志,以陈独秀为首的激进民主主义者高举西方"民主""科学"的大旗,对封建文化进行了毫不妥协的彻底批判和斗争。新文化运动是中国近代史上一场前所未有的启蒙运动和空前深刻的思想解放运动,这一运动的深入发展,吸引了许多年轻人,特别是青年学生集合在反帝反封建的旗帜下,以1919年巴黎和会上中国外交的失败为导火索,引发了五四运动。从1919年5月4日开始,北京的学生纷纷罢课,组织演讲、宣传,随后全国多地的学生、工人也给予支持,成为中国旧民主主义革命和新民主主义革命的分水岭。在新文化运动尤其是五四运动的推动下,中国的知识界开始面向世界,一时间国外的各种学术观念、思想流派大量涌进中国,国内也因此出现了一个教育改革的热潮。新文化运动尤其是五四运动以后,关于教育的主流思想已经有了非常显著的变化,从之前的"国家的、强武的",走向一条"世界的、和平的"以及平民主义的路径。在整个教育领域和学校课程领域,为了顺应社会变革、民主自由的社会理想,要求对中国学校教育与课程体系进行彻底的现代化改造。

1. 北洋政府统治中后期课程政策话语的内容及其表征

北洋政府统治的中后期,一方面,面临的是袁世凯称帝败亡、张勋复辟以及军阀混战背景下教育领域的倒退与危机,迫切需要对封建的旧教育做彻底的批判与割裂,"激励着教育界、知识界的先进分子,为中国教育发展探索新的出路"[①];另一方面,新文化运动在思想领域的空前活跃,对新教育的热切呼唤,尤其是第一次世界大战后,"图国内之治安以求统一之效,应世界之趋势以固和平之基,振兴教育,缓无可缓"[②]。因此,从重新讨论更改教育宗旨,到商定新学制系统,以及公布新学制系统下的课程标准纲要,成为这一时期课程政策话语的主要线索(见表3-10)。

表3-10 北洋政府统治中后期教育元政策与课程政策相关文件

	具体内容		具体内容
教育元政策	1919年3月教育部公布《全国教育计划书》 1919年10月《教育调查会第一次会议报告·教育宗旨研究案》	课程政策	1922年9月教育部公布学校系统改革案 1922年11月总统公布《学校系统令》 1922年为了贯彻实施新学制,全国教育联合会又于1923年4月和6月先后在上海召开两次会议,最终刊布《新学制课程标准纲要》

---

① 王炳照,李国钧,阎国华.中国教育通史.中华民国卷(上)[M].北京:北京师范大学出版社,2013:447.
② 舒新城.中国近代教育史资料(下册)[M].北京:人民教育出版社,1981:265.

根据 ROSTCM6.0 软件分别对教育元政策和课程政策文本进行词频、高频词、语义网络、社会网络和共现矩阵等维度的分析,对整合文本进行分词,通过高频词分析、政策文本的行特征词和语义网络分析,提炼出表 3-11 的关键词。可以看到,北洋政府中后期的教育元政策和课程政策话语,在主题与内容的主要结构上,正是遵循着改宗旨——定学制——立标准的思路,来逐步明晰和落实这一时期学校教育和课程的主要方向与内涵。

表 3-11 北洋政府统治中后期教育元政策与课程政策文本高频词统计

	教育元政策文本	课程政策文本
主题与结构	教育、学术、共和、精神、国民、人格、健全、提倡、各国、世界、文化、宗旨、养成、文化、潮流、发展、吾国、人人、自治、研究	教育、学校、系统、改革、情形、地方、关系、注重、公民、自然、地理、生活、课程、教材、毕业、最低标准、人生、想象、制作、酌量、练习、陶冶、技能、精神、儿童、责任、发展
论说模式	国际视野、说理商讨、简明扼要、易于了解、察鉴、提倡、裨益、当务之急	世界之趋势、教育之进化、儿童立场、变通灵活、呈请、明了、施行、筹划、指导、组织

其一,就是更改教育宗旨。1918 年,中华教育改进社率先提议变更教育宗旨,认为自平民主义的思潮风行以来,教育宗旨已经不合潮流,尤其是军国民教育,于世界潮流不合,且民国元年的教育宗旨太过复杂,未易适从,建议以"养成健全人格,发展共和精神"为教育宗旨。1919 年 8 月,教育调查会蔡元培、范源廉等就关于教育宗旨研究案,对教育宗旨的内涵进行了解读,"所谓健全人格者,当具下列条件:(1)私德为立身之本,公德为服役社会国家之本;(2)人生所必需之知识技能;(3)强健活泼之体格;(4)优美和乐之感情。所谓共和精神者:(1)发挥平民主义,俾人人知民治为立国根本;(2)养成公民自治习惯,俾人人能负国家社会之责任"①。1919 年 10 月,在全国教育会联合会的第五届年会上,提请教育部废除教育宗旨,以"养成健全人格,发展共和精神"为国家教育本义,来代替教育宗旨。虽然未经教育行政当局采纳,但 1919 年以前,未见另有法定教育宗旨颁布。②

其二,就是制定新学制。1919 年 3 月,教育部发布了《全国教育计划书》,对普通教育八项、专门教育十项、社会教育九项等各个方面提出了改革计划,期望"冀与热心教育诸君子一相商榷"③,纲举目张,以求教育之突飞猛进。1921 年,全国教育联合会

---

① 教育调查会第一次会议报告:教育宗旨研究案[J].教育杂志,1919(5):20—21.
② 陈桂生.教育文史辨析[M].上海:华东师范大学出版社,2012:223.
③ 舒新城.中国近代教育史资料(下册)[M].北京:人民教育出版社,1981:265.

第七届年会在广州召开,主张借鉴西方先进国家的教育理论,对旧的学制系统进行根本改造。"会议共收到,粤、黑、陇、浙、湘、赣、晋、奉天、闽、滇十省区教育会提交的学制系统改革案","因广东省教育会所提交的学制系统草案最为充实、详备,故全国教育联合会决定以广东省提案为大会讨论蓝本"[①]。经过讨论,并参酌其他九省提案,形成并议决通过了新的"学制系统草案",史称"辛酉学制"。不少省区的学校也据此开始了新学制草案的试行。1922年6月,《教育杂志》推出"学制课程研究专号",用以讨论学制与课程改革的问题,引发了整个教育学界对于学制问题的热烈讨论。1922年9月10日,全国学制改革会议在北京召开,共有省区教育会代表、省区教育厅代表、国立高专以上校长以及部派和部聘者约80人参会,蔡元培为会议主席,王家驹为副主席,会议通过《学校系统改革案》,此次会议也被称为"十年以来在教育界中最为完全之会"[②]。同年10月,第八届全国教育会联合会年会在济南召开,全国21个省区教育会的代表以及教育部特派员参会,通过分组讨论并通过大会表决《学校系统改革案》,最后报送政府颁布[③]。11月1日由大总统公布《学校系统令》在全国正式施行,又称为"壬戌学制"。学校系统改革案提出了学制改革的七大标准:(1)适应社会进化之需要;(2)发挥平民教育之精神;(3)谋个性之发展;(4)注意国民经济力;(5)注意生活教育;(6)使教育易于普及;(7)多留地方伸缩余地[④]。这些原则不仅成为引导学制系统改革的根本原则和标准,也成为这一时期学校教育和课程改革的主旨。新学制仿效美国制度,小学校修业年限六年,分初高级两级,其中初级修业年限四年,高级修业年限两年,义务教育年限定位六年;初级中学三年,高级中学三年,但依设科性质,得定为初级四年,高级二年,或初级二年,高级四年;与中学平行的有师范学校和职业学校;大学四至六年,即"六三三四"学制系统。这一学制摒弃了原日本学制的影响,广泛吸收了世界各国学制和教育改革的经验,缩短了初等教育的修业年限、中等教育实行分科制和选科制、取消了大学预科、改革师范教育制度、建立了职业教育系统兼顾升学与就业、实现了男女同校、对天才教育和特种教育也加以关注,可以说,对中国现代教育制度影响深远。

其三,就是开发新学制课程标准纲要。全国教育会联合会第八届年会除了讨论学制系统草案外,还组织了"新学制课程标准起草委员会",袁希涛、金会澄、胡适、黄炎培

---

① 李华兴.民国教育史[M].上海:上海教育出版社,1997:136.
② 申晓云.动荡转型中的民国教育[M].郑州:河南人民出版社,1994:121.
③ 刘玉梅,吕志茹.中国近代教育史[M].北京:科学出版社,2017:57.
④ 中国第二历史档案馆.中华民国档案史汇编第三辑·教育.大总统公布学校系统令[M].南京:江苏古籍出版社,1994:102.

和经亨颐五人入选,并于1922年10月和12月,拟定了中小学毕业标准和中小学各学科课程要旨,分请专家草拟各科目课程纲要,共有42位专家负责或合作负责各科课程标准的起草。经过1923年4月和6月两次会议,全国教育联合会确定了中小学课程标准纲要,并颁布了《新学制课程标准纲要》①。此次课程标准的编制,并非官定的,而是实行由教育专业团体开发的指导性纲领,体现了课程标准制定走向专业化、科学化和民主审议过程的努力,同当时整个教育学界的思潮一脉相承。新学制背景下的课程设置主要有如下变化:(1)改原来以钟点计时为分钟计时,初小一、二年级每周授课至少1080分钟,课时较以前减少了5—8小时;三、四年级每周授课至少1260分钟,较以前减少8—9小时;高小每周授课至少1440分钟,较以前减少了5—7小时。(2)在小学阶段,取消修身课,改设公民、卫生两科;国文改为国语;体操改为体育;图画改为工用艺术;手工改为形象艺术;唱歌改为音乐;取消职业科目,初小无缝纫,高小无家事、农业、商业;初小增设了社会、自然科,高小改理科为自然并增加园艺科。(3)初级中学以社会、言文、算学、自然、艺术、体育科为必修科目组织教学,初中毕业需修满180学分,除了必修科164学分以外,还得选其他科目或补习必修科目。(4)高级中学分普通科和职业科,并设置公共必修、分组专修、纯粹选修三类课程,且普通科又分为两组,第一组(文科)注重文学和社会科学,第二组(理科)注重数学和自然科学。(5)中学阶段采用选科制和学分制。

表3-12 "壬戌学制"规定的小学课程表

学科目		国语			算术	卫生	公民	历史	地理	自然	园艺	工用艺术	形象艺术	音乐	体育
		语文	文读	作文	写字											
百分比	初级小学	30				10	社会20				12		7	5	6	10
	高级小学	6	12	8	4		4	4	6	6	8	4				

表3-13 "壬戌学制"规定的初中课程表

学科	社会科			言文科		算学科	自然科	艺术科			体育科		共计
	公民	历史	地理	国语	外国语			图画	工手	音乐	生理卫生	体育	
学分	6	8	8	32	36	30	16	12			4	12	164

资料来源:新学制课程标准纲要,1923年。

① 全国教育联合会.新学制课程标准纲要[J].广东省教育会杂志,1924(04):112—147.

表 3-14 "壬戌学制"规定的高级中学(普通科)课程表①

课程类型	公共必修							分组选修				纯粹选修
								文科		理科		
课程名称	国语	外语	人生哲学	社会问题	文化史	科学概论	体育	必修科目	选修科目	必修科目	选修科目	略
应修学分	16	16	4	4/6	9/6	6	10	≥24	≥32	≥34	≥23	≤30
	150											

注:高中职业科除学习与普通科相同的公共必修科外,还需修农、工、商、师范、家事等职业科,并可根据地方情形增设其他科。

壬戌学制的出台,标志着现代化的中小学课程制度在中国初步确立,特色是非常鲜明的。首先,在课程结构和内容的安排上更加科学与合理。在课程科目上,应时代需求增设了部分科目,改造了课程内容,彻底刷新了我国中小学课程陈旧的面貌。比如,以公民课取代了修身课;以体育课(主要是田径、球类、游戏)取代了体操课(以兵式体操为主),体现了时代特色;卫生课的设置弥补了中国小学教育长期以来卫生教育的缺陷;特别注重课程的内在整合,如小学阶段卫生、公民、历史和地理这四科在前四年合并为社会,中学社会科、言文科、艺术科、体育科本身也具有综合课程的性质;高中阶段新增的人生哲学、社会问题、文化史、科学概论等一系列课程,对于拓展学生的眼界,帮助他们了解现代科学与人类文化,培养其科学素养大有裨益;而初中规定兼修职业课,高中分设普通科和职业科,突显了课程与社会生产、生活的关系,具有很强的现实针对性。这些课程的开设"一方面是社会进化的客观需要,另一方面也是课程科学化的标志"②。

其次,是突出学生本位,尊重教育规律以及学生的能力与需要。比如,改钟点制为分钟制,各科授课时间可视科目性质、难易、儿童程度调整,每周、每日授课时间也较以前减少了很多,这些都充分体现新课程的儿童本位理念。又如,初小、高小科目完全相同,区别只在于初小混合教学、高小分科教学,使得小学教育前后衔接紧密。在课程内容的设计上,打破了过去算术、代数、几何、三角四者分块教学的格局,将四者联络贯通,编成混合课——算学,既减轻了学生的负担,增加了学生的学习兴趣,又能让学生从中体会到各种学科之间的关联性和独特性。学分制的引入,有利于学生对学习科目

---

① 王博.清末民初教育期刊对教学变革的影响之研究(1901—1922)[D].长沙:湖南师范大学,2013:148.
② 熊明安.中国近现代教学改革史[M].重庆:重庆出版社,1999:91.

的自由选择和自行安排,增加了学生学习的灵活性。如此等等,都开始体现出学校课程要从过去"如何教人"走向"人如何教",关注教育对象儿童的需要,顾及其个性与智能。

更值得一提的是,新学制的各科课程标准中,特别强调了教学方法和毕业最低限度标准的设置,不同于过去课程标准只是撰写目标和内容的程序,体现了在课程标准编制中的表现标准和机会标准的补足。在教学方法上,特别强调学习者的实践参与、亲身体验、应用制作、与生活联系以及跨学科综合的教学法。如小学算术中提到"问题以切合学生的生活为主",低年级要"特设算术游戏时间",第二年要注重表现游戏,利用学生想象环境,开展数学学习;在公民科中提出"以讲述表演等为公民修养的教学方法,以参观调查讨论等为社会组织的教学方法,以学校服务、学校自治为公民训练的具体方法"。关注教学法的革新,成为新学制课程标准的一大特色。而各科课程毕业标准的设置,不仅明晰了学生的知能表现,锚定了课程考试评价的要求,也为规范和提升教育质量提供了重要的标准保障。因此,我们说壬戌学制中的课程标准纲要是当时教育最新变化的集萃,也是我国第一次以现代教育科学为理论依据、体系较为完整的中小学各科课程标准。它完全突破了原有的课程结构体系,真正从课程结构、内容安排、教学活动和评价等方面击溃了封建旧教育,体现了较强的时代性和科学性。它的实行是我国20世纪二三十年代教育质量稳步提升的重要保证。此后,1929年的课程暂行标准,1932年的正式课程标准,均以1923年课程标准纲要的框架为基础。

此外,北洋政府中后期教育元政策和课程政策话语在表达方式上更加简明扼要,在论说模式上也特别注重说理和商讨的取向,无论在表达主张或讨论施行上日益强调灵活性和变通性,更多考虑实践上的多样性与实际情形。这些都凸显出课程政策的话语不再只是停留于纸上谈兵,开始走向教育实践场域,并逐步强调其专业化和科学化的水平。首先,这一时期的政策话语的来源不是自上而下,而是整合更多自下而上的专业话语,政策话语的综合性和参与度更为广泛。除了教育部和教育行政机构的政策文件以外,教育领域、知识领域的先进分子及其所组成的专业联合会,在政策话语的酝酿、推进、审定和发布的过程中,发挥了重要的作用。尤其是学制系统改革和课程标准纲要及各科课程标准的研制,基本是在全国教育联合会的推动下,整合教育名流、各地教育代表以及教育部的行政力量综合审议的成果,政策话语更多地体现了专业讨论的集体智慧,而不只是特定长官的意见。其次,就是在政策的论说方式上,从指令性的表达逐步走向指导性的表达,一定意义上体现了民族和民主的精神,使得政策话语的运作空间有了一定的余地。具体的表现就是,政策语言更加直接、简明,指向问题以及问题解决的手段与方法;政策语言中更多有明确的说理、商议、提倡和呈请之意,旨在引导公众、舆论以及教育界的认可与支持,而少了"必须""不得不"等指令性的要求。如提出"使教育易于普及","多留各地方伸缩余地"的标准,要求"适应社会进步的需要",又有"纵横活动"的余地①。具体的内容上,如小学校修业年限"依地方情形,得暂长一年","初级中学施行普通教育,但得视地方需要兼设各种职业科","高级中学分普通、农、工、商、师范、家事等科,但得酌量地方情形,单设一科或兼设数科",又及"本纲要之刊行,系供全国教育界之参考","且各地方情形不同,决不能强求一律施行","关于未定各项选修科,职业科,及其他许多特殊学科,应请各地方各学校自行酌定办理"。无论是地方、学校课程还是学生需要与情况,都有了一定的变通性与弹性,使得课程政策落地有了较大的空间与选择余地。再次,不得不提的就是,新学制的推进带动了这一时期课程政策话语"讨论和试办"②结合的路径,促成了政策话语与政策行动的并行,这是值得关注的重要特征。胡适在《对于新学制的感想》中提到,"学制系统的改革究竟还是纸上的改革,他的用处至多不过是一种制度上的解放",那么,如何才不是只改旧制的招牌呢?不仅仅要"进一步研究这个学制的内容","内容的研究并不是规定详细的课程表,乃是规定每种学校的最低限度的标准",还意味着"新学制的大部分(中学的一段尤其如此)应该从试验学校办起……等到试验学校的成效已证明了,然后设法推行这个新制"③。从1915年湖南省教育会提出改革学制系统案到1922年正式颁布的七年间,其间多个版本的草案、议案的讨论与修订,并不仅有理论的讨论,各个省区地方教育会、教育部门和普通教育工作者,在参与讨论的过程中也推动了政策实践的探索与试验。在这个意义上,北洋政府中后期的课程政策话语既体现了时代的驱动,更是当时教育领域各界人士集体智慧的综合表征,一定程度上拓展了课程政策的话语边界。

2. 北洋政府统治中后期课程政策话语的意义建构

北洋政府统治的中后期,整个课程政策建构所处的社会环境与条件已经发生了较具体的变化,可以说,是沉浸在新文化运动的大环境之中而发展起来的。这也促使这

---

① 陶孟和. 论学制系统[J]. 新教育,1922(02):76—81.
② 刘玉梅,吕志茹. 中国近代教育史[M]. 北京:科学出版社,2017:58.
③ 胡适. 对于新学制的感想[J]. 新教育,1922(02):71—76.

一时期的课程政策的社会建构具有了更广泛的文化意义,它超越学校教育和课程本身的讨论,成为民族救亡、民族特性、现代知识、西方思想的混杂体,学校教育和课程作为一种载体或工具,成为各种力量、思想和观念的角力场。有两个显著的特征,是值得我们特别关注的。

一方面,这一时期课程政策话语的建构带有内在的彻底性,无论是对传统的旧教育的割裂还是对西方流行制度与文化的效法,都体现了一种坚定性和彻底性。究其原因,这一时期的课程政策是在新旧文化和新旧教育进行彻底区分和斗争的背景下发展起来的。1915年以后,以追求民主和科学为主导方向的知识分子群体投身新文化运动,投身教育改革运动,旨在从中国文化教育的改造开始,实现救亡图存的目的、达成教育救国的理想。他们同封建尊孔复古思想展开激烈的斗争,高举民主、科学、人权、自由等大旗,相信必须用现代西方文化替代中国传统文化,希望以改良过的欧美新文化替代旧文化。在这样的背景下,平民主义、进步主义和实用主义的思想引入中国,在教育上也掀起了新式教育的浪潮,希望用西方的现代教育思想与体制来重整传统学校体系与课程,以民主主义的教育来取代封建专制主义的旧教育。因此,在文化和教育领域,先是有对封建复古主义的严厉批判和对民主政治的极力提倡,宣告"要拥护那德先生,便不得不反对孔教礼法,贞洁,旧伦理,旧政治;要拥护那赛先生便不得不反对那旧艺术,旧宗教"[1];后有对封建教育的鞭答反对和对世界各发达国家教育体制的利弊得失与大势趋向的积极关注,以及对以民主和科学为中心的新教育的倾情支持。如陈独秀在天津南开学校演讲"近代西洋教育"中批判传统学校教育"所教的无非是中国腐旧的经史文学,就是死读几本外国文和理科教科书","不过把学校毕业当作出身地步,这和从前科举有何分别呢",指出"我们中国教育家要明白,读几本历史、洋文学、一点点理化博物,算不得是真正的近代西洋教育,我们教育若想取法西洋,要晓得西洋教育的几种大方针",即"自动的而非灌输的""世俗的而非神圣的""直观的而非幻想的""全身的而非单独脑部的"[2]。蔡元培在天津中华书局"直隶全省小学会议欢迎会"演说"新教育与旧教育之歧点",提出"夫新教育所以异于旧教育者,有一要点焉,即教育非以吾人教育儿童,而吾人受教于儿童之谓也","吾国之旧教育以养成科名仕宦之材为目的",而不考虑儿童的兴趣与需要,"故新教育者,必以实验教育学为根柢","与其守

---

[1] 陈独秀.本誌罪案之答辩书[J].新青年,1919(01):16—17.
[2] 陈独秀.近代西洋教育:在天津南开学校演讲[J].新青年,1917(05):6—9.

成法,毋宁尚自然;与其求划一,毋宁展个性"①。政策话语的坚定性和笃定,来源于新文化运动对封建文化、思想的批判和对西方民主与科学的宣传,通过对封建文化和教育的宣战,以及对资产阶级思想文化的研究与宣传,实现了思想和文化的激荡,也引发了新教育运动。

另一方面,这一时期课程政策话语建构具有广泛的开放性和自发性的特点。所谓开放性就是以前所未有的开放姿态向西方学习,迎接各种外来思想、理论与方法。平民主义、进步主义、实用主义的思想、工读主义和早期马克思主义的教育活动,各种不同的思潮和改革运动层出不穷,整个中国教育界和思想界积极打开面向世界的眼睛。首先,这些思想能够在中国社会和教育领域受到广泛传播,是同当时整个社会追求民主政治、社会变革和教育改革的迫切需求相契合的,主观上意图是"不管是哪一国的经验,只要于我有用",则是力争"择善而从"②,而彼时美国式的自由主义、民主主义教育,多层次多系统多渠道的办学体制,对实际应用的注重同当时中国社会对各地学校办学以及对教育实用效益的追求产生了共鸣,引发了教育界的关注,开始大量引入欧美的教育思想。其次,随着留学生中留学欧美的比重加大,一批留美归国学生(如胡适、陶行知、郭秉文、蒋梦麟等)居于重要行政岗位,在教育界的影响力不断凸显,再加上杜威、孟禄、推士等美国教育家相继来华讲学,宣扬各自的教育理论和方法,他们的信奉者和学生也进行大力鼓吹和宣传,从而产生了轰动性的社会效应。除此之外,在政治方面,美国退还庚子赔款用于中国教育发展,博得了中国知识分子的好感,并在一战后俨然成为世界和平与正义的化身,使国人产生崇美思想。与之对比,日本侵华野心暴露,由此中国教育界把教育改革的参照重心由日本转向美国。所谓自发性,"是指改革活动大都是民间自发进行的"③,得力于我国教育界、知识界和思想界知识分子的推动。这一时期的课程政策话语的建构从行政化与或政府意志转向了专业社群的力量。具体表现有二:一是政府教育行政力量式微和能力不彰,"从1912年至1928年间,除兼署代理的22人次不算外,共换教育总长15人次"④,任期短、权力小、变动快,不仅不能保障政策的延续性,更是丧失了教育行政力量对于教育全局的把控,造成了教育行政不彰的现实。二是自发的专业团体及其力量的壮大。各种倡导新教育的民

---

① 蔡元培.新教育与旧教育之歧点.在天津中华书局"直隶省小学会议欢迎会"演说[J].新青年,1918(01):52—53.
② 田正平.中国教育通史.中华民国卷(上)[M].北京:北京师范大学出版社,2013:448.
③ 同上.
④ 朱庆葆,等.中华民国专题史.第十卷.教育的变革与发展[M].南京:南京大学出版社,2015:43.

间社团、教育研究会纷纷成立,并在此基础上形成了全国性的教育社团,如1915年的全国教育联合会、1917年成立的中华职业教育社、1923年的中华平民教育促进会等。作为自发组织的专业团体,他们兴办杂志、召开会议以及推进各类教育运动与改革实践,成为推动当时政策话语建构和教育/课程革新的关键力量。除了宏观层面在全社会推动各类教育运动,在课程教学的微观领域,也推动了一系列的课程教材教法和学法的改革。

二、南京国民政府前十年的课程政策话语(1927—1937)

北洋军阀统治的后期,军阀混战、列强侵蚀,日益加厉,在这样的背景下,孙中山先生领导的中国国民党以国民革命为手段,在南方兴起国民革命,经过五卅运动,形成全国性的革命造反高潮。1926年7月,北伐战争开始。1927年4月18日,南京国民政府成立,1927年7月,宁汉合流后,成立了国民党政权,后期国民党各派再度联合开启了二次北伐,之后1928年6月,国民党军队进入北京,结束了北洋军阀政府在中国的统治,同年12月,张学良宣布"东北易帜",实现了全国形式上的统一。在整个教育和课程领域,有两条较为明显的政策话语线索:一是南京国民政府在"以党治国"的原则下,推行"党化教育"和三民主义教育思想,教育也被纳入到了国民党一党专制的轨道中;二是在苏维埃革命根据地,在中国共产党领导下的工农民主政权所发展的工农教育和共产主义教育的思想及其实践。

(一)党化教育:"三民主义"教育宗旨及《中华民国学校系统案》

1928年国民革命军完成北伐,给多年来饱受政局动荡不安影响的民国教育带来了政治统一与安定的曙光,南京国民政府建立后,开始明确党化教育方针和三民主义的教育宗旨,并对学校教育系统与课程进行整顿与规划。

1. 南京国民政府前十年的课程政策话语的内容及其表征

南京国民政府建立初期,教育上贯彻的是党化教育方针,在整个教育元政策话语中,出台了一系列的教育方针、教育大纲和实施原则案,都是根据革命环境的要求,围绕党化教育的方针,推动平民化和革命化的教育。1928年5月以后,在南京举行的第一次全国教育会议废止"党化教育"的名称,而改成"三民主义"教育,开启了三民主义的教育宗旨与方针的时期,并推动了这一时期戊辰学制的颁布以及中小学课程标准的修订(见表3-15)。

表 3-15 南京国民政府前十年教育元政策与课程政策相关文件

	具体内容		具体内容
教育元政策	1926年3月,广东国民政府教育行政委员所提出《实施党化教育大纲》 1926年5月,《党化教育决议案》 1927年6月,教育行政委员会《国民政府教育方针草案》 1927年8月,教育行政委员会《学校施行党化教育办法草案》 1928年5月,第一次全国教育会议《中华民国教育宗旨说明书》 1929年3月国民党第三次全国代表大会颁布《教育方针及其实施原则案》 1931年9月《三民主义教育实施原则》	课程政策	1928年2月,《小学暂行条例》 1928年5月《中华民国学校系统案》 1929年8月颁布《中小学暂行课程标准》 1932年6月《今后中小学训育上应特别注意之事项》 1932年10月《中小学课程标准》 1932年12月《小学法》、1933年《小学规程》、1936年《修正小学规程》 1932年12月《中学法》、1933年《中学规程》、1935年《修正中学规程》 1936年颁布的《修正小学课程标准》

根据ROSTCM6.0软件分别对教育元政策和课程政策文本进行词频、高频词、语义网络、社会网络和共现矩阵等维度的分析,对整合文本进行分词后分析得出167个和201个高频词,结合政策文本的行特征词和语义网络进行综合,得出表3-16的关键词。从整体上而言,这一时期教育元政策和课程政策话语主要围绕党化教育、三民主义教育宗旨以及中小学课程标准等主题展开。

表 3-16 南京国民政府前十年教育元政策与课程政策文本高频词统计

	教育元政策文本	课程政策文本
主题与结构	教育、三民主义、养成、课程、训练、训育、民族精神、国民道德、体格、团体协作、健全人格、国家、国民、社会、儿童、科学、发展、组织、政治、宗旨、方针、革命、道德、知识、增进、陶冶、自治、身心、思想、能力、兴趣、文化、毕业生、情形、遗教、适应、实行、党义、运动	小学、中学、学生、教员、成绩、学期、毕业、科目、职业、规定、训练、地方情形、标准、专任、核准、整理、生活、公民、童子军、作业、音乐、自然、社会、地理、习惯、民族、团体
论说模式	整体思维、行政命令、宣传、必须、应以、组织、指导、务使、训练、制定、提倡、促进、建设、发展	厉行整顿、统一要求、地方分权、力主实行、不得、核准、备案、呈请、酌量、情形、试验、变更、实现、伸缩

一是从党化教育的推进。1926年3月,广东国民革命政府成立教育行政委员会时,就已提出关于"党化教育"[①]的口号,其中教育行政委员会所提出的《实施党化教育

---

① 孙培青. 中国教育史(修订版)[M]. 上海:华东师范大学出版社,2000:430.

大纲》的二十条中,不仅提出"各高级学校对于党义及党的政策列为特别科目专门研究",还明确地将党义教育作为教科书、教学、学生和教师培训的重要依据,提出要"制定党的教育宗旨及教育方针以便各校遵行"的要求。① 同年5月,广东全省第六次教育大会召开并通过《党化教育决议案》。该案关于党化教育的办法有:确定教育宗旨为平民化与革命化之教育;学校增设政治训育部,施行政治训育,使学生有明确的政治观念;规定三民主义为必修课,每周时数至少要占50分钟,高级小学以上学校加授政治教育、社会科学及三民主义,每星期共须150分钟以上;并提出请教育行政委员会即行审查各校现行教科书,有悖于中国国民党的党义及政策者,应令抽出,不准讲授,此后新编教科书,应以中国国民党的党义和政策为中心。② 1927年6月,教育行政委员会起草了《国民政府教育方针草案》,草案明确提出国民政府时期"我们的教育方针,应以党的根本政策做根据,从党的立场着想",框定了民众教育应与民众运动一并进行、应以最短时间实行义务教育、教育应增进生活的效能、指导学校毕业生到民间去、各学校应增设军事训练、学校应注重体育训练、学生运动应统一在党的指挥之下、科学教育应特别注重、应努力收回教育权、教育应与宗教分离、教育经费应早日确定政府应在国内重要的工商业及农业地点开设特别学校等十二条方针内容。③ 1927年8月,国民政府教育行政委员会决议的《学校施行党化教育办法草案》中,进一步指出所谓党化教育要使"学生在学校中学习普通及专门智识技能以外,能认识本党的主义及政策,并明了国内外政治经济社会之组织及其趋势",为了推行党义教育,国民党中央要求学校建立训育委员会,指导学生参加党的运动、关于政治问题的研究、分班和个人谈话等各类指导、组织和宣传的工作,并且要每一学期呈报主管教育行政机关有关党化教育之成绩。④

二是三民主义教育宗旨与方针的确立。正是由于"党化教育"所带来的教育政治化取向,引起了社会各界的普遍不满,开始受到教育界进步人士的抵制。马亮宽在《陈寅恪》一书中曾写道:党化教育不仅威胁到教育界知识分子学术研究的自由氛围,同样是秉持这种自由信念的学人,不得不放弃学校这个安身立命之所。⑤ 任鸿隽曾旗帜鲜明地表明自己反对实行党化教育及编撰出版党化教科书,并强烈要求取消"党化教育"

---

① 赵厚勰,等.中国教育活动通史.第七卷.中华民国[M].济南:山东教育出版社,2017:22.
② 全省教育大会通过党化教育决议案[N].广州民国日报,1926-5-10.
③ 国民政府教育方针草案[J].云南教育会会刊,1927(11):6—9.
④ 学校施行党化教育办法草案[J].中华基督教教育季刊,1927(02):72—73.
⑤ 马亮宽.陈寅恪[M].西安:陕西师范大学出版社,2017:36.

这个名词。在他看来"党化"和"教育"是一对矛盾的名词,有了"党化"就没了教育,反之要教育也一定要去掉"党化教育",二者是不能成立的。1932年,他在《独立评论》接连发表《党化教育是可能的吗》与《再论党化教育》两篇文章。文章无论是从学理上还是从情感上,都对国民政府大力推进的党化教育表明了不予认同的态度。在文章中作者强烈诉求教育独立,反对政治对教育的渗透和干预,并从崇尚学术自由和挺立健全人格等角度公开阐释了自己的思想主张。[1][2] 胡适也曾明确表示:所谓党化教育,我自问绝不能更附和。[3] 社会各界学者也认为党化二字含义,太过空泛,太露骨,且解释不一,要求不一,各以为是。1928年5月,中华民国第一次全国教育会议决议,始将"党化"二字改称"三民主义",决议"此后中华民国的教育宗旨,就是三民主义的教育",所谓三民主义教育,"就是实现三民主义的教育;就是以实现三民主义为目的的教育,就是各级行政机关的设施,各级教育机关的设备和各种教学科目,都以实现三民主义为目的的教育",并提出了实施方案的十五条原则。[4] 1928年8月大学院曾由大学院呈请中央政治会议通过,但最终上述教育宗旨未被批准。大学院制也因改教育官僚化为教育学术化,统一全国教育行政权,实现教育独立而为当时政治所不容,施行不过两年也最终夭折。1929年4月国民党第三次全国代表大会颁布《教育方针及其实施原则案》,在阐明以党治国和三民主义教育的联系之后,进一步对过去教育之弊害做出了分析,其中第四个弊端中尤其提到,"教育制度与设施缺乏中心主义,只模袭流行之学说,随人流转,不知教育之真义,应为绵延民族之生命,流弊相承,遂使共党虚伪之教育,得以乘间侵入,贻重大危害于国家,而几乎动摇国民革命之根本,过去教育病因之总因",因此要明定三民主义教育之方针,指出"三民主义之教育,必以充实人民生活,扶植社会之生存,发展国民之生计,延续民族之生命,为最大之目标"[5]。可见,在实施原则案中,"三民主义"的名号已经开始被用来抵制"共产邪说"、强化思想控制,其用教育方针服务于一党专制统治的目的已经逐步显现。1931年9月,为了进一步详细规划三民主义教育的实施,又通过了《三民主义教育实施原则》,对各级学校的三民主义实施纲要进行说明,对"目标""课程""训育""设备"四个方面提出具体的要求,形成了课程和训育并列的两条线索。1932年6月教育部颁布《今后中小学训育上应特别注意之事

---

[1] 任鸿隽. 党化教育是可能的吗[J]. 独立评论,1932(03):11—14.
[2] 任鸿隽. 再论党化教育[J]. 独立评论,1932(08):9—12.
[3] 中国社会科学院近代史研究所. 胡适来往书信选(上)[M]. 上海:中华书局,1979:447.
[4] 中华民国教育宗旨说明书[J]. 今代教育,1933(01):1—4.
[5] 三全大会会议确定教育方针及其实施原则案全文[J]. 教育月刊(哈尔滨),1929(04):6—9.

项》,以忠孝仁爱信义和平等美德为目标,对学校训育的目标、责任、环境设备和实施方法都作出了要求,强调训育与日常教学的关联,为1939年的《训育纲要》的雏形。单就训育概念来看,它不仅局限于德育,还涉及体育、群育、智育等各个方面,旨在陶冶健全之品格,使其合乎集体生存(民生)之条件,且要培养实践道德之能力,本无可厚非。然而,南京国民政府这一时期所强化的训育具有很强的国家驯化色彩,如在群育这一部分,尤其强调要"养成团体生活,并应注重严密组织,竭力限制个人自由","对于服从互助等习惯,无须注意养成","须求国家与民族之自由,放弃个人之自由"等①。政府当局将训育置于国民党的直接控制之下,将训育制度与党化教育整合,强调一切教育都要以四维八德(礼义廉耻、忠孝仁爱信义和平)为基础,"偏于狭义与消极,以至学生思想倍受约束,现实生活诸多蒙蔽",可谓说"控制有余,积极之领导不足",使得青少年"只知服从命令,养成一种机械师生活",而无法发展自治精神与组织能力②,"更确切说,是'一党本位'的训育"③,使得训育一词带上了较强的政治色彩和贬义色彩。

三是基于三民主义对学校系统和课程进行修正。1928年5月在中华民国第一次全国教育会议上讨论了学制改革的问题,并在同年的5月通过了《整理中华民国学校系统案》的学制改革方案,颁布了《中华民国学校系统案》,即《戊辰学制》。这个学制改革系统主要分为两部分,第一部分为学制改革的原则,最初决议时只有6条,后经过大学院的修正增加为7条:根据本国实情、适应民生需要、增高教育效率、提高学科标准、谋个性之发展、使教育易于普及、留地方伸缩之可能④。第二部分为学制的组织系统,对初等教育、中等教育和高等教育的学制系统进行说明,并在学制系统图说明中对各级教育的科目做出了规定。戊辰学制是国民党政府为了推行其所倡导的"三民主义教育"对1922年壬戌学制继承和修正的结果,基本思路与之前连贯一致,只在个别地方做出了调整。到了1931年,朱家骅为教育部部长时,对于教育部务的整顿及全国教育计划的制定,制定了1932年12月《小学法》、1933年3月《小学规程》,以及1936年《修订小学规程》,规定小学的修业年限是六年,前四年为初级小学,后二年为高级小学。当时为了普及义务教育,在学制中规定设立一年制的简易小学和二年制的短期小学,入学年龄上限可放宽到十六周岁。中等教育阶段,随着1932年12月《师范学校法》

---

① 中国第二历史档案馆.中华民国史档案资料汇编第五辑第一编教育.教育部颁发令后小学训育工作应特别注意之事项[M].南京:江苏古籍出版社,1994:1063—1065.
② 上海中等学校协进会.修改课程标准问题:对于中等学校课程的意见[J].教育杂志,1936(01):10—11.
③ 陈桂生.教育文史辨析[M].上海:华东师范大学出版社,2012:232.
④ 陈青之.中国教育史[M].北京:中国社会科学出版社,2009:701.

《职业学校法》《中学法》的出台,教育部制定了《中学规程》《师范学校规程》《职业学校规程》,取消美国式中等教育的分科制,改用欧洲式单科中学。中学以预备研究学术为目标;职业学校以预备就业为目标;师范学校以预备合格师资为目标。戊辰学制规定了三种师范教育,即高中师范科、师范学校和乡村师范学校。职业教育脱离了普通中学系统而独立成为职业教育系统,分为初级职业学校和高级职业学校两个等级,其入学资格和普通中学一致;在这两种正式的职业学校之外,初级中学、高级中学还分别设有各种职业科;除此之外,小学之内增设职业学科,还可以在相当学校内附设职业师资科①。通过这些法令和规程的颁布,这一时期的学制系统基本得以调整完毕。具体到中小学的课程设置,也是几经调整。先是1928年2月,大学院颁布《小学暂行条例》,认为总理遗教亟待灌输,所以于公民科之外,增设三民主义科,小学之教授科目为"三民主义、公民、国语、算术、历史、地理、卫生、自然、乐歌、体育、党童子军、图画、手工,高级小学得酌量地方情形加设职业或其他科目"②。后是1929年8月颁布《中小学暂行课程标准》,规定小学课程设置为"党义、国语、社会、自然、算术、工作、美术、体育、音乐"③;初级中学课程设置为"党义、国文、外国语、历史、地理、算学、自然科、生理卫生、图画、音乐、体育、工艺、职业科目、党童军"④;高级中学仍然分普通、农工商师范等科,但为了防止过早分化,普通科不再文理分科,普通科科目包括党义、国文、外国文、数学、本国历史、外国历史、本国地理、外国地理、物理、化学、生物学、军事训练、体育等13科(初定15科,教育部鉴定时又删除2科)和选修科目18学分,总计150学分。⑤ 暂行课程标准与前相比,根本的变化就是以三民主义为指导思想,政治性加强,国民党一党专政也使小学课程呈现一统性,从小学到高中都有党义课程。此外,凡学校各项功课,皆需要与党义联络,即党义为经,其他各项功课为纬,组织成为一个系统的党化课程。⑥ 1932年10月在原暂行标准的试验研究的基础上,进行修正和审核,发布了正式的《中小学课程标准》,并于1936年颁布《修正小学课程标准》《修正初级中学课程标准》《修正高级中学课程标准》,这都是在戊辰学制的基础上的调整和修改,前后相应。在正式颁布的中小学课程标准中,最明显的变化有:(1)党义科目取消,将党义教材充

---

① 顾明远,张东娇.中国学制百年[M].北京:教育科学出版社,2016:85.
② 法规:小学暂行条例(大学院公布)[J].无锡教育周刊,1928(28):1—5.
③ 中小学课程暂行标准(幼稚园及小学之部)[J].陕西教育周刊,1929(01):24—56.
④ 中小学暂行课程标准(续前)[J].陕西教育周刊,1929(04):23—60.
⑤ 中小学暂行课程标准(高中之部)(未完)[J].陕西教育周刊,1929(07):20—41.
⑥ 陈青之.中国教育史[M].北京:中国社会科学出版社,2009:728.

分化融于国语、社会、自然等各科中,初高中党义课程改为公民;(2)小学增加了公民训练科,注重品性行为的训练,旨在陶融儿童高尚的品行和善良的行为、培养儿童强健的体魄和快乐的情绪、养成儿童团体组织的能力和社会服务的精神以及养成儿童劳动的习惯和生产的兴趣;(3)初高中取消学分制,改用钟点计算,生理卫生科改为健康科;(4)遵循从综合到分科的原则进行课程设置,如小学低年级社会自然合并为常识科(卫生习惯部分纳入公民训练),低年级美术和劳作合并为工作科,音乐和体育合并为唱游科,初高中自然则以分科制为原则,具体分为植物、动物、化学和物理。可以说,这一时期正式颁布的课程标准对各科目标、作业要项、时间支配、教材大纲、教法要点、毕业最低限度的标准等具体内容,都作出了较以往更为详尽的安排,且在教学内容、教法学法上更鼓励面向生活生产的实际,注重知识的应用与实践。课程安排上也充分尊重并吸收前期课标试验的成果与反馈,体现了在课程建构过程中对科学性和有用性的内在追求,打破了以往架空蹈虚的毛病。1936年修正后的中小学课程标准,较明显地调整和减少了教学时数,以回应学生学习负担过重、缺少自动研究时间之缺陷;同时也确定了职业科目的地位与时数,修正标准中规定初中第三年要设职业科目四小时,高中第三学年起,开设建议职业科目,以鼓励学生为升学以外的职业选择做准备。

表3-17 戊辰学制小学科目及每周教学时间总表[①]

科目/分钟/年级		公民训练	卫生	体育	国语	社会	自然	算术	劳作	美术	音乐	总计
低年级	一年级	60	60	150	390	90	90	60	90	90	90	1170
	二年级							150				1260
中年级	三年级	60	60	150	390	120	120	180	120	90	90	1380
	四年级							240				1440
高年级		60	60	180	390	180	150	210	150	90	90	1560
附注		上列分数,都可以三除尽,便于以三十分或四十五分或六十分支配为一节。										

---

① 课程教材研究所.20世纪中国中小学课程标准·教学大纲汇编:课程(教学)计划卷[M].北京:人民教育出版社,2001:123—124.

表3-18 1936年修正后小学科目及每周教学时间总表①

科目/分钟/年级		低年级		中年级		高年级	
		一年级	二年级	三年级	四年级	五年级	六年级
公民训练		60		60		60	
国语		420		420		420	
社会自然	常识	150		180		180	
						150	
算术		60	150	180	210	180	
劳作美术	工作	150		90		90	
				90		60	
体育音乐	唱游	180		120	150	180	
				90		60	
总计		1 020	1 110	1 230	1 290	1 380	

表3-19 戊辰学制初中各学期每周各科教学表②

科目/时数/学年		第一学年		第二学年		第三学年		合计
		第一学期	第二学期	第三学期	第四学期	第五学期	第六学期	
公民		2	2	2	2	1	1	10
体育		3	3	3	3	3	3	18
健康		1	1	1	1	1	1	6
国文		6	6	6	6	6	6	36
英语		5	5	5	5	5	5	30
算学		4	4	5	5	5	5	28
自然（分科制）	植物	2	2					4
	动物	2	2					4
	化学			4	3			7
	物理					4	3	7
历史		2	2	2	2	2	2	12
地理		2	2	2	2	2	2	12

---

① 课程教材研究所.20世纪中国中小学课程标准·教学大纲汇编:课程（教学）计划卷[M].北京:人民教育出版社,2001:133.
② 同上,第127—128页。

续 表

科目/时数/学年	第一学年		第二学年		第三学年		合计
	第一学期	第二学期	第三学期	第四学期	第五学期	第六学期	
劳作	2	2	2	2	4	4	16
图画	2	2	2	2	1	1	10
音乐	2	2	1	1	1	1	8
每周教学总时数	35	35	35	34	35	34	
每周在校自习总时数	13	13	13	14	13	14	

表 3-20 1936 年修正后初中各学期每周各科教学表[①]

科目/时数/学年		第一学年		第二学年		第三学年	
		第一学期	第二学期	第三学期	第四学期	第五学期	第六学期
公民		1	1	1	1	1	1
体育及童子军		4	4	4	4	4	4
国文		5	5	6	6	6	6
英语		4	4	4	4	4	4
算学		4	4	5	5	5	5
自然（分科制）	生理卫生	1	1				
	植物	2	2				
	动物	2	2				
	化学					3	3
	物理			3	3		
历史		2	2	2	2	2	2
地理		2	2	2	2	2	2
劳作		2	2	2	2	2	2
图画		1	1	1	1	1	1
音乐		1	1	1	1	1	1
每周教学总时数		31	31	31	31	31	31
说明		一、体育及童子军四小时内各为两小时,童子军另于课外训练一小时。 二、第三年得视地方情形减去劳作、图画、音乐四小时,加修职业科目。					

---

① 课程教材研究所.20 世纪中国中小学课程标准·教学大纲汇编:课程(教学)计划卷[M].北京:人民教育出版社,2001:137.

表 3-21　戊辰学制高中各学期每周各科教学表①

科目/时数/学年	第一学年		第二学年		第三学年		合计
	第一学期	第二学期	第三学期	第四学期	第五学期	第六学期	
公民	2	2	2	2	2	2	12
体育	2	2	2	2	2	2	12
卫生				2			2
军训	3	3	3	3			12
国文	5	5	5	5	5	5	30
英语	5	5	5	5	5	5	30
算学	4	4	3	3	4	2	20
生物学	5	5					10
化学			7	6			13
物理					6	6	12
本国历史	4	2	2				8
外国历史				2	2	2	6
本国地理	2	2	2				6
外国地理				2	2	2	6
论理						2	2
图画	1	1	2	2	2	2	10
音乐	1	1	1	1	1	1	6
每周教学总时数	34	34	34	33	31	31	
每周课外运动及在校自习总时数	26	26	26	27	29	29	

表 3-22　1936 年修正后高中各学期每周各科教学表②

科目/时数/学年	第一学年		第二学年		第三学年	
	第一学期	第二学期	第一学期	第二学期	第一学期	第二学期
公民	2	2	1	1	1	1
体育	2	2	2	2	2	2

---

① 课程教材研究所.20 世纪中国中小学课程标准·教学大纲汇编:课程(教学)计划卷[M].北京:人民教育出版社,2001:129—230.
② 课程教材研究所.20 世纪中国中小学课程标准·教学大纲汇编:课程(教学)计划卷[M].北京:人民教育出版社,2001:140—141.

续 表

科目/时数/学年	第一学年		第二学年		第三学年	
	第一学期	第二学期	第一学期	第二学期	第一学期	第二学期
军事训练或军事看护	3	3				
国文	5	5	5(3)	5	5	5
论理				(3)		
英语	5	5	5	5	5(3)	5(3)
算学	4	4	3(3)	3(3)	3(3)	3(3)
生物学	4	4				
化学			6	6		
物理					6	6
本国历史	2	2	2			
外国历史				2	2	2
本国地理	2	2	2			
外国地理				2	2	2
图画	1/2	1/2	1/2	1/2	1/2	1/2
音乐	1/2	1/2	1/2	1/2	1/2	1/2
每周教学总时数	30	30	30	30	30	29
说明	自第二学年起算学分为甲乙两组,括弧内数字,为增习科目之时数。					

从这一时期教育元政策和课程政策话语的表达方式与论说模式来看,注重教育改革之整体、厉行教育整顿和力主实行的话语取向尤为突出。一方面,就是教育与课程政策话语的整体思维和通盘考虑较为显著。从1926年时任教育行政委员兼广东省教育厅厅长许崇清的《教育方针草案》中就可以看到,国民政府成立初期的所要贯彻的纲领,包括"教育行政组织的改良及统一、义务教育的厉行及其教育费的国库补助、中等学校的扩张及其设备及教学训练的改善、乡村教育的改造、民众教育事业的扩张、贫困儿童就学的补助、优良教师的养成、大学教育内容的充实、军事训练的实施、宗教与教育的分离、外国人经营学校的取缔、革除偏重书本的陋习、厉行学校的社会化、打破学科课程的一元主义"等方方面面[1],及至之后的教育方针草案、中华民国教育宗旨案、教育方针及实施原则案等,都是从全国教育的系统改进的视角为根本的取向与立场,

---

[1] 许崇清.教育方针草案[J].中华基督教教育季刊,1926(03):62—68.

确实反映了统一教育行政、重建学校系统,推进教育教学实质性发展的现实需求。

另一方面,就是教育及课程政策话语中行动、实践和实际的取向鲜明,迫切要求学校教育与课程走向社会、走进生产,以此增进生活效能。在教育和课程政策话语的论述中,有非常多的笔墨用来探讨当时教育不切实用、与人民实际生活分离、各级教育偏注于高玄虚博之理论的诸多弊端,并反复倡导"中小学教育之全体设计,无论在教科课程设备管理上,具当以造成大多数有生活上之实际技能,与能服务公众能力之国民为主"①;"学校的课程与训练,须适合社会的需要,务使学生毕业后,能有种种的生产的活动,以求民生的发展",并且主张学生不要总想着当官而是要走向民间,"各学校毕业生,应往民间做种种民众运动的工作,及经营其他的建设事业"②。为了推进课程方案及标准的施行,在中小学相关法令、规程与课程标准中,也频繁地强调中央共同标准基础上的地方伸缩变通,在课程政策文本的论述中有16处有关地方教育行政的重大事宜,"呈请"上一级教育行政或教育部备案审查的论述;强调中央制定课程标准,但全国教育界广泛开展标准的试验研究和修改优化的工作职责;在教科书的使用上也建议各科教学应活用脚本,采用地方性及临时补充之教材,并须注重实验及实习。这些论述既体现了课程政策话语中鲜明的行动和实践取向,也反映了这一时期课程政策强调统一要求和地方分权的行动原则,这种"中央和地方分工合作的均权制度"③既保障了国家教育事业的整齐一致,也促进了地方在教材和教育方法上的因地制宜,较之前过于集权或过于开放的政策路径,给予了学校教育和课程变革更为平衡的制度支持。

2. 南京国民政府前十年的课程政策话语的意义建构

南京国民政府的前十年,由于国民政府从形式上实现了全国统一,因此,课程政策话语相较于前一阶段的开放性和自主性,表现得更为收敛和聚焦,开始回归到服务于国家政权、革命工作和建设事业的主旨上来,具有较强的政治依附的色彩。虽然国难严重,不减前昨,但这一时期通过重立教育宗旨、明确三民主义的教育方针和实施原则、优化学校系统和课程标准,实现了教育行政权日渐统一,各级各类教育也有了较快的发展,对中国教育现代化,不乏推动之功。然而,由于深处政权统一、社会发展和内忧外患的多重困顿之中,课程政策话语的社会建构也体现出复杂和多样的特征。

首先,是这一时期课程政策话语的建构服务于政治需要,政治化倾向明显。从南

---

① 三全大会会议确定教育方针及其实施原则案全文[J]. 教育月刊(哈尔滨),1929(04):6—9.
② 国民政府教育方针草案[J]. 云南教育会会刊,1927(11):6—9.
③ 朱庆葆,等. 中华民国专题史. 第十卷. 教育的变革与发展[M]. 南京:南京大学出版社,2015:164.

京国民政府建立的早期开始,教育和课程政策话语的建构就同政治的需求整合在一起。从国民政府成立初期教育政策以配合革命要求为主,"中国今后的教育政策,当然亦应该与这个革命的一般政策相并动",强调产业教育、政治教育和军事训练[①];到1929年北伐完成开始实施训政,训政时期的主要任务就是引导和训练人民运用民权来实现地方自治,因此,"国民政府的一切政策方针要依循国民党的党纲党义,一切制度措施都要符合党治的要求","教育方针也要建筑在国民党的根本政策之上,力图使国家教育系统化、制度化与统一化"[②],强调党化、党义的教育和训育体系的建立;以及1931年九一八事变爆发后加强军训教育、民族精神和自信力的教育,教育部先后发布加强高中以上学校军事教育,学生、童子义勇军教育和训练的文件,教育政策为应付国难开始转变。可以看到,这一时期的教育政策话语及其课程主张,不仅仅是停留于教育界的思想建构,而是"与统治思想合流,与政治的关系难解难分"[③]。尤其是国民党政权把教育视为"立国之本",正如其第四次全国代表大会决议中所说"过去数年间,吾党尽其全力,确定三民主义之教育宗旨和制定三民主义之教育计划,费无限之精力,经无限之困苦"[④],将教育作为当时国民革命和以党治国的重要工具与载体。在这个过程中,为了巩固国民党的政权,一方面,在党化教育的思路下早期的三民主义教育的主流思想逐步朝强化党义教育和一党专政的道路上发展;另一方面,训育教育系统的建立则加强了国家主义和一党本位的训育路径,后因革命形势的逆转蒋介石开始倡导封建道德和党义教条,拉开了"新生活运动"的序幕,为了防范师生的进步活动,1930年12月国民政府教育部发布《整顿学风令》,勒令停止一切罢课集会,对于破坏法纪的学潮,当作反革命反动派治之,学校教育实际上"成了国民党禁锢民众,尤其是青年学子思想的藩篱和工具"[⑤]。

其次,这一时期课程政策话语的建构明显服务于救贫的经济理想,旨在推动从不事生产的教育走向面向生产生活的教育。"中国从来的教育,只是关于支配行动的教育,关于生产行动的教育在中国是从来所无的"[⑥],所培养的统治阶层,而不是社会生

---

① 许崇清.教育方针草案[J].中华基督教教育季刊,1926(03):62—68.
② 朱庆葆,等.中华民国专题史.第十卷.教育的变革与发展[M].南京:南京大学出版社,2015:121.
③ 董宝良,等.中国教育通史.中华民国卷(中)[M].北京:北京师范大学出版社,2013:7.
④ 中国第二历史档案馆.中华民国史档案资料汇编第五辑第一编.教育.国民党第四次全国代表大会第三次会议通过《依据训政时期约法关于国民教育之规定确定其实施方针案》[M].南京:江苏古籍出版社,1994:1047.
⑤ 申晓云.动荡转型中的民国教育[M].郑州:河南人民出版社,1994:154.
⑥ 许崇清.教育方针草案[J].中华基督教教育季刊,1926(03):62—68.

产者。南京国民政府成立以后,所面临的核心问题除了政治上统一政权,实现以党治国,从"训政"走向"宪政";更为迫切的则是实业建设、产业发展,改善全民的物质生活,救助和解决中国社会于穷困贫乏的境地。缘于这样的社会现实,这一时期政策话语的建构无时无刻不在传递通过教育来救治贫弱中国的信息。一方面,在教育宗旨或趋向上强调学校教育与课程用以增加生产能力,辅助实际生活的功用。如"学校教育当与社会生活的活动和事务相结合,不独是材料的内容要与社会环境相联络,并其方法的内容亦须与社会生活相一致"[①],"中小学教育应体察当地之社会情况,一律以养成独立之生活之技能与增加生产之能力为中心,务使大多数不能升学的学生,皆有自立之能力"[②]。另一方面,在具体的课程设置和学业安排上,将面向生活实际和生产实践的教育要求整合到学校教育之中。如在中小学课程内设劳作工艺科目,从小学到高中增设各种职业科,增设职业学校及各种职业补习学校,以及各种有关产业及国民生计之专科学,大学教育也以注重自然科学与实用科学为原则,更是在教法和学法上强调超越书本或理论教育而强调技能训练和实践应用。不仅如此,来自政府和教育界的知名人士,如许崇清、陈果夫、成天放、陶行知、舒新城、罗廷光等,在全社会倡导和推进生活教育和生产教育的思潮,既推动了当时学校教育及其课程同生产实践的新关系,更是打破了指向"治术人才"培养的、与生产脱节的传统教育的话语系统,推动了以培养"具有生产技能和意识的人才"[③],促进社会生产发展、改善人民经济生活为宗旨的现代教育话语的生成。可以看到,课程政策话语的社会建构既受到当时中国社会生产落后、经济枯竭、社会贫乏的现实驱动,更是教育和课程系统观念、思想和内容自我革新的发展性选择,是对传统封建教育思想及其体制的进一步剥离。

最后,这一时期考选主义和案牍学习所带来的学业负担过重等问题突出,反映出传统教育精神的遗毒仍影响深重。1932年中学的初级、高级正式课程标准的颁行,对学生学习的课程、学校教授的科目及其学时数都做出了明确的要求。各地陈述意见,一致表示教学总时数过多,课程相当繁重。另外,1932年以后,湖北教育厅首创的毕业会考制度通行于全国各省。教育部颁布了《中小学学生毕业会考暂行规程》,凡已届毕业的中小学学生,须一律参加会考。1933年9月修正为《中学学生毕业会考规程》,

---

① 许崇清. 教育方针草案[J]. 中华基督教育季刊,1926(03):62—68.
② 中国第二历史档案馆. 中华民国史档案资料汇编第五辑第一编教育. 国民会议确定教育设施之趋向案[M]. 南京:江苏古籍出版社,1994:1027.
③ 董宝良,等. 中国教育通史. 中华民国卷(中)[M]. 北京:北京师范大学出版社,2013:233.

把小学会考一项取消,只留中学会考。会考的科目,初级中学抽试公民、国文、算数、理化、生物、史地及外国语七科;高级中学抽试公民、国文、算学、物理、化学、生物学、历史、地理及外国语九科。会考成绩有二科或一科不及格者,准其参加下届该科会考,及格后方得毕业。如有三科以上不及格者,应令留级①。1934年1月,著名教育家陶行知发表《杀人的会考与创造的考成》一文对会考制度进行抨击:"学生是学会考。教员是教人会考。学校是变了会考筹备处。会考所要的必须教。会考所不要的,不必教,甚而至于必不教。于是唱歌不教了,图画不教了,体操不教了,家事不教了,农艺不教了,工艺不教了,科学的实验不教了,所谓课内课外的活动都不教了,所要教的只是书,只是考的书,只是《会考指南》! 教育等于读书;读书等于赶考。好玩吧,中国之传统教育!"②更有言论呼吁我们要救救中学生! 我们要求废止杀人的会考! 由于社会的反响巨大,教育部于1935年7月召集学者及一部分专家开会研讨,并在1935年《教育杂志》第二十六卷第一号中开设了《修改课程标准问题》专栏共18篇文章。在专栏中,教育专家就当时课业繁重、课程太硬化没有伸缩的余地、课程太迁就升学、不顾学生的职业训练、军事教育过于偏狭和控制等问题展开了讨论。如李清悚在《现行中学课程的批评与改造》中就明确指出中学课程繁重可以从两方面看:一是时间问题,初中每周授课34小时至35小时,合在校自修每周共48小时,高中每周授课31小时至34小时,合自修为60小时,同世界各国中学校相比均有过而无不及;二是课程内容问题,学校科目繁多有16种,且内容细枝末节,算学分立解析几何、大代数、三角平及补习,英文分翻译、文法、正误练习册、英文详解、英文背诵篇、作文,每日做题,往往要牺牲所有闲暇和活动时间投身于练习、复习和自习③。这样的做法不仅"断丧青年之健康,剥夺课外活动的机会,妨碍教学的效率与个性发展,增加不及格、留级与退学人数等尤为显见"④。更严重的是,"多量灌注、食而不化"的课业学习,使得"教育几成为一些书本知识之记忆,至于慎思明辨、触类旁通之能力,几乎丧失殆尽,长此以往,势成恢复科举取士之局,无形中摧残民族之生机"⑤。1936年修正中学课程标准,对初高中教学科目及时数做出新规定,如减少各科教学时数,初中减少为每周教学总时数30小时,高中减少到每周31小时,将高中算学加以分别教学,甲组第二三学年每周均六小时,乙组第

---

① 陈青之.中国教育史[M].北京:中国社会科学出版社,2009:712.
② 陶行知.杀人的会考与创造的考成[J].生活教育,1934(08):170—171.
③ 李清悚.现行中学课程的批评与改造[J].教育杂志,1936(01):17—25.
④ 张文昌.修改课程标准问题:对于修改中学课程的几个献议(附表)[J].教育杂志,1936(01):25—29.
⑤ 上海中等学校协进会.修改课程标准问题:对于中等学校课程的意见[J].教育杂志,1936(01):10—11.

二三学年每周均三小时,以适应学生学习之曲而增进教育效率,取消自习时数等①,一定程度上回应了中学学业负担过重的问题。可以看到,南京国民政府的前十年,虽然经历了教育宗旨、学校系统和课程标准的整体调整,课程科目、内容与教法上都有了新追求,但是考选主义、应试主义、本本主义、练习本位的课业的泛滥,反映出封建传统教育中应试的、理论的、虚空的课程与学习的遗留仍然根深蒂固,妨害了学生真正身心健康的发展以及同社会生活生产建立积极的联系。

(二) 共产党领导下的苏区教育:以共产主义教育为指导方针

与此同时,学校教育发展和课程建设还有另一条线索,就是共产党领导下的农村革命根据地教育,简称苏区教育,形成了与国民党政府领导下的国民政府教育的平行系统。

1. 苏区课程政策话语的内容及其表征

1927年第一次国共合作破裂,10月,朱德、毛泽东等人在井冈山创建农村革命根据地之后,中国共产党先后创建了中央苏区、湘赣、陕甘宁等十几个革命根据地,简称苏区,建立起了以瑞金为首都的中华苏维埃共和国,开始了武力对抗国民党统治,独立领导中国革命的道路。苏区将教育视为革命斗争的重要阵地,从教育理论和实践两个方面探索新民主主义教育的发展道路,为新民主主义教育思想的最终形成奠定了坚实的基础。主要教育思想就是以共产主义精神教育广大劳苦大众,使文化教育为革命战争和阶级斗争服务,使教育与劳动联系起来,使广大中国民众都成为享受文明幸福的人(见表3-23)②。

表3-23 农村革命根据地教育元政策与课程政策相关文件

	具体内容		具体内容
教育元政策	1931年11月中华苏维埃共和国第一次全国工农兵代表大会宣言(教育部分) 1933年10月全苏教育建设大会何凯丰报告及总结报告《苏维埃的教育政策》 1933年10月《目前教育工作的任务的决议案》 1933年10月苏维埃学校建设决议案	课程政策	1933年10月《小学课程与教则草案》 1934年2月《中华苏维埃共和国小学校制度暂行条例》 1934年4月《小学课程教则大纲》 1934年4月《小学管理法大纲》 1934年4月《列宁小学校学生组织大纲》

---

① 修正中小学课程标准:高级中学教学科目及各学期每周各科教学时数表[J]. 吴县教育,1936(04):84—85.
② 顾明远,刘复兴. 从新民主主义教育到社会主义教育(1921—2012)[M]. 北京:教育科学出版社,2015:61—66.

苏区教育以推动工农群众的政治经济和文化上的彻底解放为目标,为革命战争服务,因此所兴办的教育涵盖面广泛,包括面向工农群众的教育、红军干部教育、社会教育、党员教育等的教育发展,红军教育等,发展了同国民政府完整的学校制度系统不同的教育发展路径。但在关注成人教育的同时,也尤其注重学校教育尤其是义务教育阶段学校教育和课程的系统建设。在根据ROSTCM6.0软件分别对教育元政策和基础教育领域课程政策文本进行词频、高频词、语义网络、社会网络和共现矩阵等维度的分析之后,对整合文本进行分词后分析分别得到136和157个高频词,结合政策文本的行特征词和语义网络进行综合,得出表3-24的关键词。整体上而言,这一时期教育元政策和课程政策话语主要围绕确立马克思主义、共产主义的教育思想路线、反对和废除资本主义的教育、普及五年义务教育以及推进学校教育的生活化和实践化导向等关键议题展开。

表3-24 农村革命根据地的教育元政策与课程政策文本高频词统计

	教育元政策文本	课程政策文本
主题与结构	教育、苏维埃、群众、共产主义、消灭、文化、战争、社会教育、知识分子、培养、社会、建设、经济、劳动、政府、斗争、文化教育、农民、工农、识字、苏区、义务教育、人民、无产阶级	儿童、小学、学校、教员、自然、生活、实物、政治、组织、群众、斗争、成绩、教授、革命、考试、练习、劳动、讨论、活动、国语、图画、游戏、阶级斗争、生产、科目、集体、列宁、读本、经验、自觉自治
论说模式	统一思想、明确目标、系统发动、团结精神、群众路线、应当、必须、能够、相信、任务、组织、吸收、领导、帮助	实干主义、规则意识、逐步统一、民主集权、发动、动员、应当、发展、利用、必须、讨论、领导、编制

首先,就是警惕资产阶级教育倾向,明确共产主义的教育思想路线。这一时期苏区教育的政策话语也是逐步明确教育立场的关键阶段,指出要区别于南京国民政府统治下的资本主义取向的教育,明确马克思主义为指导思想的共产主义的教育路线。1931年11月7日,中华苏维埃临时政府成立后,立即颁布了《中华苏维埃共和国宪法大纲》,它以根本大法的形式规定了"中国苏维埃政权以保证工农劳苦民众有受教育的权利为目的",在可行的范围内,要"施行完全免费的普及教育",教育要在"青年劳动群众中施行并保障青年劳动群众的一切权利,积极地引导他们参加政治和文化的革命生活,以发展新的社会力量"[①]。1931年11月通过的《中华苏维埃共和国第一次全国工农兵代表大会宣言》提出"工农劳苦群众,不论男子和女子,在社会、经济、政治和教育

---

① 陈元晖,等. 老解放区教育资料(一)土地革命时期. 中华苏维埃共和国宪法大纲(节录有关文化教育部分)[M].北京:教育科学出版社,1981:28.

上,完全享有同等的权利和义务","一切工农劳苦群众及其子弟,有享受国家免费教育之权","取消一切麻醉人民的封建的、宗教的和国民党的三民主义的教育"①。但是,由于对中国新民主主义革命的性质、对象、任务还缺乏比较充分和自觉的认识,苏区教育在对以共产主义精神教育广大劳苦民众这一问题上,一开始的认识就比较模糊。1933年,张闻天曾在《论苏维埃政权的文化教育政策》中批评苏区教育存在机会主义的问题,"机会主义者认为在中国革命目前的阶段之上,我们的文化教育只能是资产阶级的教育,企图把我们的教育限制在反封建反迷信等资产阶级的教育之上"②。在认识到这一倾向后,领导者开始着力纠正这一问题。1933年10月,何凯丰在苏区教育大会上所做的题为《苏维埃的教育政策》的报告中则明确提出:"苏维埃政府教育的基本原则,是以共产主义的教育来教育群众","各级学校成为培养新社会的建设者以及镇压仇视我们的资产阶级及小资产阶级思想的武器",因此"教育也要为着战争,满足战争的需要,帮助战争的动员、战争的发展","经过发展教育工作,去提高工人和劳动群众的阶级觉悟"③。中央文化教育建设大会通过的《目前教育工作的任务的决议案》第一条中就标明了苏区教育的根本立场,即"在工农民主专政的苏维埃共和国内,一切教育事业的设施,无论在政治教育范围内,或普通的工艺的教育的范围内,或文艺的范围内,都应当从阶级斗争出发,从争取工农民主专政的胜利,从推翻地主资产阶级的统治出发,从为着转变到社会主义的革命出发,从消灭阶级,从消灭人剥削人的制度,从为着共产主义社会的斗争出发。因此,苏维埃的教育应当是共产主义的教育"④。1934年1月,毛泽东在中华苏维埃第二次全国代表大会上进一步强调了苏维埃文化教育的总方针,"在于以共产主义的精神来教育广大的劳苦民众,在于使文化教育为革命战争与阶级斗争服务,在于使教育与劳动联系起来,在于使广大中国民众都成为享受文明幸福的人"⑤。指明了这一时期苏区教育服务于阶级斗争、服务于革命战争的文化教育的根本取向,也明确了共产主义的教育区别于旧社会的教育传统的两个关键方面:一是教育和实际生活的结合,即教育不是停留于书本上的而是要同日常生活和

---

① 陈元晖,等.老解放区教育资料(一)土地革命时期.中华苏维埃共和国第一次全国工农兵代表大会宣言(节录有关教育部分)[M].北京:教育科学出版社,1981:27.
② 洛甫.论苏维埃政权的文化教育政策[J].斗争,1933(26):10—16.
③ 陈元晖,等.老解放区教育资料(一)土地革命时期.全苏教育建设大会何凯丰同志报告[M].北京:教育科学出版社,1981:39—52.
④ 同上,目前教育工作的任务的决议案,第60页。
⑤ 同上,中华苏维埃共和国中央执行委员会与人民委员会对第二次全国苏维埃代表大会的报告,第20页。

各方面的工作相联系;二是劳动与教育的连贯,即要达到共产主义社会的各尽所能、各取所需,就需要把劳心和劳力联系起来,达到劳动与教育的统一。

其次,则是在苏区统一推进五年普及义务教育。在1933年10月20日通过的《目前教育工作的任务的决议案》中,明确地说明苏维埃教育制度的基本原则,是为着实现一切男女儿童免费的义务教育到十七岁止,并指出在战争情况下将义务教育暂时缩短为五年,在整个苏区统一实行五年普及义务教育。1934年2月,中华苏维埃临时中央人民政府颁布了《中华苏维埃共和国小学校制度暂行条例》,这一指导苏区小学教育的纲领性文件,详细规定了关于小学校办学的目的、教育的原则、小学修业年限、教学科目、教学设备、教员职员以及教员的待遇等方面的内容。五年的小学修业年限分前后两期,"前三年的科目为国语、算术、游艺(唱歌、运动、手工、图画),但国语的课目中要包含乡土地理、革命历史、自然和政治等(不单独教授政治、自然及其他科目),游艺也须与国语、算术及政治、劳动教育等有密切的联系","后二年,科学和政治等科目须带系统性教授,其课程和教则另行规定"[①]。之后,苏维埃教育先后发布了《小学课程与教则草案》《小学课程教则大纲》《小学管理法大纲》《列宁小学校学生组织大纲》等,对小学教育要达到的程度以及课程教材教法等安排作出了具体规定。如小学教育达到的程度主要包括两个方面:一是政治水平要达到了解马克思主义列宁主义的基础,要达到能了解阶级斗争一般的理论和策略;二是知识、技能、身体要达到目前斗争和一般生活最低限度的需要。由于深处阶级斗争和革命战争的现实,学校课程的设置也相对简化,以满足阶级斗争和现实生活的最低限度需求为准则[②]。从表3-25中可以看到,这一时期课程科目的设置相对简单,具体的内容也以掌握基本的常识、概念与方法为准。在整个课程教学的安排中,也表现出一些较为显著的特征。一是强化课内课外的结合,课内学习要配合课外的实际行动,强调劳动实习的教授方法,以及课外社会工作与实践。具体而言,在课时分布上,初级小学每星期课内时间为18小时,课外教学(劳作以及社会工作)至少12小时;高级小学每星期上课时间为24或26小时,课外教学也是至少18个小时,几乎达到课内外的持平。此外还要组织各种长途旅行参观、农忙休业等活动,使得学校教育同生产劳动与经济建设有直接的内在关联。为了扫除那种"读书"同生产脱离的寄生虫式的教育制度的残余,劳动实习也成为重要的教授方法,强化

[①] 陈元晖,等.老解放区教育资料(一)土地革命战争时期.中华苏维埃共和国小学校制度暂行条例[M].北京:教育科学出版社,1981:308—311.
[②] 同上,小学课程与教则草案,第297页。

"学校与附近的农场(红军公田及一般农田)或者市圩的工场发生密切联系,有计划的领导学生参加生产劳动,从简单的动作进行到复杂的动作,从单纯的个人生产进到复杂的分工的互相配合的生产,甚至学校本身的打扫,整理布置,使学生轮流值日和分工,也可以成为劳作的实习"①。二是强化不同科目之间的内在关联,如在《小学课程教则大纲》中,明确指出国语课程要同政治、自然结合,高级小学社会科学课本的文字也要与高小国语程度相互配合,"小学的一切课目都应当与游艺有相当的联系,尤其是初级三年(上课不必完全在教室内),应当配合着游戏、参观、短途旅行等去教授各科常识及文字","社会政治工作,亦应当与当时当地的政治任务密切相关,并采取相当的教材,配合国语及算术等课目来进行","劳作实习的材料,必须尽量配合每一年级的程度加入国语算术等的课目中,作为教材"②。这种大课程的观念,即强调学校课程在育人中的相互协同与配合,固然受当时课程科目有限的客观条件限制所致,但却对我们当下推进课程之间的综合和关联具有重要的反思意义。三是学校课程强调培养儿童的自治能力、自动能力和创造性,反对灌输式、机械记忆和跟随的学习。在具体的教育教学中,强调"采取启发式,要充分发展儿童自动的能力和创造性","用实物显示参观各种机关团体,观察自然界的物产现象,儿童自己练习选举,办事等等,用具体的问题,去引起儿童对于课目的兴趣,自动的思索、解答"。在教育评价方面,也"以儿童自动能力和创造性的发展做标准,以发展儿童的集体批评和自我批评能力为目的"③。考试的方法,不是背书、默书,而是用革命竞赛的方法,组织儿童活泼的表演、演讲、自动的写作和口头的答问,而且要综合社会工作、劳作实习的成绩、平时的成绩,以及学生会和儿童团的批评,制定每个学生的"鉴定书",通过儿童自身和集体的充分讨论批评作为考试的最后结果。

表 3-25 农村革命根据地的小学课程安排

学段	科目	内容	课时(小时/周)	
初级小学	国语	包含政治(最浅易的叙说革命常识、乡土地理、革命历史等)及自然(浅易的叙述理化及生物、生理卫生的常识),同时必须在初级小学的三学年中教授儿童以最简易的叙述文的作法,使初级毕业时,学生能自动的写作简单语句的短文	6	18

---

① 陈元晖,等. 老解放区教育资料(一)土地革命战争时期. 小学课程教则大纲[M]. 北京:教育科学出版社,1981:317.
② 同上,第313页。
③ 同上,第317—319页。

续 表

学段	科目	内容	课时(小时/周)	
	算术	教完整数加减乘除四法及诸等数因数以及小数的最初阶段	4	
	游艺	包含唱歌、图画、游戏、体育等,发展儿童的艺术才能,使学生能从模仿进阶到自动的创造,并养成其集体生活的习惯,发扬革命奋斗的精神	8	
	劳作实习	同当地经济情形相配合,有计划地领导学生学习各种工艺、园艺、耕种及其他生产劳动	6	12
	社会工作		6	
高级小学	国语	包含政治及自然的教材,增加议论和批评的成分,同时必须在高级小学的二年中教授儿童初步的议论文作法,高级毕业时,学生能自动地写作最浅易的短篇文字,尤其是应用文(如信函、路条、短篇论文等),并增加关于革命斗争的实际问题的教材(例如苏维埃公民的最低限度的常识等)	6	24(五年级 26 小时)
	算术	学完百分数、小数、分数(命分)、开方及比例,并给以最浅显的几何学知识,且必须教授簿记(记账)、会计等实用科目的简单方法	6	
	社会常识	包含系统的最浅易的历史地理及社会关系的常识,从社会现象的叙述,逐渐引导到时代与地域的普遍概念,以及社会经济和阶级关系等的观念	2(五年级3小时)	
	科学常识	包含有系统而最浅易的理化、生物、生理卫生常识,从具体的自然界现象的叙述,逐渐引导到最浅显的科学公律的概念	2(五年级3小时)	
	游艺	应培养并发扬儿童的艺术上的创造性,以及集体行动中自我组织能力	8	
	劳作实习	同当地经济情形相配合,有计划地领导学生学习各种工艺、园艺、耕种及其他生产劳动	8	18
	社会工作		10	
备注	每学期有两星期以上的空余时间,以便组织儿童长途旅行参观等,以及农忙时的休业,纪念节日的放假,或必要时的复习及补习,并实行考试。第一学期二十二周,第二学期二十三周。			

从这一时期教育元政策和课程政策话语的表达方式与论说模式来看,强调统一思想与系统发动、注重因地制宜与逐步统一,成为主要的政策话语取向。首先,统一思想与系统发动,明确苏区教育的共同立场与系统发展教育是当时苏区教育的迫切追求。无论是早期苏维埃政府讨论教育问题时,澄清和明确苏维埃教育要统一在共产主义教育思想路线之下的方向性问题,还是之后在思想上明确苏维埃革命与教育事

业的内在关系,就忽视教育工作的观点、团结旧知识分子为苏维埃工作、加强学校建设、消灭文盲、社会教育、干部教育等一系列问题展开广泛讨论,其目的就在于将苏维埃在文化教育事业上的问题更加明确地提出来,加以系统的讨论和解决。在这一时期的教育元政策和课程政策文本中,至少有22处论述,强调要通过系统的领导、发动群众以及团的协助,来落实苏维埃教育的政策。在1933年中华苏维埃共和国临时中央政府教育人民委员部训令中,多次提到要反对各地方教育和斗争分开,唤起各地各级政府及教育部转变过去观点上组织上的严重错误,反对文化教育工作上的怠工迅速执行并推动教育的工作。比如,立即健全教育委员会的组织、无论进步区域与落后区域都要兴办俱乐部识字运动、小学、夜校等主要群众教育的部门,要与"我们没有人没有钱不能发展普通教育"以及"教育部工作中的游机主义残余、没有计划性的工作、没有建立苏维埃教育制度"等观念倾向作斗争,为确立苏维埃的教育制度与教育系统,为普及义务教育而斗争。[①] 在这些论述中,可以鲜明地看到对于统一教育思想、政策和学校制度,以及系统发动政府和社会力量尽可能推动文化教育事业发展的迫切追求,要动员一切力量,包括"工人和农民、红色战士以及一切劳动者积极参加教育事业,特别是参加一切国民教育和社会教育事业建设"[②]。

其次,就是在落实苏维埃教育政策以及学校课程建设的统一要求的过程中,又不得不考虑各根据地具体的情况与差异,因此,注重因地制宜与逐步统一,也成为当时课程政策话语实践的重要特征。如在苏维埃学校建设决议案中,就明确提出"苏维埃学校制,是统一的学校制,没有等级,对于一切人民,施以平等的教育,所以需要普遍的消灭文盲,普遍的进行义务教育","但同时要顾到目前国际和国内的革命形势的积极的转变,需要工农分子的政治、军事、工业和文化教育人材。因此在学校种类上科目增减上、修业期限上、课程标准上,以至教材选择上,均须有极大的伸缩:惟不违背实际环境,达到逐渐统一的目标"[③]。因此,当时在革命根据地开办不同类型的学校,有面向青年和成年旨在消灭文盲的学校,如夜学校、星期学校、短期职业学校、短期政治学校、短期的教员训练班等;还有面向儿童的劳动小学校,如劳动学校、儿童补习学校;以及劳动学校和大学中间的学校,如列宁师范学校、职业学校、政治学校、蓝衫团学校等。

---

① 陈元晖,等. 老解放区教育资料(一)土地革命战争时期. 中华苏维埃共和国临时中央政府教育人民委员部训令第一号、第四号、第五号[M]. 北京:教育科学出版社,1981:29—39.
② 同上,目前教育工作的任务的决议案,第60页。
③ 同上,苏维埃学校建设决议案,第62—64页。

这些不同类型的学校和教育形式学习年限较短,往往带有速成的性质,课程也体现出多样性,反映了当时各个革命根据地根据自身情况兴办教育、发展文化教育活动的现实情况。在1933年全苏教育建设大会召开以及有关学校建设和教育工作的决议案发布以后,各个省市县区的教育部以及各级教育委员会如江西、湘赣、湘鄂赣、闽西、瑞金、永新、莲花、永定、龙岩、华容等都针对所在地区的具体情况,相继发布有关文化教育和学校建设的训令、工作计划和决议案,因地制宜地对文化教育工作进行规范,针对落实教育经费、校舍设备完善、教员培养、编写教材、破除反动宣传、肃清封建迷信、加强群众的阶级教育、教法改善等具体问题给出了对策,体现了在统一目标基础上的地方的伸缩和调适,也反映出苏区教育和课程政策在推进过程中强调自治、实干、群众参与的工作作风。

2. 苏区教育的课程政策话语的意义建构

苏区教育是在苏维埃工农民主政权领导的红色地区发展起来的,区别于国民党统治区域的教育系统是一种更为灵活且新型的教育体系。苏区教育服务于工农大众,保障一切工农劳苦群众及其子弟的教育,同时借助教育为无产阶级政权服务,依靠青年劳动群众参加政治和文化生活,发展为新的社会力量,参加苏维埃各方面的建设。这一时期苏区教育的课程政策话语的建构体现了较强的民主革新精神,形成了自成体系的制度与方法,为学校建设和课程发展提供了与众不同的经验。

首先,苏区的课程政策话语形成了与国民党统治区的学校教育和课程对峙的局面。一方面,苏区的学校教育与课程无论是在教育理念、教育对象、教育目的、教育内容,还是教育方式方法上,都同国民党统治区域的相对传统、分层的、规整的学校课程大相径庭。苏区教育以马克思主义、共产主义的思想作为指导原则,面向工农大众和无产阶级,以保障工农劳动群众的权利与自由,以解放无产阶级和劳动者为根本目的,取道一种普及的、系统的、灵活的、自治的、多样的和生动活泼的学校与课程治理的路径,"形成了包括干部教育、农民业余教育和小学教育在内的一个初具规模的新兴教育体系"[①],构成了与国民党统治区域学校教育平行且相互对立的体系。虽然地处农村和文化落后地区,尤其是面临师资短缺等现实问题,但是善于调动一切办法和群众办教育,厉行义务教育、发展广泛的社会教育、开展反封建教育,苏维埃政权建立两年左右,"根据江西、福建、粤赣三省的统计,在2 932个乡中,有列宁小学2 052所,学生

---

① 黄书光,等.文化差异与价值整合——百年中国基础教育改革进程中的思想激荡[M].北京:教育科学出版社,2011:229.

89 710人,有补习夜校6 462所,学生94 517人",另外还有识字组(32 388组)、俱乐部(1 656个)等扫除文盲和推进文化教育的机构与组织①,在教育发展速度和规模上都取得了显著的效果。另一方面,所谓的对峙还包括国民党政府配合围剿对革命根据地地区推行的"特种教育"。针对中国共产党领导的革命根据地及其周围地区,主要是对赣、闽、皖、鄂、豫五省"特种地区"受过革命思想影响的成人、妇女和儿童开展特种教育。1933年分别颁布了《小学特种训育纲领》和《特种区域暂行社会教育实施办法》,之后1934年又发布《特种教育计划及其纲要的训令》,强调苏区教育"所谓列宁小学,一县多至数百所,以为麻醉青年之利器","此思想之流毒,实较有形匪患为尤甚",提出要在收复区"谋教、养、卫兼施之实现",也就是"以教育为中心,注重改正民众错误思想与训练地方自卫,增加农村生产"②,目的在于灌输三民主义、宣讲共党罪恶与缪妄、消除民众的革命思想,麻痹人民的革命意志,通过开设中山民众学校、厉行识字运动及公民训练等方式,配合军事围剿展开政治宣传和政治训练。③ 与苏区文化教育以解除反动统治阶级加在工农群众精神上的桎梏,而创造新的工农的苏维埃文化的革命性教育形成截然对峙的立场。

其次,就是苏区的课程政策话语同样具有很强的政治关联,政治教育和革命化的色彩鲜明。这一特点不仅同当时"围剿"和"反围剿"斗争局势紧密关联,也反映了中国共产党领导下的农村革命根据地教育的根本使命,苏区教育是发展阶级斗争和革命战争的重要思想武器,是"用马克思主义阶级斗争的观点和方法教育群众,激发广大群众反帝反封建的阶级觉悟,反对帝国主义、封建主义的教育,反对国民党'党化教育'和'三民主义教育'"④,教育从根本上是要为革命战争服务,为土地革命服务,为巩固工农民主政权服务。正如中华苏维埃共和国临时中央政府教育人民委员部训令第一号中所提出的,"苏区当前文化教育的任务,是要用教育与学习的方法,启发群众的阶级觉悟,提高群众的文化水平与政治水平,打破旧社会的思想习惯的传统,以深入思想斗争,使能更有力的动员起来,加入战争,深入阶级斗争,和参加苏维埃各方面的建设"⑤。

---

① 陈元晖,等.老解放区教育资料(一)土地革命战争时期.中华苏维埃共和国中央执行委员会与人民委员会对第二次全国苏维埃代表大会的报告[M].北京:教育科学出版社,1981:18.
② 中国第二历史档案馆.中华民国史档案资料汇编第五辑第一编教育.国民政府军委会检发特种教育计划及其纲要的训令之赣闽皖鄂豫五省推行特种教育计划[M].南京:江苏古籍出版社,1994:1144—1145.
③ 申晓云.动荡转型中的民国教育[M].郑州:河南人民出版社,1994:160.
④ 顾明远,刘复兴.从新民主主义教育到社会主义教育[M].北京:教育科学出版社,2015:63.
⑤ 陈元晖,等.老解放区教育资料(一)土地革命战争时期.中华苏维埃共和国临时中央政府教育人民委员部训令第一号[M].北京:教育科学出版社,1981:29.

这决定了苏区革命根据地的教育具有先天的政治属性和革命属性。

最后,值得一提的是,虽然苏区整个教育和课程政策话语是围绕政治斗争、革命战争和阶级斗争开展的,但是苏区教育发展并建构出独特的社会化、劳动化、实践化和创造性的育人导向与路径,使得苏区教育在彰显革命性的同时,也体现出其特有的生命力和开放性。一方面,正如陈桂生老师在《教育文史辨析》中所提及的,苏区在教育经费非常匮乏,军民上下都勒紧裤腰带过着最俭朴的生活的时候,调动工农大众和人民群众,"把学校办成社区文化活动的中心","校外机构和文化设施如俱乐部、列宁室、工农剧社等,像雨后春笋般大量涌现","显示了'学习社会化'的曙光",相对于制度化的教育,社会化的教育成为"革命根据地的革命战争的产儿",也是中国大地上生长出来的智慧之花。① 另一方面,则是教育要与劳动生产相结合、理论要与实践相结合、要充分体现学习者的自治与创造性的学习,脱离形式主义、官僚主义和教条主义,成为苏区教育和课程政策话语建构的重要特征。从教育部和地方教育委员会的训令到具体的课程教材大纲,都强化劳动与教育的结合,"劳心与劳力结合,理论与实际结合,达到消灭精神劳动与肉体劳动的对立"②;强调"小学教育的具体任务就是'识得字、耕得田,又会革命'的劳动者,努力在日常的生活、学习及社会锻炼中提高学生的阶级觉悟、劳动意识和思想素质"③;"教育只有同革命战争的各方面——儿童的实际生活联系着,方才能够真正培养共产主义建设者的新后代";"苏维埃的儿童教育,因此必须着重在养成儿童的自治能力,必须领导儿童参加社会工作"④。这种面向实践、生产与创造的课程与教学的思想,嫁接了课程同社会、生活和日常工作的关联,塑造了同传统的唯书本、唯文凭和唯谋生的旧教育截然不同的教育生态与思考方式,丰富了我国基础教育课程教学思想的话语样态。

三、抗战至1949年之前的课程政策话语(1938—1948)

1937年7月7日,卢沟桥事变爆发后,中国军民奋起抵抗,拉开了全面抗战的帷幕。在中国共产党和其他爱国团体的共同努力下,淞沪战役以后促成了第二次国共合

---

① 陈桂生.教育文史辨析[M].上海:华东师范大学出版社,2012:252—253.
② 于述胜.中国教育通史.中华民国卷(下)[M].北京:北京师范大学出版社,2013:253.
③ 黄书光.文化差异与价值整合——百年中国基础教育改革进程中的思想激荡[M].北京:教育科学出版社,2011:229.
④ 陈元晖,等.老解放区教育资料(一)土地革命战争时期.小学课程教则大纲[M].北京:教育科学出版社,1981:315.

作,形成了抗日民族统一战线。在中华人民共和国成立之前的这一段时间内,在教育发展和学校课程建设的政策领域,也同样有两条并行的线索:一条线索是国民政府从抗战期间的战时教育政策,到推进战后课程复原、推行国民教育五年计划,以及内战期间为了巩固统治,国民政府的教育专制色彩日益凸显,形成国民政府教育危机的路线;另一条线索则是中国共产党领导下的抗日根据地基于抗战需要开展的反殖民奴化的教育,以及解放战争时期在解放区进行的教育整顿和课程改革。

(一)从战时到危机:国民政府的课程政策演化

从全面抗战到抗战胜利以及内战爆发,随着战事的演进和时局的变化,国民政府统治下教育的整体方针和课程政策也不断调整,表现出较为显著的变化。

1. 抗战以后国民政府课程政策话语的内容及其表征

从紧急应变抗战局势确立战时的教育原则,发布《总动员时督导教育工作办法纲领》《战时各级教育实施方案纲要》《国民教育实施纲领》,维持学校教育的正常开展,颁布了《国立中学课程纲要》,并对小学课程标准进行了修订,发布训育纲要和面向中小学的训育标准;到抗战胜利之后,为解决全国教育善后复员和恢复战前教育规模,推行国民教育第二次五年计划;以及国民党大举进攻中原解放区致使内战爆发,第二次国共合作彻底破裂以后,国民政府进一步强化训育制度,强化对学生的监控,专制色彩日益浓重,加速了国统区师生爱国民主运动和旧民主主义教育的彻底分化,使得国民政府的教育陷入危机并最终走向失败(见表3-26)。

表3-26 抗战以后国民政府教育元政策与课程政策相关文件

	具体内容		具体内容
教育元政策	1937年8月《总动员时督导教育工作办法纲领》 1938年4月《战时各级教育实施方案纲要》《战时各级教育实施方案》 1938年6月《沦陷区教育实施方案》 1940年3月《国民教育实施纲领》 1946年1月《全国实施国民教育第二次五年计划》	课程政策	1938年2月《青年训练大纲》 1938年2月教育部《国立中学课程纲要》 1939年9月教育部颁发《训育纲要》 1939年12月《修正国立中学暂行规程》 1940年2月《初级中学课程标准》《高级中学课程标准》 1942年修订《小学课程标准总纲》 1942年10月《小学训育标准令》 1944年9月《中等学校训育标准》 1948年第二次修订颁布了《小学课程标准总纲》 1948年12月公布了修订后的《中学课程标准总纲》

根据ROSTCM6.0软件分别对教育元政策和课程政策文本进行词频、高频词、语

义网络、社会网络和共现矩阵等维度的分析,对整合文本进行分词后分析得出高频词,结合政策文本的行特征词和语义网络进行综合,提炼出表 3-27 的关键词。整体而言,这一时期教育元政策和课程政策话语主要就明确战时教育方针政策、中小学课程标准及教学的相应调整与适应、战后教育复员及计划、训育制度以及训育标准的系统化等主题展开,描绘了全面抗战后不同阶段国民政府既连贯又有变化的教育和课程政策话语的图景。

表 3-27　抗战以后国民政府教育元政策与课程政策文本高频词统计

	教育元政策文本	课程政策文本
主题与结构	战时教育、国民、训练、民众、失学、义务教育、合群、卫生、创造、抗战、军事、运动、纲领、政治、制度、自治、改进、提高、五年计划、维持、发展、分期、家庭教育、社会教育	训育、儿童、教学、学生、生活、战时、公民、社会、精神、国民道德、爱国意识、大同理想、能力、民族、三民主义、信仰、标准、科目、训导、建国、课程、观念、自卫自育自信自治、价值、兴趣、课外、集团活动、童子军、信义、廉耻、爱国、健全
论说模式	通盘考虑、整顿改善、循序发展、树立基础、原则、依照、根据、指导、当地情况、酌量变通、应有、应为、推行、至少、联络、发展、建设、充实、应用、设施、设置、方法、完成	系统实施、广泛合作、战时情境、社会环境、实际情形、增进、培养、养成、关系、努力、指导、创造、建设、服从、服务、训练、行为、负责、集团、爱护、导师、必要、激发

首先,就是明确"战时当作平时看"的战时教育方针。在九一八事变以后,爱国人士感于国难日渐严重,对于全国教育应如何改变,课程应如何设置以救国难,当时议论纷纷。一部分人提倡实施战时非常教育,将一切正规教育完全改弦更张,特别是 1937 年南京失守后,主张改弦更张一派的言辞尤为激切。但当时一部分教育界人士对战时教育持不同见解,认为教育为百年大计之应,对于战时需要做若干临时适应的调整,不应全盘改弦更张,使教育中断。二者争论尤为激烈。随着战争的进一步发展,认识越来越深入,战时的教育方针政策逐步明确起来,确立了战时当作平时看的指导原则。1937 年 8 月《总动员时督导教育工作办法纲领》中就提出维持正规教育之意,"战争发生时,全国各地各级学校暨其他文化机关,务必镇静,以就地维持课务为原则,比较安全区域内之学校,设法扩充容量,收容战区学生",指出要"安定全国教育工作","不得已以任何名义妨害学校秩序"[①]。1938 年 3 月陈立夫接任教育部部长,发表告全国学

---

① 中国第二历史档案馆.中华民国史档案资料汇编第五辑第二编教育(一).总动员时督导教育工作办法纲领[M].南京:江苏古籍出版社,1997:1—2.

生书,主张维持正常教育。1938年4月通过了《战时各级教育实施方案纲要》和《战时各级教育实施方案》,明确指出"教育为立国之本,整个国立之构成有赖于教育,在平时然在战时亦然。所贵乎战时教育之设施者,即针对教育上之缺点,以谋根本之挽救而已,非战时教育必大有异于平时也"①。但这里所说的教育无分平时与战时之观念,并不是不要因应战时需要对教育进行调整,而是指要借由战时的契机对教育过去之缺点如德育不能立德、体育不能健体卫国、智育脱离实际等进行检视,明其症结,提出现在之方针和今后之设施,"切实加以整顿及改善,以树立整个教育系统之基础"②。因此,提出了三育共进、文武合一、农工并重、政教合流、男女异教、家校联系等十个方面的方针。

其次,就是针对战时需要对课程系统进行综合调整。在当时教育部订定战时教育实施方案时就明确指出"教育部要成立各级学校各科教材编订委员会,先草订或修正各级学校各科课程标准,再依据课程标准订定各科教材要目",尤其是"现行中小学教学科目与课程标准,虽经数次修订,但仍觉过于繁重,学生不易负担,故应重行加以审订,酌量减少","并加授关于生产之训练及军事之知识",以适应战时需要。③ 具体的做法上,一方面,对各级学校各科教材彻底加以整理,使之成为一贯之体系,以应抗战与建国之需要,以坚定爱国爱乡之观。其中小学教科书以及中学、师范之公民、国文、历史地理教科书,明确由国家编辑颁发应用。编辑国民必读读本,将国民应有之常识包含在内,鼓励各省各地编辑乡土教材以为中小学及民众学校之补充教材。同时编印中小学各科战时补充教材,搜集抗战期间前线英勇将士、后方忠义群众可歌可泣的故事及抗战建国纲领,国民精神总动员等,以激励抗敌情绪、发扬民族精神,小学有国语、常识、社会等,中学有国文、公民、历史、地理等多种。④ 另一方面,则对中小学课程纲要及标准以适应战时需要进行的修订。由于战事的扩大,从1937年秋开始,为谋战区省市立中等学校教职员及公私立中等学校学生继续施教与受教,教育部开始在各地设置国立中学,以继续发挥教育功能,充实民族力量。先是1938年2月教育部颁发了

---

① 中国第二历史档案馆.中华民国史档案资料汇编第五辑第二编教育(一).国民党临时全国代表大会通过之战时各级教育实施方案纲要[M].南京:江苏古籍出版社,1997:13.
② 中国第二历史档案馆.中华民国史档案资料汇编第五辑第二编教育(一).教育部订定之战时教育实施方案[M].南京:江苏古籍出版社,1997:25.
③ 同上,第28—29页.
④ 中国第二历史档案馆.中华民国史档案资料汇编第五辑第二编教育(一).教育部为国民党六中全会撰写的教育报告书[M].南京:江苏古籍出版社,1997:259,253.

《国立中学暂行规程》以及《国立中学课程纲要》,1939年12月教育部又颁发了《修正国立中学暂行规程》,明确国立中学课程分为精神训练、体格训练、学科训练、生产劳动训练及特殊教学与战时后方服务训练五项。初中实施童子军管理,高中实施军事管理。其中,学科训练集中于每日上午,生产劳动训练及特殊教学与战时后方服务训练排列于下午,精神及体格训练均分别于晨间及下午举行之。初中的教学科目主要包括:上午之(1)公民(2)国文(3)算学(4)历史(5)地理(6)自然(7)英文;下午之(1)体育及童子军(2)劳作与生产劳动(3)音乐(4)图画。各科主要学科之教学时间,每周至多不得超过二十四小时。各科教学目标及教材内容,除遵照课程标准之规定外,应视实际需要尽量补充与国防生产有关之教材。① 1939年4月第三次全国教育会议,为适应抗战建国之需要,提出对各科教学时数表及各科课程标准进行重新修订之提案,并于1940年公布修正初高中教学科目及各学期每周各科教学时数表,并后续发布各科课程标准,主要是初高中各科目的教学时数的调整,初中实行分组选修、合并教学科目、取消英语必修、加强本国史地教学比重,培养学生复兴民族爱护国土之观念;高中扩充分组教学(国文、算学、英语、物理、化学)、增加教学科目(矿物、劳作)、规定职业科目、为女生设置家事科目、强化体格训练和战时后方服务训练,启发学生对于抗战建国之自觉等。② 与此同时,1939年开始教育部指定国立中央大学实验中学,以及相关省事教育厅选择办学优良的中学试办六年一贯制中学,旨在从严选拔学生,提高学科程度,为升学作准备③,并于1941年编订了《六年制中学各科课程标准草案》,推进了中等教育的多样化发展。针对小学课程标准,则是从1941年开始,在1936年颁布的修正后的小学课程标准总纲的基础上启动第二次修订,并于1942年发布了新修订的《小学课程标准总纲》。这一次的修订,不仅仅是"改正旧有各种缺点",还提出了新课程标准的新原则,强调"小学课程为小学全部教育设施之中心,包括整个儿童生活之教导,并非狭义的某一科目之教育",将国民教育小学部的课程分解为三大训练,即"道德的训练、身体的训练和知能的训练"④,具体如增加团体训练(包括训育与卫生训练)和体育科目的教学时间,推进德体智三育并重;统一课程标准编制中目标、教材大纲及要目,以

---

① 中国第二历史档案馆.中华民国史档案资料汇编第五辑第二编教育(一).教育部颁发国立中学课程纲要[M].南京:江苏古籍出版社,1997:571—574.
② 课程教材研究所.20世纪中国中小学课程标准·教学大纲汇编:课程(教学)计划卷[M].北京:人民教育出版社,2001:149—168.
③ 董宝良,等.中国教育通史.中华民国卷(中)[M].北京:北京师范大学出版社,2013:406.
④ 顾树森.第二次修订小学课程标准的意义[J].国民教育指导月刊:江西地方教育,1942(9—12):2.

及教学要点三部分内容的规范;降低难度,注重各科内容与教材选择适应儿童能力和社会需要、以心理排列序列进行单元组织、强化各科教材的相互联络等[1];提出了一些切实的改进要求,既回应了当时的抗战需要,也使得战时的学校教育得以持续发展。

表 3-28 1942年小学教学科目及每周教学时间总表[2]

科目/分钟/年级	低年级		中年级		科目/时间/年级		高年级	
	一年级	二年级	三年级	四年级			五年级	六年级
团体训练	120		120		团体训练		120	120
音乐	60		60		音乐		90	90
体育	120		120	150	体育		180	180
国语	420		450		国语		450	450
算术	60	150	180	210	算术		210	210
常识	150		180		社会	公民	30	30
						历史	90	90
						地理	60	60
					自然		120	120
图画	60		60		图画		60	60
劳作	90		90		劳作		90	90
总计	1 080	1 170	1 290	1 350	总计		1 500	1 500

表 3-29 1940年初级中学教学科目及各学期每周教学时间表[3]

科目/时数/年级	第一学年		第二学年		第三学年	
	第一学期	第二学期	第一学期	第二学期	第一学期	第二学期
公民	1	1	1	1	1	1
体育	2	2	2	2	2	2
童子军	2	2	2	2	2	2
国文	6	6	5	5	5	5

---

[1] 课程教材研究所.20世纪中国中小学课程标准·教学大纲汇编:课程(教学)计划卷[M].北京:人民教育出版社,2001:176.
[2] 同上,第180页.
[3] 课程教材研究所.20世纪中国中小学课程标准·教学大纲汇编:课程(教学)计划卷[M].北京:人民教育出版社,2001:149.

续 表

科目/时数/年级		第一学年		第二学年		第三学年	
		第一学期	第二学期	第一学期	第二学期	第一学期	第二学期
算学		3	3	4	4	4	4
自然（分科制）	博物	4	4				
	生理及卫生		1	1	1	1	1
	化学			3	3		
	物理					3	3
历史		2	2	2	2	2	2
地理		2	2	2	2	2	2
劳作		2	2	2	2	4	4
图画		2	2	2	2	2	2
音乐		2	2	2	2	2	2
选修时数		3	3	3	3	3	3
每周教学总时数		31	31	31	31	31	31

表3-30 1940年高级中学教学科目及各学期每周教学时间表①

科目/时数/年级	第一学年		第二学年		第三学年	
	第一学期	第二学期	第三学期	第四学期	第五学期	第六学期
公民	1	1	1	1	1	1
体育	2	2	2	2	2	2
军事训练或家事看护	3	3	3	3	3	3
国文	5	5	4(2)	4(2)	4(2)	4(2)
外国语	5	5	5(1)	5(1)	6(1)	6(1)
数学	4	4	3(2)	3(2)	3(2)	3(2)
生物	3	3				
矿物					1	1
化学			4(1)	4(1)		
物理					4(1)	4(1)

① 课程教材研究所.20世纪中国中小学课程标准·教学大纲汇编:课程（教学）计划卷[M].北京:人民教育出版社,2001:158.

续 表

科目/时数/年级	第一学年		第二学年		第三学年	
	第一学期	第二学期	第三学期	第四学期	第五学期	第六学期
历史	2	2	2	2	2	2
地理	2	2	2	2	2	2
劳作	2	2				
图画	1	1	1	1		
音乐	1	1	1	1		
每周教学总时数	31	31	31	31	31	31

再次,就是战后教育复员及国民教育五年计划的制定。抗战胜利后,针对战后种种问题,政府采取措施要求尽快在半年内恢复战前各级各类学校,改定学制、删改课程、调整院系科,恢复战前教育规模。为了推动教育复员和教育发展,全国教育善后复员会议上提出了"抗战时期,军事第一,建国时期,教育第一,要为国家民族造就新青年,才能建设一个现代国家",指出要"第二期推进国民教育五年计划,为今后首要工作,必须切实推行"。[①] 1946年1月,教育部公布《全国实施国民教育第二次五年计划》,在规定期限内,使全国各地所有学龄儿童与成年失学民众,均能分别受当时期之义务教育与补习教育,使国民受教育机会平等。抗战胜利以后,教育环境和课程要也发生重大变化,需要一次彻底的修改,从1945年开始,经多次讨论(重庆、上海和南京),以"各科课程尚嫌繁复,应力求扼要有趣;教材范围,应适应儿童身心发育,使儿童易于领受;教材内容拥有普遍性,城市乡村应能兼顾,并注意时间性和弹性;训练方面,重视个人道德修养、法制的观念、民主精神及民权实施;义务教育,应以六年为最高标准,课程须注意六年一贯之原则,但得以四年为一段落;课程标准是整个的,德智体三育并重,不能偏于知识科目"等六项原则进行了修订。[②] 1948年公布了修订后的《小学课程标准总纲》,遵照《国民学校法》,"注重国民道德之培养、身心健康之训练,并授以生活必须之基本知识技能",开设公民训练、音乐、体育、国语、算术、社会、自然、美术、劳作九科,这一次课程标准的修订非常强调科目设置和课程内容不能过于艰深,要适应儿童心理需要和特点,激发学习动机和兴趣,也注意对课程标准的简化,认为标准作

---

① 建国时期教育第一——主席召宴全国教育善后复员会议会员席上训词[J].教育部公报,1945(09):1—2.
② 沈百英.胜利后三次修订小学课程标准:要点是简化,简化,简化![J].东方杂志,1947(06):48—54.

为最低限度要使全国各地都能施行,并保障弹性。具体做法上,如取消低年级的算术,只在各科中随机教学,从中年级开始规定时间;国语和常识分开教授,而非混而为一;略微减少总课时,尤其是减少课内学习时间,增加课外活动时间等。① 同样地,为"继续小学之基础训练以发展青年身心,培养健全国民,并为研究高深学术及从事各种职业之预备",国民政府教育部于1948年12月公布了修订后的《中学课程标准总纲》,提出了七项训练(体格、道德、文化、知能、科学、劳动、艺术)作为中学教育之任务,规定初中设十四科,高中设十三科,并规定了各学科之分合及教学时间,体现了这一阶段标准的全面性和系统性。调整后的中学课程标准与之前较为显著的变化是初中取消分甲乙组(就业、预备升学);高中取消分甲乙组(文、理科)的分组制度,调整教学科目及时数,压缩课程量,同时重视外语教学,不仅增加外语教学课时,还将部分学校实施第二外语的教学纳入国家正式课程标准,培养双语人才。不同于前一时期因应战时需要简化或取消相关课程或内容,新修订的中学课程标准更强调健全国民的综合养成,强调多样的教法和学法的推进,旨在为战后建国兴业和人才培养打下基础。

表3-31 1948年小学教学科目及每周教学时间总表②

科目/分钟/年级		低年级		中年级		高年级	
		第一学年	第二学年	第三学年	第四学年	第五学年	第六学年
公民训练		120		150		150	
音乐	唱歌	180		90		90	
体育	游戏			120		150	
国语	说话	420		450		450	
	读书						
	作文						
	写字						
算术				180	210	210	

---

① 课程教材研究所.20世纪中国中小学课程标准·教学大纲汇编:课程(教学)计划卷[M].北京:人民教育出版社,2001:185—188.
② 同上,第186页。

续 表

科目/分钟/年级			低年级		中年级		高年级	
			第一学年	第二学年	第三学年	第四学年	第五学年	第六学年
社会	公民	常识	150		150		150	
	历史							
	地理							
自然							120	
美术		工作	180		60		60	
劳作					90		90	
课外集团活动			120		180		180	
总计			1 170		1 470	1 500	1 650	1 650

表 3-32　1948 年初级中学教学科目及各学期每周教学时间表①

科目/时数/年级	第一学年		第二学年		第三学年	
	第一学期	第二学期	第一学期	第二学期	第一学期	第二学期
国文	5	5	5	5	5	5
外国语(英语)	3	3	3	3	4	4
公民	1	1	1	1	1	1
历史	2	2	2	2	2	2
地理	1	1	2	2	2	2
数学	3	3	3	3	3	3
理化			4	4	4	4
博物	3	3				
生理及卫生			2	2		
体育(女生)	2	2	2	2(1)	2(1)	2(1)
音乐	2	2	2	2	2	2
美术	2	2	2	2	1	1
劳作(女生家事)	2	2	2(3)	1(3)	1(3)	1(3)
童子军	1	1	1	1	1	1
选习时数				2	4	4
每周教学总时数	27	27	31(32)	32(33)	32(33)	32(33)

① 课程教材研究所.20 世纪中国中小学课程标准·教学大纲汇编:课程(教学)计划卷[M].北京:人民教育出版社,2001:190.

表 3-33　1948 年高级中学教学科目及各学期每周教学时间表①

科目/时数/年级		第一学年		第二学年		第三学年	
		第一学期	第二学期	第一学期	第二学期	第一学期	第二学期
国文		5	5	5	5	5	5
外国语	英语	5	5	5	5	5	5
	他种外国语英语	(6)(3)	(6)(3)	(6)(3)	(6)(3)	(6)(3)	(6)(3)
公民						2	2
历史				2	2	2	2
地理		2	2	2	2		
数学		4	4	4	4	4	4
物理						5	5
化学				5	5		
生物		3	3				
体育(女生)		2	2	2(1)	2(1)	2(1)	2(1)
音乐		1	1	1	1		
美术		1	1	1	1		
劳作(女生家事)		2(3)	2(3)	1(2)	1(2)		
选习时数				2	2	4	4
每周教学总时数		25(26)29(30)	25(26)29(30)	3034	3034	29(28)33(32)	29(28)33(32)

最后,不得不提的是,抗战前后国民政府对于训育制度以及训育标准的进一步强化和制度化,加剧了学校教育和课程政策话语的专制色彩,对后期国民政府的教育系统建构带来了极大的破坏,造成了国民政府的教育危机。1938 年 2 月《青年训育大纲》颁布之后,先后又发布了训育纲要(1939)以及小学(1942)和中等教育(1944)的训育标准,形成了从小学到大学的完整的训育系统,并在中等学校以上实行导师制,对儿童青少年的思想政治和品德进行严格的规范化和系统化。抗战胜利之后,在"和平建国"的烟雾的掩盖下,国民政府竭力准备内战,进一步公布《教育部训育委员会组织条例》(1945)以及《专科以上学校训育委员会组织流程》(1947),严格约束学生团体活动,整饬学生风纪,采取种种手段监控学生行动,使得师生广泛抵制并反对教育部推行的

---

① 课程教材研究所.20 世纪中国中小学课程标准・教学大纲汇编:课程(教学)计划卷[M].北京:人民教育出版社,2001:190—191.

训育制度。反共内战激化了社会矛盾,给全国教育事业带来了巨大的灾难,"国民教育全面瘫痪,教师乏米断炊,罢教风潮迭起;教育质量下降,学生无心就学"[①]。随着战事的蔓延,学校教育几乎无法正常开展,国民党政府的白色恐怖和对美国的附庸,也使得原有的专制与民主矛盾更加激化,恶化了国统区师生与政府当局的关系,激起了国统区师生的爱国民主运动,绝大多数教育界人士投入新民主主义革命阵营。

从这一时期教育元政策和课程政策话语的表达方式与论说模式来看,注重通盘考虑、整顿改善、系统建构,循序发展、因地制宜是两条相辅相成的话语线索。一方面,虽然身处战时,但"对教育要竭力维护""对教育做通盘的详细的计划"[②]的思想成为当时教育和课程政策建构的重要立场。因此,强调系统建构和整体考虑成为当时政策话语在表达和论说时的主要取向。其背后的逻辑在于,不是战时教育被动地适应战时需要,而是完善教育系统本身,对过去教育系统之缺点切实加以整顿及改善,以树立整个教育系统之基础,以此增强教育的适应性和灵活性,保障战时教育和平时教育的连续性。以《战时各级教育实施方案纲要》以及当时相关政策文本的表述来看,作"通盘之计划""一贯之系统与整个之方案""齐一的思想与行动"等描述方式在政策文本中时有出现,传达的就是要全面整体地计划和推动战时各级教育发展,不能在战时破坏正常的教育系统的持续发展,既服务于抗战期间,也着眼于抗战之后的效果。比如,实施方案纲要中提出了"十大方针"与"十七项要点",从学制、置配、师资、教材、课程与科系到经费、建筑与设备、行政机构,乃至女子教育与家庭教育、边疆教育与海外侨民教育、社会教育等方方面面都作出了系统的规划。具体到课程政策中,无论是课程标准总纲的多次修订还是对训育纲要和标准的完善,都体现了整体全面的计划的思路,课程标准不仅系统安排各级教育课程的培养目标、学科的分合、教学时间和课内课外活动,更对教学与评价的具体策略与方法有明确的指导;训育大纲和标准也是对目标、训练要目、实施方法要点、考核、工作原则与机制都做出细致的安排。另一方面,对学校教育和课程通盘考虑、整顿改善和系统建构,并不等于蹈常袭故,完全不考虑抗战的现实情境与需求,考虑战时特殊情境、教育循序发展、因地制宜,将抗战与建国并举,成为这一时期教育与课程政策话语建构的另一条线索。在政策文本的呈现上,对"战时"和"战后"需求的分析,以及根据实际情况"酌量变通"等说法频繁出现;在政策的具体内容上,指向德、智、体的三育并举、文武合一、文理兼顾、教育目的与政治目的的一贯等教育主张,

---

① 李华兴,等.民国教育史[M].上海:上海教育出版社,1997:477.
② 董宝良,等.中国教育通史.中华民国卷(中)[M].北京:北京师范大学出版社,2013:372.

学校建设上推进"国民学校"体制的设立与施行以落实义务教育和支持失学民众的教育补习等做法,既具有反传统的意义,也适合国情和战时实际需要,体现了对战时情境的特殊回应。不仅如此,课程政策的相关内容也根据时局变化进行调整,抗战期间以及抗战前后在具体科目设置、课时安排、内容选择和教材开发等方面都有潜在的变化,如战时强化课程教材中爱国精神、自尊自信、生存能力以及抵御侵略之能力的相关内容,战后教育恢复阶段则更关注同健全国民的养成、建国兴业需求和人才培养的新要求等相关的内容。可以说,这一时期的课程政策话语所表现出来的灵活性和变通性,是潜移默化地嵌入抗战前后常规的课程教学实践之中的。正如陈立夫所说,"以非常时期之方法,来达到正常教育的方针,以非常精神的运用,来扩大正常教育的效果","战时教育的方针,仍是一贯的正常教育方针,仅仅是更明显、更切实些","绝不是病急乱投医的医疗杂技,而是针对教育上已暴露与必要暴露的缺点,加以根本的治疗"[①]。

2. 抗战以后国民政府课程政策话语的意义建构

全面抗战开始到中华人民共和国成立前的十余年来,整个社会发展的背景和时局发生了显著的变化。从抗日战争时期回应民族生存危机的挑战,学校教育和课程建设主要满足长期抗战和后方建设对人才培养的需求;到抗战胜利后处理战后教育问题,教育复员和规划成为两个核心议题:一是教育全面善后复员,包括收复区学校的复兴、根除奴化思想以及救济失学青年等具体问题,二是对国家教育发展做整体规划和布局,以国民教育的五年计划和课程标准的修订等为代表,顺应建国兴业之需要;以及抗战后内战爆发期间国共两党冲突日益恶化,学潮学运风起云涌,教育经费严重不足、政局动荡不安,使得国民政府统治下的学校教育无以为继和全面崩溃。在这样的背景下,学校课程及其政策确实受到动荡不安的社会时局和社会主要矛盾的影响,许多政策的主张与措施虽然建构完整,但并不一定能够在教育教学实践中得以充分落实。但值得一提的是,抗战期间国民政府对于课程政策话语的建构,确实推动了这一时期课程体系及其理论的发展,体现了课程政策话语建构在变动的社会现实中所呈现出来的特有的稳定性、连贯性和发展性。

首先,这一时期的课程政策话语的建构体现了内在的连贯性与延续性,推动了特殊战时环境下学校教育和课程的发展,保障了课程体系的完备与健全。一方面,通过对课程标准的持续关注与修订,较为完备地建立了我国现代化的课程体系。抗战期

---

① 陈立夫.战时教育方针[J].教育通讯,1950(05):1—9.

间,对于中小学课程标准的多次讨论、修订与调整,不仅使得课程的系统建构更具针对性,增强了课程体系的灵活性和适应性,更使得课程标准更能适应国情,日益凸显本国的特色,在课程建构上"走出了一条由抄袭到模仿到自我改造的"不断进步的道路[①]。另一方面,抗战期间,坚持"教育尤为建国之基础"的理念,"故虽在艰难困苦之中,仍坚忍奋发,辛苦维持","各级教育俱能逐渐发展,并未停止其进步"[②]。初等教育方面,虽然战事紧张致使教师流离、校舍损毁、学生减少,但除了被敌人占据之市县外,均仍继续依照战前之义务教育计划进行义务教育。加之1939年国民政府开始推行地方自治,实施新县制度,在乡镇地方设六年制之中心小学,在保设四年制之国民学校,各校均设儿童教育与失学民众补习教育两部,将民众教育与义务教育有机整合。1940年《国民教育实施纲领》颁布后,以代义务教育计划,不仅推进了国民教育制度的确立,也将义务教育、失学补习教育为一炉,实现了管教养卫之联系,也适合战争状态的特殊环境,推动了教育的普及和文盲的扫除。1941年以后国民政府为实施国民教育,先后两次定制五年计划,第一次五年计划分三期实行国民教育,1946年开始启动抗战胜利后的第二次五年计划,在全国各省市依据实际情形,对国民教育作量的增进与质的改善。根据1945年底的统计,第一次五年计划开始实施国民教育之后方十九省市,入学儿童占学龄儿童总数百分之七十六强,在普及教育方面取得了重要的进步[③]。中等教育方面,中等教育受到战争影响和摧毁极大,但各地坚持维持中等教育的三类学校(中学、师范学校和职业学校)的发展,战时后方的中等教育在数量上非降反增,根据1944年度的统计数据表明,全国除沦陷区外,三类学校的数量和学生数量,较战前更为进步[④]。与此同时,1937年底起先后在后方安全地区设置国立中等学校,收容与救济由战区流亡至后方的中学员生,随着《国立中学课程纲要》的颁布,更是规范了国立中学的课程与教学,为支持和补充战时特殊情况下的中等教育的发展提供了较为灵活的路径。

其次,这一时期课程政策话语的建构体现了课程系统内部的革新追求,特别是指向学校课程建构和教育教学的关键问题,强化教学法改造,转变课程教学生态的努力,尤为突出。一方面,从中小学课程改革的整体趋势来看,这一时期学校课程体系的建设在历次课程标准修订的基础上更加完备,在科目安排、时间分配、课程结构的安排

[①] 熊明安.中国近现代教学改革史[M].重庆:重庆出版社,1991:74.
[②] 中国第二历史档案馆.中华民国史档案资料汇编第五辑第二编教育(一).抗战期间的中国教育[M].南京:江苏古籍出版社,1997:299.
[③] 同上,第316页.
[④] 同上,第307页.

上,除了考虑当时的社会需要和战时的特殊需要,更是指向对儿童身心发展的关照,强调课程改革要遵循儿童身心发展规律,研究儿童的需要、兴趣和特点。课程标准修订的原则也日益走向简化、实用和生活关联的取向,旨在解决过去课程建设中的诸多问题,比如理想太高、内容较深、分量太重、内容重复等。在中小学课程标准的政策文本中,可以清晰地看到基于儿童立场去思考课程与教学的表述,如在教材选定中提出"根据所教儿童的学习能力、慎选教材、活用教科书","要按照由近及远、由易到难、由具体到抽象的三原则排列,以适合儿童的兴趣和能力","要认清最有效果的学习,是儿童的自动作业","要引导儿童手脑并用,鼓励儿童整个身心的发展"[①]。另一方面,则是特别注重教学法改造,要革除注入式的讲演教学法,改变课程教学生态和教学方法,面向生活之应用。1941年11月《教育部关于促进中等学校校务、培养学风实施方案》中就明确指出要改进教学方法之实施,唤起学生自动学习之教学方法,并根据学生的个性施以适当的教学,以减少传统班级教学中大量生产、粗制滥造之弊,以达到有效的学习,使得人尽其性、各成于底。[②] 同样地,这一时期中小学课程标准中对于教学通则部分花了大量的笔墨,系统地对教学中的原则和规范加以说明,尤其强调学生的自动学习;针对不同教学内容的性质采用不同的教学法,如练习的方法、思考的方法、欣赏的方法、发表的方法等;特别提出要注重良好学习环境的创设,强调课外作业的价值以及学习同广大的自然环境、社会的关联及其在更广泛的社会生活中加以应用实证的重要性,还提出"一切教学需从文化传授归结于生活中应用"[③]的主张。可以看到,虽然外部环境动荡不安,但是这一时期课程政策话语的建构却体现出了强烈的内生性,即从课程建设的系统内部出发,以解决现存问题为出发点,强调课程体系和教学方法上的自我革新,也正是这种来源于课程教学系统革新的内部动力,推动了处于复杂情境下的学校课程与教学得以保持并获得一定的发展。

(二)抗日民主根据地和解放区的课程政策:新民主主义教育的胜利

这一时期教育发展和课程建设的另一条线索,是中国共产党领导的抗日民主根据地和解放区开展的教育和课程改革探索。抗日民主根据地继承和发展了土地革命时

---

① 课程教材研究所.20世纪中国中小学课程标准·教学大纲汇编:课程(教学)计划卷[M].北京:人民教育出版社,2001:187.
② 中国第二历史档案馆.中华民国史档案资料汇编第五辑第二编教育(一).国民党临时全国代表大会通过之战时各级教育实施方案纲要[M].南京:江苏古籍出版社,1997:581.
③ 课程教材研究所.20世纪中国中小学课程标准·教学大纲汇编:课程(教学)计划卷[M].北京:人民教育出版社,2001:192.

期苏区教育开展工农民主教育的革命传统,将马克思列宁主义理论和中国教育实际相结合,促成了新民主主义教育思想在中国的确立,并将其转化为抗日民主根据地和解放区的教育实践和课程改革行动。

1. 抗日民主根据地和解放区的课程政策话语的内容及其表征

红军长征到达陕北后,以陕甘宁地区为中国共产党的中央所在地和全国抗日战争的战略后方,并在陕甘宁边区政府成立的基础上,积极建设敌后抗日民主抗日根据地。1937年七七事变以后,第二次国共两党合作,结成了抗日民族统一战线,中国共产党积极领导抗日民主根据地推进一系列的教育和课程改革,根据抗日民主根据地的环境和服务抗战需要开展灵活多样的教育教学,全面贯彻为抗战服务的教育政策。1944年秋季以后,由于战争形势的变化,各抗日民主根据地改称为"解放区",伴随着内战爆发,解放区的教育和课程政策也经历了从转入战时轨道到全面恢复文化教育秩序、对新老解放区进行教育系统恢复、整顿和改造的不同阶段。可以说,这一时期抗日民主根据地和解放区的教育与课程改革是伴随着新民主主义教育思想的确立而发展起来的,不仅生动地体现并在实践中落实和发展了新民主主义的文化方针和教育思想,也为共和国初期学校和课程的系统建构与发展奠定了重要基础(见表3-34)。

表3-34 抗日民主根据地和解放区教育元政策与课程政策相关文件

教育元政策	1937年8月"为动员一切力量争取抗战胜利而斗争" 1939年1月《陕甘宁边区施政纲领》 1941年2月《各抗日根据地文化教育政策讨论提纲》(草稿) 1942年2月《教育上的革命》 1944年1月《陕甘宁边区教育工作改革的方针》 1946年4月《陕甘宁边区1946年至1948年建设方案(文教建设部分)》 1946年12月《陕甘宁边区战时教育方案》	课程政策	1937年4月《小学教育制度暂行条例(草案)》 1938年8月发布了《陕甘宁边区小学法》《陕甘宁边区建立模范小学暂行条例》《关于扩大与改进小学的决议》 1939年8月修正《陕甘宁边区小学法》《陕甘宁边区小学规程》 1939年6月《边区中学的教育方针和学习方法》 1940年3月《中央关于开展抗日民主地区国民教育的指示》 1940年3月《陕甘宁边区实施普及教育暂行条例》 1940年12月《陕甘宁边区实施义务教育暂行办法》 1941年2月修订《陕甘宁边区小学规程》《陕甘宁边区小学教育实施纲要》 1942年8月《陕甘宁边区暂行中学规程(草案)》 1944年4月《根据地普通教育的改革问题》 1944年中共中央西北局宣传部、边区教育厅拟定《中等学校新课程》 1945年12月《对边区中等学校任务、性质、学制的几种意见》 1946年6月《关于小学教育推行"民办公助"的几个问题》 1946年10月《陕甘宁边区中等学校的方针、学制与课程》 1947年4月陕甘宁边区《关于战时各中等学校工作的指示》 1947年7月陕甘宁边区政府《根据具体条件恢复国民教育工作》、1948年7月《关于恢复老区国民教育工作》、1949年7月《关于目前新区国民教育改革的指示》 1948年10月《恢复与发展中等教育是当前的重大政治任务》 1949年《中等学校改革方案初稿》《初级中学课程教材讲授提纲》

这一时期的教育元政策和课程政策的文本来源相对多元,不仅来源于各根据地和解放区政府或教育部门发布的纲领、规程、指示、提纲、条例等文件,也有重要报纸杂志的社论和讨论文章,以及关键领导人的重要讲话等,体现了根据地和解放区教育和课程话语来源的多样性和丰富性。这一时期的教育和课程政策是在"培养大批抗日干部、广泛发展民众教育和办理义务的小学教育"的整体原则下发展起来的,因此,中小学的学校教育及其课程政策只是抗日民主根据地国民教育中的一部分,同广泛开展的社会教育和干部教育共同构成了当时教育政策的全貌,这也是我们针对这一时期课程政策话语展开讨论的认识基础。根据ROSTCM6.0软件分别对这一时期相关教育元政策和课程政策文本进行词频、高频词、语义网络、社会网络和共现矩阵等维度的分析,并对整合文本进行分词后分析得出163个和156个高频词,结合政策文本的行特征词和语义网络进行综合,得出表3-35的关键词。总体来看,这一时期教育元政策和课程政策话语的展开主要围绕以下议题展开,包括明确抗战教育政策的主张和确立新民主主义教育思想、革除落后的文化教育局面推动国民教育发展,以及解放战争时期针对新老解放区的教育巩固、提高与发展所推行的一系列教育方针和课程改革。

表3-35 抗日民主根据地和解放区教育元政策与课程政策文本高频词统计

	教育元政策文本	课程政策文本
主题与结构	抗日救国、抗战教育、作战、人民、干部、革命、文化教育、边区、陕甘宁、时事、新民主主义、新制度、新课程、民族精神、民主、科学、国防、保卫、胜利、教条主义、马克思、民族、国民教育、解放区、建设、自卫战争、消灭、生活知识、技能、反动派	战时教育、儿童特点、小学、边区、中学、教员、群众、政治、课程、培养、模范小学、陕甘宁、初级小学、文化、义务教育、完全小学、民族意识、抗战建国、革命精神、劳动习惯、优良质量、民主精神、课外、集体生活、民办公助、普及教育、各科学习、生活指导
论说模式	统一思想、号召动员、联系实际、配合战争需要、计划、反对、提高、群众、运动、宣传、必须、指导、建设、改造、推广、改革、发展、适当、适用、执行、发动、集中、巩固、组织	逐步改革、有计划改造、战时需要、结合实际、制度、条例、方针、规定、领导、报告、呈报、加强、联系、教导、经验、训练、增加、动员、恢复、改进、情形、培养、提高、原则、问题、灵活、精简

首先,就是明确地提出抗战教育政策,确定新民主主义的教育方针。一方面,中国共产党领导下的抗日民主根据地旗帜鲜明地提出抗战教育政策,强调是战时的教育而不是平时的教育,"要改变教育的旧制度与旧课程,实行以抗日救国为目标的新制度与

新课程"①。抗日战争时期,日本帝国主义不仅从军事占领、政治控制、经济掠夺等方面对中国进行侵略,还在文化教育方面实现奴化政策。1927年6月和7月,日本田中义一内阁召开东方会议制定《对华政策纲要》,其中第十三条明确提出:"设立学校,应以男女师范学校为重点,透过此等教育机关,吾人可养成大批之亲日华人。此乃吾人文化事业之首要原则也。"②针对日本帝国主义推行殖民奴化教育的严峻形势,中国共产党提出了抗战教育的指导思想,在抗日民主根据地、游击区以及沦陷区、国统区广泛开展抗战教育、国防教育、国难教育,旗帜鲜明地反对殖民奴化教育。1937年8月中共中央通过了《抗日救国十大纲领》,实行以抗日救国为目标的新制度、新课程,这也成为抗日民主根据地实行抗战教育的总政策。1938年10月,毛泽东在中共六届六中全会上进一步对抗战教育政策提出了明确要求,包括改订学制、废除不急需和不必要的课程,改变管理制度,以教授战争必须课程和发挥学生学习积极性为原则;创设并扩大各种干部学校数量,培养大批的抗日干部;广泛发展民众教育,提高人民的民族文化与民族觉悟;办理义务的小学教育,以民族精神教育后代。③ 1939年1月,《陕甘宁边区抗战时期施政纲领》也继续明确了边区教育的主旨,即"实行普及免费的儿童教育,以民族精神与生活知识教育儿童,造就中华民族的优秀后代;发展民众教育,消灭文盲,提高边区成年人民之民族意识与政治文化水平;实行干部教育,培养抗战人才"④。可以看出,在抗日民主根据地开展教育活动的方针政策同国统区"战时当作平时看"的方针政策是大不相同的,根据地的抗日教育政策主张一切工作都应为抗战服务,一切文化教育事业均应使之适应抗战的需要,"以提高人民文化政治水平,加强人民的民族自信心与自尊心,使人民自愿的积极的为抗战建国事业而奋斗"⑤。

另一方面,抗日战争时期,也是新民主主义革命的基本理论得以完整确立、新民主主义的教育思想得以最终形成的关键时期,对于中国革命的性质进行了明确的定位,也为中国国民文化和国民教育确立了根本的宗旨,成为抗日战争时期抗日民主根据地

---

① 中央教育科学研究所. 老解放区教育资料(二)抗日战争时期上. 为动员一切力量争取抗战胜利而斗争(节录)[M]. 北京:教育科学出版社,1986:3.
② 陈光辉. 抗战时期党领导的反殖民奴化教育的经验及启示——以华北地区为例[J]. 上海党史与党建,2020(09):25—32.
③ 朱庆葆,等. 中华民国专题史. 第十卷. 教育的变革与发展[M]. 南京:南京大学出版社,2015:271.
④ 中央教育科学研究所. 老解放区教育资料(二)上. 陕甘宁边区抗战时期施政纲领(节录)[M]. 北京:教育科学出版社,1986:7.
⑤ 中央教育科学研究所. 老解放区教育资料(二)上. 陕甘宁边区政府对边区第一届参议会的工作报告(节录)[M]. 北京:教育科学出版社,1986:4.

和解放区开展文化教育活动的根本依托。1940年2月,《新民主主义论》等一系列著作的问世,明确了"新民主主义革命的实质即无产阶级领导的、以工农联盟为基础的、人民大众的、反帝反封建的革命",既不是旧的资产阶级民主革命,也不是无产阶级的社会主义革命,而新民主主义的文化也就是"民族的科学的大众的文化""中华民族的新文化"①。1941年2月,《各抗日根据地文化教育政策讨论提纲(草案)》明确指出,虽然各抗日根据地具体情况不同,文化教育政策的实施应有所差异,但是"统一的一般的文化教育政策是必要的","今后各根据地文化教育事业一般的方针应当根据党中央所提出的新民主主义的文化,这个方针不仅普遍的适合于各抗日根据地,而且各抗日根据地应当成为新民主主义文化的推动者和模范区域,新民主主义文化的基本内容就是抗日的,民主的,科学的,大众的,就是发展进步文化的力量,团结一切抗日的、民主的、自由思想的文化力量,反对奴化的、黑暗的、复古的、封建的文化势力",并具体提出了六个方面的基本方针,以区别于国民党的文化教育政策。② 新民主主义的文化教育政策主张民族独立和尊严的民族的教育、反对一切封建迷信的科学的教育,为工农劳苦大众服务的大众的教育,这也成为抗日民主根据地和之后解放区开展文化教育运动,普及国民教育,提高人民的民族意识、民族自尊心自信心,提高人民的文化水平和政治水平,培养治党治国治军各种人才的根本依据。

其次,就是努力革除抗日民主根据地文化落后的局面,推进教育普及和国民教育的自主发展。这一时期,中国共产党领导下的包括陕甘宁边区在内的抗日民主根据地共有19个,其形成时间有先后,发展进程也不尽相同,但都面临着"形式复杂、环境恶劣、经济落后和教育基础薄弱"③的现实问题。以当时的陕甘宁边区为例,1936年至1937年,边区全部人口150万,识字率只有1‰④,据1937年春的统计,陕甘宁边区仅有小学320所,学生人数5 600个。⑤ 为了把广大群众从文盲中解放出来,普及教育,保障普通民众的受教育机会,在抗日民主根据地广泛调动了社会教育和学校教育等多种多样的国民教育形式。既关注面向边区成年人的民众教育,包括举办各种夜校、半

---

① 于述胜.中国教育通史.中华民国卷(下)[M].北京:北京师范大学出版社,2013:265.
② 各抗日根据地文化教育政策讨论提纲(草案)[J].共产党人,1941(15):1—7.
③ 顾明远,刘复兴.从新民主主义教育到社会主义教育(1921—2012)[M].北京:教育科学出版社,2015:110.
④ 同上.
⑤ 黄书光.文化差异与价值整合——百年中国基础教育改革进程中的思想激荡[M].北京:教育科学出版社,2011:232.

日校、数日校、冬学、巡回训练班、识字促进会和识字组等较为灵活和社会化的民众教育的组织形式,建立民革室、俱乐部、民教馆、救亡室等文化教育活动中心,以及组织识字、读报、演讲、体育、娱乐、戏剧、壁报等文化活动;也同时关注较为正规的学校教育建设与改造,对恢复和重建各地小学校、发展中等教育,对抗日民主根据地的学校制度和课程体系的建设都展开了较为系统的探索。

一方面,在普及小学教育和推进学校灵活多样的建设和自主改造上,作出了重要的探索。从 1937 年 4 月开始,根据地政府和教育部门就发布了《小学教育制度暂行条例(草案)》,规定小学修业年限共计五年,前期三年毕业,后期两年毕业,在课程设置上明确指出"为着学习时间的经济和思想科学化考虑,一般课程的规定必须体系化,同时在儿童工作方面探索设计教学法以破除体系中凝固的部分,以充分的配合抗日和民主的运动"①。1938 年至 1939 年间,为了进一步规范地组织基础教育,先后发布了《陕甘宁边区小学法》《陕甘宁边区建立模范小学暂行条例》《关于扩大与改进小学的决议》,并于 1939 年 8 月发布修正后的《陕甘宁边区小学法》《陕甘宁边区小学规程》。明确边区小学修业年限为五年,前三年为初级小学,后两年为高级小学,合称为完全小学,初级小学得单独设立,并且积极鼓励建立达到一定入学规模、质量优良能树立国防教育模范的模范小学的建设,扩大初级小学的规模、学生人数和提高质量,推进根据地初等小学的正规化建设。小学课程以政治军事为中心,设表 3-36 中各科课程,初级小学常识包括政治、自然、历史、地理四科,每节课三十分钟为原则,也可以必要延长,劳作课以劳动为主,体育以军事为主。此外,还要将社会活动、生产劳动列入正式课程中,并与其他课目紧密联系,具体包括抗战宣传、改良社会宣传、优待抗属、帮助自卫军放哨、锄奸及其他抗战动员工作,领导识字组、夜校、半日校等工作,并辅以儿童生活指导,通过政治军事训练和儿童俱乐部或其他组织开展集体活动,训练儿童的集体意识和组织能力。1941 年 2 月教育厅发布修订后的《陕甘宁边区小学规程》,对于课程的安排并没有做大的调整,只是进一步将小学课程分为政治教育(设政治课程)、语文教育(设国语课程)、科学教育(设算术、自然、历史、地理等课程)、艺术教育(设美术、音乐等课程)、劳动教育(设劳作课程)和健康教育(设体育、卫生课程)六个方面,并明确规定了课外活动的课时分配(见表 3-37)。1940 年先后颁布的《陕甘宁边区普及教育暂行条例》《中央关于开展抗日民主根据地国民教育的指示》以及《陕甘宁边区实施义务

---

① 小学教育制度暂行条例《草案》(部分)[J].新中华报,1937(351):6.

教育暂行办法》等政策的发布，则明确指出七岁至十三岁未入学之学龄儿童，不分性别、成分，均应一律就学，读毕小学课程，义务教育年限为初级小学三年，要在六年内逐步推行，开始普遍的义务教育。这一系列的政策表明在早期根据地学校建设中，尽可能地恢复与重建各地小学校以建立广泛的小学网的迫切追求，也表现出对建设有组织的、正规正式的学校教育形式以及课程体系的倾向。正是在推进小学教育普及化的过程中表现出来的追求数量、形式正规和强制推行的问题，引发了关于学校数量与质量的矛盾、群众基础和学用脱节的问题，推动了之后对基础教育办学形态和课程设置上的改造。1942年党内整风运动开展并形成热潮后，在文化教育工作中就表现为对办学中的教条主义、主观主义和旧型正规化的批判。1944年，边区政府委员会第四次会议上，陕甘宁边区政府主席林伯渠在《关于边区政府一年工作总结的报告》中，明确提出指向边区基础教育教条主义以及"旧型正规化"的倾向做出具体改革的原则，即各学校学制，应照顾学校任务及地方具体情况，做适当的规定，不必强求一致；教学内容，以文化教育为主，同时需从思想上确定学生的革命观点、劳动观点与群众观点；需进行以边区政治、经济为中心的政治教育与生产教育，辅之以时事教育。① 为了进一步改造小学教育脱离生产、脱离实践和脱离人民群众生活实际与需要的问题，在延安的裴庄、杨家湾、磨家湾、沟门试办民办小学取得一定成绩的基础上，1944年陕甘宁边区政府发布《关于提倡研究范例试行民办小学的指示》，全面推进小学教育的改革，提倡人民自办小学，并依托民办公助的政策，发动群众自己来办学，政府予以指导和补助。关于民办小学的学制、教育内容，则尊重群众意见，按群众自己的需要、学制的长短、上课时间均不求一律。课程科目可同意群众的要求，废除暂时不急需的科目。② 民办公助政策的推行，对于小学教育组织形式和课程安排进行了重大的改造，推进了灵活多样的学校办学形式的共同发展，探索了如米脂高家沟式、延市杨家湾式、米脂杨家沟式、巡回学校、旧式轮学、家庭学校等不同类型的小学教育模式，是在抗日民主根据地的特殊时空中改造旧有的学校制度和课程体系的大胆探索，体现了"走群众路线办教育，发动群众大家办学校，在政府扶助下，使学制、教育内容更适合于群众需要"③的以人民群众意

---

① 黄书光.文化差异与价值整合——百年中国基础教育改革进程中的思想激荡[M].北京：教育科学出版社，2011：233.
② 陕西师范大学教育研究所.陕甘宁边区教育资料（小学教育部分）上册.陕甘宁边区政府指示信《关于提倡研究范例试行民办小学的指示》[M].北京：教育科学出版社，1981：154—157.
③ 中央教育科学研究所.老解放区教育资料（三）解放战争时期.关于小学推行"民办公助"的几个问题[M].北京：教育科学出版社，1991：565.

志为主的民主教育理念,反映并实践了新民主主义的教育思想。

表3-36 陕甘宁边区小学教学课目及每星期教学节数表(1939)①

科目/时数/年级		初级小学			高级小学	
		一年级	二年级	三年级	四年级	五年级
国语		12	12	12	12	12
算术		3	4	5	5	5
政治	常识	6	6	6	4	4
自然					2	2
历史					2	2
地理					2	2
美术		2	2	2	2	2
劳作		2	2	2	2	2
音乐		3	3	3	2	2
体育		3	3	3	6	6
总计		31	32	35	39	39

表3-37 陕甘宁边区小学课程及每周教学时间配备表(1941)②

科目/分钟/年级	国语	算术	常识					美术	音乐	体育	总计
			政治	自然	卫生	历史	地理				
初小一年级	390	120	240					90	90	150	1 080
初小二年级	390	150	240					90	90	150	1 110
初小三年级	390	180	240					90	90	150	1 140
高小一年级	390	180	120	120	60	90	90	90	90	180	1 410
高小二年级	390	180	120	120	60	90	90	90	90	180	1 410
项目	课外学习(预习、复习阅读课外书宝、讨论会等)					儿童团、少先队及其他课外集体活动(集体运动、集体游戏包括在内)					总计
初小	300					500					800
高小	400					600					1 000

---

① 陕西师范大学教育研究所编辑.陕甘宁边区教育资料(小学教育部分)上册.陕甘宁边区小学规程(1939.8)[M].北京:教育科学出版社,1981:61.
② 陕西师范大学教育研究所.陕甘宁边区教育资料(小学教育部分)上册.陕甘宁边区小学规程(1941.2)[M].北京:教育科学出版社,1981:102—104.

另一方面,则推动着中等学校从无到有和逐步发展成熟,也经历了"正规化"和"去正规化"的过程。1937年鲁迅师范学校于延安成立,1938年边区中学成立,后1939年两校合并为边区第一师范学校,到1942年,边区中学学校已经增加到7所,学生人数在1500名以上。① 早期中等学校的学制也没有统一的规定,以鲁师为例,当时的学制根据实际需要,非常灵活,有半年毕业,也有一、二月毕业,学生随到随考,随着编班,如果工作需要,临时亦可出去,学生的入学资格也不受严格限制。在科目、教材和社会活动上,大多适合抗战的需要,努力贴合边区人民的需要,如政治课采用"抗日民族统一战线指南""论持久战""论新阶段"等教材内容,军事课中有普通军事知识与技术训练,还有游击战一科,自然常识课以防空防毒与日常卫生常识相结合,还组织每星期天下乡宣传,给群众收庄稼,给小学教员教新歌曲等活动。可以说,在教学实施上有许多新的创造,不同于旧式的师范教育,探索了一种新教育的雏形。但从1940年以后,学风就有了一些改变,边区师范成立时就提出了"正规化、地方化"的口号,提出"改学制为二二制,严格招生标准,确定教员为聘任性质"等要求,在课程科目及内容设置上开设十六门课程,其中十二门完全根据外间出版的课本为底本改编而成,开始逐渐脱离边区实际。② 1942年8月《陕甘宁边区暂行中学规程(草案)》③以及《陕甘宁边区暂行师范学校规程(草案)》④的发布,明确规定了中学教育的修业年限为初中三年,高中两年,对入学年龄也有了明确的规定,规定初级中学得附设初级师范科,高级中学得附设高级师范科,并将中学的性质规定为继续小学教育,培养健全的新青年,以为从事边区各种建设事业及研究高深学术之预备场所。从课程科目设置及其内容来看(见表3-38至表3-41),初级中学开设14门课程,高级中学开设13门课程,初高级师范还增加了教育学的相关专业课程,可以说是进一步加强了"正规化"的倾向。针对中等教育中教条主义和旧型正规化的毛病,脱离甚至违反边区与边区人民的需要的情况,1942年底到1943年初,边区教育厅召开中等学校整学会议及中等学校的整风运动,提出了

---

① 陕西师范大学教育研究所.陕甘宁边区教育资料(中等教育部分)上册.边区中等教育管见(余森)[M].北京:教育科学出版社,1981:14.
② 陕西师范大学教育研究所.陕甘宁边区教育资料(中等教育部分)上册.边区中等教育发展情况(边区工作总结报告参考材料之四.柳湜)[M].北京:教育科学出版社,1981:42.
③ 陕西师范大学教育研究所.陕甘宁边区教育资料(中等教育部分)上册.陕甘宁边区暂行中学规程(草案)[M].教育科学出版社,1981:18—34.
④ 陕西师范大学教育研究所.陕甘宁边区教育资料(中等教育部分)中册.陕甘宁边区师范学校暂行规程[M].北京:教育科学出版社,1981:30—48.

"干部教育第一、国民教育第二的方针"①。1944年2月,边区政府委员会召开四次会议,对于中等学校的过去工作及今后改造方针,明确提出"确定各中学、师范负担提高现任干部与培养未来干部的双重任务",教育内容也有重新规定,务使今后中等教育切合当前边区建设需要,为边区人民服务。② 1944年5月中共中央西北局宣传部、边区教育厅拟定《中等学校新课程》,并分配专人编撰教科书。新课程有四大特点:实际、精简、集中和连贯。主要的变化是课程内容同边区生活实际联系,以边区建设和掌握为边区人民服务的技术为宗旨;极大地缩减了课程科目和课时,课程科目缩减为八门,课时也相对于旧制减少了一半;强调各科内容根据实际需要进行调整、整合与优化,如数学、史地、自然、政治常识各门都不像旧制再分为几门,为使学生获得完整的概念,边区建设包括边区史地、边区政策、边区组织三项,政治常识包括经济、政治常识,抗日战争与三民主义常识,组织生活与工作方法常识三项等,尽可能贴合实际工作与生活需要(见表3-42)③。但1943年以来的中等教育改革在纠正学用脱节的偏向的同时,也带来一些新的问题,如课程大纲(边区建设)太宽泛、太复杂,教员教不了、学生消化不了;如与边区实际结合的过程中太过狭隘化实际工作,而忽略了一般知识的学习,走向了经验主义等。也正是在对边区中等教育不断进行检讨与反思、探索和改进的过程中,逐步明确了中等学校的干部教育性质,也努力探索教育与实际结合的创新路径。1946年10月,在进一步检讨边区中等教育的基础上,发布了《陕甘宁边区中等学校的方针、学制与课程》的文件,明确了边区中等学校的方针、性质与任务,"一方面接受现任区、乡级干部,小学教师等,予以文化的及有关业务知识的教育;一方面接受完小毕业生,予以文化的和一般的科学知识,使之毕业后能参加实际工作或继续升学"。在学制上,也增加了多样性和灵活性,规定边区各中等学校除设中学班与地干班外,必要时可增设师范班、研究班、民族班和职业班,中学班三年,但第二年要使各科学习告一段落,以方便二年期满需离校的学生需要,地干班学制一至两年,其他各班根据学生程度和工作需要做灵活处理。在课程设置上也有微调,将生产知识整合到自然科学内,不专设一门;医药知识改为以卫生教育为主的卫生常识,而避免过于专业化;边区建设内容进

---

① 董宝良,等.中国教育通史.中华民国卷(中)[M].北京:北京师范大学出版社,2013:460.
② 陕西师范大学教育研究所.陕甘宁边区教育资料(中等教育部分)上册.关于今年上学期中学校过渡办法及召开国民教育会议的准备工作[M].北京:教育科学出版社,1981:94.
③ 陕西师范大学教育研究所.陕甘宁边区教育资料(中等教育部分)上册.西北局宣传部、边区教育厅拟定中等学校新课程[M].北京:教育科学出版社,1981:101—102.

行精简,与政治常识合并为一科;艺术(音乐、美术)列为正式课程,共设国文、数学、史地、卫生、自然、艺术、体育等八门课程以及第三学年选修课共九门,提高了国文教学的比重(见表3-43)①。总而言之,抗日民主根据地中等教育的发展,是一个不断摸索改进、打破旧有中等教育制度传统,寻求与边区工作实际结合、服务于边区人民群众生活的努力过程,既不能脱离实际过早地谋求学校系统的"正规化",也不能放任自流纯粹流于经验,生动地体现了在实践中进行教育探索与改革的实干精神和自主创生意识。

表3-38 陕甘宁边区初级中学教学科目及每周教学时数及自习时数表(1942)

科目/时数/年级		公民知识	国文	外国语	数学	历史	地理	自然				生理卫生	美术	音乐	军事训练	每周教学总时数	每周自习总时数
								动物	植物	物理	化学						
第一学年	一学期	2	6	4	4	2	2	2	2			1	1	2	2	30	17
	二学期	2	6	4	4	2	2	2	2			1	1	2	2	30	17
第二学年	一学期	2	6	4	5	2	2			3		1	1	2	2	30	17
	二学期	2	6	4	5	2	2			3		1	1	2	2	30	17
第三学年	一学期	2	6	4	5	2	2				3	1	1	2	2	30	17
	二学期	2	6	4	5	2	2				3	1	1	2	2	29	17

表3-39 陕甘宁边区高级中学教学科目及每周教学时数及自习时数表(1942)

科目/时数/年级		社会科学概况	国文	外国语	历史	地理	数学	生物学	物理	化学	哲学	美术	音乐	军事训练	每周教学总时数	每周自习总时数
第一学年	一学期	3	6	4	2	2	4	4	4			1	1	1	32	15
	二学期	3	6	4	2	2	4	4	4			1	1	1	32	15
第二学年	一学期		6	4	3	2	4		4	3		1	1	1	29	18
	二学期		6	4	3	2	4		4	3		1	1	1	29	18

---

① 陕西师范大学教育研究所.陕甘宁边区教育资料(中等教育部分)上册.陕甘宁边区中等学校的方针、学制与课程[M].北京:教育科学出版社,1981:230—238.

表 3-40　陕甘宁边区初级师范教学科目及每周教学时数及自习时数表(1942)

科目/时数/学期		公民知识	国文	新文学	历史	地理	数学	动物	植物	物理	化学	生理卫生	美术	音乐	体育	军事训练	教育实施	儿童心理	教学法	教学实习	每周教学总时数	每周自习总时数
第一学年	一学期	2	6	2	2	2	4	2	2			1	2	2	2	2					31	16
第一学年	二学期	2	6	2	2	2	4	2	2			1	2	2	2	2					31	16
第二学年	一学期	2	6		2	2	5			3		1	2	2	2	2	2	1			32	15
第二学年	二学期	2	6		2	2	5			3		1	2	2	2	2	2	1			32	15
第三学年	一学期	2	5		2	2	5				3	1	2	2	2	2			3	2	33	14
第三学年	二学期	2	5		2	2	5				3	1	2	2	2	2			3	2	33	14

表 3-41　陕甘宁边区高级师范教学科目及每周教学时数及自习时数表(1942)

科目/时数/学期		社会科学概论	国文	历史	地理	数学	生物学	物理	化学	哲学	美术	音乐	体育	军事训练	教育行政	教育心理	课程及教材研究	教育测验及统计	教学实习	每周教学总时数	每周自习总时数
第一学年	一学期	2	6	3	2	5	3				1	2	2	1	1	2	2			32	15
第一学年	二学期	2	6	3	2	5	3				1	2	2	1	1	2	2			32	15
第二学年	一学期		5	2	2	4		3	3	2	2	1	1				2	2	2	33	14
第二学年	二学期		5	2	2	4		3	3	2	2	1	1				2	2	2	33	14

表 3-42　陕甘宁边区中等学校新课程各学期课程表(1944)

科目/时数/学期	第一学期	第二学期	第三学期	第四学期		第五学期	第六学期
边区建设	4	4	4	政治常识	3	3	3
国文	5	5	5		5	4	4
数学	4	4	4		4	3	3
史地	3	3	3		3	生产知识	3	3
自然	3	3	3		3	医药知识	3	3
学时总计	19	19	19		18	16	16

表 3-43 陕甘宁边区中等学校中学班课程每周课程表(1946)

科目/时数/学期	国文	数学	政治	史地	卫生	自然	艺术	体育	选修	合计
第一学年	7	4	2	4	2	2	2	2		25
第二学年	6	4	2	4		3	2	2		23
第三学年	5	3	2			3		1	7	21

最后,就是抗日战争胜利后,解放区的教育根据战时需要进行教育恢复、整顿和改造,从在战争环境中曲折发展到不断走向新型正规化和制度化的探索。抗战胜利以后,当时边区的文化教育着眼于"和平建设新时期"的需要,边区参议会于1946年制定了《陕甘宁边区1946—1948年建设方案》,希望随着人民经济的发展,有计划地开展边区的文教建设,对大学教育、中等教育、国民教育和社会教育都给出了发展建议。尤其是提出在中等学校中地干班要加强文化学习,普通班应着重国文课、并适当配备其他科学科目,"计划三年内各中等学校普通班(师范班在内)毕业1500人,各地方训练班毕业学生1000人";完善各完小及公立普小的教育、提高质量,"计划于3年内培养完小(干小在内)高级毕业生2600人",巩固并推广民办村学(不求扩大),主旨是在巩固现有教育成果的基础上有计划地推进学校教育的稳步发展[①]。但1946年6月开始,国民党向解放区展开大规模进攻,全面内战爆发,1946年底就开始因时局变化转入战时教育轨道。

1946年12月陕甘宁边区政府发布《陕甘宁边区战时教育方案》,提出各级学校及一切社教组织亦应立即动员起来,直接或间接地为自卫战争服务。最核心的原则就是社会教育与学校教育相联系、时事教育与文化教育相配合、教育内容与战争生活相结合以及根据不同地区采取不同工作方式(巩固区与广大农村以维持现状充实新内容、加强社教活动为主,边缘区、交通线和主攻区以转移分散和参加战时工作为主,敌占区以隐蔽埋伏或撤退为原则,新解放区以利用原有教育干部和教育组织加以改造利用为原则)。在学校教育方面,一则,提出了要根据时局发展和学校的具体情况调整课程时间,如增加时事、军事及社会活动时间,减少一些不急需的课程;二则,配合战争需要适当补充课程内容,如国语、政治及公民着重培养革命观点、群众观点、坚决勇敢及拥军尚武的精神,并解释美帝国主义对华侵略政策以及蒋介石封建买办性的法西斯专政的

---

① 中央教育科学研究所.老解放区教育资料(三)解放战争时期.陕甘宁边区1946年至1948年建设方案(文教建设部分)[M].北京:教育科学出版社,1991:1—3.

实质；史地课应发扬民族气节与反抗强暴的历史传统,民族英雄与革命烈士英勇奋斗的史迹,并联系战争形势,说明各解放区的形势概况,以提高其保卫边区的高度热情；理化或自然、卫生课应添授防空防毒、急救看护、熬硝炼磺、制造火药和地雷等实用知识；体育课应加简单的军事训练,学习侦察、通讯、站岗、放哨、坚壁清野、埋地雷、掷炸弹等实际技能,并培养迅速敏捷,灵活机动的生活习惯,使教员及年龄较大的学生具备最低限度的自卫能力；三则,是加强学生会或儿童团的课外活动和社会活动,发挥学生的积极性和创造性,使他们充分开展壁报、黑板报、歌咏、秧歌、戏剧、讲演、访问、慰劳、拥军优抗、动员参战等服务战时需要的活动。① 应该说,在特殊的战争局势下,解放区的教育形成了独特的"战时化整为零,战后集零为整"的教育形式,在不同的情况下,学校教育可以转变为社会教育形式,也可以从固定集中的教学变为流动分散的轮学,既学会隐蔽或撤退,也能配合新区开展建设工作,探索并发展了学校教育、课程教学的灵活的自有模式与实践路径。1947年4月陕甘宁边区政府发布的《关于战时各种等学校工作的指示》也特别指出,中等学校在战时必须实现教育与战争结合、学习与工作结合,课程内容加以精简和修改,酌量增加政治教育外、减轻文化教育和增设群众工作及军事常识等课程,并帮助区、乡在邻近村庄进行群众工作,利用一切可能条件从事一些农业生产。② 这种在战争中艰难维持文化教育工作,以学校教育作为战斗堡垒支援前线、服务战争的状况,一直持续到1948年前后。

  1947年7月人民解放军转入战略进攻,极大地扭转了战争局势,从1948年4月,解放军收复延安在西北战场取得了关键胜利,在教育政策上也开始逐步恢复老解放区教育,并对新解放区进行维持与改造。1947年陕甘宁边区政府发布了《根据具体条件恢复国民教育工作》③,指出要根据边区战局日益好转,配合对敌宣传及提高群众政治文化,鼓励巩固区域尚未疏散之学校要继续坚持上课,已解散之学校,先恢复完小,再根据具体情况,逐步恢复普、民小。教学内容也根据战时需要加以伸缩,政治课以报纸及战时各种生动的实例为教材,来进行时事教育,借以提高学生的胜利信心与仇敌情绪；文化以国语为主,配合教一些战时常识(如防空、看护、站岗、放哨等),课外应进行

---

① 中央教育科学研究所.老解放区教育资料(三)解放战争时期.陕甘宁边区战时教育方案[M].北京:教育科学出版社,1991:3—8.
② 陕西师范大学教育研究所.陕甘宁边区教育资料(中等教育部分)上册.陕甘宁边区政府关于战时中等学校工作的指示[M].北京:教育科学出版社,1981:265—267.
③ 中央教育科学研究所.老解放区教育资料(三)解放战争时期.陕甘宁边区政府教育厅指示信:根据具体条件恢复国民教育工作[M].北京:教育科学出版社,1991:552—553.

生产与群众工作,从群众中学习各种实际知识。之后,于1948年7月和1949年8月又先后发布了《关于恢复老区国民教育工作》和《关于目前新区国民教育改革的指示》①,明确了要根据新民主主义教育方针进行教育改革,小学实行四二制,明确了小学的性质是为人民的基础教育,任务是为新中国培养新公民,为我们的民族培养新后代。在课程教学上,以文化教育为主题,取缔国民党时期公民、儿童训导、户政等有反动内容的课程,低年级(一、二年级)开设国语、算术、美术、唱游4门课程,中年级(三、四年级)为国语、算术、常识、美术、音乐、体育6门课程,高年级(五、六年级)为政治常识、国语、算术、史地、自然、音乐、美术、体育8门课程。课程教材必须采用人民政府审定的课本,新课本未印好前,自然算数可采用旧课本,但须删改其不切合实际的内容;政治与常识(有关思想教育的部分)可暂从《群众日报》或解放区出版的其他书报上选材(由教育厅统一选定),联系实际进行生活、思想、纪律及简单的政治知识的教育。旧公民课本一律禁用。课外指导必须与课堂教学密切结合,先从主要的课程做起。时事、劳动、纪律等教育主要在课外进行。儿童课外活动应予重视,但须有实际教育意义与有计划地进行,且须适度,不得太多,以免妨害学生的文化学习。中等教育方面,1948年10月人民日报发表新华社社论指出,恢复与发展中等教育是当前的重大政治任务,明确提出"中学必须正规化,即是必须有入学和毕业的制度,有一定的修业期限、上课时间、放假日期等各种正规学校的制度"②,以三三制为主,大大提高文化课的比重,实行校长负责制,并对教科书建设等问题进行专门说明。1949年《中等学校改革方案初稿》和《初级中学课程教材讲授提纲》等文件的出台,则对中等学校的课程教学教材等问题进行较为细致的安排,提出了"新型正规化"的主张。一方面,新型正规化对课程方面的要求是加强文化教育,确定正规课程,重视课堂教学,但加强文化教育,并不等于忽视政治思想教育,重视课堂教学并不等于忽视课外指导;取消以毒化和奴化学生为目的的训导制度,停授公民、伦理、童训、军训等科目,在政治教育上另设政治常识,强调建立新民主主义观点,培养为人民服务的思想,锻炼基本的工作方法与作风。在课时设置上,跟1944年和1946年的课时相比有所增加,除自修及选修课外,必修课每周上课时数、初中、简师以27至30小时为宜,高中、师范以24至28小时为宜,

---

① 陕西师范大学教育研究所.陕甘宁边区教育资料(小学教育部分)上册.关于恢复老区国民教育工作、关于目前新区国民教育改革的指示[M].北京:教育科学出版社,1981:258—261,272—276.
② 中央教育科学研究所.老解放区教育资料(三)解放战争时期.恢复与发展中等教育是当前的重大政治任务[M].北京:教育科学出版社,1991:316.

新区初中课程以黄龙分区中学的课程设置为参照,课程改定为十门,史地分开、自然分为动植与理化,艺术分为音乐与美术,体育在课外进行,教学时数增加到24到28课时(见表3-44)①。另一方面,对教科书进行改造,政治成分较重的各科教材如政治、国文、历史、地理,须改用人民政府审定教材,政治成分较轻的各种教材如数学、动植、理化、卫生等,暂仍沿用旧本,教学时追加增删。可以看到,这一时期中小学课程教学的整顿和改革,是与迎接全国解放的任务同步开展的,中小学课程教学的重心已经转移到文化教育上,重视思想政治教育,也注重课内课外学习的平衡;恢复了小学和中学的普通教育的性质,强调正规的学制和课程安排,推动着学校教育从非正规化走向新型的正规化,开展新民主主义教育体制的自主探索。

表3-44 黄龙新区中学课程设置及课时表

科目/时数/学期	政治	国文	数学	历史	地理	博物	理化	生理卫生	音乐美术	合计
一学年	3	7	6	3	2	2		2	3	28
二学年	3	7	5	3	2	2	3		3	28
三年级	3	7		3			3		3	24

从这一时期教育元政策和课程政策话语的表达方式与论说模式来看,坚决斗争、全民动员、服务需求、联系实际、积极改造、自主创生,成为主要的话语取向。首先,坚决斗争、全民动员、服务需求,构成了抗日民主根据地和解放区教育工作和课程建构的主要话语基调。这一时期抗日民主根据地和解放区教育工作和课程政策的话语是在"抗战必胜、建国必成"的坚定信念的支撑下发展起来的,"服务于战争、服务于土地革命、服务于经济建设"②,成为教育发展和课程建设的具体指向。在广泛的人民解放斗争、反封建、反对恶霸地主的斗争和人民自卫斗争的实践过程中,发展了持之以恒的斗争精神和斗争意识,将教育与各种斗争实践结合,并根据具体的斗争环境和条件加以调适。也正是在这样的对敌斗争的经验中,发展了全民动员、群策群力、集思广益的工作路径。具体来看,这一时期的教育元政策和课程政策文本中,有近40处关于全民"动员"、广泛"动员"和"动员一切力量"等相关论述,无论是抗战期间的"全中国人民动员起来,武装起来,参加抗战,实行有力出力,有钱出钱,有枪出枪,有知识

---

① 陕西师范大学教育研究所.陕甘宁边区教育资料(中等教育部分)上册.初级中学课程教材讲授提纲[M].北京:教育科学出版社,1981:322—334.
② 申晓云.动荡转型中的民国教育[M].郑州:河南人民出版社,1984:322.

出知识"①;还是全面内战时期的"我们必须普遍发动群众,动员一切力量,为人民自卫战争的胜利而奋斗,各级学校及一切社教组织亦应立即动员起来,发挥教育上的有生力量,直接或间接地为自卫战争服务"②,形成了鲜明的群众路线和全民动员参与抗战建国大业的话语形态和政策路径。

其次,抗日民主根据地和解放区的教育和课程政策话语的发展演进,是中国共产党领导人民群众积极探索新民主主义教育路径及其创新机制的过程,凸显出联系实际、积极改造、自主创生的话语生态,成为当时课程政策话语表达的关键特征。一方面,在教育和课程政策话语发展的过程中,形成了非常鲜明的问题导向、结合实际的工作思路,并善于在实践中打破常规,推动教育制度和课程教学的积极改善和自主创新。比如,抗日战争期间,边区小学教育发展中最突出的问题,就是小学发展中数量和质量的矛盾,这不仅关系到学校制度、具体的课程设置,也涉及普及教育中办学体制的问题。也正是在解决问题、积极改造和自主创生的话语路径的引领下,从早期的追求数量走向关注质量并走向对有质量的普及教育的追求,才得以不断探索并摸索出一条"符合农村抗日民主根据地需要与实际的普及教育的道路"③。另一方面,无论是当时的抗日民主根据地还是人民解放战争时期的解放区,覆盖地区广泛、社会情况各不相同,决定了在统一思想、明确方向的基础上,要根据各抗日民主根据地和解放区的具体情况开展自主自立的教育实践探索。不同的抗日民主根据地,如陕甘宁边区、华北、华中抗日根据地、华南敌后抗日游击区,以及西北解放区、华北解放区、东北解放区、华东解放区与中原解放区等,都积极贯彻教育与实际情况相结合的办教原则,各地不仅有自己的政策指引和工作方案,也在实践中进行自主创生,发展了各具特色的教育教学形式与方法。可以说,正是这一时期政策表达中注重实际、注重在地化探索且给予地区教育发展充分自主权的特点,促成了当时的学校教育与课程发展结合中国国情和具体地方的实际情况,面向广大人民群众和生活实际,展开了扎根本土的有益探索,丰富了抗日战争以及解放战争时期新民主主义教育的实践生态。

---

① 中央教育科学研究所.老解放区教育资料(二)抗日战争时期上.为动员一切力量争取抗战胜利而斗争(节录)[M].北京:教育科学出版社,1986:2.
② 中央教育科学研究所.老解放区教育资料(三)解放战争时期.陕甘宁边区战时教育方案[M].北京:教育科学出版社,1991:3.
③ 陈桂生.教育文史辨析[M].上海:华东师范大学出版社,2012:254.

2. 抗日民主根据地和解放区课程政策话语的意义建构

抗日战争到中华人民共和国成立之前抗日民主根据地和解放区的教育发展与课程建设,是在中国革命的民主实践和中国社会变革的大胆探索中不断发展壮大起来的,它继承并发展了苏区教育的精神实质,并进一步确立了民族的、科学的、大众的新民主主义的文化教育传统,在中国教育近代化的历程中发展了独具中国特色的教育思想及其实践模式,既积极地服务了民族解放事业的胜利,也为新中国建设的人才储备奠定了重要的基础。这一时期课程政策话语的建构体现了在艰苦卓绝的斗争中因势利导、结合实际办教育的特点,将学校课程同革命斗争紧密地联系在一起,强化理论与实践结合、学用一致的课程与教学观,树立了课程教学的新风气,在制度、管理、内容、方法和策略等不同层面推动了学校教育与课程的自主发展和砥砺创新,为中国学校课程的自主建构树立了新风尚。

首先,抗日民主根据地和解放区课程政策话语的建构经历了一系列的转折与变化,体现了多元的学校教育模式与课程建构的路径探索及其社会依存关系。从前文的论述中可以发现,抗日民主根据地和之后解放区的学校教育制度及其课程体系的发展经历着不断转化的过程,从相对松散灵活的非正规教育走向逐渐寻求制度化、"正规化",到效法"旧型正规化"(也被称为"国民党化",即学校课程向国民党政府统治区的学校看齐)逐步脱离根据地实际、到对"旧型正规化"进行整改和解放战争后期逐步探索"新型正规化"的复杂历程。政策演化的历程不仅仅反映的是根据地和解放区办学形式、教育制度强调灵活性和适应性的内在要求;也具体地表现为学校课程的繁简及其立场的调适,是强调文化课还是学用结合与兼顾思想教育、是脱离生产还是服务具体革命与生产需要;更是体现了根据地和解放区教育在打破正规化教育束缚和推进教育制度化普及之间的反复探索和尝试。一方面,抗日民主根据地的教育本身就是在非制度化、游击性质的教育实践探索的基础上而发展起来的,它能充分为革命战争和根据地的建设服务,是区别于传统正规化教育的有效形式,极大地激发了广大人民群众积极自觉投身新民主主义文化教育革命的热情,是教育与革命事业紧密结合的实践产物和创新创造。但另一方面,随着根据地教育从早期的开辟时期走向纵深发展,尤其是解放战争后期进入到教育整顿和恢复教育体系的关键时期,教育的主旨及其课程建构的关键内涵发生了转向,对推进教育普及、提高教育质量和标准都有了新的要求,自然要挑战非制度化的教育形式,并探索新民主主义文化教育思想引领下的新型的学校系统和学校课程的制度化和规范化发展。在这个意义上,抗日民主根据地和解放区课程政策话语中的有关"非正规化"、"旧型正规化"和"新型正规化"的转折与争论,本质上是在常规的教育制度和课程体系建构的传统同中国革命历程中自主探索的教育经验与创造之间有机整合与平衡的问题,也反映了这一时期我国课程政策话语建构中不盲目跟从常规与既有制度,"既考虑民族民主革命的现实需要","又要着眼于国内经济建设与未来和平建国的长远需要"①,在实践中办教育、面向现实需求、根据中国实际情况办教育的内生性探索。

其次,抗日民主根据地和解放区的课程政策话语的建构彰显了鲜明的革命功利主义色彩。一方面,无论是为抗日战争服务、为边区生产建设服务,还是为人民自卫解放战争的胜利服务,根据地和解放区的课程政策话语牢牢把握革命形势,将学校教育和课程同革命需要结合起来,明确教育和学校课程的服务对象。另一方面,则是"在革命性办学理念的指导下",贯彻革命性的教学内容、课程设置及其教学方法,"始终将战争、革命和生产密切相连的知识和技能放在首位","通过在生产与斗争中的认识实践",培养学生的革命斗争精神、意志与斗争经验。② 以鲁迅师范为例,1938年4月至1939年7月抗战初期,课程设置包括国文、算数、中国史、中国地理、社会科学、政治、民众运动、游击战、军事、自然常识和教育等学科,具体内容上直接地体现了抗日战争的政治、军事、战斗和日常国防的需要。1944年中共中央西北局宣传部、边区教育厅拟定的《中等学校新课程》,将课程设置为边区建设、政治常识、国文、数学、史地、自然、生产知识、医学知识8科,以"边区建设"为首要学科,让学生从入学就养成为边区人民服务的观点,并以掌握相关生产和医药技术为落脚点,精简学科,采用"综合课程"的编制方法,更强调学生的整体运用。③ 1947年解放战争时期《关于改进中等教育工作的意见》中明确提出今后工作的总方向是要有明确的积极立场,用结合实际的方法来大量而迅速地培养和提高学生,使具有劳动人民做事的品质和能力。因此,不仅要重新审查与改造教育内容与方法,使之与当前主要斗争任务——战争、土地改革和生产密切结合,与学校实际情况——干部、学校思想及行动密合;还要在课程设置上也根据学以致用的原则,精简学习的内容,主要开设政治、国文、算术、史地、自然、军事和劳动课程,且具有明确的实际斗争的取向,如政治重

---

① 于述胜.中国教育通史.中华民国卷(下)[M].北京:北京师范大学出版社,2013:389.
② 黄书光.文化差异与价值整合——百年中国基础教育改革进程中的思想激荡[M].北京:教育科学出版社,2011:251.
③ 陈桂生.教育文史辨析[M].上海:华东师范大学出版社,2012:276—277.

点是确立明确而坚定的阶级立场,从思想上认识地主阶级、蒋介石与美帝国主义等;国文课的重点是培养一般工作中实用的能力;军事教育目的是使学生了解中国革命中武装斗争的重要性,并锻炼坚强的体格,获得实用的军事常识,并通过有目的地参加实际活动,来增加师生的实际斗争经验与能力。[1] 从以上的例子可以看出,将学校课程政策话语的建构同不同时期的革命任务紧密结合在一起,因时而变;并在课程教学实践中嵌入具体的革命精神、革命活力和经验的养成,是这一时期课程政策话语建构的突出特征。

再次,抗日民主根据地和解放区课程政策话语的建构更是旨在打破传统升学主导的课程教学的陈腐观念,推行理论与实践结合、学用一致的课程教学风尚,积极推进教学内容、教法和学法上的创新。一方面,抗日民主根据地和解放区都非常强调要依照新民主主义的教育方针来打造全新的课程教学的风气,主张推进教育教学上的改革。如1941年发布的《陕甘宁边区小学教育实施纲要》就提出"边区小学教育应依新民主主义教育以促进儿童的民族觉悟,养成儿童的民主作风,启发儿童的科学思想,发展儿童的审美观念,提高儿童的劳动兴趣,锻炼儿童的健壮体格,增进儿童生活所必要的知识,培养儿童为大众服务的精神。"[2]到了1949年7月解放区的《关于目前新区国民教育改革的指示》中"根据新民主主义教育方针进行研究与改革工作"的思路得到进一步深化,强调"要从工作中存在着的实际问题出发,着重研究各科教材,教法及学生生活、思想问题的指导"[3]。另一方面,在根据地和解放区的教育特别强调"教育和实际生活打成一片,学生和实际生活密切联系,求得理论与实践的统一,以解决学和用的矛盾"[4],并致力于改变注入、填鸭式的教学方法,使用启发式教学注重将课外指导和课堂教学密切结合,探索各级各类学校在教学内容、教学和学法上的具体改革。如在对陕甘宁边区小学教育的实施建议中就强调小学教学要以启发式为主,以讲说讨论为辅;在边区中学的学习方法上倡导自动学习、集体学习,通过讨论会、互相学习、时事研究、革命竞赛等方式来开展多样的学习。在教学

---

[1] 陕西师范大学教育研究所.陕甘宁边区教育资料(中等教育部分)上册.关于改进中等教育工作的意见(1947)[M].北京:教育科学出版社,1981:243—246.
[2] 陕西师范大学教育研究所.陕甘宁边区教育资料(小学教育部分)上册.陕甘宁边区小学教育实施纲要(1941)[M].北京:教育科学出版社,1981:97.
[3] 陕西师范大学教育研究所.陕甘宁边区教育资料(小学教育部分)上册.关于目前新区国民教育改革的指示[M].北京:教育科学出版社,1981:272—276.
[4] 陈桂生.教育文史辨析[M].上海:华东师范大学出版社,2012:299.

内容上,贯穿生产、拥军、拥政、对革命认识的中心思想配合选择科目内容,如绥德实验小学的国语课从群众报上选择秧歌词《发展生产》《农户大秧歌》《组织起来》等,课文中也多与劳动生产和抗战建国主题有关,还注重每周一次的定期时事教育等;历史课讲的是"九一八"——"七七"与抗战以来的中国情况;地理课则从边区地理教起,并配合时事讲世界战争形式以及抗日根据地形势等①,强调与战争、生产和革命的实际需求紧密结合。华中区的小学暂行规程中还提出"小学各科教学应力求联系实际,尽可能采用大单元教学方法";同样,晋察冀边区在1942年的小学规程中也提出"以集体的启发为主,辅以自学辅导及行动上的设计教学"②;通过推行大单元教学、设计教学法、自学辅导制学习等新的教学法,打破了教育教学上背诵教条的教条主义和不顾及对象的主观主义,"把儿童教育和儿童生活结合起来","把教学和实际联系起来"③,极大地活跃了这一时期课程教学的风尚,推进了教法学法上的自主创新,也深刻体现了新民主主义教育思想在具体的课程教学中彰显出的开创性和创新创造的精神。

第二节 民国时期课程政策话语的伦理取向与表征

民国时期是中国学校教育重建尤其是教育和课程现代化的关键阶段。虽然政治格局、经济状况和文化生态存在着各种不安定的因素,但无论从政策层面还是具体的实践领域以及公共的讨论中,关于教育和课程的关注及其实践探索从始至终都没有停止过,为中国学校教育及其课程的系统而多元的建构提供了丰富的思想和实践养料。整个民国时期课程政策话语的变迁经历了漫长的历程和不同的转折阶段,因此,难以对整个时期课程政策的伦理取向及其表征进行简单的概括,但从新文化运动对当时整个社会教育思想和课程格局重塑的视角出发,可以发现民国时期课程政策话语在伦理选择上较为显著的价值倡导与走向,比如强调教育要面向人民、倡导民主与公平,推动科学与理性的课程教学观念及其实践,以及面向社会现实需要的实用主义思想,这些都构成了彼时编织课程政策话语伦理图谱的基本面向。虽然

---

① 陕西师范大学教育研究所.陕甘宁边区教育资料(小学教育部分)下册.绥德实验小学课程内容的改进[M].北京:教育科学出版社,1981:30—33.
② 陈桂生.教育文史辨析[M].上海:华东师范大学出版社,2012:301.
③ 董纯才.儿童教育中的主观主义[N].解放日报,1942-4-4.

这一时期课程政策话语面临着传统封建力量与课程现代化的拉锯、外来势力与本土话语之间的冲突、三民主义和新民主主义教育思想与制度的张力,但是走向教育与课程的公平民主、科学理性和兼顾社会实利是这一时期课程话语建构的主要伦理方向。

一、走向民主与公平:面向平民的课程伦理追求

从民国建元开始,学校体系建立和课程的系统建构就致力要走一条与封建专制统治时期截然不同的道路,其高举的重要旗帜就是要面向共和体制中的全体国民,以人民为中心举办教育,为国家社会的复兴和人民的自觉自治奠定教育的新基础。

蔡元培任民国第一任教育总长后,一则发表了民国教育意见;二则召集中央教育会议;对之后教育宗旨的提出、教育政策的革新,产生了重大的影响,也宣告了民国时期教育与封建专制时期教育在根本立场和定位上的不同。从蔡元培先生在全国临时教育会议上开会致辞中所说的一段话可以看出,民国教育不再是从君主或少数人的立场出发的教育,而是要面向受教育者和全体国民,体现出对于教育公平与民主等根本伦理取向的追求。

> "民国教育与君主时代之教育,其不同之点何在?君主时代之教育方针,不从受教育本体上着想,用一个人主义或用一部分人主义,利用一种方法驱使受教育者迁就他之主义。民国教育方针,应从受教育者本体上着想,有如何能力方能尽如何责任,受如何教育始能具如何能力"……"君主时代之教育,不外利己主义。君主或少数人结合之政府,以其利己主义为目的物,乃揣摩国民之利己心,以一种方法投合之,引以迁就于君主或政府之主义"……"而其目的,在使受教育者皆富于服从心、保守心,易受政府驾驭。现在此种主义已不合用,须立于国民之地位,而体验其在世界在社会有何等责任,应受何种教育"。[①]

蔡元培在全国教育会议上所倡导的国民教育强调要打破君主专制时期以个人主义或少数人主义为宗旨的教育路径,而面向教育者本体的需要与能力,其本质上是要求将教育权力从过去君主政治主导的愚民或柔民的政策导向走向教育的权力要归属

---

① 中国第二历史档案馆.中华民国档案史汇编第三辑教育.蔡元培在全国临时教育会议上开会词[M].南京:江苏古籍出版社,1994:627.

于人民,且面向全体国民。这同当时共和整体初步确立,《中华民国临时约法》中所倡导的"中华民国主权归属于国民全体,中华民国人民一律平等"①的精神一致,也意味着在教育中,"既为共和立宪治国,则教育方针自当以新国家之本质为主眼,而着重于共和立宪国民之养成"②。

之后,整个社会在对国民教育的探讨上,也显现出面向国民全体,人人享有平等的教育权力的平权思想。以贾丰臻在《教育杂志》上发表的关于国民教育的意见为例:

"国民教育者,十九世纪以来最流行之名词也,有国家必有国民,有国民必有教育,国民既尽人接受教育。则断不能举国皆为官吏、皆为圣贤、皆为英雄,故断之曰国民教育。盖国民教育者,如饥之于菽粟,寒之于布帛,不可一日离,故期间有至不可少之条件焉:(1)国民教育乃义务教育,谓国民之受教育如纳税、当兵之不得免除者也;(2)国民教育为儿童将来生活计,而授以必需之知识技能也;(3)国民教育乃国家教育人民,与家庭教育子女无异:家庭纵贫苦,子弟不可不读书;国家虽困穷,人民岂可不入学乎"。③

贾丰臻明确地指出了要施行面向所有民众的义务教育,不区分家庭背景,人人具有充分接受教育的机会,体现出了教育走向公平与民主而非属于特权或专制阶层的伦理转向。

同样地,第二任教育总长汤化龙在论及国民教育时,也强调了国民教育要面向全体之国民,虽然他所讲的国民教育具有较强的国家主义的色彩,强调通过国民教育来帮助国民适应世界竞争之趋势以巩固国家,同蔡元培早期倡导的既关注国家与社会,也要超越政治需要兼顾主体的内在发展需求有些许不同,但是其面向全体国民强调教育要走向公平与民主的伦理趋向是一致的。

"窃谓今后生存之计,惟有以全国一致之决心,养成全体国民之品性,与其生活能力,以从事于世界之竞争,庶几国民得以保持其生存,而国家有巩固健全之望——此其事必自国民教育始。国民教育者,对于全体国民之修养其品性,发展

---

① 中华民国临时约法[J]. 临时公报(北京),1912(27):4—10.
② 朱元善. 今后之教育方针[J]. 教育杂志,1916(04):5—6.
③ 陈青之. 中国教育史[M]. 北京:中国社会科学出版社,2009:608.

其生活能力,以适应夫世界竞争之趋势者也"。①

早在1915年新文化运动兴起之时,平民主义的思想就在陈独秀、蒋梦麟等人的论述中加以阐述,蒋梦麟等在《教育杂志》第十一卷第一号中发表《和平与教育》一文,提到:

"欲得永久之和平,必以平民主义为基础。……欲图永久之和平,必先解决教育之根本问题。……此次世界大战之结果,平民主义已占胜势,世界潮流且日趋于平民主义。平民主义愈发达,则其和平之基础愈巩固。故欲言和平之教育,当先言平民主义之教育,欲言平民主义之教育,当自养成活泼之个人始"。②

将平民主义同世界和平的主题并置在一起进行讨论同当时整个世界在第一次世界大战时期推行教育公平与民主的理念相一致,期望通过建立各自国家的国民教育体系,来发挥通过教育消除战争的危机,促进国际理解与世界和平的作用。因为"战争起源于人之思想,故务需于人之思想中筑起保卫和平之屏障"③。

在此之后,随着五四运动的兴起以及西方思潮的广泛传播,特别是杜威等人的来华宣讲,将平民主义中强调面向全体人民提供更加公平且切己的教育宗旨进行了明确的阐述。这其中有两个根本的思想:一是平民主义教育是面向所有民众的公平的教育,是要让社会中每个人能够以平等的地位参与学校教育和社会生活,即倡导教育的平民化,反对面向特殊阶级的教育。正如杜威在《平民主义教育》演讲中提到,"什么叫平民主义的教育呢? 就是我们须把教育事业,为全体人民着想,为组织社会各个的分子着想,使得它成为利便平民的教育,不成为少数贵族阶级或者有特殊势力的人的教育"④。二是平民主义教育要切合个人的经验与需要,即在教学法上也要平民化,使得学校生活真正是社会生活,也就是蒋梦麟在阐释新教育的"养成健全之个人,创造进化的社会"的宗旨时所说的,"《新教育》月刊,一方面受到思想界革命风气的影响,一方面

---

① 陈青之. 中国教育史[M]. 北京:中国社会科学出版社,2009:609.
② 蒋梦麟. 和平与教育[J]. 教育杂志,1919(01):1—13.
③ 教育是全人类共同核心利益——联合国教科文组织成立70周年提出教育新理念[N]. 中国教育报,2015-11-22(3).
④ 袁刚,等. 民治主义与现代社会——杜威在华讲演集[M]. 北京:北京大学出版社,2004:354—372.

因为我个人受到中山先生的启示,所以在教学法上主张自发自动,强调儿童的需要,拥护杜威教授在他的《民主与教育》中所提出的主张。在中国的教育原理方面,《新教育》拥护孟子的性善主张,因此认为教育就是使儿童的本性得到正常的发展"[①]。也正是因为对于平民主义教育有这两个层次的理解,引发了实践领域两种探索平民教育的努力:一种以晏阳初等为代表面向普通民众广泛开设补习教育和识字教育的平民教育的浪潮,强调的是国民都能享受公平的公共教育;另一种则是以俞子夷、舒新城、陶行知为代表的对新教育的实验主义的改革,从探讨儿童的自发自动的活动而非被动、受约束的学习的角度寻找平民主义教育在切合个人经验与需要上的革新,推动了当时导向教育主体内在经验建构需要与特征的教学法的改革探索与实验探究。

二、走向科学与理性:追求课程理论及其实践的现代化

受当时教育科学化运动的影响,尤其是 20 世纪初,以梅伊曼(Meumaun, E.)、拉伊(Lay, W. A.)的"实验教育学"建立为标志,显现出经验实证主义的哲学取向对教育研究的鲜明影响,试图通过实验研究、观察和统计分析等方法,来对教育学现象作描述性的、价值中立的研究,试图寻找能够解释教育现象的规律性经验。尤其是五四运动以后,对于科学的推崇,倡导科学方法、训练科学精神,推动教育的科学化发展。这一时期的学校教育、课程、教材与教法研究明显地受到北美基于心理学研究的教育科学化运动的影响,推动了课程理论及教学实践领域现代化和科学化的进程。

一方面,是通过科学的研究方法研究教育及其课程教学,在儿童心理和教育心理、教育统计与测量等方面开展科学化的研究。著名的小学教育法专家俞子夷,也是我国第一个测验量表的编制者(《小学国文毛笔书法量表》1918 年),曾几度主持国民教育实验区,旨在为实现我国普及教育创设一套符合国情的小学各科教材教法。在教学法研究上,著名的心理学家艾伟开展的汉字心理学实验研究,对识字心理、常用字量、汉字简化、横直读比较等方面,进行等组实验、测验、调查和精细的统计分析,得出规律性的结果和原则,为编写小学语文课本和提高教学质量提供科学的依据。

另一方面,则是注重教学法方面的实验研究并推广科学的、可设计的和程序化的教学范式。如以俞子夷为代表的教育专家学习美国哥伦比亚大学克伯屈(Kilpatrijck,

---

[①] 川尻文彦. 杜威来华与"五四"之后的教育界——以陶行知的杜威思想受容为中心[J]. 社会科学研究. 2009(06):142—153.

W. H.)教授的"设计教学法"①开展设计教学法实验,俞子夷在1913年访美时就对此已有所认识,1916至1918年间在上海万竹小学和南高师附小开始进行了一些类似设计教学法的尝试。1919年秋,俞子夷主持南高师附小正式进行设计教学法实验,根据"做中学"的思想确立教学组织形式。继之,在俞子夷指导、其学生沈百英的主持下,1920年江苏第一师范附小也开始进行设计教学法实验。不久,以南高师附小为首的江苏省立师范学校附属小学联合会号召各地小学试行设计教学法,使得设计教学法实验进入了高潮。此外,这一时期较为典型的教学法的实验探究还有1922年到1925年间舒新城、廖世承在上海中国工学中学部进行的"道尔顿制"②实验,以及对"德可乐利的教学法"实现本土化改造的"廉方教学法"等。李廉方也因此被称为"教学法中国化"的第一个代表,他于20世纪30年代主持河南开封教育实验区,开创"卡片教学法"(后人称"廉方教学法"),该法借鉴了德可乐利教学法的观察、联想和表现的研究过程,以二年半完成四年学制的学习内容,对传统教学体系作了改造。李廉方还在课程设置上进行改革,采用合科教学和卡片教学等方式,对当时西方流行的教学法进行了有效的检视、本土化的改造与实验验证。这些课程与教学方面的改革,亦是开启了中国大地上第一代教育实验研究的先河。

再一方面,在教育研究与教学法实验改革科学化趋势的影响下,课程领域的理论发展也开始走向科学化的发展路径。一是陆续翻译了美国一系列课程研究的专著,包括张师竹译的博比特的《课程》(商务印书馆,1928年),郑宗海、沈子善翻译的波斯纳的《设计组织小学课程论》(*The Elementary School Curriculum*,商务印书馆,1925年)以及熊子容译的博比特的《课程编制》(商务印书馆,1943年)等。二是在借鉴美国课程理论的基础上,本土的课程学者开始探讨课程开发的基本原理、课程史论和学科课程研究等专业领域原理,如程湘帆的《小学课程概论》(商务印书馆,1923年)、王克仁的《课程编制的原则和方法》(广西教育厅编译处,1928年)、徐雉的《中国学校课程沿

---

① 设计教学法是打破学科制,代之以与儿童生活有关的问题或事件为组织教材的重心,强调学习之大单元,每举行一设计时,所预定的目的与计划,或由儿童自己拟定,或由师生共同拟定,以儿童活动为中心,依据问题或项目的性质,来设计活动。
② 道尔顿制的特点也是打破学科制,在中学中实施较多,布置各科作业室用以代替传统的教室。室内按学科性质设置参考图书、实验仪器、标本等教学和实习用具,并设教师1~2人指导学生学习。将学习内容分月安排,各科教师与学生按月订立"学习工约",教师根据学生的程度,指定学生做某一个月的作业,并把它公布在作业室内。学生根据自己的能力,自由地掌握学习的速度和时间,并可与教师和同学研究讨论,学生完成本月的工约,须经教师考试,及格后才能学习下一个月的工约。

革史》(上海太平洋书店,1929 年)、朱智贤编《小学课程研究》(商务印书馆,1931 年)、熊子容的《课程编制原理》(商务印书馆,1934 年)、盛朗西编《小学课程沿革》(中华书局,1934 版)、李廉方的《小学低年级综合课程论》(中华书局,1934 年)和陈侠的《近代中国小学课程演变史》(商务印书馆,1944 年)等。三是关注各科课程教材的研究并将课程研究列为教育学中同教学法并行的研究领域。20 世纪 30 年代出现了一系列小学学科教材的研究,如孙钰《小学教材研究》(北平文化学社,1932 年)、朱翙新《小学教材研究》(上海世界书局,1932 年)、吴研茵和吴增芥《小学教材研究》(商务印书馆,1933 年)、俞艺香《小学教材研究》(南京钟山书局,1934 年)、吴宗望《小学教材研究》(上海开明书店,1934 年)、俞子夷等《新小学教材研究》(上海儿童书局,1935 年)等①②。这一时期课程研究的迅速发展,受美国课程思想与教育思潮的影响,但同时又发展出基于本土的课程开发、课程教材、课程史和学科课程的相关研究,体现出中国课程研究的实践取向,课程研究在当时的发展程度可与同时期教育学中的教学法研究的科学化相提并论。可以说,教育研究的科学化发展与课程教材的科学设计是同当时中国学校体制和课程系统的现代化建设的政策需要紧密相关的。因此,西方的相关理论与思潮一经传播,其培养现代公民的教育思想和科学化的教育及课程发展的道路在中国找到了发展的土壤,成为这一时期课程政策话语的伦理追求。

三、实用主义的面向:回应社会的现实需要

要反对封建传统的旧教育以建立共和民主的新教育,要给经济枯竭、生产落后、社会贫乏的中国社会带来新发展和新生机,意味着学校教育和课程不仅要打破封建阶级社会对学生在精神上的束缚和压抑,也要反对灌输式、填鸭式和记诵式的教育遗留,推动学校课程及其教学适应社会生产与科技发展的需要,培养学习者的独立思考和实际操作能力,为社会之用。因此,回应社会需求、培养救国兴业之人才,成为民国时期学校教育和课程政策变革的必然的伦理追求。虽然在民国学校教育和课程发展的不同阶段,与生产脱节、考选主义和治术导向的传统教育话语在教育系统中多有流弊和反复,但是在课程政策的话语建构中始终有一股重要的力量同"专蹈虚空不求实用"的教

---

① 张廷凯. 我国课程论研究的历史回顾:1922—1997(上)[J]. 课程·教材·教法,1998(01):7—12.
② Zhang, Hua and Gao, Zhenyu. Curriculum Studies in China: Retrospect and Prospect. In William F. Pinar (Eds.) *The International Handbook of Curriculum Research* (second edition) [M]. New York: Routledge, 2014:118-133.

育话语相抗衡,虽然其表现方式多样,呈现出职业主义、生产主义、实利主义、工读主义等不同的教育潮流与运动,但培养具有生产意识和才能的学习者、促使教育与生产生活与社会实际相结合、发展具有现实关照和生活意义的课程与教学的价值追求,成为民国时期教育和课程政策重要的伦理选择。

蔡元培在民国早期发表对于新教育的意见时,就曾对实利主义之教育,进行过专门的论述,谈道:

"今之世界所恃以竞争者,不仅在武力,而犹在财力。且武力之半,亦由财力而孳乳。于是有第二之隶属政治者,曰实利主义之教育,以人民生计为普通教育之中坚。其主张最力者,至以普通学术,悉寓于树艺、烹饪、裁缝及金、木、土工之中。此其说创于每周,而近亦盛行于欧陆。我国地宝不发,实业界之组织尚幼,人民失业者至多,而国甚贫。实利主义之教育,固亦当务为急者也"。①

黄炎培作为实用主义的倡导者,不仅仅看到蔡元培所阐述的国家贫瘠、地宝不发、事业发展不利的现状,更是对当时国家教育脱离实际生活,无法为学生的谋生和生活必需做准备的现状进行了深刻的批判:

"即以知识论,惯作论说文字,而于通常之存问书函意或弗能达也;能举拿破仑、华盛顿之名,而亲友间之互相成为弗能笔诸书也;习算数及诸等矣,权度在前弗能用也,习理科略知植物科名矣,而庭除之草不辨其为何草也,家具之材不辨其为何木也:此其共著之现状,固职教育者所莫能为讳者。然则所学果何所用?而所谓生活必需者,或在彼不在此耶"。②

可见,不仅仅是回应现实社会国民发展生活必需之知识与技能,在社会中寻得自立且承担责任之能力,从而承担起救贫、救弱、救私的社会责任;更是针对以往教育中的不切实际和虚夸的现状,进行了深刻的反思。这也引发了民国时期中学"文实分科"制度的广泛的争论和频繁的更替。

---

① 中国第二历史档案馆.中华民国档案史汇编第二辑南京临时政府.蔡元培之于教育之新意见[M].南京:江苏古籍出版社,1994:469.
② 黄炎培.学校教育采用实用主义之商榷[J].教育杂志,1913(07):55—82.

受德国教育制度的影响,1909年清末学部决定在中学堂实行文实分科,开创了中国近代分科制的先河。此后,关于分科制的争论一直没有停止。《教育杂志》和《中华教育界》的创始人陆费逵是文实分科的坚定反对者。他发表的《民国普通学制议》一文在当时引起极大的关注。陆费逵认为:"中学强分文、实,学科支配,升学转学皆来困难",而且"中学文实分科,虽便于研究专门,然普通学科,本不能有偏重,高等人才,决不能缺普通知识,其彰彰也。况内地财力有限,专办一科尚苦无力,强分两科,非偏缺即苟且耳。今定为普通课程,不分文实"①。时任《教育杂志》主编的李石岑也不赞成过早地进行文实分科,他指出:"十三四岁的儿童,基本学科的知识不充实,选择职业的眼光不正确,就遽然决定他前途的命运,使个人智能的各方面不能充分长育,而成为畸形的发展,这实在不是个人和社会的幸福。"②蒋维乔则对于中学文实分科问题持谨慎态度。他认为:"今日不特普通中学毕业生无谋生之地,即甲乙种实业学校毕业生亦多无谋生之地。不能仅据片面之调查,即毅然下此断案也。盖其原因,一方面在社会事业之萧条,一方面在实业学校之课程,仍属纸片教育。学生毕业无相当之谋生能力也。"因此,"目前,应急补救者,在整顿学校之内容,使与社会相应,不能贸然从破坏学制入手,尤不应牵连及中学普通制而悉摧破之"③。

曾留学德国的民国教育总长蔡元培也极力反对清末中学堂文实分科的做法,认为中学的培养目标应是造就健全国民。在他的力主下,1912年1月19日颁布的《普通教育暂行办法》规定中学为普通教育,文实不必分科。

这种情况持续三年之后又发生了变化。1915年,袁世凯既不满民国初年教育改革民主性的一面,又不满中学课程的死板划一,决定再次模仿德国学制,把中学分为文科、实科,"以期专精深造"④。这一方案还未来得及全面实施便随袁氏政权的垮台而夭折,学制仍然恢复到以前的单一制。

1916年10月,全国教育联合会在北京召开第二次年会,会议建议把普通中学的办学宗旨,由"完足普通教育,造成健全国民"改为"以完足普通教育为主,而以职业教育、预备学校为辅",以助长社会事业不求高就为中学校训练之方针;同时还建议教育部出台新举措,规定中学自第三年起,视地方情形,酌设职业科目,同时酌减其他科目

---

① 陆费逵.民国普通学制议[J].中华教育界,1912(1):11—14.
② 李石岑.新学制草案评议[J].教育杂志,1922(号外):1—7.
③ 蒋维乔.职业教育进行之商榷[J].教育杂志,1917(11):197—199.
④ 中国第二历史档案馆.中华民国史档案资料汇编第三辑教育.袁世凯特定教育纲要[M].南京:江苏古籍出版社,1994:36.

的授课时间。① 1917年3月,在全国教育会联合会的力主之下,教育部通令全国普通中学增设第二部,课程的单科制逐步向分科制过渡。然而,在中学增设第二部并未解决中学教育存在的问题——普通教育和职业教育二者难以兼顾,而且在实施过程中还遇到学生人数、教师聘请、教室的支配及经费不足等问题,因而新举措并没有得到广泛的实施。

1917年,黄炎培等人成立了中华职业教育社,推动职业主义的教育作为前期实用主义的发展,指出:"盖职业教育尤是实用教育也,……吾人所主张一方提倡职业教育俾于生活上速立补习之计划,一方犹当尽力改良普通教科使归实用,庶其有济。"②

但文实分科议案的再次提出,还是在当时的教育界引起了强烈反响,得到了许多教育学者的积极回应。1918年9月,《教育杂志》刊发天民的文章《中学校亟须改革之点》,他建议在普通中学之外"增设实科中学",指出"中学校者施行高等普通教育之学校也,其学生入学也有志在文学者,有志在科学者,有毕业后即就实务者。对于将来之志愿,甚不一律。故中学校者,应于学生之志向及性格,而又参酌时势,设置种类各别之课程,以施教育,正当然之任务矣"③。在文中,他还列举了英国、法国、美国、德国等欧美各国的中学校制度来加以证明,并对新增的实科中学的课程开设提出了自己的见解。

黄炎培是职业教育思潮的代表人物。他在自己主持的《教育与职业》杂志推出了一系列倡导中学的分科选科制的文章。他认为,中学教育应当解决两大问题,即"一为多数毕业生之谋生问题;二为准备升学者谋精力、日力之经济问题。就事实言之,前者之有待解决,较后者尤急"④。1918年10月前后,教育部召开全国中学校长会议,重点研究中学课程设置问题。与会代表认为,中学实行文实分科是同时兼顾中学毕业生升学和谋生的最好办法。教育部虽然没有采纳这一主张,但在1919年4月25日向各地中学发出咨文,根据"现行科目不无繁重之嫌,而时势所趋,又有增设他科之必要",称"各省区办理中学校,得因地方特别情形,就中学校令施行规则第一条所列各学科目,酌量增减,并得增减部定各科目之时数"⑤。教育部提出的"酌量增减"引发了各地中

---

① 教育联会中校改良案[N]. 民国日报,1916-11-17(0007).
② 陈青之. 中国教育史[M]. 北京:中国社会科学出版社,2009:671.
③ 天民. 中学校亟须改革之点[J]. 教育杂志,1918(09):113—123.
④ 黄炎培. 与李石曾君谈职业教育[J]. 教育与职业,1919(12):1—6.
⑤ 傅增湘. 教育部咨各省区中学校应斟地方情形酌量增减科目及时间文[J]. 政府公报,1919(1160):18.

学的强烈反响,纷纷摆脱《中学校令施行规则》硬性划一的束缚,对课程设置进行改革,实行分科制和选科制。与此相适应,中学普遍改学年制为学科制和学分制。1920年9月,教育部又在各地试行分科制、选科制的基础上,颁发了选科标准,对必修课和选修课的安排作了一些调整。为了推广选科制,1921年教育部还把一些分科选科实行得好的中学课程简章汇编成册,印发各地以作参考。在民间力量特别是全国教育联合会的推动下,1922年9月,教育部召开全国学制会议,并于11月1日正式公布了《学校系统改革案》,并"新学制课程标准纲要"中规定中学采用学分制,高级中学分设普通科和职业科,并设计了公共必修科目、分科专修科目、纯粹选修科目。此举标志着人们对于文实融合的认识进入了一个新的阶段。《新教育》杂志曾这样评价这段中学分科制的改革过程:"新学制中最精彩的,是中等教育一段。现时教育部学制会议辩论最烈的,也是中等教育一段。"[①]

  从早期的实用主义到后来的职业主义,以及在课程中强化实业科目的努力,又及南京国民政府之后倡导的生产教育,都是从实利的路径去思考学校教育的功能。1926年时任国民政府教育行政委员兼广东省教育厅长的许崇清,就拟了关于生产教育的一道教育方针草案:

> "中国从来的教育,只是关于支配行动的教育;关于生产行动的教育在中国是从来所无的;……学校教育当与社会生活的活动和事务相结合;不独是材料的内容要与社会环境相联络,并其方法的内容亦需与社会生活相一致。我们一面依照这个教育原理,一面因应前述革命的一般政策来拟定今后的教育方针。当面第一个紧急问题,应该就是产业教育问题"。[②]

  对于生产教育的倡导,之后得到国民政府的深切关注。时任大学院院长蔡元培在1928年5月,召集第一次全国教育会议时,就提出"养成劳动习惯,增高生产技能,推广科学之应用,提倡经济利益之调和,以实现民生主义"的教育宗旨的规定。1929年1月,召开第三次全国代表大会第一次会议时,提出了"以各种之生产劳动的实习,培养实行民生主义之基础"的实施方针的决议。1930年4月,教育部部长召集第二次全国教育会议,通过改进全国教育方案,提出"在各级各类的教育内,都应注重科学实验,培

[①] 廖世承.关于新学制一个紧急的问题[J].新教育,1922(04):10—20.
[②] 许崇清.教育方针草案[J].中华基督教教育季刊,1926(03):62—68.

养生产的能力,养成职业技能"的规定。对于生产教育的关注,同当时整个中国社会行业凋敝、产业落后和社会贫困的现实紧密关联,也同学校教育的改革无法回应社会的迫切需求有紧密的关系。以至于当时整个社会和教育领域开始了倡导生产教育的热潮,当时在《中华教育界》《湖北教育月刊》《中华基督教教育季刊》等杂志上发表一系列关于国民经济发展、生产教育和学校教育改革的文章。

可以说,无论是平民主义、科学理性还是实用主义,西方社会思想和教育思潮在中国的情境中快速扎根并发展,获得了社会和教育领域的普遍认同,恰恰回应了当时整个社会革新对思想与智力基础的迫切需要,同民国时期整个社会追求民主政治、社会变革、改变积弱贫穷的社会现状紧密契合,同要打破传统教育的桎梏培养在民主主义革命和新民主主义革命时期推动社会政治、经济与文化发展的人民大众的努力不谋而合,由此,构成了民国时期课程政策话语建构主要的伦理趋向。

第三节　民国时期课程政策话语的伦理冲突与困境

正如我们所看到的,整个民国时期是中国救亡图存的重要时期,也是中华民族复兴的起点,更是一个动荡不安的特殊历史时期。无论是早期的北洋政府统治的军阀割据时期,还是五四运动以后全国教育达至近乎破产的境地,国民政府统治时期的教育界精神的萎靡不振和党化教育的强化,以及之后抗战至1949年之前的国统区和根据地教育的分而治之,教育领域的状况是不稳定且分化的。虽然有堂皇的教育政策,有广泛的教育观念与主张的讨论,但教育实践并不容乐观,在课程政策及其实践走向制度化、民主化、科学化和现代化的发展过程中,潜藏着各种矛盾和冲突。这里就以最为典型的以读经复古和文白之争为表现的传统文化思想的流弊与现代学校教育观念的冲突,以及对外来文化的仰视主义与本土问题适应性的冲突为例,来说明民国时期课程政策话语运作中显性的和潜在的伦理冲突。

一、传统文化思想的流弊与现代学校教育观念的冲突

从民主共和国家政体建立以后,国人精神为之一振,想要破旧立新,建立一种新教育的愿望,异常的迫切。因此,要打破一切旧有的制度、文化、观念与习气,建立一种完全不同于过去的教育新面貌。对旧文化进行批判,探索建立新的文化的实践,伴随着新文化运动的兴起而发展起来,新文化与旧文化、旧伦常与新主义、旧教育与新教育之

间展开了一场长期的拉锯。这其中有以袁世凯的尊孔读经的复古主义、白话文运动与国语课程推广为鲜明表现形式的新旧文化的冲突与斗争,也有潜藏在的社会生活与课程教学实践中传统思维方式与现代观念的冲突,向我们展示了传统的社会文化制度及其思想观念并非能够通过运动式的革命加以清除,而是以各种潜在的方式反映在社会生活和教育教学的方方面面,并成为一种长期共存的力量,渗透并转化为人们社会生活与学校教育的现实矛盾与冲突的内在根源。

传统封建的社会制度被废除了,但是传统社会文化观念并不会轻易放弃曾有的地位。随着袁世凯的独裁统治,掀起了尊孔复古的风潮。他先后以《祭孔告令》、《特定教育纲要》和《颁定教育要旨》为蓝本,本着"以忠孝节义植其基,于知识技能求其阙"的原则,要求中小学校均加读经一科,按照经书及教育程度分别讲读,由教育部编入课程。将带有封建色彩的读经课程披着传承传统文化底蕴的外衣重新搬回课堂,成为传统文化观念与现代社会观念冲突的具体表现。

当然,袁世凯政府安排读经重回课堂的课程政策很快在全社会引起了强烈反对。1914年7月,《教育杂志》关于实用主义问题的临时增刊发表了廉方、邢定云和丁德合等人关于《今日学校教育应否采用实用主义》的讨论。在邢定云的文章中,对当时尊孔读经的复古逆流进行抨击,他以他国经验为依托,提出"而学校读经问题,死灰复燃,则余不可以不辨","人则文化愈盛,崇尚实学,我则从事迷信,流为清淡,天下宁有此理";"所谓宗教,所谓读经,皆虚而无补于事,国家方患虚症,若以虚治虚,吾知其殆矣"①。虽然邢定云的批评并未抓住复古逆流的复辟实质,却也击中了它给教育带来的务虚的和道德主义取向的弊端。1914年8月,《中华教育界》刊发了丁德合的《读经问题之商榷》,作者论述了反对普通学校读经的两点理由:一是经书艰深不宜于儿童也。"今之小学教育虽未臻完善,然比较前清已呈长足之进步。然不料主张读经者,更欲以秦皇愚民之政策施之今日,使脑筋简单、天真烂漫之儿童读深邃奥妙之哲理,对聋者说雷,向瞽者说天,是非尽摧残我青年子弟,使为愚鲁无能之人不止,且美其名曰保存国粹,养成人才。"二是经书浩博不宜于普通教育也。"夫普通教育须使儿童为均齐圆满之发达……若只为一部分之发达,则已失教育之宗旨矣,今以浩如烟海之四书五经,配列课程,势必减授他科之时间,不惟双方均难以奏效也,即云一方奏效,而普通应有之常识已不克完备,是岂所谓普通者哉?"他将"知识不完备"者比作肢体残疾之人,"举全国国

---

① 邢定云.今日学校教育应否采用实用主义[J].教育杂志,1914(临时增刊):1—42.

民而悉为残疾之人,处今竞争剧烈之时,国将不国"①。贾丰臻在《教育杂志》所发表的《今后小学教科之商榷》一文,也毫不留情地批评了当时对于小学教科书的两种错误理解和做法,一则"以孔教为前提,主张小学校必读经书,彼盖即以读经为能达实用主义、自习主义、勤劳主义也;彼盖即以读经为能行人格教育、实利教育、职业教育也;彼盖即以读经为小学校万能之教科也,而其他教科之轻重弃取,非所问焉";二则"学校为科举制变相,故注意理论而不实验,注重文字而不注重器械,注重精神而不注重常识,注重抽象而不注重具体的,注重终日伏案终日教室而不注重实习工厂实习农场"②。

袁世凯复辟帝制失败后,在教育界先进分子的强烈要求和坚决呼吁下,教育总长范源濂表示将"切实实行民国元年所发表的教育方针"③。北洋政府不得不通令撤销袁世凯颁布的《教育宗旨》《特定教育纲要》及《预备学校令》。之后,教育部又在颁布的《国民学校令》《国民学校令施行细则》《高等小学令》《高等小学令施行细则》中,删去了"读经"的规定及有关内容。1917年,宪法审议会将"国民教育以孔子教育为修身大本"的条文撤销,从而基本上恢复了1912年制定的教育制度和教育政策。

与此同时,新文化运动的迅速兴起,以"科学和民主"为牵引,拉开了一场改造国民性的新文化运动,推广白话文和国语课程就成为推进平民主义教育的典型代表。1917年1月,胡适发表《文学改良刍议》,提出了从形式和内容上对文学进行改革的意见,主张以白话文为"中国文学之正宗,又为将来文学必用之利器,可断言也"④。2月,陈独秀发表《文学革命论》,把反对文言文与封建文学同政治革命联系起来,指出要继伦理道德革命之先声推动文学革命之气运,"推倒雕琢的、阿谀的贵族文学,建设平易的、抒情的国民文学;推倒陈腐的、铺张的古典文学,建设新鲜的、立诚的写实文学;推倒迂晦的、艰涩山林文学,建设明了的、通俗的社会文学"⑤。在文学革命的冲击下,文学作品日益广泛使用白话文,出现了大量优秀之作,也为学校教育提供了国语教材和课外读物。

在这样的背景下,当时的教育期刊对国语教育问题的关注也骤然升温。《新教育》杂志对新文化运动和国语运动表示热情的支持,推出了一系列文章。黄炎培在《新教

---

① 丁德合. 读经问题之商榷[J]. 中华教育界,1914(08):1—14.
② 贾丰臻. 今后小学教科之商榷[J]. 教育杂志,1917(01):24—32.
③ 申晓云. 动荡转型中的民国教育[M]. 郑州:河南人民出版社,1994:77.
④ 胡适. 文学改良刍议[J]. 新青年,1917(05):26—36.
⑤ 陈独秀. 文学革命论[J]. 新青年,1917(06):6—9.

育》1919年第2卷第1期发表《小学校用白话文的研究》,详细列举了白话文教学在各校的情况,指出了白话文易学、省时、便利的优点。《新教育》1919年第2卷第2期刊发蔡元培先生在女子高等师范学校的演讲词《国文之将来》,对白话文的前途充满信心,他说:"国文的问题,最重要的,就是白话与文言的竞争。我想将来白话派一定占优胜的。"①《新教育》第3卷第1期,发表了胡适的《国语标准与国语》,提出"推行国语是定国语标准的唯一方法;等到定了标准再推行国语,是不可能的事"②。《中华教育界》也积极推动国语运动,及时组织了大量稿件进行学理上的讨论。主编陆费逵在该刊第8卷第1期撰文《小学校国语教授问题》:"近来各杂志日报,多有用口语文的。教育界也有主张将小学校国文科,改作国语科的。这实在是一个好现象,于传播教育、文化普及都有很大的益处。"③《中华教育界》还组织了相关的征文活动,主题有"统一国语之方法""标准音之标准""小学校当如何教授国语""日用文与国语""出版物与国语"等。这些文章既探讨了教育上的问题,又传播了国语方面的知识,还为国语运动作了大力推广。

思想界、教育界人士强烈要求学校采用国语和白话文的倡导也推动了学校教育的改革。1917年10月,全国教育联合会决议"请教育部速定国语标准,并设法将注音字母推行各省区,以为将来小学国文科改国语科之预备"④。同年,江苏省教育会决定各学校用国语教学,随即自编课本开始国语教学的尝试。1918年11月,教育部正式公布了1911年读音统一会议制定的注音字母,以便各省区传习推行。1919年,第五次教育会联合会在山西召开会议,决议推行国语办法六条,其中国民学校国文教科书改为国语。1919年,国语统一筹备会宣告成立,全面筹备国语统一事项及推行办法。1920年1月,教育部正式通令全国国民学校一律改国文为国语,并自秋季起,国民学校一、二年级先行改用语体文。4月,又通告各小校和各书坊凡国民学校所用教科书(文言文体的)曾经审定者,分年作废。⑤ 自此,国内大、中、小学文言文教材逐渐被淘汰,普遍采用白话文教材,从根本上动摇了文言文几千年来的统治地位。

可以看到,在民国早期,具有封建性质的传统文化思想同新文化的建立之间有着

---

① 蔡元培.国文之将来[J].新教育,1919(02):22—25.
② 胡适.国语标准与国语[J].新教育,1920(01):8—11.
③ 陆费逵.小学校国语教授问题[J].中华教育界,1919(01):1—7.
④ 中国第二历史档案馆.中华民国档案史汇编第三辑教育.全国教育会联合会第三节会议请定过于标准推行注音字母提案[M].南京:江苏古籍出版社,1994:769.
⑤ 教育部国语教育进行概况[J].国语月刊,1922(06):1—9.

不可避免的冲突,并以袁世凯政权的倒台以及白话文的推广、国语课程在学校课程领域的落地显示出新旧文化斗争中新文化的胜利。但是,在社会生活的现实中,陈独秀所批判的"吾人果欲于政治上采用共和立宪制,复欲于伦理上保守纲常阶级制,以收新旧调和之效"[①]的折衷主义,竟也大有其市场。在学校教育的实践探索中,传统文化观念与教育思想的流弊,并没有伴随新文化运动的发展而消失殆尽,而是以各种方式制约着学校教育实践、社会生活和人际关系的常规。

一方面,在学校教育及其课程教学实践的细微之处具有封建色彩的传统文化观念仍然大行其道。比如南京临时政府在禁止清朝教科书的同时,在教科书编辑要点中又把"注重表彰中华固有之国粹特色"作为编写的原则之一;又如在小学修身课的科目"要旨"中提出要注意培养儿童的"孝悌""义勇""恭敬"等德性,仍然是对于儒家格言的尊崇;虽然倡导男女教育的平等,但是女子在学习内容和程度上都低于男子,以及倡导女生尤须注意贞淑之德,强调的是贤妻良母式的女子教育。1918年《教育杂志》刊登的《今后女子教育之方针》一文可以看到,文中所说"女子必以能完其对于家庭之天职,始得谓之对于国家社会克尽重大之任务者",也就是说女子不必使其离夫家庭而徒务高尚之教育,而是"果能以贤母自期而尽此任务则即所以尽其为妻为母之天职而贡献于国家者",[②]仍然将女子教育裹胁在家庭子女教育、相夫教子之职责之中。可见,虽然教育政策或课程政策中的主张堂而皇之,但是在具体的课程教学实践之中,具有封建主义色彩的传统文化观念仍然根深蒂固。

另一方面,传统文化观念中的阶级享乐和功利主义的观念在新式学校教育中仍然泛滥,其所形成的学风或民风影响学校教育的现实改造。如程天放在《改革中国学校教育刍议》中就明确地指出当时学校教育中功利主义之风盛行,学校教育部不能增加人民生产能力,反而减少人民生产能力,"本来是个农家子弟,假如他不受教育,长大后还可以做一个胼手胝足的农夫,一受教育便再也不肯下田耕种。本来是一个工人子弟,假如他不受教育,长大后还可以做一个刻苦耐劳的工人,一受教育,便再也不肯动手劳作。这种现象,到处皆是"……"大家都往政界、教育界挤,挤不进去就失业"……"这种教育,非促成亡国不可"[③]。胡葆良在《生产教育讨论》中也提到学校教育中类似的现象,"凡人之子女一经学校毕业,即成为双料少爷小姐,而鄙视一切劳动,以生产为

[①] 陈独秀.吾人最后之觉悟[J].青年杂志,1916(06):6—9.
[②] 天民.今后女子教育之方针[J].教育杂志,1918(08):109—112.
[③] 程天放.改革中国学校教育刍议[J].中央周报,1932(227):32—47.

贱役,以消费为尊容。此种态度之养成,于个人于社会均有莫大之不利"①。

也正因为如此,戊辰学制后一经确立在全国通行会考制度,整个学校教育又回到了传统科举制度下为考试而学、为考试而教的传统路径之中。在封建教育观念的持续影响下,学校教育中的"升学主义""资格主义"盛行,即以接受学校教育作为出身的工具,以升学、以获取资格为目的,成为封建文化观念在现代学校教育中的具体表现。

二、外来文化仰视主义与本土问题适应性的冲突

中国作为一个历史悠久的大国,经历了近代的半殖民地半封建社会的洗礼,在现代化进程中落后于西方大国,作为一个后现代化国家,近代落后以来由于缺少内在自信和主体认同,希望通过向先进发达国家学习,来摆脱自己落后的局面,这种心理上的不安全感和落后自卑的潜在意识从清政府晚期的"中学为体、西学为用"的改革就可以略见一斑。从民国共和体建立以后,无论在政治上、经济上、思想上还是教育上,中国社会一直存在着这种向外寻求先进经验的心理诉求和实践动向的情况。也正因为如此,在对待外来思想时,常常是优先认可外来思想的合理性而质疑自身的落后性,对外来的思想存在一种仰视主义的态度,这也使得民国时期的课程政策形成了对于日本、美国以及德法的理念及其经验进行批量移植、定向学习的传统。尤其是第一次世界大战以后,为了寻求反封建的武器,国外的各种学术观念、思想流派大量涌进中国,到了五四时期,"向西方学习"已经成为一种时尚和潮流。因此,平民主义、实用主义、工读主义、新村运动、早期的马克思主义等理念得以广泛流传,甚至是奉为圭臬。比如,蔡元培在《杜威六十岁生日晚餐会演说词》(1919 年 10 月)中,称赞杜威是"用十九世纪的科学作根据,用孔德的实证哲学、达尔文的进化论、詹美士的实用主义递演而成"的"西洋新文明的代表",至谓杜威可以与孔子相匹敌,指出相对于孔子说"尊王",杜威则提倡"平民主义"②,将其视为反封建和建立新风尚的武器,对其赞誉可见一斑。在学校制度和课程政策上也是先学习日本,后沿袭美国,1922 年壬戌学制以来基本实现了美国化。抗战胜利后国民政府教育从思想到实践,从行政当局到一般学生教师,从学制到课程设置,从教学计划到教学内容,无不染上了美国色彩。

然而这些主义的流行并没有很好地回应和解决民国时期本土教育的问题,还衍生

---

① 胡葆良.生产教育讨论[J].中华教育界,1933(07):5—14.
② 蔡元培.杜威六十岁生日晚餐会演说词[N].北京大学日刊,1919-10-22(446).

出了一系列新的问题,没能起到真正解决本国教育问题的功能,甚至还一定程度上阻碍了课程与教学的自主探索,使中国教育染上了浓重的殖民色彩,丧失了走上适合本国国情教育发展道路的机会。因此,胡适早在1919年就发表过《多研究些问题少谈些"主义"》的文章,提醒人们要细心考察社会的实在情形,而不要空谈好听的主义,指出"空谈外来进口的主义,是没有什么用处的。一切主义都是某时某地的有心人,对于那时那地的社会需要的救济方法。我们不去实地研究我们现在的社会需要,单会高谈某某主义,好比医生单记得许多汤头歌诀、不去研究病人的症候,如何能有用呢"。①

一方面,各种流行的主义并没能同当时整个社会的治理和教育变革进行有机的结合,徒有其外表,而不得其内,用以装饰门面。比如,杜威的以儿童为中心,强调儿童自动自发和自治主义的理念,在中国学校中过度提倡,反而变成了放任自流,使得学校教育难以为继;又比如,戊辰学制中初中有十五科之多,不管有用无用,只是仿照别国设立而已。另一方面,对于当时整个社会生产力水平低下,急需兴盛实业的认识不足,无法针对当时中国社会贫弱的现状从教育上寻求富强的契机,教育整体上仍然是偏治术和文雅的,虽然对实业教育、职业教育和生产教育的倡导众多,但是实际行动与效用却很少,仍以普通教育为基本导向,鄙视劳动的封建等级思想泛滥。在这个意义上,西方的各种主义与文化意境和儒家传统的文化观念结合,也展现出在当时民国社会西方主义的本土变形。

可见,民国时期学校教育和课程变革对本土问题适应性的考虑不足,课程政策的官方话语或社会主流流行的各种主义同实践之间的鸿沟,造成了民国时期对于外来文化的仰视和本土问题不相适应的冲突。正如陈桂生老师在总结民国时期教育宗旨时所概括的,"总的说来,民国时期最缺乏的,是民众的教育,而不是堂皇的教育宗旨"。②不仅如此,由于深受战争破坏、社会动荡和政局更迭的影响,民国时期学校教育和课程的发展,其泛政治化的色彩浓重,学校课程成为政治斗争的一种工具,"使得民国时期的教育在大部分时间里深深卷入政治与政局之中,学校风潮不断",③既没有很好地培养各行各业建设人才,也没有承担起民族性知识的生产;没能根植中国社会的需求之上,也无法有机融入当时经济和社会的发展,或"对中国固有文化、未来事业,并曾有所

---

① 胡适.多研究些问题、少谈些"主义"[N].每周评论,1919-7-20(31).
② 陈桂生.教育文史辨析[M].上海:华东师范大学出版社,2012:225.
③ 朱庆葆,等.中华民国专题史.第十卷.教育的变革与发展[M].南京:南京大学出版社,2015:19.

发扬、创造"①,是这一时期学校教育和课程发展的现实与遗憾。但值得一提的是,国共两党在政治上分化以后,中国共产党领导下的农村革命根据地、抗日民主根据地和解放区的教育和课程建设则开启了一系列基于农村、基于实际需要、基于现实条件的探索,可以说走了一条不同于正规化教育的自主创新的道路,对于国民政府所推行的正规的现代教育制度体系是一个重要的补充,也以一种灵活的方式回应了当时中国广大农村落后地区教育发展的特殊需要,但这种探索也因全盘套用苏联的教育教学体系与模式而终止。

虽然问题重重,但民国时期的学校教育和课程建设在转变传统教育观念、革新现代学校制度、完善课程教学模式,推动新式教育的民主化、科学化和现代化发展方面,功不可没。毋庸置疑的是,在教育要兼顾革命和建设的双重历史任务的特殊考验下,无论是国民政府的三民主义教育制度还是中国共产党领导下的新民主主义教育制度及其实践,都为中华人民共和国成立后教育的发展和课程的建构提供了重要的历史基础。

---

① 朱庆葆,等.中华民国专题史.第十卷.教育的变革与发展[M].南京:南京大学出版社,2015:18.

第四章　改革开放前课程政策话语建构及其伦理表征（1949—1977）

1949年9月中国人民政治协商会议第一届全体会议在北平举行，会议通过了《中国人民政治协商会议共同纲领》，对文化教育政策作出了明确规定，强调了教育的新民主主义性质，即民族的、科学的、大众的文化教育，提出人民政府的文化教育工作，应以提高人民文化水平，培养国家建设人才，肃清封建的、买办的、法西斯主义的思想，发展为人民服务的思想为主要任务。[①] 自此，新民主主义的教育基本取得胜利，中国的教育改革与课程改革也伴随着中华人民共和国的建立而迈入新篇章。尤其是改革开放之前的社会主义建设时期，基础教育领域的课程政策主要是服务国家统一与经济建设的现实需要。这一时期课程政策话语的历史建构，"由于受社会的政治、文化革命或经济改革的强力作用，经历了一段曲折而艰难的路程"[②]。从收回教育主权、改造旧教育、恢复和发展新中国的国民教育，到全面学习和复制苏联教育教学体系，以及中苏关系破裂开始自主探索本土化的课程体系，乃至最终走向极端的教育革命与文化革命，课程政策一直服务并服从于不同历史阶段的政治、经济、文化的需要，有建构、有破坏，课程政策话语的内涵及其取向也起伏不定、历经转折。

---

① 何东昌. 中华人民共和国重要教育文献（1949—1975）[M]. 海口：海南出版社，1998：1.
② 黄甫全. 新中国课程研究的回顾与展望[J]. 教育研究，1999(12)：21—28.

第一节　改革开放前课程政策话语的建构及其特征

一、社会主义改造时期的课程政策话语(1949—1952)

从1949年到1952年是社会主义改造时期,也是效仿前苏联全面开展经济文化建设时期,这一时期教育的基本定位是新民主主义的,即民族的、科学的、大众的文化教育,以此回应革命工作和国家建设工作的广泛需要。由于处于改造"旧教育"、恢复和发展"新教育"的特殊时期,课程政策话语是渐进式的改造,而非疾风骤雨式的变革,主要诉求是收回教育主权、彻底改变旧课程的半封建半殖民地性质,通过有计划、有步骤地改造旧教育制度、内容和方法,逐步建立和发展新民主主义的教育。

(一)社会主义改造时期课程政策话语的内容及其表征

中国人民解放战争和人民革命的伟大胜利,结束了帝国主义、封建主义和官僚资本主义在中国的统治,开启了中国人民当家作主的新社会、新国家的阶段。在社会主义改造的初期,尤其是从1949年到1952年期间,各个领域的工作都百废待举,不仅涉及对旧的教育制度、教育内容、课程与教学法的改革,还涉及有计划有步骤地实行普及教育、加强中等教育和高等教育,注重技术教育,加强劳动者的业余教育和在职干部教育等对于文化教育事业的整体建构。1949年12月,教育部召开第一次全国教育工作会议,确立了"以老解放区新教育经验为基础,吸收旧教育的有用经验,借助前苏联经验,建设新民主主义教育"[①]的教育改革方针,开启了新民主主义教育背景下的从"旧教育"到"新教育"的转型。1950年,教育部颁布了第一个中学暂行教学计划(草案),1951年10月又颁发《关于改革学制的决定》,规定了小学采取五年一贯制的学制;随后1952年又颁布了小学和中学暂行规程(草案),作为规范中小学课程的政策文件,并出版了第一套中小学全国通用教材。可以说,这一时期课程政策话语的发展规范了中小学校的课程结构、教学原则和教材体系,设置了较为齐全的课程科目,为形成全国统一的课程与教学体系奠定了基础(见表4-1)。

---

① 何东昌.中华人民共和国重要教育文献(1949—1975)[M].海口:海南出版社,1998:07.

表4-1　社会主义改造时期教育元政策与课程政策相关文件

	具体内容		具体内容
教育元政策	1949年9月《中国人民政治协商会议共同纲领》 1949年12月《中共中央关于中央人民政府成立后党的文化教育工作问题的指示》 1950年1月教育部关于第一次全国教育工作会议的报告 1950年5月当前教育建设的方针 1951年5月关于1950年全国教育工作总结和1951年全国教育工作的方针和任务的报告 1951年8月政务院《关于改革学制的决定》 1952年11月教育部关于小学实施五年一贯制的指示	课程政策	1950年8月教育部关于颁发《中学暂行教学计划(草案)》及《中等学校暂行校历(草案)》的命令 1951年2月工农速成中学暂行实施办法 1952年2月教育部关于颁发《四二旧制小学暂行教学计划》的指示 1952年3月教育部公布《小学暂行规程(草案)》和《中学暂行规程(草案)》 1952年12月工农速成中学分类教学计划

根据ROSTCM6.0软件分别对教育元政策和课程政策文本进行词频、高频词、语义网络、社会网络和共现矩阵等维度的分析,对整合文本进行分词后分析各得出156和177个高频词,结合政策文本的行特征词和语义网络进行综合,提炼出表4-2的关键词。从整体上而言,这一时期教育元政策和课程政策话语可以分为三个相互关联的主要议题:一是统一思想,从顶层设计出发确立新民主主义教育改革的方针;二是明确路线,团结一切力量改造旧教育、建立新教育,扫清教育文化事业中思想立场上的根本错误;三是聚焦核心,确立统一的学校课程教学模式,通过改革与统一学制、制定教学计划和教学大纲、确立全国通用教材,建构统一的中小学课程教学体系。以下就从这三方面对这一时期课程政策话语的内容及其表征进行解析。

表4-2　社会主义改造时期教育元政策与课程政策文本高频词统计

	教育元政策文本	课程政策文本
主题与结构	文化教育、人民、工农、建设、全国、发展、服务、革命、经济、政治、思想、科学、工人阶级、人民政府、斗争、入学、知识分子、识字、苏联、问题、全国教育会议、民族、科学、大众、一贯制、学制、教材	教学、小学、中学、学生、学校、教育部、儿童、教导、计划、各科科目、暂行、标准、大行政区、组织、学习、指导、学业、思想教育、政治、教材、适当、卫生、自然、基础、教学、理事、地理、课外、体育、音乐、图画、实验、社团、自然、实际结合、教导
论说模式	中央、地区、领导、提高、加强、实行、民族、实际、巩固、有计划、统一、步骤、改造、政策、推行、制度配合、创造、必须、任务	普通、统一、特殊、制度、地区、计划、行政、适用、政府机关、教育部、政务院、改革、意见、规定、变更、依照、备案、说明、规程、决定、会议、报请、报告、办法、施行、核准

首先,就是明确新民主主义教育改革的基本方针,标明教育为工农服务、为国家建设服务、普及与提高相结合、公营与私营教育并举等基本的教育工作原则。1950年教育部第一次全国教育工作会议,逐渐从思想认识上统一与明确了"今后的教育工作的方针,是教育普及与提高的正确结合,即在提高的指导下普及,在普及的基础上提高;而在今后一个相当长的时间内应以普及为主,除了必须维持原有学校继续加以改进外,教育应着重为工农服务,要普遍设立工农中学,吸收大批工农干部及工农青年入学,培养工农知识分子干部,同时大量举办业余补习教育,准备开展识字运动"①。钱俊瑞在《当前教育建设的方针》的论述中也着重讨论了教育为工农服务和教育为恢复和发展人民经济、为生产建设服务的主要目标,前一原则主要指向工农业余教育和工农速成中学的建设,积极培养工农知识分子;后一原则是强调科学与技术教育、劳动教育的发展,尤其强调要理论与实际结合,大力发展中等技术教育,培养参加新民主主义建设的专门人才。② 也正是基于对推进普及教育、扩大教育机会、提高工农教育水平的追求,在新中国成立初期,特别强调"实行教育事业中的公私兼顾政策",也就是"对私立学校一般地采取了积极维持,加强领导,逐步改造的方针,使之逐渐适合国家建设的需要,并实行在城市奖励私人兴学,在农村鼓励群众办学的政策"③。可以说,教育要为工农服务原则的提出,明确了中国教育的阶级定位,"极大地彰显和高扬了工农教育权利和教育机会"④,表明教育要为无产阶级专政服务的社会主义教育的阶级性质;教育要服务国家建设原则的确立,则是明确了社会主义改造初期经济建设任务的艰巨挑战以及当时国家发展建设的根本目标和主要矛盾;而面向普及和提高结合、推进公私并举,则是进一步继承和发扬了抗日民主根据地与解放区发动群众参与办学的传统,直接回应要尽快恢复国家教育常规,扩大教育普及和初步确立社会主义现代教育制度的现实需要。这些原则的系统提出锚定了中华人民共和国成立初期教育工作的核心矛盾,为这一时期教育事业的发展提供了根本方向。

其次,就是在统一思想的基础上,明确教育工作的路径与方式,即要团结一切力量、有计划、有步骤地改造旧教育和建立新教育。这一方面政策内容的建构有三层意

---

① 何东昌.中华人民共和国重要教育文献(1949—1975)[M].海口:海南出版社,1998:11.
② 何东昌.中华人民共和国重要教育文献(1949—1975)[M].海口:海南出版社,1998:17—25.
③ 何东昌.中华人民共和国重要教育文献(1949—1975)[M].海口:海南出版社,1998:92.
④ 顾明远,刘复兴.从新民主主义教育到社会主义教育(1921—2012)[M].北京:教育科学出版社,2015:176.

蕴:第一层意思,是对新旧教育观念的重新认识,明确要"以提高人民文化水平,培养国家建设人才,肃清封建的、买办的、法西斯主义的思想,发展为人民服务的思想为主要任务",要以老解放区新教育的良好经验为基础,吸收旧教育有用的经验,借助苏联教育建设的先进经验,建设新民主主义教育,老解放区教育以巩固提高为主,新解放区教育工作的关键是争取团结和改造知识分子,维持原有学校的逐步改善①。第二层意思,则是强调对旧教育的改造是一个有计划、有步骤且谨慎开展的改革工作,既不能拖延时间,也不能过于性急、企图用粗暴方法进行改革。当时的主要领导人毛泽东、教育部长马叙伦都对全国范围内实行旧教育的改革提出要求,"注意防止急躁、粗暴和拖延不改的两种偏向","先从改革教学内容着手,开始进行改革课程、改变教材、改进教学方法、改变教学组织等一系列的工作","首先开展革命的政治思想教育,取消反动的课程;进而力求课程内容适合国家建设需要,并设法精简不必要的课程与教材"②,强调一个循序渐进而非颠覆性的改革过程,着重对各级各类学校进行调整、统一、整顿和巩固,为今后的发展准备条件。第三层意思,则是在推进旧教育的改造和新教育的建构过程中扫除思想立场上的错误,规避实践中的错误导向。如针对"在工作中单纯的抓住少数积极分子,丢掉了多数人,脱离了广大的中间群众"的问题,提出要团结一切力量,尤其是团结中间群众,加强"领导机关对于学校教育的领导",加大领导和行政机关对于教育工作的关注。③ 如在第一次全国中等教育会议上,与会人员针对中等教育工作中的客观主义和主观主义倾向进行了批判,所谓客观主义就是"超人民""超阶级"的立场,对于人民群众缺乏真实的热情和关心,主观主义就是教条主义和经验主义两个方面在教育教学中的具体表现。④ 因此,这一时期的教育与课程政策话语特别强调对方向和路径的把握,是人民教育事业建设发展中的一个重要关切。

最后,就是牢牢把握这一时期的核心工作任务,通过积极推进学制、课程教学和教材的统一,整顿和巩固全国小学和中学,推进高等教育的建设,以及职业教育、业余教育、学前教育、扫盲教育的整体发展,以恢复教育常规和建立现代教育制度。第一,1951年政务院发布了《关于学制改革的决定》,对学制系统的改革进行了重新安排,设

---

① 何东昌. 中华人民共和国重要教育文献(1949—1975)[M]. 海口:海南出版社,1998:7—9.
② 何东昌. 中华人民共和国重要教育文献(1949—1975)[M]. 海口:海南出版社,1998:92.
③ 何东昌. 中华人民共和国重要教育文献(1949—1975)[M]. 海口:海南出版社,1998:77.
④ 何东昌. 中华人民共和国重要教育文献(1949—1975)[M]. 海口:海南出版社,1998:84—87.

置了正规学校系统(小中大)、工农速成学校(初等中等)和业余学校(初等、高级)并行的系统,小学采用五年制,突出工人农民的干部学校和各种补习学校、训练班在学校系统中的地位,以促成不同程度学校的相互衔接,以便利广大劳动人民文化水平的提高,尤其是工农干部的深造和国家建设事业的促进。1952年教育部发布《关于小学实施五年一贯制的指示》,取消了小学初高两级的分段制,以使城乡劳动人民的子女,能够平等地享受完全的基础教育。新学制的推进是学校教育工作中的重大任务,特别突出了工农速成学校和业余学校的学制要求和地位,体现了其服务工农和服务国家建设需要的内在特征。第二,这一时期教育部非常重视中小学教学计划的修订,在1950年8月就颁布了中华人民共和国的第一个教学计划《中学暂行教学计划(草案)》,接着又先后颁布了《中学暂行规程(草案)》《四二旧制小学暂行教学计划》《小学暂行规程(草案)》等文件,这些规程和教学计划是1949年后用以全面规范中小学课程教学的政策文件,"明确了中小学的性质、任务及培养目标,规定了学校的课程设置、组织管理体制、教学计划、教导原则或教材,升留级制度等,初步奠定了新中国中小学课程的框架"[①]。具体来看,这些教学计划的内容主要涉及课程教学诸多方面的改革。一是继承旧有的中小学课程结构,设置比较齐全的学科并规范集体活动的形式与时间。二是开设新的政治教育课程,新教学计划设置了"中国革命常识""社会科学基础知识""共同纲领""时事政策"等政治课程内容,并强调将政治思想教育渗透到各学科教学中以加强对学生的政治思想教育和革命人生观教育。三是合理安排课时,减轻学生的课业负担。1950年的中学教学计划减少了原国民政府时期教学计划中初中三年级和高中阶段的课时,而1952年的中学教学计划与1950年相比,总教学时间则由7 200课时减少到6 876课时,共减少324课时[②];1952年9月,教育部发布了《关于中学暂行教学计划(草案)部分科目调整办法及高中地理科分别讲授中外经济地理的通知》,明确指出"初中代数减少一小时,改为每周三小时;初中物理增加一小时,改为每周五小时";"高中二年级物理增加一小时,改为每周四小时","高中三年级物理增加一小时,改为每周四小时,1953年秋季高三化学增加一小时,改为每周四小时",增加了物理和化学学科的课时[③]。不仅如此,教育部还对中小学的各科课程标准(教学大纲)作出了讨论与规

---

① 课程教材研究所.20世纪中国中小学课程标准·教学大纲汇编.课程(教学)计划卷[M].北京:人民教育出版社,2001:3.
② 吕达.课程史论[M].北京:人民教育出版社,1999:454.
③ 何东昌.中华人民共和国重要教育文献(1949—1975)[M].海口:海南出版社,1998:168.

定,如小学的各科教学大纲以1950年7月教育部印发的《小学课程暂行标准初稿》为参考,中学方面在1951年召开的全国第一次全国中等教育会议上,讨论了普通中学的政治、语文、历史、地理以及数理化等学科的课程标准(草案)①,但由于全面学习苏联用教学体系替代课程体系,用教学大纲取代课程标准,有关课程标准的讨论也相应停止。四是在教学法上突出理论与实际一致的教学方法,以及将教学重心转向教师及其教学计划。在小学阶段,注重教师根据学科系统,结合儿童生活经验以及社会自然实际,适当运用实际事物进行教学,强调教师在教学方面的主导作用,有计划有系统地进行教学,以完成教学计划,启发儿童的自觉性和积极性,课内和课外活动配合进行②;中学阶段也是强调结合革命斗争和国家建设的实际进行教学,以达到学以致用的目的,自然科学的教学尤力求与现代生产技术相结合,采用实验、实习、参观等实物教学法,使学生理解一般生产过程的基本原理与最简单最基本的生产工具的使用方法,在注重启发学生的自觉性、积极性和创造性的基础上,强调中学以课堂教学为基本形式,关注按照一定进度循序渐进进行教学,关注教师如何依照教学计划完成规范的教学活动流程。③ 特别值得一提的是,这一时期教育部专门印发了《工农速成中学暂行实施办法》(1951),并于1952年12月发布了《工农速成中学分类教学计划》,对独立设置的工农速成中学以及高校附设工农速成中学提出面向文史财经政法等学科、理工科、医农生物等学科不同的教学计划,为正规学校系统以外参加革命和产业劳动的优秀工农干部及工人提供了升入高等学校深造的通道,体现了新学制面向工农的基本原则。

表4-3 1952年四、二制小学暂行教学计划教学课目和时间表④

科目/时数/年级	初级				高级	
	一年级	二年级	三年级	四年级	五年级	六年级
语文(国语)	12		12		10	
算数	5	6	7		7	

---

① 何东昌.中华人民共和国重要教育文献(1949—1975)[M].海口:海南出版社,1998:87—88.
② 课程教材研究所.20世纪中国中小学课程标准·教学大纲汇编.课程(教学)计划卷.小学暂行规程(草案)(1952)[M].北京:人民教育出版社,2001:202—203.
③ 课程教材研究所.20世纪中国中小学课程标准·教学大纲汇编.课程(教学)计划卷.中学暂行规程(草案)(1952)[M].北京:人民教育出版社,2001:209.
④ 何东昌.中华人民共和国重要教育文献(1949—1975)[M].海口:海南出版社,1998:137—138.

续 表

科目/时数/年级	初级				高级	
	一年级	二年级	三年级	四年级	五年级	六年级
自然						3
历史						3
地理						2
体育	2		2		2	
音乐	3		3		1	
美工	2		2		1	
总计	24		25	26	29	

表 4-4　1952年四、二制小学暂行教学计划每周集体活动时间表①

项目/每周分钟/年级	初级	高级
朝会(包括晨操)或课间会(包括课间操)	120	120
周会	60	60
校内课外活动(体育、学生会服务、学习小组)	120	180
校外社团活动	40	90
每周总计	340	450

表 4-5　1952年小学暂行规程五年制小学教学计划之教学科目和时间表②

科目/时数/年级	一年级	二年级	三年级	四年级	五年级	五年合计
语文	14	14	14	10	10	2 356
算数	5	6	7	7	7	1 216
自然				3	3	228
历史				3	3	228
地理				2	2	152
体育	2	2	2	1	1	304

① 何东昌.中华人民共和国重要教育文献(1949—1975)[M].海口:海南出版社,1998:137—138.
② 课程教材研究所.20世纪中国中小学课程标准·教学大纲汇编.课程(教学)计划卷.小学暂行规程(草案)(1952)[M].北京:人民教育出版社,2001:202.

续 表

科目/时数/年级	一年级	二年级	三年级	四年级	五年级	五年合计
图画	1	1	1	1	1	190
音乐	2	2	2	1	1	304
总计	24	25	26	28	28	4 978

表4-6　1950年中学暂行教学计划草案(各科教学科目及时数)[①]

科目/时数/学年/阶段	初中					高中				
	第一学年	第二学年	第三学年	三学年总计	各科百分比	第一学年	第二学年	第三学年	三学年总计	各科百分比
政治	2	2	2	240	6.67	2	2	2	240	6.67
语文	7	7	7	840	23.33	6	5	5	640	17.78
数学	4	5	5	560	15.56	5	5	5	600	16.66
自然	4	1		200	5.56					
生物						4			160	4.44
化学		4		160	4.44		3	3	240	6.67
物理			4	160	4.44		3	3	240	6.67
历史	3	3	3	360	10.00	3	3	3	360	10.00
地理	2	2	2	240	6.67	2	2	2	240	6.67
外国语	3	3	3	360	10.00	4	4	4	480	13.33
体育	2	2	2	240	6.67	2	2	2	240	6.67
音乐	1	1	1	120	3.33	1			40	1.11
美术	1	1	1	120	3.33	1			40	1.11
制图							1	1	80	2.22
每周教学时数	29	31	30			30	30	30		
每学年上课时数	40	40	40			40	40	40		
教学总时数	1 160	1 240	1 200	3 600	100	1 200	1 200	1 200	3 600	100

[①] 课程教材研究所.20世纪中国中小学课程标准·教学大纲汇编.课程(教学)计划卷.中学暂行教学计划(草案)(1950)[M].北京:人民教育出版社,2001:196.

表4-7 1952年中学暂行规程中学教学计划(各科教学科目及时数)[①]

科目		初中						高中						六学年总计
		第一学年		第二学年		第三学年		第一学年		第二学年		第三学年	三学年总计	
		上	下	上	下	上	下	三学年总计	上	下	上	下	上	下	
本国语文		8	8	7	7	6	6	756	6	6	6	6	6	6	648	1 404
数学	算术	6	6					216								216
	代数			3	3	3	3	216	2	2	2	2	2	2	216	432
	几何			2	2	2	2	144	3	3	2	2			180	324
	三角										2	2	1	1	108	108
	解析几何												3	3	108	108
物理				2	2	2	2	144	2	2	3	3	4	4	324	468
化学				2	2	2	2	144	2	2	2	2	4	4	288	432
生物	植物	3	3					108								108
	动物			3	3			108								108
	生理卫生					2	2	72								72
	达尔文理论基础										2	2			72	72
地理		3	3	2	2	2	2	252	2	2	2	2			144	396
历史		3	3	3	3	3	3	324	3	3	3	3	3	3	324	648
中国革命常识						2	2	72								72
社会科学基础知识											2	2	2	2	144	144
共同纲领													1	1	36	36
时事政策		1	1	1	1	1	1	108	1	1	1	1	1	1	108	216

[①] 课程教材研究所.20世纪中国中小学课程标准·教学大纲汇编.课程(教学)计划卷.中学暂行规程(草案)(1952)[M].北京:人民教育出版社,2001:207—208.

续 表

科目	初中							高中							六学年总计
	第一学年		第二学年		第三学年		三学年总计	第一学年		第二学年		第三学年		三学年总计	
	上	下	上	下	上	下		上	下	上	下	上	下		
外国语	3	3	3	3	3	3	324	4	4	4	4	4	4	432	756
体育	2	2	2	2	2	2	216	2	2	2	2	2	2	216	432
音乐	1	1	1	1	1	1	108								108
美术	1	1	1	1	1	1	108								108
制图								1	1	1	1	1	1	108	108
每周上课时数	31	31	32	32	32	32	3 420	32	32	32	32	32	32	3 456	6 876
每学期上课周数	18	18	18	18	18	18	108	18	18	18	18	18	18	108	216
教学总时数	558	558	576	576	576	576	3 420	576	576	576	576	576	576	3 456	6 876

第三,则是对中小学教材的统一。1949年后,中小学教学急需新的教材来代替国民党政府统治时期的旧教材。但由于百废待兴,来不及编写统一的教材,而教育发展又刻不容缓。根据这种情况,国家采取了改革旧课程、继承吸收有用成分等相关措施。1950年,由教育部和出版总署第一次联合公布了中小学秋季教学用书表,其中所列书目一部分是老解放区的课本,一部分是经审查允许采用的旧课本,还有些是经过改编的新教材。同年9月,全国出版会议提出中小学教材必须全国统一供应的方针,并成立人民教育出版社,承担编写国家统一教材的任务。1951年,政务院文化教育委员会批准了《1951年出版工作计划大纲》,按规定由人民教育出版社开始重编中小学课本,并于年内建立全国中小学课本由国家统一供应的基础[①]。随后由人民教育出版社选择当时使用得较好的教材加以修订或重编,至1952年4月,陆续出版了第一套全国通用的中小学教材。这套新教材的编写和发行,为全国统编中小学教材的进一步修订和编写提供了依据、积累了经验,也标志着对旧课程的改造基本完成和课程体系的初步确立。应该说,统一学制、统一课程和教学计划、统一教材的系列工作,为全国中小学

---

① 何东昌.中华人民共和国重要教育文献(1949—1975)[M].海口:海南出版社,1998:74—75.

的课程教学提供了整顿和提高的准绳。

从这一时期教育元政策和课程政策话语的表达方式与论说模式来看,注重中央的统一领导、有计划实行、逐步改造是主要的话语方式,强调的是在统一领导和管理的思路下,实现学校教育和课程教学的系统而有序的改造。一方面,特别强调了中央教育部以及各大行政区文教部对教育事业的统一领导与管理。1949年后,中央人民政府政务院文化教育委员会及其所属之各部、院、属亦先后成立,管理全国文化教育事务,形成了从中央到地方的文化教育行政工作的体系,并建立了各地区向中央请示报告的制度,从体制上完善了中央的统一领导以及自上而下的连贯的教育管理体制。这一时期的教育元政策和课程政策的文本中,共有92处提及了中央政府及50处提及中央教育部在推进文化教育事业或课程教学改造方面的核心作用,强调了中央的统一领导和地方有效推行的权力关系,明确了党和中央政府在教育领导与管理中的权威性地位。另一方面,这一时期的课程政策话语的论说特别强化旧教育改造和新民主主义教育建设的计划性、规划性和依照规划逐步推进的思路,强调更为规范和有序的工作原则。课程政策话语无处不体现着统一思想、谨防走偏、规范行事的思路,特别强调计划性、渐进性和原则性的贯彻或落实,强调在维持教育全局稳定的基础上又要立即和强有力地展开工作。这种话语表达与论说的方式体现出中央既充分考虑到全国各级教育的学制、课程、教材问题改造和统一任务的艰巨性和复杂性,又体现出中央在中华人民共和国成立初期教育改造和建构过程中面对新的挑战、克服一切困难,推进新民主主义教育建设的决心和坚定决策。正如马叙伦部长在第一次全国教育工作会议上所提,"我们深深认识到,中国旧教育的改造和新教育的建设是一个长期的艰巨的工程,我们面前有极大的困难,但同时我们也清醒地看到我们有许多有利的条件,可以用来克服一切困难,完成这一伟大而光荣的任务","我们要充分认识全国教育那种极不平衡的复杂的情况,并正确估计我们的力量,来计划我们的工作,我们要根据总的方针和具体情况及条件,分别先后轻重,找出重点,定出我们的工作计划,我们决而不要不顾情况与条件,企图百废俱举","我们主张凡是在短时间内不可能获得解决的问题,如全国各级教育的学制、课程、教材等等问题,就不应采取急躁的措施,要求加以立即和全般的解决,但同时我们又应当即刻开始准备工作,以便及早地即使是初步地解决这些问题"[①]。可见,这一时期中央的课程政策话语为教育发展提供了坚决又审慎、理

---

① 何东昌.中华人民共和国重要教育文献(1949—1975)[M].海口:海南出版社,1998:6—7.

性且切实的态度与路径,为课程教学与教材的系统改革和全面落实奠定了重要的政策基础。

(二) 社会主义改造时期课程政策话语的意义建构

1949—1952年间是全国性的教育改造和建设工作的起步阶段,也是奠定新民主主义教育性质、任务、国民道德标准、教育方法、课程教学以及教育改造过程的关键时期。因此,在一开始就明确了新民主主义教育工作的基本方针和路线,并在整个课程政策话语建构的过程中,不断针对具体的问题和工作中出现的偏差进行调整与矫正。总体而言,课程政策话语在这一历史时期的建构中体现出两个面向的鲜明特色:一是回应国家经济恢复与建设发展之需要,课程政策话语体现出鲜明的国家意识和对课程外在价值的追求;二是回应新民主主义的教育方针,在学校课程教学中贯彻政治思想教育和爱国主义教育,校准课程政治方向与根本原则。

首先,课程政策话语的建构紧扣全国经济恢复与发展的核心任务,各级教育以理论与实际一致的教育方法为宗旨,服务于社会主义经济和国家建设的迫切需要。从这一时期教育元政策和课程政策文本的语义网络分析图(见图4-1)可以看到,教育的核心话语紧紧围绕国家建设、服务工农、服务经济发展、政治改造、文化建设、干部培养、思想提升、革命工作等社会主要矛盾和话语展开。因此,在教育的宏观政策层面实行普及教育、加强中等教育和高等教育,注重技术教育,加强劳动者的业余教育和在职干部教育,都是要尽快提升全体国民的知识水平,同时大量培养工农出身的新型知识分子,作为国家建设的坚强骨干,反映了特定时期对教育人才培养的特殊要求。具体到课程教学层面,则是强调各级教育工作中树立尊重劳动和热爱劳动的正确观点与习惯,合理地精简现有课程,"反对书本与实际分离的教条主义,同时防止轻视基本理论学习的狭隘实用主义,必须坚决走向理论与实际一致"[①],学校的课程学习要真正助力学生的领会应用,将课程教学同革命斗争与国家建设相结合,以学以致用。不仅如此,重视发展科学与技术教育、积极整顿与发展中等技术教育也体现了教育服务国家建设的重要导向。1951年,第一次全国中等技术教育会议召开,开启了对中等技术教育的整顿和改造,改造中等技术学校课程繁杂、学用分离的现象,强调"中等技术学校的课程应包括业务课、实验、实习与普通课","工业、农业、财经、卫生等各类不同中等技术学校的普通科,也应针对业务需要而有适当的不同"[②]。1952年7月,教育部

---

① 何东昌.中华人民共和国重要教育文献(1949—1975)[M].海口:海南出版社,1998:9.
② 何东昌.中华人民共和国重要教育文献(1949—1975)[M].海口:海南出版社,1998:97.

印发《中等技术学校暂行实施办法》,明确规定"普通科授课时数占授课总时数(不包括校内教学实习和校外生产实习)的百分比一般应不少于25%,不多于45%为原则",并要求要"按照教学计划使学生到工厂、农场(或农村)等处进行生产实习"①。可以说,对中等技术教育的关注直接回应了国家各项建设对于初中等技术人才的迫切需要。

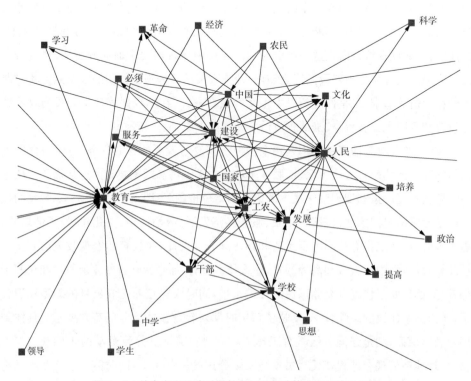

图 4-1　社会主义改造时期教育与课程政策语义网络分析图

其次,这一时期课程政策话语建构还尤其强调有步骤地对教师和青年学生开展政治与思想教育,反对买办的、封建的、法西斯主义思想,建立为人民服务的思想,逐步形成"用革命办法办好人民教育"的政策路径。冯文彬同志在1950年4月第一次全国少年儿童工作干部大会上的报告就指出"要把新的一代培养成具有正确的思想意识与革命的气质,具有文化课学的基础知识和健康的体魄的,即德智体健全的新社会未来的主人","必须从少年儿童时代起,贯彻一种正确和适当的政治思想教育","进行具体生

---

① 何东昌.中华人民共和国重要教育文献(1949—1975)[M].海口:海南出版社,1998:155.

动、浅显、明确的政治思想教育"①。在全国开展政治学习运动的背景下,在大中小学也组织学生和教师的思想学习,大中学校普遍设立了政治课,教授社会发展史、政治经济学和新民主主义论等课程,为文化教育工作奠定政治基础。在社会主义改造初期,在国家政治生活中,土地改革、抗美援朝和镇压反革命是三大主要运动,配合政治生活中的主要运动,学校教育领域也大力推动思想政治教育和爱国主义教育。如中央在新区土改推进中出现的对原有教职员采取打击和清洗办法的问题与偏向积极应对,通过加强对学校政治思想教育的引领,落实争取、团结、改造知识分子的政策,以防止人民学校脱离人民;如在抗美援朝爱国运动中,各地人民发起订立爱国公约的运动并加以推广,在各级各类学校也通过各科教学,并配合各种课外活动,普遍进行抗美援朝爱国主义教育,提高民族自信心和自尊心;与此同时,为配合镇压反革命的运动以及三反运动,在全国教育界开展思想改造运动,肃清学生思想中封建、买办和法西斯的残余影响,批判资产阶级腐朽思想,梳理工人阶级思想,尤其针对各地学校师生思想中存在的"浓厚的买办思想(尤其是崇拜英美资产阶级的思想)和封建思想",以及各级教育行政部门中"严重的事务主义作风"进行持续的斗争②,加强用马列主义和毛泽东思想来施行对教育工作的政治思想领导,成为这一阶段重要的政策话语内涵。可见,加强党对教育工作的思想政治领导、完成教育界的"三反"运动和思想改造运动,以及加强各级各类学校的思想政治教育和爱国主义教育,是贯穿在学校教育和课程建设始终的政策话语线索,形成了这一时期"用革命办法办好人民教育"的政策话语特征。而所谓革命办法主要是指"根据事物发展规律办事","一切困难本身包含着克服困难的因素,克服困难就是自身力量壮大的过程","不怕一切困难","全心全意围着人民群众的利益,并且坚决地依靠群众,实行群众路线","不自满自足,不断进行自我批评","对一切新鲜事物具有敏锐的感觉,具有高度的创造精神","把自己的工作与当前革命与建设的总任务正确和密切联系起来的"精神③,这也是长期以来抗日战争和解放战争时期所发展的办人民教育的传统与经验在新斗争情况和政治经济文化条件下的再发扬。

---

① 何东昌. 中华人民共和国重要教育文献(1949—1975)[M]. 海口:海南出版社,1998:12.
② 何东昌. 中华人民共和国重要教育文献(1949—1975)[M]. 海口:海南出版社,1998:116.
③ 何东昌. 中华人民共和国重要教育文献(1949—1975)[M]. 海口:海南出版社,1998:113.

二、全面学习苏联经验时期的课程政策话语(1953—1957)

1953年至1957年间,正值中国执行第一个五年计划,开展大规模经济建设的重要时期,因此,文化教育建设也遵循国家过渡时期总路线和第一个五年计划的基本任务,以服务经济建设为宗旨,大力培养国家建设所必需的各项人才。不仅如此,这一时期也是中国政治、经济和社会全面学习苏联,学校教育和课程教学实现全面"苏化"的关键阶段。正是在这样的背景下,课程政策话语中"课程"的提法被全然取消,而转为搬用苏联的"教学计划""教学大纲""教科书""教学法"等一整套教学系统的专门概念及方法,使得这一时期的课程政策话语隐匿在对中小学的教学计划和学科教学安排的话语背后,所体现出的稳中求进的工作思路和浓重的苏化色彩,成为这一时期课程政策话语建构中不容忽视的特征。

(一)全面学习苏联经验时期课程政策话语的内容及其表征

为了更好地服务国家经济建设的需要,推动文化建设的大发展,这一时期提出了"整顿巩固、重点发展、提高质量、稳步前进"的文教工作的总方针①,体现在学校教育领域则是在前一阶段恢复、改革和发展的基础上,继续整顿、巩固和发展各级各类教育,尤其强调要根据需要有计划有重点地发展,不冒进急躁也不消极保守,积极稳步提高教育质量。1953年6月第二次全国教育工作会议的召开,讨论并明确了普通教育的任务、整顿小学教育、各级教育行政部门的分工与逐级负责制等问题,统一了自上而下的教育行政的领导。1953年至1957年间,先后根据政治形势变化和经济发展需要,对小学教学计划和中学教学计划进行了多次调整与修订,持续改进教学内容和教学方案,逐步统一全国各地中小学的教学计划、教学大纲和教科书,以及固定的课程表及教学进度,并组织编写和发行了第二套中小学通用教材。可以说,这一时期的课程政策话语还是紧紧围绕学校整顿与发展、教学内容改革与科目调整、教科书新编、教学法改进等主要议题展开,强调用先进的科学知识、社会主义思想、热爱劳动和遵守纪律的精神,去教育青年和儿童,培养社会主义社会的建设者,帮助儿童和青少年尽早参加生产建设,为逐步实现社会主义工业化和逐步实现社会主义改造而奋斗。

---

① 何东昌.中华人民共和国重要教育文献(1949—1975)[M].海口:海南出版社,1998:238.

表4-8 全面学习苏联期间教育元政策和课程政策相关文件

	具体内容		具体内容
教育元政策	1953年9月中央教育部党组关于检讨官僚主义和对今后普通教育方针的报告 1953年11月政务院关于整顿和改进小学教育的指示 1954年1月关于目前全国中学教育的基本情况与今后的方针任务 1954年4月政务院关于改进和发展中学教育的指示 1955年1月积极稳步地提高教育质量是今后普通教育工作的中心任务 1955年7月教育部关于减轻中小学学生过重负担的指示 1956年1月教育部印发十二年国民教育事业规划纲要(草案)	课程政策	1953年7月《中学教学计划(修订草案)》及1953年8月至1954年试行中学教学计划(修订草案)的调整办法 1953年8月《小学四二制教学计划》(草案) 1953年9月高等教育部、教育部办法工农速成中学第一、二、三类教学计划修订草案(1955年7月工农速成中学停止招生,逐步并入普通教育) 1954年1月小学"四二制"教学计划(修订草案) 1954年7月关于中学部分学科的设置、授课时数的变更及政治教材的通知 1955年9月教育部颁发《小学教学计划》和《关于小学课外活动规定》的命令 1955年5月关于制发1955—1956学年度中学授课时数表的通知 1956年3月关于制发1956—1957学年度中学授课时数表的通知 1956年5月教育部印发《关于普通学校实施基本生产技术教育的指示(草案)》征求意见的通知 1957年7月公布"1957—1958学年度小学教学计划" 1957年6月关于1957—1958学年度中学教学计划的通知 1957年7月关于"1957—1958学年度中学教学计划"的补充通知

根据ROSTCM6.0软件分别对教育元政策和课程政策文本进行词频、高频词、语义网络、社会网络和共现矩阵等维度的分析,对整合文本进行分词后分析各得出147和167个高频词,结合政策文本的行特征词与语义网络进行综合,提炼出表4-9的关键词。从整体上来看,这一时期教育元政策和课程政策话语延续了前一时期的内容主旨,但也体现出新的阶段特征和问题挑战:一是强调有序优质地整顿和改进小学教育和中学教育,尤其是针对工作中的问题和缺点,制订实施方案,有步骤地对全部教育工作加以整顿,积极稳步地提高学校教育质量,推进"全面发展"的教育方针;二是根据现实的教育需要,动态地调整中小学的教学计划、教学大纲和教科书,进一步推进教学改革,参照苏联经验,以教学内容的改革为中心,相应地改革教学方法,以保障各科教学能符合国家在过渡时期的总路线的精神,同时能高质量地培养适应国家生产建设需要的,具有一定政治觉悟、文化教养和健康体质的新生力量。以下就从这两方面对这一时期课程政策话语的内容及其表征进行解析。

表4-9 全面学习苏联时期教育元政策与课程政策文本高频词统计

	教育元政策文本	课程政策文本
主题与结构	教育、学校、提高、领导、改进、发展、问题、教育质量、计划、建设、政治、苏联经验、国家、社会主义、教育部、整顿、教材、视导、主观主义、官僚主义、普通教育、中学、小学、师资、负担、过重、减轻、考试制度、课外活动	教学、计划、原则、调整、适当、规定、教材、大纲、试行、草案、教育部、修订、学期、授课、基础、劳动、语文、算术、历史、自然、手工、实际、提高、宪法、外国语、革命常识、社会科学、制图、出版社、时间表、科目
论说模式	全国、加强、任务、改进、计划、适当、各地、国家、行政、改革、建设、教育部、组织、逐步、整顿、积极努力、纠正、困难、贯彻、深入、检查、过渡、有计划	行政部门、教育部、不得、说明、报告、变更、设置、计划、参考、增设、减少、减轻、集体、条件、组织、方法、全国、原则、实际、试行、实验、准备、执行、变动、精简

首先,这一时期核心的课程(教育)政策话语就是有计划、有重点地进一步整顿和提高中小学教育,并开始聚焦学校教育质量的提升,明确学校教育全面发展的方针。1953年9月,中共中央批发了中央教育部党组《关于检讨官僚主义和对今后普通教育方针的报告》,明确针对在恢复和改造人民教育事业中出现的主观主义、官僚主义与分散主义的错误和缺点,尤其针对"切合实际不够、贪多贪快、盲目冒进"等问题进行了集中批评,强调在调查研究的基础上稳步、有序地推进学校改进与整顿,首先是稳步发展高等教育,特别是高等工业教育和中等技术教育,要摸清情况、停止盲目发展,对学校中的混乱现象进行整顿。普通教育范围内发展的重点应放在加强和适当发展高中,其关键是大力加强和适当发展高师,而初中、中等师范、小学、幼儿园、工农业余教育等,均应着重于整顿和提高,为今后有计划地逐步发展准备条件。① 之后,政务院先后对小学和中学的改进与发展进行了指示。1953年11月政务院颁布的《关于整顿和改进小学教育的指示》提出,"今后几年内小学教育应在整顿巩固的基础上,有计划、有重点地发展","首先着重办好城市小学、工矿区小学、乡村完全小学和中心小学",农村则"除办集中的正规小学外,还可以办分散不正规的小初学,如半日班、早学、夜校之类"②。1954年4月,政务院颁布的《关于改进和发展中学教育的指示》指出,"按照国家过渡时期的总任务,在整顿巩固的基础上,根据需要与可能,作有计划有重点的发展,并积极地稳步地提高中学教育的质量,特别是要办好高级中学、完全中学和工农速

---

① 何东昌. 中华人民共和国重要教育文献(1949—1975)[M]. 海口:海南出版社,1998:239—241.
② 何东昌. 中华人民共和国重要教育文献(1949—1975)[M]. 海口:海南出版社,1998:263—264.

成中学",并指出要着重发展高级中学,初级中学也要依据可能条件作适当的发展。①这一时期对中小学教育的整顿提高的方针指引,有三个非常显著的特征。一是重申中小学教育的目的,即不片面强调升学导向,而强调毕业后如何从事劳动生产,克服学生轻视体力劳动的倾向。如明确小学教育是人民的基础教育,小学生毕业后,主要是参加劳动生产,升学的还只能是一部分;中学教育不仅要供应高等学校以足够的合格的新生,还要供应国家生产建设以具有一定政治觉悟、文化教养和健康体质的新生力量,因此中学毕业生,除部分根据国家需要升学外,大部分应该积极从事工农业生产劳动或其他建设工作。二是开始明确提出普通教育全面发展的方针和提高教育质量的整体要求。时任教育部副部长林砺儒《关于目前全国中学教育的基本情况与今后的方针任务》针对教育质量问题,就提出"为了切实地实现中学校的教育目标,完成培养全面发展的新人的任务,今后我们的中学教育,就必须从我国实际情况出发,吸取苏联中学教育的先进经验,加强思想政治教育,继续稳步改革教学,加强体育和卫生工作,努力提高教师质量并改进学校领导工作,以提高中学教育质量"②。同样地,在《关于改进的发展中学教育的指示》中也进一步强调"中学必须贯彻全面发展的教育","既要加强政治思想教育,又要重视系统的科学知识的教学,同时还要注意体育卫生教育"③。1955年1月《人民教育》社论《积极地稳步地提高教育质量是今后普通教育工作的中心任务》,明确提出在普通教育有了较为显著的发展的基础上,如"中学学生增加了1.8倍,小学学生增加了1.1倍","今后以至今后若干年,普通教育工作的中心任务,应该是积极地稳步地提高学校教育质量",而提高普通教育质量的核心,就是"必须遵照全面发展的方针,贯彻智育、德育、综合技术教育、体育和美育,使学生获得全面发展"④。1956年教育部印发了《十二年国民教育事业规划纲要》(草稿),指出过渡时期的国民教育,要适应社会主义建设和社会主义革命发展的要求,要保障全国各族人民不分男女老幼都受到社会主义教育,摆脱无文化状态,提出要落实7年内基本扫除文盲、7年内在全国基本上普及义务教育("使新生一代人人受到国民必须受的教育,成为社会主义社会全面发展的成员,同时在普及义务教育的基础上大力发展中学,以

---

① 何东昌. 中华人民共和国重要教育文献(1949—1975)[M]. 海口:海南出版社,1998:305—306.
② 何东昌. 中华人民共和国重要教育文献(1949—1975)[M]. 海口:海南出版社,1998:278.
③ 何东昌. 中华人民共和国重要教育文献(1949—1975)[M]. 海口:海南出版社,1998:305—306.
④ 社论:积极地稳步地提高教育质量是今后普通教育工作的中心任务[J]. 人民教育,1955(01):5—7.

进一步提高青年一代的文化水平")以及大量培养社会主义教育的师资等核心任务[①],描绘了过渡时期建构社会主义教育的蓝图。三是重视学校领导和各级教育行政机关对教育的领导,充实教育行政机构,完善了从中央到地方和学校的教育教学管理体系。为了全面推进中小学教育的整顿和改进,不仅开始强化教育部、各司、各科对中央各项指示的抓拢和对教育问题的调研,也加强各级教育行政机构(省、市教育厅、局)和学校领导骨干的落实,强调加强基层领导以及有计划地整顿教师队伍。尤其是明确了小学校的工作和学习,应由教育部门统一领导布置,其他单位和团体,不得直接向学校布置工作,以免妨害学校工作计划的进行;中学教育也强化各级教育行政领导机关必须进一步加强对中学的领导,落实统一领导、分级管理的原则。可以说,这一时期全国各地各类教育行政机构的干部调配基本到位,通过完善与明确各级教育行政机关和落实基层学校的领导与管理权责,增强各级教育领导的实干能力与水平,逐步改变学校教育的方向和工作重心,对于推动学校教育质量提高,起到了关键的制度保障的作用。尤其是在改进教学、提高教学质量的导向下,强调干部要面向教学,加强教学领导成为一种风尚。不少地方加强教学领导,开始钻研教学,当时不少县市都建立了教学研究室,把提高教育质量作为学校教育领导工作的重点,各学校也建立教学小组,将教学小组作为改进教学的有效组织形式,以学习苏联、研究教材、备课、加强业务学习为重点,各校校长必须亲自掌握一二个教学小组,加强其领导。应该说,我国学校教育系统中重要的教学研究与教学领导的传统也正是在这一时期开始发展壮大起来。

其次,就是适应社会主义教育的要求,动态修改和调整教学计划和教学大纲,改编和编辑教科书,统一全国各地中小学的教学计划、教学大纲和教科书。1953年—1957年间,为进一步适应政治形势变化和经济发展需要,也同时积极学习苏联经验,国家不断调整教学计划,先后制定了《小学四二制教学计划》《中学教学计划(修订草案)》等。1955年教育部又颁布了《小学教学计划及说明》,全国各地中小学开始统一使用教学计划、教学大纲和教科书。1953—1957年间,对中小学教学计划、授课时数、科目安排等也有多次的细微调整,反映了课程教学在推进过程中的各种问题及其调适。第一,从小学教学计划的调整来看,主要是恢复了四二制的学制,对课程结构作出了较大的调整,同时为减轻学生过重负担和提高教学质量适当减少了课时。由于小学五年一贯

[①] 何东昌.中华人民共和国重要教育文献(1949—1975)[M].海口:海南出版社,1998:550—551.

制不适合中国农村小学和城市小学的情况,暂缓推行,仍实行四二制。1953年修订的小学(四二制)教学计划(草案)同1952年发布的教学计划变化不大,将语文课具体分为阅读、作文、写字三项。

表4-10 1953年修订小学(四二制)教学计划(草案)教学课目和时间表①

科目		教学总时数			初级								高级			
					第一学年		第二学年		第三学年		第四学年		第五学年		第六学年	
		初级	高级	总计	上学期19周	下学期19周	上学期19周	下学期19周	上学期19周	下学期19周	上学期19周	下学期19周	上学期19周	下学期19周	上学期19周	下学期19周
					每周授课时数											
语文	阅读	2 128	760	2 888	11	11	11	11	10	10	10	10	7	7	7	7
	作文								2	2	2	2	2	2	2	2
	写字				3	3	3	3	2	2	2	2	1	1	1	1
	合计				14	14	14	14	14	14	14	14	10	10	10	10
算数		988	532	1 520	6	6	6	6	7	7	7	7	7	7	7	7
历史			228	228									3	3	3	3
地理			152	152									2	2	2	2
自然			152	152									2	2	2	2
体育		228	152	380	1	1	1	1	2	2	2	2	2	2	2	2
音乐		304	76	380	2	2	2	2	2	2	2	2	1	1	1	1
图画		152	76	228	1	1	1	1	1	1	1	1	1	1	1	1
每周各科教学总时间		3 800	2 128	5 928	24	24	24	24	26	26	26	26	28	28	28	28

① 课程教材研究所.20世纪中国中小学课程标准·教学大纲汇编.课程(教学)计划卷[M].北京:人民教育出版社,2001:222—226.

表4-11 1953年修订小学(四二制)教学计划(草案)每周集体活动时间表①

项目/每周分钟/年级	初级		高级
	一年级、二年级	三年级、四年级	五年级、六年级
朝会(包括晨操在内)	各/120	各/120	各/120
周会	各/60	各/60	各/60
课外活动	各/180	各/240	各/300
社团活动		各/60	各/90
每周总计	各/360	各/480	各/570

附注:课外作业时间不计算在课外活动时间内。

1955年新颁布的《小学教学计划及说明》则变动较大,成为小学教学大纲和教材编写的根据。一是学习苏联经验,增设基本生产技术教育(即综合技术教育)和加强劳动教育及体育,更完整地体现全面发展的教育方针。除了"生产劳动"仍在"关于课外活动的规定"中另行明确规定以外,增加第六学年的自然科上课时间每周一节。特别增设了从第一学年到第六学年的"手工劳动"课,以便联系自然、地理、语文、算术等各科进行教学,制作教具、玩具,并作植物栽培、动物饲养等活动,使学生获得一些基本的生产知识,学会使用一些简单的生产工具,同时具有共产主义的劳动态度。在体育方面,除了"体育锻炼"仍在"关于课外活动的规定"中另行明确规定以外,教学计划还增加了第一到第四学年的体育上课时间每周各一节。二是针对减轻学生过重负担和提高教育质量的要求,解决教学中赶进度和学生负担过重的现象。减少了每周上课总时数,三、四、五、六年级每周减少了2节,减少语文、算术、历史等科上课时数,并调整或增加了别的科目的上课时数,每学年上课周数确定为34周,适当地精简语文、算术、历史等科教材,改进教学方法,改变成绩考查办法。1957年的小学教学计划年度计划中,也是学习苏联的经验,在农村小学五六年级还增加了农业常识课程,每周各一节,但是实际情况并不乐观。

---

① 课程教材研究所.20世纪中国中小学课程标准·教学大纲汇编[M].北京:人民教育出版社,2001:222—226.

表 4-12　1955 年小学教学计划科目与课时表①

科目	各学年每周上课时数						总计		
	一	二	三	四	五	六	初级	高级	合计
语文	12	12	12	12	9	9	1 632	612	2 244
算术	6	6	6	7	6	5	850	374	1 224
历史					2	2		136	136
地理					2	2		136	136
自然					2	3		170	170
体育	2	2	2	2	2	2	272	136	408
唱歌	2	2	2	2	1	1	238	68	306
图画	1	1	1	1	1	1	136	68	204
手工劳动	1	1	1	1	1	1	136	68	204
合计	24	24	24	24	26	26	3 264	1 768	5 032

第二,从中学教学计划的调整来看,主要也是学习苏联的经验,先是在中学教学计划中增设了一部分新的学科,对原有部分学科的名称、设置和授课时数作了适当的调整和变动,完善中学的科目体系。自 1957 年以后,由于要从根本上解决学生负担和学习质量的问题,通过精简教材内容、减少学科门类、暂停教授某些学科、减少每周上课总时数和增加学生自修时间对教学计划进行了临时调整。一是为了顺利衔接中学教育,先是在 1953 年 8 月发布的《中学教学计划(修订草案)》的基础上,每年发布年度中学教学计划,根据具体情况进行适时调整,对课程科目和教学时数进行微调。比如,1953—1954 年间,参照苏联先例,把中学历史划分为世界古代史、世界近代史、中国古代史、中国近代史四门课,中学地理也分为自然地理、世界地理、中国地理、中国经济地理、外国经济地理五门,当时许多科目由于部分教科书供应的问题,都暂不开设,如初级中学的"中国革命常识"、"卫生常识"以及高级中学的"中国经济地理"等科。1954—1955 年度开始,初级中学停设外国语(英语),改为高中一年级开设俄语课。1955—1956 年度,由于"社会科学基本知识"课程教材理论性大、难度较大带来教学困难,高中一年级不设该课程,二年级改设"社会科学常识"一科,教授社会科学

---

① 课程教材研究所.20 世纪中国中小学课程标准·教学大纲汇编.课程(教学)计划卷[M].北京:人民教育出版社,2001:230—232.

常识和辩证唯物主义与历史唯物主义基础知识,初中三年级中国革命常识改为"政治常识",高中三年级"政治常识"改为"中华人民共和国宪法"。二是1956年以后,为贯彻全面发展教育方针,学习苏联实施基本生产技术教育,中学教学计划的科目调整较大。具体有,初高中各年级均设实习科,初中进行教学工厂和实验园地两种实习,高中进行农业实习、机器学实习和电工实习;初中三年级增设工农业基础知识科,每周2小时;原语文科改为汉语、文学两门学科进行教学。三是1957年以后,针对当时学校系统学生学习负担过重等问题,对教学计划和教材进行了临时调整,如取消初中卫生常识科和高中汉语科,实习科一般暂不开设,高中达尔文主义基础、制图、外国经济地理三科暂时停授,初、高中各年级增设政治科(打破原来苏联中小学不设政治科的先例),初、高中三年级增设农业基础知识科,从1957年秋季起初中一年级又恢复开设外国语科,每周教学时数3小时,规定各地中学教俄语和英语的比例暂定各为50%。

表4-13 1953年中学教学计划(修订草案)科目与课时表①

顺序	学科		授课时数			初中						高中					
						第一学年		第二学年		第三学年		第一学年		第二学年		第三学年	
			总计	初中	高中	上学期 18周	下学期 18周	上学期 18周	下学期 18周	上学期 18周	下学期 17周	上学期 18周	下学期 18周	上学期 18周	下学期 18周	上学期 18周	下学期 17周
						每周授课时数											
1	语文		1321	714	607	7	7	7	7	6	6	6	6	6	6	5	5
2	数学	算术	252	252		7	7										
		代数	463	213	250			3	3	3	3	3	3	2	2	2	2
		几何	356	142	214					2	2	2	2	2	2	2	2
		三角	142		142									2	2	2	2
3	物理		480	160	320			3	2	2	2	3	3	2	2	4	4
4	化学		336	87	249					2	3	3	3	2	2	3	3

① 课程教材研究所.20世纪中国中小学课程标准·教学大纲汇编.课程(教学)计划卷[M].北京:人民教育出版社,2001:216—219.

续表

顺序	学科		授课时数 总计	初中	高中	初中 第一学年 上学期 18周	初中 第一学年 下学期 18周	初中 第二学年 上学期 18周	初中 第二学年 下学期 18周	初中 第三学年 上学期 18周	初中 第三学年 下学期 17周	高中 第一学年 上学期 18周	高中 第一学年 下学期 18周	高中 第二学年 上学期 18周	高中 第二学年 下学期 18周	高中 第三学年 上学期 18周	高中 第三学年 下学期 17周
						每周授课时数											
5	生物	植物	126	126		2	2	3									
		动物	124	124					3	2	2						
		人体解剖生理学	72		72									2	2		
		达尔文主义基础	72		72											2	2
6	卫生常识		36	36		1	1										
7	历史	世界古代史	162	162		3	3	3									
		中国古代史	159	159					3	3	3						
		世界近代史	162		162							3	3	3			
		中国近代史	159		159											3	3	3
8	地理	自然地理	108	108		3	3										
		世界地理	90	90				2	3								
		中国地理	88	88						3	2						
		中国经济地理	72		72									2	2		
		外国经济地理	72		72											2	2
9	中国革命常识		142	142				2	2	2	2						
10	社会科学基本知识		144		144							2	2	2	2		
11	共同纲领		70		70											2	2

续 表

顺序	学科	授课时数			初中						高中				
					第一学年		第二学年		第三学年		第一学年		第二学年		第三学年
		总计	初中	高中	上学期 18周	下学期 18周	上学期 18周	下学期 18周	上学期 18周	下学期 17周	上学期 18周	下学期 18周	上学期 18周	下学期 18周	上学期 17周
					每周授课时数										
12	外国语	749	321	428	3	3	3	3	3	3	4	4	4	4	4	4
13	体育	428	214	214	2	2	2	2	2	2	2	2	2	2	2
14	音乐	107	107		1	1	1	1	1	1					
15	图画	107	107		1	1	1	1	1	1					
16	制图	107		107							1	1	1	1	1	1
17	总课时	6 706	3 352	3 354	30	30	32	32	32	32	32	32	32	32	30	30

表4-14 1956—1957学年度中学授课时数表①

顺序	学科		初中						高中					
			第一学年		第二学年		第三学年		第一学年		第二学年		第三学年	
			第一学期	第二学期	第一学期	第二学期	第一学期	第二学期	第一学期	第二学期	第一学期	第二学期	第一学期	第二学期
			每周授课时数											
1	汉语		3	3	3	3	2	2	1	1	1	1	1	1
2	文学		6	6	6	6	5	5	4	4	4	4	4	4
3	数学	算术	6	6										
		代数			4	4	3	3	4	3	2	2	2	2
		几何			2	2	3	3	2	3	2	2	2	2
		三角									2	2	2	2
4	历史	中国历史	3	3	3	3								
		世界历史					3	3						
		世界近代现代史							3	3				

① 课程教材研究所.20世纪中国中小学课程标准·教学大纲汇编.课程(教学)计划卷[M].北京:人民教育出版社,2001:245—248.

续 表

顺序	学科		初中						高中					
			第一学年		第二学年		第三学年		第一学年		第二学年		第三学年	
			第一学期	第二学期	第一学期	第二学期	第一学期	第二学期	第一学期	第二学期	第一学期	第二学期	第一学期	第二学期
			每周授课时数											
5	政治常识						2	2						
6	社会科学常识										1	1		
7	中华人民共和国宪法												1	1
8	地理	自然地理	3	3										
		世界地理			2	3								
		中国地理					3	2						
		外国经济地理							2	2				
		中国经济地理									2	2		
9	生物	植物	2	2	3									
		动物				3	2	2						
		人体解剖生理学							2	2				
		达尔文主义基础									2	2		
10	卫生常识		1	1										
11	物理				3	2	2	2	3	3	3	3	5	4
12	化学						2	3	2	2	2	2	3	3
13	外国语								4	4	4	4	4	4
14	体育		2	2	2	2	2	2	2	2	2	2	2	2
15	音乐		1	1	1	1								
16	图画		1	1	1	1	1	1						
17	制图								1	1	1	1	1	1

续 表

顺序	学科	初中						高中					
		第一学年		第二学年		第三学年		第一学年		第二学年		第三学年	
		第一学期	第二学期	第一学期	第二学期	第一学期	第二学期	第一学期	第二学期	第一学期	第二学期	第一学期	第二学期
		每周授课时数											
18	工农业基础知识					2	2						
19	实习	2	2	2	2	1	1	2	2	2	2	2	2
20	总计	30	30	32	32	33	33	32	32	33	33	32	31

表 4-15 1957—1958 学年度中学教学计划科目及课时表①

顺序	学科		初中			高中		
			一年级	二年级	三年级	一年级	二年级	三年级
			每周授课时数					
1	语文	汉语	2	2	2			
		文学	5	5	5	5	5	5
2	数学	算术	6(5)					
		代数		4	2	4/3	2	2
		几何		2	3	2/3	2	2
		三角					2	2
3	历史	中国历史	3(2)	3			3	3
		世界历史			3			
		世界近代现代史				3		
4		政治	2	1	1	2	2	2
5	地理	自然地理	3(2)					
		世界地理		2/3				
		中国地理			3/2			
		中国经济地理					2	

---

① 课程教材研究所.20 世纪中国中小学课程标准·教学大纲汇编.课程(教学)计划卷[M].北京:人民教育出版社,2001:253—256.

续 表

顺序	学科		初中			高中		
			一年级	二年级	三年级	一年级	二年级	三年级
			每周授课时数					
6	生物	植物	3	2/				
		动物		2/4	2			
		人体解剖生理学				2		
7	物理			3/2	2	3	3	4
8	化学				2/3	2	2	3
9	外国语		3			4	4	4
10	体育		2	2	2	2	2	2
11	音乐		1	1	1			
12	图画		1	1	1			
13	农业基础知识				2			
14	总计		28—29	30	31	29	29	29

第三,就是1953—1957年期间,为配合当时的基础教育课程改革和响应毛泽东同志关于要编出社会主义教材的指示,人民教育出版社组织编写和发行了第二套中小学通用教材。这套教材于1954年开始编写,贯彻社会主义思想,以马克思列宁主义立场、观点、方法来解释各种问题,贯彻理论与实际结合、教育与生产劳动结合的原则,强调教材符合教学原则,并充分吸取苏联的先进经验,于1956年基本完成。但由于这套教材内容较深、要求较高,在使用一年后又作了精简处理。1957年8月教育部发出精简中学历史、地理、物理、生物,小学语文、历史、地理7门学科教材的通知,以解决教材要求高、分量重和内容深而造成的教和学过分紧张的问题[①]。也正是在这一时期,在教材管理上进一步明确了中小学教科书和教学参考资料的国家统一出版的原则,"凡中学、中等师范学校、小学、幼儿园课本、教材,一律由国家指定的出版社出版","凡根据现行中学、小学、师范学校、幼儿园课本、教材内容和进度进行解答、注释和提供教学方法的教学参考书,一律由国营(包括地方国营)出版社出版,私营出版

---

① 叶立群. 回顾与思考—中小学教材建设40年(1949—1989)管窥[J]. 华东师范大学学报(教育科学版), 1992(02):1—32.

社不得出版"①,实现了中央对教材的统一管理。

从这一时期教育元政策和课程政策话语的表达方式与论说模式来看,继承前一时期注重统一领导、分步实施,不冒进不保守、切合实际与需要、稳中求进的工作思路,有组织、有计划、有重点地开展教育整顿、改进与发展工作,仍然是政策话语表达与论说的主旨。1953年1月政务院文化教育委员会习仲勋副主任在大区文委主任会议上的总结报告《1953年文化教育工作的方针和任务》中就明确指出,文化教育工作要"按计划办事",要通过正确可行的接近实际的计划,将过去盲目发展的混乱现象纠正过来,因此必须依照"整顿巩固、重点发展、提高质量、稳步前进"的工作方针,对不合理的现象加以整顿,保证集中力量办好重点事业②,旗帜鲜明地标明了这一时期教育工作的基本思路。在相关教育和课程政策文本中,涉及"有计划地整顿、进行","有计划地分批分期进行","有计划有重点地发展","有计划有步骤地训练","加强工作的计划性","制定工作计划"或"经常检查计划执行"等表达方式之处多达133处,甚至较前一时期更为突出,体现了对提高政策工作水平和效果的迫切追求,也反映出既反对盲目冒进、也反对消极保守,要稳扎稳打、有阵地地前进的工作路径。这种计划思维和全局意识同这一时期政策话语中要大力加强教育部的引领与视导、完善各级教育行政机构的领导和学校基层领导的主张紧密关联,强调发展调查研究、实事求是、切实可行的工作作风与提高领导能力,以杜绝过去工作中的主观主义、官僚主义和各自为政的分散主义。

此外,特别值得一提的是,这一时期政策表达与论说还表现出一种突出的特征,即形成了强烈的问题解决导向的路径,直面和积极克服学校教育改进过程中的现实困难与问题。从政策文本上来看,政策文件中强调铺陈"问题"、解读"问题机理"和寻找"解决问题的路径"的思路清晰,在政策文本中突出并强调需要迫切解决的具体问题、分析形势和情况,并给出问题解决的策略,成为这一时期政策文本建构的重要方式。在所汇总的同课程教学相关的教育元政策和课程政策文本中,光是涉及检讨具体问题及其解决机制的内容就有90处之多,使得整个政策文本的建构,不是就政策主张本身的论说,而是强调问题导向。不讳言问题,敢于剖析问题并针对问题提出解决方案,成为这一时期课程政策话语表达的风尚。如关于教师师资不足的问题和师资质量的问题、高校和初中毕业生的出路问题、学校教育忽视劳动教育过分强调升学教育、中小学生负

---

① 何东昌.中华人民共和国重要教育文献(1949—1975)[M].海口:海南出版社,1998:350—351.
② 何东昌.中华人民共和国重要教育文献(1949—1975)[M].海口:海南出版社,1998:189—191.

担过重的问题、思想政治教育存在偏差、学习苏联教学法和教学组织过程中的形式主义和教条主义、中小学生辍学问题、学生健康和体质的问题等,都在这一时期的课程(教育)政策中加以广泛的讨论和回应,既体现出这一时期教育整顿、改进与发展所面临的重重困难和任务的艰巨性,又同时体现出敢于批评和自我批评,克服困难、纠正错误,在实践中逐渐摸索,提出系统的解决办法的奋斗与创造的精神。

(二) 全面学习苏联经验时期课程政策话语的意义建构

1953—1957年间,是国民经济快速增长,完成第一个五年计划的关键时期。1957年"一五"计划超额完成了规定的任务,为我国的工业化奠定了初步基础。这一时期也基本完成了社会主义三大改造的任务,对农业、手工业、私营工商业进行社会主义改造,实现了把生产资料私有制转变为社会主义公有制。处于国家经济建设大发展追求社会主义工业化和社会主义基本制度得以建立的关键时期,整个中国社会经历着从新民主主义社会逐步过渡到社会主义社会的关键阶段,学校教育也顺应国家经济建设和社会制度发展的需要,充分配合过渡时期的总任务,强化对中小学教育的进一步整顿、巩固和发展,明确"全面发展"的教育方针,为之后调整新民主主义教育方针政策、建立适合中国国情的社会主义教育方针政策,做好全面的准备。总体而言,这一时期课程政策话语的建构具有鲜明的服务经济建设和社会改造的目的,有两个方面的显著特征值得关注:一是继续加强政治思想教育,强调用工人阶级的思想教育学生,注重学校教育和课程教学的政治方向性;二是课程政策话语建构中全面学习苏联的政治选择及其在实践中的困境与矛盾的共存。

首先,社会主义建设和社会主义改造时期,阶级斗争尤为突出,加强政治思想教育也成为这一时期在学校教育和儿童青少年培养中的重要政策考虑。用工人阶级的先进思想教育儿童与青年,加强爱国主义和国际主义的教育、劳动教育和纪律教育,提高青年学生的政治觉悟和帮助青年学生做好参与社会主义国家建设准备的思想政治教育工作的主张,也贯彻于这一时期学校教育和课程政策的话语之中。一方面,针对当时中小学教育中有些脱离实际、忽视劳动教育、轻视体力劳动的问题,中小学的思想政治教育特别强调让学生认识劳动光荣、工农光荣,强调要"树立社会主义的劳动态度","即认为劳动是最光荣最崇高的事情"[①],这才是共产主义教育的本质。针对当时学校教育和社会中升学主导的思想的泛滥,以及中小学出现的学生辍学和流失的现象,先

---

① 何东昌.中华人民共和国重要教育文献(1949—1975)[M].海口:海南出版社,1998:288.

是1953年12月《人民日报》社论发表文章,提出要组织农村高小毕业生参加农业生产,在农业的社会主义改造事业中发挥积极作用。① 后有青年团中央1954年4月发布"关于组织不能升学的高校和初中毕业生参加或准备参加劳动生产的指示",加强劳动教育的宣传和社会舆论的引导,如"运用在劳动生产中得到显著成绩的高小和初中毕业生的范例",用"吕根泽、徐建春、吕宜宝、郭统绪、李恩凤等把知识和劳动相结合的模范事迹","教育他们更好地准备参加劳动生产"②。中央宣传部"关于高校和初中毕业生从事劳动生产的宣传提纲",则直接批判了社会上所流行的升学导向的几种错误的教育观念,认为其思想实质是轻视体力劳动和体力劳动者,是一种封建阶级和资产阶级的观点,是原则性的错误。③ 不仅如此,为了社会宣传和在学校教育上系统纠正这一错误思想,中央教育部专门发文并批准"关于高小和初中毕业生从事生产劳动的宣传提纲",强调要在中小学教育中,以社会主义思想教育青年一代,培养他们成为社会主义社会全面发展的成员,并检查和改编现有的中、小学教材,肃清教材中的错误观点,同时运用各种宣传工具,向群众进行广泛而深入的宣传教育。④ 这些思想政治的宣传与教育不仅仅是为了解决当时毕业生的就业问题,也是用劳动光荣这一社会思想去教育学生,从而发展学生社会主义的劳动观念和态度。特别值得一提的是,这一时期尤其注重加强中国少年先锋队和青年团等先锋组织的建设,来协助学校进行思想政治教育,指向社会主义新人的培养。青年团中央在1955年3月召开第三次全国少年儿童工作会议时就提出,要积极大量发展少年先锋队组织,争取到1956年上半年发展到2 500万至3 000万人,将儿童青少年的先锋组织视为教育工作中的重要组成部分。另一方面,就是教育部先后制定公布《小学生守则》和《中学生守则》,通过守则中对学纪律和日常规范的规约,对学生进行共产主义的道德教育和品质培养。再一方面,则是延续学术和文化领域清除资产阶级错误思想的思想改造运动,在学校教育系统内兴起培养辩证唯物论世界观和共产主义的道德,彻底批判资产阶级唯心主义思想和肃清封建的、买办的、法西斯主义的思想残余的教育运动。从1954年10月开始,以批判胡适、俞伯平和胡风思想为重点的对资产阶级唯心主义思想的批判为起点。1955年3月,中共中央发布了关于宣传唯物主义思想批判资产阶级唯心主义思想的指示,指出

---

① 何东昌.中华人民共和国重要教育文献(1949—1975)[M].海口:海南出版社,1998:268.
② 何东昌.中华人民共和国重要教育文献(1949—1975)[M].海口:海南出版社,1998:313.
③ 何东昌.中华人民共和国重要教育文献(1949—1975)[M].海口:海南出版社,1998:327—330.
④ 何东昌.中华人民共和国重要教育文献(1949—1975)[M].海口:海南出版社,1998:330—333.

要在全国范围内进行长期的思想运动。同年4月,教育部要求组织中小学教师开展学习唯物主义思想和批判资产阶级唯心主义思想。在学校教育系统中,主要是对杜威的实用主义思想的批判,并殃及到陶行知"生活教育"以及陈鹤琴的"活"教育思想的批判上,主旨是力求培养青年共产主义道德、彻底并完全抵制资产阶级思想的侵蚀。1955年11月,中共中央转发教育部党组《关于实用主义思想在中国教育的影响和批判实用主义教育思想的初步计划》,旨在"通过批判实用主义教育思潮,清除资产阶级教育思想体系的影响,更进一步建立和巩固马克思列宁主义教育思想体系",通过这次思想批判,改造教育工作者的教育思想①,也进一步强化了这一时期加强思想政治教育的政策取向。

其次,就是在教育和课程政策话语建构中充满着全面学习苏联的政策倾向及其在实践中的矛盾与转向。鉴于过渡时期我国政府在政治领域与苏联的密切联系,教育和课程领域的政策建构极大程度地表现出了对苏联模式与经验的推崇与模仿。1952年11月,《人民教育》发表《进一步学习苏联的先进教育经验——迎接中苏友好月》的社论,指出"必须系统彻底地学习苏联的先进教育经验","苏联的教材、教法以及教育理论、教育制度,不只在社会性方面和我们最接近,并且在科学性方面也是最进步的",并提出了要在教育制度、课程教材和教学方法方面系统地学习苏联经验。② 1953年2月7日,毛泽东在全国政协一届四次会议闭幕会上专门讲了关于学习苏联的问题,发出了"学习苏联"的号召,"应该在全国掀起一个学习苏联的高潮,来建设我们的国家"③。正是在上层推动全面学习苏联的背景下,掀起了苏联专家大规模来华工作的高潮。1953年,教育部和高等教育部分别邀请五位苏联专家到重庆、汉口、成都、西安、上海等大城市,开设教育学与教学法讲座。④ 之后,两国又互派代表团,考察学习苏联教育经验,并在中国各大城市介绍苏联教育经验。当时的《人民教育》依次发表了我国中小学教师代表团赴苏联访问和考察"综合技术教育、教学工作、示范教育、教育行政领导"四个问题的总报告和专题报告。⑤ 不仅如此,当时学术界和教育领域对苏联教育政策、学校制度、教学计划、教育行政机关以及教育教学著作也有广泛的引介,如凯洛夫、马卡连科、加里宁、克鲁普斯卡亚等的教育理论和教学法的著作。当时的教育和课程

---

① 何东昌.中华人民共和国重要教育文献(1949—1975)[M].海口:海南出版社,1998:534—536.
② 社论:进一步学习苏联的先进教育经验——迎接中苏友好月[J].人民教育,1952(11):4—5.
③ 沈志华.毛泽东号召向苏联专家学习[J].国际人才交流,2013(09):60—62.
④ 陈桂生.教育文史辨析[M].上海:华东师范大学出版社,2012:320.
⑤ 陈迪雅.《人民教育》的教育思想传播研究(1950—1966)[D].福州:福建师范大学,2022:36.

领域,不仅在学校学制上学习苏联经验,在正规课程的系统安排和教材上也广泛借鉴苏联经验,更是在课堂教学和教学方法上以苏联经验为样板,强调系统的课堂教学组织。如,课堂教学中特别注重教学计划、课堂教学结构的系统安排,形成了"以教师为中心、以知识为中心、以课堂为中心"的教学模式,注重教学过程的周密设计①,同时参照苏联经验建立教学研究组,开展集体备课、教材研究和业务学习等。然而,在轰轰烈烈地学习苏联教育经验的过程中,也产生了苏联教育经验同当时中国教育现实的冲突与矛盾,引发了对苏联经验的反思。比如,学习苏联经验对小学学制进行改革,但实践中难以落实,不得不重新恢复四二制;学习苏联经验举办工农速成中学但水平和质量欠佳又逐步停止招生回归正规教育系统;学习苏联经验推行综合技术教育,但是在当时的中小学中不仅缺乏劳动习惯和一定的劳动技能,连基本的劳动教育都成问题,更不要说系统的综合技术教育;苏联正规教育体系的建设进一步强化社会中的升学导向,加剧了毕业生升学与就业的矛盾;学习苏联教育经验强调学科德育,但过于教条主义和形式主义以至于"生拉硬扯地进行思想政治教育","甚至讲完课文的每一小段之后,照例地进行一通思想政治的说教"②。这些水土不服的问题既体现出当时学习苏联教育经验作为一种政治选择,具有其积极进步的一面,也反映出教育经验借鉴同当时中国国民经济建设和教育系统重构不相适应的现实差距,一定程度上割裂了对抗日民主根据地和解放区探索和发展的新教育经验的继承与延续。对苏联经验的学习,强化了注重知识系统、教学的组织计划性和固定的课堂教学结构模式的取向,加之在学校教育中普遍存在教条主义照搬苏联经验和形式主义的问题,学生学业负担过重等现象日益严重。1955年7月1日,教育部发布了《关于减轻中小学生过重负担的指示》和《关于小学课外活动规定的通知》,对当时学校教育领域出现的课外作业繁重和考试多、超纲教学、随意增加课时数以及课外活动时间过多或方式不好带来的负担等问题进行了反思与批判,并将其视为原则性的问题,要求各地教育行政部门和中小学采取整改,在短期内迅速把学生过重负担减轻下来。针对当时学生学业负担过重的问题,教育部还专门发布了《关于取消给小学生统一布置假期作业的通知》,以保证学生充分的休息和活动的机会。这也是1949年以来我国教育改革历史上第一次明确的关于减

---

① 黄书光.文化差异与价值整合——百年中国基础教育改革进程中的思想激荡[M].北京:教育科学出版社,2011:273.
② 何东昌.中华人民共和国重要教育文献(1949—1975).稳步地改进我们的语文教学(1953)[M].海口:海南出版社,1998:230.

负的政策主张。减负问题也以不同的形式延续至今,成为我国学校教育和课程系统积重难返的问题。这一时期的教育和课程政策话语的建构中,也持续地有对学习苏联先进经验的反思和理性态度,如提出"学习苏联先进经验很重要","可是学苏联经验一定不能硬搬"①,尤其是1956年以后,更不讳言对苏联经验的反思,一定程度上体现出课程政策话语建构中对中国实际情况与需要的关注,主张创造性的学习,以此实现外来经验的中国化改造。

三、探索社会主义课程体系建设时期的课程政策话语(1958—1963)

在前一阶段完成第一个五年计划和社会主义三大改造以后,中国社会开始进入全面建设社会主义的重要历史时期。在这一时期,国家在经济上执行了第二个国民经济五年计划和对国民经济的调整改革。在政治上,中国与苏联产生了重大的矛盾,逐步走向公开决裂的阶段,开始探索一条有别于苏联模式的社会主义发展道路。具体而言,在工农业生产上"大跃进",赶超英美,进入全民大炼钢铁,大办农业,四处放卫星的阶段。这一时期,教育和课程政策话语以服务于经济和社会主义建设为宗旨,加之提出促进"技术革命""文化革命""教育革命"的指示,学校课程政策的话语完全服务于劳动生产,强调教育与生产劳动的结合;同时服务于无产阶级政治,以培养德智体全面发展的"有社会主义觉悟的有文化的劳动者"②为目标,凸显出劳动化、跃进性和革命性的特征。

(一)探索社会主义课程体系建设时期课程政策话语的内容及其表征

一方面,为了配合社会各个领域纠正学习苏联经验的偏差;另一方面,教育要肩负起文化革命的历史任务和政治任务,这一时期教育领域的政策话语,开始探索"教育革命"的方向和方针问题。1958年1月毛泽东首次论述了"教育必须为无产阶级政治服务,必须与生产劳动相结合"③的"两个必须"的教育工作方针,并在后续的"关于教育工作的指示"中加以不断明确,掀起了全国教育事业"大跃进"的波澜。这一时期教育事业的发展,以探索社会主义教育改革的道路为己任,采取普及和提高的办法,对中小学教育进行调整、巩固和提高,探索了不同形式的中小学学制试验、压缩科目和精简课

---

① 何东昌.中华人民共和国重要教育文献(1949—1975)[M].海口:海南出版社,1998:445.
② 吴遵民.基础教育决策论:中国基础教育政策制定与决策机制的改革研究[M].上海:华东师范大学出版社,2006:83.
③ 周洪宇,等.中国教育活动通史.第八卷.中华人民共和国[M].济南:山东教育出版社,2017:13.

程,下放课程管理权力,声势浩大地展开了办学的探索。1961年2月,为了修正教育大跃进期间形式主义、浮夸成风和不切实际的工作影响,提出了文教工作"调整、巩固、充实、提高"①的八字方针,总结经验教训,提高教育质量,并于1963年7月前后先后颁发了《全日制小学暂行工作条例(草案)》和《全日制中学暂行工作条例(草案)》,并制定了《全日制中小学新教学计划(草案)》,系统总结了1949年以来的教育经验和教训,对中小学教育的任务、培养目标、课程等都作了全面而具体的规定,尤其对前一时期课程放权造成的混乱局面进行了重新调整,回到了统一管理和要求、重视"双基"的课程政策导向上来。可以说,这一时期教育和课程政策在批判和极力摆脱苏联教育经验的负面影响,探索适合中国情况的社会主义教育和课程体系上作出了必要的探究。既让学校教育和课程同当时的阶级斗争需要结合,加强儿童青少年的共产主义道德教育;也推进学校教育和课程适应"大跃进"经济的发展要求,强调体脑结合的教育导向。但由于教育发展的实际能力不足,在实践中却出现了一定的偏差,影响了教学任务的完成和教学质量的提升,使得这一时期的教育和课程政策显现出起伏涨落、调整与纠偏,大胆探索、重新整顿和持续优化相互交织的复杂状态,更是负载了鲜明的课程政策的国家服务的色彩(见表4-16)。

表4-16 探索社会主义课程体系时期教育元政策与课程政策相关文件

	具体内容		具体内容
教育元政策	1958年2月《加强思想教育、劳动教育,提倡群众办学、勤俭办学》(第一届全国人民代表大会第五次会议发言) 1958年4月《陆定一同志在全国教育工作会议上的讲话》 1958年9月中共中央、国务院关于教育工作的指示 1959年4月《积极进行教学改革,多快好省地发展教育事业》 1962年2月中央文教小组《关于1961年和今后一个时期文化教育工作安排的报告》 1962年12月教育部关于有重点地办好一批全日制中、小学校的通知	课程政策	1958年3月《1958—1959学年度中学教学计划》 1963年1月教育部关于当前中学教学工作的几点意见 1963年3月中共中央关于讨论试行全日制中小学工作条例草案和对当前中小学教育工作几个问题的指示附《全日制小学暂行工作条例(草案)》《全日制中学暂行工作条例(草案)》 1963年3月教育部关于坚持进行中小学教学改革试验工作的通知 1963年7月中共中央颁发以及《全日制中小学新教学计划(草案)》

根据ROSTCM6.0软件分别对教育元政策和课程政策文本进行词频、高频词、语

---

① 何东昌.中华人民共和国重要教育文献(1949—1975)[M].海口:海南出版社,1998:1028.

义网络、社会网络和共现矩阵等维度的分析,对整合文本进行分词后分析各得出 149 和 160 个高频词,结合政策文本的行特征词和语义网络进行综合,提炼出表 4-17 的关键词。从整体上来看,这一时期教育元政策和课程政策话语既是对前一时期学习苏联教育经验的全面调整,也是全面建设社会主义教育和课程体系的新革命和新发展。一是在"全面发展"的教育方针的基础上进一步明确"两个必须"的教育工作方针,确立了中国社会主义教育的基本方向,强调教育要为无产阶级专政和生产劳动服务的主旨;二是明确了以跃进发展的模式推动教育革命,采取普及和提高的教育发展的路径,探索并推动了全日制和半工半读的中小学学校教育制度的发展,推动了中小学教育的普及和提高,并在 20 世纪 60 年代的前期对中小学教育秩序进行了重新调整,恢复到跃进前的发展面貌;三是校准这一时期国家政治和经济建设的需要,对学校课程体系、课程管理制度、教学法和教科书进行系统改革,广泛开展教学改革试验工作。以下就从这三方面对这一时期课程政策话语的内容及其表征进行解析。

表 4-17 探索社会主义课程体系时期教育元政策与课程政策文本高频词统计

	教育元政策文本	课程政策文本
主题与结构	教育、学校、发展、普及、提高、思想政治、领导、社会主义、共产主义、方针、国家、党委、积极、文化教育、质量、课程、技术革命、教育革命、巩固、经验、阶级斗争、教材、合作社、半工半读、成绩、劳动力、毕业生、劳动、问题、革命	教学、教育、方针、学生、劳动、时间、全日制、计划、提高、试验、加强领导、思想、知识、经验、培养、草案、上课、教材、质量、基础、任务、建设、改进、业务、师资、改革、正确、健康、课外、算术、外国语、劳动者
论说模式	统一、办法、执行、计划、组织、重点、大力、管理、控制、适应、办学、应当、结合、研究、加强、积极、贯彻、注意、原则、增加、服务、觉悟、运动、地区、经验、斗争、实现、规定、下放、管理	全国、各省、提高、问题、积极、逐步、有计划、统一、切实、进一步、妥善、批准、制定、调整、结合、贯彻、注意、安排、任务、培养、执行、群众、适当、办法、领导、行政部门、集体

一是锚定社会主义教育工作的方向,"两个必须"的教育工作方针的明确。20 世纪 50 年代中后期,由于盲目学习前苏联模式的极端倾向在政治、经济和教育等领域产生了严重的社会问题,同时中苏两国政府的矛盾摩擦越来越激烈,社会各个领域开始纠正学习苏联的偏差。加之 1956 年,国家基本上完成了对农业、手工业、资本主义工商业的社会主义改造,社会主义的社会制度在中国已然建立起来。正是在这样的背景

下,根据社会主义的社会制度的要求,毛泽东主席在1957年2月27日召开的最高国务会议的讲演中提出了"我们的教育方针,应该使受教育者在德育、智育、体育几方面都得到发展,成为有社会主义觉悟的有文化的劳动者"①,开启了教育发展本土化的探索。1958年,毛泽东首次提出了"教育必须为无产阶级政治服务,必须同生产劳动相结合,劳动人民要知识化,知识分子要劳动化"②的教育工作方针,明确了这一时期教育领域文化革命工作与任务的基本方向。之后,关于"两个必须"的教育工作方针被反复阐释,并于1958年9月,在中共中央、国务院发布的《关于教育工作的指示》中加以明确,指出"党的教育工作方针,是教育为无产阶级政治服务,教育与生产劳动相结合","社会主义建设在工农业生产方面已经出现了大跃进的形势,为了彻底完成社会主义革命,为了适应社会主义建设的需要,为了实现共产主义的远大目标,必须在继续进行经济战线、政治战线和思想战线上的社会主义革命的同时,积极地进行技术革命和文化革命"③。这一时期的所有的教育和课程政策话语,都是在这一方针的两个方面的指引下所发展起来的。这一时期强调教育工作的党的领导、加强思想政治教育、在中学里开设"社会主义教育"课、中小学开设农业知(常)识课、组织各种体力劳动、推动"两种教育制度、两种劳动制度"、提出"半工半读、勤工俭学"的新途径等政策主张,都是回应教育作为阶级斗争和生产劳动工具的具体表现。

二是促进教育事业的大跃进,提出"普及和提高"作为中小学教育发展的主要路径。1958年4月《人民教育》发表张际春《展开人民教育大跃进、人民教师红专大跃进》的文章,提出"人民文化事业、教育事业和科学事业","跨进社会主义大跃进的巨流之中","多快好省的方针,不仅在工农业生产中适用,在人民教育事业中也一样适用"④,使得这一时期鼓起革命干劲促进教育普及成为主要的政策追求。先是陆定一副总理在全国教育工作会议上的讲话强调了普及和提高相结合的工作方法,指出"不要死板规定只有国家才能办学,只许单轨制,必须强迫和必须免费等等",而是实现公民办并举、普职并举、儿童和成人教育并举、学校教育与函授教育并举,走群众路线,实现统一中的多样性,"要千方百计使教育大发展、大普及,先来个15年普及,再来个15

---

① 何东昌.中华人民共和国重要教育文献(1949—1975)[M].海口:海南出版社,1998:799.
② 何东昌.中华人民共和国重要教育文献(1949—1975)[M].海口:海南出版社,1998:869.
③ 何东昌.中华人民共和国重要教育文献(1949—1975)[M].海口:海南出版社,1998:858—859.
④ 张际春.展开人民教育大跃进、人民教师红专大跃进——与"人民教育"编辑同志谈教育的大跃进[J].人民教育.1958(04):4—5.

年提高"①。之后,在全国文教书记会议上,又提出"在第二个五年计划期间力争基本上普及小学教育,并在此基础上提高,到三个五年计划期间力争做到普及初中"的愿景②。为了大力普及教育,一方面,强调两条腿走路,两种教育制度(全日制和半工半读的学校教育制度)、两种劳动制度(八小时工作和半工半读的劳动制度)③的推进,通过鼓励群众办学和多元办学的制度改革推进基础教育的普及,在短时间内提高广大人民群众的受教育水平;另一方面,则是通过探索缩短中小学学制和培养年限、控制学时,来提高教育普及的水平,当时各地出现大规模的中小学学制试验,"如小学三年一贯、中学五年一贯、中小学三四二制、中小学九二制、中小学九年一贯制、七年一贯制、十年一贯制等"④各不相同。1960年4月,陆定一副总理在第二届全国人民代表大会第二次会议上指出"从现在起,进行规模较大的试验,在全日制中小学教育中,适当缩短年限,适当提高程度,适当控制学时","准备以10年至20年的时间,逐步地分期分批地实现全日制中小学教育的学制改革"⑤。这种跃进式的教育普及的风潮,在1961年以后有了一个明显的冷却与调整。针对工作中贪多贪大、不切实际、追求形式的问题,以及教育质量跟不上数量发展的问题,开始进行调整,提出"当前文化教育工作必须贯彻执行调整、巩固、充实、提高的方针",要"自觉地运用波浪式前进的客观规律,对事业发展的规模和速度进行适当的控制和调整","着重充实内容,大力提高质量"⑥。1962年教育部又进一步发布了《关于有重点地办好一批全日制中小学校的通知》,"集中力量切实办好一批基础较好的中、小学校,以便尽可能快地提高教育质量,提高教学水平"⑦,举办重点学校的政策主张开始在这一时期兴起并广泛地组织和发展起来。可以说,经历了教育革命和跃进式的发展,中小学校教育工作的重心在20世纪60年代初开始从追求数量和规模,重新恢复到教育发展的常规状态,开始强调质量的提升,对学校教育进行了系统整顿与提高。

三是在"两个必须"的教育工作方针的指引下,课程、教学和教材领域的系统改革

---

① 何东昌.中华人民共和国重要教育文献(1949—1975)[M].海口:海南出版社,1998:822—825.
② 何东昌.中华人民共和国重要教育文献(1949—1975)[M].海口:海南出版社,1998:932—933.
③ 何东昌.中华人民共和国重要教育文献(1949—1975)[M].海口:海南出版社,1998:834.
④ 黄书光.文化差异与价值整合——百年中国基础教育改革进程中的思想激荡[M].北京:教育科学出版社,2011:291.
⑤ 何东昌.中华人民共和国重要教育文献(1949—1975)[M].海口:海南出版社,1998:971.
⑥ 何东昌.中华人民共和国重要教育文献(1949—1975)[M].海口:海南出版社,1998:1028.
⑦ 何东昌.中华人民共和国重要教育文献(1949—1975)[M].海口:海南出版社,1998:1133.

的政策话语。首先,就是中央向地方下放教育和课程管理权力。1958年8月,由中共中央、国务院发布的《关于教育事业管理权力下放问题的规定》指出:"过去国务院或教育部颁发的全国通用的教育规章、制度,地方可以决定存、废、修订,或者另行制定适合于地方情况的制度。"在课程体制上,则提出"各地方根据因地制宜、因校制宜的原则,可以对教育部和中央主管部门颁发的各级各类学校指导性教学计划、教学大纲和通用的教材、教科书,领导学校进行修订补充,也可自编教材和教科书。并供给学校必需的参考资料和组织各校的生产实习工作"①。这可以说是1949年以来对地方课程权力下放的明确的政策说明。其次,就是以教育为无产阶级专政和生产劳动服务为宗旨对中小学教学计划的调整。教育部在1958年颁发了《1958—1959学年度中学教学计划》,根据这一计划,对中学课程作了相应的调整。在这一版的教学计划中加强思想政治教育和劳动生产教育的意味都大大加强。在中学里设"社会主义教育"课,并开设了生产劳动课和体力劳动课,规定了参加劳动的时间;还改进了外语科教学,建议有条件的小学在高年级便可以开设外语课程。此外,与前几个教学计划相比,此次教学计划中外语课时量增加,中学外语课时比例仅次于语文,高于数学,占18.1%。与此同时,也增加了数学、语文、物理、化学等科目的课时,而减少中学历史、地理等科目的教学时数,开始逐步强化"重理轻文"的科目设置倾向(见表4-18)。

表4-18　1958—1959学年度中学教学计划②

顺序	科目/每周教学时数/年级	初中			高中			总时数		全学年体力劳动及参观天数
		一年级	二年级	三年级	一年级	二年级	三年级	每周	每年	
1	语文	7	6	6	5	5	5	34	1 146	
2	数学	6	6	5	6	6	6	35	1 178	
3	历史	3	2	2	2	2	2	13	438	
4	社会主义教育	2	2	2	2	2	2	12	404	
5	地理	2	2	2			3	9	306	
6	生物	3	3	2	3			11	374	
7	物理			2	2	2	4	14	468	

① 何东昌.中华人民共和国重要教育文献(1949—1975)[M].海口:海南出版社,1998:850—851.
② 课程教材研究所.20世纪中国中小学课程标准·教学大纲汇编:课程(教学)计划卷[M].北京:人民教育出版社,1999:259.

续 表

顺序	科目/每周教学时数/年级	初中			高中			总时数		全学年体力劳动及参观天数
		一年级	二年级	三年级	一年级	二年级	三年级	每周	每年	
8	化学			3	2	2	3	10	334	
9	生产劳动	2	2	2	2	2	2	12	404	
10	外国语				5	4	4	13	434	
11	体育	2	2	2	2	2	2	12	404	
12	音乐	1	1	1				3	102	
13	图画	1	1	1				3	102	
14	体力劳动									14—28
15	参观									6
	总计	29	30	30	31	31	30	181	6 094	20—34
备注	每学年上课周数初中各年级及高一、二年级各34周,高中三年级32周; 初、高中各年级每学年均有14—28提案的体力劳动时间;初中各年级及高中一、二年级每学年均有6天的参观时间; 社会主义教育课的时间,初高中各年级每周课内外一般为2—6小时(包括讲授、报告、讨论、辩论等)。									

在"教育革命"的背景下,1959年杨秀峰部长在第二届全国人民代表大会第二次会议上作了《积极进行教学改革,多快好省地发展教育事业》的报告,指出了教育工作还远不能适应国家社会主义建设高速度发展的需要,以及当前技术革新、技术革命和人民公社的大好形势,因此,提出了"将现代大、中、小学的部分课程,适当逐级下放"、"适当合并科目,精简内容,减少循环"(主要是对历史地理、自然等课程进行彻底改造精简)、"改革教材、提高水平"(主要是增加和加深现代科学技术和生产方面的知识),以及"进一步改进教学方法"(减少讲课时数、加强课外阅读、练习和辅导、聚焦主要学科)等改革主张,将教育与生产劳动相结合看作是教育革命的中心问题,强调要适当增加劳动时间。[1] 通过精简课程,以解决学校课程为社会主义建设服务存在的"少慢差费"的情况。1959年7月,教育部颁发了《中等学校政治课教学大纲(试行草案)》,这份大纲是中华人民共和国成立后国家正式颁布的第一份中等学

---

[1] 何东昌.中华人民共和国重要教育文献(1949—1975)[M].海口:海南出版社,1998:897.

校政治教学大纲,明确1959年秋季开学之后的两三年内,把各年级课程建设起来,初中设"政治常识"课,包括共产主义道德、社会发展简史、社会主义革命和社会主义建设、思想方法等方面的常识;中等专业学校、师范学校、高中各年级和初中三年级设置"时事政策"课,对学生进行国内外形势和党的方针政策的教育。大纲确定了政治课在中等学校教育中的地位、性质和任务,即"政治课是党在学校中的思想政治工作的重要组成部分","中等学校政治课是思想政治教育和道德品质教育的重要课程"①,强调加强马克思列宁主义教育思想的教育,加强阶级教育和革命传统教育,用毛泽东思想武装年轻一代,抵制各种形式的资产阶级思想。在经历了"教育革命"和跃进式的改革风潮后,作为对前一时期教育发展的重新调整,1961年以后开始贯彻执行"调整、巩固、充实、提高"的八字方针,重在总结经验教训,提高教育质量。1963年7月,中共中央颁发了《全日制小学暂行工作条例(草案)》和《全日制中学暂行工作条例(草案)》,并制定了《全日制中小学新教学计划(草案)》,系统地总结了1949年以来的教育经验和教训,对中小学教育的任务、培养目标、课程等都作了全面而具体的规定,明确全日制小学要以教育部统一规定的教学计划、教学大纲和教科书进行教学,强调中学要"注重基础知识的充实和基本训练的加强,为学生毕业后就业和升学打好必要的文化基础"②。全日制中小学的工作条例中特别提出要保障教学时间,指出全日制中小学必须贯彻以教学为主的原则,小学保证全学年有九个半月的教学时间,中学保证全学年有九个月的教学时间,包括四年级以上学生全年劳动时间半个月,中学一个月的劳动时间,并规定全日制中小学不得任意停课。可以说,是对"教育革命"期间过于注重生产劳动而出现的忽视教学的问题的纠正。新计划进一步明确了中小学在文化教育方面的主要任务,是使学生掌握基本的文化工具和基本的科学知识,小学阶段必须注重语文和算术的教学,中学阶段必须注重语文、数学和外国语的教学,适当提高对语文、数学和外国语三门课程的要求,化学和物理课程的课程时间也有所增加,进一步强化了"双基"的导向。当然,加强思想政治教育和生产服务教育仍然是新计划的重要方面,强调加强政治课教学,小学各年级仍然设置周会,进行道德品质教育和时事政策教育。中学的政治课,按年级分别设置道德品质教育、社会发展简史、中国革命和建设、政治常识、经济常识、辩证唯物主义常识。为了使中小学教育

---

① 何东昌.中华人民共和国重要教育文献(1949—1975)[M].海口:海南出版社,1998:912.
② 课程教材研究所.20世纪中国中小学课程标准·教学大纲汇编:课程(教学)计划卷[M].北京:人民教育出版社,1999:282.

更好地为以农业为基础,以工业为主导的发展国民经济的总方针服务,必须对学生加强为农业服务的思想教育,加强生产知识的教学,并且使他们学得一定的生产技能,在小学六年级开设生产常识课,初中三年级开设生产知识课,高中三年级开设农业科学技术知识选修课(此外还有立体解析几何、制图、历史文选、逻辑等选修课),这也是1949年以来首次开设选修课,打破了原先只有必修课的单一课程结构模式(见表4-19)。

表4-19 全日制中小学教学计划(草案)(教育部1963年7月颁发)[①]

学科/时数/年级	小学							中学						中小学上课总时数	百分比
	一	二	三	四	五	六	上课总时数	初中			高中				
								一	二	三	一	二	三	上课总时数	
周会	1	1	1	1	1	1	221							221	1.6
政治								2	2	2	2	2	2	412	412	3.1
语文	15	15	16	16	12	12	3 176	8	7	7	7	7	6	1 444	4 620	34.4
外国语								7	6	6	6	6	5	1 238	1 238	9.2
数学	6	6	7	8	9	9	1 649	7	6	6	7	6	6/0	1 216	2 865	21.3
物理									3	3	4	4	4	616	616	4.6
化学										3	3	2	3	4	406	406	3.0
生物								2	3			2		245	245	1.8
历史				2	2		142	3	3				3	303	445	3.3
地理				2			72	3			3			210	282	2.1
自然					2	2	142								142	1.1
生产常(知)识						2	70			2				66	136	1.0
体育	2	2	2	2	2	2	442	2	2	2	2	2	2	412	854	6.4
音乐	2	2	2	2	1	1	371	1	1					70	441	3.3
图画	1	1	1	1	1		221	1	1					70	291	2.2
手工	1	1	1				114								114	0.8

[①] 课程教材研究所.20世纪中国中小学课程标准·教学大纲汇编:课程(教学)计划卷[M].北京:人民教育出版社,2001:297.

续 表

学科/时数/年级	小学							中学						中小学上课总时数	百分比
							上课总时数	初中			高中			上课总时数		
	一	二	三	四	五	六		一	二	三	一	二	三			
选修课													2/5	111	111	0.8
每周上课时数	28	28	30	30	32	32	6 620	33	34	34	33	32	32/36 (34/31)	6 708 (6 819)	13 328 (13 439)	
劳动	小学四年级以上学生每年劳动半个月,中学生每年劳动一个月															

最后,就是配合课程教学改革所推进的教科书制度的调整。在教育管理权力下放的背景下,为了鼓励地方办学和推进教育普及,教科书制度上也开始实行"国定制"和"审定制"相结合的教科书制度,允许地方自编教材,并鼓励乡土教材的开发,各地中小学地理、历史、文学等科的教学中都要讲授乡土教材,可以说是我国教科书制度改革中的一次大发展。但当时不少地方完全抛开国家统一的课程标准,很多自编的教材既未经过学校的试验,也未经过中央教育行政部门审定便开始使用。1960年为了适应学制改革的需要,人民教育出版社组织力量赶编了一套十年制的中小学实验教材,这套教材是1949年后的第三套全国通用教材。1961年以后,进入"教育革命"后的调整与发展阶段,又开始重新编写一套高质量的十二年制教学大纲和中小学教材,是1949年后国家统编的第四套全国通用教材。人民教育出版社从全国各地借调了一些经验丰富的教师,进行了广泛的调查,在研究外国教材和1949年前的教材、总结十余年来自编教材的经验的基础上,提出了改进编辑工作的意见,并确立了编写教材的指导思想。这套教材于1961年初夏开始编写,1963年秋季起在全国正式供应,也具有"注重语文、外语、数学几门主要课程的学习;运用马克思列宁主义的立场观点方法阐述社会现象和自然现象;强调关于基础知识的学习和基本训练的加强;反映当下社会关于科学技术的新成就等"特征[①]。

从这一时期教育元政策和课程政策话语的表达方式与论说模式来看,注重"革命性"、跃进性的政策话语的渲染和注重平衡与调整的话语表达同时存在,政策话语表达中的"大放"和"收紧"之间形成一股张力,构成这一时期教育和课程政策话语表达与论说的重要特征。一方面,"革命""斗争""运动""加速"等关键词可以描绘这一时期政策

---

① 吕达.课程史论[M].北京:人民教育出版社,1999:490.

话语表达与论说的主要方式,强化了政策的革命性和跃进性的导向。从对政策文本的分析可以看到,"教育作为阶级斗争和生产斗争的重要工具""开展蓬蓬勃勃的教育革命""鼓起革命干劲积极促进教育事业加速发展""把思想革命技术革命文化革命汇合在一起""加速扫盲和普及小学教育""多快好省的方针来加速发展教育事业""不能阻碍生产的跃进""不能扯经济建设的后腿"等论述不断在政策文本中进行重复,成为这一时期教育和课程政策话语的主要用语方式,且形成了一种社会主流思想和行动的机制,即强调我们要通过一场轰轰烈烈的大革命、大运动、大动员、大规模来调动全社会的力量大办教育,以配合社会主义建设发展的需要,体现了党和国家系统推进自主的社会主义教育与课程体系建设的决心和坚定信念,凸显了强有力的工作方式和领导话语。当然,这一时期的教育和课程政策话语的表达仍然同前一时期的政策话语表达有共通性,如强调计划性、有序组织、统一管理,但所不同的是,为了大规模地推进基础教育的普及、学制改革和教学改革,这一时期的教育与课程政策话语特别强调在统一基础上的放权和地方自主探索,鼓励群众办学和多元办学的路径,鼓励各地开展基于实际情况的教育教学改革的试验探索,虽然也出现了诸多问题,但确实是1949年以来调动群众和地方的创造能力,积极探索自主教育革新与创造的重要阶段。

另一方面,与政策话语表达中讲求大革命、大运动、大发展的话语路径相异,但同样贯穿教育与课程政策话语论说中的另一种表达方式,则是强调张弛有度、平衡控制和客观规律。比如,在教育和课程政策的论述中,普及和提高一直是办教育的一体两面,虽然先普及后提高的思路在政策实践的过程中一直有所侧重,但是在政策论说中,始终都有一个声音在强调普及与提高的平衡与控制。1958年在全民大办教育,学校数量和学生数量急速膨胀甚至处于盲目发展状态的背景下,邓小平就发表了"办教育一要普及二要提高"的讲话,提出"两者不能偏废",要"两条腿走路,做到普及基础上的提高和在提高指导下的普及"[1]。到了1959年,周恩来在第二届全国人民代表大会第一次会议上的讲话中特别提到,"教育事业的成绩不只是表现在数量的发展上","应把提高教学质量作为一个经常的基本任务,而且应当首先集中较大力量办好一批重点学校,一边为国家培养更高质量的专门人才"[2]。1962年教育部还发布了"关于有重点地办好一批全日制中、小学校的通知",以便尽快地提高教育质量、提高教学水平,总结和积累办好中、小学教育的经验以带动一般学校前进。同样地,在注重教育与生产劳动

---

[1] 何东昌.中华人民共和国重要教育文献(1949—1975)[M].海口:海南出版社,1998:820.
[2] 何东昌.中华人民共和国重要教育文献(1949—1975)[M].海口:海南出版社,1998:894—895.

相结合的"劳动性"政策话语的表达上,也存在着"放"与"收"的调适与控制。这一时期强调学校课程与教学和生产劳动结合,是教育工作的大革命,是党的坚定不移的方针,除了开设生产劳动课以及农业知识课,各级各类学校也组织学生参加体力劳动,如农业生产劳动、手工业劳动、建校劳动、公益劳动、家务劳动等,包括各类学校还投入钢铁生产和秋收秋耕秋种的突击运动中,以纠正学校教育中轻视体力劳动、脱离生产实践的倾向。这些政策导向对于锻炼师生、改造知识分子和改变社会风气都有很大的作用,但是也产生了劳动时间过长和忽视教学的现象。于是,1958年12月教育部党组织关于教育问题提出了几个建议,其中就有对全日制学校的教育与劳动时间的安排,提出一些规定,比如"规定全日制小学的学生从9岁开始参加一些力所能及的劳动,一般每周的劳动时间规定为4小时,最多不得超过6小时,每次劳动不得超过2小时;全日制中学学生的生产劳动时间,一般规定每周初中生6小时,不得超过8小时,每次劳动不得超过3小时;高中生8小时,最多不得超过10小时,每次劳动不得超过4小时",并特别提出,"安排生产劳动时,要注意尽量与教学结合","要继续克服只重视教学而忽视生产劳动的偏向,又要防止只注意生产劳动而忽视教学的现象"[①]。这以后,虽然教育与生产劳动相结合仍然是学校教育和课程不变的宗旨和育人途径,但是为了恢复学校教育的质量与水平,提高教育教学质量,课程政策话语的重心开始慢慢转移到让学生集中精力学好主要课程,注重基础知识和基础技能的学习导向上。

(二)探索社会主义课程体系建设时期课程政策话语的意义建构

这一阶段是中国全面探索社会主义道路的时期,为了积极回应进行技术革命和文化革命的指示,教育事业也全面进入了大跃进和大改革的时期,经历了20世纪60年代初的教育秩序的调整与恢复的历程。可以说,这一时期是"中国教育开始重新坚持自己的传统,重新审视外来的经验,开始了教育本土化和自身发展道路的探索"[②]的关键阶段,既开展了一场大胆且激进的改革,也不断解决问题和调整优化,在推动教育与劳动生产结合、学制改革试验、多种形式办学、打造重点学校积累示范经验等方面有诸多探索,为落实培养德智体全面发展的有社会主义觉悟的有文化的劳动者的育人目标,作出了重要的努力。总体而言,这一时期课程政策话语的建构具有三个典型的特征:一是进一步强化教育的工具价值与功能,为政治服务为生产服务,都是为了无产阶

---

① 何东昌. 中华人民共和国重要教育文献(1949—1975)[M]. 海口:海南出版社,1998:867—868.
② 顾明远,刘复兴. 从新民主主义教育到社会主义教育(1921—2012)[M]. 北京:教育科学出版社,2015:184.

级专政服务;二是加强党对教育的统一领导与教育事业管理权力下放结合的政策路径;三是在对教育秩序进行调整优化之后,学校课程政策中强调"双基""学科中心""重理轻文"的知识取向日渐显现。

首先,就是这一时期教育和课程政策话语的工具主义色彩鲜明。在教育和课程政策话语建构中,明确提出深入教育革命,进行教学改革,就是无产阶级思想和资产阶级思想斗争的过程,将教育明确为阶级斗争的工具。因此,教育要配合阶级斗争,配合生产,也是其具体的工具价值与功能,要彻底批判"为教育而教育""劳心与劳力分离""教育只能由专家领导"的资产阶级思想,破除学校教育中对思想政治教育的忽视和对劳动教育的轻视,以达成"兴无灭资"的方针。在这个意义上,这一时期教育和课程政策话语的建构在本质上是无产阶级的教育工作方针和资产阶级的教育工作方针之间、社会主义道路和资本主义道路两条道路之间的斗争在学校教育和课程中的体现,是在整体上服务于政治目的的。也因此,这一时期的教育改革也是采用革命的方式和斗争的精神来普及教育、推进教学改革、试验和缩短学制、精简和压缩课程。无论是加强思想政治教育还是劳动教育,都旨在破资本主义思想,立社会主义思想,使新生一代彻底摆脱资产阶级思想的影响,成为有社会主义思想的新人。学校教育和课程是在思想战线上完成社会主义革命的重要依托。这种对教育和课程政策话语的工具价值与功能的强化,同当时中共中央对中国社会的基本情况的估计有关,即整个社会主义时期都存在着阶级斗争,教育战线一直存在着无产阶级与资产阶级的斗争,即便将来阶级消灭了,在人民内部也还有先进与落后的斗争。教育就是要人们学会以往的阶级斗争和生产斗争的经验,以便以后更好地进行阶级斗争和生产斗争,而核心就在于工人阶级要掌握教育这个工具,实现社会主义革命和共产主义革命的胜利。

其次,就是这一时期政策话语中党对教育工作的统一领导与地方教育管理权限下放之间的结合,推动了中央集权和地方分权相结合的教育管理体制的确立。一方面,为了落实教育工作中阶级斗争和社会主义革命的任务,明确确立党对教育的领导,建立和巩固党在教育工作中的领导权,不仅仅是思想原则要受党的领导,也包括在具体政策上实现党的领导,强调各级党委一直到支部,都要在中央统一意志、统一方针下,实现对教育事业的统一管理。因此,在整个教育系统加强党组织的建设工作,积极在教职工中发展党员,建立支部。另一方面,对党委领导的统一性和绝对领导的要求,并不是死板的统一,也不是条条为主的管理体制,更不是只准国家办学或单轨制的办学,而是根据中央集权和地方分权相结合的原则,在行政上反而加强地方对教育事业的领导管理,实现中央主要集中精力研究和贯彻执行教育方针和政策、综合平衡全国的教育事业发展规划,协助地方党委进行政治思想工作、指导教学和科研工作,组织编写通用的基本教材教科书,拟定全国通用的教育规章制度等工作,而小学、普通中学、职业中学、一般的中等专业学校和各级业余学校,则由地方自行决定,所有学校的政治思想工作及各种社会活动,都归地方党委领导。可以说,这一时期的教育和课程政策话语的建构推动了我国现代化的教育管理体系的发展,也形成了1949年以后党对教育事业实现统一领导的传统。

最后,则是这一时期尤其是20世纪60年代以后,课程政策话语中强调基础知识基础技能、强调学好主要学科以及重视理科的政策导向开始出现。从1959年开始,中央在对各级全日制学校的教学改革工作进行反思的过程中,就指出基础教育落后于我国社会主义建设发展的主要问题是学制过长、课程以及教学内容的程度较低、课程内容存在着不必要的重复循环等问题,影响了学生学好主要课程。因此,提出小学要学好语文和数学,其他课程还没有进行彻底改革的必要,必须让学生掌握最基本的知识和最基本的工具;中学要注重语数外主要科目的学习,数理化课程中要改革陈旧的内容,吸收反映现代科学技术的新内容。之后,1963年的全日制中小学工作条例草案中进一步强调了智育方面的类似要求,强调小学的语文和算术,中学的语数外课程,认为这些课程是学生学习和从事工作的基本工具;并进一步强调了课堂教学是教学的基本形式,要保障教学时间,尤其是中学要加强基础知识的教学和基本技能的训练。与此同时,1963年开始实行的《全日制中小学新教学计划(草案)》则将上述的要求进一步落实在教学计划文件中,提高了主要课程的教学要求,增加了主要课程的授课时间,减少了各学年的课程门类,使学生能够有精力学习主要学科,也避免过于繁杂的科目内容的不必要的重复,特别增加了初中物理和化学的上课时间,以增强实验和课堂练习。可以看到,在这些课程政策话语发展的过程中,已经较为明显地将全日制中小学中的课程教学重心放在落实主要科目、落实基础知识、落实基本技能、加强理化能力等方面,聚焦主要学科、聚焦知识学习和聚焦课堂教学的课程政策话语特征已经基本定型,这一政策导向对我国之后相当长时间的课程政策话语建构产生了持续的影响。

第二节 改革开放前课程政策话语的伦理取向与表征

1949—1977年期间,我国课程政策话语经历了其内在的演进与发展,整体而言,带有较鲜明的国家主义色彩和工具理性主义,是服务于经济建设、服务于政治斗争和社会发展的重要利器。早期的课程政策话语伴随着中国人民解放战争和人民革命的伟大胜利,以建设新社会和新国家的课程体系为目标,服务于国家社会生产与社会改造的需要,建立统一的学校课程系统,面向国家需要,为国家培养建设人才,服务于经济建设、社会发展和政治建设的要求,成为特定历史时期课程政策伦理选择的必然。而伴随国家治理过程中内部不同阶层的价值冲突、外来的国际关系变动,以及文化教育领域的左倾思潮的发展,课程政策话语的内涵逐步走向了服务于政治斗争的特殊路径,给整个学校教育及课程体系带来巨大的伤害。

一、面向社会改造和社会生产:课程政策的国家本位趋向

(一)科学的、大众的和民族的教育:以国家利益为起点

中华人民共和国的建立以及中国人民民主专政的建立,标志着中国人民由被压迫的地位变成新社会和新国家的主人,取代国民党政府以封建买办法西斯专政为代表的反动统治。1949年9月中国人民政治协商会议共同纲领中,旗帜鲜明地指出,"中华人民共和国的文化教育为新民主主义的,即民族的、科学的、大众的文化教育","人民政府的文化教育工作,应该提高人民文化水平,培养国家建设人才,肃清封建的、买办的、法西斯主义的思想,发展为人民服务的思想为主要任务"[①]。随后1949年,徐特立在《新建设》杂志发表了"科学化民族化大众化的文化教育",对1949年以后的教育宗旨的内涵进行了解释,将科学化和大众化这两个重要的价值取向同民族性的价值结合起来进行了阐述:

> "科学是普遍真理,放之四海皆准的东西,但如果不民族化,就不能具体化和行动化,就会为科学而科学",……"教育科学化和民族化,就是理论与实际结合,这在资本主义国家已经达到某种程度,但是劳心劳力对立的问题仍然没有解决"……"所谓科学大众化,不仅是量的扩大,其内容和形式也必须适合大众的要求和接受的程度","要知道科学的大众化,不是把科学降低而庸俗化",……"要使它与中国建设的具体条件相结合"。[②]

---

① 何东昌.中华人民共和国重要教育文献(1949—1975)[M].海口:海南出版社,1998:1.
② 何东昌.中华人民共和国重要教育文献(1949—1975)[M].海口:海南出版社,1998:4.

在徐特立的论述中,可以看到,面向大众的、科学的和民族的文化教育的一个重要的宗旨,就是要同中国建设的具体条件与具体需求紧密结合起来,这一点为引领当时课程政策面向国家建设奠定了重要的基础,即我们要建立一种教育和学校系统,不是为个人或少数阶层服务的,而是要面向大众;不是经验主义或教条主义,而是整合古今中外科学的理论和知识,寻求科学化的路径;更是在有机结合国家建设与发展的现实需要的立场上加以改造和自主创生,强调民族性。在这个意义上,民族化是以服务国家建设与发展的根本利益为起点的。当时摆在全国教育工作者面前的一个首要任务就是建立全国统一的教育制度,有步骤、有计划地变革和解决各级学校的课程、教材、教学方法和师资等问题。从表现形式上来看,这是改造旧教育建设新教育系统的工作,但本质上是一个建立不同于资本主义国家的新民主主义国家及其相应的文化教育的需要。因此,这里论及的民族化是从国家本位的立场出发的民族化,是站在契合中国实际的角度去谈民族化,是从中国固有的政治、经济与文化的特征去考察教育的现实问题。

也正是基于这样的考虑,在初期的教育改革和学校课程系统的建构过程中,特别强调对于外国经验或旧教育系统的批判,强调从国家实际出发创造并探索自己的教育革新道路的必要性,尤其是重视老解放区文教政策在民众教育、知识分子的思想改造教育、农村小学教育等方面积累的新教育经验。也是在这个意义上,马叙伦部长在第一次全国教育工作会议开幕词上,明确指出"中国旧教育的政治经济基础被摧毁了。代替这种旧教育的应该是作为反映新政治经济的新教育,作为巩固与发展人民民主专政的一种斗争工具的新教育"[①]——教育作为一种国家工具,其国家本位的伦理取向不言自明。

(二) 为工农服务的教育:巩固人民民主专政的国家基础

1950年,第一次全国教育工作会议召开,这次会议在了解各地区教育工作情况的基础上,明确了当时改造旧教育建立新教育的主要工作任务:一是将长期在农村环境和战争环境中的老解放区的教育由战争状态转向全面建设的新阶段,主要是巩固提高和解决师资问题;二是将原来国统区的买办的、封建的和资产阶级的教育进行改造,主要是维持原有学校、改造知识分子、逐步改善,对新区学校进行政治和思想教育,同时改变旧教育中的书本与实际分离等等教条主义问题;三是明确教育为工农服务,在机关、部队、工厂、学校普遍设立工农中学,吸收大批工农干部以及工农青年入学,培养工

---

① 何东昌.中华人民共和国重要教育文献(1949—1975)[M].海口:海南出版社,1998:6.

农知识分子干部,并开展广泛的识字运动,扫除文盲。

第一次全国教育工作会议中有一个明确的导向,就是加强面向工农大众的教育以及工农干部的培养,体现了中华人民共和国成立初期,国家本位的思想的落实。因为人民民主专政的基础是工人阶级、农民阶级和城市小资产阶级的联盟,主要是工人和农民的联盟,由新民主主义到社会主义,主要靠这两个阶级的联盟。毛泽东在《论人民民主专政》中明确指出,中国无产阶级、农民、知识分子与其他小资产阶级,乃是决定国家命运的基本势力。正因为工农是国家的主体,而这两个阶层又最缺文化教育,所以在早期的文化教育政策中,尤其强化工人阶级和农民阶级的教育问题。从这个意义上而言,加强服务工农的教育事业,在本质上也是加强国家人民民主专政的统治的社会基础,也因此,我国在最初就明确了为工农服务的国家本位的教育立场。

于是全国教育工作会议以后,开始大量举办工农速成中学。1950年上半年,在北京和全国各大行政区已创办了13所实验性的工农速成中学,并在部队、机关中建立这种学校,同时举办了各种面向工人的业余文化学校和技术学校,以及将在老解放区教育经验中面向农民的冬学逐步转变为常年学习的学校和小组。与此同时,全国各级学校也大大地为工农子女打开大门,通过快速地培养工农知识分子,来为人民民主专政的国家政权输送工农阶层的干部与领导队伍。1951年2月之后,教育部和政务院文化教育委员会先后颁布了《工农速成中学暂行实施办法》《工农干部文化补习学校暂行实施办法》《职工业余教育暂行实施办法》《教育部关于冬学转为常年农民业余学校的指示》等政策文件,大力发展面向工农的教育。

这一时期,对于面向工农服务的教育不仅仅是提供广泛的入学机会或接受非正式教育的机会,关键的是要基于面向工农需要来变革原有旧教育(即南京国民政府时期的教育制度与课程系统)的课程内容与教学方法,人民教育的内容要契合工农的需求,"合乎工农最大的和长远的利益,密切联系他们的实际生活和实际斗争——尤其是反霸、土改、创造新纪录运动、开人民代表会、生产运动,等等,不要脱离他们的生产和生活实际的斗争;要用工农群众所喜闻乐见的形式来表达新教育的内容。同时,我们的文字必须加以合理的改革,我们的言语必须力求接近工农大众"[①]。因此,可以看到,这一时期,强调课程内容与教法同工农大众的生活生产实践紧密关联,打破过去学用割裂的学术化的学习系统,走向生活与生产实践的现场,是我国课程教学系统重构的

---

① 何东昌.中华人民共和国重要教育文献(1949—1975)[M].海口:海南出版社,1998:19.

一个重要特征,甚至到了非常期间,这种对于实践生活的聚焦发挥到了极致——以至于到了取消知识与技术而只关注教育促成劳动参与和革命实践的地步,但无论如何,这种将学校教育和工农实际生产生活需要相关联的理念成为推进我国教育系统重建与课程变革的一个根本思路。

(三)为生产建设服务:面向国家经济社会发展的现实需求

除了进行全国教育的普及与提高,建立大一统的学校教育与课程体系,人民教育的一个重要方针和主要目标,就是通过教育为恢复和发展人民经济服务,亦即为生产建设和经济发展服务。中华人民共和国成立以后,中国人民面临着严重的经济建设任务,经济建设是当时中国国家建设的首要和最基本的任务。因此,通过学校教育提高劳动人民的觉悟,给以科学与技术的武装,来有效发展社会的物质生产力,恢复和发展人民经济,奠定国家建设基础,成为当时学校教育最重要的价值选择依托。也正是在这样的背景下,在第一个以及第二个五年计划期间,逐步形成并强化了教育服务于劳动生产,强调教育与生产劳动结合的理念,尤其是1958年以后,成为当时社会主义教育方针的核心价值。

一方面,是重视学校教育中嵌入劳动教育和实践,强化劳动观念。第一个五年计划期间,在中小学教学计划中增加劳动技术和职业教育方面的学科,以适应经济建设需要;第二个五年计划期间,更是直接开设生产劳动科和体力劳动科,并规定体力劳动的实践。甚至这期间,由于教育工作还远不能适应国家社会主义建设高速度发展的需要,教育部还提出了进行学校教育和课程跃进式发展的主张,通过缩短学制、下沉内容、提高教材水平等策略来提高人才培养的速度。另一方面,是重视科学与技术的教育,将教育与经济建设的需求紧密联系起来。当时,学习苏联的科学与技术成就,并结合中国生产建设的实际,逐步求得普遍的应用。这种迫切地实现经济发展、追英赶美的政治需求转化到教育领域,就表现在大力发展科学与技术教育,尤其强调要在实际的科学技术工作中学习发展,强调理论与实际的结合,甚至是在实践中学习。因此,从1952年开始就逐步增加理科课程的学习时数,1958年开始在新的中学教学计划中,特别加重理科的课时,重理轻文的现象逐步显现。再一方面,就是培养大批初级和中级的生产建设人才,发展中等技术教育。1951年6月,时任教育部副部长曾昭抡在第一次全国中等技术教育会议中作"积极整顿与发展中等技术教育"的报告,报告中指出,"我们面临的国防建设和经济建设的重大任务,如果没有大批的技术干部,是不可能实现的","建设所需要的高级技术人才,我们已在高等教育方面开始做了一些布置,但是国家建设更加迫切和更加大量地需要的是中等技术人才"①。也是在这次会议上,明确了初中级技术人才培养要面向国家的迫切需求。1952年3月政务院发布了《关于整顿和发展中等技术教育的指示》,大力兴办各级各类中等技术学校,为培养工业、农业、交通、运输等方面的中级和初级技术人才,按程度分为高级技术学校和初级技术学校。1952年7月,教育部颁发了《中等技术学校暂行实施办法》,从制度上逐步规范了中等技术教育的发展。除了兴办中等技术学校,教育部还加强领导各种私立性质的技术性补习学校,通过技术人员的短期训练班的形式,来培养当时各项建设中迫切需要的初级和中级技术人员。

无论从哪一个层面来看,这一时期的课程政策话语具有明显的国家本位的立场,作为中国进行社会改造、经济建设和政治发展的重要工具,这一伦理取向理所当然地成为当时课程政策选择的必然。

二、课程作为阶级斗争工具:课程政策的政治化趋向

从1958年开始,伴随着经济领域的跃进式的发展,在教育领域也开始了"教育革命"的探索,教育与生产劳动、社会经济生活、阶级斗争紧密结合,课程政策话语也体现出明确的阶级意识与政治意识,尤其是1966—1976年期间,"教育革命"从前一阶段的全民办学和学制改革,进入到完全的政治斗争,教育或课程这一词汇几乎成为政治(教育)、革命(教育)的连缀语。在这种特殊的时代背景下,课程是一个特殊的、敏感的、各种矛盾集中的领域,学校教育和课程成为政治斗争的工具。一方面,不仅正常的教学秩序被各种政治活动或阶级斗争安排打破,导致教育质量下降,且影响了学生身心的综合发展;另一方面,对作为知识分子重要组成部分的教师价值估计过低乃至错误打击,也影响了课程改革乃至整个教育事业的发展。课程政策话语走向泛政治化的具体表征,就是无论在课程目标、内容、实施还是评价上,都打上了革命和斗争的烙印。

从课程目标来看,整个教育事业的发展是把政治价值取向作为其追求的唯一目标。1964年3月,刘季平同志在全国教育厅局长会议的讲话,进一步学习毛泽东思想和中央指示的会议,强调了"教育战线上的两种思想、两种方针、两种方法,也就是两条道路的斗争的反映",明确提出了教育作为政治革命工具的立场,以无产阶级革

---

① 曾昭抡.积极整顿与发展中等技术教育——在第一次全国中等基础教育会议上的报告[M]//何东昌.中华人民共和国重要教育文献(1949—1975).海口:海南出版社,1998:96—97.

命教育的名义向轻视生产劳动和追求升学的资产阶级的教育进行宣战。同时,还明确了一个问题,即教育是"无产阶级和资产阶级究竟谁融化谁的一个斗争问题,是无产阶级和资产阶级争夺后代的一个问题"①。对于教育的这种定位,直接将教育和课程问题纳入了阶级斗争的政治范畴。以至于"文革"期间,把在此之前我国在教育制度、课程内容、实施和设置、教学方法和原则、考试评价制度等方面所进行的改革实验都扣上为资产阶级服务的帽子,被视为资产阶级抢夺领导权和资产阶级实行专制的工具。

从课程的内容上来看,语录式的教育内容、"课程"变得政治化、无政府化和唯实化。当时有一句流传和使用非常广泛的口号,叫做"事事连着纲和线"。所谓"纲",就是阶级斗争为纲的纲;所谓"线",就是两条线路的线。课程内容政治化随处可见,比如将小学的语文和政治合为一门课,取名为政文课,强调政治要永远放在首位,起统帅、领导的核心地位。再如,将国家统编通用的中小学课程教材视为"封资修大杂烩"加以批判,各地都组织了"革命委员会"自定课程、自编教材,自编教材内容突出毛泽东的阶级斗争思想,培养学生的阶级意识,"红宝书""语录""又红又专"等成为课程领域的核心的话语。只设政治、语文、工农业生产知识和军体等五门课,取消基础知识和科学理论学习,强调课程内容的实用效果,推崇"工基"、"农基"和政治斗争,教育质量严重降低。

在课程实施上,因为否认了教师在教学上的主导地位,突出工、农、兵的教育作用,鼓励"学生教学生",对教学方法实施了一系列"反传统"、活动化、"实践化"的改革,倡导"学生上讲台"、"开门教学"和"现场教学"等区别于教师教学的新教学形式。如当时的《光明日报》就发表《教育革命的一条好经验》,对北京市草场地中学实行小将上讲台,教师学生相结合,互教互学进行了高度肯定,指出"小将上讲台,是在无产阶级专政条件下教育领域内的一场革命","进一步打破了旧教育制度加在学生身上的桎梏,正确地解决了师与生、教与学的关系问题,把蕴藏在学生中的社会主义积极性和创造精神发挥了出来"②,赋予了"学生上讲台"高度的政治意义。不仅如此,选调工农兵任讲师或兼职教师上课,充实、改造教师队伍,请老工人、老贫农等作政治报告和上实践课等"请进来"的方式也是课程教学改革的重要措施。1970年9月22日,《光明日报》发表了《改造学校教育阵地的一支重要的革命力量——关于北京市香厂路小

---

① 何东昌.中华人民共和国重要教育文献(1949—1975)[M].海口:海南出版社,1998:1252—1253.
② 何东昌.中华人民共和国重要教育文献(1949—1975)[M].海口:海南出版社,1998:1450.

学工农兵讲师团的调查报告》,介绍了香厂路小学1968年11月起成立工农兵讲师团的经验。该校工农兵讲师团共有37人,其中包括33名工人,2名贫下中农社员和2名解放军战士。调查报告称:"工农兵兼职教师,有丰富的三大革命斗争的实践经验,他们把书本知识和实践、小课堂和大课堂很好地结合起来。工人师傅结合工厂的斗争实际讲课,贫下中农在田间、地头给学生讲活的农业基础知识课,效果都很好。"①

在课程评价上,将考试看成资产阶级对工农子女专政,是资产阶级教育制度的顽固堡垒,提倡和实行"开卷考试""开门考试"等"开放"化、"实践"化课程评价方式。1966年6月7日,长沙一中高三(3)班共青团支部给团中央写信,列举了"升学考试"的21条罪状,包括封建科举制度的流毒和变种;为推行资产阶级教育路线大开方便之门;阻挠青年与工农群众相结合;打击革命力量,进行阶级报复;摧残同学的身体健康;一整套烦琐哲学等②。同年,7月12日,教育部发出《关于中小学招生、考试、放假、毕业等问题的通知》,要求"城市和农村的高级中学、初级中学和小学各年级的学期考试,凡是没有举行的,一律不举行。本学期学生的成绩考核,可以采取师生民主评定的办法"③。《上海市中、小学教育革命纲要(草案)》提出要"废除旧的考试制度,建立新的考核制度……按各门课程的具体要求,采取师生集体讲评、出题考核和实际操作等考试方法,实行民主评定"④。

简而言之,就是学校教育和课程教学中所有传统做法都要打破,要割裂一切同封建的、修正主义与资产阶级千丝万缕联系的教育和课程实践,建立全新的、彻底体现无产阶级立场、中国社会主义教育特有的课程与教学的方式方法。正是在这样的背景下,这一时期课程政策的话语是完全革命式的、是疾风骤雨的、带有明显的乌托邦的特点,所形成的以阶级斗争为主课的课程文化范式的极端发展,成为这一时期课程政策的话语主流。从某种意义上而言,这是教育和课程实践试图摆脱一切外来的可能潜在的意识形态的危险,极度扩大了在教育和课程领域的冲突与阶级斗争风险,而进行的一场彻底的试图完全隔断外来模式(苏联经验)以及资产阶级所代表的旧教育所倡导的旧有模式与理念的运动,但是这种努力被裹挟在极端政治化的话语之下,一切都以政治斗争为根本目的和皈依,取消了课程政策及其实践本身丰富性的本质,给我们带

---

① 何东昌. 中华人民共和国重要教育文献(1949—1975)[M]. 海口:海南出版社,1998:1468.
② 长沙市一中高三(3)班共青团支部. 升学考试制度的二十一大罪状[N]. 人民日报,1966-6-7(2).
③ 何东昌. 中华人民共和国重要教育文献(1949—1975)[M]. 海口:海南出版社,1998:1404.
④ 袁振国. 中国当代教育思潮(1949—1989)[M]. 上海:上海三联书店,1991:179.

来了惨痛的教训,但也构成了这一时期课程政策的伦理现实。

第三节 改革开放前课程政策话语的伦理困境与冲突

改革开放前我国基础教育课程政策领域经历了截然不同的风景,从早期的强调逐步推进和争取团结改造,到正规的学校教育和课程系统建立以后的道路分歧,乃至后期的疾风骤雨的意识形态的革命,在这其中课程政策话语的伦理冲突是明显的,但是在这显性的冲突背后一直贯穿着关于学校领导权的夺取、教育事业选择何种道路的斗争。无论是对于学校领导权的夺取,还是有关不同道路的立场,其本质上都暗含着课程政策在伦理价值选择上的两难,这种两难的问题在民国时期的课程政策话语伦理冲突中有着不同的表现,但又一以贯之。然而,当这种对路径的争议所代表的课程价值观念的分歧通过"尖锐斗争"的方式来解决的时候,又将课程政策的话语陷于一元化的思维之中,而完全失去了对于课程政策话语的伦理反思。

一、谁能夺取学校教育:领导权背后的价值冲突

对待教育领导权的问题、知识分子改造的问题上有一个连续的不断演化的线索。中央人民政府成立以后,对当时新区教育工作的关键,就是争取团结改造知识分子,维持原有学校,逐步改善。当时采取的措施是,对旧文化的工作者采取保护的政策,而且尽量争取他们为国家教育事业服务。中央人民政府成立以后,成立了文化教育委员会,教育部归属文化教育委员会领导。1949年12月5日中共中央发布了《关于中央人民政府成立后党的文化教育工作的问题的指示》,决定文化教育事业不再像人民解放战争时期那样,由中央宣传部领导和管理。全国文化教育的行政工作,均由中央政府文教部门来管理,各地政府及军管之文教机关向中央政府文化教育委员会或适当部门报告和请示。惟文化教育方面的重大问题,得经由共产党组织的系统,向中共中央报告和请示。这标志着教育决策开始走向党政力量和专家领导相整合的格局。1950年吴玉章在"全国教育工作者的大团结——中国教育工作者工会代表大会开幕词"中也明确提出,"给青年知识分子和旧知识分子以革命的政治教育,以应革命工作和国家建设工作的广泛需要"[①],要将全国教育工作者团结起来。由于在我国,当时的知识分子

---

① 何东昌.中华人民共和国重要教育文献(1949—1975)[M].海口:海南出版社,1998:55.

大部分是地主阶级和资产阶级家庭出身,所以,对知识分子的基本态度是通过教育改造转化,并鼓励和等待知识分子的自我觉悟。1951年到1952年期间由于制度不完善,针对党政军机关、人民团体和经济部门中贪污、浪费、官僚主义的现象开展的三反运动也影响到宣传文教部门,可以说是当时对于文化教育部门解决资产阶级思想的最初的检讨运动。

邓小平在1951年1月18日西南局第一次宣传工作会议的讲话中,针对学校教育中出现的各种问题,专门提出"党要过问学校教育工作"的主张,提出"要解决学校问题,基本在于能否团结大量有学问有能力的教授","团结了中间分子,坏分子就被孤立",提出领导机关一定要建立对于学校教育的领导,要改变党对教育不闻不问的现象[①]。可见,在早期,中央集中精力管理社会生产和政治斗争的问题,对于学校问题的管理更多地依靠专家力量和教育界的内在系统治理。从1955年开始,党内开始了对右倾保守思想的斗争,为了巩固农业合作化运动和第一个五年计划的成果,要扩大反右倾保守思想的斗争范围。1956年,为了加强党对知识分子的领导,加强党对整个科学文化工作的领导,中央决定召集一次会议讨论知识分子问题,反对保守思想,努力完成过渡时期的总任务。也正是在反右倾保守主义思想的背景下,提出了知识分子的问题。周恩来在关于知识分子问题的报告中指出,虽然经过团结、教育、改造旧知识分子的工作,已经有相当数量的知识分子成为国家工作人员,为社会主义服务,成为工人阶级的一部分,更是培养了一批劳动阶级出身的知识分子,但是"知识分子的思想状态同他们在政治和社会地位上的变化并不是完全相适应的,许多进步分子也还有不同程度的资产阶级唯心主义和个人主义的思想作风,更不要说中间分子了",对当时知识分子问题上存在的宗派主义和麻痹迁就的倾向进行了反思,并对进一步团结知识分子提出了切实的建议[②]。可以说,自20世纪50年代中期以后,关于知识分子的团结改造以及知识分子在学校教育和科学技术发展中的作用的认识开始出现了一些分歧。于是,1956年2月24日中央政治局会议通过了《中共中央关于知识分子问题的指示》,在强调给予知识分子以生活和工作上适当安排的前提下,提出要继续改造知识分子,提高觉悟,必须同时纯洁知识分子的队伍,彻底肃清暗藏在知识界中的反革命分子。从1956年开始,正确地解决知识分子问题,以及加强对于知识分子的领导,开始成为重

---

① 何东昌.中华人民共和国重要教育文献(1949—1975)[M].海口:海南出版社,1998:77.
② 何东昌.中华人民共和国重要教育文献(1949—1975)[M].海口:海南出版社,1998:553—561.

要的工作内容,对于当时出现的认为党不能领导科学文化事业的观念进行驳斥和斗争①。

如果说,前一阶段对于谁来领导学校教育以及知识分子或专家领导的问题还处于反思批判的阶段,那么1958年至1959年间明晰教育领导权的斗争问题就显性化了。1958年4月陆定一同志在全国教育工作会议上的讲话中就明确指出,"教师队伍里面党的力量薄弱,党的领导不巩固","有些地方确实的领导权还操控在资产阶级手里","我们一定要建立和巩固党在教育工作中的领导权",在讲话中他指出巩固领导权要解决的一个根本问题是党委领导还是专家领导的问题,明确的答案是"党委领导,不是专家领导","要有党委的领导才能使教育很好地为社会主义革命和社会主义建设服务,为提高生产力服务"②。从这次讲话以后,建立并巩固党在教育工作中的领导权日益重要。

1959年以后,通过为期一年的"教育革命",党对教育工作的领导权问题已经解决,开始进一步强化党委对教学的领导,比如提出"要经常对教师和学生进行分析,分析整个队伍,分析个人;要决定课程和开设课程的老师;要正确解决师生矛盾",并鼓励"该给先生权的时候要给他权,应该由学生批评先生的时候应当批评,而批评也要掌握分寸"③,对于课程政策的领导深入到了实践的微观领域,对于教师的极度的不信任以及根本的教学自主权的剥夺,逐步将学校课程实践引向了政治斗争活动。到了1967年,这种领导权的斗争从教育领域席卷到社会生活的方方面面,引发了无产阶级革命派大联合,夺走资本主义道路当权派的权的"文革",这场关于领导权的斗争最终导致了全面的政治斗争爆发。

其实在这个过程中,中共中央对于知识分子有很多保护的政策,来防止其对教育领域产生过度的负面影响。比如1962年,周恩来总理对在广州召开的全国科学工作、戏剧创作等会议代表的讲话就谈到了知识分子的问题,并在之后第二届全国人民代表大会第二次以及第三次会议上作《政府工作报告》,进一步阐明了知识分子在社会主义时期的地位和作用,明确肯定了知识分子的绝大多数是"属于劳动人民的知识分子",提出要信任他们、帮助他们、改善关系、解决问题、一定要承认过去有错误、承认了错误还要改等6个关键问题,明确了中央对于知识分子的态度与定位,要团结知识分子,并

---

① 何东昌.中华人民共和国重要教育文献(1949—1975)[M].海口:海南出版社,1998:579—583.
② 何东昌.中华人民共和国重要教育文献(1949—1975)[M].海口:海南出版社,1998:822.
③ 何东昌.中华人民共和国重要教育文献(1949—1975)[M].海口:海南出版社,1998:875—878.

支持他们进行自我改造,"知识分子应当受到国家和人民的尊重"①。1969年1月29日,人民日报也发表了关于《坚决贯彻执行对知识分子"再教育"、"给出路"的政策》的报告,但是这些努力并没有阻挡浩浩荡荡的阶级斗争大潮,学校要成为实现无产阶级对资产阶级全面专政的工具,成为之后相当长时间教育革命的主旨。

教育领导权的背后实质上涉及了课程政策决策伦理的根本面向,究竟是面向大众的还是面向少数群体的;是面向社会需求的还是服务特定利益的;是导向发展性的还是封闭性的。所以隐藏在领导权背后是要决定事情的价值走向的问题,这不仅仅是政治的问题,更是关于伦理价值选择的问题。但是,当对于伦理价值的考察完全被政治话语替代,课程政策伦理讨论的空间就消失殆尽了。也正是在这个意义上,1949—1977年期间的课程政策话语的伦理困境,更多地表现为将课程政策进行政治化转化,而失去了从伦理价值层面进行讨论的可能。

二、选取什么样的道路:外来先进经验、资产阶级经验还是自主创生

1949—1977年期间,在我国的教育和学校课程领域,伴随着对于领导权的争夺,还有一条明确的线索,就是道路选择的分歧。

陆定一在1958年的《全国教育工作会议上的讲话》中提出学校教育工作面临两条道路和两种方法的问题,简单地说,就是无产阶级道路和资产阶级道路的区别,前者是强调"教育必须同政治结合、教育必须同劳动结合"的社会主义道路,后者是教育独立于政治之外,教育不同劳动结合,将劳心与劳力区分开来、为教育而教育的资产阶级的教育。两种工作方法的对立,一种是无产阶级的轰轰烈烈的方法,放手发动群众的方法;一种是寻寻觅觅、冷冷清清、凄凄惨惨戚戚的资产阶级的方法。其实,这一时期的教育的道路选择中,不只是两条道路,还有第三条道路即借鉴外国先进经验的道路,只不过由于在1954年到1955年期间的教条主义照搬苏联教育经验带来的学习系统的不适应以及中苏关系的破裂等政治性原因,使得这条道路后来成为了资产阶级修正主义的代表而受到了抵制,才发展成后期教育事业中两条道路的斗争,将教育价值观念的冲突带到了阶级斗争的境地。

1958年6月28日,张际春在全国教育工作会议上的讲话,也进一步强调了两条道路的分歧,明确了提出了"大量的资产阶级知识分子在文教战线上,文教战线上的斗争

---

① 何东昌.中华人民共和国重要教育文献(1949—1975)[M].海口:海南出版社,1998:1086.

是尖锐的",更强调"从事教育工作的同时,要善于依靠群众力量",来弥补学校机构中党的力量薄弱的问题①。换句话说,就是要发动群众开展关于道路斗争的运动。1958年8月,陆定一又进一步发表"教育必须与生产劳动相结合"的文章,明确了教育为工人阶级的政治服务,教育与生产劳动相结合的方针,并强调要认清资产阶级"为教育而教育、劳心与劳力分离,教育由专家领导"的以反对教育为无产阶级专政服务的虚伪的主张②。这一系列的论述为"走向与生产劳动相结合"的教育革命奠定了基础,也为两条道路的分歧演化为无产阶级和资产阶级的政治斗争奠定了话语基础和实践基础。

随着大跃进运动的发展,为了推进学校教育服务于当时经济超越性发展和人民公社化的需要,从1958年开始尝试进行大规模的学校学制缩短、提高程度、控制学时和增加劳动的教学改革实验,并将这种教学改革的方针也放在两条道路的斗争的政治高度来谈。无产阶级的教学主张是"尽可能地多快好省",而资产阶级的教育学者却"满足于少慢差费,把中小学的年限拖得很长,程度降得很低",并批判资产阶级教育中的"量力性原则"③。当时在第二届全国人民代表大会第二次会议上,陆定一同志作了"教学必须改革"的发言,并在教学改革问题上明确了两条道路的差异。

从1964年开始,关于两条道路的斗争又开始进入白热化的阶段。始于毛泽东在春节座谈会上提出的"路线正确、方法不对"的八字总批评。对当时学校教育中过度注重书本知识,削弱政治教育和劳动教育,劳动意识薄弱,对阶级观点和革命观点教育认识不足,受资产阶级人道主义教育思想影响很深,强调智育为主,德育第二的教育现象进行了深刻的批判,并将这种问题归结为资产阶级教育的人道主义和实用主义道路反对阶级和阶级斗争的教育,同无产阶级革命教育道路的根本差异,并将这种斗争的根本性质,定位为阶级斗争的两条道路、两种教育思想的斗争。在这样的背景下,教育战线上的道路分歧就成为需要认清的阶级斗争现实,成为谁溶化谁、谁战胜谁的问题,要打破洋教条、土教条,对早期的学习日本经验、抄袭美国经验、解放后搬用凯洛夫的教育学,都视为资产阶级的一套,强调要总结自己的实践经验,走自己的教育道路。于是,1964年在刘季平的讲话中明确提出"抓紧三个改造,即教育思想的社会主义改造;学制、课程、方法的社会主义改造;教育工作队伍的社会主义改造"④,深化教育革命,

---

① 何东昌.中华人民共和国重要教育文献(1949—1975)[M].海口:海南出版社,1998:840.
② 何东昌.中华人民共和国重要教育文献(1949—1975)[M].海口:海南出版社,1998:852—857.
③ 何东昌.中华人民共和国重要教育文献(1949—1975)[M].海口:海南出版社,1998:970—973.
④ 何东昌.中华人民共和国重要教育文献(1949—1975)[M].海口:海南出版社,1998:1253—1254.

以革命化的方式推进两条道路的斗争。

可以看到,两条道路的斗争中并不仅仅是政治斗争的问题,在政治斗争的背后确实反映了当时学校教育所面临的现实问题,如片面追求升学率、过度追求智育的功利主义观念、学校教育中传统的阶层意识和鄙视劳动的观念、教育中理论和实践脱节、教学方法单一陈旧等。这些现实问题的背后还有广泛存在的社会文化认知的传统和社会制度惯习的影响。然而,将道路的斗争等同于无产阶级改造资产阶级,并将教育工作推到另外一种极端,使得我们在进行课程政策伦理选择的过程中忽略对问题的复杂性分析,而期望借用一种革命化的政治斗争的方式来取消社会现实和观念的多元性,让学校教育及其课程能够生长在一种纯粹的无产阶级的社会环境和统一话语之中,既有一种乌托邦主义的无奈,也体现了对教育和课程领域中现实问题的简单化归因。

可以说,在我国教育和课程政策话语变迁的历史上,是学习外来先进经验还是强化民族与国家意识,是资产阶级旧教育思想的流毒还是要完全站在无产阶级的立场选择自主创生的道路,这种分歧始终存在。无论是民国早期的传统的国家民族主义同现代资产阶级教育思想的冲突,还是后来学习西方的拿来主义和本土适应的冲突,以至于在根据地时期为了更有效地培养干部、教育群众,自然地谋求教育适度的"正规化",而这种"正规化"的尝试,或多或少会带有借鉴国民党统治地区的教育经验的色彩,以至于带来的"正规化"(或"国民党化")和"游击习气"的争议,都带有"两条道路斗争"的影子。这种冲突在表象上是道路问题,是道路所代表的思想观念和价值的冲突,但实际上,还带有对外来话语或其他话语的怀疑主义,以及对自主话语建构的内在需求。在中国课程政策话语变迁的历史中,这种斗争一直存在,在依附外部力量和寻求自我创造的过程中挣扎。一方面,向西方发达国家先进经验进行学习,向已有的先进经验进行借鉴,这种通过依赖外来力量和先进经验来摆脱落后局面的心理始终存在,以弥补发展落后所带来的自信不足或经验不足;但另一方面,又有一股力量强调理论、道路和实践的自我决定与自我建构,要走出一条决然不同于他人的道路的自信与期冀。这种矛盾的心理在1949—1977年期间的课程政策的伦理冲突中反反复复,表现得淋漓尽致。

三、课程政策话语的泛政治化:取消课程话语的多元逻辑

这一时期中国课程政策话语所面临的一个重大的伦理困境就是课程政策话语的泛政治化,取消政策话语互动的多元逻辑,也因此造成了伦理维度的缺失。

课程政策话语的泛政治化所带来的结果就是,整个社会的理论话语、政策话语、制度话语和实践话语的一元化,成为一种集体无意识。很显著的表现就是这一时期的课程政策话语往往是以一种集体话语的方式出现,没有主体性的话语,甚至是理论或实践层面的话语呈现的方式也是非课程、非教学性的话语,而是体现政治或意识形态斗争色彩的话语。如在《教育革命通讯》1973年卷中,总文章数约为200篇,大部分文章的作者都是某办公室、某学校、某总支、某委员会、某革命委员会等。作为一本关于教育领域课程教学方面的杂志,其中对于课程与教法的阐述,也具有典型的政治色彩。比如,文章的题目常常是政治标语式的,类似于"把头等大事抓紧抓好"这种标题的文章成为一种常态。

课程政策话语的泛政治化不仅是确立了一种唯一正确的话语方式,更为重要的是取消了其他多元话语互动,并违背了话语力量消长变化的内在规律,不仅在教育领域,在整个社会形成了一种简单实用才是无产阶级的偏执认识。学校成为阶级斗争的前沿阵地,教师沦为"革命"的对象,教科书成为了政治斗争的工具科学、理论的知识遭到否定和排斥,实践的知识也找不到具体的依托,形成了一种弥漫性的非历史的、非理性的思维方式。"被革命"的课程要求简单与实用,多了就是"资产阶级"或"修正主义",少了或比较少就是无产阶级;深了、复杂了也是"资产阶级",只有简单了、实用了、"立竿见影"了,才是无产阶级;古代的、外国的统统都在打倒之列,一切都是要重新做起,在一片白茫茫的大地上,才能开出灿烂的无产阶级精神之花,结出丰硕的课程革命之果①。这一时期的课程政策话语在形式上强调理论与实践的结合,但是在真正的课程实践中,却将所有的课程价值考虑放在课程如何基于经验、服务社会生产实践的实用价值,陷入了从经验到经验的机械主义的陷阱之中,将课程追求个体与社会的共同成长、发展及主体内在潜能解放等价值追求都弃之如敝屣,使得课程领域朝着非科学化的实用主义方向发展。②

从1949—1977年间这一时期课程政策的发展来看,建立新的国家政权和社会主义的道路,遭受来自国家内部斗争和外部严峻的国际形势与国际关系,包括早期的抗美援朝战争和同苏联关系的决裂等,想要建立一种新的学校教育路径,探索课程教学的不同于以往的新教育气象,在当时的社会背景下不仅仅是教育领域也是全社会破旧立新的一种心理期望和现实需要。课程同政治天然是关联的,政治的属性也是课程政

---

① 郑谦.被革命的教育[M].北京:中国青年出版社,1999:172.
② 吕达.中国近代课程史论[M].北京:人民教育出版社,1994:57.

策重要的考虑维度,但却不能成为唯一维度。博耶和阿普尔在谈到面对复杂的课程决策和课程组织筹划中所要做出的综合考虑时,就提到从八个方面——包括认识论的、政治的、经济的、意识形态的、技术的、审美的、伦理的和历史的——等角度进行综合的反思。正是在这个意义上,将课程政策话语还原为任何一种一元话语都会存在潜在的风险。也正因为如此,失去了对于课程政策的综合思考,尤其是失落了在处理社会关系时基本伦理原则的考虑,使得从20世纪60年代中期以后,课程话语在理论的、政策的、制度的和实践的不同层面都陷入了一种不可自拔的政治话语的陷阱,构成了课程政策的伦理困局。

第五章　改革开放以后课程政策话语建构及其伦理表征（1978—1996）

进入新的社会发展阶段，教育事业急需恢复重建，以对"文革"前后教育方针政策的拨乱反正为起点，开启了教育和课程改革的新时期，也是我国课程政策"继往开来、开拓创新的重要时期"①。尤其是1978年起，全党工作的重点转移到社会主义现代化建设上来，教育事业也适应这种形势需要，迅速转移到为四个现代化服务的轨道上来，明确了培育"三个面向""四有新人"的培养目标，拉开了新时期教育和课程改革的序幕。第一阶段即20世纪70年代末到80年代中期，以全面恢复教育秩序为主要任务，恢复了原本的"三教"（教学计划、教学大纲、教科书）统一的模式，并顺应改革开放的新形势要求，考虑了教学内容的现代化改革，根据现代科学技术的要求调整教学内容和课时结构，设置了侧重文科和理科的两种课程教学计划。第二阶段则是20世纪80年代中后期到90年代中后期的义务教育全面改革建设时期，这一时期的课程建设既配合义务教育的落实，也回应了整个世界教育和课程改革的潮流，在课程目标、内容、组织、结构、评价、管理等多方面注意吸收国际先进经验，进行了课程教学的现代化改造。随着国家各项改革力度不断加大，社会转型明显提速，课程与教学改革也由单一领域的变革走向系统的整体改革，课程政策逐步呈现出专业化、全面化和灵活化发展的趋势。

---

① 刘来兵,涂怀京,但昭彬. 中国教育活动通史. 第八卷：中华人民共和国[M]. 济南：山东教育出版社,2017：21.

第一节 改革开放以后课程政策话语的建构及其特征

一、全面恢复教育秩序时期的课程政策话语(1978—1984)

这一时期我国学校课程与教学系统以全面恢复教育秩序和探索中国特色社会主义新教育为特点,将工作重心转移到社会主义现代化建设上来。在肃清"四人帮"反动势力的背景下,全面恢复中小学教育的正规秩序,建立全国统一的学制系统和课程教学计划,并逐步实现从五三二向六三三制的稳步转换。1978年十一届三中全会的召开,将工作重心转移到社会主义现代化建设上来,同年在全国教育工作会议上,邓小平指出,"教育要更好地为社会主义建设服务,要求全面部署恢复整顿教育秩序"[①]。1979年,中共中央为调整国民经济提出了"调整、改革、整顿、提高"的八字方针,为配合国民经济发展,要大力发展教育事业与其相适应,使得教育事业的计划成为国民经济计划的一个重要组成部分,进一步强化了这一时期对人才培养的重视和教育水平的整体提高。1980年1月全国教育工作会议上也提出教育战线实行"调整、改革、整顿、提高"的方针。1983年邓小平为景山学校题词,"教育要面向现代化、面向世界、面向未来",成为之后相当一段时期推动教育发展的重要的思想方针,明确了改革开放之后教育改革与发展的基本路线。

(一)全面恢复教育秩序时期课程政策话语的内容及其表征

这一时期的教育和课程政策话语主要是恢复教育系统秩序,并在恢复秩序的基础上逐步推动教育面向现代化的改革,突出强调教育作为现代化建设的重要基础性工程的社会价值和育人意义。1977年在全国科学和教育工作座谈会会议上,邓小平提出暂定十年制(五三二)为基本学制,并指示根据学制编写新教材,以尽快恢复学校教育秩序。之后本着普及和提高兼顾的原则,在推进中小学教育普及及其质量提升方面做出了重要的努力。1981年以降,先后颁布了《全日制五年制小学教学计划(修订草案)》《全日制六年制重点中学教学计划(试行草案)》《全日制五年制中学教学计划(试行草案)》《全日制六年制小学教学计划》,学制逐渐从"五三二"制向"六三三"制过渡。这一时期尤其突出了教育在国民经济建设中的重要地位,对小学教育的普及、教育结构的调整、提高中学的教育质量、落实知识分子政策、改革教育的领导管理体制等各方

---

① 国家教育发展研究中心.改革开放近30年我国公共教育政策变化述评[M]//2007年中国教育绿皮书:中国教育政策年度分析报告.北京:教育科学出版社,2007:18.

面都进行了较为系统的改革,为全面建设现代化的学校教育和课程体系奠定了重要的基础(见表5-1)。

表5-1 全面恢复教育秩序时期教育元政策与课程政策相关文件

	具体内容		具体内容
教育元政策	1978年1月教育部颁发关于办好一批重点中小学的试行方案的通知 1978年4月邓小平同志在全国教育工作会议上的讲话 1980年5月关于中央书记处对于教育工作指示精神的传达要点 1980年12月发布的《中共中央、国务院关于普及小学教育若干问题的决定》 1983年8月教育部关于进一步提高普通中学教育质量的几点意见	课程政策	1978年1月《全日制十年制中小学教学计划试行(草案)》 1978年9月教育部关于试行《全日制小学暂行工作条例〈试行草案〉》《全日制中学暂行工作条例(试行草案)》的通知 1981年3月关于在城市试行六年制小学问题的意见 1981年3月教育部关于颁发《全日制五年制小学教学计划(修订草案)》的通知 1981年4月教育部颁发《全日制六年制重点中学教学计划(试行草案)》《全日制五年制中学教学计划(试行草案)》修订意见的通知 1984年8月教育部关于全日制六年制小学教学计划的安排意见

根据ROSTCM6.0软件分别对教育元政策和课程政策文本进行词频、高频词、语义网络、社会网络和共现矩阵等维度的分析,对整合文本进行分词后分析各得出153和168个高频词,结合政策文本的行特征词和语义网络进行综合,提炼出表5-2的关键词。从整体上而言,这一时期基础教育领域教育元政策和课程政策话语聚焦的主要议题:一是全面恢复教育秩序,日益重视和突出教育在国计民生中的重要作用;二是普及基础教育,正确处理普及与提高的关系,抓重点地区和重点学校,同时逐步推进学制的统一,从五三二制向六三三制转型,制定教学计划、教学大纲和编制教科书,实现"三教统一",推进课程教学的现代化改革。

表5-2 全面恢复教育秩序时期教育元政策与课程政策文本高频词统计

	教育元政策文本	课程政策文本
主题与结构	教育、重点、学校、问题、发展、提高、中学、小学、普及、经济、改革、劳动、办学、质量、社会主义、方针、经验、全国、不平衡、结构、适应、经费、民办、现代化、任务、无产阶级、国民经济、德智体、师资、学制、教学计划	学生、教育、教学、教师、劳动、小学、激化、全日制、思想、学习、课时、政治、基础、技能、体育、草案、能力、教材、社会主义、考试、语文、卫生、数学、五年制、六年制、常识、高中、地理、中小学、文化、历史、质量、课程、重点校、课外、阅读、训练、外语、无产阶级、化学、讲授、身体、品德、美术、祖国社会、农业、大纲

续 表

	教育元政策文本	课程政策文本
论说模式	加强、领导、国家、中央、规划、激化、提出、计划、切实、精神、各地、贯彻、管理、搞好、调整、指导、体制、逐步、坚持、农村、适当、积极性、调动、支援、落后、充实、正确	计划、安排、加强、适当、提高、领导、根据、行政部门、积极、问题、保证、任务、努力、统一、贯彻、各省、实际、执行、路线、三年、十年、水平、经验、科学、正确、管理、群众、党委、改进、教育部、妥善、条例

首先,改革开放以来,教育和课程领域政策话语的重大变化就是教育观念的转变,全面恢复教育秩序、大力发展教育事业以及尊重知识和重视人才的观念开始日益强化。从1977年8月开始,教育部召集各省市教育局局长和有关人员参加中小学教学计划座谈会,在研究28年教育革命正反两个方面的基础上,起草了全日制十年制中小学教学计划试行草案。1978年1月,教育部颁发《全日制十年制中小学教学计划试行(草案)》,其显著特征是全面教学秩序与教学内容的"拨乱反正","根据建设四个现代化的社会主义强国的要求,努力提高教育质量,使学生在德育、智育、体育诸方面切实打好基础,以适应阶级斗争、生产斗争和科学实验三大革命运动的需要,为国家培养合格的劳动后备力量和为高一级学校培养合格的新生"①。1978年2月26日,时任国务院总理华国锋在第五届全国人民代表大会第一次会议上发表了"团结起来,为建设社会主义的现代化强国而奋斗"的政府工作报告,报告中指出"各行各业都要高度重视和大力支持教育事业,努力办好各级各类学校,首先是办好重点大学和重点中小学","到1985年在农村基本普及8年教育,在城市基本普及10年教育"②。同年4月22日,邓小平同志在全国教育工作会议上讲话,讲了四点意见,包括"第一点,提高教育质量,提高科学文化的教学水平,更好地为社会主义建设服务;第二点,学校要大力加强革命秩序和革命纪律,造就具有社会主义觉悟的一代新人,促进整个社会风气的革命化;第三点,关于教育事业必须同国民经济发展的要求相适应的问题;最后,是尊重教师劳动和提高教师的质量问题"③。可以看到,这一时期课程政策话语的主旨是恢复秩序,但同时也强调了教育必须要为社会主义现代化建设服务,通过课程与教学改革以提高国民素质,培养国家所需要的人才的政策导向,学校教育和课程教学工作的重心开始重新

---

① 课程教材研究所.20世纪中国中小学课程标准教学大纲汇编·课程(教学)计划卷[M].北京:人民教育出版社,2001:326.
② 何东昌.中华人民共和国重要教育文献(1976—1990)[M].海口:海南出版社,1998:1599.
③ 何东昌.中华人民共和国重要教育文献(1976—1990)[M].海口:海南出版社,1998:1606—1607.

转移到服务社会经济建设的主要旨趣上来,实现了政策话语的转化。在改革开放和推进现代化建设的进程中,关注教育的改革与发展、重视教育、重视培养人才成为一种重要的政策话语引导。1980年中央书记处根据党的十一届五中全会关于确定适合国民经济发展需要的教育计划和教育体制的要求,于5月8日和12日两次讨论了教育工作方面的问题,对教育工作进行了指示,再次强调教育在国民经济中的地位问题,提出"把发展教育事业摆在国民经济建设的重要地位",要"从中国实际出发,承认不平衡,要不同地区不同要求,不同标准"。"要抓重点地区、重点学校,发扬优势先搞上去,快出人材,适应四化建设的需要",对加强思想政治教育、改革政治理论课教学、普及小学教育问题落实知识分子政策、改善教师待遇、改革教育领导管理体制等方面都进行了指示[①]。1982年9月召开的党的十二大进一步明确提出,为实现从1981年到20世纪末经济发展的奋斗目标,最重要的是解决好"农业问题,能源、交通问题和教育、科学问题",将教育作为我国社会主义经济建设的三大战略重点之一。1983年10月1日邓小平为景山学校题词,"教育要面向现代化,面向世界和面向未来",三个面向成为社会主义现代化建设时期教育改革的战略方向和基本的指导方针,引领中国教育事业发展走向21世纪。可以看到,这一时期在教育和课程政策话语发展过程中,将教育事业的发展和改革放到了非常重要的战略地位,推动了这一时期教育和课程政策话语的丰富。也是在这样的背景下,为了极大地提高整个中华民族的科学文化水平,适应社会主义现代化建设的需要,要推动教育科学研究的大力发展,1978年7月,教育部重建中央教育科学研究所,开启教育工作中的理论与实践研究,教育学科的重建开始启动。1979年3月发布了1978—1985年教育科学发展规划纲要(草案),强调要加强教育学科的基础理论研究和实际问题的解决,要批判性地继承教育的历史遗产,以及批判性地吸收对我们有用的外国教育的经验,被中断的课程教学研究也开始重新启动。1981年我国探讨课程教学领域专业问题的学术杂志《课程·教材·教法》的问世,以及之后1983年专业课程研究学术机构课程教材研究所的成立,开始带动中国课程教学研究的复苏。

其次,普及教育是这一时期基础教育及其课程政策的重心,在推动教育普及和质量提高的背景下,实现学制的改革与统一、课程教学计划的改革以及教学大纲、教科书的改革。改革开放初期,五年制小学教育尚未普及,新文盲继续大量产生,人才培养的速度同经济发展的状况不相符合,要切实改变这种状况,就需要普及教育,同时推动教

---

① 何东昌. 中华人民共和国重要教育文献(1976—1990)[M]. 海口:海南出版社,1998:1812—1817.

育质量的提升。普及教育带有文化上"基本口粮"的性质,其中抓好普及小学教育,打好基础,是提高整个中华民族科学文化水平的起点,是提高整个教育质量的基础。一方面,根据国家实现四个现代化的需要和经济发展不平衡的特点,狠抓重点地区和重点学校,发扬优势,快出人才,成为教育普及重要的指导思想。因此,为了提高中小学的教育质量,总结经验,推动整个中小学教育改革的深入发展,国家开始着力办好一批重点中小学发挥示范作用。1978年1月教育部颁发了《关于办好一批重点中小学试行方案》的通知,"努力提高教育质量,使学生在德、智、体几方面都生动活泼地主动地得到发展,逐步树立全心全意为人民服务的思想和共产主义远大理想,掌握先进科学的基础知识,具有健康的体质"[①]。1983年8月,为了贯彻党的十二大的精神,教育部发布《关于进一步提高普通中学教育质量的几点意见》,加强和改革普通中学教育,继续办好重点中学,并开始将政策重心转向分期分批办好一般中学。[②] 另一方面,在普及教育的具体工作路径上,由于各地区经济、文化基础和其他条件各不相同,由各省、自治区、直辖市进行分区规划,提出不同要求,分期分批予以实现。1980年,中共中央、国务院发布了《关于普及小学教育若干问题的决定》,计划"在80年代,全国应基本实现普及小学教育的历史任务,有条件的地区还可以进而普及初中教育";"坚持'两条腿走路'的方针,以国家办学为主体,充分调动社队集体、厂矿企业等各方面办学的积极性,还要鼓励群众自筹经费办学","必须从实际出发,因地制宜,采取多种形式办学",[③]从而实现全党全民办教育。再一方面,就是落实普及教育所涉及的学制改革问题。这一时期的中小学学制,逐步从十年制改为十二年制,开启了在城市小学先试行六年制,农村小学学制暂时不动的改革方案。通过制定统一教学计划、教学大纲和教科书,来推进整个课程教学领域的拨乱反正。1978年1月,教育部颁发《全日制十年制中小学教育计划试行草案》,恢复了以学科课程为主的课程结构,恢复文化知识科目的教学,强调大力加强文化课教学,学好先进的文化科学基础知识。小学设课8门,即政治、语文、数学、外语、自然常识、体育、音乐、美术;中学设课14门,即政治、语文、数学、物理、化学、外语、历史、地理、生物、农基、体育、生理卫生、音乐、美术,明确了"主学"和"兼学"的时间(见表5-3)。1977—1978年间先后颁发了《全日制十年制学校中小学各科教学大纲(试行草案)》(共15科),1978年正式出版了第五套全国通用的十

[①] 何东昌.中华人民共和国重要教育文献(1976—1990)[M].海口:海南出版社,1998:1591—1592.
[②] 何东昌.中华人民共和国重要教育文献(1976—1990)[M].海口:海南出版社,1998:2113—2115.
[③] 何东昌.中华人民共和国重要教育文献(1976—1990)[M].海口:海南出版社,1998:1877—1879.

年制中小学教材(共计22种)。教材内容上也开始注重现代化改革,关注学生的全面发展,不仅注重基础知识的选择,更考虑到学生的综合发展和实践能力培养,比如引入了一些现代技术发展的新成就,在理科课程中引入实验演示等具有实践性和动手操作要素的内容。

表5-3 1978年全日制十年制中小学教学计划试行草案[①]

科目/周时数/年级	一	二	三	四	五	六	七	八	九	十	上课总时数
政治				2	2	2	2	2	2	2	448
语文	13	13	11	8	8	6	6	5	5/4	4	2749
数学	7	7	6	6	6	6	6	5	6	6	2072
外语			4	4	4	5	4	4	4	4	1080
物理							3	3	5	5	492
化学								3	3	4	306
自然常识			2	2							136
地理						3	2				160
历史							2	2	2/3		203
生物						2				2/	94
农基								1/2		/2	78
生理卫生							1	1/			48
体育	2	2	2	2	2	2	2	2	2	2	676
音乐	2	2	1	1	1						328
美术	2	2	1	1	1	1					290
并开科目	5	5	6	8	8	9	9	10/9	8	8	
每周总时数	26	26	26	26	26	28	28	28	29	29	9160
兼学				每年四周		每年六周			每年八周		

1978年9月教育部颁布《全日制中学暂行工作条例(试行草案)》《全日制小学暂行工作条例(试行草案)》,较为全面地规范了中小学教育、课程、教学和管理的方方面面。1981年3月和4月,分别颁发了《全日制五年制小学教学计划(修订草案)》《全日

[①] 课程教材研究所.20世纪中国中小学课程标准教学大纲汇编·课程(教学)计划卷[M].北京:人民教育出版社,2001:329.

制五年制中学教学计划试行草案的修订意见》。修订的教学计划明确了指导思想,提出了坚持四项基本原则和社会主义精神文明的教育,"全面贯彻党的教育方针,使学生在德育、智育、体育各方面都得到发展,成为具有社会主义觉悟的有文化的劳动者,成为有理想、有道德、有知识、有体力,立志为人民、为祖国、为人类做贡献的一代新人"①。小学阶段思想品德课取代了政治课,恢复了地理、历史等课程,开设劳动课程;中学阶段修订的五年制中学教学计划初中部分已经同六年制重点中学教学计划一致,高中适当精简调整和降低物理、化学、生物课的部分内容要求,同时开设劳动技术课,使学生初步学会一些劳动技能。

表 5-4　1981 年全日制五年制小学教学计划(修订草案)②

科目/周课时数/年级		一	二	三	四	五	上课总时数	百分比
思想品德		1	1	1	1	1	180	3.9
语文	小计	11	12	11	9	9	1 872	40.3
	讲读	10	11	8	6	6		
	作文			2	2	2		
	写字	1	1	1	1	1		
数学		6	6	6	7	7	1 152	24.8
外语					(3)	(3)	(216)	
自然				2	2	2	216	4.7
地理						2	72	1.6
历史						2	72	1.6
体育		2	2	2	2	2	360	7.8
音乐		2	2	2	2	2	360	7.8
美术		2	2	2	1	1	288	6.2
劳动					1	1	72	1.6
并开科目		6	6	7	9	9		
每周总课时		24	25	26	27	27	4 644	

---

① 课程教材研究所.20 世纪中国中小学课程标准教学大纲汇编·课程(教学)计划卷[M].北京:人民教育出版社,2001:333.
② 同上,第 332 页。

续表

科目/周课时数/年级		一	二	三	四	五	上课总时数	百分比
课外活动	自习	2	2	2	2	2		
	科技文娱活动	2	2	2	2	2		
	体育活动	2	2	2	2	2		
	周会班队活动	1	1	1	1	1		
每周在校活动总量		31	32	33	34	34		

表5-5 1981年全日制五年制中学教学计划试行草案的修订意见[1]

学科/时数/年级	初中			高中			上课总时数
	一	二	三	一	二	三	
政治	2	2	2	2	2		320
语文	6	6	6	5	4		872
数学	5	6	6	6	6		926
外语	5	5	5	4	5		768
物理		2	3	4	5		432
化学			3	3	4		304
历史	3	2		3			266
地理	3	2		2			234
生物	2	2			2		192
生理卫生			2				64
体育	2	2	2	2	2		320
音乐	1	1	1				100
美术	1	1	1				100
每周必修课上课时数	30	31	31	31	30		4 898
劳动技术	2周(注)			4周(注)			576

到了1981年,国家经过三年治理整顿,逐渐走上了正常的轨道。[2] 中小学也有计

---

[1] 课程教材研究所.20世纪中国中小学课程标准教学大纲汇编・课程(教学)计划卷[M].北京:人民教育出版社,2001:343.
[2] 杨九诠.1978—2018年:中国课程改革当代史[J].课程・教材・教法,2018(10):11—19.

划有步骤地推进学制改革,为防止继续扩大普通教育中的虚肿现象,中央提出"1985年前应集中力量搞好调整工作,打好基础,稳步提高"[①]。1981年4月,教育部颁布了《全日制六年制重点中学教学计划(试行草案)》,课程设有政治、语文、数学、外语、物理、化学、生物、历史、地理、生理卫生、体育、音乐和美术等,开设劳动技术课。高中二、三年级设选修课,一种为单课性的选修,即对某些课程的选修;另一种选修为分科性的选修,即在文科或理科方面有所侧重的选修。为保证衔接顺利,推动学制逐渐从"五三二"制向"六三三"制过渡,同时解决第五套教材"深、难、重"的弊端,人民教育出版社着力编写了第六套全国统一教材,并于1982年投入使用。这套教材注重思想性和科学性的结合、注重基础知识和能力培养、关注传统与现代科学知识的整合、强调学生掌握科学学习方法。除此以外,在"一纲多本"主张的指导下,以上海、浙江等地为试验区,地方自编教材开始纳入正轨,并于1986年设立了全国中小学教材审定委员会。这些改革成果都为新一代义务教育课程改革奠定了基础。

表 5-6 1981 年全日制六年制重点中学教学计划(试行草案)[②]

学科/时数/年级	初中			高中			上课总时数
	一	二	三	一	二	三	
政治	2	2	2	2	2	2	384
语文	6	6	6	5	4	4	1000
数学	5	6	6	5	5	5	1026
外语	5	5	5	5	5	4	932
物理		2	3	4	3	4	500
化学			3	3	3	3	372
历史	3	2		3			266
地理	3	2			2		234
生物	2	2				2	192
生理卫生			2				64

[①] 课程教材研究所.20世纪中国中小学课程标准教学大纲汇编·课程(教学)计划卷[M].北京:人民教育出版社,2001:330.
[②] 课程教材研究所.20世纪中国中小学课程标准教学大纲汇编·课程(教学)计划卷[M].北京:人民教育出版社,2001:340—341.

续 表

学科/时数/年级	初中			高中			上课总时数
	一	二	三	一	二	三	
体育	2	2	2	2	2	2	384
音乐	1	1	1				100
美术	1	1	1				100
每周必修课上课时数	30	31	31	29	26	26	5 554
选修课					4	4	240
劳动技术	2周(注)			4周(注)			576

注:劳动技术课,初中每天按4节、高中每天按6节计算。

表 5-7 1981年全日制六年制重点中学教学计划(试行草案)分科选修①

学科/时数/年级	初中			高中				上课总时数	
	一	二	三	一	二		三		
					(一)	(二)	(一)	(二)	(一)	(二)
政治	2	2	2	2	2	2	2	384	384
语文	6	6	6	5	7	4	8	4	1 208	1 000
数学	5	6	6	5	3	6	3	6	906	1 086
外语	5	5	5	5	5	5	5	4	960	932
物理		2	3	4		4		5	292	560
化学			3	3	3	4		4	288	432
历史	3	2		3			3		350	266
地理	3	2			2	2		3	318	234
生物	2	2						2	200	192
生理卫生			2						64	64
体育	2	2	2	2	2	2	2	2	384	384
音乐	1	1	1						100	100
美术	1	1	1						100	100

① 课程教材研究所.20世纪中国中小学课程标准教学大纲汇编·课程(教学)计划卷[M].北京:人民教育出版社,2001:341—342.

续 表

学科/时数/年级	初中			高中				上课总时数	
	一	二	三	一	二		三		(一)	(二)
					(一)	(二)	(一)	(二)		
每周必修课上课时数	30	31	31	29	26	29	26	29	5 554	5 734
劳动技术	2周(注)			4周(注)					576	

注：(一)为侧重文科的选修；(二)为侧重理科的选修。

1984年8月，教育部同时颁布了分别针对六年制城市与农村小学的新的教学计划，发布了《关于全日制六年制小学教学计划的安排意见》。面向城市和农村的六年制中小学教学计划安排，其实是对1978年颁布的中小学计划的再次调整，并明确了适应新时期任务的需要，迎接新的技术革命的挑战，以"三个面向"为指导思想进行改革的思路，提出要"促进少年儿童在德智体美诸方面，更加生动活泼地主动发展"，"加强基础知识教学和基本技能训练，开展丰富多彩的活动，发展学生的治理，培养他们的能力"，"教育教学安排要留有余地，减轻学生过重的课业负担"，以及"照顾城乡的不同需要，城乡实行两种教学计划"等安排①。这是首次在教学计划中提出"美育"这一要求，此前政策强调的都是德智体，体现了学生全面发展目标上的进步；二是重视减轻学生的课业负担，意见中提出"当前初等学校教学改革的重点，应当首先研究如何减轻学生过重的课业负担，提高教学质量"，并要求不得将升学率作为评价教学质量的指标，是对过于注重考试评价和学生学习负担过重的教育现状进行的改革探索。

表5-8 1984年全日制六年制城市小学教学计划(草案)②

科目/周时数/年级			一	二	三	四	五	六	上课总时数	百分比	六年制比五年制上课总时数
课程	思想品德		1	1	1	1	1	1	204	4.1	+24
	语文	小计	10	10	10	9	9	9	1 938	39	+66
		讲读	8	8	7	6	6	6			

① 本刊记者. 教育部关于全日制六年制小学教学计划的安排意见[J]. 课程. 教材. 教法，1984(06)：1—2.
② 课程教材研究所. 20世纪中国中小学课程标准教学大纲汇编·课程(教学)计划卷[M]. 北京：人民教育出版社，2001：346.

续 表

科目/周时数/年级		一	二	三	四	五	六	上课总时数	百分比	六年制比五年制上课总时数
	说话	1	1							
	作文			2	2	2	2			
	写字	1	1	1	1	1	1			
数学		5—6	5—6	6	6	6	6	1 156—1 224	23.3	+4—72
外语						(3)	(3)			
自然常识				2	2	1	1	204	4.1	−12
地理常识						2		68	1.4	−4
历史常识							2	68	1.4	−4
体育		2	2	2—3	2—3	2—3	2—3	408—544	8.2	+48—184
唱游		1	1					68	1.4	−4
音乐		2	2	2	2	2	2	408	8.2	+48
美术		2	2	2	2	1	1	340	6.8	+52
劳动					1	1	1	102	2.1	+30
并开课程		7	7	7	8	9	9			
每周总课时		23—24	23—24	25—26	25—26	25—26	25—26	4 964—5 168		
活动	自习	2	2	2	2	2	2			
	体育活动	2	2	2	2	2	2			
	科技阅读文娱活动	3	3	3	3	3	3			
	校会班队活动	1	1	2—1	2—1	2—1	2—1			
每周在校活动总量		31—32	31—32	34	34	34	34			
集体教育活动机动时间		全年两周								
备注		表列的百分比系按六年总课时 4 964 计算。								

表 5-9　1984年全日制六年制农村小学教学计划(草案)①

科目/周时数/年级		一	二	三	四	五	六	上课总时数	百分比
课程	思想品德	1	1	1	1	1	1	204	4.1
	语文 小计	11	11	11	10	9	9	2 074	42.1
	语文 讲读	10	10	8	7	6	6		
	语文 作文			2	2	2	2		
	语文 写字	1	1	1	1	1	1		
	数学	6	6	6	6	6	6	1 224	24.8
	自然常识			2	2	2		204	4.1
	农业常识						2	68	1.4
	地理常识					2		68	1.4
	历史常识						2	68	1.4
	体育	2	2	2	2	2	2	408	8.3
	音乐	2	2	2	2	1	1	340	6.9
	美术	1	1	1	1	1	1	204	4.1
	劳动					1	1	68	1.4
	并开课程	6	6	7	7	9	9		
	每周总课时	23	23	25	24	25	25	4 930	
各项活动		根据农村实际情况酌情安排							
集体教育活动机动时间		全年两周							

从这一时期教育元政策和课程政策话语的表达方式与论说模式来看,强调整体规划、有计划推进、积极奋斗,因地制宜、联系实际、波浪式发展,成为主要的话语取向。一方面,这一时期的教育和课程政策话语的表达中特别注重规划性、计划性和统筹系统安排。教育作为这一时期调整、改革、整顿、提高的重要工作内容,不仅要同国民经济长远规划、农村调整计划、年度计划相互配合,更要提出具体的教育规划和实现规划的措施。从全国教育事业发展以及基础教育的普及提高来看,各地区经济文化基础各不相同,除了有中央和教育部的统一部署,各省、自治区、直辖市也要分地区进行具体

---

① 课程教材研究所.20世纪中国中小学课程标准教学大纲汇编·课程(教学)计划卷[M].北京:人民教育出版社,2001:347.

规划,落实政策要求。在具体的课程教学领域,也是通过制定五年制和六年制的中小学不同教学计划、大纲和教科书,来实现对课程教学改革的领导与推进。从文本本身来看,这一时期教育和课程政策文本中"规划""计划""规定""安排"等词语有几百次的出现,课程政策推进强调有序性和规划性,形成自上而下的从中央到地方的课程政策组织层级,是在国家教育事业整体恢复和系统改革背景下的必然追求。

另一方面,虽然是强调全国性的统一领导和有计划地推进教育和课程改革,但是强调不要搞全国性的整齐划一、反对"一刀切",鼓励"波浪式地发展"和"波浪式地前进",强调因地制宜、切合实际和自主创生是这一时期教育与课程政策话语表达的另一特色。尤其强调越是要快出人才,越是要承认不平衡,各地要根据所在地区的经济、政治、文化、教育的基础情况,具体情况具体分析,解放思想、解决问题。因此,从这一时期教育和课程政策话语的表述中,可以看到倡导"两条腿走路""多种形式办学""重点校和一般学校相互配合各有侧重""城市农村不同路径"等不同的政策表达,体现了这一时期政策运作的灵活性和开放性。不仅如此,这一时期为了推进"全党全民办教育,全党全民尊师爱生,全党全民学习"的改革思路,实现了教育领导管理体制的改革,在国家统一领导下,方针政策由中央统一规定,普通教育由省、市、自治区负责,由县组织实施,在很大程度上盘活了全社会教育领导与管理的活力,推进了教育和课程决策在中央统一领导下的地方分权。随着国家财政体制和经济管理体制的改革,实行两级财政,普通教育的发展规划和年度计划、事业经费、基建投资、人员编制,由各省、自治区、直辖市党委和政府统筹安排和组织实施,进一步强化了地方办好普通教育的责任。

(二)全面恢复教育秩序时期课程政策话语的意义建构

1978年实施改革开放政策以后,中国社会进入了加速转型的时期,首先是恢复和改革高等学校招生制度、批判"两个估计"和对知识分子的重新定位,深入揭批"四人帮",把学校整顿好,推动了教育战线的拨乱反正和整顿恢复的落实。进入20世纪80年代以后,中国社会开始进入以经济建设为中心的时期,而随着经济建设新高潮的到来,教育事业的现代化发展,成为胜利实现建设社会主义现代化强国宏伟目标的重要部分,也推动了教育和课程政策话语的全面转型,切实服务于社会主义现代化建设的目标。综合来看,这一时期教育和课程政策话语的意义建构,有三个方面值得我们关注:一是教育和课程政策的重要性日益提升,其服务于经济社会发展的需要,实现推动社会发展的战略价值日益彰显;二是在关注教育和课程政策服务于社会发展目标的基础上,开始关注课程与教学对于学习者主体发展的意义,尤其强调学生在德智体美劳几个方面都得到全面而和谐的发展,而不是偏于一隅;三是为了区别于前一时期课程政策话语中忽视文化教育和知识教学的取向,在课程政策话语建构过程中,尤其强调文化学习和牢固掌握的科学文化知识的重要性,使得课程政策话语建构中双基和文理分科的话语取向逐步显性化。

首先,是将教育或课程的社会价值从工具应用提升到国家建设和社会发展的战略高度。众所周知,教育的发展或学校课程的建设具有重要的社会价值,但是仅仅将教育发展和课程建设看作是从属于政治或经济的工具,仍然是将其视为被动的社会发展的结果和产物,无法真正发挥教育变革和课程改革推动社会进步的内在价值。改革开放以后,对于教育事业的重视,重新发展了教育观念,从教育作为社会主义革命和建设的手段和工具,逐步转化到"教育事业的计划成为国民经济计划的一个重要组成部分"[①],要同国民经济发展同频共振,相互适应,有计划、按比例的发展,从战略高度将"发展科学、教育"看作"是经济问题,是四个现代化的问题",并指出过去"30年来,对文化教育没有给以应有的重视,这使我们的国家吃了亏"。[②] 可以说,这一时期的教育观念的重构开始站在经济建设和文化建设的平衡和关系协调的宏观视角上,在国家建设和社会发展的整体战略的高度,看待教育和科学的发展问题,对于教育和课程政策发展而言,具有划时代的意义。

其次,在课程政策话语建构的过程中,强调教育和课程改革服务于社会发展与学生全面发展相结合,关注学生德智体美劳诸方面的和谐发展,不仅深化了学生全面发展的教育方针,也开始关注教育和课程改革对于学习者主体发展的价值与意义,推进了基础教育领域教育教学的现代化转型。一方面,从1978年9月颁布的《全日制中学暂行工作条例(试行草案)》和《全日制小学暂行工作条例(试行草案)》以及之后不同学制不同版本的教学计划等直接指向中小学课程教学的政策文本中,都明确且反复地提到"使学生在德育、智育、体育诸方面切实打好基础""使学生德、智、体几方面都得到全面而和谐的发展""促进少年儿童在德、智、体、美诸方面,更加生动活泼地主动地发展"。虽然在提法上只讲"德智体"或"德智体美",但在具体的政策文本阐释上对学生在德育、智育、体育、美育和劳动教育等各个方面的发展都作出了进一步的说明,比如通过劳动课和劳动技术课程,强调学生通过参加工农业生产、服务性劳动和职业技术

---

① 何东昌.中华人民共和国重要教育文献(1976—1990)[M].海口:海南出版社,1998:1607.
② 蒋南翔.教育上不去,四化将落空[M]//何东昌.中华人民共和国重要教育文献(1976—1990).海口:海南出版社,1998:1748.

教育以及公益劳动来发展劳动观念、劳动习惯和劳动技能。另一方面,这一时期课程政策话语的建构中,特别值得一提的就是,全面发展指向的不仅是学生的智力发展,或是知识的掌握,也开始注重学生能力的培养。如通过课程结构的多样设置,既有聚焦学科知识与技能的课程,也有体育、音乐、美术等发展身体运动和审美能力的课程,更是在教学中安排和开展各项活动,帮助学生开阔眼界、增长智慧、培养创造能力,发展学生的兴趣、爱好和特长。这一转变体现了对学习者主体发展、综合发展的关照,在我国的课程政策话语中,开始将课程政策的集体与国家关照同学习者主体发展的关照整合起来。这种政策话语的建构也进一步推进了这一时期教学改革,如在教学中强调理论与实际相结合的原则,重视书本知识教学的同时,注重学生参与社会活动和科学实验;注重教学要启发学生的自觉性和积极性,要根据学生的特点和接受能力,强调学生学习要有统一要求又要因材施教,加强个别辅导和分班教学;也积极倡导学校开展教学改革试验。也正是从20世纪80年代初开始,以解决本土教育实践中的重大问题作为出发点,从整体上解决学生全面发展中所遇到的种种矛盾,推进学校整体教育质量的提升,形成了以整体改革综合实验为代表的我国第二次教育实验运动的高潮,极大地推动了我国本土化的教育教学改革理论与实践的建构与创生,激发了教育教学改革与实践的内在活力。

最后,就是这一时期课程政策话语的意义建构中,强调"双基",要求全面落实掌握文化知识,掌握学科基础知识和基本技能的训练的话语取向明确且坚决。这一时期课程政策文本中涉及基础知识、基本技能训练的提法有50多处,强调学生勤奋学习、学好先进的文化科学知识,掌握一定的四化建设技能成为主旨追求,强调"双基"的政策话语取向是明确且坚定的。这不仅回应了社会主义现代化建设时期,学生以学习科学文化为主的教育主要目标和导向,以尽快培养能够参与社会主义建设的各行各业的人才,也同切实提高教育质量和教育效率的教育改革的现实需求紧密关联。在当时的学校教育重建和课程体系重构的背景下,让学生在中小学教育中夯实基础,不仅是提高整个中华民族科学文化水平的起点,也是提高整个教育质量的重要前提,是至关重要且意义非凡的。

这一时期的课程政策话语的建构不仅指向全面恢复教育秩序,也启动了对于中国特色课程教学体系的初步探索,在课程结构、课程内容、教学方法、教材改革等各个方面进行了改革,强调基础知识、基本技能的训练和能力培养兼容,推动课程体系、教学内容的现代化。为后一阶段我国课程教学体系的现代化改造奠定了重要的基础,提供了稳定和谐的教育和课程生态,是承上启下推动我国课程政策及其实践实现跨越式发展的关键转折阶段。

二、课程教学现代化改造时期的课程政策话语(1985—1996)

20世纪80年代中期以后,中国社会开始进入政治经济的大发展时期,先是1985年《中共中央关于教育体制改革的决定》的出台,配合国家政治、经济体制改革,"从教育体制入手,有系统地进行改革"[①],逐步形成"地方负责、分级管理"的教育管理体制,推进教育结构的改革,并在教育思想、教育内容和教育方法等方面进行系统改革。之后,1986年《中华人民共和国义务教育法》的颁布,在全国范围内推进九年义务教育制度,为90年代初社会主义市场经济改革时期的教育发展奠定了基础。1992年,邓小平"南方谈话"以及党的十四大的召开,进一步明确了教育事业要适应社会主义市场经济需要,在规模、效益、结构、质量上实现协调发展[②],提出了教育优先发展的战略,加快建设具有中国特色的社会主义教育体系。这一时期在宏观的教育政策话语上,贯彻教育必须为社会主义建设服务的思想,坚持把教育放在优先发展的战略地位,从面向现代化、面向世界、面向未来的战略高度对教育事业提出了系统改革的要求,体现出教育改革与发展全局性、系统性和结构性的特点。为了全面推进义务教育,深化教育教学改革,课程、教学和教材改革也轰轰烈烈地开展起来,从课程目标、内容、组织、结构、评价、管理等多方面进行课程教学的现代化改造,重塑课程政策的系统话语。

(一)课程教学现代化改造时期课程政策话语的内容及其表征

这一时期处于中华人民共和国国民经济和社会发展的第七个五年计划和第八个五年计划的阶段,是全面改革我国经济体制和建设中国特色社会主义的关键时期,在教育上则是加快智力开发,逐步实行九年制义务教育,力求在20世纪末努力把教育工作提高到一个新水平。尤其是20世纪90年代以后,国家把提高教育质量放在突出地位,把重点放在调整内部结构、深化教育改革、改善办学条件和大力提高教育质量上,推动教育事业走上持续、稳定、协调发展的轨道。为了推进九年义务教育,国家教委从1986年就组织力量编写《义务教育全日制小学、初级中学教学计划(初稿)》和《全日制

---

① 中共中央.中共中央关于教育体制改革的决定(1985年5月27日)[EB/OL].(1985-05-27)[2023-12-11].https://www.gov.cn/gongbao/shuju/1985/gwyb198515.pdf.
② 国家教育发展研究中心.改革开放近30年我国公共教育政策变化述评[M]//2007年中国教育绿皮书:中国教育政策年度分析报告.北京:教育科学出版社,2007:20.

小学初中各科教学大纲》，分别适用于五四制和六三制的中小学教学。于1990年9月在全国范围对新的教学计划、大纲和新编教材进行大规模试验。经过试验评估后的修订，1992年，国家教委颁布了《九年义务教育全日制小学、初级中学课程计划（试行）》，以及义务教育阶段24个学科的教学大纲的试用版，结束了沿用40年的"教学计划"的名称。新的课程计划在课程目标上突出了培养德智体美劳全面发展的社会主义建设者的基本方针，并规定了义务教育各阶段的具体目标，注重学生个性心理品质的重要性并增添了时代的特点。新的课程计划根据培养目标、课程设置、考试考察和实施要求等范畴对课程改革进行了规定，是中华人民共和国成立以后课程改革历史上首次提出的具有课程意识的改革计划（见表5-10）。

表5-10 课程教学现代化改造时期教育元政策与课程政策相关文件

	具体内容		具体内容
教育元政策	1985年5月《中共中央关于教育体制改革的决定》 1986年4月《中华人民共和国义务教育法》 1986年9月国务院关于实施《义务教育法》若干意见的通知 1992年1月《全国教育事业十年规划和"八五"计划要点》 1993年2月中共中央、国务院印发《中国教育改革和发展纲要》 1994年7月国务院关于《中国教育改革和发展纲要》的实施意见	课程政策	1988年9月国家教委关于印发《义务教育全日制小学、初级中学教学计划（试行草案）》和二十四个学科教学大纲（初审稿）的通知 1989年7月国家教委关于九年义务教育课程、教材试验工作的通知 1990年3月国家教委印发《现行普通高中教学计划的调整意见》的通知 1991年7月印发关于实施《现行普通高中教学计划的调整意见》和普通高中毕业会考制度的意见等两个文件的通知 1992年8月6日国家教委关于印发《九年义务教育全日制小学、初级中学课程计划（试行）》以及义务教育阶段的24个学科的教学大纲的通知 1993年3月国家教委关于减轻义务教育阶段学生过重课业负担、全面提高教育质量的指示 1994年7月关于印发《实行新工时制对全日制小学、初级中学课程（教学）计划进行调整的意见》以及《实行新工时制对高中教学计划进行调整的意见》的通知 1996年3月关于印发《全日制普通高级中学课程计划（试验）》的通知

根据ROSTCM6.0软件分别对教育元政策和课程政策文本进行词频、高频词、语义网络、社会网络和共现矩阵等维度的分析，对整合文本进行分词后分析各得出174和169个高频词，结合政策文本的行特征词和语义网络进行综合，提炼出表5-11的关键词。从整体上而言，这一时期基础教育领域教育元政策和课程政策话语所聚焦的主要议题：一是教育和课程政策的整体方略的确定，如教育优先发展的战略地位的明

确,以及确立到20世纪末形成具有中国特色的、面向21世纪的社会主义教育体系的基本框架的整体目标;二是在全国范围内分批分步骤地落实九年义务教育,全国基本普及九年义务教育;三是深化教育改革、提高民族素质,中小学要由"应试教育"转向全面提高国民素质的轨道,重新修订九年义务教育的课程计划,推进课程、教学、教材领域的系统改革。以下就从这三方面对这一时期教育和课程政策话语的核心内容及其表征进行解析。

表 5-11　课程教学现代化改造时期教育元政策与课程政策文本高频词统计

	教育元政策文本	课程政策文本
主题与结构	教育、学校、发展、改革、教师、建设、职业、政府、义务教育、提高、加强、办学体制、社会主义、经济制度、逐步实行、普及、现代化、中小学、规划、农村、质量、标准、素质、重点、课程计划、全面、科学、劳动、学科、战略、教材、九年、	学生、课程、计划、选修课、调整课时、劳动、学校、能力、知识、初步、教材、学科基础、思想、培养、体育、社会、义务教育、普通、大纲、考试、学习、全日制、音乐、外语、数学、地理、试验、语文、历史、必修课、职业、社会主义、毕业、兴趣、锻炼、试行、素质、质量、学制、观念、负担过重
论说模式	国家、地区、加强、管理、地方、逐步、培养、积极、中央、思想、经费、必须、实际、计划、指导、采取、规划、政策、结合问题、保证质量、坚持、措施、自治区、直辖市、统筹、完善、结构、各地、适应、调整、落实	安排、地方、发展、培养、调整、各地、指导、执行、设置、组织、观察、适应、严格、结合实际、方案、制度、规定、管理、国家教委、初审、依据、统一、建设、师资、领导、实践、考察、结构、增强、方针

首先,这一时期教育和课程政策话语的一个重要内容就是反复论述和明确表达教育事业的战略优先地位,确立新时期教育改革与发展的整体方针与目标。在目标定位上,延续了前一时期强调教育事业重要性的基本思路,进一步提升教育事业在国民经济发展和社会主义建设中的重要地位。1985年5月邓小平在全国教育工作会议上,提出我国的国力强弱和经济发展"越来越取决于劳动者的素质","教育搞上去了,人才资源的巨大优势是任何国家比不了的","要以极大的努力抓教育,并且从中小学抓起,这是有战略眼光的一着"①。深化了科技和教育发展在社会主义建设中的地位和作用。1988年9月,邓小平再次在讲话中强调要从战略高度考虑教育问题,指出"我们要千方百计,在别的方面忍耐一些,甚至于牺牲一点速度,把教育问题

---

① 邓小平.各级党委和政府要把教育工作认真抓起来[M]//何东昌.中华人民共和国重要教育文献(1976—1990).海口:海南出版社,1998:2285.

解决好"①。1992年1月在《全国教育事业十年规划和"八五"计划要点》中也提出"坚定不移地把教育事业放在优先发展的战略地位,使教育同经济协调发展并适当超前"②。1992年10月,中共十四大报告明确指出,"我们须把教育摆在优先发展的战略地位,努力提高全民族的思想道德和科学文化水平,这是实现我国现代化的根本大计"③。可以说,综观这一时期重要的政策报告和教育政策文本,全党对教育战略地位的认识不断提高,较前一时期更为关切,也明确了新时期"教育必须为社会主义建设服务,社会主义建设必须依靠教育"④的关系,并以"各级各类学校都要全面贯彻教育必须为社会主义现代化服务,必须同生产劳动相结合,培养德、智、体全面发展的建设者和接班人"⑤为教育指导方针,确立了在20世纪末"形成具有中国特色的、面向21世纪的社会主义教育体系的基本框架","再经过几十年的努力,建立起比较成熟和完善的社会主义教育体系,实现教育的现代化"⑥的教育改革与发展的整体目标。

其次,推进九年义务教育制度,全面落实基础教育的普及,是这一时期教育和课程政策话语的关键面向。在1985年《关于教育体制改革的决定》中就提出,要实行九年制义务教育,实行基础教育由地方负责、分级管理的原则,分三类地区因地制宜地推进九年制义务教育。1986年4月《中华人民共和国义务教育法》的颁布,从法律的高度明确国家实行九年制义务教育,并随后发布了《关于实施〈义务教育法〉若干问题的意见》,提出经济、文化比较发达的地区,要求在1990年左右基本实现九年制义务教育;经济、文化中等发展程度的地区,要求在1990左右普及初等义务教育,同时积极准备条件,在1995年左右实现九年制义务教育;经济、文化不发达的地区,要随着经济的发展,争取在20世纪末大体上普及初等义务教育⑦。在推进九年制义务教育的过程中,允许小学和初中"六三"制、"五四"制和"九年一贯制"等多种学制并存,"五三制"作为

---

① 邓小平.从战略高度考虑教育问题[M]//何东昌.中华人民共和国重要教育文献(1976—1990).海口:海南出版社,1998:2796.
② 何东昌.中华人民共和国重要教育文献(1991—1997)[M].海口:海南出版社,1998:3259.
③ 刘来兵,涂怀京,但昭杉.中国教育活动通史(第八卷):中华人民共和国[M].济南:山东教育出版社,2017:30.
④ 中共中央.中共中央关于教育体制改革的决定(1985年5月27日)[DB/OL].(1985-5-27)[2023-12-11].https://www.gov.cn/gongbao/shuju/1985/gwyb198515.pdf.
⑤ 何东昌.中华人民共和国重要教育文献(1991—1997)[M].海口:海南出版社,1998:3259.
⑥ 中华人民共和国国务院.国务院关于《中国教育改革和发展纲要》的实施意见[DB/OL].https://www.mohurd.gov.cn/gongkai/fdzdgknr/zgzygwywj/200110/20011029_155442.html.
⑦ 何东昌.中华人民共和国重要教育文献(1976—1990)[M].海口:海南出版社,1998:2496—2499.

过渡性学制在一定时期内存在,这也为后续课程教学的改革,以及逐步统一基本学制打下了基础。为了普及义务教育,也考虑到各地区发展不平衡的情况,在办学形式上仍坚持"两条腿走路"的办学方针,继续鼓励采取多种形式办学,小学、初级中等学校除国家举办外,鼓励集体经济组织、国家企事业单位、其他社会力量举办学校。1994年9月国家教育颁布《普及义务教育评估验收暂行办法》,巩固发展"普九"成果,分期分批对各省、自治区、直辖市义务教育规划的实施工作和普及义务教育的水平进行评估。

最后,为了全面配合九年义务教育制度的有效实施,也为了改革同社会主义现代化建设不相适应的教育思想、内容、方法等,从"教学计划"走向"课程计划",推动课程、教学和教材的改革,提高基础教育质量,也成为这一时期教育和课程政策话语的重要面向。1988年9月,国家教委印发了《义务教育全日制小学、初级中学教学计划(试行草案)24个学科教学大纲(初审稿)》,并组织力量对新的教学计划、大纲和新编教材进行大规模试验,后经调整修订,于1992年8月6日,国家教委颁布了《九年义务教育全日制小学、初级中学课程计划(试行)》,以及义务教育阶段24个学科的教学大纲的试用版。1992年的"课程计划"正式结束了沿用40年的"教学计划"的名称,课程计划与教学大纲共同构成了"课程方案",并且第一次把小学课程与中学课程统整在一起进行设计,是"对苏化课程体制的一次超越"[①]。新课程计划以三个面向的战略思想为指导,坚持教育为社会主义建设服务,实行教育与生产劳动相结合,对学生进行德智体美劳教育,以全面提高义务教育质量。在培养目标上,体现了"素质"话语的新要求,"按照国家对义务教育的要求,小学和初中对儿童、少年实施全面的基础教育,使他们在德、智、体诸方面生动活泼地主动地得到发展,为提高全民族素质,培养社会主义现代化建设的各级各类人才奠定基础"[②]。新课程计划回答了义务教育阶课程的依据和指导思想是什么、为什么教、课程怎样设置、应该教会学生什么、学习内容如何安排、怎样考试考查、怎样评估等七个方面的问题[③],并强调要"根据九年义务教育小学阶段、初中阶段的培养目标和儿童、少年身心发育的规律设置课程"[④],开始兼顾学习者的发展需要。在课程设置上,相对于全面恢复教育秩序时期的教学计划变化较

---

① 吕立杰.国家课程设计过程研究:以我国基础教育"新课程"设计为个案[M].北京:教育科学出版社,2008:101.
② 课程教材研究所.20世纪中国中小学课程标准教学大纲汇编·课程(教学)计划卷[M].北京:人民教育出版社,2001:372.
③ 吴履平.新中国中小学教材建设史(1949—2000)[M].北京:人民教育出版社,2012:146.
④ 本刊编者.九年义务教育全日制小学、初级中学课程计划(试行)[J].课程·教材·教法,1992(10):2—9.

大。国家安排课程主要是学科与活动两大类别,学科以文化基础教育为主,在适当年级,因地制宜地渗透职业技术教育;以分科课为主,适当设置综合课;以必修课为主,初中阶段适当设置选修课。小学阶段开设思想品德、语文、数学、社会、自然、体育、音乐、美术、劳动九科,有条件的小学可增设外语;初中阶段开设思想政治、语文、数学、外语、历史、地理、物理、化学、生物、体育、音乐、美术、劳动技术等十三科,还开设短期的职业指导课。地方安排课程由各省、自治区、直辖市教育委员会、教育厅(局)根据本地实际情况和需要制定。这是我国第一次对课程实施分级管理,改变了一直以来国家统一设置与管理课程的中央集权体制,是课程结构的重大变革,完善了我国基础教育课程体系。不仅如此,新的课程计划还根据培养目标、课程设置、考试考查和实施要求等范畴对课程改革进行了全面规定,在我国课程改革的政策历史上首次提出了具有课程意识的改革计划。1994年,由于国务院实行新的40小时周工作制,本着适当减少课时和进一步减轻学生课业负担的原则,对小学、初中的课程计划和高中的教学计划进行了调整,主要是课时上的减少,除了小学思想品德、劳动、初中的思想政治、劳动技术课,以及高中的思想政治和劳动技术课以外,其他各科适当减少课时。

表 5-12 1992年九年义务教育"五四"学制全日制小学、初中课程安排表[①]

课程/周课时/年级/学段			小学					初中				九年		合计
			一	二	三	四	五	一	二	三	四	小学总课时	初中总课时	
学科	思想品德		1	1	1	1	1					170		438
	思想政治							2	2	2	2		268	
	语文		11	11	9	9	9	5	5	5	5	1666	670	2336
	数学		5	6	6	6	6	5	4	4	4	986	570	1556
	外语	(Ⅰ)						4	4				272	272
		(Ⅱ)								4	4		536	536
	社会				2	2	2					204		646
	历史							2	3	2			238	
	地理							3	3				204	

① 课程教材研究所.20世纪中国中小学课程标准教学大纲汇编·课程(教学)计划卷[M].北京:人民教育出版社,2001:380.

续 表

课程/周课时/年级/学段		小学					初中				九年		合计
		一	二	三	四	五	一	二	三	四	小学总课时	初中总课时	
	自然	1	1	2	2	2					272		772
	物理								2	3		164	
	化学								2	2		132	
	生物						2	2	2			204	
	体育	2	2	3	3	3	3	3	2	2	442	336	778
	音乐	3	3	2	2	2	1	1	1	1	408	134	542
	美术	2	2	2	2	2	1	1	1	1	340	134	474
	劳动			1	1	1					102		370
	劳动技术						2	2	2	2		268	
	周学科课时	25	26	28	28	28	30	30	25•	22•	4 590	3 594	8 184
活动	晨会	每天十分钟											
	班团队活动	1	1	1	1	1	1	1	1	1	170	134	304
	体育锻炼	3	3	3	3	3	3	3	3	3	510	402	912
	科技文体活动												
	周活动课时	4	4	4	4	4	4	4	4	4	680	536	1 216
地方安排课程		2	2	2	2	2	1	1	7•	10•	340	626	966
周课时总量		31	32	34	34	34	35	35	36	36	5 610	4 756	10 366

• 表示外语课按水平Ⅰ开设的周学科时数和地方安排课程的时数;如果外语课按水平Ⅱ开设,则初中三、四年级的地方安排课程时数各减去4课时,分别为3课时和6课时。

表 5-13 九年义务教育"六三"学制全日制小学、初中课程安排表①

课程/周课时/年级/学段		小学						初中			九年		合计
		一	二	三	四	五	六	一	二	三	小学总课时	初中总课时	
学科	思想品德	1	1	1	1	1	1				204		404
	思想政治							2	2	2		200	

---

① 课程教材研究所.20世纪中国中小学课程标准教学大纲汇编·课程(教学)计划卷[M].北京:人民教育出版社,2001:381.

续 表

课程/周课时/年级/学段		小学						初中			九年		合计
		一	二	三	四	五	六	一	二	三	小学总课时	初中总课时	
语文		10	10	9	8	7	7	6	6	5	1 734	568	2 302
数学		4	5	5	5	5	5	5	5	5	986	500	1 486
外语	（Ⅰ）							4	4			272	272
	（Ⅱ）							4	4	4		400	400
社会					2	2	2				204		608
历史								2	3	2		234	
地理								3	2			170	
自然		1	1	1	1	2	2				272		702
物理									2	3		164	
化学										3		96	
生物								3	2			170	
体育		2	2	3	3	3	3	3	3	3	544	300	844
音乐		3	3	2	2	2	2	1	1	1	476	100	576
美术		2	2	2	2	2	2	1	1	1	408	100	508
劳动				1	1	1	1				136		336
劳动技术								2	2	2		200	
周学科课时		23	24	24	25	25	25	32	33	27•	4 964	3 074	8 038
活动	晨会	每天十分钟											
	班团队活动	1	1	1	1	1	1	1	1	1	204	100	304
	体育锻炼 科技文体活动	4	4	4	4	4	4	3	3	3	816	300	1 116
	周活动课时	5	5	5	5	5	5	4	4	4	1 020	400	1 420
地方安排课程		2	2	3	3	3	3			5•	544	160	704
周课时总量		30	31	32	33	33	33	36	37	36	6 528	3 634	10 162

• 表示外语课按水平Ⅰ开设的周学科时数和地方安排课程的时数;如果外语课按水平Ⅱ开设,则初中三年级的地方安排课程时数各减去4课时,为1课时。

相应的普通高中课程也有所调整,根据1990年颁布的《现行普通高中教学计划的调整意见》,1996年,国家教委颁发了与九年义务教育课程计划相衔接的《全日制普通高级中学课程计划(试验)》,尤其是针对原有普通高中课程存在文理偏科,学生知识结构比例不尽合理,学生课业负担过重,不利于素质提高的问题,进行了系统的调整。调整后的新课程计划明确提出"普通高中课程结构由学科类课程和活动类课程组成","普通高中学科类课程分为必修、限定选修和任意选修三种方式"[①],并调整文理科课程比例不合理的情况。必修学科设思想政治、语文、数学、外语、物理、化学、生物、历史、地理、体育、艺术和劳动技术十二门学科,限定选修为学生侧重升学预备或就业预备所必需的选修,任意选修则是发展学生兴趣爱好、拓宽和加深知识、培养特长、提高能力的课程。在课程内容上,新编教材考虑到了现代化的问题,强调要删除陈旧、庞杂的知识,适当增加新的学科、技术方面的内容,注意基础知识、基本技能同社会、生活的联系。

表 5-14 1996年全日制普通高中课程设置安排示例表[②]

学科		高一	高二 I	高二 II	高二 III	高三 I	高三 II	高三 III	必、限选周课时累计	必、限选授课总时数
必修和限选	思想政治	2	2	2	2	2	2	2	6	192
	语文 必修	4	4	4	4				8	280
	语文 限选					2	4	2	2—4	52—104
	数学 必修	4	4	4	4				8	280
	数学 限选					2	2	4	2—4	52—104
	外语 必修	4	3	3	3				7	245
	外语 限选					2	4	4	2—4	52—104
	物理 必修	2	3/2	3/2	3/2				4.5	158
	物理 限选				2			3	5	148
	化学 必修	2	2	2	2				4	140
	化学 限选				1			3	4	113
	生物 必修		3	3	3				3	105

---

① 何杰.我国基础教育课程政策的演进与特征分析[J].淮阴师范学院学报,2006(03):291—296.
② 课程教材研究所.20世纪中国中小学课程标准教学大纲汇编·课程(教学)计划卷[M].北京:人民教育出版社,2001:400.

续表

学科		高一	高二			高三			必、限选周课时累计	必、限选授课总时数
			Ⅰ	Ⅱ	Ⅲ	Ⅰ	Ⅱ	Ⅲ		
历史	限选							3	3	78
	必修	3							3	105
	限选			2			3		5	148
地理	必修	3							3	105
	限选			1		2			3	87
体育		2	2	2	2	2	2	2	6	192
艺术	音乐美术	1	1	1	1				2	70
劳动技术	必修	每周1节•				2			4	122
	限选					9			9	234
任意选修学科与活动类课程		5	8.5	5.5	5.5	12	12	8		
周活动总量		32	33			33				

注：Ⅰ为侧重就业预备，Ⅱ、Ⅲ为侧重升学预备教育的文科、理科。
• 劳动技术必修课时的分散安排为：高一、高二年级可隔周两节连排；劳动技术必修课时的集中安排为：高一、高二年级各一周，共二周。社会实践活动每学年二周，三年共六周。

与此同时，为了配合九年制义务教育课程计划的推进，中小学教材的改革建设也有重大变化，逐步落实和确立了"编审分开""一纲多本"的教材制度。1986年9月，全国中小学教材审定委员会成立，在教材改革上配合着教学计划、教学大纲、课程计划调整，通过改革、试验，进一步提高教材质量，编写出符合我国国情，适应现代化建设需要，体现基础教育要求的中小学教材。1987年10月，国家教委先后发布《全国中小学教材审定委员会章程》《中小学教材审定标准》《中小学教材送审办法》等文件，在统一要求、统一审定的前提下，推进教材编审制度的改革。根据九年制义务教育的要求，国家教委制定了《九年制义务教育教材编写规划方案》，方案中指出，"现行中小学教材，不仅品种单一，而且在内容上已不能适应我国社会主义现代化建设、开放的需要"，提出"把竞争机制引入教材建设，通过竞争促进教材事业的繁荣和教材质量"[①]。特别指出教材编写要在统一基础上(各科教学大纲)体现多样性，教材可以有不同程度、不同

---

① 何东昌.中华人民共和国重要教育文献(1976—1990)[M].海口:海南出版社,1998:2775.

体系和不同风格,省、市或教育科研单位,编写全国通用教材,要经全国中小学教材审定委员会审定后,向全国推荐学校选用。乡土教材、小学劳动课和中学劳动技术课教材,以及本地区需要的补充的教材,由地方编写,省、自治区、直辖市中小学教材审定委员会审定后,在本地区推荐使用。1988年,通过审查并于同期组织人员编写和修订新教材,逐步形成了八套不同的义务教育教材,并于1990年9月在全国范围对新的教学计划、大纲和新编教材进行大规模试验。可以说,教材制度的多样化改革,和这一时期的国家和地方两级课程的设置,进一步推动着课程教材管理上从"统一控权"到"多级管理"的赋权转变。

从这一时期教育元政策和课程政策话语的表达方式与论说模式来看,系统改革、结构性调整、深化改革,大胆探索,注重试验,力主发展的话语取向尤其明显。一方面,充分意识到我国教育事业发展不能适应社会主义现代化建设的需要,坚决改革的意识和观念在这一时期尤为强烈,并且特别强调改革的广度、深度和范围,强调系统性改革、结构性调整和深化改革。从1985年《关于教育体制改革的决定》开始,政策话语所关注的议题就是全局且综合性的问题,如教育事业管理权限划分统得过死、缺乏活力,教育结构失衡,教育思想、内容和方法与时代脱节等,其解决的路径往往要把体制变革、治理整顿与逐步发展结合起来,盘活教育系统的不同方面,进行系统性的改革。又比如,普及九年制义务教育,也不仅仅是保障普及程度的问题,更涉及到学校的标准化建设和教育水平的提高,涉及经费、校舍等办学条件、师资数量与质量、学制、课程与教学、考试与评价、管理与视导等系统工程,要有计划、有步骤、有重点地加以突破和推进。20世纪90年代以后,这种把教育工作提高到一个新水平,为提高全民族素质,促进经济建设和社会进步做出更大贡献的需求更加迫切,开始强调在协调稳定发展基础上的深化改革,尤其重视教育质量的稳步提高。1993年中共中央、国务院印发的《中国教育改革和发展纲要》(以下简称《纲要》),强调基础教育是提高民族素质的奠基工程,必须大力加强。《纲要》明确指出,中小学要由"应试教育"转向全面提高国民素质的轨道,面向全体学生,全面提高学生的思想道德、文化科学、劳动技能和身体心理素质,促进学生生动活泼地发展,办出各自的特色。普通高中的办学体制和办学模式要多样化。[①] 在这样的背景下,深化教育教学改革,更新教学内容,调整课程结构,减轻学生课业负担,全面提高质量,实施素质教育开始成为

[①] 中共中央文献研究室. 中国教育改革与发展纲要[EB/OL]. (1993-02-13)[2024-01-12]. http://www.moe.edu.cn/jyb_sjzl/moe_177/tnull_2484.html.

基础教育课程政策的主流话语,推动了之后新世纪的基础教育课程改革。这些主张和1994年改革开放以来第二次全国教育工作会议发布的《中国教育改革和发展纲要》的实施意见一起,成为20世纪90年代指导我国教育课程改革与发展的指导性文件。由此可见,这一时期的教育和课程政策话语正处于建设与发展新的社会主义教育和课程体系基本框架的阶段,所涉及的政策话语具有鲜明的综合性、结构性和全局性的特征,体现了大发展时期的特定要求。

另一方面,虽然涉及大规模、大步调和全局性的改革,鼓励大胆探索和改革创新,但这一时期政策话语又体现了坚决且谨慎、大胆又务实的特征,强调从实际出发,强调涉及全局和大范围的改革,注重试验、多方论证、上级批准,以保障这一时期改革的方向正确、脚踏实地、稳扎稳打。以这一时期《九年义务教育全日制小学、初级中学课程计划(试行)》的出台为例,从1985年6月开始,国家教委就启动对全国各个地区经济、文化与教育的发展实际以及当地实行的教学计划和教学大纲、教材使用情况、教学状况进行深入全面的调研,并向全国各市区教育行政部门及其他有关部门、学校就教学计划的修订进行意见征集,先后经历了数稿的修改,以及试验评估,才正式颁布。不仅如此,这一时期尤其注重教育综合改革试验,积极推进农村教育、城市教育和企业教育综合改革,统筹规划经济、科技、教育的发展,促进"燎原计划"与"星火计划""丰收计划"的有机结合,重视各种综合改革试验区的试点与探索,并推广实验创新的成果,成为这一时期政策话语表征的一大特色。不仅宏观的政策如此,全国各级各类教育在学校以及区域层面,在学制改革、学校管理体制、课程改革、教学改革、教材改革、学生发展、德育教育等不同侧重点开展了广泛的实验探索[①],代表性的如青浦教改实验、小学语文情境教学实验、小学生最优发展综合实验、初中综合课程设置与综合教学的研究实验、初中理科综合课程实验、1993年浙江全省的综合理科实验等。也正是在这样的背景下,政策上力主改革、鼓励探索的主张和在实践领域的务实探索与实践创造实现了有机的整合,促成了政策与实践的同频共振,极大深化了这一时期基础教育领域课程与教学的改革。

(二)课程教学现代化改造时期课程政策话语的意义建构

总体而言,20世纪80年代中后期以后,课程政策的话语意义导向较全面恢复教育时期的课程政策有了较为明显的变化,既全面配合改革开放以后义务教育的落实,

---

① 李方.我国教改实验发展述析[J].华南师范大学学报(社会科学版),1996(02):97—104.

也整合世界教育和课程改革的潮流,进行课程教学的现代化改造,体现出较为鲜明的时代特征和教育的内在自我革新的意识。这一时期课程政策话语的建构,在我国课程政策发展历史上实现了一次不小的跨越,它明确地分析了我国课程教学中的一些主要问题,比如课程政策目标的外生性功能较强(课程培养目标以满足社会政治经济建设为主要导向,而缺乏课程发展的意识和学生的发展意识);课程内容和教学手段上的陈旧、单一、庞杂、缺乏时代气息、脱离生活现实;课程结构上学科中心的桎梏和僵化,缺乏灵活性和适应性;以及课程管理上的条块划分和大一统的弊端等,并针对这些问题进行了大胆的改革尝试。这一部分将着重从三个最为显著的课程政策话语转型的关键方面进行论述:一是课程政策话语的目标转型,从传统片面注重功能和工具价值走向课程政策的社会发展价值与个体发展价值的综合;二是课程政策在整体的价值取向上开始逐步打破过去以"学科知识"为核心的话语路径,走向更为灵活和开放的课程体系的建构;三是逐步打破过去国家对于课程政策的高度集权和科层制的管理体系,更注重课程政策实践话语的多样性。

首先,这一时期课程政策话语的建构体现了整体目标的转型,将教育服务于社会发展和人的全面发展综合起来进行考虑。从早期全面恢复教育秩序时期的以重建为主要任务,走向后期的更加强调教育系统的主动改革,对学校课程从目标、内容、结构、教学法和评价方式上都进行质的调整。一方面,强调建设与社会主义经济建设相适应的课程教学体系,全面提高学校课程教学的效率和质量;另一方面,则开始将人的全面发展的素质观念整合到教育发展的目标之中,强调课程建设要有利于发展学生的特长,满足学生的不同兴趣爱好,充分体现因材施教的原则,有利于提高学生的素质。可以说,这两方面目标的整合极大地丰富了课程政策话语的内涵,也转变了较为生硬的被动的学生观,开始强调学生兴趣、主动性和参与性等生动活泼的观念。也正是在这样的背景下,劳动者素质、国民素质和素质教育的政策话语逐步发展并壮大起来,在《中国教育改革和发展纲要》《中华人民共和国教育法》中都开始有明确的使用,素质教育开始成为课程教学系统改革、提高教学质量、培养跨世纪人才的指导思想和主流话语。应该说,正是这一时期的课程政策话语对人的发展的关注,促成了素质教育理念的发展壮大,使得教育政策和课程政策所指向的目标不仅有国家、社会等宏大叙事,更重要的是这些宏大叙事的实现需要依托具体的人的全面发展和素养提升,强调学习者"政治素质、思想素质、道德素质的培养""科学文化素质教育""身体素质教育""心理素质教育"等方面的综合养成[①]，推动了这一时期课程政策话语的目标重构，也为面向21世纪深化教育改革奠定了理念基础。

其次，是课程政策在整体的价值取向上开始逐步打破过去以"学科知识"为核心的话语路径，走向更为灵活和开放的课程体系的建构。比如在课程类型的多样性、课程结构的平衡性、课程的可选择性、课程教学的灵活性以及课程教材的多样化建设方面，都作出了重要的努力并取得了显著的进步。打破课程领域长期以来的学科本位和双基主义，走向关注学科的灵活性、适应性与综合化；在课程结构设置上采取了较为灵活的设计，学科、活动整合，分科、综合兼顾，文化基础教育和职业技术教育相互渗透，必修和选修并行。不仅如此，学校课程中还适当增加了自然科学、社会科学、音体美和劳动技术课程的比例，拓展了文科大纲的知识面、降低了理科大纲的理论和习题难度，转向注重学生的综合发展。可以说，这一路径的改革并不只是对于课程内在结构或课程类型的改变，其背后承载着试图突破学科本位、双基主义、升学主导的课程教学传统思路的努力，以此引导教育观念、课程观念和教学观念的转型。正如《九年义务教育全日制小学、初级中学课程计划（试行）》中所指出的，"面向全体学生，注重全面打好基础，因材施教，促进学生个性的健康发展"，在这个论述中我们看到灵活、开放和弹性的课程体系、课程结构与内容的改革，指向的是全体学生的全面发展和个性的健康发展，在政策话语价值取向上开始从只关注学科和社会视角走向兼顾人的发展的视角。

最后，是随着课程政策管理的分权化，开始逐步打破过去国家对于课程政策的高度集权和科层制的管理体系，更注重课程政策实践话语的多样性。随着国家和地方两级课程的政策落实，政策话语在实施中也从中央走向地方，鼓励地方教育部门在课程政策实施过程中及时将出现的问题和总结的经验向国家教委基础教育司进行反映，允许各地结合地方实际情况进行一定的调整，但仍需向国家教委备案。相较于20世纪80年代早期相对限定性的课程政策要求，这一时期课程政策更具有灵活性，课程政策实践过程中国家给予课程实施一定的自由裁量权，号召地方及学校充分发挥主观能动性开展课程教学改革探索，成为这一时期课程政策话语建构的典型特征。正如前文提到的，伴随着课程政策管理权的分化和民主参与，极大地推动了全国各地各校开展教学改革实验、课程改革实验、综合教育实验的热潮，形成了探索、创造、

---

① 王钢城，张军.从理想到实践：国家素质教育政策的演进[J].当代教育科学，2004(20)：44—46.

实践的课程教学改革的风尚,有赖于这一时期课程政策话语的整体转型所赋予的活力。

第二节 改革开放以后课程政策话语的伦理取向与表征

改革开放以后至20世纪90年代中后期,我国课程政策话语的伦理取向是不断变迁的。从20世纪70年代末课程政策话语更强调双基主义和学科本位,强调确立统一的国家课程基础;到20世纪80年代早期开始,为了更好地回应课程政策服务于社会经济建设和改革开放等社会主义现代化的核心任务,开始强调课程与教学中效率和质量的问题,强调通过更灵活的教育体制变革、课程系统的重构以及教学方法的改革,来增质提效;到了20世纪80年代中后期,尤其是义务教育法颁布以后,伴随着课程教学理论和实践研究的不断丰富,同时《纲要》将基础教育改革作为深化教育改革的重中之重,并强调从过去的应试中心转向全面提高国民素质,开始广泛地探讨学生的全面发展的问题,兼顾学习者个体和社会的共同发展,课程政策话语开始逐步从国家需要主导,即课程与教学作为政治建设、经济建设和社会发展的工具转向兼顾主体的个性化需要,走向一种前所未有的课程政策话语的平衡。这些不同的伦理取向始终存在并且延绵在我国课程政策话语的伦理选择的背景之中,只是强弱程度上发生了变化,并没有相互取代或因此消亡,但它们总会在不同的历史时机中寻找其在课程政策决策与实践中的可能位置。

一、双基主义:课程政策话语中统一课程基础的思路

"双基"概念的提出可以追溯到20世纪50年代,教育部中教司在1952年3月所颁发的《中学暂行规程(草案)》中第一次明确提出"双基"概念,当时是在借鉴苏联教育模式的基础上提出这一概念。"双基"在不同时期的内涵略有差异,但是"双基"理念一直指导着我国课程政策的制定与实施,即使曾遭受到巨大破坏,"双基"理念也被否定和曲解。1978年以后,《全日制十年制中小学教学计划试行草案》和各科教学大纲及教科书的出台,都强调要运用"双基"理念指导课程与教学。从整个社会背景来看,尤其处在教育拨乱反正和恢复秩序的时期,为了扭转文化革命时期课程与教学过度注重生产实践,缺乏文化课教学的情况,在新的教学计划中特别强调要加强文化课教学,学生要"学好先进的文化科学基础知识,理论联系实际,逐步具有自学能力和分析问题、

解决问题的能力,具有一定的工农业生产知识和技能"①。同年9月颁布《全日制中学暂行工作条例(试行草案)》和《全日制小学暂行工作条例(试行草案)》,在政策文本的论述之间,也充满了对于双基的依赖。比如,小学条例中在具体谈到语文课和数学课的教学时,就指出小学语文课应该基本完成识字任务,打好阅读、写作的初步基础等;数学课应该加强数学基础知识的教学和基本技能的训练,要使学生做到公式熟、运算正确和迅速,要培养学生的计算、逻辑思维能力和解答应用问题的能力等。中学的条例更是在总则中就明确说明"中学学生的培养目标是要使学生在小学教育的基础上,进一步掌握语文、数学、外国语等课程的基础知识和基本技能",培养的是国家劳动后备力量②。不仅在教学计划中倡导要强化双基,当时拨乱反正恢复教育秩序还有一个重要工作就是中小学教材的编写与出版发行,明确了中小学教材今后由教育部负责统编,要整顿之前出现的学生课堂中无教材、无课本的混乱状况。在中小学教材编写工作会议上就提出编写教材要正确处理四个关系,其中就包括了"重视和精选基础知识和重视基本能力的训练"。

到了20世纪80年代,在原有恢复秩序的基础上,要进一步提升学校课程教学的质量与水平,培养符合国家四化建设以及能够应对国际挑战的人才,当时所颁布的六年制中小学的教学计划,对各科明确提出了要加强基础知识和基本技能训练的任务。在1981年颁布的教学计划文本中,"基础"这一词语出现27次,"基础知识"出现了11次,"基本技能"出现了9次。《义务教育法》颁布之后,1988年颁发了《义务教育全日制小学、初级中学教学计划(试行草案)》,这一套教学计划中,"基础"这一词语出现22次,"基础知识"出现了14次,"基本技能"出现了5次。随后,1992年在对1988年的教学计划进行修订的基础上颁布了《九年义务教育全日制小学、初级中学课程计划(试行)》,这一版本的课程计划中"基础"这一词语出现多达35次,"基础知识"出现22次,"基本技能"出现9次。可以看出,我国课程政策对"双基"的关注成为改革开放以后恢复统一国家课程,提高课程教学现代化改造过程中的重要课程政策的伦理取向。20世纪80年代中后期,在课程领域对基础知识和基本技能的关注达到最高点,通过课程政策将"双基"理念传递给民众并建构课程意义。

1985年颁发的《中共中央关于教育体制改革的决定》和1986年全国人大通过的《中华人民共和国义务教育法》(简称《义务教育法》)为"双基"理念指导教育理论与实

---

① 何东昌.中华人民共和国重要教育文献(1976—1990)[M].海口:海南出版社,1998:1592.
② 何东昌.中华人民共和国重要教育文献(1976—1990)[M].海口:海南出版社,1998:1630—1639.

践提供了法制保障。时任国家教委副主任何东昌同志在谈及课程编制的指导思想上指出"打好基础知识和加强基本技能的训练尤为重要",教材的编写离不开"双基"理念的指导。国家通过对全国中小学课程教材开展调研,并在此基础上形成了新的教学计划和教学大纲,其在课程设置上都遵循着"双基"理念这一主线索。课程政策话语深刻彰显了"双基"理念的指导意义。也正是在这个意义上,从20世纪70年代末到80年代中期,"双基"理念成为当时普及学校教育,大幅度提升学生科学文化水平,保障基础教育质量的根本保障,是同当时的教育实际和教育迫切需要重整系统、提高质量的内在需求相关的,一定程度上也符合当时民众迫切追求文化课学习、追求知识学习的心理。但是,也要清楚地看到,"双基"导向的课程价值选择,对于造成当时教育领域课程过度强调知识掌握、课程教学整齐划一、缺乏灵活性、学生课业负担繁重、忽略考虑学生年龄阶段和地区差异等问题的出现和强化,确实也起到了助力的作用。当然,"双基"中"基础"的内涵不断扩充,渐渐地从"基础知识"和"基本技能"不断走向更广泛的意义理解,比如强调奠定终身学习的基础和在提升所有学生学习的共同基础上,为学生发展奠定个性化基础等理念,也都是对"双基"理念的深化和发展,指导着后期课程政策话语的转变与实践变革。

二、从普及走向对效率与质量的关注:课程政策的国家需要驱动

改革开放后,经过三年的治理整顿,到了1981年以后,无论是国家政治经济的面貌还是学校教育领域都开始走上正轨,这之后课程政策的核心目标开始转向,围绕国家经济建设的核心目标,即有系统、有计划地进行社会主义现代化建设,教育的主要价值诉求也转变为满足社会经济需要,培养"有社会主体觉悟的有文化的劳动者"以及"社会主义事业的建设者和接班人",政策的主要目标是塑造经济型的理想人格。因此,这一时期课程政策的话语导向仍然具有很强的国家本位意识的驱动,只是国家需要开始从政治需要转化为经济建设的需要。也正是基于这种国家需要的转化,即国家工作重心和主要矛盾的转化,对课程政策的伦理价值选择上也开始更强调学校教育的效果与质量,从前期更关注普及走向后期的更关注提高,尤其是从提高效率和提高质量的层面关注课程政策的变革。

这个转变是肉眼可见的政策变化,20世纪70年代末到80年代初,整个教育领域服务社会主义现代化建设的基础任务就是抓好普及中小学教育,提高整个中华民族的科学文化水平。必须切实抓好基础教育的普及这个共识是明确的。1979年5月,蒋南翔同志在全国中小学思想政治教育工作会议上讲话,"中小学教育必须把双重任务很好地承担起来,不仅要面向4%,而且要面向96%,面向全体学生做工作"。"评价一个学校,不仅要看它的升学率高低,更要看大多数学生的教育质量怎样,输送的劳动后备力量是否优良,毕业后在工作岗位上表现如何"①。因此,大力普及基础教育,强调普及和面向全体学生,对所有学生负责,是20世纪70年代末到80年代中期的重点工作之一。但是光有了普及,教育的状况并不能适应四个现代化的要求,还要培养能够适应社会生产不同岗位的劳动者以及能够独立解决中国科技问题的高层次人才和专家队伍,这也是当时四化建设所面临的现实问题。所以在1980年教育部印发的关于中央书记处对教育工作指示精神的传达要点上,就开始体现出从一刀切地走向普及向承认不平衡和强调效率与质量的方向转变,"我们一定要波浪式地发展,波浪式地前进,千万不要一刀切,千万不要搞全国性的整齐划一,一切工作都要防止一刀切,要根据不同情况,有的多搞,有的少搞,不同的地方,不同的标准,有的地方中标准,有的地方高标准,有的地方低标准,波浪式地发展,这样可以发展的快,一刀切反而慢。这个指导思想,适应教育部,也适应其他部"②。在这一精神的引领下,普及基础教育仍然是重要的基础和口号,但开始强调更关注效率与质量的教育体制与结构改革、重点校建设、课程教学实践的改革等提质高效的问题,课程政策的话语也潜移默化地发生了变化。

第一个显著的表现就是全面推进教育体制的改革,优化教育结构、调动地方积极性,通过体制改革,极大地提高教育事业发展的效率与质量。1985年中央发布了《中共中央关于教育体制改革的决定》,进一步明确教育要同经济建设为中心的社会主义建设结合起来,社会主义建设要依靠教育,教育要为社会主义经济建设服务,一个依靠关系,一个服务关系。针对当时基础教育还很落后、中等教育结构中职业技术教育比重小、发展缓慢、高等教育中层次、科目比例不合理,以及片面追求升学率等问题,希望通过管理体制上的系统变革,来调动整个教育事业缺乏主动适应四化建设的积极性。针对基础教育领域,明确了普及九年义务教育的方针,更重要的是明确了中央和地方的办学权限,将发展基础教育的责任交给地方,广泛调动地方政府、社会力量和群众集

---

① 何东昌.中华人民共和国重要教育文献(1976—1990).中小学教育要面向全体学生——蒋南翔同志在全国中小学思想政治工作座谈会上的讲话(1979)[M].海口:海南出版社,1998:1690.
② 何东昌.中华人民共和国重要教育文献(1976—1990).关于中央书记处对教育工作指示精神的传达要点(1980)[M].海口:海南出版社,1998:1812—1817.

资办学的积极性,办好教育、出好人才,也提出了不仅要办普通教育,还要发展各种中等技术学校、技工学校、农业中学、职业中学,丰富学校系统的结构,更针对性地服务于经济建设的需要。

  第二个显著的表现就是强调重点校建设的政策话语,希望通过重点学校的建设,带动中小学教育的提效增值,尽快带动基础教育整体质量的提升。毛泽东同志早在1953年就曾指示要办重点中学。之后,1959年日4月周恩来总理在第二届全国人民代表大会上明确指出,"在各级全日制的正规学校中,应当把提高教学质量作为一个经常的基本任务,集中力量办好一批重点学校,以便为国家培养更高质量的专门人才"①。在1966—1976年期间,重点校政策被视为修正主义的代表而被批判,改革开放以后逐步对重点校政策进行纠偏。1978年1月11日,教育部颁发《关于办好一批重点中小学的试行方案的通知》,主张通过办好一批重点学校,以提高教育质量,总结经验,推动整个中小学教育革命的深入发展。既要在城镇办重点中小学,又要在农村人民公社办重点中小学,工交企业也要在自己举办的学校中办一批重点中小学。②同年7月8日,刘希尧同志在全国教育工作会议上的报告和总结中也提到一系列工作重心,包括教育事业必须和国民经济发展相适应,有计划、按比例地发展;教学内容和教材必须符合现代化的要求,教学手段逐步实现现代化;中心环节是提高教育质量,认真从中小学抓起,切实打好基础,集中力量办好一批重点大学、中学和小学;城市普及十年制教育,农村普及九年制教育,使广大青少年走上劳动岗位之前,能受到政治思想、科学文化知识和生产技能的基本训练。其中就将提高教育质量办好重点校作为中心环节,并从领导要抓、师资力量要大力充实,也就是重点学校的师资要比较强,要选拔好的学生到重点学校学习,优先装备重点学校的教学设备等方面对重点校建设的方针进行了阐述③。从1980年以后,中央书记处明确指出,要从中国实际出发,承认不平衡,要不同地区不同要求、不同标准,要抓重点地区、重点学校,发扬优势先搞上去,快出人才,适应四化建设的需要,花钱要讲究经济效果,把钱花在收效最快、最大的地方。1980年

---

① 周恩来.1959年国务院政府工作报告——1959年4月18日在第二届全国人民代表大会第一次会议上[DB/OL].(1959-04-18)[2023-12-11]. https://www.gov.cn/test/2006-02/23/content_208774.htm.
② 何东昌.中华人民共和国重要教育文献(1976—1990).教育部颁发关于办好一批重点中小学的试行方案的通知(1978)[M].海口:海南出版社,1998:1591.
③ 何东昌.中华人民共和国重要教育文献(1976—1990).国务院批转教育部《刘西尧同志在全国教育工作会议上的报告和总结》(1978)[M].海口:海南出版社,1998:1611—1613.

10月教育部发布了《关于分期分批办好重点中学的决定》,并将办好重点中学作为迅速提高中学教育质量的一项战略措施。1981年邓小平"要办重点小学、重点中学、重点大学"的指示精神和1983年为景山学校题词提出关于教育"三个面向"都是在社会经济语境中提出的要求,旨在提升民族素质,能够早出人才、快出人才、出好人才,从而满足经济建设的要求,适应社会主义现代化的迫切需要。一系列关注重点校政策的出台,很明确地彰显了当时集中力量产出办学成效的思路,从过去的平均主义开始强调效率主义和质量观念。

  第三个显著的表现就是开始重视改革教育思想和教学方法。1985年5月17日万里同志在全国教育工作会议上的讲话中就明确提出要转变陈腐的教育思想和僵硬的教学方法,陈腐的传统教育思想主要是指不能独立思考、恪守传统知识和技艺,不重视启迪受教育者去开辟新知识领域,鼓励创新精神的教育思想,而僵硬的教学方法则是那些填鸭式、灌输式和死记硬背式的教学方法。他在讲话中指出,"多年来,我们的学校教育,甚至干部的理论教育,在教学方法上不善于实行启发式,在不同程度上还是用灌输式或填鸭式","这种教学方法主要是受陈腐的传统教育思想的束缚","如果不彻底改变这种教育思想和教学方法,即使国家增加很多经费,仍然培养不出大量的适应新时代需要的新型人才,特别是第一流的人才"[①]。可以看到,整个教育领域也开始意识到通过改革教育思想与教学方法改善学校教育、提高教育质量的根本意义。虽然这种倡导是从服务国家经济建设和社会对人才需求的角度去立意,通过教学改革来提高教学质量、减轻负担、提高效率的实用主义的思路去解析,并非从学习者主体的学习权尊重和个性与潜能发挥的立场来探讨,但是它对于整个课程教学领域所产生的结果是积极的。自1984年底有关教学改革的讨论日渐兴盛,大众传媒对于教学改革也进行大力报道,如《课程·教材·教法》自1985年开辟了"教学改革实验"以及各学科教学改革专栏进行报道与讨论,一时间对课程教学改革的讨论与实践明显增加,提升民族素质成为教育的迫切追求。在《课程·教材·教法》上所形成的专题报道主要围绕着教育要"三个面向"、思想政治与爱国主义教育、教学改革与教学大纲修订等热点问题。在课程教学的实践领域,教育教学实验的改革也开始重新复苏,特别是改革开放以后,结合我国实际进行的一系列单科、单项教学改革实验,如上海一师附小、无锡师范附小的"愉快教育"实验和北京一师附小的"快乐教育"实验;上海虹口第三中心小学的德育

---

① 何东昌.中华人民共和国重要教育文献(1976—1990)[M].海口:海南出版社,1998:2283—2284.

科学化实验；上海闸北八中"成功教育"实验等，都针对传统教学方法的改变进行了有益的探索。当时北京师范大学林崇德教授的"学习与发展"教改实验更是从非认知因素发展来关注学生的智能发展，拓展了我们对学习与课程教学的认识。之后，整体改革实验也逐步兴起，开始从面向全面提高学生综合素质的角度探索课程教学改革的可能方向。① 可以说，改革开放以后，尤其是义务教育推行以后，"在教学实践中涌现出一批重视学生生动活泼、主动地学习、重视学生成功与发展的好的教改典型"②。这同当时教育服务社会发展目标，有效地提升国家教育的总体质量和水平的政策话语背景与伦理追求是分不开的。

三、"素质"的提出对学习者主体的关注：课程政策话语逐渐走向平衡

从20世纪80年代后半期开始的十年间，尤其是1992年以后，义务教育中小学课程计划的颁布，开启了第七次基础教育课程改革，整个课程政策话语中对于学习者主体开始关注起来，提出了"素质"的概念，以区别于过去所强调的"双基"。课程政策话语开始从更多地聚焦国家需求和学科本位，较少或几乎不考虑学习者主体的个性、经验与需要，开始慢慢转向关注学习者的综合素质与个性品质等方面的发展，推动着课程政策话语走向个体与社会共同发展的平衡。

1985年邓小平在全教会上的讲话《把教育工作认真地抓起来》首次提到"素质"问题，指出"我们的国家，国力的强弱，经济发展后劲的大小，越来越取决于劳动者的素质，取决于知识分子的数量和质量"③。随后在同年颁发的《中共中央关于教育体制改革的决定》中指出"教育体制改革的根本目的是要提高民族素质，多出人才，出好人才"④。此后在1986年颁布的《义务教育法》和《中共中央关于精神文明建设指导方针的决议》，1988年、1990年、1992年发布的教学计划或课程计划的课程政策文本中都能找到关于提升国民素质的指示。虽然这一时期还没有提出素质教育的提法，还是从国民素质的角度来探讨教育问题，但是关注素质之于学校课程与教学的内涵，素质对于提高学校课程教学质量和人才培养的意义，已经开始成为一种独立的话语路径。素

---

① 刘力,等.教育实验学[M].北京:人民教育出版社,2014:43—47.
② 崔允漷.新课程"新"在何处:解读《基础教育课程改革纲要(试行)》[J].教育发展研究,2001(09):5—10.
③ 邓小平.各级党委和政府要把教育工作认真抓起来[M]//何东昌.中华人民共和国重要教育文献(1976—1990).海口:海南出版社,1998:2285.
④ 中华人民共和国国务院.中共中央关于教育体制改革的决定[J].中华人民共和国国务院公报,1985(15):467—477.

质教育已经处在积极酝酿的阶段。

1987年柳斌同志在《关于制定义务教育教学大纲的几点意见》中提出要把基础教育办成"社会主义公民的素质教育","而不能办成单纯的升学教育",第一次提出素质教育的概念①。之后,1988年关于素质教育的第一篇理论探讨性文章《素质教育是初中教育的新目标》刊登在上海教育(中学版)上,引发了社会各界对素质教育、应试教育的讨论。1992年的新课程计划中,就明确了德智体美劳全面发展的理念,提出要"根据儿童、少年身心发展规律合理安排课程","因材施教,促进学生个性的健康发展",这种论述更加增添了课程计划的学生视角,关注学生的个性健康发展和身心特点。1993年《中国教育改革和发展纲要》中"素质"一词就被使用了20余次,提出"中小学要由应试教育转向全面提高国民素质的轨道",初步表明了素质教育的观念,面向全体学生,全面提高学生的思想道德、文化科学、劳动技能和身体心理素质,促进学生生动活泼地发展。可以看到,从过去政策文本中很少对于学生的论述,更多的是关于知识及其社会目标的讨论,开始转向强调学生发展的多元面向,从学习者视角谈论课程教学变革的话语逐步显现。此后,大力发展素质教育被高度重视,成为基础教育面向跨世纪三大工程之一。1994年第二次全教会上,在《在全国教育工作会议上的总结讲话》的主题报告中,明确提出"基础教育必须要从'应试教育'转向'素质教育'的轨道上来,全面贯彻教育方针,全面提高教育质量"②。同年8月,《中共中央关于进一步加强和改进学校德育工作的若干意见》第一次正式在中央文件中使用了"素质教育"的概念③,表明了素质教育作为提高教学质量,开展课堂教学改革的指导思想和主流话语。1995年3月八届人大三次会议通过《中华人民共和国教育法》,原国家教委政策法规司在编写《教育法条文说明》中,对素质教育进行界定,明确素质教育包括"政治素质、思想素质、道德素质的培养""科学文化素质教育""身体素质教育""心理素质教育"四个方面④。1996年《中华人民共和国国民经济和社会发展"九五"计划和2010年远景目标》中第一次在中央政策文件中提出实施"素质教育"以后,"素质教育"作为鲜明的教育政策原则开始广泛出现在不同的政策文本中,成为新千年基础教育课程改革的主导政策话语。

---

① 改革开放30年中国教育改革与发展课题组. 教育大国的崛起(1978—2008)[M]. 北京:教育科学出版社,2008:125—126.
② 李岚清. 在全国教育工作会议上的总结讲话[N]. 中国教育报,1994-06-22.
③ 中华人民共和国教育部. 素质教育大事记[EB/OL]. (2005-10-12)[2024-01-12]. http://www.moe.gov.cn/jyb_xwfb/xw_zt/moe_357/s3579/moe_1081/tnull_12374.html.
④ 王钢成,张军. 从理想到实践:国家素质教育政策的演进[J]. 当代教育科学,2004(20):44—46.

素质和素质教育的提出,给我国课程政策话语带来的最直接的变化是开始兼顾个体和社会发展之间的平衡,除了关注学校教育和课程教学的社会功能以外,也开始逐步聚焦课程政策之于学习者主体经验建构的意义,以及对于促成学生综合发展的重要价值,包括"思想道德情操、科学文化知识、身体和心理素质、实践和动手能力,以及健康的个性"等更为多元的教育观。① 从表 5-15 对这一时期《课程·教材·教法》刊载的文章进行梳理,发现同课程政策相关的一些核心议题和专题报道,尤其是 20 世纪 80 年代中期以后,关于美育、德育、劳动教育以及个性发展等关乎学生发展全面性与多样性的讨论日益丰富。一方面,回应了特定时期国家课程政策的主导话语;另一方面,也反映出课程政策话语的讨论更加丰富,比如在议题中逐渐从以教学讨论为主转向以教学与课程并重的探讨;再一方面,更是显现出多元主体的对话,课程政策话语中理论话语、制度话语与和实践话语探索协同对话,对相关议题进行深入的探讨。

表 5-15 《课程·教材·教法》20 世纪 80 年代至 90 年代中期课程政策讨论重点②

年份	核心议题	专题报道	关注重点
1981	思想品德课 重点中学 人口教育	教材改革的设想与建议	教材改革
1982	思想教育 劳动技术课	思想教育专题	教材修订与审定
1983	爱国主义教育 生产劳动课	爱国主义教育	教学大纲
1984	"三个面向"美育 课业负担 升学率	思想教育与爱国主义	教学改革
1985	教育体制 职业技术教育 教育结构 自然课	教育"三个面向" 教学改革	教学改革
1986	义务教育 教学质量 课外活动	教学改革	教学计划 教学改革实验
1987	乡土教材/乡土史/乡土地理	中小学各科教学大纲简介 乡土教材建设 学制	学制改革

---

① 张志勇.素质教育的提出、内涵、发展及其实施环境[J].人民教育,2021(11):48—56.
② 课程政策的讨论重点是对《课程·教材·教法》自 1981 年以来每一年度有关课程政策相关文章进行统计分析,统计与分析的内容包括文章所讨论的主题、文章数量与文章聚焦的话语内容、会议及专题报道形式,根据统计结果汇总制定成本表格。参考董若云.改革开放 40 年来我国课程政策传播机制与意义建构研究[D].杭州:浙江大学,2018.

续 表

年份	核心议题	专题报道	关注重点
1988	抵制不良影响 社会课 德育	九年制义务教育教学大纲研究 整体改革实验与研究 高中课程研究 教材介绍及修订说明	课程改革
1989	思想政治课改革 整体改革	《现行普通高中教学计划的调整意见》 现行中学各科教学大纲修订说明 整体改革实验与研究	教学大纲
1991	个性 活动 计算机课	全日制中学教学大纲(修订本) 义务教育教材试验工作会议 教改实验及会议工作报告	教学大纲、高中教学计划
1992	面向全体学生 艺术教育 国情教育	《各学科思想政治教育纲要(试用)》实施意见 "义务教育教学大纲研究"专题 "九年义务教育教材介绍"专题 "教学改革实验"专题 上海市青浦县数学教改研讨会内容	教材试验工作、考试制度
1993	选修课 个性品质 德育 劳动技术课	义务教育课程、大纲和教材研究 中小学各科教材和教学法专题 义务教育教材和教学(人教版义务教育教材三年试验工作总结)	教学大纲、教学改革实验
1994	环境教育 社会主义教育体系 素质 教育体制改革	全日制小学、初级中学课程(教学)计划调整意见 "三个面向" 素质教育	教材建设
1995	素质教育 活动课和活动类课程 艺术学科	德育	教学计划
1996	愉快教学 德育大纲	小学低年级自然 教学高中教材与各科目试题评价报告 课程教材评价 教学效率	教学大纲与教材

也正是伴随着"素质"话语的不断显现,课程研究在政策驱动下也不断发展起来。一方面是引介国外的课程与教学理论的专著。从20世纪80年代中后期开始广泛地翻译西方课程理论著作和课程研究重要文献,早期的如劳顿的《课程研究的理论与实践》、比彻姆的《课程理论》、菲利浦·泰勒的《课程研究导论》、麦克尼尔的《课程导论》

等比较传统和规范的课程研究理论。到了20世纪90年代以来更为广泛地引入具有不同理论基础和研究取向的课程与教学研究的专著,包括多尔的《后现代课程观》、派纳等人的《理解课程》、多尔《课程愿景》、范梅南的《教学机智》和《生活体验研究》、弗莱雷的《被压迫者教育学》、佐藤学的《课程与教师》、富兰的《变革的力量》等;同时不断追踪国外课程研究的新趋向,介绍包括后现代课程理论、建构主义课程观、多元智能理论、叙事探究和自传理论、现象学课程理论、批判课程理论、女性主义课程理论、多文化课程理论等相关研究。另一方面,则是本土的课程专著与理论话语体系的建构研究。1989年陈侠的《课程论》、钟启泉的《现代课程论》和1991年廖哲勋的《课程学》等课程论专著的出版,标志着课程研究开始摆脱其教学论研究的附属地位,成为独立的研究领域,并日渐产生影响力。1990年10月,"课程发展与社会进步国际研讨会"在上海举行,是第一次在课程领域主办的国际性学术研讨会,课程改革的实践问题在中国受到了空前的重视,也带动了人们对课程理论及其问题的重新思考。这之后,课程研究不断丰富,除了继续介绍国外课程研究及其改革的相关成果以外,开始逐步确立课程研究体系,包括课程基本原理的研究,如施良方的《课程理论:课程的基础、原理和问题》、靳玉乐的《现代课程论》和《课程研究的方法论》等;课程史的研究,如汪霞的《国外中小学课程演进》、吕达的《课程史论》等;课程本体生成和实施过程研究,如钟启泉主编的《课程设计基础》;课程变革的专题研究,如杨玉厚的《中国课程变革研究》、白月桥的《课程变革论》、钟启泉的《国外课程改革透析》、《世界课程改革趋势研究》等;课程形态的研究,如有宝华的《综合课程论》、靳玉乐的《潜在课程论》、崔允漷的《开发校本课程:理论与实践》;以及学科课程论的研究,如张永春的《数学课程论》、郑军等人的《物理课程论》等,极大地拓展了课程研究的领域。[1][2] 再一方面,就是从20世纪80年代开始除了前面所说的关注教学改革实验以外,还开始逐步开展课程研究与实践的探索,开展了基于实证的一系列关于中小学综合课程的实验、校本课程、活动课程的实验、学校课程系统的整体改革实验等研究。具有代表性的有关于综合课程的实验,如1986年东北师范大学的初中综合课程设置和综合教学的研究实验、1988年上海开始的初中理科综合课程实验、1993年浙江全省的综合理科实验,以及之后的1996年上海和广东对高中综合文科与理科课程的研究等。1997年3月中国教育学会教育学分

---

[1] 靳玉乐,黄清.课程研究方法论[M].重庆:西南师范大学出版社,2000:309—313.
[2] 吕立杰.国家课程设计过程研究:以我国基础教育"新课程"设计为个案[M].北京:教育科学出版社,2008:86—89.

会正式批准成立全国课程专业委员会,标志着课程研究作为教育学的一个正式分支学科的重建已基本完成。

可以说,也正是素质教育话语驱动下的对课程、教学话语改革的关注,使得教育科学研究中课程研究这一分支得到了发展壮大,成为21世纪以后推动我国课程政策话语系统变革的重要力量。而这些理论和实践的探索,也推动着课程政策从专业的视角、实践的视角,尤其是从关注学习者发展的视角来建构和发展新时期的课程政策话语,逐步完善和丰富了课程政策话语中实质伦理的多元面向。不是只有国家的话语、政治、经济或社会的需要,课程本体的价值、知识与经验的本质规律、学习者的主体经验等多方面的平衡开始成为课程政策话语中更为综合的伦理考察需要。

第三节 改革开放以后课程政策话语的伦理困境与冲突

改革开放至20世纪90年代中后期这一阶段,课程政策的发展较前一阶段有了质的飞跃,尤其是1992年的新课程计划的颁布,进一步拓展了我国课程政策的话语空间。一方面,在课程目标的设置上,开始超越基本知识和技能的视角而日益强调学习者思想品德、科学态度、求知精神、健康身体、审美情趣、个性品质等多方面的素质;另一方面,相较于改革开放前的一系列的教学计划,对课程内容进行了现代化的建设,一定程度上降低了课时和减轻了课程内容的难度;再一方面,是优化了基础教育的课程结构,打破了过去单一的学科课程主导的模式,开始增加活动课程、选修课程和地方课程的比重;最后,则是整个课程系统开始从集中封闭走向相对的开放与民主,比如在课程管理制度和教材管理制度上逐步走向统一下的开放,给予地方一定的灵活性和选择权,更加强调课程教学的因地制宜和差异性发展。这些变化对于建构现代化的基础教育学校课程体系而言,是重要的起点和基础。但是这种变化也受到来自经济的、政治的、社会现实状况以及教育系统的历史经验的各种影响,在其发展壮大的过程中,呈现出各种各样的伦理矛盾和冲突。在这一阶段,有两个层面的较为显著的冲突:一是课程政策决策中伦理价值选择的冲突,即改革开放以后寻求效率主导的质量发展观和寻求社会公平尤其是基础教育的公平发展之间的平衡;二是整个社会所固有的面向知识本位的应试教育的主流教育话语与面向"人"的发展的素质教育话语的内在冲突,体现了社会文化认知层面的根本性冲突。

一、效率与公平的制衡:课程政策话语中的伦理交织

改革开放以后,当党和国家的工作重心转移到经济建设和现代化建设上来以后,教育领域的挑战是巨大的。一方面,这一时期教育发展的水平和规格无法满足国家经济社会发展对于人才的迫切需要,因此,需要一种超常规的发展战略,来多出人才、快出人才,追求效率主导的教育质量观就成为首选,这也使得整个课程政策的话语主流是效率导向的,即"使基础教育课程以更短的时间和更少的资源投入实现合格人才的培养",同时"在相同的时间内和相同的资源投入下实现更加优质的人才产出"[1]。另一方面,除了回应社会主义现代化建设的战略重点,冷战后新的世界格局以及整个世界范围内掀起的新技术与科学革命,使得20世纪80年代到90年代日益激烈的国际竞争更紧密地与人才培养结合在一起,国际教育领域提出了全民教育、教育民主化、教育公平以及教育主体价值等新的价值理念。在这样的背景下,要回应整个世界对于教育提出的新挑战也成为一种外在要求,这种要求开始从只关注教育的产出走向兼顾教育内在价值的建构。

改革开放以后我国的基础教育课程政策领域,关于追求效率和追求公平之间一直处于相互制衡的状态,成为一个相互依存的矛盾体。一方面,追求效率成为当时教育回应社会经济建设需要的一种必要选择;另一方面,在追求效率的过程中始终又要防止"学生在基础教育课程中出现不平等的等级或序差分化"[2],防止课程资源不公平的配置所带来的等级性的分化。所以,改革开放以后的课程政策话语的伦理选择,总是在试图寻求两者之间的有效平衡。

那么,如何在资源有限、资金有限的情况下以更少的教育投入产出更多的人才培养的回报,大致有两种方式。一种是通过加大对于课程的统一管理、定型化的课程结构、学科化系统化的课程内容、相对集中的教学方式和甄别性的评价方式,来集中课程的资源进行统一的管理和运作,从而达到课程资源的有效使用和目标导向的课程结果的产出。这也是改革开放以后,恢复教育秩序以来惯用的课程政策逻辑。可以看到,为了教育的拨乱反正,中央首先确立的就是将课程教学的管理权收归中央,颁布统一的教学计划、各科教学大纲和统编中小学教材,以提高课程政策的效率,最为显著的表现就是集中课程的管理并明确其标准。此外,明确课程的设置及其稳定的结构也是追求效率的一个重要特征。可以看到,1978年《全日制十年制中小学教学计划试行(草

---

[1] 龙安邦.基础教育课程改革中的效率与公平[D].重庆:西南大学,2013:46.
[2] 同上,第468页。

案)》颁布后规定了小学设8门课程、中学设14门课程,基本形成一种稳定的课程设置结构,后期的教学计划或课程计划的修订基本上是在原有的课程结构基础上进行调整、优化甚至是创新。不仅如此,明确课程内容的定位及其倡导的主要教学方法也能更高效地管理课程政策的具体运作。改革开放以后,教学计划或课程计划中逐步明确"双基"和学科本位的教学方式作为基础教育的主要任务与课程实施方式,这一传统也在课程教学领域占据不败之地,其根源也是在于学科本位和知识中心的教学对于教师传达教学内容上的效率原则(虽然不是对于学习者的学习经验建构的效率而言)。最后,通过统一考试确立评价的甄别机制,对于强化课程系统的效率更是至关重要。1977年10月21日,《人民日报》发表社论《搞好大学招生是全国人民的希望》,指出"文化考试,是考查学生政治理论、文化水平的重要办法之一,是择优录取的主要依据之一,一定要抓好","要把文化水平最优秀的选拔出来上大学"[1]。高考制度的恢复,尤其是学术化的文化考试,强调的是学生文化知识和科学知识的基础与运用,明确了考试和考查的基本评价方式,通过这种考试评价制度来选拔精英人才,并作为资源配置的依据,成为一种高效的措施。

另一种方式就是将有限的资源进行集中的配置,采用重点化的发展战略来满足经济社会对发展的迫切需要,进行重点投资、重点培养和重点发展。改革开放以后,邓小平同志就高度重视重点校建设政策,提出要先办好重点学校,才能早出人才。到了20世纪80年代以后,重点校政策开始全面铺开,并且将经济建设中让一部分人先富裕起来的思想带到教育领域之中,强调教育经费的投资和师资要集中,把先进地区先搞上去,而平均要求,什么都搞不上去。直至1994年国务院关于《中国教育改革和发展纲要》的实施意见中,还提出到2000年普通高中在校生要达到850万左右,每个县要面向全县重点班搞一两所中学。全国重点建设1000所左右实验性、示范性高中[2]。可见,在我国,重点发展的战略是在资源有限的条件下满足经济社会对人才发展需要的重要策略,也是一项能够集中财力物力人力产出相应成果的政策。

然而,这两种策略都会带来潜在的公平问题,甚至会影响社会整体效率的发挥。一是对于学习者个体而言,集中统一的课程管理、相对固定的课程结构、学科化的课程内容与甄选性的评价机制,能够保障一定时期国家或社会人才产出的质量与水平,但是过度统一的课程话语是否能够满足学习者不同的个性化需求,从而最大限度挖掘个

---

[1] 《人民日报》社论.搞好大学招生是全国人民的希望[N].人民日报,1977-10-21(1).
[2] 何东昌.中华人民共和国重要教育文献(1991—1997)[M].海口:海南出版社,1998:3661.

体的内在潜能,实现社会整体教育效率的提升,是存疑的。在这个意义上,教育社会效能的最大发挥并非取决于将有限资源的配置给被选拔出来的精英群体的分配效率,而取决于学校教育能否最大限度地激发学习者的潜能从而为社会效能积累更多个性化的实现条件。因此,从20世纪80年代开始,我国课程政策在追求统一与效率的同时,也开始进行课程系统的开放性和灵活性的改造。比如,先是1981年的重点中学教学计划中,提出了开设选修课的改革,之后则兴起了教材制度改革,开始推动"一纲多本"的教材实验;到了1990年和1992年的义务教育全日制中小学课程计划,则进一步在课程结构上进行分化,强调学科课程与活动课程的综合,设置综合课和选修课,安排国家课程和地方课程,进一步推动教材制度的改革。可以看到,课程政策话语在统一与放权、集中管理和自由选择、相对封闭和灵活开放之中始终有一种平衡,也给予地方、学校甚至学习者有一定的自主性,成为一种新的效率观念。

二是效率取向的课程政策对于教育资源的有倾向性的配置必然会带来课程主体之间的权力分化,进而造成课程资源分配的不均衡,以至于引发更严重的教育不公平和恶性的竞争主义,甚至带来更大的社会内耗。比如,改革开放以来的重点校的政策,由于在师资、装备、学生选拔和教材教法的使用上更有力地占有了公共的教育资源,也确实带来了教育的不公平以及片面追求升学率和应试教育的问题,名校的质量光环或升学效应使社会公众趋之若鹜,既在一定程度上反映了人们对优质教育的追求和现实教育供给的不相匹配的矛盾,但也滋生了社会不公的新现象。正因为如此,在推行效率优先的重点校政策的过程中,也存在这种隐忧,在政策话语建构中也一直试图平衡重点校和非重点校的关系,从原则上作出一些规定或声明。比如,1978年全国教育工作会议上,刘希尧在谈到集中力量办好一批重点学校时,就特别强调,"重点学校与非重点学校是互相学习,互相促进的关系,重点学校有责任采取各种办法帮助其他学校,如组织优秀教师进行示范教学,录音、录像供其他学校使用等,非重点学校要同重点学校开展社会主义竞争,树雄心,立壮志,共同攀登科学文化高峰"[①]。1982年教育部《关于当前中小学教育几个问题的通知》就指出,"要正确处理重点学校与非重点学校的关系,努力做到保证重点,兼顾一般"[②]。但是,从政策话语上进行原则上的平衡是一回事,但在实践领域中,虽然中央和教育部一直以来在各类官方的政策文本中强调要面向全体学生,要抵制高考排名、给学校下达升学指标、应试主义教学等学校课程教学中

---

① 何东昌.中华人民共和国重要教育文献(1976—1990)[M].海口:海南出版社,1998:1613.
② 范涌峰.我国基础教育变革的趋势及方法论转向[J].教育科学研究,2021(06):18—24.

出现的种种弊端和问题,但重点校政策对于资源的集中处置和分层化处理,一定程度上加剧了社会中已经广泛存在的竞争主义和分层主义,如只抓少数,忽视大多数;只抓毕业班,忽视非毕业班;突击复习、随意砍课、大量复习题攻关和为考试与升学而学等问题愈演愈烈,反过来成为遏制人才培养质量及其效率的杀手锏。

因此,这一时期课程政策话语中处处可以看到效率原则和公平原则之间潜在的制衡或者是相互交织。一方面,是社会主义经济建设的国家需求仍然是驱动课程政策的核心力量和主导价值,选择了更倾向于效率取向的路径;另一方面,课程教学发展对于学习者主体获得个性化发展的内在价值诉求以及适应性的效率观驱动下对于更为科学、开放和灵活的课程系统建构的需求,也驱动着课程政策话语中不断发展出面向公平的伦理取向,形成两种政策伦理取向的相互牵制。

二、面向学科知识的应试教育和面向"人"的素质的教育的冲突

1993年3月,国家教委发布了《关于减轻义务教育阶段学生过重课业负担、全面提高教育质量的指示》,提出"目前在相当一些地方学生负担过重问题仍较严重,必须高度重视,切实予以解决",并指出"解决中小学生课业负担过重问题的根本出路在于改革",尤其"要搞好中等教育结构的改革,实行小学后、初中后和高中后'三级分流',大力发展各种层次的职业教育,特别是中等职业教育,从宏观上解决中小学教育中普遍存在的'应试教育'模式问题"[①]。可以看到,我国高考改革恢复十年后,片面追求升学率的倾向日益严重,导致我国教育已经开始偏离教育的本质,这也成为素质教育话语逐步成型的现实背景。从改革开放到20世纪90年代中后期,我国课程政策话语中一直存在着一个根本性的伦理冲突,就是学校教育和课程教学究竟是面向学科知识的掌握及升学应试的需要,还是以"人"的全面发展为皈依,即课程是面向其外在的目的,客观知识的传递、竞争与升学而存在,还是面向学习者作为完整的人的发展的存在。这种冲突在这个时期的课程政策话语中始终存在,是因为这一时期的主导课程政策的效率观和质量观,尚无法从根本上化解这种矛盾。

首先,这一时期课程政策的工具主义的思维仍然是强势的,课程政策的出发点仍然是面向国家需求而较少关注学习者的个体存在。无论是基础教育的普及所谈及的

---

① 中共中央办公厅,国务院办公厅.国家教委发布《关于减轻义务教育阶段学生过重课业负担、全面提高教育质量的指示》(1993)[M]//何东昌.中华人民共和国重要教育文献(1991—1997).海口:海南出版社,1998:3487—3488.

"面向全体学生",还是重点校政策中所面向的"优秀的学生",抑或是现代化课程体系建构所面向的"社会主义现代化建设",都没有作为个体存在的学习者。因此,此时的课程政策话语对于素质教育的倡导还没有其稳固的社会基础。一方面,这一时期无论从国际竞争格局中西方势力对中国的遏制,还是中国自身的经济社会发展状况同发达国家甚至一些发展中国家存在差距的现实,都限制了教育对人的全面和自由发展的需求的满足。集中所有的力量提高国民经济水平和国家的整体实力,首先要保障的是全民基本文化和科学知识的普及与提高。换句话说,这一时期的课程政策还无法摆脱其主要服务于政治或经济建设的工具价值,进入公共领域,确立并致力于社会正义和公共服务的价值观。另一方面,长期以来高度集中和计划经济体制下所形成的社会关系还没有充分转型,因此,传统的文化价值观念仍然十分牢固。比如,传统社会中的阶层划分、等级主义、服从关系和精英主义的意识反映在教育和学校课程内部就表现为选拔主义、恶性竞争和应试主导的精英化的机制,使得追求升学率和应试主义之风愈演愈烈,进一步抑制了面向学习者的个性品质和人格的健全发展。不仅如此,宗族主义的传统文化对群体、集体或整体利益的尊崇,即"强调个体对集体、国家的义务与责任,却一定程度上漠视个体主观情绪要求、抑制个体主动性和创造性",[1]这些都使得面向"人"的全面发展的素质教育还没有形成较为成熟的社会结构的基础。

  其次,长期以来所形成的学科知识本位的课程教学观念也忽略了对于人的完整发展的多面性的要求。在20世纪五六十年代进行社会主义建设时期,我国基本沿用了苏联在20世纪30年代确定的课程教学体系,当时的课程体系以服务于政治和社会生产为主要目标,体现了强烈的学科本位色彩。这个传统在改革开放初期并没有转化,重视科学文化基础知识的传授和基本技能的训练,即所谓的"双基"教学,强调学科知识的系统化,将课程政策的主导话语引向了一个极端,即过度强调外在于学习者本身的客观知识,而忽略了学生的兴趣需要和个性丰富的发展。也正因为知识是客观外在于学习者本体的,课程教学过程中也没有学习者主体的存在,学习者更多的是知识的接受者而非建构者,"学生学习科学知识和技能的过程,是在有经验的教师指导下走一条快速掌握知识的捷径"[2]。认识论的观点注重学生的知识、技能的把握,认为学生在教学过程中主要是学习间接经验、书本知识,以教师讲授为主要形式进行再现式的教学。虽然,到了20世纪90年代以后,这种认识论观点已经开始慢慢转化。从前文对

---

[1] 曹大为.中国传统文化的历史定位与建构新文化的路径走向[J].中国社会科学院,2006(02):17—28.
[2] 黄济.教育哲学通论(下册)[M].太原:山西教育出版社,1997:490.

于课程政策话语变迁的论述中,也可以看到课程政策中已经逐步开始关注学生的智力、能力培养,以及学生个性品德、情感态度的全面发展。但是,这一阶段对于学生全面发展的诉求,仍然回归到对于国民素质和国家建设的整体需求上,没有真正从学习者作为知识建构者的角度以基于人的多样性和发展性的视角来看待学习主体。从这个意义上而言,应试教育、升学教育为什么能够在这一时期滋生壮大,同这一时期的知识观和认识论的相对陈旧,未能形成对学习者的兴趣、情感与个性品质的广泛且本质上的关注有根本的关系。

最后,虽然有所突破但相对刚性的课程安排及其实践难以平衡知识本位和人的全面发展的素质教育目标。尽管这一时期的教学和课程计划已经有了飞跃式的变化,但是从整体上而言,学科本位的分科课程主导、课程门类多、课时量大等现实情况,增加了学生的学习负担,尤其是以教师的知识传递为主,也一定程度上限制了学习者全面均衡发展的空间。此外,虽然改革开放以来单一的课程结构被打破,尤其是1992年以后开始尝试设置地方安排课程,但总体而言,地方课程、活动课程以及选修课程的开设相对较少,也有"地方课程不足、选修课程缺乏、学科课程对活动课程的挤压"[①]等现象。可以说,这一时期课程政策已经撬动原有的统一集中的课程系统,给课程教学带来了一定的开放性、灵活性和选择性,但还不足以为学习者的个性化发展和多元成长提供足够的支持。因此,这一时期的课程政策话语无法从根本上解决应试教育所带来的社会和教育的困局,也没法真正为面向学习者主体发展的课程伦理使命负责,要真正导向面向"人"的主体存在的素质教育,还需要进一步的破冰之旅。

---

① 彭泽平.改革开放以来我国基础教育课程改革评析[D].上海:华东师范大学,2004:19.

第六章　世纪之交以来课程政策话语建构及其伦理表征（1997年至今）

20世纪90年代后半期以后，我国进入了全面建设小康社会的重要战略时期，处在建立社会主义市场经济体制和实现现代化建设战略目标的关键阶段，加之国家的综合国力和国际竞争能力越来越取决于教育发展、科学技术和知识创新的水平，国力的强弱越来越取决于劳动者的素质，"培养同现代化要求相适应的数以亿计高素质的劳动者和数以千万计的专门人才"，"关系二十一世纪社会主义事业的全局"①。1996年，《全国教育事业"九五"计划和2010年发展规划》提出今后15年教育发展的基本指导思想，指出要"根据国民经济和社会发展规划和科教兴国战略，切实落实教育优先发展战略地位，推进教育体制改革，优化教育结构，提高教育质量和办学学校效益，使教育发展与未来我国社会和经济发展需要相适应"②。党的第十五次全国代表大会提出了跨世纪社会主义现代化建设的宏伟目标与任务，对落实科教兴国战略做出了全面部署，强调要切实把教育摆在优先发展的战略地位。全面推进素质教育，深化教育改革，培养适应21世纪现代化建设需要的社会主义新人成为这一时期教育发展的关键任务。2000年以后，政府出台了一系列的教育政策，开启了21世纪教育发展的新时代，推动新世纪教育和课程改革进入稳步发展的快车道。这一阶段的课程政策话语的建构可以分成两个明显的阶段：第一阶段是从1997

---

① 高举邓小平理论伟大旗帜，把建设有中国特色社会主义事业全面推向二十一世纪——江泽民在中国共产党第十五次全国代表大会上的报告.（1997年9月12日）[EB/OL].（1997-9-12）[2023-12-11]. https://fuwu.12371.cn/2012/09/27/ARTI1348726215537612.shtml.
② 国家教育委员会.全国教育事业"九五"计划和2010年发展规划[EB/OL].（1996-4-10）[2023-12-11]. http://www.moe.gov.cn/srcsite/A03/s7050/199604/t19960410_77143.html.

年到 2010 年间课程政策话语的建构,以辐射全国的大规模的课程改革为具体表征,接续前一时期素质教育话语的兴起,以素质教育为旗帜,以面向"每一位学生的发展"为宗旨,对课程目标、课程结构、课程内容、课程实施、课程评价和课程管理等各方面进行了系统与深入的变革,努力构建一套具有前瞻性和可操作性的课程体系;第二阶段是从 21 世纪的第二个十年开始到现在,在急剧变革的时代背景下,进一步优化与调整课程方案和各科课程标准,以核心素养作为课程政策话语建构的新旗帜,将聚焦核心素养、面向未来作为中小学课程方案与各科课程标准研制的基础理念,以此引导和促进课程教学方式与育人模式的根本转型,构建具有中国特色、世界水准的义务教育课程体系,实质性地推动并深化我国基础教育领域的改革与发展。

第一节 世纪之交以来课程政策话语的建构及其特征

一、全面推进素质教育时期的课程政策话语(1997—2010)

从 20 世纪 90 年代末开始,关于由"应试教育"向"素质教育"转变的问题逐步从一种政策引领和公开讨论,由一种公共观念和教育思想,发展并转化为教育领域的现实行动。在基本普及九年义务教育和基本扫除青壮年文盲的"两基"目标初步实现的基础上,全面推进素质教育,成为培养全面发展跨世纪人才、迎接 21 世纪挑战的重要战略举措。1999 年 1 月,《面向 21 世纪教育振兴行动计划》发布,提出实施"跨世纪素质教育工程",提高国民素质。1999 年 6 月中共中央、国务院《关于深化改革全面推进素质教育的决定》,2001 年 5 月《国务院关于基础教育改革与发展的决定》等一系列政策的出台,开始在政策话语中正式落实全面推进素质教育的工作。这一时期基础教育改革与发展成为深化教育改革,推进素质教育的重心,而课程教材教学改革更是成为落实素质教育的关键性环节,推动了这一时期课程政策话语的发展壮大。由此,我国基础教育领域开启了一场辐射全国、历时数十年的课程改革,通过开发现代化基础教育课程框架和标准、改革教育内容和教学方法、推行新的评价制度,在全国推行 21 世纪基础教育课程教材体系。

(一)全面推进素质教育时期课程政策话语的内容及其表征

这一时期教育与课程政策话语的主要内容就是明确跨世纪和面向 21 世纪的教育振兴和深化改革与发展的任务,落实素质教育的基本面向,并启动新的面向 21 世纪的基础教育课程体系的研制、实验和推行工作。从1999年1月开始,教育部基础教育司正式成立了"基础教育课程改革专家工作组",由来自全国5所师范大学、省教研室、教科院的课程、教育、心理方面的专家及中学校长代表40多人组成,负责基础教育课程改革的纲领性文件《基础教育课程改革纲要》的设计。2001年6月以后,教育部先后印发《基础教育课程改革纲要》《义务教育全日制学校语文等18科课程标准(实验稿)》《义务教育课程设置实验方案》等文件,并于2003年3月印发《普通高中课程方案和语文等十五个学科课程标准(实验)》,系统建构了符合素质教育要求的我国现代化基础教育课程教学体系,实现了课程基础理念、课程基本制度和课程体系的全面革新(见表6-1)。

表6-1 全面推进素质教育时期课程政策相关文件

	具体内容		具体内容
教育元政策	1997年10月国家教委关于当前积极推进中小学实施素质教育的若干意见 1999年1月国务院批转教育部《面向21世纪教育振兴行动计划》的通知 1999年6月中共中央国务院《关于深化教育改革全面推进素质教育的决定》(中发〔1999〕9号) 2001年5月国务院关于基础教育改革与发展的决定(国发〔2001〕21号) 2010年6月教育部关于深化基础教育课程改革进一步推进素质教育的意见	课程政策	2000年1月教育部关于在小学减轻学生过重负担的紧急通知 2000年1月教育部关于印发《全日制普通高级中学课程计划(试验修订稿)》的通知 2001年6月教育部关于印发《基础教育课程改革纲要(试行)》的通知 2001年11月教育部关于印发《义务教育课程设置实验方案》的通知 2002年4月教育部关于印发《全日制普通高级中学课程计划》的通知 2003年3月教育部印发《普通高中课程方案和语文等十五个学科课程标准(实验)》的通知

根据ROSTCM6.0软件分别对教育元政策和课程政策文本进行词频、高频词、语义网络、社会网络和共现矩阵等维度的分析,对整合文本进行分词后分析各得出179和173个高频词,结合政策文本的行特征词和语义网络进行综合,提炼出表6-2的关键词。从整体上而言,这一时期基础教育领域教育元政策和课程政策话语的内容非常聚焦:一是明确从应试教育到素质教育转化的根本任务,落实全面推进素质教育的政策主张;二是以基础教育课程改革为突破口,全面深化教育改革,系统构建面向21世纪的基础教育课程体系。

表6-2 全面推进素质教育时期教育元政策与课程政策文本高频词统计

	教育元政策文本	课程政策文本
主题与结构	改革、战略、素质教育、学生、发展、课程、中小学、基础教育、制度、义务教育、教材、体系、质量、社会主义、科学、德育、现代化、21世纪、计划、九年、科研、终身教育、人才、工程、提高、能力、高中、考试、思想、体制、创新、学习、深化改革、评价、调整、普及、重点、经费、财政、标准	课程、学习、社会实践、普通高中、能力、教学改革、基础教育、精神、技术、教材、综合、考试、体育与健康、课时、课程标准、义务教育、素质教育、思想、资源、选修课、劳动、创新、艺术、课程方案、品德、研究性课程、综合实践活动、自主、模块、体系、兴趣、态度、社会主义、个性、主动、社区服务、负担过重
论说模式	加强、建设、提高、培养、推进、全面、管理、完善、人民政府、地方、行政部门、实践、实验、服务、贯彻落实、实现、领导机制、调整、统筹、依法、规划、开发、参与、坚持、加快、投入、资金、确保、探索、任务	推进、改革、行政部门、规定、计划、组织、减轻、试行、结合地方、落实、试验、编写、问题、提高、推动、决定、促进、充分实践、设置、安排、开设、发展、教育部、实行、努力、创造、结构、体系、实际、管理、适应、培训、原则、制度

首先,这一时期教育和课程政策话语的重心主要指向推进和全面实施素质教育。承接上一阶段对于素质和素质教育的热议,全面落实由"应试教育"向素质教育转变开始成为这一时期主要的努力方向。一方面,在整个学术界和社会领域广泛开展实施素质教育的重要性的讨论,形成共识,为实施素质教育创造宽松环境;另一方面,从1996年2月开始以汨罗素质教育的经验为样本,开展了广泛的宣传与报道,进一步总结和推广汨罗等地区开展区域性素质教育的成功经验,推动素质教育改革步伐。1997年9月,在全国中小学素质教育经验交流会上指出"从'应试教育'向素质教育转轨的提法并不否定我们的基础教育","实施素质教育是在大好形势下提出的新任务"[①],并论述了全面实施素质教育是我国教育改革与发展的客观要求,强调要通过素质教育的实施改变我国的教育观念,实现从传统到现代化、从少数到全体、从个人权利到社会义务、从片面发展走向全面发展的根本转变。1997年10月教育部颁布了《关于当前积极推进中小学实施素质教育的若干意见》(以下简称《意见》),明确了"实施素质教育是迎接21世纪挑战,提高国民素质,培养跨世纪人才的战略举措",指出"素质教育是以提高民族素质为宗旨的教育","着眼于受教育者和社会长远发展的要求,以面向全体学生、全面提高学生的基本素质为根本宗旨,以注重培养受教育者的态度、能力,促进他们在

---

① 何东昌.中华人民共和国重要教育文献(1991—1997)[M].海口:海南出版社,1998:4261—4262.

德智体等方面生动、活泼、主动地发展为基本特征的教育","素质教育要使学生学会做人、学会求知、学会劳动、学会生活、学会健体和学会审美,为培养他们成为有理想、有道德、有文化、有纪律的社会主义公民奠定基础"①。可以说,《意见》在1995年《中华人民共和国教育法》对素质教育进行范畴界定的基础上,明确了素质教育的定义,也标志着我国教育改革真正进入以素质教育为根本指导的内涵式改革的阶段。1999年1月,国务院批转《面向21世纪教育振兴行动计划》,提出了六大工程的建设,其中就包括大力推进素质教育的"跨世纪素质教育工程",指出到"2000年初步形成现代化基础教育课程框架和标准、改革教育内容和教学方法、推行新的评价制度、开展教师培训、启动新课程的试验,争取经过10年左右的试验,在全国推行21世纪基础教育课程教材体系"②。同年6月,改革开放后第三次全国教育工作会议的召开,发布了中共中央、国务院《关于深化教育改革全面推进素质教育的决定》(中发〔1999〕9号),提出素质教育改革的基本政策主张和方向,并特别提出要"调整和改革课程体系、结构、内容,建立新的基础教育课程体系,试行国家课程、地方课程和学校课程;改变课程过分强调学科体系、脱离时代和社会发展以及学生实际的状况;抓紧建立更新教学内容的机制;加强课程的综合性和实践性,重视实验课教学,培养学生实际操作能力;要增强农村特别是贫困地区义务教育的课程、教材与当地经济社会发展的适应性;促进教材的多样化,进一步完善对基础教育教材的评审制度;积极推进教学改革,提高课堂教学的质量"③。这些政策文件的出台既标明了我国教育进入了推进素质教育、深化教育改革的阶段,也确立了这一时期课程政策话语的基本方向和整体结构。2001年5月29日,国务院发布《关于基础教育改革与发展的决定》(国发〔2001〕21号),明确确立基础教育在社会主义现代化建设中的战略地位,坚持基础教育优先发展,并在决定中提出要深化教育教学改革,扎实推进素质教育,尤其对于加快构建符合素质教育要求的新的基础教育课程体系提出要求,细化了改革要求,包括优化课程结构、调整课程门类、更新课程内容,引导学生积极主动学习;小学加强综合课程,初中分科课程与综合课程相结合,高中以分科课程为主;从小学起逐步按地区统一开设外语课,中小学增设信息技术教育课与综合实践活动,中学设置选修课。普通高中要设置技术类课程;中小学都

---

① 彭彩霞.中国基础教育课程政策三十年——基于政策语境视角[M].北京:中国社会科学出版社,2015:116.
② 何东昌.中华人民共和国重要教育文献(1998—2002)[M].海口:海南出版社,2003:217—222.
③ 中共中央国务院.中共中央国务院关于深化教育改革全面推进素质教育的决定[EB/OL].(1999-6-13)[2023-12-11]. https://neps.bnu.edu.cn/jyzck/a46eb575a9d74461ba8e845f543e4a17.htm.

要开展科学技术普及活动,加强劳动教育。农村中学课程设置要根据现代农业发展和农村产业结构调整的需要,深化"农科教相结合"和基础教育、职业教育、成人教育的"三教统筹"等项改革;实行国家、地方、学校三级课程管理,国家制定中小学课程发展总体规划,确定国家课程门类和课时,制定国家课程标准,宏观指导中小学课程实施,鼓励地方开发适合本地区需要的地方课程,学校可开发或选用适合本校特点的课程。教材编写核准、教材审查实行国务院教育行政部门和省级教育行政部门两级管理,实行国家基本要求指导下的教材多样化。① 这些具体的决定要求,构成了第八次基础教育课程改革的政策主要内容。

其次,就是这一时期全面启动基础教育课程体系的重构工作,编制《基础教育课程改革纲要(草稿)》,开启了一系列对于全日制高中课程计划及各科教学大纲、义务教育课程设置实验方案、义务教育各科课程标准、普通高中课程方案及课程标准的研制、试验与发布工作。1999年10月《基础教育课程改革纲要(草稿)》的形成,确立了课程改革专项政策的基本文本,基础教育课程教材改革工作全面启动。在建构新课程体系的同时,调整原有的课程计划、大纲和教材,也成为当时基础教育课程教材改革工作的重要部分。2000年1月,在对原国家教委颁布的《全日制普通高级中学课程计划(试验)》和语文等十二个学科的教学大纲的基础上,经1997年在江西、陕西和天津进行两年多的试验,在对试验中存在的问题进行分析和研究的基础上,修订为2000年的高中课程计划。该课程计划在高中设置必修课和选修课,增设综合实践活动课程,包括研究性学习、劳动技术教育、社区服务和社会实践四个部分,鼓励学生联系社会实际,通过亲身体验进行学习,发展创新精神、实践能力和终身学习能力;更是开始实施国家、地方和学校的三级课程管理体制。该计划在2000年秋季进一步扩大试验范围,在包括黑龙江、辽宁、山东、河南、安徽、江苏和青海等七省高一年级进一步进行试验。随后2000年11月,教育部印发义务教育阶段体育与健康、音乐、美术三科教学大纲(试用修订版);之后,教育部又印发了全日制普通高级中学英语、日语、俄语教学大纲(试验修订版);到2002年4月,教育部正式印发《全日制普通高级中学课程计划》。

---

① 中华人民共和国国务院. 国务院关于基础教育改革与发展的决定[EB/OL]. (2001-05-29)[2023-12-11]. http://www.moe.gov.cn/jyb_xxgk/moe_1777/moe_1778/201412/t20141217_181775.html.

表 6-3　全日制普通高级中学课程计划课程设置表①

学科		周课时累计※	必修、选修授课时数	总授课时数
思想政治	必修	6	192	192
语文	必修	12	384	384
外语	必修	12	384	384
数学	必修	8	280	332—384
	选修	2—4	52—104	
信息技术	必修	2	70	70—140
	选修	2	70	
物理	必修	4.5	158	158—306
	选修	5	148	
化学	必修	4	140	140—271
	选修	4.5	131	
生物	必修	3	105	105—183
	选修	3	78	
历史	必修	3	105	105—236
	选修	4.5	131	
地理	必修	3	105	105—209
	选修	4	104	
体育和健康	必修	6	192	192
艺术(音乐、美术)	必修	3	96	96
综合实践活动	研究性学习	必修	9	288	288
	劳动技术教育		每学年一周(可集中安排,可分散安排)	
	社区服务		一般应利用校外时间安排	
	社会实践		每学年 1 周(可集中安排,可分散安排)	
地方和学校选修课		11—19	340—566	

注:周课时累计指各学科每学年周课时之和。

2001 年 6 月 8 日,教育部印发了《基础教育课程改革纲要(试行)》,系统地建构了

---

① 课程教材研究所.20 世纪中国中小学课程标准教学大纲汇编·课程(教学)计划卷[M].北京:人民教育出版社,2001:405—406.

涵盖幼儿教育、义务教育和普通高中教育的基础教育新课程体系,标志着第八次基础教育新课程改革的全面启动。2001年秋季开始,义务教育各学科课程标准(实验稿)及其试验教材在38个国家课程改革试验区开展实验,同时探索三级课程管理的具体工作机制,探索评价、考试制度的改革。2001年10月,教育部颁发《关于开展基础教育新课程实验推广工作的意见》,确立了课程改革实验组织和推进工作的主要目标、工作任务和组织方式。在国家级实验区进行试点实验的基础上,各地教育行政部门也组织相关力量具体规划和落实省级课程改革实验区工作的组织、培训、经费等相关事宜。2002年秋季,实验区的规模扩大到同年级学生的10%—15%,除了新增4个国家级实验区(浙江省的三个和北京市海淀区)以外,528个省级实验区也开始启动;到了2003年秋季,全国各级实验区共1642个,试用新课程的学生数达到同年级学生的35%,实验区规模的不断扩张为2004年新课程进入推广,乃至2005年秋季新课程在全国范围内的启用起到了承接和奠基的作用。2003年3月,教育部印发了《普通高中课程方案》(实验稿)和各科的课程标准,形成了素质教育改革理念推动下适应时代发展要求的普通高中课程体系,同义务教育阶段的课程方案与标准进行有机的衔接。

表6-4 2001年义务教育课程设置实验方案课程设置及比例表①

	年级									九年课时总计(比例)
	一	二	三	四	五	六	七	八	九	
课程门类	品德与生活		品德与社会				思想品德	思想品德	思想品德	7%—9%
							历史与社会(或选用历史、地理)			3%—4%
			科学				科学(或选用生物、物理、化学)			7%—9%
	语文	语文	语文	语文	语文	语文	语文	语文	语文	20%—22%
	数学	数学	数学	数学	数学	数学	数学	数学	数学	13%—15%
			外语	外语	外语	外语	外语	外语	外语	6%—8%
	体育	体育	体育	体育	体育	体育	体育与健康	体育与健康	体育与健康	10%—11%

① 中华人民共和国教育部.教育部关于印发《义务教育课程设置实验方案》的通知[DB/OL].(2001-11-19)[2023-12-11]. http://www.moe.gov.cn/srcsite/A26/s7054/200111/t20011119_88602.html.

续 表

	年级									九年课时总计（比例）
	一	二	三	四	五	六	七	八	九	
	艺术（或选择：音乐、美术）									9%—11%
	综合实践活动									16%—20%
	地方与学校课程									
每周课时总数（节）	26	26	30	30	30	30	34	34	34	274
学年总课时（节）	910	910	1 050	1 050	1 050	1 050	1 190	1 190	1 122	9 522

表6-5　2003年普通高中课程方案①

学习领域	科目	必修学分（116学分）	选修学分Ⅰ	选修学分Ⅱ
语言与文学	语文	10	根据社会对人才多样化的需求，适应学生不同潜能和发展的需要，在共同必修的基础上，各科课程标准分类别、分层次设置若干选修模块，供学生选择。	学生根据当地社会、经济、科技、文化发展的需要和学生的兴趣，开设若干选修模块，供学生选择。
语言与文学	外语	10		
数学	数学	10		
人文与社会	思想政治	8		
人文与社会	历史	6		
人文与社会	地理	6		
科学	物理	6		
科学	化学	6		
科学	生物	6		
技术	技术（含信息技术和通用技术）	8		
艺术	艺术或音乐、美术	6		
体育与健康	体育与健康	11		
综合实践活动	研究性学习活动	15		
综合实践活动	社区服务	2		
综合实践活动	社会实践	6		

---

① 中华人民共和国教育部. 教育部关于印发《普通高中课程方案（实验）》和语文等十五个学科课程标准（实验）的通知[EB/OL].（2003-03-31）[2023-12-11]. http://www.moe.gov.cn/srcsite/A26/s8001/200303/t20030331_167349.html.

新世纪以来的课程政策话语以素质教育为旗帜,是在课程政策发展的基础上的重新建构,对课程系统的目标和功能、课程结构、课程标准、教学过程、教材开发与管理、课程评价、课程管理、教师的培养和培训等方面作出系统的革新。首先,在课程理念和课程文化上,新课程改革面向"每一位学生的发展",倡导和谐全面的教育,注重学生可持续发展与终身教育、注重学生主体经验、创新精神、实践能力、科学和人文素养,以及环境意识的发展,注重知识、技能、能力、态度、情感和价值观的身心综合发展,明确了课程的三维目标。其次,在课程结构上设置九年一贯的课程门类和课时比例,注重课程结构的均衡性,注重处理分科与综合、必修与选修的关系,尤其加强课程的综合性,开设了品德与生活、品德与社会、历史与社会、科学、艺术等综合课程与综合实践活动课程;在课程结构的选择性方面,减少国家课程比重,设置10%—12%的地方和学校课程。高中的课程则由学习领域、科目、模块三个层次构成,注重整体的设计,也强调学校灵活安排课程,形成学生个性的课程修习计划。再次,在课程内容上注重内容的基础性、时代性、实用性和选择性,精选终身学习所必备的基础知识和技能、增加体现时代性的具有现代性和创新性的内容、致力于学科内容同其他学科的整合、建立同社会实践的联系。最后,在课程教学上提倡学生的主动参与、探究发现与合作交流的学习方式,注重学生的经验与学习兴趣,强调新型的建立在对话交往基础上的师生关系。在课程评价上,倡导发展性和过程性评价,突出评价改进教学实践、促成学生发展的功能,注重评价内容的全面性、评价标准的综合性、评价方式的多样性、评价主体的多元性,而淡化评价用于甄别和选拔的作用。可以说,新世纪以来的课程政策话语涉及基础教育课程体系各个方面的改革要求,在课程基本制度方面也有显著的改进,如在教材管理上进一步推进多样化、选择性的教科书管理机制,确立教材编写和核准制度,形成国务院教育行政部门和省级教育行政部门的两级教材审查制度,实现一纲多本、编审分离;确立了教材实验制度和教材供应制度相结合的编、审、用教材管理制度;在教学管理方面引入了校本教学研究制度、民主管理和监督的学校管理制度;在课程管理上正式确立了国家、地方、学校三级课程管理政策,强调课程对地方、学校和学生的适应性,逐步推进课程权力的民主参与。

从2005年开始,根据新课程标准在实践中的使用情况,先是从数学课程标准开始,启动各科课程标准的修订工作。2008年12月,教育部2009年度工作会议指出"义务教育学科课程标准修订工作基本完成,普通高中课程改革实验扩大到21个省;初中毕业生学业考试与综合素质评价相结合的高中阶段招生改革全面实施,中考改革全面推进到制度建设的新阶段；以素质教育为导向、与高中课改相衔接的高考内容改革取得新的进展，普通高中课改试点省份高考综合改革深入推进"①。2009年10月29日，教育部召开全国基础教育课程改革经验交流会，会议全面总结了基础教育课程改革8年间的成效与不足，并对下一阶段深化课程改革的任务作出部署，提出要以科学发展观为指导，明确任务，抓好落实。2010年6月，教育部颁发《教育部关于深化基础教育课程改革进一步推进素质教育的意见》明确指出："当前，基础教育课程改革进入到了总结经验、完善制度、突破难点、深入推进的新阶段"，要进一步明确基础教育课程改革的主要任务，包括"构建体现先进教育思想的、开放兼容的基础教育课程体系"，"落实基础教育课程方案"，"大力推进教学改革。把教学改革作为深化课程改革的核心环节"，"健全和完善考试评价制度"以及"全面提升教师队伍实施新课程的能力"②。2011年，教育部颁布了19个科目的《义务教育课程标准（修订稿）》，并对现行的中小学教材进行修订，2015年印发了《小学语文新课程标准（最新修订版）》，2017年印发了《义务教育小学科学课程标准》等。由此可见，课程政策话语的持续优化与改进，成为新世纪以来课程政策建构与发展的重要工作方式。

从这一时期教育政策和课程政策话语的表达方式与论说模式来看，注重政策话语环境构建、强调政府驱动和地方行动，以及注重总体设计、系统规划、专业论证、实验推进和持续优化改进的话语表达构成了这一时期政策论说的主要特征。第一，从素质教育的理念提出，到实现向素质教育的转轨，以及在政策和实践领域全面推进素质教育的各种举措，是一个在强有力的政府力量驱动下的充分营造政策话语环境与生态的过程。这一时期，不仅在政策领域、在专业的教育学术领域、在公众的社会讨论领域，就素质教育及其落实展开了一场广泛的讨论，为全面推进素质教育成为我国教育改革与发展的标志性话语和指导思想创造了充分的社会基础。从1985年有关"素质"和"素质教育"的提法出现，到20世纪90年代中后期的有关基础教育和素质教育的大讨论，直到今天，以"素质教育"为关键词在"中国知网"搜索相关学术期刊、学位论文、会议和报纸文章，多达27.9万条目，更不用说在广泛的政策文本、领导讲话和公共网络平台

---

① 周济.深入学习实践科学发展观,促进教育事业优先发展科学发展——在教育部2009年度工作会议上的讲话[EB/OL].(2009-01-06)[2023-12-11]. http://www.moe.gov.cn/jyb_xwfb/gzdt_gzdt/moe_1485/tnull_29026.html.
② 中华人民共和国教育部.教育部关于深化基础教育课程改革进一步推进素质教育的意见[EB/OL].(2010-06-01)[2023-12-11]. http://www.moe.gov.cn/srcsite/A26/s7054/201006/t20100601_92800.html.

中的讨论。通过政策话语的社会性渲染推动全社会多元力量关注并参与教育和课程变革的热潮,可以说是史无前例的。这种政策话语的广泛论说也促成了来自于国家和政府行政力量的决策文化、来自专业领域力量的学术文化以及来自社会领域的公众文化的互动,进一步推动了政策话语表达中的多元参与。

第二,这一时期课程政策话语的表达特别注重政府的统一驱动和地方的适应性行动的结合,体现了这一时期对系统性、大规模、全局性教育和课程改革推进的特有的行动方式,有效地推动了这一时期改革效能的提高,体现了国家意志和地方行动之间的有机整合。基础教育课程体系的建构和改革是国家意志与核心价值观的直接体现,加之教育作为优先发展和基础战略,这一时期教育和课程政策话语的表达中政府主导是核心。可见的是,主要的改革方针政策、行动计划、决定或意见有些由教育部发布,有些则是由国务院发布,基本上确定了我国基础教育领域课程改革和课程体系建构的结构与方向,具有很强的权威性和稳定性,体现了"党和政府作为社会公共利益和群众意志的代表","在政策权力结构中处于政策中枢的地位"①。但与此同时,又特别强调加强地方各级教育行政部门乃至学校管理者和教师的课程管理与课程建构能力,强调在地方政府统筹领导下,实现课程改革工作在地化的实施。比如,在课程改革推进过程中,要求各省(自治区、直辖市)、市、县(市、区)和学校依据本地区与学校的特点,制定不同层次和阶段的课程改革政策实施计划;要求各地对基础教育课程改革进行督导评估;主张在达到国家规定的基础教育基本质量要求的前提下,有条件的地区和学校可逐步提高地方课程和学校课程的设置比例。这些政策话语的论说强化了实践中地方课程管理和实践的自主权和管理责任。在政策文本的表述中,国家和地方两个关键词成为政策文本中常常对应出现的高频词,推动了中央统一驱动和地方实践创生的结合,也构成了新时期课程政策实践的活力来源。

第三,这一时期的课程政策话语的表达特别强调系统设计、专业论证、实验试点、逐步推进和持续优化的思路与方式。这一时期所涉及到的课程政策建构的主要政策的文本,如《面向21世纪教育振兴行动计划》《基础教育课程改革纲要》《义务教育课程设置实验方案》以及中小学各科课程标准的研制等,都经历了缜密和细致的调研、研制、实验试点、推广评价的工作步骤,改变了过去课程政策话语建构中零敲碎打的模式,不是仅仅改变课程体系中的某一个方面,如教学计划或是课程内容本身,而是强调

---

① 黄忠敬.我国教育政策制定过程之探讨[J].教育理论与实践,2007(03):21—24.

改革的整体规划和系统变革。不仅如此,方案和各科课程标准也都经过数稿甚至数十稿的修改,不断根据使用情况和外部条件的变化进行修订与优化,形成了这一时期注重专业论证、实验验证、改进优化的工作作风,增强了政策话语建构和实践的科学性。值得一提的还有这一时期注重课程方案与标准的大规模的实验工作,这也使得课程改革通过一种国家性的课程改革实验的范式,来推动课程政策话语的发展。

(二)全面推进素质教育时期课程政策话语的意义建构

新世纪以来,我国基础教育课程领域这场声势浩大的课程政策变革,在深度、广度、层次和时间跨度上都是史无前例的,是在积累几十年来课程改革经验教训的前提下进行课程系统性转型的努力,也是对国际国内教育和社会发展整体形势和基本战略的正面回应。新课程改革提出了"一切为了每一位学生的发展"的核心思想,并在此指导下推动"应试教育"向素质教育的转型,实现全人发展的课程目标、均衡整合的课程结构、生活关联的课程内容、生成建构的课程实施、关注过程与尊重差异的课程评价及民主多样的课程管理制度等全方位课程改革目标,在课程政策话语的理念、制度和体系各个方面都实现了突破性的建构。特别值得一提的是,基于素质教育的课程政策话语在课程理念的革新上体现了时代精神的精髓,是这一时期课程政策话语建构的最突出的成就。

首先,就是这一时期的课程政策话语第一次全面树立起"以学生发展为本""为了每位学生发展"的价值观念。1949年后我国课程政策话语或服从于当时社会主义政治建设的意识形态需求,或服从于改革开放的经济与现代化建设的经济价值需求,虽然也开始逐步关注学习者主体发展的意义,但这一时期课程政策话语的建构强有力地发出"为了每位学生发展"的价值呼唤,是从教育自身的专业属性出发关照人的生存与发展的根本性意义的价值选择。即将学生视为具有发展潜力和需求、具有独立体验能力和生活意识的主体性存在,推动学生作为独立主体的完善与发展。正如钟启泉先生所说,"第八次课程改革区别于前七次课程改革的分水岭,就是课程从总体设计到课堂教学设计,始终把学生的发展放之于中心地位"[①]。可以说,这是我国课程政策发展史上课程专业意识的觉醒,是超越政治思维和经济思维的课程之于学生发展的重要转变。

其次,就是课程政策话语所倡导的从"应试教育"向素质教育的转型,隐含了"从精

---

① 钟启泉.中国课程改革:挑战与反思[J].比较教育研究,2005(12):18—23.

英主义向大众主义转型"①"从学科本位到生活关照的转型""从知识的被动接受者到知识的主动建构者和创造者"等一系列核心教育观念的转化。一方面,基础教育阶段不是专门人才培养的阶段,它致力于提高全体国民的素质,主要目的不在于甄别和筛选,不在于选拔和升学,而是关注每一个学习者的生动而活泼、全面而健康的成长,使他们不仅"具有爱国主义、集体主义精神,热爱社会主义,继承和发扬中华民族的优秀传统和革命传统;具有社会主义民主法治意识,遵守国家法律和社会公德;逐步形成正确的世界观、人生观、价值观",还要"具有初步的创新精神、实践能力、科学和人文素养以及环境意识;具有适应终身学习的基础知识、基本技能和方法;具有健壮的体魄和良好的心理素质",又能"养成健康的审美情趣和生活方式",目的在于让每个学习者"成为有理想、有道德、有文化、有纪律的一代新人"②,"把教学认识论推进到教学价值论的新高度"③。另一方面,课程政策话语通过课程内容的生活转向、课程结构的综合化改革、课程教学的个性化和多样化改造,传递了学生观、教学观的重要转变,即从强调学生主要是通过学习间接经验、书本知识,以教师讲授为主要形式进行再现式的学习,走向突显学生作为学习主体的自主体验和知识建构的重要性。建构式的学习强调学生"学"的中心,强调主体根据自己的经验积极建构知识,强调学习能力的养成和对学习过程的关注,并同时获得情感、态度和价值观的发展,课程从预定与统一走向生成与开放,以基于人的多样性和发展性的视角来看待课程建构的问题。在这个意义上,全面推进素质教育时期课程政策话语的建构,绝不仅仅是在课程形态上的浅表改革,而是涉及理念层面的深层次变革。

再次,就是这一时期课程政策话语的建构,集中体现了我国课程政策话语发展的连续性。许多课程教学领域长期存在并反复提及的问题,在新的时代契机中得以发展与突破,逐步在量变基础上实现质的转型。比如,课程政策话语中着眼于学生全面素质的提高,强调为学生健全人格的形成和态度、能力、知识诸方面的学习与发展创造条件的政策主张自改革开放以来就开始不断地讨论澄清和明晰化,并在跨世纪的教育改革与发展寻求大发展和系统转型的契机下,更为合宜地彰显和表达出来。又比如,减

---

① 钟启泉. 寻求课程范式的转型——中国大陆基础教育课程改革的进展与问题[J]. 比较教育研究,2003(01):6—10.
② 中华人民共和国教育部. 教育部关于印发《义务教育课程设置实验方案》的通知[DB/OL]. (2001-11-19)[2023-12-11]. http://www.moe.gov.cn/srcsite/A26/s7054/200111/t20011119_88602.html.
③ 袁利芬. 新课程改革的背景理论探讨[J]. 教育探索,2004(04):28—30.

轻中小学生学业负担的问题从20世纪50年代开始就一直存在于我国课程政策话语的讨论中,也正是在不断尝试和寻求解决的过程中,逐步从早期的缩减课时、删减科目、降低内容难度等"点"上的调整,开始探索通过重塑课程目标、优化课程内容、改革教学方式方法和推动评价改革等"面"上的整体优化路径。同样地,在课程管理制度的改革上,从统一控权走向分权管理是改革开放以来一贯坚持的课程改革的政策路径。20世纪80年代开始,我国就局部性地实验"一纲多本"的制度,从教材国定制发展到审定制,已经是对课程管理放权的尝试;20世纪90年代课程计划的发布开始提出"国家课程"和"地方课程"概念,亦是首次对课程管理体制进行明确的调整;直到新世纪以来,素质教育推动下的课程改革开始明确提出建立国家、地方和学校的三级课程管理体制,才全面规范了课程资源的开发、审定、选用和管理的多级管理制度。正是在这个意义上,这一时期的课程政策话语的建构并不只是新时期教育和课程系统自我革新和内在创生的结果,更是对改革开放以来课程政策发展的集大成。

最后,特别值得一提的是,我国课程政策话语建构的发展驱动了我国课程研究专业力量的成长与发展。正是教育改革和课程重建的背景下,基于课程教材研究和编制的需要,课程教学领域的问题日益受到重视,客观上促进了课程论的研究,并最终促使课程论从教学论中分离出来,成为教育学独立的分支学科。世纪之交所开展的国家课程改革更是迅速推动了课程领域的学科化建构,课程方案与标准的研制过程也是专业人员开展基础理论研究、国际比较研究、实践调研、政策分析的研究过程。1999年12月,为了落实《面向21世纪教育振兴行动计划》中的"跨世纪素质教育工程",教育部基础教育司启动了系列课程改革项目,发布了《国家基础教育课程改革项目概览》,涉及制订基础教育课程改革指导纲要、制定基础教育课程计划、制定基础教育课程标准、基础教育课程评价体系研究、基础教育课程管理体系的研究、课程资源(含教材)开发管理系统的研究、基础教育课程改革实验与推广、调整现行中小学课程计划与教学大纲、基础教育课程理论研究等九个大类的项目,每个项目又细分为若干分支。可以说,课程政策的发展为这一时期课程专业队伍的壮大和课程研究的发展,提供了外部动力,也一定程度上促成了我国课程政策话语和课程专业话语的有机整合。

二、聚焦核心素养育人时期的课程政策话语(2010年至今)

这一阶段我国进入全面建设小康社会、加快推进社会主义现代化的关键时期。不光国内的经济、政治、文化、社会和生态文明建设全面推进,国际竞争也日趋激烈,面向中国未来发展和中华民族的伟大复兴,对提高国民素质、培养创新创造人才提出了新的紧迫要求。2010年7月,中共中央、国务院印发了《国家中长期教育改革和规划纲要(2010—2020年)》,对21世纪第二个十年的工作进行了蓝图描绘,以"优先发展、育人为本、改革创新、促进公平、提高质量"作为工作方针,提出"到2020年,基本实现教育现代化,基本形成学习型社会,进入人力资源强国行列"的战略目标,"核心是解决好培养什么人、怎样培养人的重大问题,重点是面向全体学生、促进学生全面发展,着力提高学生服务国家服务人民的社会责任感、勇于探索的创新精神和善于解决问题的实践能力"[①],标志着全面实施素质教育为导向的课程政策进入了"新常态"时期。一方面,党和国家在各类重要的会议以及教育工作部署中,不断明确"立德树人"的教育根本任务、"五育并举"的育人宗旨以及"着力培养担当民族复兴大任的时代新人"的培养目标,系统回答党在新时代"培养什么人、如何培养人、为谁培养人"等根本问题。另一方面,随着素养导向的课程与教学的变革开始成为世界范围内教育变革的新标识,为了落实立德树人根本任务,教育部也以全面深化课程改革为抓手,系统推进关键领域的变革,开始研制学生发展核心素养体系和学业质量标准,聚焦核心素养的课程与教学深化改革成为落实立德树人的根本任务、发展素质教育的新面向。

(一)聚焦核心素养育人时期课程政策话语的内容及其表征

这一时期教育和课程政策话语主要内容紧紧围绕着落实立德树人的教育根本任务展开,尤其是指向培养能够担当民族复兴大任的时代新人,造就拔尖创新人才,以此为目标,努力提高人才自主培养质量,构建新时代中国特色社会主义的更高水平的人才培养体系和德智体美劳全面发展的教育体系。为了培养能够迎接时代挑战的创新创造人才和建构体现中国特色、反映世界水准的学校课程体系,聚焦核心素养、面向未来,明确学生应具备的适应终身发展和社会发展需要的必备品格和关键能力,依据核心素养内涵完善和修订中小学课程方案和课程标准。2017年12月《普通高中课程方案和语文等学科课程标准(2017年版)》的颁布以及2020年的修订,2022年4月《义务教育课程方案和课程标准(2022年版)》的颁布,开启了课程教学改革深化行动、转变育人方式,切实提高育人质量的新篇章(见表6-6)。

---

① 中华人民共和国教育部.国家中长期教育改革和发展规划纲要(2010—2020年)[EB/OL].(2010-07-29)[2023-12-11]. http://old.moe.gov.cn/publicfiles/business/htmlfiles/moe/info_list/201407/xxgk_171904.html.

表 6-6 聚焦核心素养育人时期课程政策相关文件

	具体内容		具体内容
教育元政策	2010 年 7 月中共中央、国务院印发《国家中长期教育改革和规划纲要(2010—2020 年)》 2014 年 4 月教育部关于全面深化课程改革落实立德树人根本任务的意见 2019 年 2 月中共中央、国务院印发《中国教育现代化 2035》 2019 年 6 月国务院办公厅关于新时代推进普通高中育人方式改革的指导意见 2019 年 7 月中共中央、国务院关于深化教育教学改革全面提高义务教育质量的意见 2020 年 10 月中共中央　国务院印发《深化新时代教育评价改革总体方案》 2021 年 7 月中共中央办公厅 国务院办公厅印发《关于进一步减轻义务教育阶段学生作业负担和校外培训负担的意见》 2023 年 5 月教育部办公厅关于印发《基础教育课程教学改革深化行动方案》的通知	课程政策	2017 年 12 月发布《普通高中课程方案和语文等学科课程标准(2017 年版)》 2020 年 5 月教育部关于印发普通高中课程方案和语文等学科课程标准(2017 年版 2020 年修订)的通知 2022 年 4 月教育部印发《义务教育课程方案和课程标准(2022 年版)》 2023 年 5 月教育部关于加强中小学地方课程和校本课程建设与管理的意见

根据 ROSTCM6.0 软件分别对教育元政策和课程政策文本进行词频、高频词、语义网络、社会网络和共现矩阵等维度的分析,对整合文本进行分词后分析各得出 180 和 174 个高频词,结合政策文本的行特征词和语义网络进行综合,提炼出表 6-7 的关键词。从整体上而言,这一时期基础教育领域教育元政策和课程政策话语的内容主要是对素质教育在新发展阶段的再聚焦和再出发:一是回应时代挑战和国家发展的重大战略主题,不断聚焦方向,坚持以人为本,明确"立德树人"的教育根本任务、"五育并举"的育人宗旨以及培养"有理想、有本领、有担当"的三有新人的目标;二是聚焦核心素养,面向未来,构建具有中国特色的中小学课程体系,修订新时代中小学课程方案与标准,推进课程、教学、教材、考试评价等关键领域的深化改革。

表 6-7 聚焦核心素养育人时期教育元政策与课程政策文本高频词统计

	教育元政策文本	课程政策文本
主题与结构	教育、学校、发展、学生、课程改革、提高、评价改革、质量、国家、课程标准、义务教育、素质、实践、育人、立德树人、全面发展、社会主义现代化、教材、中国特色、核心素养、时代、中小学、高中、学科、综合、教研、衔接、劳动、健康、质量监测、创新、科学	课程、学生、发展、教学、学习、课程标准、评价、综合改革、学科、社会主义、核心素养、育人、文化、必修、教材科学思想、课时、修订、课程方案、习近平、价值观、知识、精神、创新、艺术、劳动、选修、语文、外语、立德树人、创新、质量、社会主义、民族、传统、意识、精神、国家、技术、综合、思想政治

续 表

	教育元政策文本	课程政策文本
论说模式	加强、建设、完善、提高、培养、全面、推进、管理、制度、资源、健全、服务体系、政府、地区、落实、组织、培训、研究、加快、统筹、鼓励、深化改革、思想、引导、领导、重点、督导、优化、区域、扩大、战略、试点、监测、协调	指导、加强、实践、地方、建设、落实、问题、规划、促进、建立、安排、选择性、管理、强化、开发、质量、组织、保障条件、统筹、完善、规定、任务、探索、进一步、导向、体系、改革、提高、提升、探索、改进、积极、监测、方案、设计、开发、引导、统一

首先,进入21世纪的第二个十年,党和国家通过各类重要的政策会议和教育工作部署,不断明确教育事业在新的历史起点上的目标定位,确立"立德树人"的教育根本任务,"五育并举"的育人宗旨以及"着力培养担当民族复兴大任的时代新人"的培养目标,系统回答党在新时代"培养什么人、如何培养人、为谁培养人"等根本问题。从2010年国务院发布的《国家中长期教育改革和发展规划纲要(2010—2020年)》开始,国家就围绕"培养什么人、怎样培养人"等重大问题进行整体规划,提出"坚持以人为本、全面实施素质教育是教育改革发展的战略主题,是贯彻党的教育方针的时代要求","重点是面向全体学生、促进学生全面发展,着力提高学生服务国家服务人民的社会责任感、勇于探索的创新精神和善于解决问题的实践能力",并明确指出了"坚持德育为先、立德树人"、"坚持能力为重"和"坚持全面发展"三个方面的改革重点。① 2013年,围绕党的十八大报告提出的"深化教育领域综合改革"总体要求,党的十八届三中全会通过《中共中央关于全面深化改革若干重大问题的决定》,进一步明确了教育改革的攻坚方向和重点举措,要求"全面贯彻党的教育方针,坚持立德树人,加强社会主义核心价值体系教育,完善中华优秀传统文化教育,形成爱学习、爱劳动、爱祖国活动的有效形式和长效机制,增强学生社会责任感、创新精神、实践能力"②。2017年,党的十九大报告和全国教育大会继续明确人才培养的根本问题,指出"要全面贯彻党的教育方针,落实立德树人根本任务,发展素质教育,推进教育公平,培养德智体美全面发展的社会主义建设者和接班人",特别提出要"培养担当民族复兴大任的时代新人",尤其指出"青年一代有理想、有本领、有担当,国家就有前途,民族就有

---

① 中华人民共和国国务院. 国家中长期教育改革和发展规划纲要(2010—2020年)[EB/OL]. (2010-07-29)[2023-12-11]. http://www.gov.cn/jrzg/2010-07/29/content_1667143.htm.
② 中华人民共和国中央人民政府. 中共中央关于深化改革若干重大问题的决定[EB/OL]. (2013-11-18)[2023-12-11]. https://www.workercn.cn/243/201311/18/131118070708354_6.shtml.

希望"①,并在全国教育大会的讲话中提出"要努力构建德智体美劳全面培养的教育体系,形成更高水平的人才培养体系"②。2022年10月,党的二十大报告则旗帜鲜明地提出"教育、科技、人才是建设社会主义现代化国家的基础性、战略性支撑","坚持以人民为中心发展教育,加快建设高质量教育体系,发展素质教育,促进教育公平","育人的根本在于立德","坚持为党育人、为国育才,全面提高人才自主培养质量,着力造就拔尖创新人才"的政策主张③。可以说,21世纪的第二个十年,是党和国家关于新时期教育发展战略和育人蓝图日渐明晰与聚焦的十年,从"立德树人""五育并举"到"三有新人"等标识性话语的提出,为新时代中国特色社会主义的人才培养指明了根本方向。

其次,就是通过全面深化课程改革作为立德树人工作的切入点和主要载体,扫清人才培养的重大体制、机制障碍,聚焦核心素养、面向未来,重新修订课程方案与各科课程标准,着力构建具有中国特色的基础教育课程体系,加快我国从教育大国向教育强国、从人力资源大国向人力资源强国迈进的步伐。2014年4月,教育部发布《关于全面深化课程改革落实立德树人根本任务的意见》(以下简称《意见》),《意见》将党的十八大和十八届三中全会关于立德树人的要求落到实处,强调要充分发挥课程在人才培养中的核心作用,进一步提升育人水平,促进学生的全面健康发展。一方面,提出要系统研制学生发展核心素养体系和学业质量标准,研究提出各学段学生发展核心素养体系,明确学生应具备的适应终身发展和社会发展需要的必备品格和关键能力;研究制订中小学各学科学业质量标准,根据核心素养体系,明确学生完成不同学段、不同年级、不同学科学习内容后应该达到的程度要求。另一方面,则是修订课程方案和课程标准。依据学生发展核心素养体系,进一步明确各学段、各学科具体的育人目标和任务,完善高校和中小学课程教学有关标准④。在整体规划

---

① 习近平.决胜全面建成小康社会 夺取新时代中国特色社会主义伟大胜利——中国共产党第十九次全国代表大会上的报告[EB/OL].(2017-10-27)[2023-12-11].http://www.gov.cn/zhuanti/2017-10/27/content_5234876.htm.
② 习近平.培养德智体美劳全面发展的社会主义建设者和接班人[EB/OL].(2018-09-10)[2023-12-11].http://www.moe.gov.cn/jyb_xwfb/s6052/moe_838/201809/t20180910_348145.html.
③ 习近平.高举中国特色社会主义伟大旗帜 为全面建设社会主义现代化国家而团结奋斗——在中国共产党第二十次全国代表大会上的报告[EB/OL].(2022-10-16)[2023-12-11].http://www.news.cn/politics/cpc20/2022-10/25/c_1129079429.htm
④ 中华人民共和国教育部.教育部关于全面深化课程改革落实立德树人根本任务的意见[EB/OL].(2014-04-08)[2023-12-11].http://www.moe.gov.cn/srcsite/A26/jcj_kcjcgh/201404/t20140408_167226.html.

的基础上,率先启动德育、语文、历史统编新教材的编制,以及普通高中课程修订工作。在这样的部署下,2014年7月,教育部基础教育二司委托教育部基础教育课程教材专家工作委员会对核心素养总体框架进行了审议,8月教育部基础教育二司委托专家工作委员会组织课程、教学、评价、教研、管理等方面专家进行"核心素养与课程标准衔接转化研究",深入探究在课程标准中落实核心素养的方略。2015年1月,专家工作委员会审议了核心素养与课程标准衔接转化的研究成果,并赞同研究组所提出的核心素养落实方式,同年4月和次年年初,基教二司两次将核心素养初稿和研究报告报送教育部有关部门进行意见征集。在正式征求了省级教育行政部门的意见后,基教二司委托中国教育学会征求各省市教育学会以及相关分支机构的意见,并积极召开专题座谈会听取一线教育实践专家的意见①。最终,在2016年9月13日,正式发布中国学生发展核心素养研究成果。正是在这个意义上,2016年也被称为中国的核心素养元年。

2017年12月,教育部率先发布了《普通高中课程方案》(2017年版)及各科课程标准。这一版本的课程方案及其标准是教育部从2013年启动对2003年教育部印发的课程方案与标准的修订,尤其是总结21世纪以来我国普通高中课程改革的宝贵经验,借鉴国际课程改革的优秀成果,形成的新时期的以学科核心素养为框架的普通高中课程方案及其标准。其后,从2018年秋季开始实施后,又根据改革过程中存在的问题,进行针对性的修改完善,并于2020年发布了修订版。修订后的课程方案进一步明确了普通高中教育的定位,"普通高中教育的任务是促进学生全面而有个性的发展,为学生适应社会生活、高等教育和职业发展做准备,为学生的终身发展奠定基础","要在义务教育的基础上,进一步提升学生综合素质,着力发展学生核心素养",使其"具有理想信念和社会责任感"、"具有科学文化素养和终身学习能力"、"具有自主发展能力和沟通合作能力"②,从素养观的视角提炼了普通高中人才培养的目标。在课程设置上,进一步优化了课程结构,普通高中开设语文、数学、外语、思想政治、历史、地理、物理、化学、生物学、技术(含信息技术和通用技术)、艺术(或音乐、美术)、体育与健康科目和综合实践活动、劳动等国家课程,以及校本课程。课程由必修、选择性必修、选修三类课

---

① 汪瑞林. 中国学生发展核心素养研究课题组负责人答记者问[EB/OL]. (2006-09-14)[2023-12-11]. http://www.jyb.cn/china/gnxw/201609/t20160914_673092.html.
② 中华人民共和国教育部. 普通高中课程方案和语文等学科课程标准(2017年版2020年修订)[EB/OL]. (2020-05-11)[2023-12-11]. http://www.moe.gov.cn/srcsite/A26/s8001/202006/t20200603_462199.html.

程构成,其中,必修、选择性必修为国家课程,选修为校本课程,增加了劳动课程。在学科课程标准的研制上,则是凝练了学科核心素养,对新世纪以来第八次课程改革中的知识与技能、过程与方法、情感态度与价值观的三维目标进行了整合,强调学生学习本学科后对于学科的本质观念、思维模式与探究技能和必备品格的达成;具体的各科教学内容上进一步结构化,强调以主题、大概念或其他内容结构化的方式促进知识的关联与整合;并在各科课程标准中研制了学业质量标准,明确学生完成学科学习任务后学科核心素养应达成的水平。可以说,《普通高中课程方案(2017年版2020年修订)》及各科课程标准,是基于学科核心素养的框架建构的新时期的课程要求,聚焦学科的育人功能、学科实践与应用能力,强调课程系统面向学习者发展和面向未来的属性。

表6-8 普通高中课程设置与学分安排表[①]

科目	必修学分	选择性必修学分	选修学分
语文	8	0—6	0—6
数学	8	0—6	0—6
外语	6	0—8	0—6
思想政治	6	0—6	0—4
历史	4	0—6	0—4
地理	4	0—6	0—4
物理	6	0—6	0—4
化学	4	0—6	0—4
生物学	4	0—6	0—4
技术(含信息技术和通用技术)	6	0—18	0—4
艺术(或音乐、美术)	6	0—18	0—4
体育与健康	12	0—18	0—4
综合实践活动	8		

[①] 中华人民共和国教育部.普通高中课程方案和语文等学科课程标准(2017年版2020年修订)[EB/OL].(2020-05-11)[2023-12-11]. http://www.moe.gov.cn/srcsite/A26/s8001/202006/t20200603_462199.html.

续表

科目	必修学分	选择性必修学分	选修学分
劳动	6		
合计	88	≥42	≥14

注:校本课程不少于14学分。其中,在必修和选择性必修基础上设计的学科拓展、提高类课程之外的课程不少于8学分。

2019年,教育部启动了义务教育课程方案及各科课程标准的修订工作,经过近三年的研发、修改、征求意见和审定,于2022年4月公开发布义务教育课程方案以及16科的课程标准,标志着我国九年义务教育阶段核心素养导向的学校课程系统的重构与优化,形成了同高中课程方案与标准相互衔接与统一的系统。相较于2001年颁布的《义务教育课程设置实验方案》和2011年颁布的修订后的义务教育各科课程标准,新修订的方案与标准进一步完善了培养目标,提出"义务教育要在坚定理想信念、厚植爱国主义情怀、加强品德修养、增长知识见识、培养奋斗精神、增强综合素质上下功夫,使学生有理想、有本领、有担当,培养德智体美劳全面发展的社会主义建设者和接班人"[1],三有新人的具体目标指向义务教育阶段学生素养发展的关键面向——正确的价值观、关键能力和必备品格。此外,在课程设置上进一步优化,落实党中央、国务院"双减"政策要求,在保持义务教育阶段九年9522总课时数不变的基础上,将小学原品德与生活、品德与社会和初中原思想品德整合为"道德与法治",进行一体化设计;改革艺术课程设置,一至七年级以音乐、美术为主线,融入舞蹈、戏剧、影视等内容,八至九年级分项选择开设;将劳动、信息科技从综合实践活动课程中独立出来;科学、综合实践活动起始年级提前至一年级。在课程内容上,一方面,对课程内容进行结构化组织,打破散点式知识和技能组合的内容排列方式,用大观念(大概念)、任务群、主题、大单元、(跨)学科概念等方式进行课程内容重组;另一方面,则加强了综合化,通过综合课程的设置和跨学科主题学习模块的统筹,强化课程内容与学生经验、社会生活的联系,拓展课程的育人功能。其中,各门课程用不少于10%的课时设计跨学科主题学习。同高中一样,新修订的义务教育阶段各科课程标准也研制了学业质量标准,主要根据核心素养发展水平,结合课程内容,整体刻画不同学段学生学业成就的具体表现特征,将学业质量标准同核心素养协同,尤其强调"教—学—评"有机衔接,强化考试评价与

---

[1] 中华人民共和国教育部.义务教育课程方案(2022年版)[M].北京:北京师范大学出版社,2022:2—3.

课程标准、教学的一致性,在日常教学中则强化过程评价、探索增值评价、健全综合评价,创新评价方式方法,来全面改进和更新评价观念与方法。

表6-9 义务教育各科目安排及占九年总课时比例表①

	年级									九年总课时(比例)
	一	二	三	四	五	六	七	八	九	
课程	道德与法治									6%—8%
	语文									20%—22%
	数学									13%—15%
			外语							6%—8%
							历史、地理			3%—4%
			科学				物理、化学、生物学（或科学）			8%—10%
							历史、地理			3%—4%
			信息科技							1%—3%
	体育与健康									10%—11%
	艺术									9%—11%
	劳动									14%—18%
	综合实践活动									
地方课程	由省级教育行政部门规划设置									
校本课程	由学校按规定设置									
周课时	26	26	30	30	30	30	34	34	34	
新授课总课时	910	910	1050	1050	1050	1050	1190	1190	1122	9522

说明:本表按"六三"学制安排,"五四"学制可参考确定。

可以说,义务教育阶段课程方案与标准的修订与高中课程方案与标准的修订是一脉相承的,都体现了十八大以来我国教育现代化对于立德树人、应对人才培养新挑战和教育改革发展的新要求进行的课程深化改革,以"坚持全面发展、育人为本,面向全

---

① 中华人民共和国教育部.义务教育课程方案(2022年版)[M].北京:北京师范大学出版社,2022:9.

体学生，因材施教，聚焦核心素养、面向未来，加强课程综合，注重关联，变革育人方式，突出实践"的课程建设的原则，全面建构我国基础教育领域聚焦核心素养的现代化学校课程体系。为了推进素养面向下的新课程新教材的实施，2019年6月，国务院办公厅发布了《关于深化普通高中育人方式改革的指导意见》，强调要构建全面培养体系，全面实施新课程新教材，推进适应学生全面而有个性发展的教育教学改革逐步深入。2023年5月，教育部办公厅印发了《基础教育课程教学改革深化行动方案》，提出要有组织地持续推进基础教育课程教学深化改革，形成配套性的常态长效实施工作机制，形成基础教育课程教学改革新气象。可见，我国教育和课程政策话语的发展正在开启现代化的教育和课程治理的新征程。

从这一时期教育政策和课程政策话语的表达方式与论说模式来看，与时俱进、彰显时代性与未来性，统筹安排、系统优化、点面结合、体系重构与关键领域兼顾的话语趋势尤其显著，构成了这一时期政策论说的主要特征。一方面，虽然课程政策的话语总是不断在发展变化和调整，但是21世纪的第二个十年以来，教育和课程政策话语在表达与论说的过程中，表现出尤为突出的时代感、对未来的关照和忧患意识。21世纪以来，社会生产和经济增长模式的内生性转变、信息与通信技术的变革、知识经济的变革、全球格局与关系的变迁等，不断增加的不确定性和危机挑战的常态化重新勾勒着对未来学习者的期望，加之疫情所彰显的人类社会的脆弱性及其所暴露的现有学校系统和课程教学的适应性弱与弹性不足的问题，也在促使我们思考如何在人类社会转型和重大变迁的关键转折点，帮助学习者面对当下和未来的挑战，成为理解复杂性、适应性强、灵活的终身学习者和问题解决者。这一时期课程政策话语的表述中，字里行间处处透露着对于整个人类社会时代变迁、对于我国政治经济社会发展的时代战略、对于教育深入改革与发展的新的内涵时代的思考和警醒，因此"面向未来""奠基未来""适应未来发展""培养时代新人""适应时代发展要求""反映时代要求""全球化时代""习近平新时代"等表述方式贯穿教育元政策和课程政策论述始终，给予政策话语特别的时代使命、责任和挑战任务的迫切性与重要性。这种面向未来、新时代的话语论说的方式，并不是一种简单的时代更迭，更多地体现了一种范式转型的意义。正如2019年2月中共中央、国务院印发的《中国教育现代化2035》中对到2035年的教育现代化事业提出的整体要求所描述的那样，教育现代化的八大基础原则："更加注重以德为先，更加注重全面发展，更加注重面向人人，更加注重终身学习，更加注重因材施教，更加注重知行合一，更加注重融合发展，更加注重共建共享"①。可以看到,整个教育和课程领域的政策话语开始从大众教育走向公平而有质量的人人教育,更关注完整育人的教育观,强调可持续的发展、创新创造、实践应用与问题解决的综合素养的提升,开始对时代变革、社会发展与人民教育的具体需要有了更敏锐的识别与回应,标志着我国开始进入一个教育治理体系与治理能力现代化的崭新阶段。

另一方面,注重统筹安排、系统优化、点面结合,强调体系重构与聚焦关键领域改革并进,是这一时期教育与课程政策话语表达与论说的另一个大特征。其一,课程政策话语的建构并非单一战略,而是党和国家对于教育系统整体改革与系统优化的统筹安排中的重要面向。从2014年的《教育部关于全面深化课程改革落实立德树人根本任务的意见》将课程改革作为立德树人工作的切入点以来,在整个教育大系统中,各种体制机制的改革都在做通盘的统筹。2019年6月,国务院办公厅发布了《关于深化普通高中育人方式改革的指导意见》;同年7月,中共中央、国务院发布了《关于深化教育教学改革全面提高义务教育质量的意见》;10月,中共中央、国务院印发了《深化新时代教育评价改革总体方案》,以及2021年中共中央办公厅国务院办公厅印发《关于进一步减轻义务教育阶段学生作业负担和校外培训负担的意见》,提出有效减轻义务教育阶段学生过重作业负担和校外培训负担,提升学校教育质量,缓解社会焦虑,构建良好的教育生态。这一系列相关的教育政策主张,都是从体制机制入手深化改革,着眼于建设高质量的教育体系,强化学校育人的主体地位,统筹学校、社会、家庭力量形成三位一体的育人格局,全面提升自主的人才培养质量,以促进学生全面发展和健康成长为根本宗旨。因此,聚焦核心素养的人才培养是这一时期加快推进教育现代化、建设教育强国、办好人民满意的教育、深化教育教学改革、全面提高义务教育质量的系统部署,是站在实现中华民族伟大复兴的战略高度的政策选择——既要解决当前学校教育系统与课程教学的现实问题,对学校教育系统存在的积重难返的重大问题进行深刻改革;更要为培育时代新人构建面向未来的育人体系、全面提升人才培养质量,以及建设健康积极的教育生态与育人氛围。其二,这一时期主要教育和课程改革计划与政策文件基本上遵循着系统优化和深化关键领域改革并行的逻辑。比如,《国家中长期教育改革和规划纲要(2010—2020年)》中除了系统安排十年改革规划,还特别强调设置

---

① 中华人民共和国中央人民政府. 中共中央、国务院印发《中国教育现代化2035》[EB/OL]. (2019-02-23)[2023-12-11]. http://www.moe.gov.cn/jyb_xwfb/s6052/moe_838/201902/t20190223_370857.html.

重大项目和改革试点,以加强薄弱环节和关键领域为重点,完善机制,组织实施一批重大工程,如推进素质教育改革试点,建立减轻中小学学生课业负担的有效机制;开展高中办学模式多样化试验,开发特色课程;探索弹性学制等培养方式;建立教育质量监测、评估体系,定期发布测评结果;考试招生制度改革试点,完善初高中学业水平考试和综合素质评价等。同样地,《教育部关于全面深化课程改革落实立德树人根本任务的意见》也强调系统改革基础上的重点突破,聚焦课程改革的关键领域和主要环节,针对制约课程改革的体制机制障碍,集中攻关,重点推进,在研究制订学生发展核心素养体系和学业质量标准、修订课程方案和课程标准、编写与修订高校和中小学相关学科教材(尤其是组织统编三科教材)、加强考试招生和评价的育人导向等十个重点领域深化改革。《关于深化教育教学改革全面提高义务教育质量的意见》中特别强调了加强课程教材建设、完善招生考试制度、健全质量评价监测体系、发挥教研支撑作用、激发学校生机活力推进现代学校制度建设以及实施义务教育质量提升工程五个关键领域改革,为切实提升教育质量创造条件。总的来说,强化统筹安排、整体思维和战略布局,又在细处强调重难点攻坚和深化关键领域改革,是这一时期教育和课程政策话语论说的重要内在机制,有效地推动着教育和课程变革行动的高效展开。

(二)聚焦核心素养育人时期课程政策话语的意义建构

总的来说,新世纪以来课程政策的话语是在素质教育的话语氛围中逐步发展起来,并不断更新和优化其发展路径与问题的过程。在中国,如果说21世纪的第一个十年是推动素质教育背景下课程改革的顶层设计与思想理念的观念养成期,那么第二个十年则是聚焦课堂变革、倾听儿童声音、重塑教师专业品性、深化和拓展改革的理论与实践图景的潜心变革期;如果说第一个十年作为课程政策话语建构基础的"素质教育"是针对解决"应试教育"传统中积重难返的问题所提出的一个政策话语的符号,那么第二个十年以来所强调的"立德树人"和"核心素养"的话语主流则是对素质教育内涵更具时代性和具象性的刻画,希望通过"核心素养"的概念带来思维的根本转化,尤其是实现儿童观、学业质量观和评价观等方面的系统革新。新世纪以来的课程政策话语的建构及其变迁经历了内涵变化的不同阶段,但是它们之间并不是相互替代的关系,而是彼此注释、不断深化的过程。聚焦核心素养育人时期的课程政策话语所体现出的强化育人主旨和育人方式的变革,推进课程治理的规范化和现代化改造,以及放眼世界、立足中国的课程建构的觉悟,是这一时期课程政策话语探索新的意义与价值的重要标志,值得我们深刻反思。

首先,强化育人主旨和育人方式的变革,是这一时期课程政策话语意义建构的关键,将学校教育和课程教学的重心真正转向全面发展、育人本位的基本原则上,实现全科育人、全程育人、全员育人。全面育人,意味着将知识学习、能力发展与价值教育有机结合,面向学习者综合素养的发展,实现学校课程更广泛的合力与更全局的部署。比如,强调课程在回应现实问题的同时也回应学习者主体以及教育系统自身成长的要求;在强调知识与技能的学习过程中,更加关注对于超越知识背后的本质观念、思维方式和探究模式的聚焦;更多聚焦学习同社会生活以及现实挑战中的具体问题的结合所形成的实践能力与变革精神,以及作为一定社会和国家组织中的成员的社会责任、道德观念与价值系统的形成,走向更为深刻和完整的学习者建构的图景,也更加彰显学习者本身在课程实践中的意义建构与个性价值。而要达成育人主旨,一定要通过育人方式的转变,来推进教学改革,切实提高教育质量。比如,落实因材施教,凸显学生主体地位,关注学生个性化、多样化的学习和发展需求,增强课程适宜性;加强课程与生产劳动、社会实践的结合,充分发挥实践的独特育人功能,突出学科思想方法和探究方式的学习,加强知行合一、学思结合,倡导"做中学""用中学""创中学";推进综合学习,探索大单元教学,积极开展主题化、项目式学习等综合性教学活动,促进学生举一反三、融会贯通,加强知识间的内在关联,促进知识结构化,都是核心素养育人时期重要的话语构成。在本质上,就是要转变仅仅从完成学业要求的角度来掌握课程内容,促成学习者的成才与成人的有机整合,将教育教学的行为统一到育人目标上来,这将表明当下和未来相当一段时期课程政策及其实践话语的方向。

其次,推进课程治理的规范化和现代化改造,也是这一时期课程政策话语新的意义建构方向。尤其是在推动国家三级规范建设、确立教材管理国家事权、加强统编课程教材建设、建立课程方案、课程标准修订和实施检测机制,以及建立课程审议评估和质量监测制度等方面,通过完善制度和工作要求,全面推进新时期课程政策实践的规范化和现代化发展。比如,针对国家三级课程建设中定位不准确、建设质量参差不齐、管理不到位等问题,要求完善国家、地方和学校三级课程管理制度,切实加强对普通高中课程实施的领导和管理,并建立国家、省两级课程实施监测制度,健全课程建设和管理反馈改进机制。2023 年 5 月,教育部专门发布《关于加强中小学地方课程和校本课程建设与管理的意见》,在研制和规范义务教育课程实施办法,规范开设地方课程,合理开发校本课程,建立课程审议审核制度、备案制度、课程教学管理制度、课程监测修订制度等方面提出了具体要求,要求"省级教育部门制定地方课程和校本课程开发与实施指南,并建立审议评估和质量监测制度。县级教育部门要加强校本课程监管,构建学校间共建共享机制。学校要提高校本课程质量,校本课程原则上不编写教材。严禁用地方课程、校本课程取代国家课程,严禁使用未经审定的教材。义务教育学校不得引进境外课程、使用境外教材"①。进一步对三级国家课程的建设与发展提出了制度要求和规范安排。这一时期,国家对于教材的规范管理也进一步加强,全面加强党的领导,落实国家事权,提高教材建设科学化、规范化水平。2019年12月,国家教材委员会印发《全国大中小学教材建设规划(2019—2022年)》,教育部印发《中小学教材管理办法》等"四个教材管理办法",提出"到2022年,教材建设全面加强,教材管理体制基本健全、体系基本完备、质量显著提升,更加适应中国特色社会主义发展要求,更具中国特色和国际视野,育人功能显著增强,开创教材建设新局面"②。针对中小学教材建设管理,突出中小学教材建设的党和国家意志,国务院和省级教育行政部门根据国家课程方案合理规划教材,在国家教材委员会指导和统筹下,中小学教材实行国家、地方和学校分级管理,实行中小学教材审定制度,未经审定的教材,不得出版、选用;尤其明确了统编三科思想政治(道德与法治)、语文、历史课程教材,以及其他意识形态属性较强的教材和涉及国家主权、安全、民族、宗教等内容的教材,实行国家统一编写、统一审核、统一使用③。

最后,放眼世界、立足中国,在发展国际视野的同时凸显中国特色,强化中国自主教育和课程体系的创生与发展,是这一时期课程政策话语建构的另一大特征。一方面,无论是核心素养的理论研究还是课程方案、标准的修订,都非常重视对国际先进教育理念、各国课程标准和育人方式变革实践的研究与借鉴,推进课程政策话语的国际视野;另一方面,以人民为中心,扎根中国大地办教育,努力建构具有中国特色、世界水准的学校课程体系,这两方面得到了强有力的整合。在我国课程政策话语建构的过程中,学习外来和国际教育思想和课程话语与建构本土和自主的教育和课程理念与实践一直以来都是个重要的问题。近年来,随着国力的提升、教育发展

---

① 中华人民共和国教育部. 教育部关于加强中小学地方课程和校本课程建设与管理的意见[EB/OL]. (2023-05-17)[2023-12-11]. http://www.moe.gov.cn/srcsite/A26/s8001/202305/t20230526_1061442.html.
② 全面落实教材建设国家事权 系统描绘大中小学教材建设蓝图——国家教材委员会办公室负责人就《全国大中小学教材建设规划(2019—2022年)》答记者问[EB/OL]. (2020-01-07)[2023-12-11]. http://wap.moe.gov.cn/jyb_xwfb/s271/202001/t20200107_414566.html.
③ 中华人民共和国教育部. 中小学教材管理办法[EB/OL]. (2019-12-19)[2023-12-11]. http://www.moe.gov.cn/srcsite/A26/moe_714/202001/t20200107_414578.html#01.

以及课程教学研究的逐渐成熟,通过自主的课程话语的建构、政策发展与实践的创新来探索课程与教学改革发展的本土路径,成为一种常态和迫切的价值追求,要建立并发展体现中国特色和文化智慧的课程体系与教学样态,凸显课程教学教材建设培根铸魂、启智增慧的作用。可以说,兼顾放眼世界和立足中国,既关注国际社会的发展进步,又能聚焦中国问题和中国立场,不仅体现了我国课程政策话语建构过程中内在自信的加强,也标志着未来中国课程政策及其实践话语要在世界舞台上产生更重要的文化影响,提升我国的教育国际地位、影响力和竞争力。面向未来的学习者,是能够将开放意识和国际视野同文化自信、家国关怀和社会责任有机整合、具备远大志向的一代新人。

第二节 世纪之交以来课程政策话语的伦理取向与表征

世纪之交以来,我国课程政策话语建构过程中的伦理取向是多元而积极的。首先,在课程政策的实质伦理上,对于素质教育和核心素养的强调开始更加关注学习者本身,以及学习者面向未来的可持续性发展与灵活的适应性能力的建构。这两个重要的伦理转向不仅开始将学习者主体的发展同社会发展的需要紧密结合在一起,将过去隐秘在国家需求背后的隐性的个体显性化,体现了政策话语逐步走向以人为本,面向学习者个性化需求的伦理需要,也同时体现了课程政策话语开始走向面向未来的适应取向。其次,在课程政策的过程伦理上,推动课程治理的现代化转型,强调课程治理的国家体制和共享共治,强化政策过程的科学性、专业化、规范化和民主化,已经成为新世纪以来课程政策话语建构的一种常态。最后,则是从课程政策主体建构课程的现实及其应对策略来看,新世纪以来课程政策不再只是追求政治口号、某某主义的关于课程政策话语的宏大叙事,而是开始逐步走向务实的立场,聚焦课程政策领域中的现实问题解决,建立起课程政策话语本土建构的自信与自决。也正是在这样的背景下,课程政策主体可以以一种和解的方式去看待国际经验的借鉴与本土话语的建构之间的关系,获得一种自我解放,这种和谐融洽的主体伦理取向也是新世纪以来展现出来的课程政策话语的具体伦理表征。

一、面向学习者和面向未来:课程政策话语中的平衡与适应

新世纪以来中国课程政策话语中重要的伦理价值转化有两个方面:一是平衡——

融合公共性与个体性的关照,开始更多地聚焦学习者主体的存在;二是适应——强调课程及其实践要帮助建构学习者面向未来的不确定的世界的适应性成长,而不仅仅只是应对眼下的生活需要与现实。这两个伦理取向上的变化,给这一时期课程政策话语伦理的建构提示了新的方向,使得学校课程开始建构一种"有利于个性丰富和全面发展的、有助于探索和开拓新生活的教育"①的新局面。

一是从过去过度强调国家本位的意识和需要,课程政策话语中学习者主体被完全掩藏在国家立场背后毫无踪迹,开始明显转向关注学习者的主体,将学习者的未来发展同社会发展的整体趋势以及个体的内在需要结合起来,有机地实现课程政策话语中公共性和个体性的融合,实现课程政策的双重道德使命。也就是说,课程政策,作为一种公共服务,不仅要承担教育促成社会发展的功能,还是一种促成社会正义的公共事业,即在其运作的过程中要面向每一个潜在的学习者,为其提供学习与发展的机会,满足其差异性的需求,承担起促成学生主体发展的使命。

1999年,第三次全国教育工作会议谈到了深化教育改革的两层意思,强调全面推进素质教育是我国现代化建设的紧迫任务——面向国家需求,增强适应时代发展、社会进步,以及建立社会主义市场经济体制的新要求和迫切需要的素质教育;也是教育事业的一场深刻变革,是教育思想和人才培养模式的重大进步——要面向学习者的发展——注重创新精神和实践能力的培养,使学生在德智体美等方面全面发展。② 可以看到,新世纪以来政策话语表达的面向更为平衡,开始兼顾国家社会发展的公共性需要以及学习者个体发展个性化需要,是课程政策实质伦理上的重要进步。在这样的背景下,课程政策话语中越来越多地出现了关于"以人为本""以学习者为中心"的论述。2001年新课程改革的纲要中,明确地呈现了话语方式的转变,更多地从学习者的视角来探讨课程培养的目标,旗帜鲜明地指出"为了每一个学生的发展","要改变课程过于注重知识传授的倾向,强调形成积极主动的学习态度,使获得基础知识与基本技能的过程同时成为学会学习和形成正确价值观的过程",这其中"使形成""使获得"等课程目标转化的对象逐渐聚焦学习者主体,并在各科课程标准中首次确立了知识与技能、过程与方法、情感态度和价值观相整合的三维课程培养目标,"关注学生的'全人'发展"③。到了2014年《关于全面深化课程改革落实立德树人根本任务的意见》,以"立德树人"

---

① 钟启泉,等.解读中国教育[M].北京:教育科学出版社,2000:32.
② 何东昌.中华人民共和国重要教育文献(1998—2002)[M].海口:海南出版社,2003:295—299.
③ 教育部基础教育司.走进新课程——与课程实施者对话[M].北京:北京师范大学出版社,2002:13.

作为发展中国特色社会主义教育事业的核心任务,进一步实现了课程政策内涵上的公共性和以人为本的有机融合,"立德"强调的是把培育和践行社会主义核心价值观融入国民教育全过程,倡导富强、民主、文明、和谐,倡导自由、平等、公正、法治,倡导爱国、敬业、诚信、友善,努力使学生具有中华文化底蕴、中国特色社会主义共同理想、国际视野,成为社会主义合格建设者和可靠接班人;而"树人""育人"则考虑的是要根据学生的成长规律,面向学习者的终身发展与个性成长。在这样的趋势下,2017年版的《普通高中课程方案》和2022年版的《义务教育课程方案》中都明确了"促进学生全面而有个性的发展"的重要性,将"以学生为本"的全面而个性发展的理念明确作为学校课程的根本目标。正是在这个意义上,走向核心素养的学校课程体系要综合考虑学生应具备的适应终身发展和社会发展需要的必备品格与关键能力,实现了社会发展的公共性伦理和个体终身发展的主体性需求的融合。

二是课程政策话语从只是立足当下的现实主义逐步发展为放眼未来的适应性思维,以回应不确定的挑战和可持续发展的未来。21世纪以来,技术的迅猛变革带来社会经济发展形态、社会组织模式和国际竞争关系的变革,这种时代转型带来的不仅是思想观念与思维方式的变化以及新的发展机遇,也同样促成更多的冲突和危机显性化。学校课程要面对的不仅是一次危机,还是持续的社会生活的现实,要借由危机对现有课程弹性不足和结构性缺陷的根本性问题展开质询。2015年联合国教科文组织出版的小册子《反思教育:向"全球共同利益"的理念转变》中,就对当今世界的危机有了清晰的描述,"当今世界相互联系,相互依存,各种变化使得复杂性、紧张不安和矛盾冲突达到了前所未有的程度,产生了不容忽视的新的知识前景","经济发展呈现出脆弱性、不平等,生态压力,不宽容和暴力现象的不断加剧"[1]。现实生活的复杂性、不确定性、非良构性以及冲突的常规化,早已对课程知识中的分裂性、机械化、线性配置和去情境化敲响了警钟。学校课程知识如何回应现实生活中层出不穷的问题和突发性的议题,建构更具弹性、适应性和可再生性的课程生态,已经变得越来越重要。作为"以人集体创造知识为核心的"学校课程,如何回归其作为"一种拥有最高不确定性的智慧行动"的本质,回归其"动态的、充满活力与创造性"的灵性[2],才是社会转型背景下课程审视的根本问题。因此,一种更强调灵活、动态与可持续性的面向未来的课程

---

[1] 联合国教科文组织.反思教育:向"全球共同利益的理念"转变[M].联合国教科文组织总部中文科,译.北京:教育科学出版社,2017:12—13.
[2] 杰恩·弗利纳.课程动态学:再造心灵[M].吕联芳,邵华,译.北京:教育科学出版社,2013:3.

政策话语逐步衍生出来。从1997年《关于当前积极推进中小学实施素质教育的若干意见》提出素质教育要"着眼于受教育者和社会长远发展的要求",到2001年启动的新课程改革面向"学生的可持续发展与终身教育",抑或是2010年《国家中长期教育改革和规划纲要(2010—2020年)》提出的"到2020年,基本实现教育现代化,基本形成学习型社会"的愿景,无一不是将学校课程的育人立场放在更长远的人的可持续发展和社会的可持续发展的背景下来讨论。

在这个意义上,课程政策的话语开始打破传统的标的明确的定向的人才培养活动走向一种更加开放和面向未来的适应性视角。正如理查德·莱利(Richard, R.)所描述的,"未来需求最大的工作还不存在,这些工作需要工人使用的技术也尚未发明,而这些技术要解决的问题,对于现在的我们来说,甚至不知其问题"[1],要为这样的将来做好准备,显然批量化生产的以既定知识的积累和传递为主旨的课程与学习,已经无以为继。因此,2015年,继联合国千年发展目标(Millennium Development Goals, MDGs)之后,联合国提出了面向2030的可持续发展目标(Sustainable Development Goals, SDGs),以此回应人类社会面临的挑战。在SDGs计划背景下的教育2030计划旗帜鲜明地指出,"要在更大的背景中来看待教育2030,教育系统必须回应并关联迅速变化的劳动力市场、技术进步、城市化、移民、政治的不稳定、环境退化、自然灾害、对自然资源的竞争、人口挑战、全球失业增加、持续贫困、不平等现象的扩大以及对和平与安全的威胁的扩大"[2]。不再将重心放在重复和维持现状,学校课程及其知识要打破既定的结构与内涵,回应更广泛的社会转型的创新创造与问题解决的现实要求,要为生成学生面对不可预期的生活的应变性和灵活性做好准备。这显然已经成为课程政策实质伦理的另一个重要的主旨。

二、走向科学理性的课程政策话语:国家统筹、专业参与共享共治

这一时期课程政策话语的伦理取向的另一个特点是,政策过程日益强调国家统筹、专业化和共享共治的并重,走向更为科学理性的课程政策运作,也走向新的制度平

---

[1] 阿米·德罗尔.养育下一代创新者:犹太教育对中国的启示[M].黄兆旦,译.上海:复旦大学出版社,2019:17.

[2] UNESCO (2015). SDG4-Education 2030, Incheon Declaration (ID) and Framework for Action. For the Implementation of Sustainable Development Goal 4, Ensure Inclusive and Equitable Quality Education and Promote Lifelong Learning Opportunities for All [DB/OL]. http://unesdoc.unesco.org/images/0023/002338/233813M.pdf, P.26.

衡。"课程具有鲜明的国家属性、意志与逻辑,课程治理属于国家职能、国家事权"[1],因此,规范国家对于课程建设与治理的统筹,对于规范和发展从国家到地方乃至学校层面课程的建设与发展,对于提高课程建设的有序性和有效性至关重要。不仅如此,在课程政策运作全过程中强化专业力量的广泛参与和科学决策,以及不仅推进纵向的课程权力的相互协调,更是日益开放课程政策讨论与对话的公共平台,推动更广泛的社会政策讨论与共识达成,推动了新时期课程治理的统筹规范和多元参与的统一。

一方面,课程政策制定与运作过程中的专业化水平日益提高,从传统的政府行政命令或经验主义的决策逐步走向以统一部署、专业研究和集体协商为基础的政策运作模式。20世纪90年代末以来,无论是课程政策启动之前的以调查和研究为主的专业支持,还是政策制定与实施过程中的审议与修订,都越来越多地注入了研究先导和专业参与的规范,通过专业性的研究来助力政治性的决策及其实践,成为当前我国课程政策话语建构的一种常规。

从1996年7月到1997年底的"九年义务教育课程方案实施状况调查"及在此基础上形成《九年义务教育课程实施状况调查报告》开始,就逐步形成了教育部牵头委托研究和调研的工作方式,有机地整合专业力量参与课程政策运作。之后,新世纪以来的基础教育课程纲要与标准的开发更是调动了更广泛的专业参与。基础教育课程改革的纲领性文件——《基础教育课程改革纲要》的设计由教育部基础教育司正式成立的"基础教育课程改革专家工作组"领衔,由来自全国5所师范大学、省教研室、教科院的课程、教育、心理方面的专家及中学校长代表40多人组成。而各科课程标准及相关改革内容则通过委托项目的方式来开发,1999年底,由国家拨专款设立基础教育课程改革项目启动,采取"委托研究"与"组织申报"相结合的原则,根据招标通过的项目,正式成立了18个负责各科课程标准研制的课程标准研制组和新课程课题研究项目组,广泛整合了包括了学科专家、学科教育专家、课程专家、教研员、教育行政人员、中小学校长和教师,以及出版社人员等在内的专业力量。同样地,《国家中长期教育改革和规划纲要(2010—2020年)》的制定早在2008年8月就已启动,深入开展调研,多次组织不同领域的专家学者开展重大战略专题调研,邀请各民主党派中央、社会研究机构进行平行调研,委托有关国际组织开展专题研究;广泛征求意见,仅在2009年间征集的意见多达210万条,在初稿形成后的征求意见期间共收到近5000条意见建议,政策文

---

[1] 郝德永.论课程治理的国家体制[J].教育研究,2023(01):58—68.

本也前后经历了40轮较大程度的修改。① 分别于2014年和2019年启动的普通高中课程标准修订和义务教育课程标准修订的工作,也更是沿袭了从20世纪90年代末开始形成的专业支持、专题研究、研制规范与框架开发、广泛意见征求、反复论证修改的科学工作规范,强调课程政策制定与实施过程中的专业化、科学化和规范化水平。这种专业化和科学化的过程,也促成了课程教学领域的理论研究互惠性发展,包括支持课程政策开发的政策基础研究、历史研究、学科前沿研究、现状调研研究、国际比较研究都有了显著的进展。

另一方面,则是课程政策话语建构中多元主体的参与和课程政策话语的共享共治,也推动着课程政策话语的构成不断丰富。在国家统筹、系统安排和规划的基础上,推动来自政策运作地方和学校不同层次的政策主体的加入,以及伴随着"媒介化时代"的到来,通过政策话语公开讨论渠道的拓展,推进着课程政策的公开讨论与优化。

首先是新世纪以来课程政策的管理真正实现了从中央到地方乃至学校的分权。1949年以来实行的高度集中的课程管理制度,由于统得过死,难以适应地方实际和学生的特点,滋生了很多课程行政和管理上的弊端。90年代初引入"国家课程"和"地方课程"的举措,可以看作首次对课程管理体制进行的调整。21世纪以来新课程政策则明确提出了发展国家、地方和学校的三级课程管理体制,在课程资源的开发、审定、选用和管理上也更加制度化与规范化。通过20多年的改革实践,越来越多的教师开始逐步具备课程意识和课程建设的能力。这同21世纪以前教师更多的是课程政策实施者而非建构者相比,不可同日而语,更大范围地推进了课程政策话语的民主化进程。

其次就是课程政策运作中更广泛的社会参与所促成的民主化。过去我们常常认为课程政策是一个黑箱过程,但是随着政府政务公开以及媒介的新发展,公众的课程政策参与更具有主动性和多元性。大众传媒已经不仅仅是政府政策传播的"传声筒",开始根据自身特点和需要,对课程政策传播开展全方位的媒体行动;不再是政策文本的照搬式表达,而是运用符合大众传播规律的方式推动政策,拥有对报道时间、内容、方式与立场的自由裁量权。一方面,政府致力于实现政策信息的公开与强化,借助于媒介更大限度地拓展政策的传播,促使民众能够更大程度地理解与支持课程政策;另

---

① 陈兵.国新办就《国家中长期教育改革和发展规划纲要》公开征求意见工作情况举行发布会[J].课程·教材·教法,2010(03):9.

一方面,政府也有意识地在政策传播中让位,可以说,"媒体是联系精英/大众话语的一个重要通道,但其自主空间仍来源于国家、精英对舆论控制权的部分让渡"[1]。不仅如此,民众也开始逐步打破传统政策参与中的"窗口"模式——民众通过与其直接发生联系的政府部门反映意见与建议,从而参与课程政策传播与表达[2],而是借助媒介的力量参与到课程政策传播之中,更多的是在大众传媒的引导下通过媒介或者利用书信质询、参与座谈会、讨论会等多元形式表达意见与看法,从而扩大课程政策传播的范围及其互动渠道。近些年来,随着互联网媒介的发展,过去借助媒介参与政策论证的方式又进一步地拓展,不同层面的课程政策参与主体能够在一个巨大的意见场域进行多向互动,互联网打破了社会自下而上的"垂直传递"话语信息的既定框架,开始逐步形成公开讨论的互动场域,为民众的话语表达提供了机会与平台,增强了课程政策参与的自主性与能动性。新媒体的出现,促使政府通过门户网站、政务微博、政务微信、政务头条号等新媒体平台实现即时、直接的政策互动。现在,大多数公共政策信息能够通过政府网站等方式对社会公开,不仅打破了不同政府层级的壁垒,也突破了传统媒体由于时空间隔而造成的障碍,改变了传统的政策信息传播模式[3]。比如,2006年起教育部与卫生部、公安部率先被定为定时定点新闻发布试点单位,试行例行新闻发布制度;2007年教育部把新闻发布会从教育部大厅搬到了现场,在多地召开新闻发布会;2008年教育部与电视媒介进行合作展开公众对话,把新闻发布会上的政策宣传内容转换为电视节目《问教》进行播出[4],极大地推动了课程政策的公众参与。总体而言,政府、大众传媒与民众的协同合作使得课程政策话语的多元主体更广泛地互动,推动了课程政策公开讨论与民意聚合。但在民主参与、多元互动的基础上,由于牢牢把握国家统筹、国家主治的原则,也使得课程政策的建构及其发展得以聚焦。

三、从宏大叙事向问题解决:走向本土建构的课程政策话语

这一时期课程政策话语建构的另一个伦理特征是,随着社会经济与文化的迅猛发展以及国家综合实力的提高,课程政策话语的内在自信逐步建立起来,形成了一种更从容地对待外部世界和本土建构关系的态度,并发展出对于我国课程问题及其解决方

---

[1] 濮岚澜,陈学飞.话语运动与议题建构:国家助学贷款政策的议程设置分析[J].高等教育研究,2004(02):33—37.
[2] 李希光,杜涛.中国教育政策传播新模式研究[J].清华大学教育研究,2009(08):9—14.
[3] 黄维民.新范式与新工具:公共管理视角下的公共政策[M].北京:中国社会科学出版社,2008:232.
[4] 杜涛.影响力的互动:中国公共政策传播模式变化研究[M].北京:中国社会科学出版社,2013:118—126.

案的自我认识。一方面,表现为对于外部世界的更为积极的探索和理性的经验借鉴,并不讳言对先进经验的探索与学习,但也不再是简单的拿来主义和全盘接受,并开始输出中国课程理论及其实践的经验与话语;另一方面,则是在课程政策话语的建构中,有着更为清醒的立场和出发点,关注问题解决的旨趣及其思想方式,更多地从现实需要解决的问题出发,建构中国面向新时代的课程政策话语。

第一,课程政策话语中的本土自信和对于外来经验的更为包容与开放的态度是这一时期课程政策话语伦理的非常显著的特点。这一特点不同于以往任何一个历史时期我们对于外来经验与文化的态度。在我国的历史上,外来经验或者教育思想对于中国教育和课程的影响是一股长期以来存在的力量,无论是民国时期的奉为圭臬的仰视主义,还是意识形态驱动的拿来主义,抑或是对于凯洛夫经验的彻底批判,又或者是改革开放初期对于外来思想与文化的若即若离的谨慎,以及重新回到苏联的基础主义,都反映了一个国家社会文化心理的状态及其转化。在这个过程中,我们不断形成了一种更为审慎、理性同时也开放包容的态度。

一方面,整个世界课程领域的国际化发展的背景下,日益多元的课程问题的凸显,以及课程实践的对话日益丰富,为这种包容性、开放性和理性化的立场提供了基础。从20世纪90年代开始,世界两级政治格局的解体,国际社会呈现多极化趋势,这种惊人的变化带来新的国际竞争的挑战,各国需要在多元化的世界中寻找自身的定位与国际身份;世界经济竞争日益激烈,国际经济体系相互关联,要在经济竞争中立于不败之地,需要依靠教育的新发展和人才培养的质量提升,各国的竞争日益依靠科技与人才的发展,以及综合实力的竞争;信息技术和生命科学的新科技的日新月异,使得产业结构发生革命性的变革,改变了人类的生活方式,也从根本上改变着人类的学习与教学方式,引起了整个教育系统革新的需要;国际社会面临共同的全球性问题,如环境污染、资源匮乏、信仰危机、新犯罪手段增加等日益严重,各国都面临自身社会发展与变革的特定问题,试图通过教育改革与国际合作,共同迎接挑战;不仅如此,教育内部也开始出现各种内在挑战,普及教育、终身教育等新的教育思潮为推进社会公平与民主,引发了新的教育增长点和改革的需要,同时各国也面临教育发展的现实问题,管理主义、竞争主义、技术主义等功利价值观正在摧毁着教育的内在价值,如美国的教育质量和卓越的国家竞争力的问题,日本的过度偏重竞争、心理健康问题与学校教育僵化的问题,英国的传统学术精英教育面临的挑战,苏联解体后整个教育系统所面临的民主化、多样化与教育统一空间、国际性与民族性等方面的挑战,中国现代化转型所带来的传统与现代的矛盾等问题,纷纷引发教育领域的变革,以富兰为代表的一些国际学者观察到了大规模的课程(教育)改革浪潮复归的现实需要。也正是在这样的背景下,各国课程政策话语的内在建构需要通过对外部思考的聚焦来获得对领域内部的反思和制度化推进,各国的课程研究只有通过跨越国界的对话和课程研究的共同体来深化人们对于本土课程研究及其政策的理解和发展。由此,课程研究的国际化开始成为各国课程话语内部建构的外延性对话平台,即在公共的国际课程问题的公开讨论中,反思本国或本地区的课程发展的连续性和变化。不同于"全球化"这一经济、政治概念,追求标准化和同一化,甚至更为严重的代表了新殖民主义的思维;课程研究的"国际化"则是建立在尊重和弘扬经验与文化的独特性与多样性的基础之上的对话,它希望通过给予课程研究以差异的空间,减少全球化给文化标准和国家主权带来的威胁,塑造了新时期课程国际对话的样态。一方面,课程话语既要立足于本土的特性,发展和建构自身的话语;另一方面,又要超越本土对本土话语的反思与突破,推动课程话语的跨国交流,构建国际化的课程对话平台与网络,借助知识的开放性、公共性和对话性,来实现针对课程领域的理论突破、政策与实践的路径革新。

另一方面,随着我国自身课程经验的积累以及课程研究基础的丰富,形成了更为系统的课程学科基础,也为我们课程政策的话语发展提供更理性、更公平和更开放的国际对话。从20世纪90年代开始,伴随着国家课程改革的推进,我国课程研究也不断发展壮大起来,中国课程研究的复苏与话语重建和课程改革的实践及其政策推动是不可分割的,实践变革的现实需求以及政治力量的推动对于中国课程学术话语的重建都是至关重要的。随着课程专业的话语力量的复苏与觉醒,研究逐步打破指向性的借鉴与学习,更加强调拓展课程研究的多元基础与理论来源,注重对国际课程研究的多元学习,这种取向不仅是对过去相对单一的外来借鉴的一种反思,也是对新时期课程变革复杂需要的一种回应。不仅如此,在多元借鉴的基础上,课程研究领域表现出强烈的中国课程研究的本土化学科建构和理论创生的需求与努力,为我们更为公平和理性的国际课程对话与政策交流提供了基础。尤其是21世纪以来,同过去相比,我国课程及其政策话语从过去的定向学习与借鉴开始了一个不断向外拓展的过程。中国课程研究、政策及其实践经验开始在国际社会发出声音。比如,在国际领域出现了大量的关于中国经验、中国视角的课程问题及其政策探讨的论文与专著,《中国课程研究》(*Curriculum Studies in China: Intellectual Histories, Present Circumstances*)以及《课程改革的主体性与文化:中国教师自传与教师发展》(*Autobiography and Teacher*

Development in China: Subjectivity and Culture in Curriculum Reform)等有关论著的出版,标志着中国的课程研究在国际课程领域越来越成为一个重要的活跃主体,共同参与本土的和跨界的课程理论、政策、实践与问题的探讨。不仅如此,在实践领域,中国经验的交流也成为一种新的现象,比如英国在2017年全套引进中国上海的数学课程的教师用书、学生用书和练习册等。

第二,从过去强化口号式、宣称式的课程政策话语以及关于课程教学的宏大叙事,逐步走向问题解决的思路,强调以本土问题和中国国情为基点,发展出解决问题的策略和行动趋向,并进而建构和发展本土的课程思想及课程政策话语系统,是新世纪以来课程政策重要的伦理取向。

一方面,课程政策话语主题的提出更具有针对性,也更具有问题导向的意识。20世纪90年代末素质以及素质教育的提出,就是直接站在"应试教育"的对立面,从应试教育所形成的一种以考试为手段,以分数为依据,以把少数人选拔出来送进高一级学校为目的的教育模式及其所衍生出来的问题为改革对象,于是新课程改革强调要打破这种过度强调知识竞争的学习模式,打破"双基"目标,走向关注"知识与技能、方法与过程、情感态度与价值观"三位一体的三维目标。2014年,《关于全面深化课程改革落实立德树人根本任务的意见》也明确地指出要进一步解决现实问题,从课程改革中面临的功能、目标、内容、评价以及资源等各个方面的不足,进行深化改革,尤其强调面向新的核心素养的课程目标体系以及学业质量标准系统的开发。也正是在这样的背景下,普通高中和义务教育阶段课程标准修订的启动,探索了以核心素养为基础的课程标准框架体系,很好地弥补了三维目标在实践中的相互割裂,并将推进素质教育要进一步解决的问题引向深入。这一时期课程政策话语更加强调问题导向和行动趋向,强调从理念理解进一步深入到对课程政策实践的现实影响。所以,在政策话语中,有了更多关于课程政策的讨论、交流与实地学习报道,提倡对课程政策开展对话,鼓励课程政策实践经验分享以及实践中多元主体的互动,通过反复的讨论与协商解决政策运作中的痛点和矛盾,清理课程政策运作过程中的问题与障碍。也正是有了问题导向和行动的趋势,整个政策公共讨论的场域中将对课程政策的整体关注逐步深入到对课程政策中观以及微观层次的关注,从关注面上的问题转向关注具体的关键领域,如内容结构重塑、学习方法变革、评价改革等重难点问题。

另一方面,就是课程政策话语不断完成自我建构,形成具有本土特色与文化内涵的自我发展。如何在知识经济的时代谨慎而有效地思考我们究竟需要什么样的课程与学习,要给儿童带来什么样的课程经验与发展基础,需要发展充分理解本土问题与情境的课程话语体系,这种自我建构的内在需要日益强烈,整合国际先进经验选择并判断自己的道路的自信也日益坚定。21世纪以来,整个世界范围内的对于核心素养、关键能力或深度学习等方面的理论研究及其实践探索,实际上都试图在一般意义上重新思考和构建一套不同于以往的学校教育和课程变革的框架,来回应快速发展的时代对于学校教育提出的新要求。无论是早期OECD的素养界定与选择项目(Definition and Selection of Competencies, DeSeCo)、21世纪技术联盟提出的21世纪学习框架中的4C模型、欧盟的《终身学习核心素养:欧洲参考框架》;还是在核心素养理念普遍推广的背景下进一步发展完善的研究与思考,如美国课程重构中心的四个维度的教育框架、OECD面向教育2030的变革性素养框架、富兰等研究者提出的面向深度学习的"6C"模型;抑或是各国政府(地区)在结合各国(地区)教育传统和文化特性的基础上所开发的用以引领本国(地区)素养驱动的教育改革的框架,这些广泛的国际研究基础并没有限制我国核心素养导向的课程政策话语的自主探索。从2013年开始,我国就启动了中国学生发展核心素养的研究,提出了包括文化基础(人文底蕴、科学精神)、社会参与(责任担当、实践创新)、自主发展(学会生活、健康生活)的素养框架及其内涵。2018年,北师大中国教育创新研究院与世界教育创新峰会WISE和21世纪学习联盟(P21)又合作研制发布《21世纪核心素养5C模型研究报告(中文版)》,在传统4C模型的基础上提出了包括文化理解与传承素养的在内的5C模型。在关于核心素养课程政策话语的广泛讨论中,我们可以鲜明地看到中国基础教育领域中的核心素养同西方话语中强调能力中心的素养话语的差异性,中国立场上的素养观念更强调素养的整体育人的价值而非可分解的具体的能力要素的堆积,更具有整合型思想。不仅如此,中国课程的素养观念也更强调蕴含在素养内部的个性、品格、文化精神等价值性内涵。可以说,中国课程政策话语已经日渐成熟,并在国际理解与借鉴的基础上,形成了话语自我建构的能力。因此,在2017年版的《普通高中课程方案》、2022年版的《义务教育课程方案》及各科标准中,我们也看到了结构清晰的核心素养的定位,以及核心素养对于各科学习本质观念、思维方式、探究模式和学科育人价值的内在意涵的阐释,标志着我国课程政策话语的自我建构与本土生成。

因此,世纪之交以来中国课程政策话语的发展带动着内在的伦理取向的重要变化。一方面,更为开放和理性地面对国际话语的多元化,注重吸收借鉴;另一方面,则从自身本土问题和文化需求出发,建构具有自身文化特色、思维特征和问题意识的课程政策话语体系,真正面对中国问题展开广泛的国际对话,形成更加自信和独特的课程政策话语系统。

第三节 世纪之交以来课程政策话语的伦理困境与冲突

进入新世纪以来,我国课程政策话语有了长足的发展,其伦理取向相较于过去历史中任何一个时期也有了明显的转向。但与此同时,课程政策话语建构的过程也充满了多元的冲突与辩论,促成了这一时期对于课程政策话语更为深刻的互动与讨论。

一、知识观、理论基础与实践方向的争论:课程政策的理论之争

21世纪伊始的十年间,随着新课程改革的逐步深入推进,围绕着课程政策在理论基础及其发展方向,在学术领域产生了几次有影响的争鸣与对话,从课程政策的理论基础、到课程政策的知识观,乃至课程政策实践问题及其成效的评判,不同的话语主体站在不同的立场上进行着观点碰撞和思想博弈。一方面,体现了政策话语主题背后不同的课程观和知识观的论争,体现了社会转型期间话语的多元性及其内在的冲突;另一方面,则体现了这一时期课程政策话语的包容性、公开性与民主性,旨在通过充分的讨论,引领课程政策实践的理性选择与有效发展。

(一) 轻视知识还是超越知识:课程政策的知识观之争

关于知识观的论争,最先是1998年孙喜亭教授在《教育研究与实验》上发表了《当前基础教育的改革是要取代以学科知识为中心的课程体系吗——与一种课程观讨论》[1],随后廖哲勋教授1999年在该刊著文《评学科知识中心课程观——与孙喜亭先生商榷》[2],回应了相关问题。而将知识观问题争论推向高潮的是"钟王第一次论争",2004年王策三教授在《北京大学教育评论》发表《认真对待"轻视知识"的教育思潮——再评由"应试教育"向素质教育转轨提法的讨论》[3]一文,认为要认真对待和克服当前新课改过程中所存在的"轻视教育"的教育思潮。在王策三先生看来,应该重

---

[1] 孙喜亭.当前基础教育的改革是要取代以学科知识为中心的课程体系吗——与一种课程观讨论[J].教育研究与实验,1998(02):4—8+71.
[2] 廖哲勋.评学科知识中心课程观——与孙喜亭先生商榷[J].教育研究与实验,1999(02):23—28+72.
[3] 王策三.认真对待"轻视知识"的教育思潮——再评由"应试教育"向素质教育转轨提法的讨论[J].北京大学教育评论,2004(03):5—23.

新理解课程的本质即教学认识的客体,即人类认知的成果——知识,在教学中注重知识传授的根本不存在"过于"的问题。[①] 刘硕[②]、孙振东[③]等人也站在传统知识观的视角对这一观点进行了支持。同年,钟启泉、有宝华在《全球教育展望》发表了《发霉的奶酪——〈认真对待"轻视知识"的教育思潮〉读后感》[④],次年钟启泉在《北京大学教育评论》上发文《概念重建与我国课程创新——与〈认真对待"轻视知识"的教育思潮〉作者商榷》[⑤]进行论证,从新课程改革所倡导的价值观念、知识教育观以及新课程改革在继承与借鉴、追求理想与面对现实等四个维度澄清新了课程改革的基本理念,指出新一轮的基础教育改革是在充分吸取当代知识观的基本共识与合理成分的基础上,增强学科内容、课程知识与学生生活、自然生活、社会生活和科技发展的联系,使知识教学能够充分走进生活,更贴近儿童生活实际,从而激发对现实生活的思考、探究学科知识与科学世界的动机,并将此称为"动态知识观"。此外参与知识观讨论的还有陈佑清、程刚、张正江、夏正江以及屠莉娅、刘力等学者。

这场讨论后来转化为对应试教育和素质教育的讨论,徐晓云[⑥]、杨明光[⑦]等学者从不同角度探讨了素质教育的内涵及其特性,就素质教育的概念的规定及特性作了阐释。在学术争论中,有学者对应试教育合法性问题进行了讨论:应试教育有什么不好?应试教育是全面发展教育的一种具体形式,也就是学生个人全面发展的一种具体形式[⑧]。大多数学者对应试教育与素质教育进行了辩证的思考和研究。张瑞良提出,如果为了强调素质教育正确性就把它同升学应试教育对立起来尽数升学应试教育的种种弊端,借以反衬素质教育,并把它们说成是"性质与目的"完全不同的两种教育,这就恐怕

---

① 王策三.保证基础教育健康发展——关于由"应试教育"向素质教育转轨提法的讨论[J].北京师范大学学报(社会科学版),2001(05):59—84.
② 刘硕.传授知识是教师的神圣职责[J].课程教材教学研究(中教研究),2004(06):8—9.
③ 孙振东.学校知识的性质与基础教育改革的方向[J].教育学报,2006(02):11—24.
④ 钟启泉,有宝华.发霉的奶酪——《认真对待"轻视知识"的教育思潮》读后感[J].全球教育展望,2004(10):3—7.
⑤ 钟启泉.概念重建与我国课程创新——与《认真对待"轻视知识"的教育思潮》作者商榷[J].北京大学教育评论,2005(01):48—57.
⑥ 徐晓云.试论应试教育与素质教育——战略的转移:从应试教育到素质教育[J].教育理论与实践,1992(06):2—5.
⑦ 杨明光.实现由应试教育模式到素质教育轨道的历史性转变——论义务教育改革的方向与任务[J].求索,1993(02):126—127.
⑧ 王策三.认真对待"轻视知识"的教育思潮——再评由"应试教育"向素质教育转轨提法的讨论[J].北京大学教育评论,2004(03):5—23.

不妥了。① 陈孝彬就素质教育的相关问题提出了思考：其一，素质教育思想是当代国际教育思潮发展的大趋势吗？其二，素质教育是科学概念吗？其三，素质教育与应试教育的主要区别是什么？② 也有学者指出应试教育素质教育是对举而不对立的，③章国平④、张苊颖⑤等纷纷指出素质教育与应试教育是一种对立统一的关系，应该理性地思考与看待。

其实，无论是轻视知识还是超越知识的讨论，又或是素质教育与应试教育对立的讨论，"争论的焦点始终是知识观问题，而知识观问题又与如何理解人的认识密切相关"⑥。传统知识观更多地将知识看作是客观、中立和价值无涉的，课程就是系统性地传授这些客观真理；现代知识观则打破了知识作为科学探索结果的静态观，提出知识是人的认识结果与认识过程的统一，于是课程设计者们开始将学生的经验、兴趣以及社会发展作为课程的重要取向，产生了学生中心课程、社会中心课程和知识中心课程等不同取向。当代知识观在种种哲学思潮的影响下，不仅出现了新的知识范型，如哈贝马斯的"实践的知识"和"解放的知识"、波兰尼的"个人知识"和"缄默的知识"、利奥塔等后学家的"叙事知识"，还出现了对知识、课程的意义阐释和生命关联的思考，如讨论知识、课程与个体的意识解放的关系，个人体验和经验的社会性、人文性、审美性意义。这些新的观点和讨论都要求我们对知识重新进行诠释，并重构课程的现代取向。⑦⑧

（二）洋化派还是国情派：课程政策的理论基础之争

2005年，靳玉乐教授等在《中国教育报》上撰文《新课程改革的理论基础是什么》⑨，由此引发了关于"课改理论基础"的大讨论。关于新课程改革理论基础的讨论主要围绕以下三个方面：第一，关于课改理论基础是什么的争论，是马克思主义的认识论和人的全面的学说，还是以西方后现代主义、建构主义为主导的理论体系；第二，关

---

① 张瑞良.应试教育与素质教育等问题管见——对《试论应试教育与素质教育》的几点质疑[J].教育理论与实践,1993(04):47—49.
② 陈孝彬.素质教育若干问题的思考[J].课程.教材.教法,1994(04):15—20.
③ 广州师范学院教科所.应试教育与素质教育对举而不对立[J].教育评论,1999(01):32—35.
④ 章国平.关于应试教育与素质教育的理性思考[J].黑龙江高教研究,2001(04):112—113.
⑤ 张苊颖,薛滩.试论素质教育与应试教育的对立统一关系[J].教育探索,2001(08):20—21.
⑥ 江峰.客观与主观：当代课程哲学的两种知识观评析[J].北京大学教育评论,2006(04):54—74.
⑦ 黄书光.中国基础教育改革的历史反思与前瞻[M].天津：天津教育出版社,2006:97—109.
⑧ 郭晓明.知识与教化：课程知识观的重建[J].华东师范大学学报(教育科学版),2003(02):11—18+41.
⑨ 靳玉乐,艾兴.新课程改革的理论基础是什么[N].中国教育报,2005-05-28.

于理论基础是否符合我国国情的争论,是"不问国情"还是"适应国情";第三,关于新课程改革理论基础是否合理继承传统的问题,是矫枉过正,还是批判继承。

对于第一个问题的讨论,其中有靳玉乐等人主张"指导思想说",认为新课程改革的理论基础存在以多元化来模糊理论基础的问题,应该以马克思主义作为指导思想和理论基础,反对"盲目地将国外理论进行翻译和组装之后就成为进行改革的理论基础"。[1] 一些学者如陈培瑞、崔国富等[2][3]也表达了相近的观点。潘新民在其论文《我国"新课改理念"的后现代主义倾向评析》中否定了后现代课程观的内在价值,并将课程改革实践中的各种问题也归结为对于后现代主义课程观一些误读和简单发挥,无视这些理论自身的局限性。[4] 高天明、马福迎等人主张"理论基础说",即博采众长多元借鉴,课程改革的理论基础必须从知识、文化和社会三个维度去解决,而马克思的认识论基础不是课程理论所要讲的直接理论。[5] 和学新等人主张"结合说",以马克思主义理论为指导思想,并和其他的多元理论进行结合,认为面对层出不穷的各种学说,"我们必须在坚持马克思主义认识论和人的全面发展学说的指导思想基础上",在对各种理论学说,全面分析判断的基础上,"兼收并蓄""有所取舍"。[6] 吴永军[7]等学者也表达了类似的观点,认为后现代课程观与现代课程观不应该是"水火不相容"的,而应该是"融合的",至少也应是"共生的",这样才既比较符合教育教学的规律以及未来发展趋向,又符合我国当前教育教学的现实需要。仲建维[8]等学者则认为新课改的理论语言多借用了西方课程教学话语和思想,但是,通过这种借用或者是借鉴所确定的新课程改革的基本框架实际上并没有斩断历史。

对于第二个问题,是不问国情还是适应国情的论争也针锋相对。王本陆等在《论中国国情与课程改革》指出新课改盲目地将国外一些理论、观点进行翻译、组装,这是一种典型的"不问国情论"。[9] 钟启泉[10]则认为"国际视野"与"本土行动"原本不是二元

---

[1] 罗槐,王华生,刘培涛.新课程改革的理论基础是什么[N].中国教育报,2005-09-17(3).
[2] 陈培瑞.基础教育新课改:反观与前瞻后的沉思[J].江西教育科研,2004(C1):3—5+10.
[3] 崔国富,胡志坚,武镇北,舒萍.新课程改革的理论基础究竟是什么[N].中国教育报,2005-10-22(3).
[4] 潘新民.反思"当代西方新理论"在我国新课程改革中的适切性[J].教育科学研究,2006(10):15—18.
[5] 高天明,马福迎,蒋建华,管锡基,况晨光.新课程改革的理论基础究竟是什么[N].中国教育报,2005-08-13(3).
[6] 吴永军.我国新课改反思:成绩、局限、展望[J].课程·教材·教法,2009(07):17—24+36.
[7] 吴永军.再论后现代主义对于我国课程改革的价值[J].教育发展研究,2010(18):34—37.
[8] 仲建维.我国当前课程改革的"中洋之争":反思与超越[J].全球教育展望,2009(05):3—7.
[9] 王本陆.论中国国情与课程改革[J].北京师范大学学报(社会科学版),2006(04):18—27.
[10] 钟启泉.新课改面临的挑战与反思[J].校长阅刊,2006(12):21—25.

对立的,而是相辅相成的,不汲取先人的成就,缺乏国际视野,理论和行动就不可能有什么高度。他强调"国情要适合真理。而不是真理要适合国情",所以,"不适国情论"的逻辑可以休矣。屠莉娅则在《论基础教育新课程改革对国情的适应与创造》中做出回应,认为"盲目指称新课程改革'充当西方教育理论的试验田',是'光靠别人思考'的西方先行教育体系的舶来品,一定程度上是无视我国教育理论研究在研究层次和水准上取得的进展"。① 应学俊等人则认为不应过分纠缠理论的"出生地",而应该关注的是理论本身的可行性与真理性。②

对于第三个问题,关于新课程改革理论基础是否合理继承传统的问题,则是从理论基础的讨论延伸到了对于传统的态度的讨论。2008年7月,王策三教授在《课程·教材·教法》上发表了3万多字的文章《"新课程理念""概念重建运动"与学习凯洛夫教育学》,其主要观点是凯洛夫教育学虽然稍有过时而且具有一定的局限性,但仍有基本稳定合理的内核,对目前的现实生活仍然具有重要借鉴意义,而新课程理念实际上矫枉过正,无法指导课程改革,需要进行严肃的检讨。③ 王策三等学者认为新课程改革是不谈继承,与过去一刀两断。钟启泉、有宝华等学者对此进行"反驳",指出新课程改革是在借鉴传统文化的基础上寻求新的理论支撑。钟启泉于2009年1月在《全球教育展望》发表《凯洛夫教育学批判———兼评"凯洛夫教育学情结"》一文进行回应,对重新拾起"学习凯洛夫教育学"的口号的提法进行批判,认为这是一种历史的倒退。④

从本质上而言,对于新课程改革以来课程政策话语的理论基础的讨论,实质上反映了两个问题:一个就是中国课程政策话语发展历史上长期存在的问题,即"课程改革的理论资源以及如何对理论资源进行取舍和消化的问题"⑤,即如何面对外来思想与文化经验以及我国课程政策的传统与本土话语的关系的问题;另一个问题则是反映了我国课程政策话语长期以来存在的现实问题,即我国课程政策及其改革的话语向来缺少理论基础,而直接用上位的哲学观念和政治观念来统领课程政策及其实践的发展。也因此,新课程改革对于课程政策理论基础建构的尝试与努力激发了广泛的讨

---

① 屠莉娅.论基础教育新课程改革对国情的适应与创造[J].全球教育展望,2007(08):20—25.
② 应学俊.也论"中国国情与课程改革"——兼与王本陆同志商榷[J].全球教育展望,2007(01):40—46.
③ 王策三.新课程理念"概念重建运动"与学习凯洛夫教育学[J].课程·教材·教法,2008(07):3—21.
④ 钟启泉.凯洛夫教育学批判——兼评"凯洛夫教育学情结"[J].全球教育展望,2009(01):3—17.
⑤ 吴永军.我国新课改反思:成绩、局限、展望[J].课程·教材·教法,2009(07):17—24+36.

论,也反映了整个课程政策理论话语界在这一时期正日益走向多元。

(三)"穿新鞋走老路"还是改革创新:课程政策实践方向之争

2002年新课程改革实施不久,就开始有一种"穿新鞋走老路"的议论。这是一个形象比喻。最开始的争论点是讨论理论与实践的不一致,课程改革的状况、理念是新的,而教师实际教学还是老的一套,以至于课改进行得不好,从最开始对于学校教师的批评演化为对于课程改革的方向及其实施效果的否定。[①]

2004年12月28日,中国教育网发表了一篇报道《基础教育课改面临"穿新鞋、走老路"尴尬》[②],记录的是记者随教育部基础教育课程改革调研评估组专家一道,对湖北省基础教育课程改革情况进行的一次深入调研,基础教育课程改革实施三年来,受配套改革滞后和经费、师资不足等制约,陷入"穿新鞋、走老路"的尴尬。2006年,《校长阅刊》杂志报道文章《南京:高中新课改"穿新鞋走老路"?》[③],文章报道据《现代快报》的调查显示,新课改实施一个月,高一教师和学生普遍认为负担加重,甚至有教师形容一些理科知识像"压缩饼干",而文科的编排体例也遭质疑,被认为是"高估"了学生,与实际教学脱节,部分教师认为,高中新课改极有可能出现"穿新鞋走老路"的现象。此后,各个地方都有关于"穿新鞋走老路"的课改实践的论述与报道。比如,汪卫权[④]指出面对高中新课程实验的机遇与挑战,有些教师借改革之东风,创教育之大业,如鱼得水,如虎添翼;而有些教师却是穿新鞋走老路,或抱残守缺,顽固不化,或囫囵吞枣,食而不化。肖永生[⑤]指出纵观第八次新课程改革的课堂教学,教师作为实践者,往往有"横看成岭侧成峰,远近高低各不同,不识庐山真面目,只缘身在此山中"的感觉!教师在实践之中也是各有不同,有穿新鞋走老路,穿旧鞋走老路,穿旧鞋走新路,穿新鞋走新路,甚至有一些人有不知穿什么鞋,也不会走路的迷惑。郝家红[⑥]、徐吉志[⑦]等学者纷纷从一线教师的视角对农村新课改教师穿新鞋走老路的问题作了研究,并提出

---

① 王策三. 对"新课程理念"介入课程改革的基本认识——"穿新鞋走老路"议论引发的思考[J]. 教育科学研究,2012(02):5—15.
② 刘紫凌,等."基础教育课改面临'穿新鞋、走老路'尴尬"[EB/OL]. (2004-12-28)[2023-12-11]. http://www.edu.cn/edu/ji_chu/ji_jiao_news/200603/t20060323_113925.shtml.
③ 本刊综合报道. 南京:高中新课改"穿新鞋走老路"? [J]. 校长阅刊,2006(05):23.
④ 汪卫权. 面对课改,教师如何改变自己[J]. 广东教育(综合版),2005(04):64—65.
⑤ 肖永生. 创新是课改永远的追求[J]. 青年与社会(中外教育研究),2009(05):124—125.
⑥ 郝家红. 推进农村新课改的瓶颈何在[J]. 贵州教育,2005(05):11.
⑦ 徐吉志. 推动农村中老年教师积极参与新课改[J]. 四川教育,2005(10):14.

了建议和应对策略;黄耀[①]、李海燕[②]等则从学科出发分别就英语、思想品德等各学科中出现的新课改穿新鞋走老路问题作了研究。

2005年,钟启泉先生在《比较教育研究》上发表《中国课程改革:反思与挑战》一文,指出"寻求整体推进课程改革的合理的、适度的、透明的步伐"。[③] 王策三先生在2006年2月的《教育学报》上发表了《关于课程改革方向的争议》一文,提出对课程改革方向问题不能一概而论,要具体分析。[④] 2006年9月钟启泉先生在《全球教育展望》上发表了《课程人的社会责任何在》作为回应。[⑤] 与此同时,2006年12月15日的《中国教育报》刊载了《义无反顾奏响改革进行曲》报道了钟启泉先生与记者的对话,明确表示课程改革的大方向是不容置疑的,也是不可逆转的。[⑥] 此外,王本陆、应学俊、查有梁等学者也对课程改革方向的相关问题展开了论辩与讨论,主要的观点是关于理论偏差所带来的实践混乱。

直到2010年,《课程·教材·教法》第1期发表郭华教授《新课改与"穿新鞋走老路"》[⑦]一文(以下简称"郭文"),情况才有了变化。"郭文"力排众议,独辟蹊径,对一片谴责之声说"不",提出另一种思路,指出新课改推进过程中出现的诸多抵制、形式主义,甚至"穿新鞋走老路"的现象,不是因为政府不作为、学者不关注,也不是因为教师不合格、不努力,而正是广大师生对某些片面、偏激的所谓"新课改理念"的自发纠偏,是学校教育规律发挥积极作用的实践体现。从此以后,继续简单谴责教师"穿新鞋走老路"之类的文字少了,偶见个别与"郭文"商榷或继续为谴责之声辩护的文字,那口气也缓和多了,特别是有论者对"新鞋"和"老路"有所分析,尽管意见不一,尚容讨论,但表现出了学术探讨性质和建设性。[⑧] 如陈尚达认为要对新课改出现"穿新鞋走老路"现象"具体问题具体分析",新课改要尊重教师的历史教学经验,追求教师教学的"自否

[①] 黄耀. 谈初中英语课堂教学的创新设计——以"When is your birthday"单元为例[J]. 教学月刊(中学版),2007(09):12—13.
[②] 李海燕. 思想品德课要让学生动起来[J]. 河南教育(基教版),2007(07):100.
[③] 钟启泉. 中国课程改革:挑战与反思[J]. 比较教育研究,2005(12):18—23.
[④] 王策三. 关于课程改革"方向"的争议[J]. 教育学报,2006(02):3—10+35.
[⑤] 钟启泉. 课程人的社会责任何在[J]. 全球教育展望,2006(09):16—22.
[⑥] 赵小雅. 义无反顾奏响改革进行曲[N]. 中国教育报,2006-12-15(5).
[⑦] 郭华. 新课改与"穿新鞋走老路"[J]. 课程·教材·教法,2010(01):3—11.
[⑧] 王策三. 对"新课程理念"介入课程改革的基本认识——"穿新鞋走老路"议论引发的思考[J]. 教育科学研究,2012(02):5—15.

定"精神生长。① 此外,张华、马云鹏、崔允漷等学者还对新课程改革推进策略进行讨论,卢乃桂、容中逵、李子建等学者还对新课程改革中的教师参与问题进行交流。

总体而言,这一时期有关课程政策话语的论争与讨论大量涌现,围绕着新课程改革政策的方方面面,其论争的实质都是双方"破"与"立"或者说是"虚"与"实"的博弈,论争旨在讨论新课程改革的政策是否能够有效地消解现阶段我国基础教育领域的基本矛盾。② 学术争鸣关注素质教育理念指导下的课程政策及其实践范畴,实际上也是对素质教育探讨的延续,这一时期的论争不仅限于学术领域,在教学实践领域也掀起了讨论与争辩,围绕着理论基础、实践现状和政策目标等不同内容范畴进行交流与对话。可以说,公开的政策话语的论争与讨论,为课程政策的公开化和理性研讨提供了更多的机会,是对基础教育课程政策话语建构过程中的反思、批判与质疑,其进步之处在于相较于过去课程政策话语的绝对正确和上传下达,能够表达出批判与反思的声音,不仅对于课程政策的理解更为深刻,也促成了课程政策运作过程的开放与包容,在"求同存异"的基础上实现共识性理念的生成,为推动课程政策的调整与完善,提升公众认同,凝聚改革合力。

二、课程改革一定需要核心素养吗:同质化还是在地化

随着核心素养理念的提出,我国课程政策话语的建构过程中,也开启了对于核心素养及其关联的课程政策的讨论,核心问题在于:综观整个国际世界的核心素养的话语框架,是顺应潮流还是反其道而行之,也就是在新的国际课程变革的浪潮中,选取同质化还是在地化路径的质疑与反思。

最早进行公开讨论的是香港中文大学的尹弘飚教授,从"看不见"核心素养的香港地区课程改革中提出"课程改革一定要核心素养吗"的质疑。③ 论文的核心观点就是倡导课程改革要对既有改革经验的重视和对本地社会与文化生态的尊重,强调在教育改革全球化的历史背景中,不要同质化而应珍惜其中蕴含的异质性和多样性。也有文

---

① 陈尚达.应理性审视新课改下的"穿新鞋走老路"现象——兼与新课改与"穿新鞋走老路"一文商榷[J].全球教育展望,2010(08):3—9.
② 纪德奎.新课改十年:争鸣与反思——兼论新课程改革如何穿新鞋走出老路[J].课程·教材·教法,2011(03):18—24.
③ 尹弘飚.课程改革一定要"核心素养"吗?——兼评全球化时代的香港课程改革[J].全球教育展望,2017(10):73—80.

章回应了类似的担忧,如朱立明①等指出"他山之石可以攻玉",需要结合我国教育现状,实现国际核心素养的本土化转变,并指出目前我们对核心素养的解读仍然停留在"道"的层面,如何在实际教学中达到"器"的理解,还需要我们进一步思考。褚宏启等学者则提出核心素养的目标是否进步,需要接受实际的检验,但这之前,需要在界定核心素养概念、确定核心素养要素关系、建立素养与教材内容的联系等方面进行澄清,要注意不能过度强调以人为本而降低对学科知识的重视,走上人本主义道路,轰轰烈烈的课堂教学过后,留给学生的是知识的断章与思维的空白,无所收获。② 同样地,靳玉乐等人也从规范核心素养相关话语、加强核心素养实证研究、构建核心素养的课程体系等几个方面助推课程教学的改革深化。③

这之后关于核心素养的讨论更加丰富起来,尤其是核心素养如何同中国基础教育课程与教学的深化改革结合起来。前期主要是关于核心素养的内涵及其框架的研究。有的研究者从核心素养的基础性和共同底线出发,认为核心素养主要指向"基础性、基本性"④的必备素质,试图整合核心素养及其衍生的素养而构建较为全面的素养体系;有的则从"核心"和"关键"入手,强调核心素养在"本质上应是一般素养的精髓和灵魂,在数量上要少而精",因此"必须有所取舍",优选各种素养中"最关键和最必要的共同素养"。⑤ 有的学者重视核心素养理应是在"肯定和继承传统的基本技能、关键品质基础上的适度重构"⑥;有的则强调核心素养应是那些在技术变革与全球化环境中直接回应社会需求的不或缺性素养,"能够应对社会变化的素养与能力"⑦,如信息素养、创新能力、全球意识与人类精神,或是"政治认同、理性精神、法制意识和公共参与等"⑧。有的研究者提出"核心素养不只是适用于特定情境、特定学科或特定人群的特殊素养,而是适用于一切情景和所有人的普遍素养"⑨,强化核心素养的普遍性和通用性;也有

---

① 朱立明,马云鹏.核心素养:敢问路在何方[J].全球教育展望,2019(03):5—12.
② 褚宏启.核心素养的概念与本质[J].华东师范大学学报(教育科学版),2016(01):1—3.
③ 靳玉乐.改革开放40年中国教育学科新发展.课程与教学论卷[M]北京:高等教育出版社,2019.
④ 成尚荣.基础性:学生核心素养之"核心"[J].人民教育,2015(07):24—25.
⑤ 常珊珊,李家清.课程改革深化背景下的核心素养体系建构[J]课程·教材·教法,2015(09):25—35;蔡文艺,周坤亮.以"核心素养"为中心的课程设计——苏格兰的经验和启示[J]辽宁教育,2014(07):87—90;褚宏启,张咏梅,田一.我国学生的核心素养及其培育[J]中小学管理,2015(09):4—7.
⑥ 刘磊.建构中国学生的核心素养[J]中国德育.2016(01):22—25.
⑦ 钟启泉.基于核心素养的课程发展:挑战与课题[J]全球教育展望,2016(01):3—25.
⑧ 康敏.核心素养:幸福课堂的本质回归[J]新课程研究(上旬),2016(01):33—35.
⑨ 施久铭.核心素养:为了培养"全面发展的人"[J]人民教育,2014(10):13—15.

研究者则关注核心素养的情境性,在认可核心素养相对共性的基础上,特别强调"核心素养要依托于特定的社会文化语境,同一时期,不同国家、不同社群所规定的学生核心素养是不尽相同的"[1]。大部分的研究将核心素养看作是一个实用的功能概念,从功能论的视角来定位核心素养,探讨"个人的成功和社会的良性发展需要什么样的素养"[2];而也有少数的研究者从人类社会理想或是教育理想的哲学视角来解析或定义核心素养。在广泛讨论的基础上,逐步明确了核心素养是"在教育过程中逐步形成起来的适应个人终身发展与社会发展的人格品质与关键能力",核心素养的内涵要兼顾"个体发展"与"社会发展"[3]的双重取向,既指向个体的终身发展,又关照社会可持续发展的需求及其公民养成;核心素养不是个体所具备的可分化的能力框架或要素的罗列,而是"知识、技能、态度、价值观和情绪的集合体"[4],是个体在不同情境的问题解决过程中知、行合一的整体资质的综合表征。在此基础上,进一步明晰了核心素养与学科核心素养的关系。比如,钟启泉等学者指出核心素养的界定应当具有唯一性、渗透性、整合性,学科核心素养必须在核心素养位阶之下,如果各学科各立门户,结果就会导致"多核心","多核心"也就无异于"无核心"。[5]

随着核心素养的内涵的明晰,以及2016年《中国学生发展核心素养》框架的公布,核心素养的讨论开始转向理论与实践的结合。有研究指出今后核心素养研究的主要任务应强化理论研究与实证研究的融合,选择一批试点学校,组织一批包括一线教师、教研员、专家学者等在内的研究团队,力图超越纯粹理论思辨性及教学经验总结性的研究方法,充分融合理论与实证研究,探索科学可行的课改之路。[6] 实际上,国际上许多国家和地区在进行学生核心素养理论研究的同时,就启动了新的课程改革,并颁布了相应的课程标准,在实现核心素养为本的基础教育课程改革时,以互补的形式将核心素养指标逐渐渗透进课程标准中,进而使二者达到融通的状态。[7] 随着高中课程方案的修订出台,以及义务教育基于核心素养的课程标准的研制与发布,对于核心素养的论证也从一套理论框架或者育人目标体系的抽象理解,转化到具体的课程与教学

---

[1] 刘磊. 建构中国学生的核心素养[J]. 中国德育, 2016(01): 22—25.
[2] 张娜. DeSeCo 项目关于核心素养的研究及启示[J]. 教育科学研究, 2013(10): 39—45.
[3] 蔡清田. 台湾十二年国民基本教育课程改革的核心素养[J]. 上海教育科研, 2015(04): 5—9.
[4] 张娜. DeSeCo 项目关于核心素养的研究与启示[J]. 教育科学研究, 2013(10): 39—45.
[5] 钟启泉. 基于核心素养的课程发展:挑战与课题[J]. 全球教育展望, 2016(01): 3—25.
[6] 龚继萌, 张艳红. 我国核心素养研究述评[J]. 教育导刊, 2017(12): 10—15.
[7] 左璜. 基础教育课程改革的国际趋势:走向核心素养为本[J]. 课程·教材·教法, 2016(02): 39—46.

的实践探索。因此,从 2017 年以来,核心素养正在现实地转化为一种可操作、可落地的行动框架,成为课程设计与重构的具体指引,尤其是将核心素养融入课程标准,并基于此改进课程实施,推进教师培训,指导考试评价,使其渗透到教学改革中各个环节中去①。课程政策话语讨论的中心也开始从是否要"核心素养"转化为如何实现"核心素养"。

三、评价改革是课程改革的救命稻草吗:制度之变与观念之变

2013 年,教育部发布了《关于推进中小学教育质量综合评价改革的意见》,并选定全国 30 个地区为国家中小学教育质量综合评价改革实验区。2014 年 4 月教育部发布《关于全面深化课程改革落实立德树人根本任务的意见》,为了全面深化课程改革,特别提出要加强考试招生和评价的育人导向,在深化核心素养导向的课程体系建构的同时,也要通过考试招生制度和评价选材制度的改革,从评价制度上为深化课改、实现立德树人的目标提供制度基础,改变充斥在社会文化中无视人的发展和社会对人才的本质需求的考试主义和恶性的竞争主义。2014 年 9 月,国务院颁布《关于深化考试招生制度改革的实施意见》,明确将综合素质评价作为"学生毕业和升学的重要参考"。同年 12 月,教育部要求 2015 年起"各省(区、市)要提出高中学生综合素质评价基本要求,制定具体办法"。2016 年,教育部制定了《关于加强和改进普通高中学生综合素质评价的意见》。也正是在这样的背景下,掀起了关于中小学综合素质评价以及考试招生制度的持续探索与试验。2014 年,教育部率先启动上海、浙江新高考改革试点;2017 年,两地新高考改革正式落地实施。相继,京、津、鲁等多地区也开始将 2018 年作为高考综合改革的启动年份。2018 年 1 月,普通高中新课程方案的出台,也明确规定,高中教育要提倡多元发展,课程目标上促进学生全面而有个性的发展;突出自主选择,课程结构与考试方式相匹配;重视综合素质,课程内容上注重科学培养学生综合素养。2019 年 10 月,中共中央、国务院印发了《深化新时代教育评价改革总体方案》,提出"教育评价事关教育发展方向,有什么样的评价指挥棒,就有什么样的办学导向",为了扭转不科学的教育评价导向,坚决克服唯分数、唯升学、唯文凭、唯论文、唯帽子的顽瘴痼疾,提高教育治理能力和水平,加快推进教育现代化、建设教育强国、办好人民满意的教育,对党委和政府教育工作评价、学校评价(从幼儿园、中小学到职业教育和高

---

① 姜宇,辛涛,刘霞,林崇德.基于核心素养的教育改革实践途径与策略[J].中国教育学刊,2016(06):29—32+73.

校)、教师评价、学生评价、用人评价进行了全面规定。① 显然,这一系列关于评价制度的改革回应了回荡在整个社会中关于课程政策改革及其运作的困局神话。即进入21世纪开展第八次新课程改革以来,在整个教育和课程领域,有一种强烈的呼声,就是"评价不改,课程改革何以为继"的观点,大致的意思就是新的课程政策话语得以落地的根本在于评价指挥棒,而最终则在于高考指挥棒,考试评价指向哪里,学校课程教学的实践就走到哪里,甚至要将考试制度的改革视为是否在实践中推进课程政策的一种重要依据。

  正是基于这样的现实,有学者也就此提出疑问:新课改能否借力新高考改革取得成功呢?② 一种观点认为,新一轮的高考改革在打破高考"指挥棒",促进高考改革和基础教育课程改革相结合方面可以有所作为,新课改可借力新高考改革从而取得成功。的确,新一轮的高考改革引发了基础教育的大变革,诸如选修课、校本课程显著增多,"走班制"广受追捧。任学宝以浙江新高考背景下的课改经验为案例,③说明推行新高考制度后浙江省的课程建设主要通过加强顶层设计、完善课程体系、统筹规划三年课程修习安排,大力推进选课走班教学、加强生涯规划教育并积极探索教学管理和评价制度的变革等举措来作回应,起到了积极的作用。庞君芳也以浙江新高考改革为例,认为高考改革正是撬动和深化高中课改的有力支点,助推高中课改的稳步进行。④高考改革缘于高中课改,高考改革基于高中课改,高考改革助推高中课改。⑤ 有学者就提出,新一轮高考改革可以促进基础教育进一步完善课程标准,优化课程结构,深化课程内容。⑥ 还有人总结说:"新高考改革背景下,基础教育迎来了前所未有的机遇,尤其是对打破'应试教育'僵局,积极推动素质教育意义重大而深远。"⑦当然,也有研究者认为,如李保庆⑧等人提出新高考制度下课程教学改革也有观望主义,存在按兵不动的状态。但是,从新高考改革所关联的课程实践的现实出发,我们看到有各种各样潜在的应试逻辑被暴露出来,如部分学生在进行"7选3""6选3"的时候并不是从自

---

① 中华人民共和国国务院.中共中央国务院印发《深化新时代教育评价改革总体方案》[EB/OL].(2019-10-13)[2023-12-11]. http://www.gov.cn/zhengce/2020-10/13/content_5551032.html.
② 王卉,周序.新课改"成功"了吗?[J].苏州大学学报(教育科学版),2017(04):83—89.
③ 任学宝.新高考背景下浙江高中课改的经验与反思[J].基础教育课程,2017(16):7—18.
④ 庞君芳.浙江省基础教育课程改革回顾与展望[J].教育研究,2018(10):154—159.
⑤ 方展画."最后一公里",课改如何接上新高考[N].浙江教育报,2016-07-25.
⑥ 周海涛,景安磊.新高考改革助推教育升级[J].教育研究,2015(08):91—97.
⑦ 李木洲.新高考改革与基础教育的应对[J].现代教育管理,2016(06):49—53.
⑧ 李宝庆,魏小梅.新高考改革的困境与出路[J].教育发展研究,2017(08):1—9.

身的兴趣爱好出发,反而是"目前这门学科成绩好不好"成为影响学生选择高考科目的首要因素;①"50.33%的学生都将依据学习情况及考试成绩确定选考科目"②。可见,改革设想中的"赋予学生学习上的自主选择权"依然被应试的需求所绑架。在这样的背景下,考试制度的改革固然带来了课程选择自主性的加强,但是在实际的考试科目选择中"应试教育的成绩效应显然要大于素质教育"。③

所以,新世纪以来,我国课程政策话语的转型还受到一种矛盾逻辑的干扰,也就是考试制度或高考制度被视为学生、家长和社会的"图腾"④,成为维护原有社会规范、行为方式和思维路径的一种符号,将课程政策实践与变革的现实可能建立在考试制度的变革基础之上。课程改革与评价制度之间当然有其不可分割内在的关联,但是如果当评价制度被上升到一种解决问题的根本归因的时候,课程政策本身就成了一个依托外部变革的附属品。在这个意义上,课程政策的变革是依托制度之变还是观念之变就成了一个伦理困境。一方面,没有一种最好的制度能够承载我们对于未来教育的所有想象,制度一定是伴随观念变迁的互动过程,而不是一种先后逻辑,就如同有蛋还是先有鸡的悖论一样。当前课程政策实践话语中广泛存在的"考试不变课程不变"的理念,是将所有的可能寄托在制度变革上的乌托邦想象。另一方面,即便考试制度实现了根本性的变革,但是如果没有观念之变,再好的制度变革也会转向观念的俘虏,制度之变是课程变革的必要非充分条件,而观念变革是重中之重。简单地说,在当下推动综合素质评价、高考评价改革、高校自主招生改革的制度转化下,学生、家长、教师乃至整个社会仍然有将改革中的考试制度转化为服务于其考选竞争的手段的观念。因此,在制度变革的基础上,要从根本上促成全社会关于学校教育和课程观念的转变。一是在新知识和新技术变革的社会经济发展的新格局中,重新关心学习重心的转变,从只关心传授知识、个人成败与职业前景的学习到真正关心人和社会深刻转变的学习;二是在传统与现代并行的社会系统中找到共存与发展的人际的灵活性和创造性;三是帮助年轻一代更好地认识自我的多样性,主动承担相应的社会责任,找到可行和科学的方法实

---

① 刘宝剑.关于高中生选择高考科目的调查与思考——以浙江省 2014 级学生为例[J].教育研究,2015 (10):142—148.
② 杜芳芳,金哲.新高考改革背景下高中生科目选择意向现状及对策——基于浙江省五所高中的调查分析[J].教育理论与实践,2016(08):15—18.
③ 钱林晓,王一涛.应试教育条件下的学生学习行为模型[J].教育与经济,2006(01):55—58.
④ 张东娇.最后的图腾:中国高中教育价值取向与学校特色发展研究[M].北京:教育科学出版社,2005:128—182.

现自我的管理与发展,真正依靠学习主体内在的动机与潜能的激发,获得可持续的发展与创造。这些对于帮助学习者面对不确定的世界挑战和可持续的发展而言,都是更为重要的面向未来的素养。显然,让"孩子们将人生的定型时期全部用来准备考试,而不是为接下来将要面对的真实人生做准备",[①]无异于一场犯罪。如何将考试和发展并行不悖的观念及其制度融合,也许是解决这种困境值得思考的方向。

[①] 托尼·瓦格纳,泰德·丁特史密斯.为孩子重塑教育:更有可能成功的路[M].魏薇,译.杭州:浙江人民出版社,2017:91.

第七章　面向未来：动态的课程政策话语及其伦理实践

百余年来，无论社会政治经济发展的起伏涨落，关于课程政策的话语建构及其实践始终延绵不断。学校教育及其课程作为教育系统最核心的体系，在推动社会进步、政治经济发展与文化建设，以及实现受教育者的自我解放和重构等方面具有根本性的意义。正是由于课程政策话语作为一种公共话语既关注公共的社会需要，也面向每一个具有特殊个性与潜能的个体，课程政策的制定、实践及其运作从本质上就是一种伦理性的活动。

在这百余年的历史探索过程中，我们发现课程政策话语的内涵、伦理价值取向及其直接的或潜在伦理冲突或困境，在不同的历史时期和社会境遇中表现出不同的形态与特征。其中既有关于伦理价值倾向上的连续性，比如课程政策伦理取向中的科学与理性、民主与公正、走向公共性与个体性的双重关照；也有不同社会历史时期独特的课程政策的伦理表征及其问题，比如在面对外来文化和本土文化的拉锯时，不同时期会生发出不同的价值立场与应对机制，又或者是在社会本位、知识本位或学习者本位的课程实质伦理间的变换与组合；深刻地诠释了现实的课程政策伦理实践是一种行动中的伦理，这种行动中的伦理不会生硬地去附和课程政策的伦理规范，而是在正在发生的行为过程中不断应对可能出现的伦理问题。课程政策的伦理实践是在课程政策伦理规范指导下的课程政策伦理行动过程，也是课程政策伦理应用于实践的过程。但是外在的伦理规范在实践行动的过程中无法直接规约课程政策的伦理选择，它只构成了一种外在的认识框架，具体的伦理决策终究是在人们面对各种"具体的伦理难题时，在不同程度上界定各自的责任范围与界限"，并给予其所拥有的"伦理身份"，[①]而进行灵

---

① 特里·L·库珀.行政伦理学：实现行政责任的途径（第五版）[M].张秀琴，译.北京：中国人民大学出版社，2010：18.

活决策与问题处理,每一次行动中的伦理决策,又是受到特定时空中人们的思想观念、社会的历史进程、复杂的现实情境的综合影响,形成的一种偶然又必然的相遇。这个过程,并不全然是一种理性且完美的系统思考,而更多地取决于各种现实条件和政策主体的伦理秉性(倾向)的碰撞。正因为如此,考虑到课程政策伦理实践的动态性,我们也需要建立一种动态的而非静态的伦理规范。

第一节 课程政策伦理实践的动态规范:建构可能性

"课程研究中的'伦理转向'","虽然是相对较新的问题,但有希望挑战当代对课程仅作为政治文本的理解"。[①] 如果课程的变革与发展代表的是对政治与文化、学校与社会、知识与经验以及主体教育体验的重构与规定,那么这中间就涉及课程历史实践与伦理的对话,在课程发展的人类历史的具体文化情境中,课程是如何通过建构"一种存在的方式和一种关系",来实现"社会和个人转变的活动"。[②] 在这个意义上,课程政策及其实践的变革,实际上就是一个不断重构个体与社会生活方式的过程,是一种"伦理实验"。既然作为一种伦理实践,那么,外在的制约课程政策运作的伦理规范还是必要的,因为公共生活中还是需要那些应该做什么的规则伦理来规约。但是,结合百余年来我国课程政策伦理实践的现实,可以发现,也许约定一种可能趋势比确定一种必然要求更为现实。正如莫塔德所解释的,"教育伦理与其说是需要遵循的规范、规则或原则,不如说是对学校内外的情境的了解与认可,代表着关怀自己和他人的可能性"。[③] 在这样的立场上,关注课程政策伦理实践的规范就从一种课程历史实践与伦理对话所造就的可能性和趋向出发,去讨论课程政策伦理实践在不同维度中的可能表征,而并非一种确定性的原则。

一、课程政策的实质伦理:走向平衡与适应

(一)课程知识选择的伦理:走向平衡

"课程价值的论证或辩护是一项复杂而艰辛的哲学工作",[④]在课程政策的实质伦

[①] Moghtader, B. Foucault and Educational Ethics [M]. New York: Palgrave Macmillan, 2016: Forward Vii.
[②] Ibid.
[③] Ibid., viii.
[④] 施良方.课程理论——课程的基础、原理与问题[M].北京:教育科学出版社,1996:285.

理之维中,关于课程知识选择与决策的伦理,是决定课程政策实质内容与结果的根本性决策。如果说在不同的历史时期课程的知识选择的标准总是不断分化,当下课程知识的伦理选择更倾向走向一种动态的、适应性的平衡。

从现存人类最古老的哲学之一的唯心论或理念论(Idealism)开始,其对于知识价值的理解就已经分化。理念论者认为唯一真实的知识必须是关于观念的。因此,理念论者偏爱种种观念和概念相互关联的课程知识。它的课程也是有层级的,处在等级制最顶端的是最抽象的科目——哲学和神学,因为是涉及纯粹的理性,与感性全然无关;数学也重要,它培养抽象思维;历史和文学排位相当高,因为它们提供道德模式和文化模式;语言也非常重要,因为语言使得交流和观念思想成为可能;处于课程阶梯最底端的是研究特殊因果关系的科学。①

经验主义或实在论者(Realism)则反其道而行之,认为人类可以通过自己的感觉和理性来了解世界。无论是亚里士多德按照知识的质料与形式的关系把知识分为逻辑学、理论科学、实践科学和制作(生产)科学四大类(前两类是纯粹理性的知识,第三类是理论与实践联系的知识,最后一类是纯技术的知识);还是培根想要彻底改造整个人类知识,将以往知识进行巡视,并划分为关于人类以外的自然界的知识,关于人本身的知识和关于人对自然的行动、人的学术、技艺和科学方面的知识,②都按照知识的类别建构了百科全书式的知识体系,对后来欧洲百科全书式的课程传统产生了深远影响,推进了近代学校课程的发展。

19世纪末20世纪初,以查理·桑德斯·皮尔斯(Charles Darwin)、威廉·詹姆斯(William James)和约翰·杜威(John Dewey)等为代表的实用主义(Pragmatism),则反对任何形式的形而上学,认为哲学应该只是提供一种科学的方法论和真理论。实用主义以经验为中心的哲学观,逐步形成了一种经验主义的认识论。在这一思路下,无论是进步主义"主张活动的、经验的课程,主张采用主动作业的形式";③还是社会重建主义"把课程重点放在当代社会问题、社会的主要功能、学生关心的社会现象,以及社会改造和社会活动计划等方面"来组织,"帮助学生在社会方面得到发展";④在课程知识的选择上都具有非常鲜明的经验驱动、社会参与的特征。

---

① 艾伦·C.奥恩斯坦,弗朗西斯·P.亨金斯.课程:基础、原理和问题(第五版)[M].王爱松,译.南京:江苏教育出版社,2013:30.
② 施良方.课程理论——课程的基础、原理与问题[M].北京:教育科学出版社,1996:63—64.
③ 潘洪建.致知与致思:课程改革的知识论透视[M].济南:山东教育出版社,2015:33.
④ 全国十二所重点师范大学.教育学基础(第2版)[M].北京:教育科学出版社,2008:158.

20世纪50年代以后,哲学的语言学转向促成了分析哲学的发展(Analytic Philosophy),分析哲学家普遍把全部哲学问题归结为语言问题,他们把哲学的内容或者归结为对科学语言进行逻辑分析,或是对日常语言进行语义分析,认为哲学不是理论,而是活动,哲学家的任务不是发现和提出新的命题,而是清思,使已有的命题变得清晰。1965年,分析教育哲学的代表性人物赫斯特(Hirst, P H.)发表了《博雅教育与知识的性质》一文,用分析哲学的方法探讨了"什么知识最有价值"这一经典的课程问题,指出普通教育既不追求获得百科全书式的知识,也不追求在某一领域训练有素的专家式的知识,而是要学生掌握人类在理解世界过程中所形成的七八种独特的、可作为任何学习之基础的知识形式,学生可以凭借这些知识的形式使自己的个人经验得到充分的建构:形式逻辑与数学、自然科学、对我们自己和其他人心智的理解、道德判断与意识、美感结果、宗教主张、哲学理解。知识的形式不是具体的学科,每一种知识类型是独特的知识形式。"博雅教育"就是以这些知识形式为基础而组织设计的,它关心的是心智在知识中的全面发展,旨在以许多不同的方式获得对经验的理解,通过严密的训练,不仅能够获得系统的知识,也能获得复杂的概念系统以及不同类型的推理和判断的技巧和技术。[1] 因此,课程的编制要尽可能向学生介绍世界上独特的每一种基础的知识形式,包罗全部知识。

第二次世界大战后流行起来的存在主义(Existentialism)则坚持认为,个人选择的自由至高无上,是我们自己的选择,造就了我们的自我本质和自我认同。因此,存在主义者倡导学生应当自由地选择如何学和学什么,为学生提供实现他们个人存在意义的机会,谨防把他人的观点强加于学生个体的课程计划。强调课程知识是由赋予个人以自由和选择的经验和科目构成,如艺术、文学、戏剧等能够反映人类境况和自我表达的知识,能够体现自由选择和意义发现等个人化特征的知识。

而20世纪60年代以后兴起的后现代主义的课程知识观开始打破知识是确定性、普遍性、中立性和唯一性的理解,更多地强调课程目标的非预设性、内容的开放性、意义的生成与对话性和人际关系的互动性、文化与情境的关联性。正如多尔反复强调的,"什么是设计后现代课程的标准呢?""一种形成性的而不是预先界定的,不确定的但却有界限的课程"。[2] 也正是在此基础上,提出了后现代课程的四个"R"——丰富性(Richness)、回归性(Rigour)、关联性(Relevance)与严密性(Regressibility)的特征。

---

[1] 施良方. 课程理论——课程的基础、原理与问题[M]. 北京:教育科学出版社,1996:69—71.
[2] 小威廉·E. 多尔. 后现代课程观[M]. 王红宇,译. 北京:教育科学出版社,2015:181.

随着我们对于知识本质的追溯,我们发现正是二元对立的观念让我们弱化了知识本身的多元属性而陷入了价值对立的尴尬构图许正如波普尔在他的批判理性主义的认识论中所发展出的极简的公式一样:P1(提出问题)—TS(尝试性理论)—EE(通过证伪来消除错误)—P2(产生新问题),①人类知识增长的过程以及生命的全部就是解决问题,不管是从个人还是从物种的层次上,一种认识会重现适应、生存、消失的过程,并处于开放的永不终结的进化过程。在这个过程中,知识既是暂时确定的,也是不确定的进化中的;既是在"开放、公开与竞争"意义上可供批判和公开讨论的"客观知识",②但也并不抹杀主观知识的存在与必要;既是可以超越学习者经验的一种上位的概念、观念与理解,但这种理解又需要深深扎根在特定的情景与经验知识的建构过程之中;它既可以分化为不同领域或学科的知识系统,又要回归其联结的本质,关照现实问题与社会挑战的整体性需求,提出并解决生存所面临的各种问题。在这个意义上,知识价值判断与选择的关键在于"不是保证某种相对而言已知的和已定的事情","而是产生于他们曾经经历过的和现在理解的,是一种创造性和对待即将发生的东西的意图"。③ 也正是在这样一种价值的平衡之中,课程知识的价值判断在你中有我、我中有你的开放性思考之中,或许可以找到一种共存和协调的方式。

国际课程中心在谈到驱动课程成为真正的整体课程,综合和平衡课程的不同目标时,提出了要实现"现代知识与传统学科、深度与广度、STEM 和人文学科、身与心、知识、技能性格与元认知、结果与过程、个人与社会目的与需求、全球视野与本地视野、深度内化与灵活性、社会进步的理想和尊重本地规范"之间的平衡。④ 在这个意义上,课程知识的价值选择,不是简单地在学科本位、社会本位或个体本位的三个维度间进行抉择的过程,更不是困于"为了知识本身而追求知识"、"为了某些实践目的而追求知识"或"为了自身发展而追求知识"之间举棋不定,而是在决定选择何种知识作为学习者共同经验建构的基础的过程中实现知识内在价值与外在价值的平衡、推进课程知识

---

① 卡尔·波普尔.二十世纪的教训.卡尔·波普尔访谈演讲录[M].王凌霄,译.桂林:广西师范大学出版社,2004:13.
② 布赖恩·马吉.波普尔[M].郭昌辉,郭超,译.北京:昆仑出版社,1999:42—48;波普尔.科学知识进化论[M].北京:生活·读书·新知三联书店,1987:1—5.
③ 迈克尔·富兰.变革的力量——透视教育改革[M].中央教育科学研究所,译.北京:科学教育出版社,2004:38.
④ 钟启泉.解码教育[M].上海:华东师范大学出版社,2020:22—24;查尔斯·菲尔德,玛雅·比亚利克,伯尼·特里林.四个维度的教育:学习者迈向成功的必备素养[M].罗德红,译.上海:华东师范大学出版社,2017:37—40.

类型与功能的平衡,并最终建构一种更为综合、开放和动态平衡的课程知识的选择机制,让课程不仅仅停留于一种认知性的活动,更要发挥其社会性功能以及情意性的价值,在一种动态平衡中帮助每一个学习者发展体验成长的学习经历。

在这个意义上,课程知识选择的伦理不是选择更正确或合适的知识本身,而是这种选择如何"为每个学生提供适合个体发展的课程资源,使课程不仅在理论上接近每个学生,还要在实践上真正为全体学生的发展服务"。[①] 再进一步而言,课程知识的选择并非停留于课程政策所决定的政策文本的规定性内容要求本身,而是课程政策在不同场景实践的过程中,根据此时此地所面对的特殊学习者对象所需,由课程政策参与主体所做出的适时的平衡。

(二)课程主体经验的建构:走向适应

关于课程知识的决策还涉及到一个关键问题,即课程知识究竟对谁有价值?这就涉及课程价值选择的主体问题。无论从课程价值的内在主体——课程所最终服务的学习者,还是从课程价值的社会主体——社会及其代言者(如教师、专家、行政官员等课程决策者)的角度而言,课程的伦理原则最终都会通过学习者主体经验的建构得以实现。

一方面,从本质上而言,课程的内在价值必然是面对课程参与者即学生而言的。正如杜威向我们标明的,"儿童为实现学校的道德理想提供了唯一可以使用的手段或工具,无论做了多么审慎的选择,倘若不按照个体自身的活动、习惯和愿望加以改造的话,就没有确定的道德内容。我们必须弄清历史、地理和数学在心理学上意味着什么,也就是说,在我们从中发掘其种种道德可能性之前,它们都是个人经验的方式"。[②] 简单地说,课程要对学习者个体产生作用,实现个体的自由发展,"必须通过它自身的体验和发现来寻找他自己的方式,并最终学会成为自己,做他自己的事情","并建构他自己的现实世界"。[③] 也是在这个意义上,课程政策的决策不仅是决定目标及其内容本身,更是决定达成目标及其内容的方法。在广泛的课程政策实践的现实中,我们发现,越来越多的课程决策开始关注更加个性化与灵活多变的、强调具身体验、社会实践、真实情境、建构性对话的课程实施与学习的模式。目的就是打破"权威推行的行为规则

---

① 王小鹤.课程伦理建设初探[J].现代中小学教育,2013(07):18—22.
② 施良方.课程理论——课程的基础、原理与问题[M].北京:教育科学出版社,1996:290.
③ 肯尼斯·斯特赖克,基兰·伊根.伦理学与教育政策[M].刘世清,李云星,等,译.北京:北京大学出版社,2013:13.

的重要性",①理解不同学习者的经验建构的差异性与多样性。为了帮助不同的学习者面对不断变化的现实世界,课程需要"为适应每一个儿童的需求、兴趣与个体成长而可能加以调节的部分"做准备,②即达成"自主学习"的最终目标。"如果自主是一个远远无法实现的愿望,那么个体必须拥有相关信息以便做出现实的决定,并且刺激他自己的想象力以便于他能够想象出全部的可能性。"③正是基于这样的考虑,除了专门化的知识,作为社会公民和人类成员所需要的常识与素养也变得日益重要,如"批判的、独立的、有判断力的、真实的和有想象力的素质"和"独创性的、创造的和发明的"等更高级的素质。④ 因此,从课程政策最终指向的内在主体的本质需求出发,在关注共同基础的同时,保障每个学习者的个性化需要,以学习者为中心,激发学习动机与主动学习,成为课程政策决策中做出适应性选择的重要基础。

另一方面,从现实来看,课程政策的决策基本上是社会或者代表社会意志的教育行政官员、专家或教师所做出的选择,任何课程的价值也并非唯一指向受教育者本身,也有超越受教育者自身价值取向的具体价值,即课程价值还满足了更广泛的社会、政治与文化的需求,具有社会性价值。因此,课程的价值主体不仅仅指向学习者本身,还包括其潜在的社会主体。在这个层面上而言,"课程的伦理原则就是解释社会现实生活的情景和社会进步的方式"。⑤ 诚如杜威所说的,儿童是实现课程社会工具价值的手段,课程是"经由儿童实现的社会性",也就是说,课程的社会工具性只是一种可能性,这种可能性必须通过教师最终通过学生来实现。⑥ 因此,教师和学生对课程的社会工具价值的态度以及学生的个人条件都会影响课程的社会价值的普遍适用性的达成,即课程的社会意义需要得到教育者理智和情感上的认同,并同学习者个人发展相一致,才能得以实现,且最终要通过学习者主体经验的建构得以实现。这也说明了课程的潜在社会功能的失效乃是课程设计与实践在达成社会价值的过程中,对课程的价值的内在主体——学习者——个性化的经验建构机制的关照不足所造成的。换句话

---

① 肯尼斯·斯特赖克,基兰·伊根.伦理学与教育政策[M].刘世清,李云星,等,译.北京:北京大学出版社,2013:14.
② 钟启泉.解码教育[M].上海:华东师范大学出版社,2020:22.
③ 肯尼斯·斯特赖克,基兰·伊根.伦理学与教育政策[M].刘世清,李云星,等,译.北京:北京大学出版社,2013:14.
④ 同上,第14—15页。
⑤ 施良方.课程理论——课程的基础、原理与问题[M].北京:教育科学出版社,1996:291.
⑥ 同上,第291—292页。

说,我们要通过课程来实现其他外在的社会目的,不能以伤害教育的内在目的为前提,即要促进"学生个体在认知、道德、情感方面发展",课程内容本身"应该是真实的、道德的、审美的",更要以道德的方式(道德地教)去达成道德的目标。① 在这个意义上,课程需要回归人类社会生活的多样性和教育模式的多样化的本质,尊重并包容学习的多样化的需要,帮助学习者发展在复杂的现实世界中作出理性决策与判断的能力,这对于其终身学习和灵活地适应新环境而言,不可或缺。

因此,无论从课程价值主体的学习者个体的角度而言——"每一个学习这都是一个非常具体的人"②,有其独特的经验建构与学习成长的机制,"人类个性的价值就在于选择","选择是人类主体性的反映"③——课程政策需要提供更多的依据个性特点驱动学习者选择最有利于自己发展的路径可能,而不是模式化或标准化的路径,以充分挖掘学习者的潜在可能;还是从课程价值主体所面向的社会意义而言——人类社会生活多样性的日益彰显,需要建构人类生产和再生产生活多样性特征的能力与机制,来帮助人类适应性地获得可持续发展和问题解决的经验——不是为学习者提供唯一的、权威的认识或解决问题的路径,也不是提供无数相互冲突的文化经验,而是"在平等尊重不同群体文化经验的基础上,寻找共同经验,面向更大的共同体以及促进它们之间的共同对话与参与"④,帮助学习者作出理性的价值选择与判断。可见,走向尊重差异、包容多样化并推动学习过程更为人性的个性化选择,既适应学习者主体的多样化和个性化需求,也适应真实社会生活的多样性挑战与多元性冲突共存的现实,让课程决策寻找一种适应性机制成为课程政策伦理中重要的价值趋向。

二、课程政策的过程伦理:走向赋权与参与

从课程政策的过程伦理的角度来看,追求课程政策过程的科学、民主与公正,不仅是一般公共政策过程伦理的关键维度,也是课程政策运作过程的关键指向。因为课程运作过程本质上是"各种课程关系和利益平衡的过程,在此过程中要处理各种利益关系,它涉及课程主体与课程客体之间的价值选择关系"⑤,要协调好课程运作中的各种

---

① 程亮.教育的道德基础——教育伦理学引论[M].福州:福建教育出版社,2016:153.
② 联合国教科文组织国际教育发展委员会.学会生存:教育世界的今天和明天[M].华东师范大学比较教育研究所,译.北京:教育科学出版社,1996:196.
③ 劳凯声,刘复兴.论教育政策的价值基础[J].北京师范大学学报(社会科学版),2000(06):5—17.
④ 程亮.教育的道德基础——教育伦理学引论[M].福州:福建教育出版社,2016:155.
⑤ 王小鹤.课程伦理建设初探[J].现代中小学教育,2013(07):18—22.

关系,就必须反映教育的民主性、公平性与科学性,使得不同利益主体的愿望能够在课程决策与运作的过程中得到协商并达成共识,从而扩大政策的合理性基础。从课程政策运作过程的本质来看,这个追求科学化、民主化与公平性的过程也就是走向课程权力共享和多元参与,建构不同政策主体对于课程政策的归属感和主体意识的过程。尤其对我国的课程政策而言,从中央到地方到学校的不同层级,不仅决定了课程政策运作空间的转换,更从根本上表明了课程政策过程不应再落入简单的自上而下的政策贯彻的窠臼,而应倡导不同层面的政策权力主体进行权力共享、互动、对话与创造的潜在能力,推动课程政策发挥其作用的过程。从课程政策的视角看政策过程的伦理,这里尤其强调从课程管理和课程决策两个维度来阐释民主赋权和参与对于政策过程的伦理意义。

(一) 课程管理的分权化与多方参与

20世纪中期以来,"教育民主化成为全球教育系统演变的一个基本趋势"[①],这种趋势表现在课程政策领域,首要的表现就是课程管理权的分化,在课程管理制度上要求"由集中式、封闭式转向参与式、自主式,加强地方分权、地区自治权和学校自主权"[②]。从课程政策的安排与落实、课程方案的制定与实施、具体课程的开发与实施、课程质量的监测与评估,到课程与教学资源的开发和利用等具体的课程管理权责方面进行分工合作,逐步实现中央、地方和学校的不同层级的课程赋权。实际上,我国长期以来集中统一的课程管理制度已经证明,课程管理的权限如果过度集中,无论从政策决策的合理性、开放性和科学性的角度而言,还是从管理过程的有效性和针对性的角度,抑或是公众需要与利益的广泛代表性,以及资源配置的公平性角度而言,都会带来刚性的陷阱和"一刀切"的问题。因此,从推进课程管理的民主参与的伦理需要来看,要更高效、更体现在地化需要和更能因地制宜地实现课程运作,反映"与课程相关的各方人员的主体地位"[③],课程管理权的分化是必要条件。通过课程管理的赋权让不同层面的政策主体参与到课程管理的工作中来,从过去的落实国家课程转向参与课程管理,建立不同层面课程政策参与主体的主人翁意识和责任伦理,是深化教育民主化的具体课程表现,也能更有效地推动课程政策在基层的适应与创新的制度基础。因此,在我国,课程管理的民主赋权一直是课程政策过程伦理中的重要方向。20世纪90年

---

① 黄忠敬.课程政策[M].上海:上海教育出版社,2010:93.
② 同上,第94页.
③ 胡东芳.论课程政策制定的价值原则与价值取向[J].教育理论与实践,2004(08):28—31.

代,我国就启动了课程权力下放的尝试性改革,通过推进"自上而下""自下而上"的双向课程管理机制,将课程权力从中央下放到地方教育行政部门和学校,让不同层面的改革参与者能够参与课程建设,以激发改革智慧和参与课程建设的积极性;到了21世纪初新一轮国家基础教育课程改革,则在原有的双向课程管理机制基础上进一步倡导三级课程管理制度,通过国家、地区和学校共同建设课程,使得课程体系更加具有开放性和适应性,满足不同地方和学校的需求,课程管理权力也进一步从地方走向学校组织,促进了课程参与权的扩大。

从本质上而言,任何课程政策的运作都是各个层次政策行动成果的聚合,地方教育主管部门承担着承上启下的"中介"功能,而学校不仅仅是"执行课程计划的机构,也是真正发挥课程政策作用的地方","是理想课程转变成现实课程的主阵地"。[①] 正因为如此,单一的通过"自上而下"的统一管理不仅无法顾及各个层级具体情境下的课程问题,而且还会使地方和学校层面的课程实施者被排除在课程权力之外,成为课程政策被动的执行者,造成权责的不对称,影响课程政策的落实。因此,分层次地将部门权力下放给地方和学校的同时,也将责任落实到了地方和学校,从权力制衡的层面既保证了国家对地方和学校的课程管理行为更有效的约束,也从权力共享的层面鼓励地方和学校课程实践的适应与创造,通过课程管理制度落实课程赋权,发展课程政策多元主体的责任意识,实现有权力依托的民主参与。然而,在我们持续坚持课程管理在制度层面的民主赋权和多方参与的同时,有几个问题尤其值得关注。一是在课程管理的分权化实践中真正保障地方和学校的课程自主权,实现不同层级课程管理权力主体的相互配合与支持,把那些能够让地方和学校充分因地制宜、因校制宜的管理权力下放,实现更有针对性的管理,防止实质权力的虚置或空缺;二是真正通过权力的分化实现角色转化,从过去层级式的服从式的行政管理关系,走向提供"服务"和"引导"的层级相连的职能体,防止有责无权、有管控无自由裁量权的现实权力边界的模糊与撕扯的问题;三是稳步提升不同层级的课程管理主体的管理能力与实际课程业务水平,指向课程育人成才的价值实现,因地制宜地做出有价值的管理决策,从初级的"政策搅拌器"的管理水准走向聚焦课程管理的实质,真正调动所在区域、学校和教师群体的课程意识与课程愿景、鼓励课程与教学的协同合作与发展、倡导课程变革与实践的草根创生,以及持续的课程研究与探索的综合能力。这些对于保障课程管理的实质性赋权与民主参与,不可或缺。

[①] 胡东芳.论"课程共有"——对中国特色课程政策模式的探索[J].教育研究,2002(08):78—83.

(二) 课程决策的权力共享与民主协商

除了课程管理的民主分权,课程政策运作中课程决策的民主协商也是保障课程政策过程伦理的重要机制。"课程不仅是专家的,而且是大家的",[①]课程决策民主的思路正日益兴起。决策民主的基本思路是以"对话"与"沟通"替代"命令"与"指挥",以多元沟通取代专制管理,以共同对话取代话语霸权,[②]强调的是构建多元主体的课程决策模式,从精英主导走向大众参与。实际上,正如克莱因(Klein, M. F.)在课程决策的框架图中向我们展示的那样,课程政策的决策是面向课程关键要素和不同决策水平所编织的复杂的决策网络系统。课程决策不仅发生在政府机构内部、发生在政策制定之时,更是贯穿在课程政策实践行动所关联的不同话语空间之中,课程决策发生在从学术、社会层面到政府政策的议程,乃至教学运作和学生学习体验的不同层面,且并不以政府的政策文本的出台为起点或终点,课程决策涉及正式的政府决策之前的广泛的、学术的、公众的或媒介的议程的公开讨论,也涉及正式的政策采纳并公布之后的政策主张在行动中的调适和转化,也就是在实践中进行政策再决定的过程。从这个意义上而言,课程政策的决策天然地具有权力共享和多元主体民主协商的属性,是不同层面的政策决策、咨询和参与主体[③]共同协商其内在的一致性及其共识性需求的过程。

表 7-1 课程决策的框架

课程决策的不同水平	课程要素							
	目标	内容	资源	活动	教学法	评价	分组	时间	空间
学术层面(academic)	目标	内容	资源	活动	教学法	评价	分组	时间	空间
社会层面(societal)									
正式层面(formal)									
学术层面(academic)	目标	内容	资源	活动	教学法	评价	分组	时间	空间
组织层面(institutional)									
教学层面(instructional)									

[①] 崔允漷,王少非.关于新课程的评议:一种视角[J].教育发展研究,2005(05):12—17.
[②] 廖婧茜.政治社会化视域下课程改革的伦理诉求[J].全球教育展望,2020(01):27—37.
[③] 孙彩平在谈论政策主体的组成对政策理性的影响时提到,政策主体包括决策主体、咨询主体和参与主体三个部分,决策主体是政策主体的核心,一般具有一定的权威性,由党、政府部门的代表人物来充任;咨询主体一般由专家组成,保证政策的学理性;参与主体则会发现政策执行中的实际情况,根据反馈信息不断对政策进行修正,以增加其合理性成分。参考孙彩平.教育的伦理精神[M].太原:山西教育出版社,2004:272.

续 表

课程决策的不同水平	课 程 要 素						
运作层面 (operational)							
体验层面 (experiential)							

资料来源：M. Frances Klein. *The Politics of Curriculum Decision-making: Issues in Centralizing the Curriculum* [M]. New York: Suny Press, 1991:26. figure 2.1 Curriculum Framework for Decision Making.

当然，传统意义上我们所谈论的课程决策，更多关注的是正式层面的课程决策，即政府的课程决策。讨论的是政府的课程决策能否整合来自不同层面的课程决策主体，共同为一定时期课程运行的规范及其要求进行公开的商讨，通过公正、包容和理性的对话，达成一定的共识，为课程政策的传播与实施奠定理性认同的基础。因此，在推进政府层面的课程决策的民主化水平方面，强调"行政决策、专业咨询和民主参与"[①]的有机整合——包括行政力量掌握政策制定的时间、人员、进程与方向等总体事宜；在政策决策过程中强调专业咨询团队的深度参与，包括吸纳学科专家、教育课程专家、教师代表和专业研究人员在内的专业力量作为课程决策的核心成员；以及政策决策过程中面向社会不同阶层、经济团体、利益团体开展广泛的民主意见征询与讨论，吸纳社会公众的多元意见与建议，进一步扩大政策的合法化基础；已经成为国际社会课程政策决策的基本规范。因此，在正式的课程政策决策中，有机整合决策主体、咨询主体和参与主体的共同参与和充分对话，是保证课程决策过程伦理的重要基础。

此外，除了正式的课程决策，更需要关注正式的课程决策同其他不同水平的课程决策之间的动态一致性与契合度，这将很大程度上决定课程政策的社会认同及其实践水平。因为课程政策的影响并不直接发生在正式的政策决策之时，而是发生在课程政策进入到具体的政策情境之中，在地方、在学校乃至在个别的课堂中产生现实的影响。正如施良方先生所指出的"决策的基础在地方，而不是在中央"[②]。课程政策的实施其本质上是依托不同层面的课程决策主体开展的一系列复杂而不确定的探索过程。正是由于政策实施的空间迁移和实施主体的多样性，导致课程政策的实践不可避免地具

---

① 吕立杰.课程政策制定过程的特征与本质[J].课程•教材•教法,2007(08):3—7.
② 施良方.课程理论——课程的基础、原理与问题[M].北京:教育科学出版社,1996:205.

有不确定性。现实中,课程政策实施带来的政策变形或政策偏航的诸多问题,很大程度上来源于课程决策在不同层面的信息不畅和沟通不足,难以保持内在的一致性与吻合度。因此,不同层面的课程决策主体的相互理解、平等对话和共识基础,是保证课程政策真正在实践中产生积极影响的前提,他们之间既不是控制与服从的关系,也不是各自为政、我行我素的关系,而是在共同协商中形成的一定共识基础上的自主探索与创造。诚如施瓦布提出的"集体审议"的概念,所谓的集体审议是"要求所确认的问题是所有参与者所体验到的或所理解的问题,审议最后做出的行动决定应该是集体的共同的决定"[①]。而要达成不同层面课程决策主体的共识,就需要彻底转变原有的层级式的行政管理关系,促成不同层面的政策参与主体在政策运作不同场合的充分互动与对话——不仅是政策制定的具体环节中,也包括在政策实施与评估优化的具体过程之中——真正导向问题的解决。一方面,不同层面的课程参与者要以一种平等的身份进入课程政策决策,建立一种相互理解、相互信任、相互尊重的关系。他们要打破固有的社会身份和所在群体利益诉求,同理并体察课程政策运作在不同空间的困难与问题的基础,打破对立性关系和自上而下的指导性关系,站在彼此的立场共同协商课程实践的优先问题。另一方面,则要强化不同层面课程决策主体间信息沟通与反馈机制的有效性,以及面向问题解决的成果意识。既要通过有效的信息沟通与反馈的机制防止政策信息的不对称与信息变形,又要建立共同合作、解决问题的协商目标,来搁置差异寻求共识,直面课程政策运作过程中的现实问题。

三、课程政策的主体伦理:走向伙伴关系与问题解决

课程政策的运作归根结底都是政策主体行为的产物,因此,政策主体在具体的政策运作的角色中的德性规范、职业精神与内心自觉,"政策主体之间、政策主体与组织之间的道德关系与要求",以及在具体的政策运作中"行动中的正当与不正当的行为规范"[②],就构成了课程政策主体伦理的具体问题。在前文关于政策主体伦理的一般性的探讨中,我们更关心的是从职业或角色出发规约政策主体的客观责任及其规范,并强调通过主观的自觉来促成外部责任的达成。但深入到具体的课程政策的领域,我们会发现,课程政策的伦理实践除了政策主体各司其职,开展合乎德性的政策活动以外,更重要的是面对政策运作中不同政策主体之间的道德关系及其现实冲突,这在课程政

---

① 施良方.课程理论——课程的基础、原理与问题[M].北京:教育科学出版社,1996:205.
② 刘世清.教育政策伦理[M].上海:上海教育出版社,2010:52.

策运作中表现得尤为突出。因为课程政策在地域和空间中流转的复杂性与丰富性,在本质上决定了不同地域或时空中不同的政策参与主体的相互关联与碰撞,不同政策主体所建构的社会资本——通过社会关系互动而形成的无形的和抽象的资源[①]——是否足以支撑政策的有效运行,不仅很大程度上决定了政策运作的成效,更揭示了政策主体间关系的伦理,是否相互信任理解、沟通顺畅、责任明晰又彼此支持。当"政策、地域与人相互交织",就构成了课程政策运作过程的"偶发性和情境性的特征"[②]。因此,主体间关系重构和主体间冲突化解两个维度,就成为探讨课程政策主体伦理的特殊向度时尤其希望关注的视角。

(一) 政策主体间的伦理关系:走向伙伴关系

课程政策的制定与实施关涉到多元的政策主体,除了一般意义上所理解的来自政府系统内部和政府系统外部的政策主体——如公众、媒介、智囊组织、利益团体等,对于课程政策而言,我们常常将其分为教育系统内部和教育系统外部的政策主体,内部的主要包括教育专业研究机构及各类课程或学科专家、教育行政机构及其人员、学校组织及其教师、学生;外部的则包括家长、社会教育工作者、教育利益团体、非教育利益团体、大众传媒、智囊机构等。特别是随着课程政策制定及其实施研究的深化,关于政策主体的认识也不断深化。

一方面,传统的那些不被看作是关键的政策目标达成的组织或个人,也开始被关注,政策主体的范畴不断地扩大并细节化。比如,随着社会公共领域或非营利部门的发展,非政府组织、社会的教育组织或对教育有广泛关注的非教育利益集团,也开始在课程变革及其实践过程中发挥日益重要的作用,这也是过去课程政策主体不关注的部门或群体。这就意味着,我们要处理比以往更为复杂、多元且微观的政策主体关系,涉及更广泛的社会利益关系。

另一方面,对于政策主体的关注开始打破传统强化专业归属的组织基础的划分,聚焦政策主体的广泛的分类背后主体所在的亚群体的差异。比如教师群体、政府行政人员、专家群体,过去我们倾向于将其看作是"在利益、信念、价值和观念等倾向上相一

[①] Smylie M. A & Evans A. E. Social Capital and the Problem of Implementation. In Hong M. I. *New Direction in Education Policy Implementation: Confronting Complexity*. New York: State University of New York Press, 2006:188-189.

[②] Hong M. I. *New Direction in Education Policy Implementation: Confronting Complexity*. New York: State University of New York Press, 2006:19.

致的共同体",①但实际上他们也是具体分化的个体或亚群体的集合。比如教师这一课程政策主体,可以不再是宽泛地理解为一种职业身份,而是可以根据他们在课程政策实施中的行动倾向"区分为激励者、故事讲述者、网络联结者或是合作者",②或是根据其情感态度分为政策抵制者、防御者、实用主义者或改革者,来反映他们在政策运作中的能量。又比如,过去我们会同质化地理解地方教育行政人员将其视为政策主体的实体,实际上也可以根据其同实践的关联程度,分解为一线的或中层的等承担不同政策主体角色的教育行政人员,各自面对不同的需要、利益和局限。这就意味着,对于课程政策主体伦理的关注,要从符号化的、僵化主体认知走向具象化的政策主体,回归政策主体作为一个利益混合体的具体的人,了解其在政策行动过程中的丰富内涵。

再一方面,就是政策主体角色边界的逐渐模糊,从单一的主体走向多元的主体。比如,一般而言,我们对于政策制定者与实施者的分类边界是清晰的,制定者只负责政策开发与制定,实施者只负责落实与执行政策,但是,教师对于课程政策的实施并非是全然被动的,他们在具体的情境中对政策进行的重新理解、调适与再创造,这个过程也成为课程政策在行动中不断重塑、再制定和再实施的过程,教师也是政策的制定者;又比如,传统意义上的政策制定者,如课程或学科专家在参与课程政策制定的咨询的同时,也越来越多地参与到具体学校的课程改革实践之中,成为与教师合作的政策实践者。可以说,政策主体不再简单地承载单一的主体角色,不同政策主体的角色关系的边界不断延展和模糊化,衍生出贯穿政策过程始终的紧密关联的复杂关系。一个政策主体既可以是政策问题的倡导者、也可以是政策的制定者、实施者或者评价者。

从以上三个方面对政策主体认识的转化来看,对课程政策主体进行简单的区分或整体化的认知已经不太现实,无论从主体范畴的扩大化、主体角色的细分化与差异化、还是主体关系边界的模糊化,都意味着仅仅界定并规约政策主体的角色伦理及其规范,已经不足以支持其对于政策过程全程的参与,更重要的是明晰政策主体关键角色的同时,发展新型的伙伴关系,让不同的政策主体在更为复杂的主体关系中寻找相互合作、对话和彼此支持的关系伦理,即政策主体之间不是相互割裂的,而是相互配合共同完成政策运作过程的,这一点变得日益重要。在这个过程中,关键性的伦理考察就是"认可并尊重其他人的观点与认识"、"赋予其他主体合法化其原则的平等权力",即

---

① Hong M. I. *New Direction in Education Policy Implementation: Confronting Complexity* [M]. New York: State University of New York Press, 2006:16.
② Ibid.

"康德所说的,认可人类尊严","意识到人类发展不能用一种观念或功能来塑造他人的生活",允许充分的对话,理解不同主体的"内在一致性、自身的结构与行动逻辑"的同时,在政策运作过程中寻找不同主体间的"互惠关系",不断反思并批判自身"自以为是"的目标与愿景,"而非假装自己的目标是不容置疑的,自己对福利的看法是决定性的"[①]。简单地说,"尊重——互惠——反思"成为面对更为复杂的政策主体间关系的重要的伦理依据,通过尊重不同政策主体建构自身生活的权力,通过对话与互惠来实现在理解基础上的共同决策,"尊重彼此的共享的智力和选择的权力"[②],建立一种富兰所说的"新型的伙伴关系"。富兰在他所描绘的新教育学的学习伙伴关系中,聚焦的是"建立在平等、透明、互惠互利基础之上"的教师成为学生学习伙伴的新型师生关系,强调的是"教师不仅成为学习者,也开始从学生的角度看待学习","建立彼此信任的关系","鼓励学生表达自己的兴趣、需求和志向,成为自己学习的引领者",教师和学生一起"发展对学习过程的共同理解,并积极参与到学习进程评估、调整、改善的过程中"[③]。从政策主体间伦理关系的建构来看,富兰所指称的新教育学中的新型学习伙伴关系,不仅适用于微观课程政策实施中的师生关系,对于不同层级的教育行政机构及其人员的关系而言、对于教研系统人员与学校层面的教师与管理人员而言、对专业的课程或教学研究工作者和课程教学的实践工作者而言,基于对话、互惠和反思的伙伴关系,是我们推进课程政策主体间关系重构的一种伦理可能。

(二)政策主体间的伦理冲突:走向问题解决

任何社会个体都有自己的私人利益或者有其所归属的组织或团体的集体利益,同样地,从政策主体的角度而言,他(她)又需要尽可能地履行自己所承担的社会责任,服务于公共利益。因此,政策主体的利益需求是多元的,追求公共教育利益的同时并不等同于政策主体摒弃了其潜在的其他利益需求。正是因为政策活动的过程是"政策主体运用其掌握的政治权力来调节不同主体间的利益矛盾与冲突"的过程[④],才引发我们对政策主体决策与行动的伦理关注。因为矛盾和冲突是普遍存在的,而认同与共识却是很难达成的,如何调和不同政策主体所代表的不同群体或社会角色背后的观念、

---

① Scheffler, I. On the Education of Policymakers [J]. *Harvard Educational Review*, 1984, 54(02): 152—166.
② Ibid.
③ 迈克尔·富兰,玛丽亚·兰沃希. 极富空间:新教育学如何实现深度学习[M]重庆:西南师范大学出版社, 2016: 25—35.
④ 刘世清. 教育政策伦理[M]. 上海:上海教育出版社,2010:108.

认识、利益与关系,才是现实地处理政策主体间冲突的理性方式。

一方面,时代变迁所表现出来的伦理价值取向上的冲突,会反映在政策主体的不同伦理立场上。特别是在中国这样一个复杂的转型社会中,传统的农业社会、工业社会和信息社会的多种生产、生活方式并存,使得价值观念呈现出时代交错的特征,同时存在混杂与相互冲突的伦理价值取向。比如传统农业社会中的重权威、重积累、重情义关系的这种价值需求;同工业社会强调个人主体性、民族国家的价值认同、公平效率的价值需求;以及信息社会或后现代社会强调的主体性解放、幸福、可持续发展等价值追求,在课程政策的伦理选择中都混淆在一起,如果不对这些价值冲突进行澄清和统整,很可能导致课程政策实际运作的迷失,或者带来对某一方面价值的偏执。举例来说,在我国基础教育课程政策变革的领域,我们常常能够听到人们一方面诟病传统伦理的根深蒂固,如"整齐划一""千人一面"的课程的权威性和封闭性给学生发展和社会文化所带来的历史性痼疾;而另一方面又能看到对于课程政策理念中强调以学生为本,强化选择性与个性化原则所带来的课程运作的多样性与非同一性的焦虑和批判。这恰恰反映了课程政策运作背后相互混杂并彼此冲突的伦理偏好。不同的政策主体如果在政策运作过程中各持己见、各居一隅,很容易就陷入伦理陷阱,导致政策伦理失范。

另一方面,文化差异所带来的伦理价值冲突,也会反映在政策主体的政策活动之中。当前任何一个国家的课程政策都受到来自国际社会和其他国家的广泛影响,我国在课程及其政策现代化发展过程中,也受到了外来文化价值的深刻影响。因此,在我国课程政策变革的历史中,一方面有着向先进国家学习优秀教育经验与课程变革理念的诉求与需要;另一方面,则存在着强烈的回归文化自信和主体认同的价值需要,对政策理念中的"舶来主义"或"拿来主义"进行激烈的批判,体现出课程政策要调和外来思想的影响与本土话语需求的价值冲突的内在需要。显然,课程政策主体如果无限地扩大并符号化这种价值冲突,并将其上升到意识形态正确性的水平,对于课程政策的良性沟通无疑是灾难性的。

再一方面,课程政策的内在价值与外部社会价值之间的冲突,也会直接反映在政策主体的矛盾认识与观念上。众所周知,课程政策的内在本体价值就是面向学生的发展,课程政策最终是服务于学习者的个性养成、成才成人,是具有高度的教育道德追求的政策领域;但课程政策也具有社会功能,其本体价值如何与社会认同的价值——如通过学校教育实现社会选拔、效率优先的机制——有机整合,在不同的价值冲突之间必然有所舍弃,这也成为制约课程政策价值认同的重要阻碍。政策主体在追求课程变革的内在价值的同时,也受到来自社会文化环境中对于课程规范性行为预期的政治与社会压力,成为一种两难选择。

不仅如此,不同政策主体由于其个体所处处境与角色的差异,也会带来不同的伦理价值冲突。在我国课程政策变革历程中,各个地区社会发展极大的不平衡造就了不同政策主体所处情境的差异,这就使得国家课程政策在兼顾不同地区的课程现实与需求方面会面临现实的冲突。比如,城市地区课程政策要求更加宽松民主的教育环境与强调学生个性化选择的价值偏好,与农村地区更多地满足生产生活现实需要和实现社会流动的价值选择之间的冲突。此外,不同政策主体所承担的政策角色的差异,也会带来潜在的冲突。比如,政策的理论研究者的理想主义和系统思维,与政策管理者的管理效率与质量把控的观念,同政策实践者的实用主义和对行动策略的关照,在根本的思维方式和实践路径上都差别巨大。还有广泛地存在于政策主体政策行动中的经验主义传统,都会制约政策主体在政策运作过程中正视可能面临的伦理冲突与危机。

那么,面对政策主体间的现实冲突时,我们应该持有什么样的伦理立场?换一种思维,从聚焦这些伦理价值冲突本身转向冲突背后问题本质的解析及其问题解决,不失为一种更清醒的选择。正如迈克·富兰所呼吁的:"变革的需求和采取行动的机会正在融合","我们必须通过学习去主动改变世界,这一点至关重要"。[1] 政策主体要将参与政策过程的活动,看作是一个问题发现、界定、解决、反思和再优化的过程,是"政策主体反复的主动学习的过程,意在发现政策问题的本质及其解决办法",[2]这里也包括回应政策运作中的各种伦理冲突及其问题。政策主体要有一种伦理的自觉,即把政策参与的过程从一种公共职责履行的外在过程转化为一个主观的学习和理解政策运作的过程,真正将现实面临的伦理冲突转化为现实的课程谋划或行动,实现一种主观的自觉,将政策参与的过程同作为政策主体的成长过程紧密结合起来。

四、课程政策的伦理环境:一致性与连贯性

课程政策的场景的复杂与多元,是毋庸置疑的,课程政策的运作必然要从宏观走

---

[1] 迈克·富兰,乔安妮·奎因,乔安妮·麦凯琴.深度学习:参与世界、改变世界[M].盛群力,陈伦菊,舒越,译.北京:机械工业出版社,2020:XII.

[2] Howlett, M. &Ramesh. M. *Studying Public: Policy cycles and Policy Subsystems (2nd Ed.)* [M]. Don Mills, Ont.: Oxford University Press, 2003: 220.

向微观场域,也因此,伦理环境对于课程政策运作的影响是错综复杂的。柴田义松就曾在讨论课程教学实践的复杂性的时候,提出"三重场"的理论,认为任何课程与教学的实践都不是与世隔绝的,任何课程教学实践都受到来自社会文化生态场、学校情境场和教学实践场的影响。课程政策的实践最终会依托教学实践场的行动产生现实的政策成效,但这也同时受到学校情境场和更广泛的社会生态与文化的制约。因此,如图7-1所示,从课程政策发展的伦理环境构成的角度而言,横向地看,课程政策的伦理环境包括课程政策问题界定——政策开发与制定——政策传播与实施——政策评估与优化整个政策周期范围内的整体环境;纵向地看,课程政策的伦理环境包括国际范围的伦理环境、国家或社会的主流价值观的伦理环境、政府相关政策与法规构成的伦理环境、组织或团体的伦理环境、课堂或教室的伦理环境乃至微观的个体层面的伦理偏好所形成的伦理环境,这些都构成了课程政策运作的伦理环境的主要范畴。

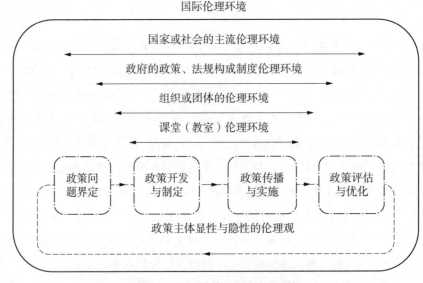

图7-1 课程政策运作的伦理环境

国际范围的伦理环境指的是国际背景下教育领域主流的对各国教育政策与教育现实产生影响的伦理文化或伦理观念,是在国际教育发展与交流过程中形成的显性的和隐性的伦理观念与文化。比如,2015年联合国教科文组织仁川宣言中对于可持续发展计划中第四大目标(Goal4)的阐述,明确提出了"确保全纳的和公平且高质量的教育,以及推动面向所有人的终身学习机会"的教育发展目标,其所倡导的就是教育作为一种基本权利和人文主义的教育与发展观念,明确了国际教育发展基于人类权利与尊严、社会公正和平、全纳和保护、文化、语言与宗族的多样性和共享的责任与义务等基本的伦理原则[①],这属于国际教育领域所明示的伦理环境与原则。此外,国际范围的教育伦理环境还有那些并非明确标榜,但是在各国教育政策决策中产生影响的隐性的伦理环境,如跨国组织的教育变革模型、教育倡议,以及具有国际影响力的教育测评所带来的国际学力竞争、标准化和统一化的全球教育格局及其形成的内在的竞争主义、效率主义的教育价值偏好,也是影响各国教育(课程)政策发展的重要伦理环境。

国家或社会的主流价值观的伦理环境指的是一个国家或特定历史阶段的社会所倡导的主流的价值观念和伦理评价依据,包括社会占主导地位的伦理价值和教育价值偏好。比如主导的教育价值观是工具主义的、效率至上的,还是以社会公正或以人发展为本的;是竞争主义和主智主义的,还是面向全人发展和可持续发展的;是强调统一服从还是更多偏好社会弹性和多元选择的,不同社会不同历史阶段的主流伦理价值,会直接影响这个社会政策运作的伦理环境。

政府的政策、法规所构成的制度伦理环境,主要讲的是"关于政府应该做什么、不应该做什么、应该做的要做到什么程度、什么样的政府是善的正义的等问题的价值判断"[②],体现了政府的职能界定,决定其发挥作用的边界和制度规范,以及通过制度限制公共权力作用领域和作用方式的系统安排。比如,政府的制度伦理环境是支持集中权力还是权力适度分化的;是效率优先的还是排斥竞争的;是大包大揽还是支持服务;是言出法随还是朝令夕改的。这些伦理环境不仅会影响政策的运行成效,也会影响公众对于政府以及相关政策的信任与支持。

组织或团体的伦理环境强调的是学校、研究机构、媒介组织等相关机构或组织,以及一些非正式的团体所形成的政策运作更为直观和直接的伦理环境,这些组织、机构或者团体通过"形成共享的价值观、承诺、传统、信念来控制行为"[③],学校共享的价值观与伦理原则不仅会影响其所在学校的教育氛围,也会影响组织内成员的工作态度、思维乃至行为的方式。举例来说,一个相对保守和没有变革性精神的学校一直以来都是得过且过、虚应故事,在面对新的政策主张时,很难期望这个组织快速地聚焦方向、

---

① Education 2030: Towards inclusive and equitable quality education and lifelong learning for all. World Education Forum 2015 [EB/OL]. Retrieved from http://mellearn.hu/wp-content/uploads/2015/06/Draft-Framework-for-Action-23-April-2015.pdf., p22-24.
② 许淑萍. 公共政策伦理[M]. 北京:社会科学文献出版社,2018:128—129.
③ 理查德·L. 达夫特. 组织理论与设计精要[M]. 李维安,等,译. 北京:机械工业出版社,2001:175.

形成愿景,相互协作、寻找问题,鼓励创新、确保问责;而更可能对新事物产生观望、抵制或者草草应付的集体策略。

课堂(教学)的伦理环境是下位于组织或团体的伦理环境,是在教育尤其是课程政策实施中更直接的政策环境。课堂教学的实践场域是课程政策直接作用于学习者的环境,更多地受到课堂与教学环境中的主体所形成的伦理氛围与文化影响,这种伦理环境既受到构成特定教学情境中的主体的伦理观念影响,也受到不同主体之间所形成的一定的关系伦理影响。比如,在具体的课堂教学中,师生和生生在课堂中所形成的社会关系是真正秉持着公平、尊重、信任、民主、协同、共享的原则还是充斥着歧视、不安、急功近利和恶性竞争的伦理价值,直接影响着学习者课程经验的建构,以及课程政策在学习者经验层面的实现水平。

课程政策发生的伦理环境是多元且复杂的,也正是在这个意义上,调和政策在多重环境中迁移的一致性和历时的连贯性,至关重要。所谓一致性,就是课程政策运作的多重伦理环境之间的相互配合与支持。正如杰恩·弗利纳在《课程动态学:再造心灵》一书的中文序言中写道,"我们正面临生死存亡的剧烈变革,正处于世界历史发展的一个紧要关头。对教育、政治、经济、社会医疗卫生保健等方面变革需求,展现了由思维方式与情境不相适应而引起的紧张关系,即需要用后现代思维方式创造性、适应性地解决问题的情境与被迫继续使用现代思维方式的紧张关系"[1]。课程政策的运作同其所处的政策伦理环境之间,正是很大程度上处于这种不相适应的现实张力之中,不仅是既有的政策伦理环境与新政策主张之间的矛盾,也有不同层面的伦理环境之间的内部冲突。以21世纪以来中国新课程政策所倡导的教师课程意识与能力的提升来看,教师的课程行动需要真正的课程的自主权和相对宽松的教育环境,人性化的办公环境、足够的休息时间以及对课程专业实践的反思与创造的空间,相比于资源的短缺和能力的不适应,更严重的伦理环境的制约是与课程变革行动相左的行政化的管理、压制性的时空和社会力量的反向拖曳,"戴着镣铐跳舞"是课程政策变革在微观情境中的被动妥协,体现了政策伦理环境的内在的不相适应与不一致性对于政策运作所带来的损伤。在这个意义上,考虑到课程政策运作的伦理环境的多重性,尤其要加大对于政策伦理环境的内在一致性的关照。

此外,所谓历时的连贯性,探讨的是在历史时空的线索中,政策伦理环境之间的稳

---

[1] 杰恩·弗利纳.课程动态学:再造心灵[M].吕联芳,邵华,译.北京:教育科学出版社,2013:中文版序001.

定性和流动性之间的平衡与连贯。课程政策的伦理在历时变迁的过程中存在历史性的张力,这是在推进课程政策伦理实践的过程中需要正视的现实和处理的问题。尤其在课程政策变革的历史中,政策的伦理导向及其所形成的伦理环境是不断变化的。比如,在社会经济发展水平不高的阶段,更容易将课程与教育政策看作是工具性的手段,服务于社会政治经济的发展;而随着社会经济发展水平的提高,对于课程变革的观念会更多地导向社会文化建构和个体全面发展,更关注政策的内在伦理。在考察课程政策伦理环境的过程中,需要关注课程政策变迁过程中伦理环境的转化是相对连贯和平衡的,不断渐进优化的,还是间断性的或断裂性的,这对于我们评估和预测课程政策实践的伦理水平也至关重要。课程政策的伦理环境是否能够支持政策的公平、民主与科学的运作和有序衔接,还是反过来成为一种破坏性或制约性的因素,是我们在进行政策环境建构过程中需要考察的重要方面。

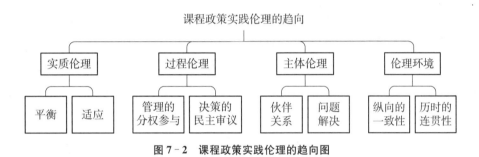

图7-2 课程政策实践伦理的趋向图

第二节 课程政策伦理实践的方法与策略:约定伦理习惯

一、课程政策的伦理决策与思考:形成一种习惯

(一) 伦理决策的模式:一种思考的框架

"如果仅仅在道德规则和伦理规范上进行思考,不能针对伦理问题做出具体、可操作化的解决方法,那我们的分析和思考将变得一文不名"。[①] 如何做出可以解决伦理问题的决策方式一直是政策伦理关注的焦点。为此,特里·L·库珀(Terry L. Cooper)曾经提出一个著名的伦理决策的框架,帮助我们将对伦理问题的描述与对伦理问题的解决联系起来加以综合考虑,形成了一个由五个步骤组成的伦理决策框架。

---

① 李金珊,叶托. 公共政策分析:概念、视角与途径[M]. 北京:科学出版社,2010:105.

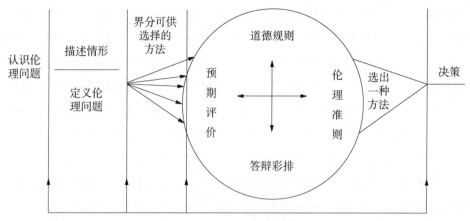

图 7-3 伦理决策模式图①

第一步是描述任务,就是尽可能真实客观地描述事实细节,尽量避免运用价值判断的语言。库珀指出,一个明确且客观的事实陈述大体包括:确定关键角色是谁,所有角色的观点和立场、事件过程和后果,以及其中的危险。尽可能要避免有主观价值倾向的语言,是因为这有助于我们在处理伦理问题时养成良好的习惯,超越纯粹的伦理情感表达的层次。无论是自己独立决策还是与他人协商决策,我们都必须要求自己超越个人情感的影响去描述事实真相,这是进行伦理决策的第一步。

第二步是定义伦理问题,即挖掘实践的思考背后所蕴含的相互冲突的价值观。在伦理实践中,当不同的伦理准则或价值观之间表现出彼此竞争或冲突的局面时,伦理问题就出现了。当面对伦理问题时,库珀提醒我们在没有真正综合考虑相互冲突的、重要的价值观和准则的情况下,不要仓促作出决策,因为这很容易让我们从纯粹的实际工作惯例的基础上对伦理问题做出界定。通过综合思考和参与过程,我们的伦理分析技巧、伦理自主性和伦理身份的认同,才会逐步形成。如果仓促地对问题进行界定,很可能仓促采取破坏性的道德判断或是以违背个人基本道德准则的非道德方式来解决问题。

第三步是界分可替代的行为过程。在尽量客观地描述事件或问题、综合考察和解释伦理问题以后,最困难的一个任务,就是避免以一种"非此即彼"的二元论倾向来看待可替代的行动方案。非此即彼的二元论思维很容易迫使我们掉入它的陷阱,阻碍我

---

① 特里·L·库珀.行政伦理学:实现行政责任的途径(第五版)[M].张秀琴,译.北京:中国人民大学出版社,2010:30.

们寻找其他可替代的方法。我们要带着这样的一种思路,即至少在没有找到最重要的可能方案之前,我们每个人都有可能承担这样的风险,即我们忽视了最好的解决方案。其实,从本质上而言,就是我们要对面对的伦理问题有充分的开放性和包容性,允许决策团队中不同主体共同参与构想其解决的方案。

第四步则是设想可能后果,也就是评估每一种行为过程的预期后果。对替代方案的多种后果进行全面的预期和设想,是推动合理而规范的决策过程的主要推动力,在这一阶段,随着可能后果的设想与预演,我们可以逐步将非正式的伦理思考过程提升为正式的、有意识的和系统的伦理思考阶段,从有意识地拓宽思考可替代方案的范围开始,我们进而以更丰富的想象力把这些想象的产物在想象中应用于未来的实践。

第五步就是寻找最合适的行为方式。要找到一个最合适的行动方案,并不容易,这不是简单地在不同备选方案中的理性推理,而是一个基于个体实践智慧和道德规则的综合考量。这个时候,我们就需要综合地考量不同的伦理评判标准,包括整合功利主义的结果导向、道德的义务论导向、德性伦理导向或关怀伦理导向的原则,并且要在我们自身的职责与道德准则以及可能产生的后果之间实现平衡,让我们的行为拥有令人信服的合理理由,并符合伦理身份的认同。①

可以说,库珀的伦理决策的模式为我们过程性地解决伦理问题提供了一个支架,虽然他是面向行政管理中一些具体的事务性伦理冲突而提出的,但它对于课程政策话语建构过程中的伦理决策也具有很重要的借鉴价值。其最重要的意义在于,一方面,帮助我们澄清课程政策的伦理实践虽然是一种公共伦理,但是最终还是有赖于实践者的个人的实践智慧,伦理规范可以给我们提供实践的原则和行动的范围,但是"道德规范本身并不是自足的",它取决于实践中人们"将一般性的规范与具体化的情境结合起来的能力",因为"规范不是用来照搬或套用的,而是为个体实践提供了分析的工具,为个体判断提供了参照的基点"。② 也正是在这个意义上,政策参与主体在政策实践运作过程中的伦理决策是主体在课程政策伦理规范基础上的自我运用与创造。另一方面,库珀的框架帮助我们建立了一种伦理实践的意识,即任何伦理实践的能力"不是主观臆断或缺乏理性",而是在实践工作中"辛勤实践和亲身锤炼的基础上才形成的

---

① 李金珊,叶托.公共政策分析:概念、视角与途径[M].北京:科学出版社,2010:106;特里·L·库珀.行政伦理学:实现行政责任的途径(第五版)[M].张秀琴,译.北京:中国人民大学出版社,2010:31—40.
② 程亮.教育的道德基础——教育伦理学引论[M].福州:福建教育出版社,2016:36.

技巧"①,在不断的伦理实践的过程中,我们才能逐步清醒地意识到外部附加在我们身上的义务,并培养出更高的伦理自主性,更清楚我们自己的价值观,并形成一种伦理的自觉,"在必要的时候系统而有意识地思考自己的行动及其理由"②。

(二) 常规性的伦理思考:几个不同的层次

要促成课程政策的伦理实践,我们要建构的不仅是课程政策伦理的一般性规则,还要更多地聚焦作为政策主体的伦理行动,并在行动中逐步发展一种伦理反思的直觉和习惯。从中国百余年的课程政策话语的变迁及其伦理来看,课程政策伦理的规范与原则总是同一定时期的社会历史条件和具体的政策情境结合在一起,才反映特定时期特定的政策伦理选择,并非是绝对的。也正因为如此,课程政策的实践不能靠政策主体去固守伦理规则来实现,而是要充分考虑到伦理实践中"道德主体"和"道德时空"③的重要意义。麦金太尔曾以当代道德论争的三个例证——战争、堕胎、医疗和教育来说明其主观性、情感性和无终止性,进而揭示出人们的道德生活没有客观的非个人化的道德标准可依④。虽然我们并不决意取消外在的伦理规则的重要性,但是在本书中我们始终坚持的一个观点就是,我们无法提供一种确定性的伦理规则,而更多是提供一种可能性。无论如何,要促成课程政策实践的伦理行动,还需要依靠政策主体形成常规性的伦理思考的习惯,并发展进行持续的伦理反思的能力。

这就需要我们去理解,人们进行伦理思考的过程是具有不同层次的。亨利·大卫·艾肯(Aiken,H.D.)曾指出,在日常生活中,我们理解抽象伦理概念的实际含义时,每个人对它们进行思考的严肃性和系统性水平是有差异的。一般而言,我们可以将人们进行伦理思考的过程分为四个明显的不同层次(见图7-4)⑤。

第一个层次是表达层次。日常生活中的大多数时候,我们只是就一些问题或事情表达自己的情感体验。这些情感体验是自发的、未经深思熟虑的价值判断,也是日常生活回应事件的最常见形式。比如,我们会对某种不认同的政策主张作出激烈的反对或批判,"怎么会有这么愚蠢和不负责任的政策"。

---

① 特里·L·库珀. 行政伦理学:实现行政责任的途径(第五版)[M]. 张秀琴,译. 北京:中国人民大学出版社,2010:39.
② 同上。
③ 程亮. 教育的道德基础——教育伦理学引论[M]. 福州:福建教育出版社,2016:127.
④ 同上,第128页。
⑤ 特里·L·库珀. 行政伦理学:实现行政责任的途径(第五版)[M]. 张秀琴,译. 北京:中国人民大学出版社,2010:19—28.

第二个层次是道德规则的层次。这是严肃提出问题并予以严肃回答的第一个层次，我们要指出与问题相关的恰当的行为方式并开始评估各种可能的办法及其所产生的后果，根据我们奉为道德指导准则的规则、职业规范或者社会伦理来帮助我们进行伦理思考。比如，在这一层次，你可能会将上一层次处于情绪表达的伦理思考上升到依据一定道德规则的判断，"基础教育的课程政策要面向全体学生，而不是服务于少数对象"。大部分的伦理问题在这个层次可以得到解决。

第三个层次是伦理分析的层次。当我们可利用的道德规则无助于解决具体问题时，当他们相互冲突或者冲突无法化解时，我们就要对自己的道德规则进行根本性的思考。这个时候我们需要甄选出具有冲突性的价值观，并梳理那些不清晰的价值观，以此做出判断。比如，改革开放以后重点校的政策凸显了课程政策伦理规范的公平性和效率性原则之间的本质冲突，这个时候我们需要对这两种冲突的价值观进行分析，如果以整个社会公共利益的原则作为伦理分析的主导准则，就会发现当时全国推进大中小学的重点校建设政策是建立在集中国家有限资源高效办教育的特殊时期的特殊伦理决策，是以资源的高效运用和质量保障来达成更一般意义上的社会公正的选择。

第四个层次就是后伦理层次。这个层次的伦理思考涉及最基本的哲学层面的思考，即我应该遵守什么样的道德规范？是当我们所面临的伦理问题处于一种高度的危机状态和本质性的伦理冲突的境地时所进行的思考，即反思作为政策主体内在的、本质的伦理追求与道德信仰，是为了找到在伦理分析层次界定出来的我们所珍视的伦理规范的基础。比如，当教师在面对具体课程实践中究竟是牺牲时间精力开展课程教学

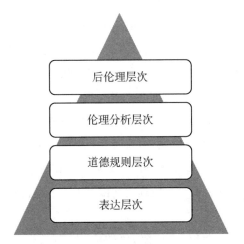

图 7-4 伦理思考过程的四个层次

变革的实践探索还是按部就班地以考试为目标进行传统的教学和练习之间犹豫不决时,伦理分析层次界定出来的要以学生为本的伦理规范已经无法同重复练习模式所带来的功利效应和社会奖励相抗衡的时候,我们就要开始进行后伦理层次的伦理反思,究竟为什么要面向全体学生？为什么要以人为本？为什么要进行课程观的选择？这个层次的伦理反思是政策主体不断质疑自己的世界观和价值观,并抛弃在实践场域中的犹豫不决,而要最终完成的终极的伦理判断,以培养和巩固自己的自洽的伦理原则。

可以说,我们对于伦理反思的过程及其层次是非线性的。在现实生活中,我们在弄清楚什么是正确的、什么是应该做的时候往往是在这四个层次的伦理思考的不同层次间游走,课程政策的伦理实践并不是完美的,因为政策主体在不同道德时空中的伦理决策的条件都不是完备的。也正是在这个意义上,我们需要了解作为政策主体的外在伦理和内在责任,并培养我们伦理反思的能力,通过持续的伦理反思,发展政策的伦理实践与行动,将我们的伦理反思从较低水平的情绪表达提升到整合了理性思考的综合过程。

二、课程政策工具的革新:促成伦理性政策实践

如何推进课程政策的伦理实践,不仅要从政策主体的伦理性决策与思考的角度出发去探寻出路,更要从课程政策实践的工具革新的角度探讨策略与机制。在关于课程政策实施的第三代研究中,人们发现由于课程政策改革变得日益复杂、系统、动态与多样,影响政策实施的变量及其关系也日益复杂。所以第三代课程政策实施的研究将研究的重点放在了如何让政策实施变得有效的议题上。有的从政策实施的微观机制展开研究,即探讨地方政府以及具体的政策实施者的专业能力;有的从政府间的政策执行(组织间的问题)以及组织内的政策执行(组织内的问题)的组织与制度视角探讨;也有的从宏观政策实施与微观政策实施关联的角度去破解;还有的研究则从政策工具的优化角度探讨课程政策的有效实施问题。麦克唐纳和埃尔莫(McDonnell & Elmore)指出要让政策实施更为有效不应该只关注具体的改革项目本身,而应该更多地关注政策工具的选择,比如命令、规则、奖励、资金支持,等等,他认为政策工具是政策实施产生影响的至关重要的因素,需要了解不同的政策工具在政策运作中的作用[①]。这为我们从政策视角对于推进课程政策的伦理实践提供了一个崭新的视角,我们可以通过调

---

① Odden., A. R. (Eds.). *Education Policy and Implementation* [M]. New York: State University of New York Press, 1991: 8.

动更多政策实践过程中的伦理性政策工具,来促成不同政策主体对于政策的同理和伦理认同,进而发展出更具伦理性的政策实践与行动。

政策的工具,简单地说,就是达成政策目标的手段或方法。传统的自上而下的控制型的政策实施过程中,常用的政策工具包括强制性的政策工具,如命令、控制和规则、设定标准、咨询等,也就是通过政府强制性命令来促成政策的执行;经济类的政策工具,如贷款、奖金、罚款、税费、奖励性机制等,也就是通过给予经济性的奖励或刺激来推动政策实施;组织类的工具,如创建市场、使用家庭、社区或志愿组织提供直接的物质、公共服务或政府重组,也就是通过组织建制的方式来为政策实施提供便利。随着政策实施越来越分权化和民主化,政策工具也越来越多地从刚性的政策工具走向柔性的政策工具,比如通过能力建构、共同体建设、学习工具的使用、系统变革、信息监督与公开、建议、劝服与游说等方式来促成政策的实施。随着政策实践的发展,越来越多的政府会更多地采用不同类型政策工具的有机整合,来促成政策的实施。钦和本恩(Chin., R. &Benne., K. D.)也曾就政策实施工具的强制性程度,将政策实施工具分为权力—强制策略、实证—理性策略和规范—再教育策略。第一种政策工具是个体要遵从制度高位者的意愿,利用自身的制度优势,使无权势方顺从,因此,政策实施就是要通过提供物质的、符号的奖赏,迫使人们接受新计划。第二种政策工具则认为人是理性的、政策实施者相信改革是合乎理性的就会服从并实施,因此,需要强调政策实施者的能力与主观上要求改革的迫切程度,需要通过游说和建议澄清政策理解,加强能力建构。第三种政策工具则认为人的理智是社会、文化的产物,受他们的态度、信念、价值观和所处的情境、人际互动的影响,并导致行为的变化,因此政策实施要关注的不仅是技术的工作和行政手段,还要关心政策实施主体对创新的认同感、情绪和理解等。从这个意义上而言,要推进课程政策的有效实施,要更多地从后两种政策工具的视角来提升政策的伦理内涵,形成政策参与主体对于政策的意义建构、情感共鸣和价值认同,从而开展伦理性的政策实践。

20世纪90年代以后,出现了对于政策工具的进一步研究,提出要区分一种实质性的政策工具和过程性的政策工具,也就是区分直接影响政策实际产出的政策工具以及引导和控制政策过程的政策工具。前者是指那些使用了这些工具以后能够对政策实际产生效果的工具,比如直接提供资源、公共服务,建立规则、税收或者收费制度等,主要是按照政策工具使用时政府的强制性程度来对实质性政策工具进行划分。这同传统的政策工具的理解并没有什么差异。重点在于过程性政策工具的探讨,这些政策工具主要是对政策实施过程中的制度、文化和组织认同及其价值观念产生影响的政策工具,这些工具则按照对于现有组织或制度的变革水平来区分,从传统的政策实施中组织网络建构发展到促成制度变革或文化重建的政策工具。刘易斯和迈尔斯(Louis & Miles)曾尝试对过程性政策工具从技术策略、政治策略和文化策略三个层次进行划分,并给出了具体的示例(表7-2)。①

表7-2 过程性政策工具

	技术策略	政治策略	文化策略
过程性政策工具	分解项目,使其成为具体要素 成立解决问题的工作小组 循序渐进地按阶段实施政策 培训一些实施者,再由受过培训的实施者培训其他实施者 调整培训,以切合实施者的需要	成立由代表组成的解决问题的工作小组 规定相关员工参与政策实施 运用激励手段鼓励参与和调整不积极的参与者 阻隔社区对政策实施的压力	经常召开会议,讨论政策改革项目 经常召开非正式的政策实施者会议 努力强化目标认同 公开政策实施内容 设法改进组织氛围,运用动机激励措施等(如T恤衫,标语等)

可以说,课程政策的伦理实践最重要的导向是对政策主体对于政策内容在认知、情感、态度和行动等不同层面的理解、认同、共鸣与能动性的调动。在政策运作的过程中,通过综合运用宣传教育、社会动员、"扩散与审议"②等过程性的手段,增进政策的内在需求、情感共鸣、政治认同和价值认同,对于推进伦理性的实践具有根本的意义。因为,"在公共政策没有明显的失误,没有大的利益失衡的情况下,公共政策的实施主要取决于政策的人文环境即政策对象对政策的理解、信任、支持和拥护的程度",③要达成这种理解、信任、支持和拥护,根本上需要通过过程性的政策工具来支持,注重技术策略、政治策略和文化策略的有机整合。通过政策过程性工具的革新与创造性使用,不断在政策实践中澄清政策、缓解冲突、解决矛盾、协调利益和消解政策危机,为政策实践的发展扫除障碍。从本质上而言,政策工具的针对性革新和有机创造,对于重组政策主体的政策认知、权力与利益关系,优化政策运作结构与程序,具有

---

① Howlett., M. Managing the 'Hollo' State: Procedural Policy Instruments and Modern Governance [J]. *Canadian Public Administration*, 2008,43(4):412-431.
② 张淑华,王佳林.政策危机传播的结构化考察和成因分析——以2011—2017年网上争议性政策传播为研究路径[J].新闻与传播研究,2019(05):41—58.
③ 莫寰.政策传播如何影响政策的效果[J].理论探讨,2003(05):94—97.

重要的意义。

课程政策的实践主体是社会、文化的产物,人们对政策的接纳程度受他们的态度、信念、价值观和所处的情境、人际互动的关系的影响,并最终导致行为的变化。因此,课程政策的运作过程中,不只要关注政策内容、方法与策略的传播、理解与认同,也不只是行政上的政令通畅、机制完善的问题,还要从文化的、情意的、社会的维度关注政策实践主体与政策实践的具体的社会性联结,引发政策的认知需要、情感共鸣和价值共识。这就意味着要运用更多柔性的政策过程性工具,比如转变政策话语建构的方式,从行政命令走向微观叙事;及时进行激励与引导,引导政策舆情的积极发展;广泛收集多方的意见,推进循证的政策运作,加强政策过程的科学性与规范性;要注重全社会政策理性参与的文化机制的建设,发展政策实践提供鼓励信任与尊重的文化。这些对于深化课程政策实践,推进伦理性的主体行动,是值得深入思考和探索的方向。

第三节 课程政策话语的未来建构:伦理反思与变革行动

一、关于课程政策话语的未来想象:同时代的挑战同响

时代的潮流熙熙攘攘永不停息,关于课程政策话语的建构也在历史的长河中龃龉前行。从大工业机器生产的时代到后工业信息化的时代,教育生态已然发生变化。如果学校教育关注的不再只是知识的传递,而是人的成长;不只是经验的习得,更是真正参与和改造世界,进行意义建构;不是丛林式的个体竞争,而是每个人的个性潜能的最大解放与合作共赢;不是知识的工厂,而是学习共同体的实践互动场;不是职业的预备所,而是要导向人的对于幸福的可持续的追求。那么课程政策话语的面向要如何转化,要走向何方?这是时代教育生态转型给我们带来的对于课程政策话语变革的真切提问。课程建构的新知识图景要如何回应这些时代议题,我们需要带着关于未来的想象,从一种更具伦理的角度审慎地思考可能的方向,并将我们的课程政策实践导向这一想象,并促成其实现。

(一)寻求不可替代性:从知识的代际遗传走向创新创造

生活在"知识社会"、工作在"知识经济"中的当代人,已经鲜明地意识到经济社会的生产模式从"标准化"的物质资料的生产走向强调创新驱动的知识生产,未来社会不仅仅是资源生产,更是新的观点与创意产品、服务与新知识的创造。相对于获取既定的知识与技能,实现现有资源和产品的保持与"代际遗传",学校教育能否培养出进行

知识创造和创新的未来社会生产者,注重知识创造与推陈出新显然变成了更重要的目标。一方面,"那些最容易教、最容易测量的技能,也是最容易被数字化、自动化、外包化的。"[①]人工智能和自动化迅速发展的时代,大量的常规性、重复性的工作被机器所取代,人要更多地从事那些需要复杂沟通、问题解决和创新创造的工作。"简单地说,当今世界所赞赏的不再是人们知道什么(Google 知道一切),而是人们根据已知的能做什么。"[②]我们的优势不是同机器匹敌,而是机器无法企及的灵感、直觉、审美、社会性、情意性、文化性与创造力。不是"用极其新颖的事实装满学生的大脑,而是让他们的思维引擎重新适应,用创造性心态和思维灵活性去校正、去发明、发现或者创造对社会有价值的东西"。[③] 另一方面,未来发展的不确定性使得学校的课程与教学不再是传统意义上的标的明确的定向人才培养活动。显然批量化生产的以既定知识的积累和传递为主旨的课程与学习,已经无以为继。不再将重心放在重复和维持现状,学校课程及其知识要打破既定的结构与内涵,回应更广泛的社会转型的创新创造与问题解决的现实要求,要为生成学生面对不可预期的生活的应变性和灵活性作好准备。不仅仅只是"从完成学业要求的角度来掌握课程内容"[④],而是要促成学习者的理解性的迁移与创造。从本质上而言,学习是从已知走向未知、从继承走向创造的探险,是通过学习现有的内容来获得一种全息的能力,以此在新情境中运用自己的思维能力并改变世界的历程。为此,罗斯格德曾为打破循规蹈矩的学校教育而创造一个丰富多样的学习环境提出过建议,如"以'是什么'为出发点转向'可能是什么'的思维方式","让学生成为问题设计者";"提一些让学生可以参与的问题,而不仅仅是让他们按照要求去做";"让学生有机会寻找新的不确定问题的解决方案,而不仅仅是解答已经得到解决的问题";"教他们不要害怕未知,相反要充满好奇心","学习就是一项终生冒险的活动";"认识到创新和创造力早已是人类 DNA 的一部分"。[⑤] 如此等等,都意味着我们要重新想象和建构课程与学习,对"惰性"的基础教育说"不"。

---

① OECD 教育研究与创新中心. 重新设计学校教育:以创新学习系统为目标[M]. 詹艺,译. 上海:华东师范大学出版社,2015:前言 9.
② 同上。
③ 约瑟夫·E. 奥恩. 教育的未来:人工智能时代的教育变革[M]. 李海燕,王秦辉,译. 北京:机械工业出版社,2018:Ⅶ.
④ 戴维·珀金斯. 为未知而教,为未来而学[M]. 杨彦捷,译. 杭州:浙江人民出版社,2015:Ⅲ.
⑤ 迈克·富兰,乔安妮·奎因. 深度学习:参与世界,改变世界[M]. 盛群力,陈伦菊,舒越,译. 北京:机械工业出版社,2020:16.

（二）走出象牙塔：关联真实生活的复杂性与参与度

学校课程知识所面临的另一项最直接的挑战就是如何在真实世界中参与问题解决。"人类最大的挑战并不是饥饿、贫穷，并不是可持续发展、和平、医疗、教育、经济、自然资源……而是我们组织在一起去解决这些问题的能力。"①

一方面，真实世界的现实议题是复杂与综合的，面向真实世界的问题情境，促使课程知识的结构化关联与统整成为一种必要。越来越多的问题，比如世界贫困问题、可持续发展问题、争端冲突问题、种族歧视问题等、疾病的流行与控制等，不是某个单一学科的力量足以解决的问题，而需要集体智慧和合作攻关。新冠病毒流行所带来的全球公共卫生危机已经正在转化为更为复杂的经济与社会危机，并可能引发全球的大衰退。如何在危机中衍生出快速的恢复力，这些真实世界的现实议题迫切需要进入学校的课程体系，成为学生学习的"靶向情境"（Cible Situation）②，帮助学习者用更整合的思维来重组分化的学科课程知识，真实地参与到世界的复兴进程之中。因此，早在2016年美国的STEM2026计划中就旗帜鲜明地指出，要将社会面临的"重大挑战"（Grand Challenges），如食物、水、住房、交通、信息、气候、安全等等，作为STEM教育的综合与跨学科地开展探索与创新的核心。③ 学校课程并不是割裂于现实生活的避难所，学校课程是有目标、有组织地帮助学习者独立地以及合作地在参与解决全球的、本国的、本区域的现实挑战中扮演有意义的角色和发挥能动性的养成力量。通过课程学习更早地让学习者意识到真实世界挑战的严峻性、参与社会生活的主体价值以及所学东西的社会关联（Social Relevance），已经刻不容缓。

另一方面，除了学习的议题更为综合与统整，强调动手实践与"通过做事来学习"，

---

① 查尔斯·菲德尔，玛雅·比亚利克，伯尼·特里林. 四个维度的教育：学习者迈向成功的必备素养[M]. 罗德红，译. 上海：华东师范大学出版社，2016：117.
② 问题情境是指为了完成某个既定任务，要由某个人或某群人加以联结的一组背景化的信息，这个任务的结果如何事先并不是一目了然的。靶向情境是区别于教学论的问题情境的一种特殊的问题情境。教学论的问题情境是教师在某个新学习的背景中，为学生们创造的围绕某个有待解决的问题所设计的教学情境；靶向情境则是一种"整合情境"，并不是一些小练习的并行罗列，而是一个复杂情境，学生要对已学过的若干知识和技能进行联结和合并。它往往具有教会每个学生整合其学业获得的能力，不同于教学论问题情境往往是为了教学目的而建构的情境，靶向情境更接近我们日常生活中可以遇到的某个情境。参考（比）易克萨维耶·罗日叶. 为了整合学业获得：情景的设计和开发[M]. 汪凌，译. 上海：华东师范大学出版社，2010：6—60.
③ Department of Education(USA)(2016). STEM 2026: A Vision for Innovation in STEM Education. [DB/OL] (2016 - 09 - 14)[2023 - 12 - 11]. http://www.air.org/system/files/downloads/report/STEM-2026-Vision-for-Innovation-September-2016.pdf, P. 22.

也成为一种新趋向。"这个时代更看重的是孩子们能做到的事情,而不是他们所知道的事实。"①也正是在这个意义上,拓展学科实践与跨学科的活动,工程技术、创客实践与项目化学习等更多需要实践或参与的学习方式日益受到关注。"以适应真实生活的方式来运用他们的知识和技能,他们掌握核心学术内容,例如阅读、写作、数学以及科学;与此同时,他们学习如何批判性地思考,如何合作、有效沟通以及如何主导自身的学习,并拥有自信"②,开始成为深度学习的基本内涵。

(三) 聚焦主体的在场:所学知识的可再生性与自我导向

日内瓦大学科学认识论与教学实验室的评估研究表明,"中学毕业一年后,30%的法国高中理科毕业生不知道把脱氧核糖核酸和遗传疾病或是遗传特征联系起来;60%的人不知道原子、分子和细胞各自的特点;80%的人无法描述太阳在天空中运行的轨迹;80%的人无法在器官之间建立联系;90%的人辨别不出主要的星星;100%的人不会画出所在欧洲的地图,哪怕是一张大概的地图。这与学校教育与课程的目标是多么的相去甚远。"③如果学习过程只是所学东西的信息接收和记忆复现,没有学习者的主体的在场,没有学习者对所学东西的意义建构与创造,那么学过即忘记自然会成为一种司空见惯的常态——学习主体成为所学东西的过客。学习者在多年的学校教育和无数的课程修习之后,究竟学到了什么?正是对这一问题的反省让我们对学校课程知识时代定位进行重新思考。

一方面,学生主体的在场与具身参与应该成为面向未来的课程学习中需要优先考虑的议题。不是对于"已知"的复制与再现,而是由所学东西的可再生性、可持续性、可迁移性和可创造性带来的对于"未知"的探索,成为新时期对于如何学习的新见解——从"知识工人"走向"知识创造者"。正如赫伯特·西蒙(Simon, H.)所指出的,"知识(Knowing)的意义已从能够记忆和复述信息转向能够发现和使用信息"。④ 在这个意义上,学习者必须借由自己的经验,不断形成自身的认知网络,发展对于所学东西的独特理解与行动。因为在本质上,学习不是个体线性的接受和积累外部告知的知识的过

---

① 托尼·瓦格纳,泰德·丁特史密斯.为孩子重塑教育:更有可能成功的路[M].魏薇,译.杭州:浙江人民出版社,2017:247.
② 詹姆斯·A·贝兰卡.深度学习:超越21世纪技能[M].赵健,主译.上海:华东师范大学出版社,2020:168.
③ 安德烈·焦尔当.学习的本质[M].杭零,译.上海:华东师范大学出版社,2015:1.
④ 约翰·D·布兰斯福特,等.人是如何学习的:大脑、心理、经验及学校(扩展版)[M].程可拉,等,译.上海:华东师范大学出版社,2013:4.

程,而是学习者自我调适的生态性的认知网络的生成过程。"因为我们实际上参与了自己大脑的构建,而且每个人都有独特的经验史,所以每个大脑都是独一无二的,最终,大脑变成了一个拥有特殊连接的复杂结构。"①只有学习主体的在场,将所学知识同其自身经验与社会互动结合起来,才有可能盘活知识,帮助学习者发展能够"将学生带出自身经验范围的能力",②"促成年轻人追踪并参与重要的本地的、国家的和全球议题的讨论",③实现对自然和人文世界的更好理解与行动。

另一方面,自我导向与学会学习成为获得可持续发展和终身学习的引擎。不仅是主体的在场,还有重新认识学习的目的与期望,即通过课程知识的内在平衡导向学习者适应性和弹性的认知能力与能动性的发展,实现自我导航的教育。这就意味着课程知识不仅要在知识、技能、品格与元认知之间平衡,也要在人文、艺术、科学和必备技能之间平衡,在身体与精神之间平衡,在个性化需求和社会目标之间平衡,"课程应该是为贯穿一生、覆盖一生而设计",④通过这种共存而平衡的课程,不仅仅是学习一套课程知识内容,而是发展"一套认知能力",以及"对世界所形成的观念模式和思维方式",⑤让学习者掌握那些长大成人后真正需要的技能,历练能受益终生的性格。因此,在 OECD 教育 2030 计划中导向幸福的学习罗盘(Learning Compass)中,就特别强调了"预期—行动—反应"(Anticipation-Action-Reflection, AAR)的迭代的学习循环过程,强调学习者不断提高自己的思维能力,有意图和负责任地采取行动,开展能动性学习的重要性——发展身份意识与归属感,建立动机、希望、自我效能感和成长型思维。⑥ 只有为学习者提供能够自我导航的学习工具与支架,才能"使学生成为其自身教育的建筑师,从而终其一生能够进行自我再造⑦"。

---

① 艾莉森·高普尼克,安德鲁·梅尔佐夫,帕特里夏·库尔. 孩子如何学习[M]. 林文韵,杨田田,译. 杭州:浙江人民出版社,2019:181.
② 张建珍,许甜,大卫·兰伯特. 论麦克·杨的强有力的知识[J]. 清华大学教育研究,2015(06):53—60.
③ Maude, A. What is Powerful Knowledge and Can It Be Found in the Australian Geography Curriculum? [J]. *Geographical Education*,2015(28):18-26.
④ 詹姆斯·A·贝兰卡. 深度学习:超越 21 世纪技能[M]. 赵健,主译. 上海:华东师范大学出版社,2020:175.
⑤ 约瑟夫·E·奥恩. 教育的未来:人工智能时代的教育变革[M]. 李海燕,王秦辉,译. 北京:机械工业出版社,2019:XV.
⑥ OECD(2019). OECD Future of Education and Skills 2030: Conceptual Learning Framework AAR cycle for2030. [DB/OL] http://www.oecd.org/education/2030-project/teaching-and-learning/learning/aar-cycle/AAR_Cycle_concept_note.pdf.
⑦ 詹姆斯·A·贝兰卡. 深度学习:超越 21 世纪技能[M]. 赵健,主译. 上海:华东师范大学出版社,2020:2.

（四）回归价值的反思：课程知识的价值嵌入

伴随着经济社会的重大转型，当下社会发展观念与主旨发生了根本转变，从过去以经济发展或物质资料丰富为核心转向基于对幸福和实质自由的文化生活的整体诉求。无论是OECD的"社会福祉"的动态框架（the OECD for Measuring Well-being），面向2030年的可持续发展目标（Sustainable Development Goals）界定的17个领域，还是"社会进步势在必行"组织提出的社会进步指数（社会发展测算指标体系，Social Progress Index）提出的三个关键问题（国家为其人民提供了最基本的需求了吗？它促进和维持了个体与社区的幸福吗？所有个体都有机会发挥他们的所有潜能吗？），抑或是联合国教科文组织发布的《反思教育》中提到的"可持续发展、共存共荣、人类尊严和社会公正"等更具人文主义理念的社会发展关照，又或是2013年以来习近平总书记在不同场合反复提及的"共商共筑人类命运共同体"的理念，都在向我们传递一个强烈的信息：学校教育要超越主智主义和职业主义至上的狭隘观念，去重新帮助学习者有伦理地去思考人类社会自身发展及其与地球和宇宙之间的关系，为导向个体和社会的幸福做出审慎的价值选择与行动。

正是在这个意义上而言，学校课程不仅仅是为升学、为考试或为就业而存在，课程知识要超越学科与领域的知识目标，发掘其内在的价值性意义，"我们完全有理由再次强调道德和文化维度的教育……这个过程必须通过……知识、沉思和自我批判的实践，从自我理解开始"①。如何通过不同领域或学科的课程知识帮助学习者发展并建构人际信任与生命尊严、社会公正与权利平等、文化理解与合作共赢、可持续发展与责任分担等关乎人类命运的人文主义的观念，需要从文化与价值的层面做深度的设计。课程对于学习者在文化观念、价值观念与发展观念上的引领与创造，"程序无力企及，文化才是真功夫"，"需要改变学习的文化，而不是表面装饰或结构"②。因此，下一代的创新者并不只在于产品与技术的创造，而是嵌套在产品与技术之中的有道德、有社会责任的观念与文化的创新。学校课程如何帮助学习者去发现知识与技术创造之中所蕴含的文化观念与价值共识，成为学校课程知识的重要意蕴。学校课程要在传统的学科或学习领域定位的基础上，深化学科（领域）学习的内涵与意义的挖掘，对于课程的主要育人目标是什么、在真实世界中扮演什么角色和作用，为什么对人的健全的发

---

① 席里尔·迪翁.人类的明天[M].蒋枋栖,译.北京:北京联合出版公司,2018:9.
② 迈克·富兰,乔安妮·奎因.深度学习:参与世界,改变世界[M].盛群力,陈伦菊,舒越,译.北京:机械工业出版社,2020:31.

展而言是重要的等关键性的育人价值问题进行根本的追问。

二、课程政策话语伦理建构的可能性:思维再造与变革性行动

当下课程政策变革所面临的现实境遇与挑战,不仅在于新的问题情境,还有来自于传统观念、社会共同认知、害怕改变的心理惯习的拉锯。我们总能听到诸多的理由:改变现行流程和安排难度太大;社会还是重视考试成绩的;将教学重点从沿用多年的教材和考试中移开需要时间;为教师提供实用的职业发展培训不容易实现;家长都谨小慎微,不敢承担风险;诸如此类,不一而足。然而,摆在眼前的事实是,"你每走慢一步,就会让年轻人在面对未来真实社会的洗礼时更加脆弱,更加不堪一击"[①]。这才是传统与变革并行的时代给教育和学校课程带来的深层次的挑战。

正是因为我们处于保守与变革共存的平行时空,一方面,传统的教育理念及其模式仍大行其道,并有其不可比拟的短期效益;另一方面,未来已来,面向未来的可持续学习的故事和新的课程图景也已然拉开序幕。作为儿童学习经验建构的最后一道防线,我们是选择保守停驻,屈从于眼前的利益、既定的框架或外在的压力;还是真正从导向学习者有价值、有意义的学习经验建构的目标,去做出具有变革意识和创新精神的探索,开拓学校教育和课程建构的新生态;这不仅仅是顺应时代趋势作出选择的问题,还是能否从专业出发作出有伦理、负责任的抉择的问题。教育工作者的审慎决策所影响的不仅仅是每一位潜在的学习者的学习机会和潜能发挥的舞台,更是为他们成长为有理想、有本领、有担当的社会公民所描绘的教育的底色。应该说,现有的危机与挑战的变局是我们开启面向未来课程图景的基点,是我们培育未来新人的起点,更是我们打开这个世界不计其数的机会、想法、创造力的重要链接。我们需要发挥所有的想象和智慧去塑造一种未曾经历过的教育,通过学习而理解、通过研究而发现、通过行动而践诺理应成为我们进行课程变革的根本思维方式与工作方法。我们需要保持着对于世界的敏锐感知和危机意识,在转型的课程和学习变革中收获新的经验与方法,绘制新的课程世界的情境,并以此实现教育的自我超越。

而在危机常态化的背景下,要促成课程政策话语的持续建构,使得关于未来的课程想象成为现实,我们需要坚持两条重要的思路:一是真正解放教育思想,通过思维的再造推进实质性的变革——真正转变定型化的思维方式,确立成长型、变革性的思维;

---

① 托尼·瓦格纳,泰德·丁特史密斯. 为孩子重塑教育:更有可能成功的路[M]. 魏薇,译. 杭州:浙江人民出版社,2017:8.

二是持续地开展促成改变的行动,对世界起作用并改变世界——让可能性变成能动的行动。

(一)思维的再造

首先来说思维的再造。解决问题固然重要,但是学校课程无法无限度地填补危机带来的问题漏洞——我们常能看到学校课程应对危机的策略,像拼贴画一样缺哪补哪——学生生命安全受到侵害就开设生命安全课程、缺乏健康意识就增设身心健康课程、学生无法自我决策就开设生涯指导课程、学生缺少合作能力就开设合作课程,这显然不是学校课程建构的长久之道。要根本地解决课程结构性失能的问题不能通过"维持集体的既有资源"和固有结构的方式,在原有规则的基础上修修补补;而要跳出既定的思维模式,通过"为集体争取新的资源"[①]和改变工作程序,来对资源价值与需求进行重新评估。[②] 正如迈克·富兰所呼吁的:"变革的需求和采取行动的机会正在融合。旧的系统仅适用于少数人,而成功的人,例如拥有较好成绩的人,在日益复杂时代的生活中也不是那么如意。新的危机迫使人类重新思考彼此之间以及与地球和宇宙之间的关系。我们现在面临的情况代表着独特的挑战,这使得我们必须通过学习去主动改变世界,这一点至关重要"。[③] 这意味着我们需要将课程同正在发生复杂变化的世界建立起联系,通过"变革性"的思维与行动,将"有潜力发生根本性的突破"[④]转变为现实的课程谋划与行动。危机中的课程话语重构迫切地需要一种"对世界起作用并改变世界"的思维,"寻找重新定义它们的那些具有首创精神的先驱和范例",[⑤]将课程话语的转型从一种可能性变成能动性。驱动变革性思维的来源有三个途径:一是具有突破性的、挑战现状的想法(Ideas),二是这些想法和研究必须对现有认知发生巨大变化

---

① 此处"维持机体的既有资源"和"为集体争取新的资源"借用和映射的是社会资本理论中关于人类行为动机划分的考察,人类行为动机分为维持资源(表达性)和获得资源(工具性)两种,人类有维持现状、寻求同质性互动、获得安全与在组织规范内行事需求;也具有动员更广泛的社会参与主体,扩大异质性互动,采取变革性行动,重构社会资本的需求。无论从利己或利他的角度,微观或是宏观的课程建构的角度,打破维持性的思维而走向变革性的思维,似乎变得越来越重要。
② 林南. 从个人走向社会:一个社会资本的视角[J]. 社会科学战线,2020(02):213—223.
③ 迈克·富兰,乔安妮·奎因. 深度学习:参与世界,改变世界[M]. 盛群力,陈伦菊,舒越,译. 北京:机械工业出版社,2020:XII.
④ 梁正,邓兴华,洪一晨. 从变革性研究到变革性创新:概念演变与政策启示[J]. 科学与社会,2017(03):94—106.
⑤ 席里尔·迪翁. 人类的明天[M]. 蒋枋栖,译. 北京:北京联合出版公司,2018:9.

(Change),三是具有颠覆性并且能够导致现有认知发生变革的途径(Pathways)。① 因此在这个意义上,创造性的观念与想法、打破现有思维与认知局限的变化和行动的路径都必不可少,这意味着要从纯粹的想法走向行动策略与具体实践。如何形成一种变革性的思维,这就要求我们要对现实和未来有一种敏锐的洞察力和持续的批判与反思精神。正如施贝曼在《现代的终结?》中提醒我们,"只有当理性承认他者、承认开放的经验世界时,它才能规范这一世界,使得同理性协调之物通行于这一世界",②人类通过对自身的批判而不断启蒙。

思维再造中至关重要的就是我们关于课程知识图景的重构。未来的课程想象一定不会取消知识本身的重要性,但是一定会对知识进行重新建构,因为"获得何种知识以及为什么、在何时、何地、如何使用这些知识,是个人成长和社会发展的基本问题"。③ 未来课程话语再造中的课程知识图景,希望规避的是"碎片化"、"无联系的事实"、被"告知"以及"非条件化的惰性"④的知识而非"理解性"的和条件化的知识,是试图从"质"的层面去重新塑造知识的类型及其表征,关注"适应性的专业知识"⑤,并探索"致知活动"(Knowing)如何从"知为寻找"的这种模式向"知为联想"和"知为运用与行动"转变。"知为寻找"(Finding)的致知模式指的是认为认识的过程就是寻找既定知识的过程,寻找有待被找到的事实、意义、零散的信息,这种致知模式相信碎片化的内容。安德鲁·阿伯特就批评这种致知过程,认为"知为寻找"和"论证如列表"

---

① 梁正,邓兴华,洪一晨. 从变革性研究到变革性创新:概念演变与政策启示[J]. 科学与社会,2017(03):94—106.
② R. 施贝曼,鲁路. 现代的终结?[J]. 世界哲学,2005(02):102—109.
③ 联合国教科文组织. 反思教育:向"全球共同利益的"理念转变?[M]. 联合国教科文组织总部中文科,译. 北京:教育科学出版社,2017:导言 9.
④ 怀特海(Whitehead)曾指出非条件化的知识是惰性知识,尽管关联,但未被激活。条件化的知识是指学习者能够具备解决新问题所需要的条件的知识,也就是学生能够学会何时、何地和为什么使用他们所学过的知识。知识必须条件化,否则便是惰性的,许多课程教学和评估实际上并没有强调条件化知识的重要性。比如,课文常常呈现事实和公式,很少关注到如何帮助学生掌握对他们适用的条件。许多评估仅测量事实性知识,从不考虑学生是否知道何时、何地以及为什么运用这些知识。参考约翰·D·布兰斯福特等. 人是如何学习的:大脑、心理、经验及学校(扩展版)[M]. 程可拉,等,译. 上海:华东师范大学出版社,2013:38—43.
⑤ 所谓"适应性的专业知识"指的是在解决问题时我们不仅应用专业知识去解决问题,更要考虑对新情境保持弹性和适应性,更具灵活性和创造性地解决问题;具有适应性专业知识的人不但能够应用他们所学到的,还能运用元认知不断挑战现有的专业知识水平,并设法超越它。适应性专业知识使人质疑,在解决问题时更加灵活,是"仅有技术的人"(工匠)和"高创造力的人"(艺术大师)的差别。参考约翰·D·布兰斯福特等. 人是如何学习的:大脑、心理、经验及学校(扩展版)[M]. 程可拉,等,译. 上海:华东师范大学出版社,2013:39—44.

作为致知的主要结构与"知识由商品构成"的观念和互联网为基础的智识体验紧密相关,这种致知过程具有很强的算法性,充斥着辅助思考的商品,他们不需要记住事情并自己思考,也不需要真正发展思维,他们可以在互联网上找到任何东西,脑中充斥着昙花一现的无用信息,也可以随时抹除或更新。这种致知过程由于更强调通过口语和视觉符号再现等即时工具的方式来辅助思考,也弱化了正式的符号表征的复杂话语思维。因此,他提出"联想式致知"(Associative Knowing)和话语论证(Discursive Reasoning)致知的重要性,即能将头脑中的知识与看到的新事物联系起来,事实、概念、记忆和论证,以联想式思维来思考,产生知识内在超链接的整体。他认为联想式的思考是人类思维的特征也是计算机不可比拟的能力,在思维中运用想象力和情感,将认识过程建立在复杂的话语论证的基础之上,而非图像和口头致知这些弱化人的思维能力和抽象推理能力的认知方式。① 西门斯在他的《认识知识》(*Knowing Knowledge*)一书中提到,致知还不是全部,我们还需要应用;光有意愿还不够,我们还需要行动。他指出在行动的知识哪怕只有一点点也比无用的大量的知识更有价值。因此在这里提出了"知为运用和行动",即真正的知识要将所知转化到现实的问题解决,并在创造性地解决问题过程中突破已有知识框架与体系的过程。②

可见,对于课程知识价值的选择正日益打破非此即彼、二元对立的观念,从"从知识本身的特性以及知识可以达成什么目的"③的角度来展开一种新价值的平衡来赋权学习者。不仅如此,关于知识的类型及其内涵的研究拓展,使我们从早期的相对笼统地理解知识,走向有层次、有结构和有功能区分的理解知识——包括 4"W"(What, Why, How, Who)的知识、布卢姆的知识的三种水平、安德森的事实性知识、概念性知识、程序性知识和元认知知识的四个维度,以及马扎诺的知识的三个领域和六个类目等,极大地丰富了对于知识框架及其图谱的理解,为学校课程再造的知识图景描绘了更为复杂动态的现实。总之,从古至今的知识转型和知识更迭,从原始知识型到古代知识型,到现代知识型和后现代知识型,当前社会知识的属性与状况已经伴随着人类头脑的重塑和社会转型,发生了翻天覆地的变化。正如利奥塔所指出的那样,"当社会进入到众所周知的后工业时代,文化进入到众所周知的后现代时代,知识的状况也被

---

① 安德鲁·阿伯特,刘文楠,周忆粟. 专业知识的未来[J].清华社会学评论,2019(02):46—68.
② Siemens, G. (2006). *Knowing knowledge* [DB/OL]. http://www.knowingknowledge.com, p124-125.
③ 常亚慧,王苏平,罗晓红. 符码中的教育公平——伯恩斯坦符码理论在中国的回顾与评述[J]. 济南大学学报(社会科学版),2019(01):140—146.

改变了",①不仅从静态、层级化、集中、确定的知识走向动态、网络化、分化、适应性和生成的知识,更是"动摇着现代知识观中的绝对化和教育模式的公式化","对于知识创新与教育改革有着重要的指导作用"②。必须意识到,课程的模式或生态的再造要跟课程知识的本质与内在结构的改变紧密关联。如果我们对课程知识的本质及其格局的认知和理解还停留在前现代的水平,那么就好像用牛车来拉一辆数字驱动的汽车一样,费了好大的劲,但是事与愿违。无论是来自经济社会、政治格局、文化生活、技术变革还是自然挑战的变化,当下课程的知识图景已然发生不可回转的变化。正如《人类简史》的作者尤瓦尔·赫拉利(Harari Y.)在想象未来学习时给出的从"石头房子"(Stone House)到"帐篷"(Tent)的隐喻转换一样,面对不确定的世界和生活具体需要,我们要迫切地意识到人类通过学校教育和课程参与世界的方式与特征已然发生变化。我们需要的不仅仅是确定的知识与技能,更多的是让他们具备灵活的、能适应不同情境的情感智力、心智的稳定性与可迁移的问题解决的综合能力。

(二) 变革性行动

其次我们来看变革性的行动。我们需要的是蓝图变现的变革性行动,或大或小的行动,自上而下或自下而上的行动。没有行动的思维再造只是空中楼阁,而没有思维再造的行动则是亦步亦趋的重复习惯。正如谢夫勒所说的,"每个人当下所具有的一些特征都可以被看作是暂时性的",而课程所要指向的"就是改变一个人眼下所是以及一直所是的能力"。③ 要解放学习者的潜能,课程首先要保持变化中的适应力和积极的回应力,将可能性的潜能(Capacity)转化为倾向性的潜能(Propensity)并最终获得能动性的潜能(Capability)。谢弗勒打破了关于潜能是稳定的、潜能是能够被共同实现的、潜能都是趋向于善的目的的三个神话,指出潜能具有显而易见的变化性、不同潜能之间的现实冲突和不同潜能具有不同道德趋向的特性。在潜能概念祛魅之后,用哲学分析的方法提出表征潜能的三个分析性观念,"作为可能性的潜能"(Potential as Capacity)、"作为倾向性的潜能"(Potential as Propensity)与"作为能动性的潜能"(Potential as Capability)。借用谢弗勒对潜能的理解,课程变革在本质上就是要激发课程潜在可能特征的过程,将一种潜在的可能特征变成一种现实的能力或表现,而

---

① 石中英. 知识转型与教育改革[M]. 北京:教育科学出版社,2001:44.
② 石中英. 知识转型与教育改革[M]. 北京:教育科学出版社,2001:Ⅰ.
③ 伊斯雷尔·谢弗勒. 人类的潜能——一项教育哲学的研究[M]. 石中英,涂元玲,译. 上海:华东师范大学出版社,2006:2—3.

要实现潜能的这三种不同状态的转化,从"使可能"(Enabling)走向"使能够"(Empowering),就需要真正导向潜在特征的标的性行动。[①] 没有变革性的思维和行动力,课程政策的想象与建构可能始终都停留在一种可能性,停留于观念形态的想法抑或"旧瓶装新酒"的实践,无法成为一种具有真正行动特征的能动性,从而陷入"危机——反思——常规"的行动怪圈。

新冠疫情将大规模的线下教育转向了线上教育,也许有人会疑问,未来学校课程的生机是否在于在线课程、混合课程或是技术介入的课程学习?在线与否并不是问题的本质。如果在线课程与学习无法从根本上改变19世纪以来盛行的工厂生产和信息传递的教学模式,不能"从基于工具性思维的传播学范式转向基于关系性思维的社会—文化范式",[②] 那么再多课程形态与结构上的努力也无法在学习条件和变革层次上带来真正的突破。也有人会疑问,那么改革的重点是新教学法(New Pedagogy)吗?大概念、大单元、大任务、项目化学习、学习共同体、合作学习、主题学习、STEM学习、多学科和跨学科的学习、真实性学习、深度学习,是否要深入课程构型与课堂组织的微观领域才是变革的根本?是但也不是。举例来说,如果将大概念当作事实来教授给学生,让学生去记住"大概念",那么大概念教学也就不复存在;如果项目化学习的项目是孤立的无关现实的虚构设计、嵌入的知识是零散的拼接、学习过程仍然是结果导向、评价依旧是完成按部就班的任务要求,那么我们也终将陷入为项目而项目的窘迫境地。因此,课程外在形态及其组织机制的变革固然重要,但如果不能理解课程构型及其组织形态的变化乃是知识内在结构与组织方式的本质性转化——课程观念图景的重构——那么我们的努力可能会事倍功半。

正是在这个意义上,要解决问题更要走向思维再造,关注学习者变革性思维与持续的行动能力的建构,这理应成为未来课程政策话语重构的重要的逻辑起点。

三、课程政策话语伦理建构的务实思考:直面现实的伦理危机

21世纪以来,越来越多的不确定性和变化性正在主导着世界的发展,各种现实的挑战和冲突袭面而来。2020年来的新冠病毒的大流行让整个世界陷入到危机之中。这场危机带来的不仅仅是病毒流行对于人类生命健康的挑战,也考验着医疗系统与公

---

① 伊斯雷尔·谢弗勒. 人类的潜能——一项教育哲学的研究[M]. 石中英,涂元玲,译. 上海:华东师范大学出版社,2006:44—71.
② 吴刚. 作为风险时代学习路标的教育技术:困境与突破[J]. 开放教育研究,2020(03):11—25.

共卫生体系;它挑战了社会治理在应对风险与危机中的效能,也尝试重塑我们的卫生习惯、生活常规和态度;它印证了人类命运唇齿相连的息息相关,也展示了世界网络中的现实断裂和不同立场;它中断了全球范围内学生开展传统学校教育的常规,更对远程和在线的学习形态下的学习深度、学习质量与学习的公平性提出了尖锐的要求。新冠疫情的蔓延,造成全球累计超过 180 个国家的学校接连关闭[①],"在疫情的高峰期,有 17 亿学生终止了学校的课程学习,甚至在疫情爆发 7 个月后仍有近 6 亿学生未能回到正常学习"[②],这给全球的学校教育和课程运作带来重大的冲击,也凸显了学校教育与课程结构性的失能,极大地挑战了学校教育的当下生态和课程的现实回应力,迫切地要求我们做出积极的改变来应对疫情危机带来的学习危机。

也正是源于危机下的反思,2020 年 12 月世界银行发布了《实现学习的未来:从学习贫困到人人学习和随时随地的学习》(*Realizing the Future of Learning: From Learning Poverty to Learning for Everyone, Everywhere*)的报告,指出"在新冠疫情之下,我们正在经历一场'危机之中的危机'(Crisis within a Crisis)"[③]。疫情所放大的全球学习危机不仅仅是表面的学校关闭,更是潜藏在教育系统可见的危机之下的关于学校教育系统和课程建构的理念和实践路径的内在危机。首先,是反思学校课程建构及其教学实践的灵活性,当常规的学习情境发生转化,学校课程能否应对自如。疫情所带来的传统结构化课堂学习的大规模关闭,让我们切实地思考在危机常态化的当下,学校课程如何才能最大限度地支持学生学习,并有效地降低学习损失。其次,是反思学校课程及其教学的生活价值与育人意义,学生所学的在多大程度上能够帮助他(她)们去理性地认识、理解和解决当下面临的和未来潜在的危机,并形成稳定的观念模式与思维方式。未来的学习绝不再以取得学业证书或就业岗位为终点,"单纯依靠知识也不足以应付未来的工作"[④],我们能否打破功利主义和短视主义的课程教学观念和

---

① World Bank Group (2020). Reimagining Human Connections: Technology and Innovation in Education at the World Bank [R/OL]. (2020-12-01)[2023-12-11]. http://documents1.worldbank.org/curated/en/829491606860379513/pdf/Reimagining-Human-Connections-Technology-and-Innovation-in-Education-at-the-World-Bank.pdf, p9.

② Ibid., 6.

③ World Bank Group (2020). Realizing the Future of Learning: From Learning Poverty to Learning for Everyone, Everywhere. [R/OL]. (2020-12-01) http://documents1.worldbank.org/curated/en/250981606928190510/pdf/Realizing-the-Future-of-Learning-From-Learning-Poverty-to-Learning-for-Everyone-Everywhere.pdf, p12.

④ 约瑟夫·E. 奥恩. 教育的未来:人工智能时代的教育变革[M]. 李海燕,王秦辉,译. 北京:机械工业出版社,2019:XV.

一成不变的内容体系,帮助学习者更深刻地体验、理解并参与解决其所赖以生存的真实世界的问题,发展可持续的认知与行动能力,变得迫在眉睫。再次,是反思危机所凸显的数字鸿沟背后学习自主性以及续航能力的缺失。疫情蔓延推动的线上学习以及远程学习的常态化,通过广播、电视、网络以及各种可移动设备来完成技术支持下的日常教学,不仅揭示了当下教育体系所存在的数字鸿沟,即不同群体对于数字工具和网络的可获得性的差异及其在使用水平上的差异;更让我们看到在走向网络学习或在线学习的状态下,当学习者脱离传统的规制性的课堂学习情境后,自主管理、自主学习与自我导航能力的短板。

诚然,危机引发的思考并不是一次性的事件,我们需要更加警醒的是,潜藏在当下危机背后更大的危机——乃是我们时时与危机共舞却不自知的危机,以及危机来临时的迫不及待和危机平复时的回归常规。也正是在这样的意义上,如果说危机或不确定性的挑战将会是未来的人类所面对的常态,那么显然,学校课程如何建立一种弹性、生活价值及其可续航的能力,就变得异常重要,而在对课程生活进行重构的过程中,学会在面对冲突与问题时进行持续的伦理反思理应成为我们课程话语建构中的新常规。新的课程政策的生态可能会面临更深刻的内在伦理与实践价值的挑战,我们需要为此做好准备。

(一)"知识鸿沟"背景下课程政策话语建构的民主参与

一是从实质上保障多元主体在课程政策话语建构中的民主参与。随着信息技术的不断革新和数字化进程的不断加快,政策参与的途径越来越个性化与多元化,但是人们在获取媒介信息方面的能力以及由此获得的政策参与权力、话语表达的权力也开始出现越来越大的差异,由此所导致的"知识鸿沟",加剧了政策民主参与中的新的裂痕,进而加剧社会结构与关系的分化。公共参与对于实现课程政策的公共利益具有关键性的作用,因此要保证各主体在课程政策话语建构过程中的平等参与并加强合作。在这个过程中,如何扩大政策话语建构的广度并把握政策话语建构中公平与效率的关系,通过政策机制的完善和政策环境的优化来保障不同主体的公平参与和多元对话,谨防新媒介环境下新的政策参与的失衡与分化,从表面的繁华走向对实质的多元参与的关注,是一个重要的议题。

二是从根本上促成课程政策话语公共理解的聚合。课程政策的伦理既包括面向公共社会生活中对个体行为进行规范和约束的伦理规则,也包括面向每个个体的品质或德行的德性伦理。虽然我们一般意义上谈论的课程政策伦理实际上是在一定社会秩序和教育范围内,调控课程运行的目标和方式、协调人们在课程领域中行动的过程中所遵循的伦理价值原则,但是无论这些外在的规则如何设定,在具体的课程政策话语建构的过程中,课程主体都是在公共的规则和主体的价值观念共同指导下对问题进行调节分配的。正是在这个意义上,不同群体对课程政策及其所产生的政策行动中都会体现自身的价值偏好,如何在公共参与的基础上理性并有效地聚合公共的意志,将个人化的理解与建构同公共的政策的理解与建构结合在一起,变得日益重要。越是进入民主参与的课程政策话语建构的阶段,主体间价值判断与选择的互通与解决将会越来越直接地影响课程政策话语建构的过程及其效果。

(二) 课程政策运作全过程的合道德性:从聚焦宏观到走向微观

课程政策的伦理究竟关注的是什么阶段的课程政策运作活动,是全过程。正如S. 泰勒所认为的"政策的含义远远超过政策文本,它还包括了先于文本的政策过程,包括政策文本产生之后开始的政策过程以及对作为一种价值陈述和行动期望的政策文本的修正和实际行动"。[①] 因此,课程政策话语是一个渐进和创造的过程,是政策在不同场域和对象中循环往复的重新建构。随着课程政策的议题在不同的政策环境中传播,来获取不同主体对其政策表达的话语累积,推进课程政策的修订与调整,由此,课程政策话语建构的过程也是对课程政策进行适应性解读与创造性实践的过程。课程政策运作的任何一个过程都不是保证某种相对而言已知的和已定的事情,政策话语建构的过程不是一项政策行政推广的工作,而是一个关于政策运作中的变形与复杂性的学习过程。理解"政策变化不是政策运作中需要规避的问题,而是政策运作复杂系统中的基本部分",唯有如此"才能在更好地理解变化的基础上强化并推进政策参与主体推进政策实践的能力"。[②] 也正是在这个意义上,关于课程政策话语的伦理考虑更要放在这个全过程的意义上去思考。

一般而言,关于课程政策的伦理讨论,我们会将焦点放在课程政策决策及其制定的阶段,关注的是政策制定过程中过程伦理、主体伦理以及作为政策制定结果的政策文本的实质伦理。但是,正是因为课程政策的话语会在不同政策情境的运作中发生变化,这个变化的过程也是涉及不同政策主体参与课程政策话语建构的过程,而这个过程中的伦理会更直接地对课程政策的现实效果产生影响,并成为课程政策伦理的主体

---

① 张红. 新中国基础教育课程政策的价值取向研究[D]. 长春:东北师范大学,2008:26.
② Hong, M I. *New Directions in Education Policy Implementation: Confronting Complexity* [M]. New York: State University of New York Press, 2006:19.

过程。因此,建立一种过程性和动态性的思维,尤其从聚焦宏观的课程政策决策层面的伦理走向中观乃至微观层面的课程政策实践的伦理,关注课程政策全过程的合道德性,才是一种更具有建设性的思路。

(三) 课程政策话语公共互动中的伦理规范及其风险规避

伴随着课程政策变革的常态化,以及课程话语权力不断分化与扩张,政策意见表达的控制性被消解,而互动性随之提升,课程政策话语建构中的公共互动不断增强,也推动着政策话语的形塑。尤其是21世纪以来,以我国课程政策发展的经验来看,越来越多的政策议题被放置在公开讨论的社会视域之下,课程政策越来越成为"众人与国家政府建立的一种合作性的主体性价值关系"①。因此,在课程政策的公共互动过程中坚持理性、民主与合作的精神,营造科学、健康与积极的互动环境,变得至关重要。

一是营造科学、理性与健康的公共互动的伦理环境。在高度开放的新媒介环境下,政策话语的公开互动不可避免地面对各种风险。一方面,是碎片化的信息集成很大程度上取代了系统而完整的政策互动参与,特别是媒介泛滥情境下的碎片化的政策信息传播,很容易出现"听一半、理解四分之一,零思考,双倍反应"的政策信息失真、政策真实态度失察和民意走向混乱的传播乱象,②这对于课程政策公共互动的集成安排提出了更高的要求。课程政策的公共互动并不是放任自流,本质上是一个政府、公众和媒介协同共建、扶放有度和共担责任的过程,不同政策参与主体都对课程政策在公共领域的互动负有不可推卸的责任。课程政策核心话语生态的形成,往往会辐射政策出台前后相当长的时间,并在前后课程政策话语之间形成连续性与关联性,集合不同形式的政策的公共互动活动来达成对于政策内涵的充分的讨论与协商,从而在理解的基础上实现共识与行动倾向,需要我们对课程政策话语的公共参与进行设计。另一方面,则是课程政策公共互动中的非理性甚至是恶意的问题制造,这有赖于参与政策公共互动的主体伦理以及公共互动场域的伦理规范的建立。对于政策信息的有意曲解、误读甚至恶意的导向,不仅可能造成政策的公共舆情危机,更可能形成"舆论倒逼决策""政策信息异化"以及"政府政策回应风险"等各种新问题③。这就从根本上涉及政策公共互动的参与主体的政策信息能力、政策理解与运用的能力和政策参与中的基本

---

① 王宁.教育政策:主体性价值分析理论与应用[M].北京:中国社会科学出版社,2015:171—172.
② 耿卓.微文化背景下我国公共政策传播创新研究[D].桂林:广西大学,2019:37.
③ 张淑华,王佳林.政策危机传播的结构化考察和成因分析——以2011—2017年网上争议性政策传播为研究路径[J].新闻与传播研究,2019(05):41—58+127.

的互动伦理——清晰的见解、理性的思考、理智的批判、合理的表达、合法的行动、主动的参与和责任意识,这些都促使我们去超越宏观的体系建制逐步走向政策公共互动的微观塑造。

二是将公共互动从纯粹的意见表达与交互引向实践关照与行动责任。新媒介的成长让人们拥有更即时便捷和联系广泛的政策传播网络与平台之外,也转变着人们参与政策活动的结构与方式,超越传统的纸媒和电视媒介,人们聚焦于互联网和移动平台,对于政策的关注和公共参与转变为吸引眼球的头条和滚动的点击率,对于政策问题的讨论也从聚焦问题及其本质转向"制造"的热点与个性化的信息茧房。这也引发我们思考,如何通过社会化的媒介来引导政策公共互动中对于政策传播主体或受众的实践关照和行动自觉,将政策公共互动的重心从关注争议、制造话题和陷入争论的漩涡,走向借用政策信息创造价值,推动政策实践的愿景以及切实的行动的发生,是一个更为重要的政策公共互动的逻辑与伦理。在政策参与主体日益多元、权力相对分化、网络不断成长的今天,我们更需要在课程政策的公共互动中去倡导一种推动政策能动性和政策行动自觉的伦理关切,不仅仅是就政策去讨论政策、为争辩而争辩、为观点表达而观点表达,而是从政策的推进如何改变和重构课程的生态的现实的视角去思考政策公开讨论的意义与伦理价值。课程政策的公开讨论与互动最终要走向课程改革的现实场域,为课程变革的有效推进提供理性的支持和强有力的话语生态与政策环境。

参考文献

英文图书

1. Ball, S. J. *Education Policy and Social Class: The Selected Works of Stephen. J. Ball* [M]. London, New York: Routledge, 2006.
2. Bowe, R., Ball, S. J., &. Gold, A. *Reforming Education and Changing Schools: Case Studies in Policy Sociology* [M]. London, New York, NY: Routledge, 1992.
3. Deacon, B., Hulse, M. &. Stubbs, P. *Global Social Policy: International Organizations and the Future of Welfare* [M]. London: Sage Publications, 1997.
4. Fischer, F. *Reframing Public Policy: Discursive Politics and Deliberative Practices* [M]. Oxford: Oxford University Press, 2003.
5. Fullan, M. *The New Meaning of Educational Change (4th Ed.)* [M]. New York: Teachers College Press, 2007.
6. Fullan, M. *The Moral Imperative of School Leadership* [M]. Thousand Oaks, CA: Corwin, 2007.
7. Hong, M. I. *New Direction in Education Policy Implementation: Confronting Complexity* [M]. New York: State University of New York Press, 2006.
8. Howlett, M. &. Ramesh. M. *Studying Public: Policy cycles and Policy Subsystems (2nd Ed.)* [M]. Don Mills, Ont.: Oxford University Press, 2003.
9. Jackson P. W. ed. *Handbook of Research on Curriculum: A Project of the American Educational Association* [M]. New York: Macmillan, 1992.
10. Jones, T. *Understanding Education Policy: The 'Four Education Orientations' Framework* [M]. Dordrecht Heidelberg, New York London: Springer, 2013.
11. Law, E. H. F. &. Li, C Eds. *Curriculum Innovations in Changing Societies* [M]. Rotterdam: Sense Publishers, 2013.
12. Lingard, B. &. Ozga, J. (Eds.) *The Routledge Falmer Reader in Education Policy and Politics* [M]. London and New York: Routledge, 2007.
13. Moghtader, B. *Foucault and Educational Ethics* [M]. New York: Palgrave Macmillan, 2016.
14. Patrick, S. *Curriculum Development in the Postmodern Era* [M]. New York: Routledge,

Taylor&Francis Group, 2006.
15. Pinar, W F. *The Character of Curriculum Studies: Bidung, Currere, and Recurring Questions of the Subject* [M]. New York: Palgrave Macmillan, 2011.
16. Pinar, W. F. *Intellectual Advancement through Disciplinarity: Verticality and Horizontality in Curriculum Studies* [M]. Rotterdam: Sense Publishers, 2007.
17. Priestley, M. &Biesta, G. (Eds.) *Reinventing the Curriculum: New Trends in Curriculum Policy and Practice* [M]. London: Bloomsbury Academic, 2013.
18. Saylor, J. G., Alexander, W. M., & Lewis, A. J. *Curriculum Planning for Better Teaching and Learning. Fourth Edition* [M]. New York: Holt, Rinehart, & Winston, 1981.
19. Taylor, S., Rizvi, F., Lingard, B., & Henry, M. *Educational Policy and the Politics of Change* [M]. London; New York: Routledge, 1997.
20. Yate, Lyn & Grumet, M. R. *Curriculum in Today's World: Configuring Knowledge, Identities, Work and Politics* [M]. London: Routledge, 2011.

英文期刊

1. Berkhout, S. J., Wielemans, W. Toward Understanding Education Policy: An Integrative Approach [J]. *Educational Policy*, 1999, 13(3): 402 – 420.
2. Gilbert, R. Text and Context in Qualitative Educational Research: Discourse Analysis and the Problem of Conceptual Explanation [J]. *Linguistics and Education*, 1992(4): 37 – 57.
3. Howlett, M. Managing the 'Hollo' State: Procedural Policy Instruments and Modern Governance [J]. *Canadian Public Adminiatration*, 2008, 43(4): 412 – 431.
4. Levinson, B. A. U., Sutton, M., &Winstead, T. Education Policy as a Practice of Power: Theoretical Tools, Ethnographic Methods. Democratic Options [J]. *Educational Policy*, 2009, 23(6): 767 – 795.
5. Maude, A. What is Powerful Knowledge and Can It Be Found in the Australian Geography Curriculum? [J]. *Geographical Education*, 2015(28): 18 – 26.
6. Roberts, M. Powerful Knowledge and Geographical Education [J]. *The Curriculum Journal*, 2014, 25(2): 187 – 209.
7. Robertson, D. B. Program Implementation versus Program Design: Which Accounts for Policy "Failure"[J]. *Policy Studies Review*, 1984, 3(3 – 4): 391 – 405.
8. Spillane, J. P., Reiser, B. J. &Reimer, T. Policy implementation and Cognition: Reframing and Refocusing Implementation Research [J]. *Review of Educational Research*, 2002, 72(3): 387 – 431.
9. Taylor, S. & Henry, M. Globalization and Educational Policymaking: A Case Study [J]. *Educational Theory*, 2005, 50(4): 487 – 503.
10. Thacher, D. & Rein, M. Managing Value Conflict in Public Policy [J]. *An International Journal of Policy, Governance, and Institutions*, 2004, 17(4): 457 – 486.

中文图书

1. 安德烈·焦尔当.学习的本质[M].杭零,译.上海:华东师范大学出版社,2015.
2. 席里尔·迪翁.人类的明天[M].蒋枋栖,译.北京:北京联合出版公司,2018.
3. 迈克尔·富兰,玛丽亚·兰沃希.极富空间:新教育学如何实现深度学习[M].于佳琪,黄雪锋,译.重庆:西南师范大学出版社,2015.
4. 伊丽莎白·坎普贝尔.伦理型教师[M].王凯,杜芳芳,译.上海:华东师范大学出版社,2011.
5. 迈克·富兰,乔安妮·奎因,乔安妮·J.麦凯琴.深度学习:参与世界,改变世界[M].盛群力,陈伦菊,舒越,译.北京:机械工业出版社,2020.
6. 艾莉森·高普尼克,安德鲁·梅尔佐夫,帕特里夏·库尔.孩子如何学习[M].林文韵,杨田田,译.杭州:浙江人民出版社,2019.
7. B.霍尔姆斯,M.麦克莱恩.比较课程论[M].张文军,译.北京:教育科学出版社,2001.
8. 艾伦·C.奥恩斯坦,弗朗西斯·P.亨金斯.课程:基础、原理和问题(第五版)[M].王爱松,译.南京:江苏教育出版社,2012.
9. 戴维·珀金斯.为未知而教,为未来而学[M].杨彦捷,译.浙江人民出版社,2015.
10. 小威廉·E.多尔.后现代课程观[M].王红宇,译.北京:教育科学出版社,2015.
11. 杰恩·弗利纳.课程动态学:再造心灵[M].吕联芳,邵华,译.北京:教育科学出版社,2013.
12. 肯尼斯·A.斯特赖克,乔纳斯·F.索尔蒂斯.教学伦理(第五版)[M].黄向阳,等,译.上海:华东师范大学出版社,2018.
13. 斯蒂芬·鲍尔.政治与教育政策制定——政策社会学探索[M].王玉秋,等,译.上海:华东师范大学出版社,2003.
14. 特里·L.库珀.行政伦理学:实现行政责任的途径[M].张秀琴,译.北京:中国人民大学出版社,2010.
15. 托尼·瓦格纳,泰德·丁特史密斯.为孩子重塑教育:更有可能成功的路[M].魏薇,译.杭州:浙江人民出版社,2017.
16. 亚瑟·K.埃利斯.课程理论及其实践范例[M].张文军,译.北京:教育科学出版社,2005.
17. 约瑟夫·E.奥恩.教育的未来:人工智能时代的教育变革[M].李海燕,王秦辉,译.北京:机械工业出版社,2018.
18. 艾沃·古德森.课程与学校教育的政治学——历史的视角[M].黄力,杨灿军,等,译.北京:教育科学出版社,2013.
19. 诺曼·费尔克拉夫.话语与社会变迁[M].殷晓蓉,译.北京:华夏出版社,2003.
20. OECD教育研究与创新中心.重新设计学校教育:以创新学习系统为目标[M].詹艺,译.上海:华东师范大学出版社,2018.
21. 保罗·A.萨巴蒂尔.政策过程理论[M].彭宗超,杨开斌,等,译.北京:生活.读书.新知三联书店,2004.
22. 保罗·弗莱雷.被压迫者教育学(30周年纪念版)[M].顾建新,等,译.上海:华东师范大学出版社,2001.
23. 查尔斯·菲德尔,玛雅·比亚利克,伯尼·特里林.四个维度的教育:学习者迈向成功的必备素养[M].罗德红,译.上海:华东师范大学出版社,2017.
24. 陈桂生.教育文史辨析[M].上海:华东师范大学出版社,2012.

25. 陈青之. 中国教育史[M]. 北京:中国社会科学出版社,2009.
26. 陈振明. 政策科学——公共政策分析导论[M]. 北京:中国人民大学出版社,2003.
27. 程亮. 教育的道德基础——教育伦理学引论[M]. 福州:福建教育出版社,2016.
28. 但昭彬. 话语与权力——中国近现代教育宗旨的话语分析[M]. 济南:山东教育出版社,2008.
29. 丁建新. 叙事的批评话语分析:社会符号学模式[M]. 重庆:重庆大学出版社,2014.
30. 杜涛. 影响力的互动:中国公共政策传播模式变化研究[M]. 北京:中国社会科学出版社,2013.
31. 范国睿,等. 教育政策研究[M]. 福州:福建教育出版社,2020.
32. 改革开放 30 年中国教育改革与发展课题组. 教育大国的崛起(1978—2008)[M]. 北京:教育科学出版社,2008.
33. 高兆明. 伦理学理论与方法(修订版)[M]. 北京:人民出版社,2013.
34. 顾明远,刘复兴. 从新民主主义教育到社会主义教育(1921—2012)[M]. 北京:教育科学出版社. 2015.
35. 何东昌. 中华人民共和国重要教育文献(1949—1975)[M]. 海口:海南出版社,1998.
36. 何东昌. 中华人民共和国重要教育文献(1976—1990)[M]. 海口:海南出版社,1998.
37. 何东昌. 中华人民共和国重要教育文献(1991—1997)[M]. 海口:海南出版社,1998.
38. 何东昌. 中华人民共和国重要教育文献(1998—2002)[M]. 海口:海南出版社,2003.
39. 何东昌. 中华人民共和国重要教育文献(2003—2008)[M]. 海口:海南出版社,2009.
40. 何怀宏. 伦理学是什么[M]. 北京:北京大学出版社,2015.
41. 黄书光. 文化差异与价值整合——百年中国基础教育改革进程中的思想激荡[M]. 北京:教育科学出版社,2011.
42. 黄维民. 新范式与新工具:公共管理视角下的公共政策[M]. 北京:中国社会科学出版社,2008.
43. 阿米·德罗尔. 养育下一代创新者:犹太教育对中国的启示[M]. 黄兆旦,译. 上海:复旦大学出版社,2019.
44. 黄忠敬. 课程政策[M]. 上海:上海教育出版社,2010.
45. 贾新奇. 教育伦理学新编[M]. 太原:山西教育出版社,2008.
46. 联合国教科文组织. 反思教育:向"全球共同利益"的理念转变?[M]. 联合国教科文组织总部中文科,译. 北京:教育科学出版社,2018.
47. 靳玉乐,黄清. 课程研究方法论[M]. 重庆:西南师范大学出版社,2000.
48. 课程教材研究所. 20 世纪中国中小学课程标准·教学大纲汇编. 课程(教学)计划卷[M]. 北京:人民教育出版社,2001.
49. 李钢. 话语　文本:国家教育政策分析[M]. 北京:社会科学文献出版社,2009.
50. 李华兴. 民国教育史[M]. 上海:上海教育出版社,1997.
51. 李金珊,叶托. 公共政策分析:概念、视角与途径[M]. 北京:科学出版社,2010.
52. 刘复兴. 教育政策的价值分析[M]. 北京:教育科学出版社,2003.
53. 刘世清. 教育政策伦理[M]. 上海:上海教育出版社,2010.
54. 刘力,等. 教育实验学[M]. 北京:人民教育出版社,2004.
55. 刘玉梅,吕志茹. 中国近代教育史[M]. 北京:科学出版社,2018.

56. 吕达. 课程史论[M]. 北京:人民教育出版社,1999.
57. 吕立杰. 国家课程设计过程研究:以我国基础教育"新课程"设计为个案[M]. 北京:教育科学出版社,2008.
58. 马凤歧. 教育政治学[M]. 北京:人民教育出版社,2014.
59. 迈克尔·阿普尔. 官方知识——保守时代的民主教育[M]. 曲囡囡,刘明堂,译. 上海:华东师范大学出版社,2004.
60. 迈克尔·富兰. 变革的力量——透视教育改革[M]. 中央教育科学研究所,译. 北京:科学教育出版社,2004.
61. 潘洪建. 致知与致思:课程改革的知识论透视[M]. 济南:山东教育出版社,2015.
62. 彭泽平. 嬗变与超越——新中国基础教育课程改革史[M]. 北京:华龄出版社,2006.
63. 陕西师范大学教育研究所. 陕甘宁边区教育资料(小学教育部分)上、下册[M]. 北京:教育科学出版社,1981.
64. 陕西师范大学教育研究所. 陕甘宁边区教育资料(中等教育部分)上、中、下册[M]. 北京:教育科学出版社,1981.
65. 申晓云. 动荡转型中的民国教育[M]. 郑州:河南人民出版社,1994.
66. 施良方. 课程理论——课程的基础、原理与问题[M]. 北京:教育科学出版社,1996.
67. 宋锦洲. 公共政策:概念、模型与应用[M]. 上海:东华大学出版社,2005.
68. 石中英. 知识转型与教育改革[M]. 北京:教育科学出版社,2001.
69. 舒新城. 中国近代教育史资料(上、中、下册)[M]. 北京:人民教育出版社,1980.
70. 孙彩平. 教育的伦理精神[M]. 太原:山西教育出版社,2004.
71. 孙培青. 中国教育史[M]. 上海:华东师范大学出版社,2000.
72. 檀传宝. 公民教育引论:国际经验、历史变迁与中国公民教育的选择[M]. 北京:人民教育出版社,2011.
73. 屠莉娅. 从概念化到审议:课程政策过程研究[M]. 济南:山东教育出版社,2015.
74. 汪凯. 转型中国:媒体、民意与公共政策[M]. 上海:复旦大学出版社,2005.
75. 汪霞. 课程研究:现代与后现代[M]. 上海:上海科技教育出版社,2003.
76. 王越,周德昌. 中国近代教育史[M]. 长沙:湖南教育出版社,1986.
77. 王举. 教育政策的价值基础:基于政治哲学的追寻[M]. 北京:科学出版社,2016.
78. 王宁. 教育政策:主体性价值分析理论与应用[M]. 北京:中国社会科学出版社,2015.
79. 王伟廉. 课程研究领域的探索[M]. 重庆:四川教育出版社,1988.
80. 王伟,鄯爱红. 行政伦理学[M]. 北京:人民出版社,2005.
81. 吴康宁. 教育社会学[M]. 北京:人民教育出版社,2019.
82. 吴履平,等. 新中国中小学教材建设史(1949—2000)[M]. 北京:人民教育出版社,2012.
83. 谢金林. 公共政策的伦理基础[M]. 长沙:湖南大学出版社,2008.
84. 谢立中. 走向多元话语分析:后现代思潮的社会学意涵[M]. 北京:中国人民大学出版社,2009.
85. 熊明安. 中华民国教育史[M]. 重庆:重庆出版社,1990.
86. 熊明安. 中国近现代教学改革史[M]. 重庆:重庆出版社,1999.
87. 许淑萍. 公共政策伦理[M]. 北京:社会科学文献出版社,2018.
88. 王炳照,李国钧,阎国华. 中国教育通史·中华民国卷(上、中、下)[M]. 北京:北京师范大学出版社,2013.
89. 伊斯雷尔·谢弗勒. 人类的潜能——一项教育哲学的研究[M]. 石中英,涂元玲,译. 上海：华东师范大学出版社,2006.
90. 袁刚,等. 民治主义与现代社会——杜威在华讲演集[M]. 北京：北京大学出版社,2004.
91. 朱庆葆,等. 中华民国专题史·第十卷·教育的变革与发展.[M]. 南京：南京大学出版社,2015.
92. 中国第二历史档案馆. 中华民国史档案资料汇编第二辑[M]. 南京：江苏古籍出版社,1994.
93. 中国第二历史档案馆. 中华民国档案史汇编第三辑[M]. 南京：江苏古籍出版社,1994.
94. 中国第二历史档案馆. 中华民国史档案资料汇编第五辑[M]. 南京：江苏古籍出版社,1994.
95. 中央教育科学研究所. 老解放区教育资料（一）土地革命战争时期[M]. 北京：教育科学出版社,1981.
96. 中央教育科学研究所. 老解放区教育资料（二）抗日战争时期[M]. 北京：教育科学出版社,1986.
97. 中央教育科学研究所. 老解放区教育资料（三）解放战争时期[M]. 北京：教育科学出版社,1991.
98. 钟启泉. 课程的逻辑[M]. 上海：华东师范大学出版社,2019.
99. 钟启泉. 解码教育[M]. 上海：华东师范大学出版社,2020.
100. 周洪宇,等. 中国教育活动通史. 第八卷·中华人民共和国[M]. 济南：山东教育出版社,2017.

中文学位论文

1. 陈洪连. 公共政策的伦理维度——以价值为中心的分析[D]. 上海：华东师范大学,2007.
2. 胡东芳. 课程政策研究——对课程"共有"的理论探索[D]. 上海：华东师范大学,2001.
3. 蒋舒颖. 民国时期中小学公民教育的本土意识研究[D]. 扬州：扬州大学,2018.
4. 金罗成. 从高频词看中国义务教育课程政策的变迁（1978—2010）[D]. 宁波：宁波大学,2013.
5. 刘爽. 民国时期我国小学课程标准的历史演变[D]. 大连：辽宁师范大学,2014.
6. 龙安邦. 基础教育课程改革中的效率与公平[D]. 重庆：西南大学,2013.
7. 彭泽平. 改革开放以来我国基础教育课程改革评析[D]. 上海：华东师范大学,2004.
8. 师东海. 教育公平的政治学思考[D]. 长春：吉林大学,2011.
9. 孙艳霞. 教育政策道德性研究——义务教育城乡差距的归因与路径探析[D]. 长春：东北师范大学,2006.
10. 王博. 清末民初教育期刊对教学变革的影响之研究（1901—1922）[D]. 长沙：湖南师范大学,2013.
11. 王荷香. 民国时期(1912—1949)的课程改革与教育现代化[D]. 武汉：湖北大学,2001.
12. 王建頔. 民国时期普通中学课程实施研究[D]. 长春：东北师范大学,2008.
13. 王玲. 博弈视野下的课程政策研究[D]. 济南：山东师范大学,2008.
14. 王兴盛. 公共政策伦理向度研究[D]. 上海：东华大学,2010.
15. 文勇. 公共政策伦理研究[D]. 成都：西南交通大学,2005.
16. 伍雪辉. 课程话语透析——历史演变的角度[D]. 武汉：华中师范大学,2006.

17. 叶波.课程改革作为话语实践:基于1923年课程改革的系谱学考察[D].重庆:西南大学,2014.
18. 岳刚德.我国基础教育课程发展问题研究——一个伦理学视角[D].上海:华东师范大学,2006.
19. 张红.新中国基础教育课程政策的价值取向研究[D].长春:东北师范大学,2008.
20. 赵正新.关于我国课程改革政策执行力的研究[D].上海:华东师范大学,2005.
21. 郑家福.新中国基础教育课程改革的文化检讨[D].重庆:西南师范大学,2003.
22. 周勇军.课程政策实施研究[D].成都:四川师范大学,2004.

中文期刊

1. 曹大为.中国传统文化的历史定位与建构新文化的路径走向[J].社会科学论坛,2006(03):17-28.
2. 曾光荣.教育政策研究:议论批判的视域[J].北京大学教育评论,2007(04):1-30.
3. 常亚慧,王苏平,罗晓红.符码中的教育公平——伯恩斯坦符码理论在中国的回顾与评述[J].济南大学学报(社会科学版),2019(01):140-146.
4. 陈光辉.抗战时期党领导的反殖民奴化教育的经验及启示——以华北地区为例[J].上海党史与党建,2020(09):25-32.
5. 陈能浩,李晓东.教育政策研究的伦理道德规范体系探讨[J].当代教育论坛(宏观教育研究),2004(01):91-93.
6. 陈睿腾.近30年来政策话语对"课程"的关注及演变——基于1987—2017年《教育部工作要点》的文本分析[J].教育评论,2017(12):36-39.
7. 陈尚达.应理性审视新课改下的"穿新鞋走老路"现象——兼与《新课改与"穿新鞋走老路"》一文商榷[J].全球教育展望,2010(08):3-9.
8. 陈潭.公共性:公共政策分析的一般范式[J].湖南师范大学社会科学学报,2002(04):46-50.
9. 陈佑清.论"素质教育"概念的规定及其特性[J].南京师大学报(社会科学版),1999(01):71-77.
10. 陈玉玲.以人为本:当代课程政策的核心价值取向[J].太原大学教育学院学报,2009(03):1-3.
11. 褚宏启.核心素养的概念与本质[J].华东师范大学学报(教育科学版),2016(01):1-3.
12. 成尚荣.基础性:学生核心素养之"核心"[J].人民教育,2015(07):24-25.
13. 常珊珊,李家清.课程改革深化背景下的核心素养体系构建[J].课程·教材·教法,2015,(09):29-35.
14. 崔允漷,王少非.关于新课程的评议:一种视角[J].教育发展研究,2005(05):12-17.
15. 崔允漷.课程改革政策执行:一种分析的框架[J].教育发展研究,2005(19):1-6.
16. 杜芳芳,金哲.新高考改革背景下高中生科目选择意向现状及对策——基于浙江省五所高中的调查分析[J].教育理论与实践,2016(08):15-18.
17. 范国睿,托马斯·S.波普科维茨.变化世界中的教育政策与教育改革[J].现代教育论丛,2021(03):3-13+93.
18. 范涌峰.我国基础教育变革的趋势及方法论转向[J].教育科学研究,2021(06):18-24.

19. 冯卫斌.民国时期小学课程改革浅探[J].安徽教育学院学报(哲学社会科学版),1998(01):79-83.
20. 高岩,陈晓端.改革开放40年我国课程政策研究的回顾与走向[J].课程·教材·教法,2018(08):34-42.
21. 郭斌玉.课程作为一种伦理实践——课程伦理基础批判及其重构困境[J].教育现代化,2015(11):36-40.
22. 郭华.新课改与"穿新鞋走老路"[J].课程·教材·教法,2010(01):3-11.
23. 郭晓明.知识与教化:课程知识观的重建[J].华东师范大学学报(教育科学版),2003(02):11-18+41.
24. 何杰.我国基础教育课程政策的演进与特征分析[J].淮阴师范学院学报(哲学社会科学版),2006(03),291-296.
25. 胡东芳.论"课程共有"——对中国特色课程政策模式的探索[J].教育研究,2002(08):78-83.
26. 胡东芳.新中国课程政策的历史回顾与理论思考[J].清华大学教育研究,2002(04):64-70.
27. 胡东芳.论课程政策的价值基础[J].教育发展研究,2020(10):5-9.
28. 黄德良,王兴盛.公共政策伦理向度的问题[J].理论建设,2011(05):52-58.
29. 黄东民,李运昌.从表层执行走向深度变革:学校课程政策实施的实践构想[J].教育理论与实践,2013(26):38-40.
30. 黄甫全.新中国课程研究的回顾与展望[J].教育研究,1999(12):21-28.
31. 黄炎培.与李石曾君谈职业教育[J].教育与职业,1919(12):4.
32. 黄忠敬.我国基础教育课程政策:历史、特点与趋势[J].课程·教材·教法,2003(01):21-26.
33. 纪德奎.新课改十年:争鸣与反思——兼论新课改如何穿新鞋走出老路[J].课程·教材·教法,2011(03):18-24.
34. 贾丰臻.今后小学教科之商榷[J].教育杂志,1917(01):24-32.
35. 江峰.客观与主观:当代课程哲学的两种知识观评析[J].北京大学教育评论,2006(04):54-74.
36. 姜宇,辛涛,刘霞,林崇德.基于核心素养的教育改革实践途径与策略[J].中国教育学刊,2016(06):29-32+73.
37. 金生鈜.教育正义:教育制度建构的奠基性价值[J].陕西师范大学学报(哲学社会科学版),2011(02):157-164.
38. 柯政.教师的文化——认知是如何影响课程政策实施的:以"研究性学习"政策为例[J].全球教育展望,2011(03):39-48.
39. 劳凯声,刘复兴.论教育政策的价值基础[J].北京师范大学学报(社会科学版),2000(06):5-17.
40. 李孔珍.新课程政策执行的关键因素[J].课程·教材·教法,2008(06):3-7.
41. 李希光,杜涛.中国教育政策传播新模式研究[J].清华大学教育研究,2009(04):9-14.
42. 刘宝剑.关于高中生选择高考科目的调查与思考——以浙江省2014级学生为例[J].教育研究,2015(10):142-148.
43. 李石岑.新学制草案评议[J].教育杂志,1922,14(号外):1-7.

44. 李艺,钟柏昌.谈"核心素养".[J]教育研究,2015(09):17-23+63.
45. 廖辉.课程政策有效执行的运行机制研究[J].课程·教材·教法,2019(05),57-63.
46. 廖婧茜.政治社会化视域下课程改革的伦理诉求[J].全球教育展望,2020(01):27-37.
47. 廖世承.关于新学制一个紧急的问题[J].新教育,1922(04):743.
48. 刘茂军,孟凡杰.课程改革的意识形态话语分析[J].国家教育行政学院学报,2015(02):48-53.
49. 刘世清.论新中国成立以来我国教育政策的伦理取向及其演变机制[J].中国教育政策评论,2008(01):110-124.
50. 刘子成,娄淑华.职业伦理的三重哲学根基——以"分工"概念为分析视角[J].社会科学战线,2021(05):247-251.
51. 陆费逵.小学校国语教授问题[J].中华教育界,1919(01):1-7.
52. 吕立杰.课程政策制定过程的特征与本质[J].课程·教材·教法,2007(08):3-7.
53. 那定云.今日学校教育应否采用实用主义[J].教育杂志(实用主义研究专号),1914(增刊).
54. 潘新民.反思"当代西方新理论"在我国新课程改革中的适切性[J].教育科学研究,2006(10):15-18.
55. 彭彩霞.当代西方课程政策研究之回眸与审视[J].清华大学教育研究,2009(04):102-107.
56. 彭华安.教育政策的伦理性:缺失与回归[J].中国教育学刊,2011(03):34-37.
57. 彭泽平,姚琳.和谐社会与课程的和谐伦理指向——"和谐社会"视域下我国基础教育课程改革的思考[J].教育理论与实践,2010(25):53-56.
58. 濮岚澜,陈学飞.话语运动与议题建构:国家助学贷款政策的议程设置分析[J].高等教育研究,2004(02):33-37.
59. 邵泽斌,张乐天.教育政策:一个结构主义的分析视角[J].教育理论与实践,2007(11):14-18.
60. 申超.中美基础教育课程改革的政策比较——以《基础教育课程改革纲要(试行)》和《不让一个学生掉队法》的比较为切入点[J].教育学报,2008(04):34-38.
61. 沈兰.课程权力再分配:校本课程政策解读[J].教育发展研究,1999(09):35-38.
62. 石火学.教育政策伦理的构成、要求与特点[J].中国行政管理,2010(08):80-82.
63. 石火学.教育政策程序正义的必要性与价值[J].国家教育行政学院学报,2011(10):44-48.
64. 刘复兴.教育政策价值分析的三维模式[J].教育研究.2002(04):15-19+73.
65. 石筠弢.好的课程政策及其制定[J].课程·教材·教法,2003(01):16-20.
66. 孙绵涛.试析教育政策伦理的局限性:一种后设伦理学分析的视角.[J].教育研究,2012(07):4-8.
67. 孙振东.学校知识的性质与基础教育改革的方向[J].教育学报,2006(02):11-24.
68. 涂端午.教育政策文本分析及其应用[J].复旦教育论坛,2009(05):22-27.
69. 屠莉娅.论基础教育新课程改革对国情的适应与创造[J].全球教育展望,2007(08):20-25.
70. 屠莉娅.从形式规范走向实质规范:我国课程政策审议的经验及其反思[J].教育发展研究,2010(18):56-64.
71. 王本陆.论中国国情与课程改革[J].北京师范大学学报(社会科学版),2006(04):18-27.
72. 王策三.保证基础教育健康发展——关于由"应试教育"向素质教育转轨提法的讨论[J].北京师范大学学报(社会科学版),2001(05):59-84.

73. 王策三.认真对待"轻视知识"的教育思潮——再评由"应试教育"向素质教育转轨提法的讨论[J].北京大学教育评论,2004(03):5-23.
74. 王策三.新课程理念"概念重建运动"与学习凯洛夫教育学[J].课程·教材·教法,2008(07):3-21.
75. 王策三.对"新课程理念"介入课程改革的基本认识——"穿新鞋走老路"议论引发的思考[J].教育科学研究,2012(02):5-15.
76. 王钢城,张军.从理想到实践:国家素质教育政策的演进[J].当代教育科学,2004(20):44-46.
77. 王坤庆.关于素质教育的哲学思考[J].华中师范大学学报(人文社会科学版),1999(01):26-30+158.
78. 王玲.课程政策的价值取向分析[J].当代教育科学,2010(01):28-30.
79. 王明.理解课程改革中的"教师阻抗"——公共政策执行的视角[J].教育理论与实践.2017(25):55-60.
80. 汪霞,吕林海.国际基础教育课程改革的政策设计[J].课程·教材·教法,2010(02):93-99.
81. 王小鹤.课程伦理建设初探[J].现代中小学教育,2013(07):18-22
82. 王永红.课程改革的伦理取向探讨[J].课程·教材·教法,2001(03):6-10.
83. 吴刚.作为风险时代学习路标的教育技术:困境与突破[J].开放教育研究,2020(03):11-25.
84. 吴刚平,陈华.课程改革政策滞后现象探析[J].湖南师范大学教育科学学报,2014(03):46-50+57.
85. 吴永军.我国新课改反思:成绩、局限、展望[J].课程·教材·教法,2009(07):17-24+36.
86. 谢金林,肖子华.论公共政策程序正义的伦理价值[J].求索,2006(10):137-139.
87. 邢伟荣,唐长河.基础教育课程改革的制度伦理探析[J].教育理论与实践,2009(02):16-17.
88. 许淑萍.伦理评估:公共政策分析的新维度(专题讨论):公共政策伦理评价的意蕴、标准及其维度[J].学习与探索,2017(04):57-63+174-175.
89. 徐晓云.试论应试教育与素质教育——战略的转移:从应试教育到素质教育[J].教育理论与实践,1992(06):2-5.
90. 和学新,岳辉.地方课程政策供给与学校课程改革——基于京、沪、浙三地近年来义务教育课程政策分析的思考[J].当代教育与文化,2019(01),49-54+71.
91. 闫引堂.教育政策社会学:一种新范式?[J].比较教育研究,2006(01):39-43+49.
92. 严仲连,马云鹏.课程伦理及其现实困境[J].教育理论与实践,2012(02):52-56.
93. 杨东平.对我国教育公平问题的认识和思考[J].教育发展研究,2000(09):5-8+38.
94. 杨九诠.1978—2018年:中国课程改革当代史[J].课程·教材·教法,2018(10):11-19.
95. 尹弘飚.课程改革一定要"核心素养"吗?——兼评全球化时代的香港课程改革[J].全球教育展望,2017(10):73-80.
96. 殷世东.新中国基础教育课程政策变革70年回顾与反思[J].现代教育管理,2020(04):74-81.
97. 张家军,靳玉乐.论课程政策评价模式[J].教育理论与实践,2004(04):49-52.
98. 张建珍,许甜,大卫·兰伯特.论麦克·杨的强有力的知识[J].清华大学教育研究,2015

(06):53-60.
99. 张立昌.论基础教育课程改革的学校文化适应性及其改造的目标——基于中、美课程改革历史与现实的比较分析[J].比较教育研究,2005(04):68-72.
100. 张良,刘茜.论新课程改革中文化传统的迷失与归位[J].教育科学论坛,2010(05):16-18.
101. 张淑华,王佳林.政策危机传播的结构化考察和成因分析——以2011—2017年网上争议性政策传播为研究路径[J].新闻与传播研究,2019(05):41-58+127.
102. 张廷凯.我国课程论研究的历史回顾:1922—1997(上)[J].课程·教材·教法,1998(01):8-13.
103. 张廷凯.我国课程论研究的历史回顾:1922—1997(下)[J].课程·教材·教法,1998(02):10-16.
104. 张烨.教育政策分析的制度伦理视角[J].清华大学教育研究,2005(01):34-39.
105. 张增田,雷冬玉,石欧.课程改革预期目标偏离的政策因素探析[J].课程·教材·教法,2012(04):3-6.
106. 仲建维.我国当前课程改革的"中洋之争":反思与超越[J].全球教育展望,2009(05):3-7.
107. 钟启泉,有宝华.发霉的奶酪——《认真对待"轻视知识"的教育思潮》读后感[J].全球教育展望,2004(10):3-7.
108. 钟启泉.凯洛夫教育学批判——兼评"凯洛夫教育学情结"[J].全球教育展望,2009(01):3-17.
109. 钟启泉.基于核心素养的课程发展:挑战与课题[J].全球教育展望,2016(01):3-25.
110. 周海涛,景安磊.新高考改革助推教育升级[J].教育研究,2015(08):91-97.
111. 周明侠,谢峻峰.当代中国公共政策伦理研究述评[J].道德与文明,2007(05):106-110.
112. 左璜.基础教育课程改革的国际趋势:走向核心素养为本[J].课程·教材·教法,2016(02):39-46.
113. 安德鲁·阿伯特,刘文楠,周忆粟.专业知识的未来[J]清华社会学评论,2020(02):46-68.
114. 川尻文彦.杜威来华与"五四"之后的教育界——以陶行知的杜威思想受容为中心[J].社会科学研究,2009(06):142-153.
115. 林南.从个人走向社会:一个社会资本的视角[J].社会科学战线,2020(02):213-223.

后记

伴随着系统性、大规模的课程改革的全球推进，课程政策作为"推动课程改革的主要工具"和能够集中回应一定时期课程问题的重要的"社会杠杆"，开始成为政治领域和学术领域共同关注的话题，并作为一个专门的研究领域逐步发展起来。随着课程政策实践的不断发展，我们日益理解了课程政策变革不仅是课程技术或手段的更新，从本质上更是关于学校价值观和行为准则的假定。要引领课程政策变革的未来发展，迫切需要理解我国课程政策话语变迁的历时线索与共时经验；明晰课程政策在本土文化脉络中的伦理现实、价值偏好与伦理困境，以此标明课程改革的话语经验和伦理取向。

本书是国家社会科学基金"十三五"规划课题"民国以来基础教育课程政策话语变迁及其伦理研究"（BHA160081）的研究成果，旨在通过追踪百年以来中国基础教育课程政策话语及其伦理的历史变迁线索，加深并拓展课程政策的理论研究与规范研究的范畴，构建本土适切的课程政策话语与伦理分析的理论框架与价值体系，为推动本土课程政策的伦理实践与行动提供研究支持。

本书的主要结论或发现聚焦于四个方面：一是课程政策的话语建构及其实践过程是一项伦理性活动，应实现课程政策话语研究的伦理转向，确立课程政策的伦理属性作为核心的属性。本书从课程政策兼具政治性、专业性和实践性，平衡公共性和私人性，以及课程决策的价值关联等多重逻辑所带来的伦理特征出发，强调了要摆正课程政策伦理研究在课程政策解析中的定位，真正理解课程政策研究的伦理属性的核心性。

二是从多学科整合的视角建构课程政策话语分析的理论框架，并借鉴福柯教育伦理建构的"问题化"思维，形成课程政策伦理分析的框架及其可能性规范。课程政策伦理作为一种特殊的协调课程资源配置与课程运作复杂关系的价值原则和规范，显然

"不是单一的伦理原则或精神",而是"一个系统",是贯穿"政策活动过程的伦理规范的系统总和"。因此,在对具体的课程政策伦理框架进行探讨时,不是机械地搬用既定的伦理框架,而是在梳理政策伦理的一般向度(如政策的实质伦理维度、政策的过程伦理维度、政策的主体伦理维度和政策的伦理环境维度)的基础上,对课程政策活动过程中所涉及的特殊关系与利益配置进行伦理性的建构,以此来勾勒课程政策伦理规范的基本面向。本书主张,在具体的政策运作的历史情境和社会情境中,具体的伦理原则与范畴是不断发展变化的。因此,在课程政策伦理框架的建构中,我们尝试探索伦理框架的可能维度及其内涵,但是更强调框架的开放性和运用框架的主体在寻求伦理实践的过程中的一种"问题化"的思路,即不是被动地遵循伦理规范本身,而是在推动课程政策伦理实践的过程中寻求改造与转化的可能。并基于这样的立场,建立了以政策伦理一般向度的四个面向为基础,以课程政策实质伦理中历史关照、当下情境、知识与经验、主体建构四个具体维度为主旨的课程政策伦理分析的框架。

三是不同历史时期的课程政策的话语主题、价值取向和伦理冲突具有历时演进的脉络,既有其内在的关联与稳定性,也体现出一定的发展性与变革性。本书从中国百余年的课程政策话语变迁、伦理取向及其表征、伦理冲突与困境三个维度进行了系统的话语分析和伦理分析,分为四个主要阶段进行结构性的解读。百年的课程政策话语及其伦理的变迁千回百转,这个过程并非线性的过程,也不是彼此取代的关系。课程政策话语的伦理取向与价值偏好在具体的伦理时空和道德主体面向中,既体现出具体的差异,又始终存在并且延绵在课程政策话语的伦理环境的背景之中,它们总会在不同的历史时机中寻找其在课程政策决策与实践中的可能位置。其中既有关于伦理价值倾向上的连续性,比如课程政策伦理取向中的科学与理性、民主与公正、走向公共性与个体性的双重关照;也有不同社会历史时期独特的课程政策话语的伦理表征及其问题,比如在面对外来文化和本土文化时不同时期的不同立场与应对机制,又或者是在社会本位、知识本位或学习者本位的不同实质伦理中的变换与组合,深刻地诠释着现实的课程政策伦理实践是一种行动中的伦理,这种行动中的伦理不会生硬地去附和课程政策的伦理规范,而是在正在发生的行为过程中不断应对可能出现的伦理问题。

四是课程政策的伦理实践需要发展一种动态的课程政策伦理规范,要从课程政策话语的未来想象建构、课程政策伦理实践的方法与策略创新以及应对现实伦理危机进行审慎思考等方面,推动课程政策伦理实践的发展。课程政策的伦理实践是在课程政策伦理规范指导下的课程政策伦理行动过程,也是课程政策伦理应用于实践的过程。

但是外在的伦理规范在实践行动的过程中无法直接规约课程政策的伦理选择,它只构成了一种外在的认识框架。道德伦理规范本身并不是自足的,它取决于实践中人们将一般性的规范与具体化的情境结合起来的能力。具体的伦理决策终究是在人们面对各种具体的伦理难题时,在不同程度上界定各自的责任范围与界限,并进行灵活决策与问题处理。因此,政策主体每一次行动中的伦理决策,都是受到那个特定时空中的思想观念、社会的历史进程以及现实情境的综合影响。这个过程取决于各种现实条件和政策主体的伦理秉性(倾向)的碰撞。正因为如此,考虑到课程政策伦理实践的动态性,需要建立一种动态的而非静态的伦理规范。本书从考察我国课程政策实践伦理的趋向性规范以及约定伦理决策与思考的过程以促成政策实践主体的伦理反思习惯与能力的建构的角度,讨论了优化课程政策伦理实践的机会与路径,对我国课程政策实践及其伦理建构的未来趋势进行了展望。

也正是在系统分析我国百年课程政策话语及其伦理变迁的基础上,本书亦获得了一些关键性的研究启示与反思,或许可以作为深化关于课程政策规范化研究的有益视角。

● 课程政策话语具有超越文本的深层结构与社会文化关联社会性意义,课程政策话语的历史变迁受到社会政治经济文化的综合影响,是一种历史的、社会的和伦理的对话。

如何超越对课程政策意义的一般性解读,挖掘政策文本作为复杂的社会文化产物的内在意义及其在社会运作过程中的变动与发展,需要我们依托理论和与方法的精进,对课程政策的话语变迁进行更深刻的挖掘。可以看到,贯穿百年的课程政策话语的发展史,课程政策的诸多主题及其伦理的偏好始终回荡在中国课程政策变革的历史之中,或浅或深,或直接或隐性地反映了中国社会课程话语中的伦理关照,比如如何处理同外来文化的关系、如何处理国家需要与个性化需要的关系、如何处理学科知识的内在善和学科知识的外化意义等。也是在这个意义上,政策与政策相关话语论争的背后,隐藏着政策文本和显性的话语表征背后的阐述图式,这些背后的图式是相比于课程政策话语外在表征更根本也更稳定的结构,这些结构的范式转型从根本上决定了课程政策话语体系的变革。将对课程政策话语的深度阐释浸润在具体的课程政策对话的历史脉络及现实场域中,还原并丰富了我们对于课程政策的意义建构的理解,回归了课程政策的社会对话和社会建构的本质当中。将文本与其所处的历史脉络和社会实践进行对话,以揭示政策文本的丰富内涵与内在逻辑,在这个意义上,要积极地进行跨学科的课程政策研究的方法革新,推进对于课程政策研究领域的理论和实践建构的双重关照。

● 建立一种"可能性"和"问题化"立场上的动态的课程政策伦理框架及其规范,从"死"的原则走向"实践焦虑"。

课程政策伦理并非仅仅从理论上为课程政策活动提供伦理价值与道德规范的"合法性"规约,更重要的是要在政策实践中的应用,要从"死"的原则与伦理框架走向"活"的伦理问题的解决与困境的反思,这也是我们探讨课程政策伦理的根本目的,也就是不仅仅要有理论的兴趣,从宏观上探讨课程政策活动的普遍伦理规范与道德诉求,更要从中观和微观的具体伦理关系的实践中,关注不同政策主体内在的伦理行动的机制与策略。可以通过具体的案例及其伦理水平的分析,为推进课程政策的伦理实践提供更丰厚的实践基础。

只有走向实践的课程政策伦理才是真正有意义的伦理,否则就是束之高阁的理想。也正是在这个意义上,对于课程政策伦理的研究关注,不仅要关注课程政策制定过程中的伦理、实质内容的伦理,还要关注其在不同的政策情景中进行脉络化和再脉络化的过程,人们在政策运作全过程中对于政策的再脉络化是具体的政策主体进行伦理性政策实践的过程。在这个意义上,课程政策的伦理实践并不是政策实践中某个特定节点的决策,而是一个动态绵延的过程。

● 课程政策话语及其伦理探究的起点:整合历史视角和当下关注。

实践的焦虑往往让我们更关注当下,但是当下问题的解决更要整合历史的关照。我们不仅要理解任何主体都是历史性的存在,我们所面对的问题或挑战是从历史延续而来的。因此,历史的关照是课程政策发展及其伦理检视中的首要问题,我们要超越所沉浸的当下的状态,而要回归历史的复杂性。认识到历史的重要性是认可"当下是以过去为条件的",但是更重要的事不是将历史作为一种静态的事实或抽象的存在去理解,而是强调经由历史的成为(Becoming)的过程及其带来的可能性(Possibility)。也就是说,当我们探究课程政策话语及其伦理表征的历史时,不是追求对历史的线性阐述或是对于历史事件的结论性的认识,从而呈现一种确定性的解释,而是在课程政策话语历史发展的过程中持续地关注其与各种外部情境的互动的过程,以及由此而塑造的观念及其表征。对当下情境的关注也不是描述政策的现实,对"当下情境"的分析不仅是为了合理化或阐释现实本身,更重要的是在分析"当下情境"的过程中形成一种洞察力,一种对现有情况的反思与质疑的能力,以及对于批判性地接受现实的理性质询。

● 系统研究新时期面向未来的课程政策变革的伦理挑战。

现实的课程政策实践究竟面临哪些明示的和非明示的伦理危机和挑战,需要进一步进行系统的研究,比如新媒介带来的政策传播及其伦理、不确定性的社会危机与挑战所带来的对于课程政策实质内容的伦理挑战、政策参与民主化进程中的科学与理性的政策公开对话的危机,不一而足。我们要对从我国课程政策话语变迁历史中遗留并继承下来的伦理议题,以及在新时代课程政策话语已经遇到或者还未遇到的新的挑战进行系统研究与准备,因为正如人类学家马林洛夫斯基所言:"在人类社会生活中,一切生物的需要已转化为文化的需要。"如果我们只看到了未来挑战的事实,但是不对其中的文化及伦理需求进行分析,我们就可能错过问题解决的根本理解。

本书在成文与修改的过程中,获得了来自开题、中期检查、结题等过程中各位专家学者的点拨、指导、批评与鼓励,如黄忠敬教授、王凯教授、刘力教授、盛群力教授、刘正伟教授、肖龙海教授、张文军教授、刘徽教授、叶映华教授等,感谢他们提出的宝贵意见和建议。田正平教授在我的写作修改过程中推荐了很多重要的历史资料汇编及文献,我还从陈胜老师的办公室借阅了《近代中国教育史资料汇编》。感谢威廉·派纳教授和托马斯·波普科维茨教授给我推介的政策与课程伦理方面的重要资料和摘抄笔记。感谢各位专家老师的支持与鼓励,让我在完成书稿的过程中不断充满新的动力与反思。还要感谢课题组的成员以及我的研究生们针对相关主题开展的文献搜集与梳理的工作,特别是董若云、吕梦圆、吴爽、贺湉汐、张无弦、郑莉珊等,感谢他们对成稿的辛勤付出与支持。感谢樊诗佳、梁汉卿和饶泽波同学帮助我校稿。特别感谢华东师范大学出版社的各位编辑老师的鼎力支持,拙作才得以面世。本书从成稿到修改定稿也经历了好几个春秋,特别是恰逢新世纪以来我国课程政策改革与发展的新篇章和新征程,也因为有机会参与到义务教育课程标准修订工作的开发与审议的过程之中,为进一步将理论研究的思考与政策实践参与的反思结合起来提供了契机,也充实了本书内容的时间跨度与范畴,更让我们对于新时期课程政策话语及其伦理的未来发展充满憧憬与关注。当然,我国基础教育课程政策的百年发展恢宏复杂,非一本专著所能深入探讨,本书提出并探讨的一些关键政策话语主题及伦理议题,有些还值得做进一步的专题讨论,书中内容还有许多未尽与不当之处,也有文献挖掘不够充分与深入之弊,请各位读者批评指正。希望通过本书微不足道的努力,推动对于课程政策研究中规范性研究的理论关注;借由对课程政策话语变迁的脉络化解读,加深对于课程政策发展本质规律的认识,帮助我们更深刻地理解中国课程政策百年发展历程及其未来发展中的关键矛盾、问题与政策变化的文化与社会基础;并在当下课程政策国家推动的背景下,唤起课程政策变革的伦理意识,构建公正合理的课程政策伦理尺度与价值依据,为探索可以用于实践检验的课程政策的伦理实践与行动的策略与方法,提供一些有益的参考。

屠莉娅

2024年元月于浙江大学紫金港校区